本书系国家社科规划项目"春秋时期的文化转型"（17BZX006)的结项成果

国家社科基金丛书
GUOJIA SHEKE JIJIN CONGSHU

春秋时期的文化定型

Cultural Models of the Spring and Autumn Period

黄开国 著

人民出版社

目　录

绪　　论

在世界文化史上，曾经存在过巴比伦文明、埃及文明、印度文明、中华文明等古文明，但是随着历史的变迁，其他文明都只是作为历史而不复存在，唯独中华文明一枝独秀，五千余年生生不息，代代相传，不断发展日新，孕育着中华民族的发展。正是中华文明的滋润，中华民族才在漫长的时间长河中创造出了辉煌的历史，成为当今屹立于世界的伟大民族。中华文明能够延续至今，并与时俱进的日新不已，就在于有着一套独特的价值观、人生观、历史观等组成的文化系统，而这一系统的文化基因的确立则在春秋时期。春秋时期的文化上承三代，下启诸子百家，是中国文化的定型期。

春秋时期的文化是古代文化的延续。中国文化初始于三皇五帝，虽然三皇五帝都没有完全可信历史文献记载。但从出土文物，及其古代文献对三皇五帝追记的文献中，运用"反溯"的方法，还是可以追寻到三皇五帝的文化印迹。所谓反溯是从春秋以来中国人相传不息的文化观念，来追溯历史上三皇五帝历史传说的文化。这一方法的根据在于历史发展是连续性的进程，后来的历史总是以以前历史为基础发展而来，带有以前历史的印迹。中国文化数千年延绵不绝，后来形成的许多观念尤其是在中国人中普遍流传不绝的观念，往往都是古代历史印迹的再现。

尽管三皇五帝之说出现较晚，三皇五帝的连称出现在西汉末年，但从后代关于三皇五帝的记叙中，还是可以看出三皇五帝对中国文化的形成的影响。这主要体现在四个方面：一是重视道德的理念。三皇五帝都是具有可与天相媲美的神化至德的圣王，这不仅从三皇五帝的皇帝的谥号，也可以从关于三皇五帝的历史记叙中得到证明。根据《谥法》、郭店楚简的《唐虞之道》及其西汉人的著述等，在三皇五帝的德德有后人最为推崇的仁与孝等观念。二是以民为中心的理念。文献中的三皇五帝不仅是道德的最高表率，也是为民建功立业、抵御大灾大难、勤劳勇敢、乐于付出的伟大英雄，从战国开始的各种著作，如《世本》、《管子》、《尸子》、《逸周书》、《吕氏春秋》、《风俗通》、《帝王世纪》、《古史考》、《拾遗记》以及各种纬书，论及三皇五帝无不以他们为为人民建功立业的英雄人物。中国古代最重祭祀，三皇五帝成为被祭祀的对象，就在于他们是为人民建功立业的大英雄。三是禅让的尊贤理念。三皇五帝是天下为公的时代，天下为公的制度保障，就是"选贤与能"，由贤人来治理国家，管理社会，政权的转移实行禅让制。所谓禅让，是指在位帝王通过和平的方式将权力转让给经过考验的贤人，这在诸多传世文献与出土文献中都有记载。四是借颛顼的"绝地天通"所表现出来的人独立于自然的自觉，而形成的天人之分理念。

与春秋时期思想文化具有直接的联系是被孔子称为"小康"的夏、商、周三代的文化。在三代文化中，夏、商、周有很大的区别。夏代还没有文字的出现，西方学者由此否定夏文化的存在，但依据考古研究成果，及其出土文献、传世文献相互联系起来研究，夏王朝的存在是不可否认的。在论及夏、商、周的不同时，有一个大家都熟知的忠敬文之说。此说出自董仲舒，郑玄以人的质朴厚道说忠，以事鬼神多威仪说敬，以尊卑等差之礼说文，基本上符合董仲舒的本意。这说明三代文化是一个由质朴不分到礼仪出现的过程。三代文化尤其是周文化对春秋时期思想文化的形成具有直接的意义。

周文化最具历史意义的代表性人物是周公。周公制礼作乐，是中国文化史上一件意义重大的里程碑事件，通过周公制礼作乐，实现了中国文化由巫到礼的转变,这一转变也是中国文化从古代迷信到人文精神的转化。孔子讲三代之礼,但夏商二代的礼是祀神祈福之礼,而周公之礼是人文之礼。周代的许多重要礼制,皆与周公有关,是史有明文的。周公制礼作乐的人文性质,主要体现在周公与"五经"的联系上。历史上有诸多文献都有周公制作"五经"的记载,这些说法可归结为"五经"皆出于周公。虽然周公著"五经"的一些说法是经不起考辨的,但肯定"五经"出自周公则为历代学界所公认。周公制礼作乐,由"五经"为文本所表现的周礼,与夏商两代之礼的最根本的差别,在于具有人文的文化精神,这一文化精神的核心,用一个字来说明就是德,德是周礼的内在精神。重德以享有天命,重德以保民,德是天命获得与政权得到人民拥护的根本,这是德的价值与意义所在。

自进入家天下以来,中国文化的发展一直受到政治的直接影响,而政治对文化的影响在各种制约文化发展的因素中最直接最重要。一定的文化发展是与一定的政治联系在一起的,这在经济发展缓慢的农业社会时代尤其如此。由于政治对思想文化有着直接的重大作用,因此,政治状况如何,是在某种程度上决定着思想文化的发展。在君主专制的社会中,完全可能出现像乾嘉汉学那样缺乏思想的文化辉煌,但绝不可能出现春秋时期那样各种思想观念层出不穷的文化奇迹。春秋时期的文化土壤孕育出了中国文化两位大师老子与孔子,开创了对后来中国文化影响最为深远的儒家与道家两大学术派别,并拉开了其后诸子百家的兴起的序幕。研究春秋战国思想文化的学者,多注意到了礼崩乐坏对思想文化的影响,而忽略了以尊重人才为内核的"和而不同"的开明政治局面对其所发生的作用。礼崩乐坏可以导致各种可能的发展方向,而"和而不同"的开明政治局面才直接影响着春秋时期思想文化的发展方向。春秋时期虽然是一个礼崩乐坏的动荡社会,但却是政治最为开明的历史时期。春秋思想文化界的和同之辨,正是当时开明政治的思想表现。

春秋时期的"和"、"同"二字都有多种含义。"和"是承认不同意见,肯定个性独立的和,而不是一团和气,丧失个性的人云亦云。其中最重要的是对独立精神的肯定,没有个人的独立精神,就不可能有和而不同,只会有人云亦云的以君主之是非为是非的同。和同之辨的核心是肯定君臣在政治上都具有独立的人格、自主的思想。有此独立人格、自主思想,君臣之间才可能有可否相济的和,也正是有了可否相济的和,才有政治清明、社会安宁的保障,这也为形成普遍的尊贤社会风气创造了条件。春秋时期的和同之辨凸显君臣间可否相济之和,而反对君云亦云的君臣雷同,不仅是春秋时期的思想家的一种政治共识,也是春秋时期政治生活中被公认的政治准则,并为许多政治家们所践行。与和而不同开明政治相联系的是不同言论的讨论的社会风气出现,这二者在历史上往往相伴而行,如形影不离,交互作用,常常对社会的发展产生积极的良好影响,特别是对思想文化的活跃有直接的作用。这是春秋末年及其战国出现诸子百家的政治土壤。

和同之辨从哲学的高度,通过"和实生物"与"同则不继"对立辩说,有力地说明了不同元素的有机组合是事物发展、事业成功的法则。在此思想观念引导下,造成了春秋时期可否相济的社会风气,不同异说的辩论成为时尚。在遇到祭祀、战争、盟会、婚姻等重大问题时,君臣间总是会引发不同意见的讨论,各种不同的观点都能够开放的发表,君主不仅允许不同意见的发表,而且也会听取其臣下的不同意见。可以说,"和而不同"是可否相济社会风气的保障。正是有了可否相济的社会风气,使不同身份的人的各种不同意见都能够得以充分发表,这就无形的鼓励了各种思想观点的争鸣。没有春秋时期的"和而不同"的开明政治、不同言论的开放讨论,就没有春秋时期思想文化的大飞跃,也不可能有诸子百家争鸣的出现。正是在不同观念的辩难中,形成了肯定周公礼文化的主流舆论,使周公的礼乐文化在春秋时期发扬光大,从而助推了春秋时期的文化定型向人文方向的发展。

由于春秋时期的人文精神直接源于周公开创的周文化,是由周公制礼作乐、重德保民发展而来,而不是在周公文化精神之外的新创,所以,春秋时期并不是文化转型,而是文化定型。正是通过春秋时期的文化定型,将主要通行于贵族社会的周公文化精神,得到进一步的深化、普遍化,变为全社会公认的价值追求与理念,扎根于中国人的心里,被作为中国的文化基因得以确定下来。而周公人文精神是集三皇五帝以来远古中国文化智慧之大成,当被确立为中国传统文化的人文基因,就在后来一直影响着中国人的精神世界。

循着周公的方向,春秋时期确立起以德、礼为两大内容,以天道哲学为依据、以"五经"为经典表现的人文精神。具体说来主要有六个方面的文化建树,而实现了中国文化的定型。

第一,天命观的革新与天道观的出现。由对天命的怀疑与否定,所带来的天观念的变化,以及由这一变化而引起的一系列改变。以天文历法为主的自然现象与人的政治道德因素被纳入天观念,改变了原本是上帝同义语的天的内涵,天成为含有社会、自然双重因素的新观念。天包含自然,也包括人与社会,具有政治、道德、养生多种因素,这是春秋时期天观念最具特色的时代变化。有了天观念的变化,才出现了与西周不同的新天命观,新天命观有因的一面,但更多的是从人与自然特别是人的道德方面来言说天命,使西周只是上帝之令的天命,变为主要是包含天与人方面含义的多元观念,并促成了天道观的形成。

当春秋时期人们给天赋予自然、人与社会的因素时,以上帝为天的"天命"一词,已经涵盖不了这些解释所增加的内容,为了更好地说明不同于西周天命观的新天命观念,于是出现了"天道"一词,这是天道观形成的前提。天道观是春秋时期出现的新观念,从天的自然发展规律角度探究天道是天道观的重要内容,天道观还与人相联系,涉及社会、人生的多层含义,这就改变了已有天命观单一的上帝决定论,而将自然与人事特别是人的道德政治因素都纳入天道之中。从人的道德来解构西周的天命观,是春秋时期天命观的主流,这也是春秋时期重视道德在天命观的反映。无论是从自然还是从人来论说天道都有一个共同的特点,就是从理论上将天道上升为带有规律性的存在。正是这些变化,天道才能够取代天命,成为后来言中国文化绕不开的基本话题。

春秋时期的天道观最重要的理论贡献是孕育出了天人之分的新思想,人们清楚地认识到了天人是两个相互独立的世界,开始以"气"与"五行"解释世界的存在发展,其中的阴阳、五行说,为其后中国哲学文化提供了基本范畴与基本模式;天道观的吉凶由人等说,开启以人事解释社会吉凶祸福的发展方向,而使人彻底地摆脱了天命观的束缚,获得天命观下所没有的独立自主地位,这也才有了天人相分的出现,而开启了天人关系的哲学问题。天人之分最重要的观念改变以前只是迷信、屈从天命的天命观,而肯定了人的地位与作用,认识到决定社会、国家、个人命运不是天命,而是人自身的道德人品素养,人在天面前不再仅仅是天命的接受者,而是能够发挥主观能动作用,具有可与天并的地位。这是以人为本的天人观的确立,保障了中国文化在其后的发展中,没有一直被宗教迷信所笼罩,宗教迷信也从未在中国社会长期居于统治地位,而是以人为中心的人文主义的儒学文化,始终居于文化主流的地位。

第二,礼学说的提出。中国传统文化言天必及人,天的学说固然带有超越性的哲学意义,但不落实于人,就成为无意义的空说。春秋时期的文化定型,最主要的体现也在人的方面。就人而论,礼学说的形成是最先需要提的,因为自周公制礼作乐,礼制成为根本的社会制度,在春秋时期礼通行全社会,影响最为深广。

"礼"与"天"不同,"天"主要是关乎人以外的世界,"礼"则是主要讲人世间的问题。周公制礼作乐,虽然在礼制上有不少贡献,但礼不下庶人,礼并没有在社会被普及,更缺乏礼的学说来充分说明礼的价值与意义。从吉、凶、军、宾、嘉的人文教化内涵而言,说"五礼"为周礼是有一定道理的,但绝不能将其与天神、人鬼、地示之礼等同起来。根据现存文献,《周礼》的吉礼、凶礼、军礼、宾礼、嘉礼的五礼说,绝不可能是西周本有的,甚至在春秋时期也不存在,而是出于后人的总结。当时各国通行的是有关天子、诸侯、卿大夫等不同阶层的周礼,并已经普及于全社会,成为通行夷夏、社会各阶层的社会规范。至少在统治阶层一个不懂礼貌的人,不仅不能被大家所接受,而且根本无法立足于社会,人无礼不立,是有诸多实例可以证明的。合礼与否,成为春秋时期评价人事得失、是非祸福的准绳。礼的普及,推动了对礼的广泛探讨,并在中国文化史上第一次构建起礼的学说。

春秋时期的礼学说有礼数论与礼义论两个方面。礼数论是关于礼的外在形式的理论,礼数又称威仪、礼仪或仪礼,礼数的最大特点是讲数量等差。在这个意义上,数与仪是同一概念,都是表示与礼的义理相对的外在形式。举凡与礼仪相关表现形式的方方面面,都有礼数的规定。数有数字的问题,但礼数之数绝不是研究数字问题,而是礼的外在形式,是与礼仪、仪节同义的词语。所以,礼数主要表现为数字的多少,但数字多少并不是礼数的精神实质。礼数的本质是讲求等差,等差的确立是依据"亲亲、尊尊"这两个基本原则,亲亲主要是依据宗法关系对人际亲疏的确定,是对血缘宗法关系的维护,但亲亲的宗法不只是血缘关系,同时也是政治关系,即所谓家国同构的关系。尊尊主要讲政治等级的差等,其现实意义是通过人的等级区分,以立贵贱尊卑的社会秩序。根据亲亲、尊尊的等差不同,各阶层的人享有不同礼数的礼遇。依贵贱亲疏的不同,而形成了在礼制的方方面面数量等差的不同,"人有十等"之说就是其现实写照。尊尊、亲亲有区别,但又密不可分。以姬周为宗主的周王朝,尊尊常常与亲亲是同步的,政治地位越尊贵,与周天子的血缘关系也越亲近。

礼义之义既指具体礼仪所包含的义理,也指礼制所具有的价值意义。价值意义是礼仪之义更重要内容,也是春秋时期论述礼的中心所在。春秋时期不仅出现礼与天地并,以礼为天之经地之义人之行,从哲学的高度凸显礼的价值与意义的观念,落实到现实,春秋时期还从两个层面加以论说,一是从国家层面,一是从个人层面。国家层面可以用礼为国之常来概括,包括四种不同的说法:第一种是内史过与子皮的礼为国之干说;第二种是卫国宁庄子的礼为国之纪说;第三种是晋国叔向的礼为王之大经说;第四种也是晋国叔向提出的礼为政之舆说。在这四种说法之外,人们更多的是直接以礼关系国家生死存亡之道,来论说礼的价值与意义。是否守礼,就成为春秋时期思想家、政治家评价一个国家的存亡的尺度。

个人层面可用人无礼不立来说明,最早讲无礼不立的是孟僖子,但他对无礼不立缺乏真正理解。所以,此观念的所有权难以归于孟僖子。真正理解无礼不立的是孔子,他不仅以此教诲儿子及其弟子,还从知识论、认识论的角度,深化了人无礼不立的观念。春秋时期讲无礼不立往往将人生祸福与合礼违礼相联系,以此作为判定人生祸福的理论根据,在《左传》《国语》中凡不合礼、不守礼者,而被预言死亡的事例比比皆是。这是一种道德祸福论,不仅在春秋时期的社会生活中起着重大的影响,同时也是中国文化对民众具有最深远影响的观念之一。礼之所以能够是国之常,人之所以无礼不立,其背后的支持是礼内含着德的精神,而有礼以观德等说。正是出于对礼义的高度肯定,春秋时期出现了反对只讲礼数的形式主义,强调礼义与礼仪统一的礼观念。

第三,德观念的凸显与道德学说的体系化。西周以周公为代表的德观念,是中国文化史上第一次出现的具有里程碑意义的伦理道德观念,但它主要是受命者的应具品质,带有强烈的天命色彩,并没有普遍化的意义,可以说只是一个点。春秋时期则从这个点出发,扩大到整个社会的面,在中国文化史上形成了普遍重视伦理道德的社会风尚。在这个风尚引领下,形成了道德之德的德观念,作为道德之德的德观念有广义与狭义之分,狭义的德观念只是诸多道德观念的一种,广义的德观念则是包含所有德行的普遍概念,是以善为核心本质的真善美的统一。

对道德重视的普遍化,形成了诸多具体的德行观念。根据《左传》《国语》的记载,至少有仁、义、礼、智、信、忠、孝、让、精、诚、敬、敦、笃、衷、淑、正、直、贞、祥、亲、爱、尊、文、行、慈、肃、共、懿、惠、敏等六十多个德行名目,其中仁、义、礼、智、忠、孝成为人们最热衷论说的几种德行。在关于仁德的各种解释中,爱民是最核心的内容,以爱解仁,绝非个案。爱可以说是人类一切德行的基石,各种各样的具体德行都可以说是爱的不同表达;春秋时期人们赋予仁德以爱的独特价值,使仁德在一定意义上成为具有普遍意义的德行。义在春秋时期是人们最关注的德行,义观念在春秋时期最重要的含义,是指行事合于事物的节度;义有两义,一是宜之义,表示一定的标准尺度,二是合宜之义,表示行事合于标准尺度;义所说的度既是尺度、标准,也带有灵活性,是依人、依事、依时而有所变化,而不是一成不变的。在义利之辨中既有义以胜利之说,也有大义灭亲与死而利国等说。智也是后来所说的"五经"之一,但春秋时期的智的主要含义并不是作为德行来使用的,而是作为知识论的知来使用的,作为德行的智,在春秋时期总是与仁义等德行联系为说。信观念是春秋时期人们最为重视的德行之一,《左传》《国语》言信总计超过三百次,就是有力的证明;信观念之所以在春秋时期被特别重视,这与当时的社会状况有直接关系;信的德行含义主要有二,信必须是发自内心而体现的真诚,信是对承诺执一不二的信守。忠观念在春秋时期的基本含义是指发自内心真实情感合于中正的德行,这一德行必须是具有中正、公平、正义性质的真实情感,可以被称为忠;与后来把忠作为臣子对君主的效忠根本不同,春秋时期人们常常将忠作为君主或其他统治者对人民的应有德行;春秋时期虽然不排除忠含有人臣对人君的忠,但这个忠必须是合于国家、社稷之利的忠。孝无疑是春秋时期最重要的德行之一,许多诸侯国的国君与卿大夫都以孝命名,或以孝为谥号,以示对孝的敬重;孝观念的基本含义是指子女敬养父母的德行;而三年丧,已是春秋时期孝道的重要内容。在忠与孝的关系上,春秋时期有四种观念:一是忠君高于孝父;二是孝父高于忠君;三是忠孝皆可取;四是道高于忠孝。春秋时期关于仁、义、礼、智、信诸道德观念的论述,构成了内容丰富的伦理道德学说,对中国文化的道德学说的建构有着重大的作用。

春秋时期几乎各阶层的人都特别重视道德的意义,使道德规范成为整个公认的社会规则,形成了道德普遍化的社会风尚。正是春秋时期确立的重视伦理道德的文化方向与价值取向,德的作用与地位甚至超过天命,德是天命最根本的保证,这就由天命、鬼神外在决定论,转向人的道德主体决定论,这是春秋时期人文精神普遍觉醒的最重要成果。德的价值与作用得到空前重视,就国家而言，德为国之基，而有德重于刑、德胜于刑等说；就个人而论，德为福之基，不仅是人安身立命的保障，更被视为人生最高的价值追求与价值取向，鲁国的穆叔提出三不朽中的"太上立德"，就是最经典的表述。春秋时期的德学说不仅为其后以重视伦理道德的儒学创立提供了直接的理论来源，更为中国文化重视伦理道德的特色定下基调。

第四，重民的社会思潮的形成。在春秋以前，虽然有周公的"保民"观念，但还无重民的思想，春秋时期才出现重民的社会思潮。春秋时期重民的社会思潮，是建立在面对神民关系的新认识上。春秋以前的文献，言神不及民，但春秋时期言神必及民，民神并提成为普遍的现象，视民与神具有同等地位，甚至将民置于神之上，构成民神论的主要内容。史嚚与师旷的神依于人说，晏子的神不敌民说，以及季梁的民为神主说，是三种最有代表性的说法，这是民与神关系认识上的一次历史飞跃。

春秋时期言民有管子的四民说，但重在民的职业区分，并不能说明民的社会本质。以民为被统治阶层，与"民主"相对而言的民观念，才最能说明民的本质，这也是春秋时期最为重要也更为通行的民观念，中国文化史、思想史、哲学史上所说的民观念，也主要是在此意义上来说的。春秋时期所说的"民主"指的是统治阶层大权在握的人，不是君王，就是执政的卿大夫。"民主"有一个本质特点，就是居于统治地位，对民具有主人的地位，起着主宰的作用。合格的"民主"除了拥有政治地位外，还一定是具有德行的统治者。虽然春秋时期的统治阶层已经有得民心得天下的认识，但民只是相对"民主"而言，属于被统治阶层，是由统治阶层所"主"，故有君为民之父母之说，民只具有子民的被统治地位，这是中国古代民的地位最真实的写照。所以，尽管春秋时期已经有民心决定政治成败的关键的认识，但只有通过"民主"的因民、亲民、抚民、恤民等所表现的重民社会思潮，而没有所谓民本论。

第五，经典的确立。至少在西周史官已经成为文化的主流，史官不仅掌管王朝与诸侯国的图书，更重要的还担负有记叙君主与国家大事的职责，具有国家代表政教之本的崇高地位。春秋时期的文化官,主要由人文性质的史官构成,这些史官的著作与先前流传下来的文献。

第六,构成了中国古代文献第一次大爆发。各种文献的记载不绝于书,从《左传》、《国语》中就可以看到被称引的图书就有四十种。除了为人们熟知的《易》、《诗》、《书》、《礼》、《乐》、《春秋》外,还有《军志》、《周志》、《虞箴》、《志》、《仆区之法》、《郑书》、《夏令》、《时儆》、《周制》、《秩官》、《训语》等,这是中国文化史上的奇迹。

这些文献是三皇五帝以来古代中国人精神文化的结晶,虽然藏在官府,但随着礼崩乐坏,而开始向社会民间流传,并成为全社会最重要的文化资源,被人们经常言及并被引用。其中最多的典籍是《诗》、《书》、《周易》,引《易》有28条材料,引《书》有66条材料,引《诗》有300多条材料。这些在各种场合被人们所引用的文献语录,常常成为理论的理论根据。而以德为核心的人文精神来解读这些文献,成为春秋时期诠释这些文献的普遍风气,正是通过春秋时期对已有文献的选择性诠释,特别是通过孔子的删定"五经",实现了以仁释礼的历史任务,才确立了以"五经"为元典的文化经典。而中国文化发展的基本基因就集中于孔子修订的"五经","五经"元典的被确定,是中国文化定性定型的标志性事件。从此,中国文化的发展就是沿着"五经"常道的方向不断推进日新的。

春秋时期的思想文化是周公开创的人文精神的发扬光大。春秋时期文化定型的四大内容,都与周公的思想有直接联系。周公将天命与德的联系,导致了春秋时期新的天命观与天道观的出现;春秋时期普遍重视道德伦理及其道德伦理学说兴起,直接导源于周公的以重德为核心的思想观念;周公制礼作乐,成为春秋时期礼学说的直接起点;春秋时期重民的社会思潮,则由周公的保民观念发展而来。这四大内容的文化精神都通过"五经"以文本的形式得以保存。而"五经"初创于周公,删定于孔子。孔子的删定"五经",确立了中国传统文化的至高经典。而周公的人文精神溯其源,则在三皇五帝。

春秋时期的文化定型

正因为春秋时期的文化精神,是周公礼乐文化的继承与发扬光大,而不是在周公文化精神之外,去新创一种异质的文化,所以,以前人们通常用转型来说明春秋时期的文化是不准确的。因为转的含义强调转化、变化,忽略了春秋时期的文化对以前文化的继承,定与转一字之差,但却凸显了春秋时期文化对以前文化的延续与对后来文化的重大影响。说春秋时期是文化定型而不是转型,是肯定春秋时期在整个中国文化史上所起承上启下的关键作用:一方面,以三皇五帝为代表特别是周公重德的文化精髓,通过春秋时期的定型得以发扬光大。体现春秋时期文化定型的四大内容,都不是春秋时期才出现的,而是直接本于周公的,而周公的思想渊源则是三皇五帝以来的文化。另一方面,从此以后,中国文化无论如何变化,一直都是"五经"元典内涵的常道作为不变的文化基因在起着决定性的影响,即使是从外传入的佛教等都必须吸纳中国固有文化的基因,才能够在中国立足并得到发展。可以毫不夸大地说,就中国古代文化的重要观念、主要基因而言,都可以在春秋时期找到某种痕迹,所以,用定型而不是用转型,更能体现春秋时期文化在中国文化发展史上的地位,为中国文化延续五千多年提供坚实的理论支撑。

第一章　三皇五帝的大同文化

在世界文化史上，公认曾经存在过巴比伦文明、埃及文明、印度文明、中华文明四大古文明，以及苏美尔文明等，但是，随着历史的变迁，除中华文明之外的其他文明都成为历史的陈迹没有保留下来，只是作为历史而存在过去中。唯独中华文明一枝独秀，五千余年生生不息，代代相传，不断发展繁荣，一直作为精神文化孕育着中华民族的发展。正是中华文明的滋润，中华民族才在漫长的时间长河中创造出辉煌的历史，成为当今屹立于世界的伟大民族。中华文明能够延续至今，并与时俱进的日新不已，就在于有着一套独特的价值观、人生观、历史观，而这些文化基因的定型则在春秋时期。春秋时期的文化定型，离不开远古中国数千万年的文化，尤其是周公的制礼作乐。苏秉琦在《关于重建中国史前史的思考》中说："中华民族文化传统是几十万年、上百万年以来文化传统组合与重组的结果。"①因此，要深入理解春秋所确立的文化传统，必须追溯到春秋之前的远古时代。

第一节　孔子的大同与小康说

在中国文化史上，最早论及春秋时期与以前历史发展的是孔子。按照孔

---

① 苏秉琦：《关于重建中国史前史的思考》，《考古》1991 年第 12 期。

子的说法,在春秋之前有大同、小康两个历史发展阶段,这两个历史阶段也就是大道通行的大同时代与三代之英的小康时代。《礼记·礼运》载:

> 昔者仲尼与于蜡宾,事毕,出游于观之上,喟然而叹。仲尼之叹,盖叹鲁也。言偃在侧,曰:"君子何叹?"孔子曰:"大道之行也,与三代之英,丘未之逮也,而有志焉。大道之行也,天下为公。选贤与能,讲信修睦,故人不独亲其亲,不独子其子,使老有所终,壮有所用,幼有所长,鳏寡孤独废疾者皆有所养,男有分,女有归。货恶其弃于地也,不必藏于己;力恶其不出于身也,不必为己。是故谋闭而不兴,盗窃乱贼而不作,故外户而不闭,是谓大同。今大道既隐,天下为家。各亲其亲,各子其子,货力为己,大人世及以为礼。城郭沟池以为固,礼义以为纪。以正君臣,以笃父子,以睦兄弟,以和夫妇,以设制度,以立田里,以贤勇知,以功为己。故谋用是作,而兵由此起。禹、汤、文、武、成王、周公,由此其选也。此六君子者,未有不谨于礼者也。以著其义,以考其信,著有过,刑仁讲让,示民有常。如有不由此者,在势者去,众以为殃,是谓小康。"①

郑玄《礼运注》说:"孔子仕鲁,在助祭之中。"认为这事发生在孔子为鲁司寇时。孔子为鲁国司寇时 52 岁,55 岁开始周游列国,根据《史记·仲尼弟子列传》的记载,子游比孔子年少 45 岁,以孔子离开鲁国的时间算,子游也只有十岁,这个年龄不可能与孔子开展这样的讨论,所以,历史上与现代都有人据此而怀疑这段话的真实性。还有的认为这段话记载有一些语句与道家、墨家的思想很相近,而断定这段话非孔子所言。的确,从史实的考辨说,在孔子任司寇时,不大可能发生与子游讨论大同、小康,但事件记载时间的准确与否,并不能成为否定出自孔子的必要条件。关键在于,这段话的内容是否存在出自孔子的可能性,是否是孔子思想的体现。

---

① 阮元刻:《礼记·礼运》,《十三经注疏》(下),中华书局 1982 年版,第 1415 页。

要正确判断这段话是否出自孔子,其前提条件是要对这段话作出合于本义的解读。孔子不仅是一位伟大的教育家、思想家,也是一位著名的历史学家。他不仅有丰富的历史知识,而且对历史记载有极其审慎的理性态度。《论语·卫灵公》记载:"子曰:'吾犹及史之阙文也。有马者借人乘之,今则亡矣夫①。'"②孔子主张遇到历史文献的阙文,在没有能够做出正确解答时,一定不要固执己见,而是应该等待能够解答的人,如已有良马不能驯乘,则应该借与能驯者乘之。孔子著《春秋》就严格地遵循了这一原则,对阙疑之处存而不论,以致后来招致王安石的断烂朝报之讥,但这一审慎态度无疑是可取的。而《礼运》记载的孔子所说的大同、小康,正是孔子依据历史文献,对春秋时期以前中国历史的陈述。孔子在这里不是讲思想观念,也不是讲政治、讲理想,而是说历史。讲史是对已有历史的陈述,这是一种事实陈述,当然陈述不一定完全合乎事实,但对历史的陈述,可以说是否如实记叙了事实,并据以判断得失,但绝不能用哲学、政治学的视觉来解读。所以,有的说孔子这段话有道家、墨家的观念,固然有几分道理,但那是以经论史,以学术观念解读历史事实,方向不对,由此得出这段话非孔子所说,也自然不能成立。

导致多数人对孔子这段话的误解,源自宋儒。问题出在对"有志焉"的"志"的解读上,清代学者齐召南在《礼记正义考证》卷 21 中早已指出:"宋儒解作立志之志,③孔子自言有志于行道"。这就将大同视为孔子的理想政治,

① 对"马者借人乘之,今则亡矣夫",有关的注释各有异解。其中宋陈祥道《论语全解》卷八的诠释较为合理:"史喻马,阙喻借人。于文,不能知,则俟知者知之可也;于马,不能乘,则借能者乘之可也。孔子之时,子张、子游之徒犹不能阙其所不知,况余人乎?此孔子所以谓吾犹及史之阙文,今也则亡。孔子曰:'听远音者闻其声,不闻其舒;望远者,察其貌不察其形。立乎定哀,以指隐桓之日,远矣。'夏五,传疑也。盖君子之所慎而不苟也如此。"

② 杨柏峻:《论语译注》,中华书局 1980 年版,第 167 页。

③ 其实,并非所有宋儒以来的学者都是以"立志"解"志",在元陈澔《礼记集说》中,所列宋儒对大同、小康的训解中,如山阴陆氏、严陵方氏、蒋氏君实、长乐刘氏、长乐陈氏等在解大同、小康时,皆以五帝或尧舜解大同之世,以夏、商、周三代为小康,并认为大同、小康皆为天运所决定,并无高下之分,如"山阴陆氏曰,言大道之行,天下为公,而曰选贤与能,讲信脩睦,是乃所以异乎黄老之言也。且选贤与能,讲信修睦,在六君子之世未尝废也,而大道之行异乎此者不家之而已。

而不是对历史的述说,从而开启后来以政治理想来解读这段话的先河。近代的康有为著《大同书》将这一说法极度发挥,以他设计的未来社会蓝图附会孔子的大同说,成为后来许多论著讨论孔子这段话的基本认识。但以立志之志来解读"有志焉"的"志",并不合孔子的本义。

"志"在春秋时期有多种含义,有志向、情志、古书、记识等义。如《诗》言志等处的"志",是指情志;"志于学"等类似之"志",是指志向。而孔子这里讲的"志",是指古书、记识。郑玄注:"大道,谓五帝时也。英,俊选之尤者。逮,及也,言不及见。志谓识古文。"①孔颖达也说:"既云见其遗记,此以下说记中之事,故此先明五帝时也。"②可见,郑玄与孔颖达都是以古书来解说"志",认为"有志焉"是指古书有记载。这一解释可以说文顺理通。而且"志"为古书,可以在《左传》中找到许多证据。如《左传》僖公二十八年,楚王引"《军志》曰'允当则归。'又曰:'知难而退。'又曰:'有德不可敌。'此三志者,禁之谓矣。"③文公二年,狼瞫引"《周志》有之,勇则害上,不登于明堂。"④文公六年,臾骈引《前志》"敌惠敌怨,不在后嗣"⑤。宣公十二年,孙叔引"'《军志》曰:先人有夺人之心,薄之也'"⑥。成公四年,季文子引史佚之

难者曰:天下为公是天与贤则与贤,天下为家是天与子则与子,孟子以为其义一也,不足为时之厚薄。曰:自后世观之,类皆与子,一有不尔,则争乱随之,是亦天也。虽以为时之厚薄可矣,而缓词也,即云谋闭不兴,盗窃乱贼不作,外户不闭,嫌其言不婉,是谓大同,此礼之运转在天者也。"(《礼记集说》卷五十四)陆佃在这里已经指出孔子之说,非黄老道家言,而是与孟子之说"其义一也"。以孔子此段话有道家、墨家说,是没有根据的。

① 阮元刻:《礼记正义·礼运》卷二十一,《十三经注疏》(下),中华书局1982年版,第1413页。
② 阮元刻:《礼记正义·礼运》卷二十一,《十三经注疏》(下),中华书局1982年版,第1413页。
③ 阮元刻:《春秋左传正义》僖公二十八年,《十三经注疏》(下),中华书局1982年版,第1824页。
④ 阮元刻:《春秋左传正义》文公二年,《十三经注疏》(下),中华书局1982年版,第1838页。
⑤ 阮元刻:《春秋左传正义》文公六年,《十三经注疏》(下),中华书局1982年版,第1844页。
⑥ 阮元刻:《春秋左传正义》宣公十二年,《十三经注疏》(下),中华书局1982年版,第1881页。

《志》："非我族类，其心必异。"①成公十五年，子臧引《前志》："圣达节，次守节，下失节。"②昭公元年，子产引《志》："买妾不知其姓，则卜之"；③昭公三年，穆叔引"其《志》曰：'能敬无灾。'又曰：'敬逆来者天所福也'"④。昭公二十一年，厨人濮引"《军志》有之，先人有夺人之心，后人有待其衰"⑤。除《左传》的这些记载外，《国语》也有《志》为史书的记载：智襄子在与智伯问答时，就引《志》"高山峻原，不生草木。松柏之地，其土不肥"⑥为说；申叔时在答楚王如何教育太子时，有"教之《故志》，使知废兴者而戒惧焉"⑦一说；左史倚相在论说中，也谈到《志》书："闻一二之言，必诵《志》而纳之，以训导我。"⑧可见，《志》是古代史书的通称，是古代社会历史经验的总结，包含社会各方面的丰富知识内容。春秋时期不仅有不少以《志》为名的古书，这些《志》书有不少种类，如《军志》是关于战争的古书，《周志》是周王朝的史书，记载历史的史书称为《故志》，还有以作者命名的，如史佚之《志》等。

孔子本人对这些《志》书也十分熟悉，并经常引用，《左传》就两次记载孔子引用"志"书为说，一见于襄公二十五年，"仲尼曰：'《志》有之，言以足志，文以足言'"⑨。一见于昭公十二年，"仲尼曰：'古也有《志》，克己复礼仁也'"⑩。《周礼》："外史掌书外令，掌四方之《志》。"郑玄直接以各国史书注解

---

①　阮元刻：《春秋左传正义》成公四年，《十三经注疏》（下），中华书局1982年版，第1901页。

②　阮元刻：《春秋左传正义》成公十五年，《十三经注疏》（下），中华书局1982年版，第1914页。

③　阮元刻：《春秋左传正义》昭公元年，《十三经注疏》（下），中华书局1982年版，第2024页。

④　阮元刻：《春秋左传正义》昭公三年，《十三经注疏》（下），中华书局1982年版，第2032页。

⑤　阮元刻：《春秋左传正义》昭公二十一年，《十三经注疏》（下），中华书局1982年版，第2098页。

⑥　佚名：《国语》（下），上海古籍出版社1978年版，第501页。

⑦　佚名：《国语》（下），上海古籍出版社1978年版，第528页。

⑧　佚名：《国语》（下），上海古籍出版社1978年版，第551页。

⑨　阮元刻：《春秋左传正义》襄公二十五年，《十三经注疏》（下），中华书局1982年版，第1985页。

⑩　阮元刻：《春秋左传正义》昭公十二年，《十三经注疏》（下），中华书局1982年版，第2064页。

"志":"志,记也。谓若鲁之《春秋》、晋之《乘》、楚之《檮杌》。"亦可证《志》为史书。正是具有对史书的熟悉,孔子才可能采百国《春秋》,而著为"五经"之一的《春秋》。

孔子在春秋时期不仅对历史著作十分熟悉,还对当代史学家有所评论。如《左传》宣公二年载:

> 乙丑,赵穿攻灵公于桃园。宣子未出山而复。大史书曰:"赵盾弑其君。"以示于朝。宣子曰:"不然。"对曰:"子为正卿,亡不越竟,反不讨贼,非子而谁?"宣子曰:"乌呼,'我之怀矣,自诒伊戚',其我之谓矣!"孔子曰:"董狐,古之良史也,书法不隐。赵宣子,古之良大夫也,为法受恶。惜也,越竟乃免。"①

正是对古代史的通晓与对当代史的关注,使孔子成为春秋时期最重要的事务历史学家,这特别表现在他所著的《春秋》上,虽然《春秋》为"五经"之一,但其文则史,是吸收各国史学成就而修成的经典。

以"志"为史书的称谓,在后代被延续,汉代班固著《汉书》,其中有《艺文志》等《志》10篇,《志》为史书的重要体例之一,到《清史稿》一直被沿袭;晋代的陈寿记载三国的历史以《三国志》为名,常璩著作的《华阳国志》专门记述古代中国西南地区地方的历史,南宋郑樵的《通志》兼备纪、传、表、志,记载各行政区域自然地理、社会经济政治文化历史变迁与现状的著作被称为《方志》,沿袭至今不变。

无论是从孔子的时代,还是后来两千多年的历史看,《志》都用作历史著作的名称,从没有改变。因此,孔子所说的《志》,绝非是讲社会理想,讲乌托邦,而是指历史著作,因此,所谓大同、小康的本义不过是春秋以前的历史记叙,是孔子从相关《志》书中了解到的春秋以前的历史。孔子删定《尚书》,以尧为断,与这段话以尧舜的禅让等为大同之世的特点,二者可以相互印证。

---

① 阮元刻:《春秋左传正义》卷二十一,《十三经注疏》(下),中华书局1982年版,第1867页。

这是在先秦文献与出土文献的材料中都可以得到说明的。正是以大同、小康为历史，所以，孔子才说"丘未之逮也，而有志焉"，自己虽然没有赶上大同、小康的时代，但历史书中是有记载的。逮，有赶上、追上、及至等义，如果孔子以大同、小康为理想，理想只能存在于未来，未来的理想不能说赶上没赶上，只能努力去实现。所以，从语言学的角度来看，孔子的大同、小康也不是讲理想，而是说的历史。

孔子是春秋末期人，他对这之前历史的叙说具有极大的史学价值，较之后人的叙说具有更大的可信性。孔子这段话，是将春秋时期以前的历史分为大同与小康两段。一段是大同时代，一段是小康时代。小康时代指夏、商、周的"三代之英"，时间比较确定。但大同的时间不确定，只可以肯定是指三代以前，历史上孔颖达等人拘于对古代史的认识程度，多以大同是指五帝时代，根据出土文献与考古发现，证明五帝的某些历史的确可与大同说的某些内容相契合，如尧舜的选贤与能，尧舜禹之间的禅让。但孔子的大同不限于五帝时代，而应该包括后来所说的三皇五帝甚至更远的时代。孔子的大同、小康说，基本上描绘出了中国远古氏族公社制度，与国家最初出现后家天下的两种社会状况。

在氏族公社制度下，由于当时社会生产力极其低下，只能实行原始公有制，人们只有依赖氏族公社大家庭的共同生产、生活，个人离开氏族公社就无法生存，在这样的时代还没有私有制的出现，而在氏族公社中只有体力智力优秀的英雄人物，才能够居于首领的地位，行使整个氏族的组织管理，这个历史阶段的领袖不是一家一姓世袭，而是以人的德才高低来决定的，这就是所谓选贤与能；小康则是以私有制的出现为前提，家庭成为社会基本元素，国家组织凌驾于全社会之上，实行的一家一姓的世袭制，不再是以人的德才来决定，孔子以"天下为家"来概括，以与"天下为公"的大同相对应，来说明春秋以前中国社会的两个历史阶段。这一概括，无疑从经济制度与政治制度上，抓住了人类社会两个发展阶段的根本特征。虽然孔子没有认识到所谓大同，只是人类社会发展的初级阶段，小康尽管带来"家天下"等弊端，却是人类社会发展的必然,是社会的进步,而不是退步。而大同时代不可能形成以家庭为单位的社会条件,而只能是人类社会发展的低级阶段,实行的是共同生产、生活的公有制。

但孔子以大同之世是大道之行的和平盛世,以小康是各亲其亲的小安的社会下,来对照礼崩乐坏的春秋时期,但这也隐含了他对历史的一种看法:即春秋不如小康,小康不如大同。尽管孔子讲的大同在他那里是历史的真实存在,而不是以大同为未来理想的写照,但所谓"不独亲其亲,不独子其子"云云的大同社会的描绘,无疑带有美化的意义,可以推论出孔子有以大同为追求的理念。当孔子成为全社会认可的圣人时,孔子的政治追求很容易被解读为一种政治理想蓝图。所以,孔子的大同、小康说也埋下了宋代以来以大同为孔子的社会理想的解读,而不是从历史的角度来解读孔子这段话的伏笔。但以大同为孔子的政治理想,是不合孔子本义的。孔子的大同、小康说,是古人对春秋以前中国历史发展阶段的最早说明,也是追溯春秋时期文化定型历史渊源的重要依据。历史常常是无心插柳柳成荫,本来是孔子讲历史的记载,却被训解为讲理想的内容,而被后代思想家所利用发挥,形成儒学言政治理想的重要根据,并由此而构成儒学政治理想的绚丽多彩的美妙图画。

第二节　三皇五帝的大同文化

在孔子的大同、小康说之后,人们追寻三代以前的历史,并形成了公认的三皇五帝三王之说。作为叙说中国历史的固定模式,三王指夏、商、周三代,自春秋以来从无异说,但三皇五帝说却异说纷纭,而且经过了一个较长的形成过程。

一、五帝说、三皇说的形成

顾颉刚先生的古史辨派,认为中国古史"是层累地造成的"[1],这一理论虽

---

[1]　顾颉刚:《论〈诗经〉经历及〈老子〉与道家书》,《古史辨》第一册,上海古籍出版社1982年版,第56页。

然不可全信,但用在三皇五帝说的形成上,却不失为一种合理的说明。从时间说,三皇在五帝之前,但三皇五帝说,却是先有五帝说,而后才有三皇说。五帝说形成于战国,而三皇说的完全确立却在西汉末年。

为什么战国会出现五帝说,顾颉刚的弟子刘起釪先生曾有过说明:

> 战国时期学术繁荣,诸子百家为宣扬自己学说,竞相称说古史。如儒、墨、道、法、兵、杂各家及《战国策》中一些纵横辩士,还有诗赋家都谈述古史及多少不等的古史人物。除道、法、兵家曾提出过一些新的古帝名外,其余各家大都只就上文已提到过的、久已流传的古史人物发表自己的看法,编成自己的学说。①

中国文化在经过春秋时期的转型后,在战国得到了空前的巨大飞跃。诸子蜂起,百家争鸣,为了取得争鸣的优势,诸子百家都借助历史,尤其是依托古代的帝王为说,成为一种时尚。清末的廖平、康有为称之为托古改制。康廖之说虽然不可全信,但却道出了诸子百家借古帝王,作为阐发本学派观念的历史根据,却是一个不可否认的历史事实。正是在这样的文化背景下,出现了言古人、古帝王的热潮。

战国言帝王分以五帝说的出现为界,可分为前后两个阶段。前一阶段是没有五帝说的帝王说,后一阶段则以五帝说为中心。最早言及古帝王的是《山海经》,其《海内经》说:"黄帝妻雷祖,生昌意。昌意降处若水,生韩流。韩流擢首、谨耳、人面、豕喙、麟身、渠股、豚止,取淖子曰阿女,生帝颛顼。"②但同时也讲"黄帝生骆明,骆明生白马,白马是为鲧。"③而《大荒北经》则有"黄帝生苗龙,苗龙生融吾,融吾生弄"之说。《大荒西经》又有这样的记叙:"黄帝之孙曰始均,均生北狄,有芒山,有桂山,有榣山,其上有人,号曰太子长琴。颛顼

---

① 刘起釪:《我国古史传说时期综考》,《古史续辨》,中国社会科学出版社 1991 年版,第 23—24 页。
② 《山海经·海内经》,《百子全书》(下),浙江古籍出版社 1998 年版,第 1207 页(上)。
③ 《山海经·海内经》,《百子全书》(下),浙江古籍出版社 1998 年版,第 1207 页(下)。

生老童,老童生祝融,祝融生太子长琴,是处榣山,始作乐风。"①而《大荒南经》有"帝尧、帝喾、帝舜葬于岳山"的记载。此外,《海内经》还言及太皞、炎帝、鲧;《大荒西经》有女娲;《大荒北经》中言及蚩尤;等等。其中黄帝的记载最多,有十余处,而且常常以黄帝为中心,但所言并不统一。奇怪的是,《山海经》记载了后来三皇五帝的几乎所有帝王,但很重要的神农却没有提及。《山海经》记载的人物许多在形体上还没有脱离动物崇拜,应该是最早的古帝王记载。

《管子》一书也有诸多古帝王的记载。在桓公欲封禅时,管仲有一段话:"古者封泰山禅梁父者七十二家,而夷吾所记者十有二焉。昔无怀氏封泰山禅云云,虙羲封泰山禅云云,神农封泰山禅云云,炎帝封泰山禅云云,黄帝封泰山禅亭亭,颛顼封泰山禅云云,帝俈封泰山禅云云,尧封泰山禅云云,舜封泰山禅云云,禹封泰山禅会稽,汤封泰山禅云云,周成王封泰山禅社首,皆受命然后得封禅。"②这段话后来被司马迁写入《史记·封禅书》。管仲列举所知的十二家,无怀氏、虙羲、神农、炎帝、黄帝、颛顼、帝俈、尧、舜、禹、汤、周成王皆为帝王,所谓七十二家,显然是指七十二位古帝王。遗憾的是,春秋时期的管仲也不知道他们全部的具体名号了。在《揆度第七十八》中,还谈到燧人、共工、黄帝、尧、舜。在《管子》中有一处言及三王五帝:"夫利莫大于治,害莫大于乱,夫五帝三王,所以成功立名显于后世者,以为天下致利除害也。"③尽管《管子》书中已经言及伏羲等后来所说的五帝,此处也有五帝一词,但《管子》并没有将伏羲等称为五帝的其他内证,而且这一处言五帝只是孤证,所以,《管子》书中还难以说已经有五帝说。后来三皇五帝的古帝王,《管子》几乎都谈到

---

① 《山海经·大荒西经》,《百子全书》(下),浙江古籍出版社1998年版,第1205页(上)。

② 《管子·封禅第五十》卷十六,《百子全书》(上),浙江古籍出版社1998年版,第408页(上)。

③ 《管子·正世第四十七》卷十五,《百子全书》(上),浙江古籍出版社1998年版,第406页(下)。

了,但却无女娲的记载。《山海经》无神农,《管子》虽然有神农,但却不以神农为八帝:"故书之帝八,神农不与存,为其无位,不能相用。"①八帝指哪八个帝王,《管子》无明说,但神农被排出在八帝之外的意思很清楚,这说明在《管子》中神农还没有得到重视。但《管子》有一点与《山海经》很相近,就是特别推崇黄帝,所以,黄帝是书中谈论最多的古帝王。

在《山海经》、《管子》之外,言及的帝王人物较多当推《庄子》一书。《庄子·胠箧》说:"昔者容成氏、大庭氏、伯皇氏、中央氏、栗陆氏、骊畜氏、轩辕氏、赫胥氏②、尊卢氏、祝融氏、伏羲氏、神农氏,当是时也,民结绳而用之,甘其食,美其服,乐其俗,安其居,邻国相望,鸡狗之音相闻,民至老死而不相往来。若此之时,则至治已。"③《庄子·大宗师》又载:"夫道有情有信,无为无形……先天地生而不为久,长于上古而不为老。豨韦氏得之,以挈天地;伏羲氏得之,以袭气母;维斗得之,终古不忒;日月得之,终古不息;勘坏得之,以袭昆仑;冯夷得之,以游大川;肩吾得之,以处大山;黄帝得之,以登云天;颛顼得之,以处玄宫;禺强得之,立乎北极;西王母得之,坐乎少广,莫知其始,莫知其终;彭祖得之,上及有虞,下及五伯;傅说得之,以相武丁,奄有天下,乘东维、骑箕尾,而比于列星"。④ 此外,《庄子》的《天地》载有"混沌氏",《性缮》载有燧人、伏羲、神农、黄帝、唐虞。庄子记载这些古人或古帝王,多数不在三皇五帝的范围,被后来纳入三皇五帝序列的帝王,只有祝融氏、伏羲氏、神农氏、黄帝、颛顼、唐虞。庄子说的这些古帝王人物多数处于结绳时代,是对远古历史发展的追记。

《左传》、《国语》中也提到许多古帝王,最集中的见于《左传》昭公十七年

---

① 《管子·侈靡第三十五》卷十六,《百子全书》(上),浙江古籍出版社1998年版,第400页(上)。

② 《庄子·马蹄》亦有"赫胥氏"。(参见郭庆藩:《庄子集释》第二册,中华书局1981年版,第341页。)

③ 郭庆藩:《庄子集释》第二册,中华书局1981年版,第357页。

④ 郭庆藩:《庄子集释》第一册,中华书局1981年版,第246—247页。

的如下记载：

> 秋，郯子来朝，公与之宴。昭子问焉，曰："少皞氏鸟名官，何故
> 也？"郯子曰："吾祖也，我知之。昔者黄帝氏以云纪，故为云师而云
> 名；炎帝氏以火纪，故为火师而火名；共工氏以水纪，故为水师而水
> 名；太皞氏以龙纪，故为龙师而龙名。我高祖少皞挚之立也，凤鸟适
> 至，故纪于鸟，为鸟师而鸟名。凤鸟氏，历正也。玄鸟氏，司分者也；
> 伯赵氏，司至者也；青鸟氏，司启者也；丹鸟氏，司闭者也。祝鸠氏，司
> 徒也；鴡鸠氏，司马也；鸤鸠氏，司空也；爽鸠氏，司寇也；鹘鸠氏，司事
> 也。五鸠，鸠民者也。五雉，为五工正，利器用、正度量，夷民者也。
> 九扈为九农正，扈民无淫者也。自颛顼以来，不能纪远，乃纪于近，为
> 民师而命以民事，则不能故也。"仲尼闻之，见于郯子而学之。既而
> 告人曰："吾闻之：'天子失官，学在四夷'，犹信。"[1]

在这一段话中提到黄帝、炎帝、共工、太皞、少皞、颛顼六位古帝王，此外，还提
及帝喾、尧、舜等。而且《左传》讲古帝王，已经力图讲出谱系，如《左传》昭公
二十九年就说："少皞氏有四叔，曰重、曰该、曰修、曰熙，实能金、木及水。使
重为句芒，该为蓐收，修及熙为玄冥，世不失职，遂济穷桑，此其三祀也。颛顼
氏有子曰犁，为祝融；共工氏有子曰句龙，为后土，此其二祀也。后土为社；稷，
田正也。有烈山氏之子曰柱为稷，自夏以上祀之。周弃亦为稷，自商以来祀
之。"[2]但并没有五帝说，更无三皇说。而在《国语·鲁语》中论被祭祀的圣
王，先后列出烈山氏之子曰柱、共工氏之子后土、黄帝、颛顼、帝喾、尧、舜、禹等
古帝王[3]，其中黄帝、颛顼、帝喾、尧、舜的排列与后来最早出现的五帝说相一
致，但这里并无五帝一词，而且他们只是受到祭祀的众多古帝王队伍中的五
位，并非后人特别突出的五帝说的五帝。但这里从黄帝到尧舜的排列，也正是

---

① 阮元刻：《十三经注疏》（下），中华书局1982年版，第2083—2084页。
② 阮元刻：《十三经注疏》（下），中华书局1982年版，第2124页。
③ 参见佚名：《鲁语上》，《国语》上册，上海古籍出版社1978年版，第166页。

后来《五帝德》、《史记》的五帝说的排列顺序。所以,《国语》也难以断定有五帝说。但《左传》、《国语》却带有力图将古帝王谱系化的学术努力,尤其是《国语》关于黄帝到尧舜的排列,则为五帝说的出现提供了直接的理论来源。

出土文献上博楚简中的《容成氏》、与郭店楚简的《唐虞之道》,两篇文章都有古代帝王的记叙。根据多数学者的意见,这两篇文章的时代比较接近,都是战国中期的作品,①为儒家的著作。《唐虞之道》谈到古六帝:"尧舜之行,爱亲尊贤。爱亲故孝,尊贤故禅。孝之方,爱天下之民。禅之传,世亡隐德。孝,仁之冕也。禅,义之至也。六帝兴于古,咸由此也。"不仅讲到尧舜,还讲到尧舜之前的古之六帝,并认为古六帝与尧舜的共同特点都是实行禅让制,这是对《礼运》大同选贤与能的历史说明。《容成氏》也提出了类似观念:"〔尊〕卢氏、赫胥氏、蟜极氏、仓颉氏、轩辕氏、神农氏、祝融氏、伏羲氏之有天下也,皆不授其子而授贤。其德酋清而尚爱,其政治而不赏,官而不爵,无厉于民,而治乱不共,故曰贤。"②这两篇文章都有一个共同的观念,就是肯定尊贤、让贤的禅让制。李存山认为,"崇尚禅让曾经是先秦儒、墨、道等家一致的思想"③。这一贤人政治的主张是中国传统文化的宝贵观念。《容成氏》言及轩辕氏、神农氏、祝融氏、伏羲氏时,以轩辕在最前面;《山海经》言黄帝等帝王,也常常以黄帝为始祖,《管子》一书十多次言及黄帝,这表明战国对轩辕黄帝的重视,是一个普遍的文化现象。从中也或许透露出稷下学宫黄老之学兴起的历史原因,是因为黄帝是当时各家都最推重人物。

---

① 如裘锡圭指出:"《唐虞之道》通篇讲尧舜禅让之道,认为天子年老时禅天下于贤者,是最好的治天下之道,甚至说'不禅而能化民者,自生民未之有也',对禅让的推崇到了无以复加的地步。公元前316年燕王禅位给相国子之,到前至前年间终于酿成了国破君亡的悲剧。有学者指出,《唐虞之道》一定写成于这一事件之前,是很合理的。这跟竹书抄写年代为战国中期正相符合。"(裘锡圭:《新出土先秦文献与古史传说》,《中国出土古文献十讲》,复旦大学出版社2004年版,第18—19页。)

② 复旦大学出土文献与古文字研究中心:子居:《上博二〈容成氏〉再编连》,2008年6月7日,见http://www.gwz.fudan.edu.cn/srcshow.asp? src_id=452。

③ 李存山:《反思经史关系:从"启攻益"说起》,《中国社会科学》2003年第3期。

姜广辉认为,《庄子·胠箧》和《容成氏》对这些上古帝王的记叙,"若从炎黄古史传说体系来看",其"次第排列是混乱无序的";"我们或许可以认为,这是有别于炎黄古史传说体系的另一类古史传说,或者可以认为它是在炎黄古史传说体系之前的未经整理加工的原生态的古史传说。"①这是很有道理的。但也是在这些古史传说的基础上,才有后来炎黄古史传说体系的出现。

此外,战国时的《子思子》言及东扈氏:"东扈氏之时,道上雁行而不拾遗,余粮宿诸亩道。"《商君·画策》言及暤英:"昔者暤英之世,以伐木杀兽,人民少而木兽多。"《韩非·五蠹》言及巢氏:"有巢氏构木为巢以避群害,燧人氏钻燧取火以化腥臊。"《天问》言及女娲:"女娲有体,孰制匠之?"值得注意的是《易·系辞下》关于古帝王的记叙:"古者包牺氏之王天下也,仰则观象于天,俯则观法于地,观鸟兽之文与地之宜,近取诸身,远取诸物,于是始作八卦,以通神明之德,以类万物之情。作结绳而为网罟,以佃以渔,盖取诸《离》。包牺氏没,神农氏作,斫木为耜,揉木为耒,耒耨之利,以教天下,盖取诸《益》。日中为市,致天下之民,聚天下之货,交易而退,各得其所,盖取诸《噬嗑》。神农氏没,黄帝、尧、舜氏作,通其变,使民不倦,神而化之,使民宜之。"这里言及伏羲、神农、黄帝、尧、舜刚好是五位帝王,有的论著认为这是五帝说,但文中没有五帝一词,所以,难以认定为五帝说。这些记叙表明,言古史,谈古帝王,确实是战国的时代风尚。

正是在这些古帝王说影响下,出现了以五帝说为中心的帝王说。五帝说从出现到最后定型,也经历了两个阶段。第一个阶段的五帝说的特点是与五行学说没有联系的帝王说。

最早的五帝说,出于战国的赵武灵王,见于围绕赵武灵王胡服而发生的一场大论辩。赵武灵王(约前340—前295年)是战国中后期的人物,他在为其

---

① 姜广辉:《上博藏简〈容成氏〉的思想史意义——上海博物馆藏战国楚竹书(二)〈容成氏〉初读印象札记》,简帛研究网站,2003年1月9日。

胡服寻找历史根据时,首先讲三王五霸:"且夫三代不同服而王,五伯不同教而政。"①而接着又论及五帝三王:"古今不同俗,何古之法?帝王不相袭,何礼之循?宓戏、神农教而不诛,黄帝、尧、舜诛而不怒,及至三王,观时而制法,因事而制礼,法度制令各顺其宜,衣服器械各便其用。"②这里论帝王,这与《系辞下》言古帝王是相同,其差别在于《系辞下》没有五帝一词,也没有与三王等联系为说,《战国策》明确以帝在王前,以夏、商、周为三王,三王之前的宓戏、神农、黄帝、尧、舜自然应该是五帝。根据这一点,可以认为赵武灵王的五帝说与《系辞下》的帝王说存在某种关联,很可能是由《易传》的帝王说发展而来。

《大戴记》第一次出现了以五帝为篇名,以黄帝为中心的五帝说。书中的《五帝德》、《帝系》,记载宰予向孔子请教黄帝等五帝的问答。书中以黄帝为五帝之首,叙黄帝、颛顼、帝喾、尧、舜五帝。《大戴记》的五帝与以前的帝王说不同,不仅在于以五帝言三王之前的帝王,最重要的还在于以黄帝为始祖,将其后四帝都说成是黄帝的后裔,这一说法将原先无序的古帝王,变为有序的排列,而且用黄帝的血统将其统一起来。它的背后是战国儒家大一统理念的反映。这表明最早的五帝说的发明权,应该归于儒家。根据考古的成就,中国远古的历史遗迹如满天星斗,并非一个地方一个种族单线发展而来,所以,只有黄帝一系发展而出的五帝说,并不合于历史,至少不合于考古发现的远古史。《大戴记》以黄帝、颛顼、帝喾、尧、舜为五帝与《战国策》的五帝说,是不同的说法,其中《大戴记》的五帝说在后来最有影响。汉初,贾谊在《新书·修政语上》中叙黄帝、颛顼、帝喾、尧、舜五帝,司马迁著《五帝本纪》皆依《大戴礼记》为说。但《战国策》与《大戴礼记》,都没有五行学说影响的痕迹,可称之为五帝说的最初表现。

---

① 刘向集录:《战国策·赵二》(中册)卷十九,上海古籍出版社 1985 年版,第 661 页。

② 刘向集录:《战国策·赵二》(中册)卷十九,上海古籍出版社 1985 年版,第 663 页。

　　五帝说的进一步发展是在邹衍之后。邹衍以五行相克论历代帝王的兴替,提出的五德终始说,在战国晚期成为最时髦学说,从此五帝说与五行学说联系起来。秦王朝以秦为水德,就是根据这一五行相克说推论出来的:"始皇推终始五德之传,以为周得火德,秦代周德,从所不胜。"①据《吕氏春秋·应同篇》、《史记·封禅书》、《七略》等的记载②,邹衍的五行相克的终始说的具体内容,是以黄帝为土德,夏、商、周分别为木德、金德、火德。周为火德,代周的秦就必定是水德,这是秦为水德说的根据。在西汉初年,张仓等承认汉王朝是承继秦王朝而来,则持汉为土德说。但西汉初期也有人不承认秦王朝具有取代周王朝的正统性,而有汉为水德说。这些不同的说法依据的都是五行相克的五德终始说。按照五行相克言帝王兴废,邹衍之说当有五帝说的观念,但奇怪的是现存史料只有邹衍关于黄帝、夏、商、周四代帝王五行相克的说法,还没有关于五帝相克的具体说明。

　　在《吕氏春秋》的《十二纪》,还有以四时五行、五方配太皞、炎帝、黄帝、少皞、颛顼的五帝说。孟春正月,"其日甲乙,其帝太皞,其神句芒"③;孟夏四月,"其日丙丁,其帝炎帝,其神祝融"④;季夏六月,"其日戊己,其帝黄帝,其神后土"⑤;

---

　　①　司马迁:《史记·秦始皇本纪第六》第一册,中华书局 1985 年版,第 237 页。

　　②　《吕氏春秋·应同篇》说:"凡帝王之将兴也,天必先见祥乎下民。黄帝之时,天先见大蚓大蝼。黄帝曰:'土气胜。'土气胜,故其色尚黄,其事则土。及禹之时,天先见草木秋冬不杀。禹曰:'木气胜。'木气胜,故其色尚青,其事则木。及汤之时,天先见金刃生于水。汤曰:'金气胜。'金气胜,故其色尚白,其事则金。及文王之时,天先见火赤乌衔丹书集于周社。文王曰:'火气胜。'火气胜,故其色尚赤,其事则火。代火者必将水,天且先见水气胜。水气胜,故其色尚黑,其事则水。水气至而不知数备,将徙于土。"《史记·封禅书》说:"黄帝得土德,黄龙地蚓见。夏得木德,青龙止于郊,草木畅茂。殷得金德,银自山溢。周得火德,有赤乌之符。"显然是对《吕氏春秋》上段话的简略。而《七略》说:"邹子有终始五德,从所不胜,木德继之,金德次之,火德次之,水德次之。"则将秦王朝也纳入为说。

　　③　吕不韦:《吕氏春秋·孟春纪第一·正月纪》,《百子全书》下册,浙江古籍出版社 1998 年版,第 782 页。

　　④　吕不韦:《吕氏春秋·孟夏季第四·四月纪》,《百子全书》下册,浙江古籍出版社 1998 年版,第 787 页。

　　⑤　吕不韦:《吕氏春秋·季夏季第六·四月纪》,《百子全书》下册,浙江古籍出版社 1998 年版,第 790 页。

孟秋七月，"其日庚辛，其帝少皞，其神蓐收"①；孟冬十月，"其日壬癸，其帝颛顼，其神玄冥"②。而春夏秋冬四季与东南西北四方相配，加季夏的中央，与五行的木、火、土、金、水对应，其顺序为五行相生的序列，与邹衍言五德终始的五行相克正好相反。形成了以太皞即伏羲为木德（东方），炎帝为火德（南方），黄帝为土德（中央），少皞即青阳为金德（西方），颛顼为水德（北方）的五帝系列。《吕氏春秋》的五帝说在《礼记·月令》中被完全采纳，后来的《孔子家语》也持此说。值得注意的是，这一五帝说没有将五帝一统为黄帝一系，而是五帝并提。可见，在周秦之末，流行的是与五行学说相联系的五帝说，并有邹衍的五行相克与《吕氏春秋》的五行相生两种五帝说，但最有影响的是邹衍五行相克的五德终始说。所以，秦代与西汉初年论秦、汉的德行，所依据的都是五行相克的学说。

至司马迁著《史记》，叙三王之前的历史，以黄帝、颛顼、帝喾、尧、舜为五帝，著为《五帝本纪》。他在《五帝本纪》说，《五帝德》、《帝系》"儒者或不传"，但在《左传》、《国语》中有诸多可以相互发明的资料。③ 这说明司马迁的《五帝本纪》是在《大戴记》的基础上，参照《左传》等先秦文献而成，所以，《史记》较之《五帝德》、《帝系》，记叙更加丰富。但《大戴记》没有看到五德终始的运气说，《史记》则有黄帝"有土德之瑞"④的内容，这是对《五帝德》、《帝系》五帝说的发展。因其说本于《大戴记》，而戴德以治《礼》为经学博士，所以，被视为经典的说法，而被班固在《白虎通义·号》的"五帝"条目中所采用。贾逵后来称此说为"五经"说的五帝说。但"五经"文本绝无五帝之说。

汉王朝的开创者刘邦，不过是小小的亭长，出身低微，为了证明自己血统

---

① 吕不韦：《吕氏春秋·孟秋季第七·七月纪》，《百子全书》下册，浙江古籍出版社1998年版，第791页。

② 吕不韦：《吕氏春秋·孟冬季第十·七月纪》，《百子全书》下册，浙江古籍出版社1998年版，第796页。

③ 参见司马迁：《史记·五帝本纪第一》第一册，中华书局1985年版，第47页。

④ 司马迁：《史记·五帝本纪第一》第一册，中华书局1985年版，第6页。

的高贵,汉代的经学家将刘氏与尧联系起来。到西汉中后期,形成了汉为尧后,孔子著《春秋》是为汉制法之说,并以尧、汉皆为火德,制造出汉为赤制说,以致西汉末年刘秀还制作《赤伏符》,来为刘氏再王制造天命的根据。但司马迁的五帝说,虽然本于《礼记》,但找不到尧为火德的根据。于是刘歆依据《左传》的少皞代黄帝,在司马迁的五帝说的黄帝之后,颛顼之前加入少皞,编造出五行相生的新五德终始说,按此计算尧就刚好为火德:土(黄帝)→金(少皞)→水(颛顼)→木(帝喾)→火(尧)。但舜在儒家的五帝说中一直被视为五帝之一,若黄帝、少皞、颛顼、帝喾、尧加上舜,就是六帝了,怎么来弥合六帝却称五帝呢?陈立在《白虎通疏证》中讲到,郑玄注据所引《中候·敕省图》:"德合五帝座星者称帝。"而认为五帝为"黄帝、金天氏、高阳氏、高辛氏、陶唐氏、有虞氏是也。实六人,而言五者,以其具合五帝座星故也。"①若五帝有六位怎么与五行一一相附会? 这一说法实在牵强,于是,晋皇甫谧的《帝王世纪》就将黄帝改为三皇之一,而以少皞、颛顼、帝喾、尧、舜为五帝。孔颖达在疏《尚书序》时也据以解释三坟五典:"伏羲、神农、黄帝之书,谓之《三坟》,言大道也。少皞、颛顼、高辛、唐、虞之书,谓之《五典》,言常道也。"②

五帝说是战国诸子竞言古帝王的产物,但从战国到唐代孔颖达,并没有一个统一的五帝说,而是至少有五种五帝说。依这些五帝说出现的先后顺序:第一种是《战国策》的五帝说,以宓戏、神农、黄帝、尧、舜为五帝,源于《系辞下》的古帝王说;第二种是《大戴记》的五帝说,以黄帝、颛顼、帝喾、尧、舜为五帝,其后被贾谊的《新书》,司马迁的《五帝本纪》、《白虎通》所采用;第三种是《吕氏春秋》的五帝说,以太皞、炎帝、黄帝、少皞、颛顼为五帝,《礼记·月令》、《孔子家语》亦同此说;第四种是为汉为尧后而造作的五帝说,以黄帝、少皞、颛顼、帝喾、尧、舜六位帝王为五帝,见于《世本》等;第五种是《帝王世纪》修正第四种五帝说而来,以少皞、颛顼、帝喾、尧、舜为五帝,后来被孔安国《尚书序》

---

① 陈立:《白虎通疏证》(上册)卷一,中华书局 1994 年版,第 53 页。
② 阮元刻:《十三经注疏》(上),中华书局 1982 年版,第 113 页。

所采用。其后言五帝,基本都不出这些说法。从五帝说的变化发展来看,五帝说是在各种古帝王说基础上发展起来的,先是没有与五行学说相联系,自邹衍以后,五帝说都以五行理论为支撑,到汉初主要是用五行相克来言五帝,到西汉中后期则变为以五行相生来排列五帝,而这一变化与汉王朝的政治需要有直接关系。因为只有西汉后期出现的以五行相生的五德终始说,尧才居于火德位置,而尧之后舜、夏、商、周,则为土德、金德、水德、木德,继木德之后为火德,汉不承认秦为继周的正统,而自以继周的正统,正好居于火德的位置,这也为汉为尧后制造了血统论的根据,春秋公羊学的孔子为赤制之说,就是其理论说明。

但五帝说只是推到五帝,在五帝之前还有无帝王。进一步的追论,于是又有了三皇说。三皇说的三皇指五帝以前的三位帝王,但三皇说的出现,却在五帝说之后。战国时,还无三皇说,三皇的文字最早见于秦王朝。秦始皇时议立帝号,李斯等与博士上书有天皇、地皇、泰皇的三皇说:《史记·秦始皇纪》:丞相等议帝号曰,"古有天皇、有地皇、有泰皇,泰皇最贵。"①泰皇相对天皇、地皇,显指人皇。秦始皇时的三皇说是以天地人三才观念言说三皇,带有神话的色彩,还谈不上是以人帝言三皇的三皇说,更没有三皇是谁的具体说明。

以人帝言三皇的三皇说,最早出现在西汉后期的汉成帝时。扬雄的《甘泉赋》有"同符三皇";《羽猎赋》有"涉三皇之登闳……加劳三皇";《河东赋》有"蹑三皇之高踪"。而且《羽猎赋》言及三皇的伏羲、神农:"或称羲农,岂或帝王之弥文哉",《河东赋》则有三皇中的祝融:"丽钩芒与骖蓐收兮,服玄冥及祝融。"扬雄是汉代著名哲学家,也是有影响力的历史学家。扬雄的三皇究竟具体指谁并不清楚,但有一点可以肯定的是,扬雄三皇说是以人帝言三皇的三皇说,后来的三皇说无疑是从扬雄这里发展而来。在谶纬神学兴起之后,三皇

---

① 司马迁:《史记》卷六《秦始皇本纪第六》,中华书局1985年版,第236页。

说被完全确立。谶纬言符命,讲天命兴废,讨论历史王朝的兴废成为主要话题,三皇说因此成为重要内容。由于谶纬神学是方士的宗教迷信与今文经学合流的产物,所以,在谶纬中三皇也被神化为天地初立时的神话人物,但更多的是以人帝言三皇的三皇说。而自《白虎通》据谶纬言三皇,三皇说得到经学的认可,而开始流行。

东汉末年王符在《潜夫论》的《五德志》中对当时的三皇有一个总结性的说明:

> 世传三皇五帝,多以为伏羲、神农为二皇,其一者或曰燧人,或曰祝融,或曰女娲,其是与非未可知也。我闻古有天皇、地皇、人皇,以为或及此谓,亦不敢明。凡斯数,其于五经,皆无正文。故略依《易·系》,记伏羲以来,以遗后贤。虽多未必获正,然犹可以浮游博观,共求厥真。①

从这段话可见,在东汉末年至少有四种三皇说:1. 燧人、伏羲、神农说,此说出于《礼纬·含文嘉》②,而在《白虎通》的排列次序是伏羲、神农、燧人;2. 伏羲、神农、祝融说,此说见于《孝经·钩命决》③,但《白虎通》说出于《礼》④;3. 伏羲、女娲、神农说,此说见于《春秋纬·运斗枢》⑤,而被《风俗通》等采用;4. 天皇、地皇、泰皇(或作人皇)说,最早出于秦始皇时,后来被《河图》所采用。⑥

此外,还有第五种三皇说,就是伏羲、神农、黄帝的三皇说,此说出于孔安

---

① 汪继培:《潜夫论笺》,中华书局 1979 年版,第 383 页。
② 钟肇鹏、萧文郁点校:《七纬》上册,中华书局 2012 年版,第 279 页。
③ 钟肇鹏、萧文郁点校:《七纬》下册,中华书局 2012 年版,第 729 页。
④ 从《白虎通》多据谶纬立论来看,《白虎通》以此说出于《礼》,很可能此说也见于《礼纬》。
⑤ 钟肇鹏、萧文郁点校:《七纬》下册,中华书局 2012 年版,第 495 页。
⑥ 如《河图·三五历》说:"天地初立,有天皇氏。十二头。澹泊,无所施为,而俗自化。木德王,岁起摄提。兄弟十二人,立各一万八千岁,地皇,十一头。火德王。姓十一人,兴于熊耳、龙门等山,亦各万八千岁。人皇,九头。乘云车,驾六羽,出谷口。兄弟九人,分长九州,各立城邑。凡一百五十世,合四万五千六百年。"天皇为木德,地皇为火德,地皇在天皇后,火克木,这是按五行相克言三皇。

国的《尚书序》，但西汉末的《世经》，在黄帝和颛顼之间加入少皞，少皞成为五帝之首，黄帝就上升到三皇，就应该有伏羲、神农、黄帝的三皇说出现。此说最早很可能出自谶纬，只是谶纬的著述遗失，而在《尚书序》中保存了下来。所以，到东汉末年，已经出现了至少五种三皇说。其后，三国时徐整作《三五历》，西晋时皇甫谧作《帝王世纪》，都言及三皇。

到唐代，弘文馆学士司马贞认为："太史公作《史记》，古今君臣宜应上自开辟，下迄当代，以为一家之首尾。今阙三皇，而以五帝为首者，正以《大戴礼》有《五帝德篇》，又《帝系》皆叙自黄帝以下，故因以《五帝本纪》为首，其实三皇已还，载籍罕备，然君臣之始，教化之先，既论古史，不合全阙"①，于是补《史记》，作《三皇本纪》。司马贞的三皇说以伏羲、女娲、神农为三皇，这是据纬书为说，而且，他也是按纬书的五行相克来言三皇的兴替。同时，面对已有的各种三皇说，杂采兼收，还以"一说"，保留《河图》的天地人三皇说，两说并存。

至宋代罗泌著《路史》，多采纬书，道藏等书言三皇，是三皇说中内容最多，也最带神话色彩的理论，而被历代史学家所诟病。

二、三皇五帝连称出现的时间

从上面的讨论中，可以看出五帝说形成于战国，最早的三皇说见于秦始皇时，确立于西汉晚期。在分别辨析了三皇五帝后，现在进一步考察三皇五帝连称的三皇五帝说出于何时？

从现有文献看，三皇五帝连称最早见于《庄子·天运》。该篇二处载有三皇五帝之说，一见于老子与孔子弟子子贡的讨论：

子贡曰："夫三王、五帝之治天下不同，其系声名一也。而先生独以为非圣人，如何哉？"老聃曰："小子少进！子何以谓不同？"对

---

① 司马贞：《补史记·三皇本纪》，文渊阁《四库全书》电子本，上海人民出版社、迪志文化出版有限公司 1999 年版。

> 曰："尧授舜，舜授禹，禹用力而汤用兵，文王顺纣而不敢逆，武王逆纣而不肯顺，故曰不同。"老聃曰："小子少进！余语汝三皇五帝之治天下。黄帝之治天下，使民心一，民有其亲死不哭而民不非也。尧之治天下，使民心亲，民有为其亲杀其杀而民不非也。舜之治天，使民心竞，民孕妇十月生子，子生五月而能言，不至乎孩而始谁，则人始有夭矣。禹之治天下，使民心变，人有心而兵有顺，杀盗非杀，人自为种而天下耳，是以天下大骇，儒墨皆起。其作始有伦，而今乎妇女，何言哉！余语汝，三皇五帝之治天下，名曰治之，而乱莫甚焉。三皇之知，上悖日月之明，下睽山川之精，中堕四时之施。其知憯于蛎虿之尾，鲜规之兽，莫得安其性命之情者，而犹自以为圣人，不可耻乎，其无耻也？"子贡蹴蹴然立不安。①

老子与子贡讨论的这段文字中既有三王五帝，也有三皇五帝，前后不一。但论及的古帝王只涉及黄帝、尧、舜、禹、汤、文王、武王。若以黄帝为五帝之首，以夏、商、周为三代，就不是讲三皇五帝，而是讲三王五帝。若以黄帝为三皇，尧舜为五帝，夏、商、周为三王，则涉及皇帝王，不是皇帝或帝王可以包括的。王先谦的《庄子集解》解"三皇之知"就曾经指出："此三皇当作三王，否则不可通。"《史学杂志》1930年第5期以《三皇五帝说探源》为题，刊载蒙文通、缪凤林关于三皇五帝的通信讨论，缪凤林就认为"《庄子》书言三皇者，疑皆三王误文。"所以，这段话的三皇五帝，当为三王五帝，后世三皇五帝说流行，而被人误改。

一见于颜渊与鲁国太师师金的问答中：

> 师金曰："故夫三皇五帝之礼义法度，不矜于同而矜于治，故譬三皇五帝之礼义法度，其犹柤梨橘柚耶，其味相反而皆可于口。"②

师金是在与子贡讨论孔子西行一事时，言及三皇五帝，但师金在其前后的论说

---

① 郭庆藩：《庄子集释》第二册，中华书局1981年版，第526—527页。
② 郭庆藩：《庄子集释》第二册，中华书局1981年版，第514页。

中,却没有涉及三皇五帝的人和事。且《庄子》一书,《胠箧》等篇谈到诸多三代以前的帝王人物,都无三皇五帝之说,师金在谈论孔子西行时反倒有三皇五帝之说,这是值得怀疑的。而且,庄子在谈论三代以前的古帝王,都没有礼义法度之说,这里的说法与《庄子》的基本思想是相冲突的。此外,战国中期还没有其他证据证明,已经出现三皇五帝一词,所以,《庄子》书中的三皇五帝说,是不可信的。

　　三皇五帝连称,还见于《周礼·春官宗伯第三》:"外史掌书外令,掌四方之志,掌三皇五帝之书。"①但三皇五帝具体指谁,并没有明说。依照学术界多数人的意见,《周礼》一书出自战国,但在汉代是先秦儒家著作中最为晚出的一部书,并经过刘歆之手,而儒学经典如《左传》、《周礼》在历史上被不少人认为多有刘歆的增益,所以,这段话可信性不高。加之先秦儒学著作《尚书》最古的篇章是《尧典》,《诗经》最早的时间是追溯到商的先祖(《诗经·商颂》),《论语》、《荀子》只有尧、舜、禹的叙说,只有《孟子》言及神农,《易传》言及伏羲,虽然伏羲、神农后来被纳入三皇的序列,但这些著作皆无三皇五帝之说。综合这些来看,《周礼》的三皇五帝一词是一孤证,并不可信。

　　战国时的《世本》与《竹书纪年》二书,是两部专门记载古代史的历史著作,但也难以认定有三皇五帝说。《世本》一书,据陈梦家《六国纪年所附〈世本〉考略》一文,此书应是战国末赵人所作,成书约在秦始皇十三年至十九年(前234—前228年)。② 全书佚于南宋,商务印书馆1957年出版的八种辑本,除《孙冯翼集本》于帝王世系无说外,各本的记载都有三代以前三皇五帝帝王世系,但详略不一,而且各有异说。《王谟本》三皇名目之下列伏羲、女娲、黄帝,在五帝名目之下列少皞、颛顼、帝喾、尧、舜;《陈其荣增订本》无三皇五帝之目,叙三代以前帝王,其顺序为伏羲、神农(炎帝)、黄帝、少皞、颛顼、帝喾、

---

① 阮元刻:《周礼注疏》卷二十六,《十三经注疏》(上),中华书局1982年版,第820页。
② 参见(汉)宋衷注,(清)秦嘉谟等辑:《世本八种出版说明》,商务印书馆1957年版,第2页。

帝挚、尧、舜,与《王谟本》相较缺女娲,多神农,并以为神农即炎帝,黄帝为五帝,不同于《王谟本》以黄帝为三皇;①《秦嘉谟辑补本》亦无三皇五帝的名目,其帝系以黄帝始,于黄帝子青阳一系列少皞、帝喾、帝尧,昌意一系列颛顼、帝舜;②《张澍稡集补注本》于《帝系篇》的《三皇谱》列伏羲、女娲、祝融、尊卢氏、神农(炎帝)、黄帝,于《五帝谱》列少皞、颛顼、帝喾、尧、舜;《雷学淇校辑本》的《帝系》所叙与《秦嘉谟辑补本》相同;《茆泮林辑本》在《帝王世本》中叙三代以前帝王为黄帝、少皞、颛顼、帝喾、尧、舜,亦无三皇五帝的名目。《王梓才辑本》明显受到《路史》的影响,列《皇古一》叙盘古、初三皇,即天皇、地皇、人皇;《皇古二》叙循蜚 22 氏、因提 13 氏,《皇古三》为禅通 18 氏,内有伏羲、女娲、神农;《帝世一》疏仡上之一,列黄帝十世、炎帝八世与共工,《帝世二》疏仡上之二,列太皞□③世、少皞八世,《帝世三》疏仡上之一,列高阳十世、高辛十世,《帝世四》疏仡上之四,列陶唐、有虞。比较这些辑本,多数没有三皇五帝的名目,《秦嘉谟辑补本》、《雷学淇校辑本》、《茆泮林辑本》无三皇说,而《王谟本》、《陈其荣增订本》、《张澍稡集补注本》、《王梓才辑本》即使有三皇五帝说,也基本上是采自后人的著述,甚至是罗泌的《路史》,不足为信。

《竹书纪年》更没有三皇五帝之说的可能。《晋书·束皙传》载:"初,太康二年,汲郡人不准盗发魏襄王墓,或言安釐王冢,得竹书数十车。其《纪年》十三篇,记夏以来至周幽王为犬戎所灭,以事接之,三家分,仍述魏事至安釐王之二十年。盖魏国之史书,大略与《春秋》皆多相应。"这是关于《竹书纪年》最早的记载,明确说十三篇的《竹书纪年》只有从夏到魏襄王二十年的历史记录。在《隋书·经籍志》著录为十二卷,《新唐书·艺文志》为十四卷,但嘉庆丙寅年(1806 年)的平津馆刊藏《竹书纪年》,只有上下两卷,上卷载黄帝、少皞、颛

---

① 参见(汉)宋衷注,(清)秦嘉谟等辑:《世本八种·陈其荣增订本》,商务印书馆 1957 年版,第 15 页。

② (汉)宋衷注,(清)秦嘉谟等辑:《世本八种·秦嘉谟辑补本》,商务印书馆 1957 年版,第 5 页。

③ 原文缺。

顼、帝喾、尧、舜、夏、商，下卷载周武王以来至周隐王。所以，洪颐煊在《序》中已经说明，今本已非原本，并指出存在多处失误。其失误之二就是不应有三代以前的历史记载："束皙、杜预所见，《纪年》本起自夏殷，至幽周王以后，以晋纪年，晋灭以后，以魏纪年，今本《纪年》乃起自黄帝，至魏今王二十年，幽王以后，皆以周王纪年，其误二也。"①王国维在《今本竹书纪年疏证》的"前言"说：

> 昔元和惠定宇征君作《古文尚书考》，始取伪古文《尚书》之事实
> 文句，一一疏其所出，而梅书之伪益明。仁和孙颐谷御复用其法，作
> 《家语疏证》，吾乡陈仲鱼孝廉叙之曰："是犹捕盗者之获得真赃。"诚
> 哉是言也。余治《竹书纪年》，既成《古本辑校》一卷，复怪今本《纪
> 年》为后人搜辑，其迹甚著，乃近三百年学者疑之者固多，信之者亦
> 且过半。乃复用惠、孙二家法，一一求其所出，始知今本所载殆无一
> 不袭他书。其不见他书者，不过百分之一，又率空洞无事实，所增加
> 者年月而已。且其所出，本非一源，古今杂陈，矛盾斯起。既有违异，
> 乃生调停，纠纷之因，皆可剖析。夫事实既具他书，则此书为无用；年
> 月又多杜撰，则其说为无征。无用无征，则废此书可，又此《疏证》亦
> 不作可也。然余惧后世复有陈逢衡辈为是纷纷也，故写而刊之，俾与
> 《古本辑校》并行焉。②

根据王国维先生的考辨，两卷本的《竹书纪年》百分之九十九出自他书，是一部无用、无证之书。1981年上海人民出版社出版，由方诗铭、王修龄两位先生校证的《古本竹书纪年辑证》一书，其"前言"对该书的流传作了详细的考辨，尽管方诗铭、王修龄承认《竹书纪年》的某些史料价值，但也明确指出今存《竹书纪年》已非原书之旧，认定原书没有三代以前的历史记载，所以，《古本竹书纪年辑证》直接从夏禹开始叙述，而没有所谓三皇五帝的记叙。完全可以说，

---

①　《竹书纪年》，平津馆刊藏，嘉庆丙寅年刻本，第2页。

②　参见方诗铭、王修龄：《古本竹书纪年辑证》，上海人民出版社1981年版，第188—189页。

《竹书纪年》的古本或原书根本没有三皇五帝之说。刘恕在《资治通鉴外纪》第一卷中说："秦以前诸儒或言五帝，犹不及三皇，后代不考《始皇本纪》，乃曰兼三皇五帝号曰皇帝，误也。"可以说，战国关于三皇五帝之说都是不可信的。

蒙文通在《古史甄微》中论三皇五帝，据西汉经学家谷永的"夫周秦之末，三五之隆"，及其师古注"三谓三皇，五谓五帝"[①]，认为"三皇五帝之说，起自晚周"[②]。谷永此语出自劝谏汉成帝为求子嗣，而迷信方士祭祀的上书中，中心思想是揭露方士的祭祀迷信的实质是假鬼神以骗人主："背仁义之正道。不遵五经之法言"，"皆奸人惑众，挟左道，怀诈伪，以欺罔世主"[③]。为了说明这一点，谷永还借用历史事实来说明："昔周史苌弘以鬼神之术辅尊灵王会朝诸侯，而周室愈微，诸侯愈叛。楚怀王隆祭祀，事鬼神，欲以获福助，却秦师，而兵挫地削，身辱国危。秦始皇初并天下，甘心于神仙之道，遣徐福、韩终之属，多童男童女入海求神采药，因逃不还，天下怨恨。汉兴，新垣平、齐人少翁、公孙卿、栾大等，皆以仙人黄治祭祠事鬼使物入海求神采药贵幸……元鼎、元封之际，燕齐之间方士瞋目扼挽，言有神仙祭祀致福者以万数。其后，平等皆以术窃诈得，诛夷伏辜。至初元中，有天渊玉女、巨鹿神人、嶲阳侯师张宗等之方士，纷纷复起。夫周秦之末，三五之隆，已尝专意散财，厚爵禄，竦精神，举天下以求之矣。旷日经年，靡有毫牦之验，足以揆今。"[④]可见，他讲三五之隆的三五，绝非三皇五帝。师古注是不合谷永本义，关于这一点前人早已指出："刘奉世曰：'未通，疑有误。三五似指三世、五世而言，谓文武之时也，寻上文可见。'宋祁曰：'颜注三五之隆，疑非是。余谓五字当作主，盖指汉三主耳。新垣平事则文帝时也。元鼎元封则武帝时也。初元则元帝时也。指异代则曰周

---

① 班固：《郊祀志下》卷三十五下，《汉书》第4册，中华书局1983年版，第1261—1262页。
② 蒙文通：《古史甄微》，巴蜀书社1999年版，第15页。
③ 班固：《郊祀志下》卷三十五下，《汉书》第4册，中华书局1983年版，第1260页。
④ 班固：《郊祀志下》卷三十五下，《汉书》第4册，中华书局1983年版，第1260页。

秦之末,于今世则曰三主之隆,文意较然明甚。师古于汉书他所是正者甚多,而不察于此所未谕也。'"①但是,刘奉世、宋祁以汉文、汉武、汉元说三五,也不合谷永之义。

谷永所谓"三五",是指王朝的历史气运变化。"三五"一词在西汉已经被使用,是指与天象运行相关的气数变化。《史记·天官书》:"夫天运三十岁一小变,百年中变,五百载大变,三大变一纪,三纪而大备,此其大数也。为国者必贵三五,上下各千岁,然后天人之际续备。"《索隐》:"三五谓三十岁一小变,五百岁一大变。"又说:"太上脩德,其次脩政,其次脩救,其次脩禳,正下无之。夫常星之变希见,而三光之占亟用。日月晕适云风,此天之客气,其发见亦有大运。然其与政事俯仰,最近人之符。此五者,天之感动。为天数者,必通三五。终始古今,深观时变,察其精粗,则天官备矣。"《索隐》:"三谓三辰,五谓五星。"②天道运数有盛衰,人世王朝有兴替,能够享有天命的只能是修德的王朝,而不是那些迷信方术的昏君。谷永说三五,正是在此意义上而言。而儒家言三皇五帝都是指的古圣王,赞其盛世,而不是批判。谷永是经学家,他没有理由也不可能将三皇五帝,与迷信盛行的周秦之末及汉世的迷信相提并论,所以,谷永的三五之义,并不是三皇五帝,而是指天象运数在人世间世运的变化。

虽然师古注有违谷永本义,但蒙文通说三皇五帝之说出现在周秦之末,似乎还是有所根据。在《吕氏春秋》一书中,就有四处言及三皇五帝:

　　天地大矣,生而弗子,成而弗有,万物皆被其泽,得其利而莫知其所由始,此三皇五帝之德也。③

　　天下无粹白之狐,而有粹白之裘,取之众白也。夫取于众,此三

---

①　班固:《前汉书》卷二十五下,文渊阁《四库全书》电子版,上海人民出版社、迪志文化出版有限公司1999年版。

②　司马迁:《史记》卷二十七,文渊阁《四库全书》电子版,上海人民出版社、迪志文化出版有限公司1999年版。

③　吕不韦:《吕氏春秋·孟春纪第一·贵公》卷一,《百子全书》下册,浙江古籍出版社1998年版,第782页。

皇五帝之所以大立功名也。凡君之所以立,出乎众也。①

　　凡救守者,太上以说,其次以兵。以说则承从多群,日夜思之,事
心任精,起则诵之,卧则梦之,自今单唇干肺,费神伤魂,上称三皇五
帝之业以愉其意,下称五伯名士之谋以信其事,早朝晏罢,以告制兵
者,行说语众,以明其道。②

　　夫孝,三皇五帝之本务,而万事之纪也。夫执一术而百善至,百
邪去,天下从者,其惟孝也!③

这四处所论,第一处讲三皇五帝之德,生成万物,万物皆受其恩泽,但却弗子、
弗有,这是《道德经》第二章所说的"是以圣人处无为之事,行不言之教;万物
作而弗始,生而弗有,为而弗恃,功成而不居"④之义。这一三皇五帝说,显然
是道家之说。第二处讲三皇五帝的成功在于能够取于众,是关于人君南面之
术的理论。《汉书·艺文志》说,"道家者流,盖出于史官,历记成败存亡祸福
古今之道,然后知秉要执本,清虚以自守,卑弱以自持,此君人南面之术也"。
所以,此说也可归于道家之说。第三处讲纵横家的游说,三皇五帝、三王五霸
都是游说的内容,这是纵横家的三皇五帝之说。第四处以孝为三皇五帝行政
的根本,这是儒家说。若《吕氏春秋》确有这四处三皇五帝,则周秦之末道家、
纵横家、儒家等诸子都有各自的三皇五帝说。

　　但这值得怀疑,因为这言及三皇五帝的四篇文章中,我们都没有看到三皇
五帝的人与事,而所言及的人与事,都不出三代与春秋战国。称颂三皇五帝,
当以三皇五帝之事来说明,不应该以三代甚至是春秋战国的人事来论证。而

---

① 吕不韦:《吕氏春秋·孟夏纪第四·用众》卷四,《百子全书》下册,浙江古籍出版社 1998
年版,第 788 页。
② 吕不韦:《吕氏春秋·孟秋纪第七·禁塞》卷七,《百子全书》下册,浙江古籍出版社 1998
年版,第 792 页。
③ 吕不韦:《吕氏春秋·孝行览第二·孝行》卷十四,《百子全书》下册,浙江古籍出版社
1998 年版,第 802 页。
④ 朱谦之:《老子校释》,中华书局 1984 年版,第 10—11 页。

且《吕氏春秋》有以五方、五行配五帝的明说,但却无三皇的具体说明。三皇中的燧人、伏羲、女娲,在整部《吕氏春秋》都无言及,只有神农被多次提及,而且经常是与黄帝一起言及。若《吕氏春秋》有三皇之说,不应该连燧人、伏羲、女娲都没有提及。所以,这四处三皇五帝说,都不可信。上面第三条有说"上称三皇五帝之业以愉其意,下称五伯名士之谋以信其事",这是以三皇五帝与五霸为时代相连,但三皇五帝之后是夏、商、周三代,而不是与春秋的五霸直接相连,五霸以前只能是三王,三皇五帝之后也只能是三王。《吕氏春秋》的作者都是名流,不可能没有这一常识。此条的五霸之前的三皇五帝,原本很可能为五帝三王,三皇五帝是后人的误改。在《吕氏春秋》的卷六的《明理》、卷十六的《适威》各有一处言及"五帝三王",卷十三的《名类》二处言及"五帝三王",可为旁证。从秦始皇称帝,李斯等上书也只有天皇、地皇、泰皇的三皇说,而无伏羲等古帝王的三皇说,也可以确定《吕氏春秋》无三皇五帝说,因为三皇五帝说的三皇是伏羲等人帝,而不是天皇、地皇、泰皇的三皇说。

西汉早中期,也没有言三皇五帝连称的确证。西汉初年的伏生的《尚书大传》的《略说》似乎出现了三皇五帝说:"遂人以火纪,火,太阳也。阳尊,故托遂皇于天。伏羲以人事纪,故托戏皇于人。盖天非人不因,人非天不成也。神农悉地力种谷,故托农皇于地,天地人之道備,而三五之运兴矣。伏羲氏没,神农氏作,神农氏没,黄帝尧舜氏作。"①后来应劭的《风俗通义》也引以为说。清代学者孙之騄还在辑录该书时用《三五传》的题目,来收入上述文字,承认伏生《大传》已有三皇五帝说。但陈寿祺在《尚书大传定本序》中,已经怀疑《略说》为伪书。阳尊阴卑的说法,最早见于《易传》,但形成一套学说,并用以系统说明社会人事问题是从董仲舒开始的。天人关系成为重要的话语出现在西汉中期,而且,在先秦汉初言帝王兴替,流行的五德终始说是五的循环,而天地人是三的循环。而以三的循环言帝王兴替,创自董仲舒的三统说。东汉末

---

①　伏生:《尚书大传》,文渊阁《四库全书》电子版,上海人民出版社、迪志文化出版有限公司1999年版。

年的王符也说,三皇五帝之说不见于"五经"。直到西汉晚期,也没有类似的三皇五帝说。所以,可以确定《略说》非《大传》原文,至少三皇五帝这段文字不可信。同时代的贾谊的《新书》只有《数宁》二次言及五帝,《过秦论》一次论及三王;陆贾的《新语》、韩婴的《韩诗外传》皆无三皇五帝说。也可证《尚书大传》的三皇五帝说不可信。

到董仲舒时,也还没有后来的三皇五帝之说。在《春秋繁露》的《三代改制质文》中有皇帝说,但是九皇五帝说,而不是三皇五帝说:

> 是故周人之王,尚推神农为九皇,而改号轩辕谓之黄帝,因存帝颛顼、帝喾、帝尧之帝号,绌虞而号舜曰帝舜,录五帝以小国。下存禹之后于杞,存汤之后于宋,以方百里爵号公,皆使服其服,行其礼乐,称先王客而朝。①

董仲舒认为历史是按通三统的规律变化的。依照通三统,以往历代王朝依与新王朝时间距离的远近,而被纳入二王后、五帝、九皇的序列,所谓"德侔天地者,称皇帝,天佑而子之,号称天子。故圣王生则称天子,崩则存为三王,绌灭则为五帝,下至附庸,绌为九皇,下极其为民"②,譬如当周王朝受命,为天子之时,周前面的夏商两朝为二王后,黄帝、颛顼、帝喾、尧、舜五代则为五帝,神农则归于九皇的系列。司马迁《史记·五帝本纪》以黄帝、颛顼、帝喾、尧、舜为五帝,正合于董仲舒此说。再对照董仲舒关于商受命的论述:"故汤受命而王,应天变夏作殷号,时正白统,亲夏故虞,绌唐谓之帝尧,以神农为赤帝。"③商为天子时,二王为夏与舜,神农、黄帝、颛顼、帝喾、帝尧为五帝。赤帝为火德,黄帝为土德,黄帝继赤帝,是火生土,可知董仲舒说明王朝的发展顺序是按照五行相生来安排的,而不是邹衍的五行相克的五德终始说。

这一改变,有着深刻的历史原因。五行相克的五德终始说与革命说,都是

① 钟肇鹏主编:《春秋繁露校释》(校补本)上册,河北人民出版社 2005 年版,第 448 页。
② 钟肇鹏主编:《春秋繁露校释》(校补本)上册,河北人民出版社 2005 年版,第 454 页。
③ 钟肇鹏主编:《春秋繁露校释》(校补本)上册,河北人民出版社 2005 年版,第 425 页。

肯定新王朝推翻旧王朝的理论。但自汉景帝不准言汤武革命后，革命说成为汉王朝的忌讳，董仲舒深谙这一点，所以，他不再讲五行相克的五德终始说，而用三统说取代邹衍之说，同时，将五行相克改变为五行相生。关于这一点，我在《公羊学发展史》中论董仲舒的春秋公羊学时有详细的说明。董仲舒以三统说言夏、商、周三代的改变，但言三代以前的历史，不是讲三皇五帝，而是以五帝九皇为说。在董仲舒那里，五帝、九皇主要是指受天命的当朝前三代以上的王朝，而且都不是固定的，是依天命的转移而变化的。更重要的是，董仲舒的这一历史序列，最重视的受命于天的当朝天子，九皇五帝只具有附庸、下民的地位："故圣王生则称天子，崩迁则存为三王；绌灭则为五帝，下至附庸；绌为九皇，下极其为民，有一谓之三代。①"②所以，尽管帝号在名义上尊于王，但只能封以小国，这就是所谓"远者号尊而地小，近者号卑而地大，亲疏之义也"③。这说明董仲舒以当朝往前逆推的历史序列，不过是要说明越往前的王朝，对当代社会的影响越小、地位越低。这是董仲舒关注现实政治在历史观上的表现。所以，他没有大同、大道之行之类词语对皇帝的赞美，而是将皇帝视为附庸、下民之列。伏生、贾谊、陆贾、韩婴、董仲舒皆为儒学家或以儒学为主的学者，这说明西汉初年至汉武帝时的儒学都没有三皇五帝之说。

《淮南子》一书，似乎有三皇五帝之说："故三皇五帝，法籍殊方，其得民心均也。故汤入夏而用其法，武王入殷而行其礼，桀、纣之所以亡，而汤、武之所以为治。"④查《淮南子》全书言帝王，更多的是讲五帝三王，见于《览冥训》、《本经训》、《齐俗训》、《兵略训》、《人间训》、《泰族训》、《氾论》、《要略》等篇，而三皇五帝之说只出现一次。从这段话出处的《齐俗训》来看，文中在言三皇五帝之前，两次言及五帝三王，而这段话言三皇五帝之后，接着讲的是夏、商、

①　据钟肇鹏校释，引苏舆说，此句文字"三"当为"先"，意为"言极其为民，又同谓之先代耳"。（钟肇鹏主编：《春秋繁露校释》（校补本）上册，河北人民出版社2005年版，第458页。）

②　钟肇鹏主编：《春秋繁露校释》（校补本）上册，河北人民出版社2005年版，第454页。

③　钟肇鹏主编：《春秋繁露校释》（校补本）上册，河北人民出版社2005年版，第454页。

④　刘文典：《淮南鸿烈集解·齐俗训》上册，中华书局1989年版，第363页。

周三代的得失。《淮南子》的三皇五帝说不仅只是孤证,而且在上下文中明显抵牾,所以值得怀疑。

三皇五帝连称,最早见于西汉成帝时扬雄的赋中。《甘泉赋》有"同符三皇,录功五帝";《羽猎赋》有"历五帝之寥廓,涉三皇之登闳……加劳三皇,勖勤五帝";《河东赋》有"轶五帝之遐迹兮,蹑三皇之高踪"。此后,三皇五帝开始普遍采用。如《孝经·钩命决》:"三皇步,五帝骤,三王①驰,五霸骛。"②但还没有"三皇五帝"一词。班固的《白虎通》的《号》有"三皇五帝三王五伯"的条目,这是现存文献中"三皇五帝"一词最早的记载,《潜夫论·五德志》也有"三皇五帝"一词,《三国志·魏志》卷四载博士马照与高贵乡公对话讲到"三皇五帝",是二十四史中第一次出现,《孔子家语》开始大谈"三皇五帝",从此以后,言三皇五帝就时见于四部。据这些材料,可以确定"三皇五帝"连称的出现是在西汉晚期,但三皇五帝说流行运用是在东汉以后。

三、大同文化的历史影响

反溯后来的中国文化,三皇五帝作为中国文化的基始,对中国文化的形成的影响主要体现在以下三个方面。

1. 重视道德的理念

三皇五帝都是具有可与天相媲美的神化至德的圣王。这既可以从三皇五帝的皇帝的谥号,也可以从关于三皇五帝的历史记叙中得到证明。中国古代文化最重名号,名号中最有政治意义、文化意义的是谥号。有一定社会地位的人,在死后都会被定一个谥号,对其一生的功过盖棺定论。据《白虎通》所引《礼记》有《谥法》篇,《世本》的《秦嘉谟辑补本》、《雷学淇校辑本》皆有《谥法》篇。《逸周书·谥法解》有周公制谥之说,根据王国维等人的研究,较为可

---

① 钟校本误作"皇",据《白虎通》改。
② 钟肇鹏、萧文郁点校:《七纬》下册,中华书局 2012 年版,第 728 页。

信的是谥法形成在周恭王、周懿王之时。而皇帝的名号,三皇五帝之说都出于战国之后,都带有谥号的性质。

《世本》的《谥法》就有皇帝谥号的记载。《世本》关于皇的谥号是:"静民则法曰皇。"①静民意为安民,则法是指以天为法,以三皇之法来源于上天。这说明则法是静民的保证,不能则法就没有静民。所以,皇的名号最根本在则法。② 而则法的表现是道德如天,达到神化的境界。《白虎通》说:"皇者何谓也? 亦号也。皇,君也,美也,大也。天人之总,美大称也,时质,故总之也。号之为皇者,煌煌人莫违也。"③《春秋·运斗枢》说:三皇"道德玄泊,有似皇天,故曰皇"④。又说:"皇者,合元履中,开阴布纲,指天画地,神化潜通。"⑤《初学记》:"孔子曰:'天子之德,感天地,洞八方。以化合神者称皇。'"⑥古人惟天为大,故在这些涉及皇的名号的解释中,无一不是从天的高度来界定皇的道德,并由天引申出美大、神化等品性,以说明皇的道德是至高无上、完美无缺的天德,而且达到神化的境界。《风俗通义》的《三皇》对此作了最集中的说明:"皇者,天,天不言,四时行焉,百物生焉。三皇垂拱无为,设言而民不违,道德玄泊,有似皇天,故称曰皇。皇者,中也,光也,弘也。含弘履中,开阴阳,布刚上,含皇极,其施光明,指天画地,神化潜通,煌煌盛美,不可胜量。"⑦可以说,

---

① (汉)宋衷注,(清)秦嘉谟等辑:《世本八种·秦嘉谟辑补本》,商务印书馆1957年版,第285页。

② 但王充不同意静民则法为皇的谥号说。《论衡》的《道虚篇》说:"实黄帝者何等也? 号乎? 谥也。如谥,臣子所谋列也。谥生时所行,为之谥。黄帝好道,遂以升天。臣子谥之,宜以仙升,不当以黄谥。谥法曰:'静民则法曰黄。'黄者,安民之谥,非得道之称也。"(黄晖:《论衡校释》第2册,中华书局1996年版,第314页。)王充根据黄帝成仙的传说,批评静民则法为黄帝的谥号不正确,这是有道理的。但黄帝成仙之说非儒学观念,而是道家的传说,而《谥法》言皇帝,非道家之说。他对皇的谥号的解释也只注意到静民,而忽略了则法。

③ 陈立:《白虎通疏证》卷二,中华书局1994年版,第44页。

④ 钟肇鹏、萧文郁点校:《七纬》下册,中华书局2012年版,第494页。

⑤ 钟肇鹏、萧文郁点校:《七纬》下册,中华书局2012年版,第494页。

⑥ 徐坚:《初学记·总叙帝王·叙事》卷九,文渊阁《四库全书》电子版,上海人民出版社、迪志文化出版有限公司1999年版。

⑦ 应劭:《风俗通义》(诸子百家丛书版),上海古籍出版社1990年版。

皇的名号最根本的含义就在于具有与天媲美的道德。正是这种可与天配的最高道德,三皇才能够处处合于道德,神化万物,光辉不可度量。

《世本》关于帝的谥号的规定是:"德象天地曰帝。"①这一说法最早可追溯到孔子,《论语·泰伯》载孔子语:"大哉,尧之为君也!巍巍乎!唯天为大,唯尧则之。荡荡乎!民无能名焉。巍巍乎!其有成功也;焕乎,其有文章!"就是称誉尧的德行以天为法。而尧为五帝之一,所以,这也可以视为对五帝德行的说明。《白虎通》也有相似的说法:"德合天地者称帝,仁义合者称王。"②在这段文字后,《白虎通》还引有《礼记·谥法》曰:"德象天地称帝,仁义所在称王。"③但今本《礼记》与《大戴礼记》皆无《谥法》,而只是在《逸周书》中有《谥法解》,说法十分类似:"德象天地曰帝,静民则法曰皇,仁义所在曰王。"《白虎通》所引《谥法》很可能出于《逸周书》。董仲舒讲天子也有类似说法:"故德侔天地者,皇天右而子之,号称天子。"④《易纬》的说法最为精审:"德配天地,不私公位,称之曰帝。"⑤不仅指出了帝的属性是德配天地,而且进一步点明了德配天地的要义在不以公权谋私利。无论是象、合、侔、配,都是表示帝的德行可与天地媲美。司马迁在《史记·太史公自序》中说:"维昔黄帝,法天则地,四圣遵序,各成法度,厥美帝功,万世载之。作《五帝本纪》第一。"以五帝的道德皆为法天折地的最高德行,并在《五帝本纪》中称尧"其仁如天"⑥。皇、帝的名号虽异,但都具有与天相配的最高德行,却完全一致。

道家的庄子也有相近的说法。《庄子·天道篇》说:"夫帝王之德,以天地

①　(汉)宋衷注,(清)秦嘉谟等辑:《世本八种·秦嘉谟辑补本》,商务印书馆1957年版,第285页。而此条谥号最早出于《白虎通》的"号",与《礼记·谥法》。
②　陈立:《白虎通疏证》卷二,中华书局1994年版,第43页。
③　陈立:《白虎通疏证》卷二,中华书局1994年版,第43页。
④　钟肇鹏主编:《春秋繁露校释》(校补本)下册,河北人民出版社2005年版,第940页。
⑤　徐坚:《初学记·总叙帝王·叙事》卷九,文渊阁《四库全书》电子版,上海人民出版社、迪志文化出版有限公司1999年版。
⑥　司马迁:《史记·五帝本纪第一》第一册,中华书局1985年版,第237页。

为宗,以道德为主,以无为为常。……古之王天下者,知虽落天下不自虑也;辩虽彫万物不自说也;能虽穷海内不自为也。天不产而万物化,地不长而万物育,帝王无为而天下功。故曰:莫神于天,莫富于地,莫大于帝王。故曰:帝王之德配天地。"①庄子所说的无为的帝王,根据《庄子》一书皆指三代以前的古帝王,如容成氏、大庭氏、伯皇氏、中央氏、栗陆氏、骊畜氏、轩辕氏、赫胥氏、尊卢氏、祝融氏、伏羲氏、神农氏、黄帝等,不是后来传说的三皇五帝,就是更古老的帝王。尽管《庄子》言帝王,都是小国寡民时代的君王,清静、恬淡、无为的圣王,带有道家的色彩,但也明确地说到他们具有以天地、道德为宗主,德行配天地的特性。特别是"帝王之德配天地"一语,如果不是出自《庄子》的明文,人们一定会认为出自儒学家的著作。这也说明,儒道有对立争论,但也有契合处。康有为晚年的著作特别注重从《庄子》发明孔学,认为庄子最得孔子学说的真谛,绝非偶然。可以说,皇帝是道德的至高人格,具有与天地相配的德行,乃是儒道所共同的观念。从天的高度来赞美五帝的至德,是三皇五帝的文化印迹在后人思想中的再现。

这种最高的德行,《淮南子》称之为"至德"。《览冥训》说:"伏羲、女娲不设法度,而以至德遗于后世。"②《淮南子·俶真训》:"古者至德之世,贾便其肆,农乐其业,大夫安其职,而处士修其道。当此之时,风雨不毁折,草木不夭,九鼎重味,珠玉润泽,洛出丹书,河出绿图。故许由、方回、善卷、披衣得达其道。何则?世之主有欲天下之心,是以人得自乐其间。四子之才,非能尽善,盖今之世也,然莫能与之同光者,遇唐、虞之时。"③这两段话一段讲伏羲、女娲将至德遗留后世,一段讲尧、舜的时代是至德之世,都是对三皇五帝具有至德的说明。更多的是将这种至德称为圣德,如说伏羲的得名在"以圣德伏物教人取牺牲"④;尧

---

① 郭庆藩:《庄子集释》第二册,中华书局1982年版,第465页。
② 刘文典:《淮南鸿烈集释》(上),中华书局1997年版,第215页。
③ 刘文典:《淮南鸿烈集释》(上),中华书局1997年版,第75页。
④ 阮元刻:《尚书序》,《尚书注疏》卷一,《十三经注疏》(上),中华书局1982年版,第113页。

的谥号①寓意"圣德之远著"②;有的直接说黄帝"有圣德"③;神农"有圣德"④;等等。圣德与至德词语不同,却是相通的,非圣不能至,有至才能够称之为圣。而圣德更能够表明皇帝的德性至高无上,更是儒学的常用词,所以,汉以来以圣来称誉三皇五帝的德性,成为最普遍的观念。班固在《汉书·古今人表》中以道德的高低区分古今人物为九等,三皇五帝的伏羲、神农、黄帝、少皞、颛顼、帝喾、尧、舜皆被列在第一等的上上圣人之列,就是最好的说明。

在三皇五帝的德性中,后人最推崇仁与孝。郭店楚简的《唐虞之道》说:"尧舜之王,利天下而弗利也。禅而不传,圣之盛也。利天下而弗利也,仁之至也。故昔贤仁圣者如此。身穷不贪,没而弗利,穷仁矣。……六帝兴于古,咸由此也。"⑤六帝具体为谁,文中没有明说,但可以肯定主要是指以尧舜为代表的三皇五帝。《唐虞之道》的中心是称颂尧舜的禅让,而禅让之所以被称颂,是因为禅让本身是一种最高的仁德,能够实行禅让的帝王都是具有仁德的圣王。这里的仁之至、穷仁之说,都是说明尧舜为代表的三皇五帝具有最高的仁德。《五帝本纪》讲尧"其仁如天"⑥,《谥法》以舜的谥号表示"仁圣盛明",可为旁证。《新书·修政语上》:"黄帝职道义,经天地,纪人伦,序万物,以信与仁为天下先。"⑦《五帝德》与《五帝本纪》讲帝喾都有"仁而威"⑧一词,邵雍

① 马融说:"翼善传圣曰尧。"[阮元刻:《尚书注疏·尧典》,《十三经注疏》(上),中华书局1982年版,第118页。]

② 阮元刻:《尚书注疏·尧典》,《十三经注疏》(上),中华书局1982年版,第118页。

③ 《竹书纪年》卷上,文渊阁《四库全书》电子本,上海人民出版社、迪志文化出版有限公司1999年版。

④ 张杲:《医说》卷一,文渊阁《四库全书》电子本,上海人民出版社、迪志文化出版有限公司1999年版。

⑤ 荆门市博物馆编:《郭店楚墓竹简》,文物出版社1998年版,第157页。

⑥ 司马迁:《史记·五帝本纪第一》第一册,中华书局1985年版,第237页。

⑦ 贾谊:《新书》,《百子全书》下册,浙江古籍出版社1998年版,第114页。

⑧ 王聘珍:《大戴礼记解诂》,中华书局1983年版,第121页;司马迁:《史记》第一册,中华书局1985年版,第237页。

有"三皇同仁而异化"①之说。从这些追述中可见,三皇五帝都被视为具有最高仁德的圣王。但在《尚书》的《尧典》与《舜典》中,尚没有仁观念的出现,尧舜是三皇五帝中最后的人物,他们之前的帝王更不可能有仁观念。仁观念出现在春秋时期,作为最根本的道德观念是由孔子所确立的,后人以仁德为三皇五帝最重要的德性,虽然查无实据,但这一说法,却是对三皇五帝是孔子思想渊源的追认,是中国文化延续性的有力说明。

孝为三皇五帝另一最重要的德行,集中体现在舜的大孝形象上。在《尚书·尧典》以及先秦西汉的《孟子》、《中庸》、《大戴礼记》、《史记》等许多著作中,都有称舜大孝的明说,以及关于舜如何孝顺父母的记载传说。当尧向四岳征询继承人时,四岳一直推荐舜,而推荐的理由不在别的,就在舜的大孝:"瞽子,父顽,母嚚,象傲,克谐以孝,烝烝乂,不格奸。"②面对顽嚚桀骜的父母弟弟,舜却能以孝悌而带来全家的和谐。《五帝德》借孔子之口说:"舜之少也,恶悴劳苦,二十以孝闻乎天下。"③舜不仅在青年时代就以孝行名满天下,更为可贵的是舜的孝行不是一时的,而是自始至终,从无懈怠:"人少,则慕父母;知好色,则慕少艾;有妻子,则慕妻子;仕则慕君,不得于君则热中。大孝终身慕父母。五十而慕者,予于大舜见之矣。"④据《五帝德》孔子所言,舜终年50岁,所以,讲舜五十而慕,就是对舜一生行孝不倦的赞美。孟子还认为,大孝是舜能够成功治理天下的根本:"视天下悦而归己,犹草芥也,惟舜为然。不得乎亲,不可以为人;不顺乎亲,不可以为子。舜尽事亲之道,而瞽瞍厎豫;瞽瞍厎豫,而天下化;瞽瞍厎豫,而天下之为父子者定,此之谓大孝。"⑤舜的大孝,

---

①　邵雍:《皇极经世书·观物篇第五十四》,文渊阁《四库全书》电子本,上海人民出版社、迪志文化出版有限公司1999年版。

②　阮元刻:《十三经注疏》(上),中华书局1982年版,第123页。

③　王聘珍:《五帝德第六十二》,《大戴礼记解诂》卷七,中华书局1983年版,第122—123页。

④　杨柏峻:《孟子译注》(上),中华书局1981年版,第207页。

⑤　杨柏峻:《孟子译注》(上),中华书局1981年版,第163页。

使天下化、父子定,在《史记》中,被故事化为:"舜父瞽叟顽,母嚚,弟象傲,皆欲杀舜。舜顺适不失子道,兄弟孝慈。欲杀,不可得;即求,尝在侧。"①这些故事化的情节,通过后人的增益,越发丰富,在《尚书》疏中有详细的表述。后来形成的《二十四孝》,也以舜排列首位。《中庸》甚至说:

> 子曰:"舜其大孝也与!德为圣人,尊为天子,富有四海之内。
> 宗庙飨之,子孙保之。故大德必得其位,必得其禄,必得其名,必得其
> 寿。故天之生物,必因其材而笃焉。故栽者培之,倾者覆之。《诗》
> 曰:'嘉乐君子,宪宪令德!宜民宜人,受禄于天。保佑命之,自天申
> 之!'故大德者必受命。"②

大孝是最大的德行,故称为大德。舜被誉为圣人、成为天子,皆源于大孝的大德。而唯有孝的大德,才能够受命于天,成为人民真正拥戴的圣王。

人类社会自出现以来,血缘关系就一直是最重要的社会关系,古今中外,概莫能外。处理血缘联系的人际关系,成为人类社会最重要的问题。伦常道德的所有观念,皆由此而产生。人类之初,其生存与发展最重要的问题,则在族群的繁衍。族群繁衍的维系,需要人们一代一代的延续不绝。为保证族群的代代相传,而形成了维系这些血缘关系的伦常观念,作为维系父辈与后代联系的孝观念无疑是最早出现也是最根本的观念,通过舜所集中表现出来的孝道,《尚书》等以大孝对舜帝的称颂,都说明孝观念是中国文化最早形成的伦常观念。但绝不能将远古初现的孝,仅仅视为东夷部落独有的③,而应该是当

---

① 司马迁:《史记·五帝本纪第一》第一册,中华书局1985年版,第237页。

② 朱熹:《四书章句集注》,中华书局1996年版,第116页。

③ 孟祥才:《齐鲁思想文化史》中认为:"原始社会的部落首领为数众多,只有东夷族的舜以孝悌而闻名,这一点应是虞舜确系孝子和东夷族推崇孝道的真实反映。当时的虞舜部落或整个东夷族很可能还没有创造出'孝悌'字或使用'孝悌'的概念,但这并不妨碍他们在处理父子、兄弟关系时有了清晰的道德观念,这些观念及其行为表现在后人看来就是'孝'或'悌'。根据新石器时代晚期东夷族各部落的社会发展程度,结合虞舜'以孝闻'、舜之二妻'甚有妇道'等传说,我们可以得到以下结论,即'父慈子孝,兄爱弟敬,夫和妻柔,姑慈妇听'等伦理道德观念,在新石器时代晚期的东夷族中都已基本成型。"(山东大学出版社2002年版,第25页。)

时各部族至少是多数部族都有的观念,舜的大孝不过是三皇五帝重德的最集中表现。所以,《吕氏春秋》说:"夫孝,三皇五帝之本务,而万事之纪也。夫执一术而百善至,百邪去,天下从者,其惟孝也?"①三皇五帝都是孝德的践行者,也是他们能够取得政治成功的根本保障。这种对孝的极端推崇所反映出来的对血缘关系的极度重视,是中国远古社会能够不断发展的最重要文化根基。

2. 以民为本的观念

三皇五帝不仅是道德的最高表率,也是为民建功立业、抵御大灾大难、勤劳付出的伟大英雄。从战国开始的各种著作,如《世本》、《管子》、《尸子》、《逸周书》、《吕氏春秋》、《风俗通》、《帝王世纪》、《古史考》、《拾遗记》、各种纬书等,论及三皇五帝无不以他们为为人民建功立业的英雄人物。从用于人民生活的各种物质资料,大到房屋、车船、纺车,小到衣、服、甄、灶、鼎、碗、杯、盆、罐、瓮等,从用于生产的铲、锛、犁、凿等,到用于战争的弓、箭、刀、剑、矛、盾等各种武器,用于音乐的钟、瑟、箫、簧等各类乐器,以及精神文化的八卦、文字、图书、数学、音乐等,无论是物质,还是精神,举凡有关人类生存的方方面面,无不出自三皇五帝或是在他们领导下的臣属,其中最著名的如燧人对火的发明,伏羲的画八卦、驯服牺牲、神农对农业、医药的发明等,最为后人所称道。黄帝的各种发明尤为显赫②,而被康有为称为"万王民功之魁"③。康有为在

---

① 吕不韦:《吕氏春秋·孝行览第二·孝行》卷十四,《百子全书》下册,浙江古籍出版社1998年版,第802页。

② 可参见葛志毅:《黄帝对上古文明的创制贡献》一文,该文认为:"黄帝在草昧初开,文明发轫的上古,运用天启的卓越智慧,致治天人,利物制器,在物质和精神层面为早期社会进化做出非凡贡献,惠泽被于黎庶万民。在诸如治道、政统及历法、音乐乃至阴阳五行数术各层面,皆有创通发明,成就斐然,从而提升推进古代文明的发展水平,因此不仅被推为中华民族的人文始祖,亦堪称上古的文化创制英雄。"并从四个方面进行了详细的论述。(《湖南科技学院学报》2017年第3期。)

③ 康有为说:"人道求美,人道求乐。宫室舟车、衣服文字、历数伎乐、什器礼治,皆以乐民。宫室舟车、衣服文字、历数伎乐、什器礼治,皆创于黄帝。……中国有人民四千年,皆用黄帝制度乐利,实万王民功之魁。"(康有为:《康有为全集》第一集,中国人民大学出版社2007年版,第70页。)

1886年所著《民功篇》，搜罗各种经史子集的著述，甚至谶纬道教的著作，对从伏羲到大禹以来历代的帝王的各种发明创造作出了最为详尽的说明。他以《民功篇》为其篇名，就是取义于以三皇五帝为代表的古帝王的这些创造发明都是为人民立下的丰功伟绩。

三皇五帝的时代，主要处于新石器时代的父系氏族社会的历史阶段，有的甚至还处于旧石器时代末期的母系氏族社会时。从仰韶文化、大汶口文化、龙山文化、河姆渡文化、红山文化、良渚文化等相关出土文物，可知这个时期只有石制的斧、刀、铲、锛、犁、凿、纺轮等生产工具，以及甑、灶、鼎、碗、杯、盆、罐、瓮等各种日用陶器，这与石器时代的社会生产力还十分落后是相应的。处于这个历史阶段的中华先民，面对强大自然的寒暑风霜、地震洪水等灾难，以及野兽的侵害等，各种发明创造对维护人类生存发展，具有十分紧迫而重大的意义，正是这些伟大的创造发明为中国人的生存发展建立了物质与精神的保障基础。三皇五帝被后世尊为圣王，就在于他们都是为人民谋幸福的英雄，是为人民创立物质财富、抵御灾害的伟人。

中国古代最重祭祀，而各种祭祀的对象无不是为人民立下大功的英雄，就是为人民抵御大灾大难、勤劳付出的英雄。《国语·鲁语》说：

> 夫圣王之制祀也，法施于民则祀之，以死勤事则祀之，以劳定国则祀之，能御大灾则祀之，能捍大患则祀之。非是族也，不在祀典。昔烈山氏之有天下也，其子曰柱，能殖百谷百蔬；夏之兴也，周弃继之，故祀以为稷。共工氏之伯九有也，其子曰后土，能平九土，故祀以为社。黄帝能成命百物，以明民共财，颛顼能修之。帝喾能序三辰以固民，尧能单均刑法以仪民，舜勤民事而野死，鲧障洪水而殛死，禹能以德修鲧之功，契为司徒而民辑，冥勤其官而水死，汤以宽治民而除其邪，稷勤百谷而山死，文王以文昭，武王去民之秽。故有虞氏禘黄帝而祖颛顼，郊尧而宗舜；夏后氏禘黄帝而祖颛顼，郊鲧而宗禹；商人禘舜而祖契，郊冥而宗汤；周人禘喾而郊稷，祖文王而宗武王；幕，能

帅颛顼者也,有虞氏报焉;杼,能帅禹者也,夏后氏报焉;上甲微,能帅

契者也,商人报焉;高圉、大王,能帅稷者也,周人报焉。凡禘、郊、祖、

宗、报,此五者国之典祀也。①

在《国语》成书的年代,虽然还没有三皇五帝的说法,但这里叙及的黄帝、颛顼、帝喾、尧、舜就是后来的五帝,而西汉后烈山氏炎帝与神农合一,成为三皇之一,所以,这一段祭祀所讲的对象主要就是后来所说的以三皇五帝为代表的古帝王。而三皇五帝之所以被人民一直所祭祀,就在于他们能够法施于民、以死勤事、以劳定国、能御大灾、能捍大患,不是为人民的生存作出伟大的创造发明,就是抵御大灾大难、勤劳付出的杰出代表。这段话也说明,中国远古的祭祀,并不完全是巫术的神灵崇拜,而是以有功于中国人的生存发展为根本的。《礼记·祭法》也有十分相近的一段话,说明这一观念。② 可见,这一观念在先秦绝不是个别的,而是普遍流行的。春秋时期著名的礼三本所说的人,就是指人民福祉为礼的三本之一。

从这里可以看出,人们对三皇五帝崇敬,最根本的原因在以人民为中心,以民为本。《论语》载:"子贡曰:'如有博施于民而能济众,何如? 可谓仁乎?'子曰:'何事于仁,必也圣乎! 尧舜其犹病诸!'"③孔子还说:"修己以安百姓,尧舜其犹病诸!"④孔子在论述尧、舜、禹的禅让时,认为尧舜禹所重在"民、食、丧、祭"⑤,而民被排在第一位。在孔子眼里,只有做到博施于民才能够配

---

① 佚名:《鲁语上》,《国语》(上),上海古籍出版社 1978 年版,第 166 页。

② 原文:"夫圣王之制祭祀也,法施于民则祀之,以死勤事则祀之,以劳定国则祀之,能御大灾则祀之,能捍大患则祀之。是故厉山氏之有天下也,其子曰农,能殖百谷;夏之衰也,周弃继之,故祀以为稷。共工氏之霸九州也,其子曰后土,能平九州,故祀之以为社。帝喾能序星辰以著众,尧能赏均刑法以义终,舜勤众事而野死,鲧障鸿水而殛死,禹能修鲧之功,黄帝正名百物以明民共财,颛顼能修之。契为司徒而民成,冥勤其官而水死,汤以宽治民而除其虐,文王以文治,武王以武功,去民之灾。此皆有功烈于民者也。"(阮元刻:《十三经注疏》(下),中华书局 1982 年版,第 1590 页。)

③ 杨柏峻:《论语译注》,中华书局 1980 年版,第 65 页。

④ 杨柏峻:《论语译注》,中华书局 1980 年版,第 159 页。

⑤ 杨柏峻:《论语译注》,中华书局 1980 年版,第 209 页。

称圣王,使百姓安居乐业是圣王的最高境界。陆贾叙三皇五帝,总是以天下人民开始,再叙述三皇五帝的伟大功绩,如叙神农:"民人食肉饮血,衣皮毛。至于神农,以为行虫走兽,难以养民,乃求可食之物,尝百草之实,察酸苦之味,教人食五谷。"叙黄帝:"天下人民,野居穴处,未有室屋,则与禽兽同域。于是黄帝乃伐木构材,筑作宫室,上栋下宇,以避风雨。"①这种叙述格式表明,人民的需求是三皇五帝建功立业的出发点,满足人民的需求是三皇五帝的目的,正是一切从人民出发,以满足人民的需求为目的,三皇五帝才成为人民所崇敬的圣人。其他古籍叙及三皇五帝时,也常常以人民为说,如《五帝德》载孔子说黄帝"治五气,设五量,抚万民,度四方……生而民得其利百年,死而民畏其神百年,亡而民用其教百年,故曰三百年。"②《史记》说帝喾"顺天之义,知民之急"③,帝尧"能明驯德,以亲九族。九族既睦,便章百姓。百姓昭明,合和万国"④。康有为说:"凡古王者皆有功于民,以民为主。"⑤三皇五帝之所以能够成为远古人民崇拜的领袖,就在于他们都是为人民谋福利的大英雄。

这一以人民为中心的三皇五帝崇拜,不仅是后来中国文化重视人,以得民心者得天下等民本理念的最古老根源,而且也是中国文化没有成为宗教为主导的人文文化的重要根基。在世界各国的石器时代及其稍后一段时间,都有英雄崇拜,但西方世界的英雄崇拜,缺乏以人民为出发点与目的的精神,所以,导致了神学占据统治地位的中世纪。而中国三皇五帝崇拜中的以人民为中心的精神,则引导中国从春秋时期开始就步入以人为中心的发展大道。

---

① 陆贾:《新语·道基第一》,文渊阁《四库全书》电子本,上海人民出版社、迪志文化出版有限公司 1999 年版。

② 王聘珍:《五帝德第六十二》,《大戴礼记解诂》卷七,中华书局 1983 年版,第 118—119 页。

③ 司马迁:《史记·五帝本纪第一》第一册,中华书局 1985 年版,第 237 页。

④ 司马迁:《史记·五帝本纪第一》第一册,中华书局 1985 年版,第 237 页。

⑤ 康有为:《康有为全集》第一集,中国人民大学出版社 2007 年版,第 69 页。

3. 禅让的尊贤理念

孔子论大同小康，一个最明显的不同之处就在于，三代以来的小康是家天下，尧舜的大同是天下为公。而大同的天下为公的制度保障，就是"选贤与能"，有贤人来治理国家，管理社会，政权的转移实行禅让制。所谓禅让，是指在位帝王通过和平的方式将权力转让给经过考验的贤人。最早在《尚书·尧典》中有较为详细的记载。

《尧典》是否可信？苏秉琦有一段话，可作为参考。他说：

> 《尧典》系后人追述，难免有记不准确而把作者当时的某些情况附丽增锦进去的地方，但也不会是向壁虚构。只要看看龙山时代已有很大的城（山东章丘龙山镇城子崖的城内面积就达 20 多万平方米），就知当时一定有了城乡的分化，有了政治、军事和文化的中心，有些两椁一棺的大墓墓主一定是身份很高的贵族，制铜、制玉和蛋壳黑陶等当时的高技术产业很可能有工官管理。而当时普遍出现的乱葬坑，死者身首异处或肢体残乱，当是酷刑的牺牲者。如果我们能把这两方面的材料很好地结合起来，特别是把这一阶段的考古工作继续深入地开展下去，就会更好地把我国的远古历史同夏商周三代的历史衔接起来，把在中国这块土地上如何产生私有制和阶级，最后出现国家的具体进程及其特点阐释得更加清楚。①

尧舜的时代，还没有文字发明。现存《尧典》只能出于后人追记，但结合考古成果，《尚书》关于尧舜时代的追叙，并非"向壁虚构"，而是存在某些历史印迹的再现。徐中舒也说："尧、舜、禹的禅让传说，实际就是依据唐、虞、夏的部落联盟时代的历史而传播下来的。"②禅让不是无中生有，而是中国远古社会确实存在的权力更替的制度。这一制度与财产共有，还没有阶级、国家的社会发

---

① 苏秉琦：《重建中国古史的远古时代》，《史学史研究》1991 年第 3 期。
② 徐中舒：《先秦史论稿》，巴蜀书社 1992 年版，第 29 页。

展状况是相应的。在世界史中,旧石器时代与新石器时代早中期,都不存在家天下的世袭制,中国也不例外。郭沫若在《中国古代社会研究》就认为,禅让制反映的是部落联盟之民主选举制度,蒙文通的《古史甄微》八《虞夏禅让》,就对尧之子与舜、舜之子与禹争夺王位进行过探索。

这不仅在《尚书》的《尧典》、《礼记》的《礼运》中有记叙,在《论语》的《尧曰》中,也有明确记载:"尧曰:'咨!尔舜!天之历数在尔躬,允执其中。四海困穷,天禄永终。'舜亦以命禹。"①《墨子·尚贤上》也有相似的记载:"古者尧举舜于服泽之阳,授之政,天下平。"②儒墨为春秋末期显学,皆有禅让之说,这说明禅让非一家之言。而春秋是与远古最接近的时代,对远古历史的叙说可信度,高于后来的文献,所以,《论语》、《墨子》的禅让记述是《尧典》、《礼运》记载的尧舜禅让的最有力证明。

在战国文献中,除儒墨之外,道法各派的论著中,也有禅让说。③ 在出土竹简中,尤以儒家的论说最多。这集中见于郭店楚简的《唐虞之道》与上海博物馆的《战国楚竹书》的《容成氏》、《子羔》三篇文献。《唐虞之道》开篇即称:"唐虞之道,禅而不传;尧舜之王,利天下而弗利也。禅而不传,圣之盛也。利天下而弗利也,仁之至也。故昔贤仁圣者如此。……故唐虞之道,禅也。"④"尧舜之行,爱亲尊贤。爱亲故孝,尊贤故禅。孝之施,爱天下之民。禅之传,世亡隐德。孝,仁之冕也。禅,义之至也。六帝兴于古,皆由此也。爱亲忘贤,仁而未义也。尊贤遗亲,义而未仁也。"⑤"禅也者,上德授贤之谓也。上德则天下有君而世明,授贤则民举效而化乎道。不禅而能化民者,自生民未之有

① 杨柏峻:《论语译注》,中华书局1980年版,第207页。
② 墨子:《墨子·尚贤上第八》卷二,《百子全书》(上),浙江古籍出版社1998年版,第716页。
③ 参见杨希枚:《再论尧舜禅让传说》,《杨希枚集》,中国社会科学出版社2006年版。
④ 荆门市博物馆编:《郭店楚墓竹简》,文物出版社1998年版,第157—158页。
⑤ 荆门市博物馆编:《郭店楚墓竹简》,文物出版社1998年版,第158页。

也。"①《容成氏》说:"(尊)卢氏、赫胥氏、乔结氏、仓颉氏、轩辕氏、神农氏、樟
□氏、垆□氏之有天下也,皆不授其子而授贤。"②《子羔》载孔子曰:"昔者而
弗世也,善与善相授也,故能治天下,平万邦,使无有小大,使皆得其社稷百姓
而奉守之。尧见舜之德贤,故让之。"③孔子曰:"吾闻夫舜其幼也,敏以学
诗……尧之取舜也,从诸草茅之中,与之言礼,说博……而和。故夫舜之德其
诚贤也,由诸吷亩之中而使君天下而称。"④这表明,禅让制是战国时儒家最为
赞颂的政治制度。在战国儒家看来,禅让不仅是尧舜实行的制度,也是古代伏
羲、神农、黄帝、少皞、颛顼、帝喾等帝王通行的制度;禅让的特点是与贤不与
子,核心本质在于尊贤。而贤的标准只有一个,就是与天地媲美的德行,而不
在身份血缘。只要具有最高的德行,即使社会底层的小人物,也可以成为人民
拥护的君王。著名的尧舜禅让,就是因为舜的大孝闻名天下,而得以从草茅吷
亩的民间直接接替尧的帝位。禅让制得到儒家的极端推崇,被认为是一种利
于天下,而不谋一己私利的美好制度,是使天下人民获得幸福的根本保障。

　　战国禅让学说的这些理念,显然是针对三代以来的家天下所带来的政治
弊端而发。自夏代以来,实现父传子的家天下制度,这一制度固然是历史发展
的必然,但也存在很大的缺陷。而在权力集中一人的家天下的政治语境下,很
难保证天子一定是贤人。历史已经证明,历代王朝除了开国的君主外,后来继
任的君王,都极少贤明者,绝大多数不是庸才,就是骄奢淫逸的残暴巨魁,在家
天下制度下,这些庸才、残暴巨魁只知道无底线地享乐腐化,根本不顾人民的
死活,而给社会与人民带来极大的灾难。正是为了矫正现实政治的这一弊端,

---

①　荆门市博物馆编:《郭店楚墓竹简》,文物出版社1998年版,第157—158页。
②　马承源主编:《上海博物馆藏战国楚竹书》(二),上海古籍出版社2002年版,第250页
释文。
③　裘锡圭:《谈谈上博简〈子羔〉篇的简序》,朱渊清、廖名春执行主编:《上博馆藏战国楚竹
书研究续编》,上海书店出版社2004年版,第1—11页。
④　裘锡圭:《谈谈上博简〈子羔〉篇的简序》,朱渊清、廖名春执行主编:《上博馆藏战国楚竹
书研究续编》,上海书店出版社2004年版,第8—9页。

所以,战国的儒家借三皇五帝以尊贤为内在精神的禅让制,呼唤时代对贤人的尊重,希望贤人政治能够在现实中得以实现。尽管这一呼唤不可能实现,但对呼吁尊重人才的政治出现还是起到了积极的作用。后来的儒家历代学者,都有对贤人政治的关注,而这也是三皇五帝对中国文化的重要影响之一。

有的学者在研究禅让时,提出应该区分历史上的禅让制与禅让学说,并肯定禅让制是历史的真实存在,这是有见地的。但又认为禅让学说经历了春秋时期以孔子为代表的"禅让天命说"、战国普遍流行以儒家为主要代表的"禅让贤德说"、西汉后期的"禅让德运说"三个阶段的历史演化①,却是对禅让学说的分裂。禅让学说尤其是儒家的禅让学说,既有从天命为禅让制造合法性的哲学根据的内容,也有从贤德论证禅让现实合理性的内容,而用五德相生的德运来论证禅让,不过是天命观在西汉政治需要的特殊表现,况且德运学说出自战国的邹衍,《吕氏春秋》也早有以五行相生的德运学说,非西汉才有。而孔子讲禅让虽然以天命为说,但能够拥有天命的一定是具有贤德的圣王,战国的强调贤德,也是以天命为前提。儒家的禅让学说,不仅是对历史的理想说明,也是对以天命、贤德为内在性格的圣王的现实期盼。绝不能将禅让学说的天命与贤德分裂为两段,这既不合于历史,也是对儒家禅让学说的误解。

四、"绝地天通"的意义

吾淳说:"中国哲学的源头可以追溯至非常久远的年代。中国哲学最早的观念萌芽或孕育于原始知识和宗教的泥壤与母腹之中。原始社会晚期,已经有了最早的具有哲学意味的观念。"②传说的三皇五帝各种创造发明,最具有哲学意义的莫过于伏羲画八卦,实为中国哲学、文化最深远的根源所在。

关于伏羲画八卦,最早出于《周易·系辞下》:"古者包牺氏之王天下也,

① 参见郑杰文:《禅让学说的历史演化及其原因》,《中国文化研究》2002 年春之卷。
② 吾淳:《中国哲学的起源——前诸子时期观念、概念、思想发生发展与成型的历史》,上海人民出版社 2010 年版,第 3 页。

仰则观象于天,俯则观法于地,观鸟兽之文,与地之宜,近取诸身,远取诸物,于是始作八卦,以通神明之德,以类万物之情。"①从历史的发展来说,伏羲时代不可能有八卦的出现,伏羲画八卦,只能是对八卦起源的一种猜想。虽然这一猜想不是历史事实,但这段话却是对远古中国文化特质的概括性说明。

仰观天文,俯察地理,不仅是以天地为观察对象,更是以天地为终极追求,从天地去追寻人的价值与意义,所以,才会有通神明之德之说。这实际上是提供了中国文化的最终价值追求。天地本自然,但这个自然非西方哲学的独立于人之外的物自体,不仅是与神明相通的,更是与人生的价值追求息息相关的,所以,人们通过天地不只是要认识自然的天地,更要达到通神明之德的境地,故讲天文、地理,文与理都不是单纯的自然,而是包含文化、义理在内的人文观念。陆贾早在《新语》中,就对《系辞》这段话作出了诠释:"于是先圣乃仰观天文,俯察地理,图画乾坤,以定人道,民始开悟,知有父子之亲,君臣之义,夫妇之道,长幼之序。于是百官立,王道乃生。"②这里的先圣指的就是伏羲,定人道、开民悟、生王道,皆源于伏羲的仰观俯察,从天地的探索而来。而王道排列在人道之后的这种安排,实包含着王道出于人道,人道高于王道的规定。王道之为王道必须合于人道,在这里人道是根本。晚清的康有为也是从人道之始的意义上,来论说伏羲的得名:"伏羲仰观象于天,俯察法于地,因夫妇,正五行,始定人道,画八卦以治天下,天下伏而化之,故谓之伏羲也。"③而所谓人道就是现在所说的人文精神,核心是价值观,中国文化最终没有成为宗教迷信为主导,而是以人文精神为主导的文化体系,就蕴含在三皇五帝所开始的人道中。汉代的陆贾、晚清的康有为相距两千来年,都不约而同的肯定伏羲画八卦为人道之始,这说明八卦的源起实为中国文化中人文精神的最早曙光,乃是千古相沿之论。由伏羲的仰观俯察,近取诸身,远取诸物的画八卦,表明八卦

---

① 阮元刻:《周易正义》,《十三经注疏》(上),中华书局1982年版,第86页。
② 陆贾:《新语·道基第一》,《百子全书》(上),浙江古籍出版社1998年版,第88页。
③ 康有为:《康有为全集》第一集,中国人民大学出版社2007年版,第65页。

的来源是天地人,则是后来中国文化以天地人三分为基本模式的天人关系论。

伏羲画八卦,虽然被先秦特别是汉代以来许多论著所一再论及,现在也有一些论著根据出土文物与出土文献,来论证伏羲画八卦确有其事。但都缺乏有力的论证与可靠的依据,难以令人信服。尽管不能肯定《易传》的伏羲画八卦,但在伏羲之后的五帝时期,天地与人的关系已经成为社会最关注的问题,却是极为可信的史实。关于"绝地天通"的传说就是证明。"绝地天通"故事背后所蕴含的就是远古中国人处理天人关系的哲学智慧,而正是这一智慧的发展,从仰观俯察中由天文、地理等体察出人生的智慧,才创造出八卦乃至六十四卦的《易经》。

"绝地天通"的记载,最早见于《尚书·周书·吕刑》:

> 若古有训,蚩尤惟始作乱,延及于平民,罔不寇贼鸱义,奸宄夺攘矫虔。苗民弗用灵,制以刑,惟作五虐之刑曰法。杀戮无辜,爰始淫为劓、刵、椓、黥。越兹丽刑并制,罔差有辞。民兴胥渐,泯泯棼棼,罔中于信,以覆诅盟。虐威庶戮,方告无辜于上。上帝监民,罔有馨香,德刑发闻惟腥。皇帝哀矜庶戮之不辜,报虐以威,遏绝苗民,无世在下。乃命重黎,绝地天通,罔有降格。群后之逮在下,明明棐常,鳏寡无盖。①

根据孔颖达疏,《吕刑》的得名,是周穆王用吕侯之言,追叙夏禹赎刑之法,吕侯遵王命而布告天下。《吕刑》全篇围绕刑法为说,反对蚩尤、苗民的五虐之刑,主张"敬五刑,成三德"②,以德为归。仅仅从本文,这里的"绝地天通"究竟是何意,实难理解。以至注疏都是引《国语》之说来解释"绝地天通"。所以,《国语》的记载是理解"绝地天通"的最直接的第一手资料。

《国语》是如何解释"绝地天通"的呢?《国语·楚语下》载:

---

① 阮元刻:《尚书正义》,《十三经注疏》(上),中华书局 1982 年版,第 247 页。

② 原文为"惟敬五刑,以成三德",参见阮元刻:《尚书正义》,《十三经注疏》(上),中华书局 1982 年版,第 249 页。

昭王问于观射父,曰:"《周书》所谓重、黎实使天地不通者,何也?若无然,民将能登天乎?"

对曰:"非此之谓也。古者民神不杂。民之精爽不携贰者,而又能齐肃衷正,其智能上下比义,其圣能光远宣朗,其明能光照之,其聪能听彻之,如是则明神降之,在男曰觋,在女曰巫。是使制神之处位次主,而为之牲器时服,而后使先圣之后之有光烈,而能知山川之号、高祖之主、宗庙之事、昭穆之世、齐敬之勤、礼节之宜、威仪之则、容貌之崇、忠信之质、禋絜之服而敬恭明神者,以为之祝。使名姓之后,能知四时之生、牺牲之物、玉帛之类、采服之仪、彝器之量、次主之度、屏摄之位、坛场之所、上下之神、氏姓之出,而心率旧典者为之宗。于是乎有天地神民类物之官,是谓五官,各司其序,不相乱也。民是以能有忠信,神是以能有明德,民神异业,敬而不渎,故神降之嘉生,民以物享,祸灾不至,求用不匮。及少昊之衰也,九黎乱德,民神杂糅,不可方物。夫人作享,家为巫史,无有要质。民匮于祀,而不知其福。蒸享无度,民神同位。民渎齐盟,无有严威。神狎民则,不蠲其为。嘉生不降,无物以享。祸灾荐臻,莫尽其气。颛顼受之,乃命南正重司天以属神,命北①正黎司地以属民,使复旧常,无相侵渎,是谓绝地天通。

其后,三苗复九黎之德,尧复育重黎之后,不忘旧者,使复典之。以至于夏、商,故重、黎氏世叙天地,而别其分主者也。其在周,程伯休父其后也,当宣王时,失其官守,而为司马氏。宠神其祖,以取威于民,曰:'重实上天,黎实下地。'遭世之乱,而莫之能御也。不然,夫天地成而不变,何比之有?"②

据《国语》引用《尚书》,此条"绝地天通"应该出于《尚书》之后。这一传说还

---

① 原文作"火",据上海古籍出版社《国语》1978年校本改。
② 佚名:《国语》(下),上海古籍出版社1978年版,第559—564页。

出现在其他先秦载籍,如《墨子·非攻下》:"昔者三苗大乱,天命强之。……高阳乃命玄宫,禹亲把天之瑞令,以征有苗……禹既已克有三苗,焉磨[居]为山川,别物上下,卿制大极,而神民不违,天下乃静。"《随巢子》:"昔三苗大乱……禹乃克三苗而神民不违,辟上以王。"这些类似记载说明,"绝地天通"确系远古较为可信的传说,故为儒墨两家等所言及。

但在《尚书》与《墨子》、《随巢子》中,都没有对"绝地天通"的具体说明,《国语》则针对楚昭王的误解"绝地天通",而对"绝地天通"作出了详细解答。在这些文献中,都谈到"绝地天通"起因在九黎、苗民的乱德;讲发生的时间,《尚书》只说发生在尧时,而《国语》认为有两次:一次在颛顼时,一次在尧时。而实行"绝地天通"的人物,都认为是为重黎。从历代文献可见,比较一致的看法是重、黎为二人,系少暤之子,重为南正司天,黎为北正司地,为执掌天地四时之官,《尧典》记载的羲、和,即重、黎之后。根据《国语》来看,重黎的"绝地天通"是将九黎乱德带来的"民神杂糅",恢复到"民神不杂"的"旧常"。

如何理解"绝地天通"的含义,不少论著已经作出了解释。其中多是从"巫"的角度来说明重黎,解释"绝地天通"的意义,其中陈来的《古代宗教与伦理》,从古代宗教迷信的视觉,吸收中外学者的研究成果,最为详细说明了《国语》、《尚书》记载的"绝地天通"。[①] 但从中国古代文化的起源来看,《国语》的"绝地天通"讲的是重黎的所为,其结果是将由九黎、苗民乱德而造成的"夫人作享,家为巫史",恢复到以前的"民神不杂"。这实际上是讲两种社会状态的对立,正常状态是"民神不杂",也就是"绝地天通",不正常的状态是"夫人作享,家为巫史"。不正常的状态是在原始迷信下,表现出来的家家迷信,人人信神,正常状态则是指超越原始迷信的历史条件下,人神分离的状态。按照社会发展的历史,原始迷信在先,人神分离在后,所以,说先有"民神不杂",是不合历史实际的。真实的历史是先有原始迷信,而后才有人神分离的"民神不

---

① 参见陈来:《古代宗教与伦理》第二章,生活·读书·新知三联书店 1996 年版。

杂"出现。关于这一点,《世界古代神话》的作者克雷默说:"认为天地相通,人与神的相联系曾成为可能,后来天地才隔离开,这样的观念在许多文化中屡屡看到。"①《原始宗教与神话》的作者施密特也说过:"在最早的时期,每人都是自己的法师,到第二个时期,有特殊心灵的人,发展了更大的法术力量,于是以法术为职业的萨满就开始出现了。"②可见,"绝地天通"所说的状况,并不是中国独有的,而是世界各民族在早期文化发展中普遍存在文化现象。《山海经·大荒南经》载:"有载民之国。帝舜生无淫,降载处,是谓巫载民。"将载民之国的国民都冠以巫的名号,不正是"夫人作享,家为巫史"的写照吗? 此外,《海外西经》还记载有"巫咸国",也应是对国民人人为巫的说明。但需要指出的是,所谓"夫人作享,家为巫史"的原始迷信是普遍存在远古中国各部落氏族中的,并不是所谓九黎乱德造成,春秋时期人们将其归于蚩尤、九黎、苗民,是由于在当时人的记忆中,蚩尤、九黎、苗民被视为落后的野蛮代表,而野蛮一定与原始迷信相联系。重黎的"绝地天通",所改变的正是原始迷信的状态。

所以,"绝地天通"实际上是中国古代文化发展史上的一件大事,是人认识到自己可与自然(神)独立开来的主体的意识体现。人与自然的关系,一直是人类认识的基本问题。这个问题,在远古的初民那里,最初是混沌不分的,随着人在社会实践中智力的不断发展达到一定程度,人就会摆脱其与自然混沌不分的意识,而与自然独立开来。"绝地天通"实际上就是远古中国人这一认识的变化,通过颛顼的传说而表现出来。当然,这并不否认重黎是巫,因为远古的文化是由巫来表现的,但重点不在重黎的巫,以及巫的意义上。《国语》的叙说虽然讲到巫,并说巫具有智、圣、明、聪的德性,但同时还讲到"宗"、"祝"及其"天地、神民类物之官",对实现"民神不杂"的作用。所以,这里讲的"绝地天通"绝不仅仅是讲巫的问题,而是古代最早的人神分离观念,实际上是古代中国人在长期的农业生产发展中,对天地自然、人类社会的认识大飞

---

① 克雷默:《世界古代神话》,华夏出版社1989年版,第365页。

② 施密特:《原始宗教与神话》,上海文艺出版社1987年版,第154页。

跃。这是人们开始认识到并不是一切都是神,神就是一切,人离不开神,相反,人不是神的附属,而是能够独立于神的能动者。只有达到这一高度,才可能有对自然、社会的独立认识的出现,才会可能出现"绝地天通"。

《国语》将"绝地天通"记载于颛顼时,这与颛顼在三皇五帝中的地位有关。在五帝的序列中,无论是从黄帝开始的五帝说,还是以少皞开始的五帝说,颛顼都是处在五帝第二位的序列上。根据相关文献与考古材料,早在公元前五六千年前,就在中国大地各处发现了农业活动的遗迹,从三皇的神农到五帝的颛顼时代,农业生产活动已经有相当长时间的发展。而农业生产有两个最重要的问题:一是天时;二是地宜。为了处理好这两个问题,就萌生出专门的职业,重黎就是解决这两个方面的职官。颛顼以前的人们没有"绝地天通"的发生,与那时人们还没有独立地自觉认识天地有直接关系,颛顼时因农业的发展引起的对天地认识的进步,而有重黎"绝地天通"的出现。而只有走到这一步,人才能够达到把握到自然的规律,认识到天象运行的规则,制定出节气立法,所以,有所谓《颛顼历》的出现。而秦至汉武帝太初改历前,的确实行的是《颛顼历》,朱桂昌先生著有《颛顼日历表》①,全书 64 万字,可见其具体内容。当然,这不是说《颛顼历》一定出自颛顼时或颛顼之手,但依托颛顼这一现象的背后,与重黎的"绝地天通"、《吕氏春秋·序意》讲的黄帝诲颛顼以天地为法②等史料相参照,就可以发现颛顼时对天地的认识确有巨大的飞跃,至少是一较为可信的历史印迹。这就是"绝地天通"的历史文化意义。只有在这之后,八卦等观念才会出现,虽然《系辞》将八卦说成是伏羲氏的创造,但从文化发展的历史内在逻辑看,这只能出现在颛顼的"绝地天通"之后。所以,颛顼时的"绝地天通"在中国文化史上具有极为深远的历史意义。

关于"绝地天通"的这一文化意义,司马迁在《史记·历书》中就已经有

---

① 该书由中华书局在 2012 年出版。

② 原文为:"文信侯曰:尝得学黄帝之所以诲颛顼矣,爰有大圜在上,大矩在下,汝能法之,为民父母。盖闻古之清世,是法天地。"

说明：

> 太史公曰：神农以前尚矣。盖黄帝考定星历，建立五行，起消息，
> 正闰余，于是有天地神祇物类之官，是谓五官。各司其序，不相乱也。
> 民是以能有信，神是以能有明德。民神异业，敬而不渎，故神降之嘉
> 生，民以物享，灾祸不生，所求不匮。少皞氏之衰也，九黎乱德，民神
> 杂扰，不可放物，祸灾荐至，莫尽其气。颛顼受之，乃命南正重司天以
> 属神，命北正黎司地以属民，使复旧常，无相侵渎。其后三苗服九黎
> 之德，故二官咸废所职，而闰余乖次，孟陬殄灭，摄提无纪，历数失序。
> 尧复遂重黎之后，不忘旧者，使复典之，而立羲和之官。明时正度，则
> 阴阳调，风雨节，茂气至，民无夭疫。年耆禅舜，申戒文祖，云"天之
> 历数在尔躬"。舜亦以命禹。由是观之，王者所重也。①

这段话是杂糅《国语》、《尚书》、《论语》而成。其中讲到颛顼命重黎云云，虽
然没有"绝地天通"一语，但从记载的事件与行文看，很明显是采自《国语》的
颛顼"绝地天通"。而且，司马迁追溯更远，从黄帝讲起，所讲的中心正是历数
问题。天文历法是中国文化最早发展，也是最发达的学科，并随着农业生产的
需要而不断发展。在远古的农业社会，农业生产的状况关系到社会存亡与兴
衰，所以，天文历法成为君王最重视的问题。一个君主是不是合格的君主，能
否受到万民的拥戴，是否得到天命，关键就在于是否能够制定合于天象的历
法，依照季节变化安排农业活动。司马迁对此有深刻的认识，所以，在《史记》
中引用《论语·尧曰》的"天之历数在尔躬"，来说明尧舜禹的授受的正当性，
并以"王者所重"来作为结语，这绝不是偶然的。而正是天文历法的天文学的
进步。才为"绝地天通"的人神不杂创造了前提条件。

---

① 司马迁：《史记·历书》，中华书局1985年版，第1256—1258页。

第二章　三代的小康文化

三皇五帝的大同时代,只是春秋时期的思想文化可溯的最早渊源。与春秋时期思想文化具有直接的联系是被孔子称为小康的夏、商、周三代的文化,特别是周文化的影响最为紧密。周文化最具历史意义的代表性人物是周公,春秋末年的孔子就以周公的继承人自许,而成为中国文化的大成至圣先师。所以,三代文化尤其是周文化对春秋时期思想文化的形成具有直接的意义。而三代文化最早出现的是夏文化,夏文化是孔子所说小康时代的起点,而商周文化都是承继夏文化发展而来。

第一节　尚忠的夏文化

在三代文化中,夏、商、周有很大的区别。这就是夏代还没有文字的出现,而商周两代已经有甲骨文、金文的历史记载,所以,尽管自先秦以来夏、商、周被称为三代,但对于历史及其文化研究而言,夏代与商周两代还是有很大的不同,而多有至今不决的疑义。

一、夏王朝是否存在

对夏文化的研究,首先涉及历史上是否有夏王朝的存在问题。因为这个问题,中外学者一直不乏异议,还是一个并没有完全解决的问题。早在20世纪的二三十年代,以顾颉刚为代表的疑古派,就依据殷商卜辞没有关于夏的文字记载,及其对"禹"的考辨等,认为夏朝的历史与人物不过是后人编造出来的,禹在古史中是神化的产物,是西周中期才出现的,这被鲁迅在小说《理水》讥讽为"大禹是条虫"。① 虽然疑古派并没有完全否定夏史的存在,但更多的是一种怀疑态度。这一观念至今在学术界还有一定的影响。在西方汉学界也有不少人否定夏王朝的观念,从王宇信在《中国史研究动态》1990年第8期发表的《美国"夏文化国际研讨会"侧记》,闫敏在《人文杂志》1991年第4期发表的《洛杉矶"夏文化国际研讨会"英文本论文译述》等文章中,可见西方学者否定夏文化的相关观点。而1999年出版的《剑桥中国上古史》,作为欧美学者中国上古史研究的成果总结,以商作为中国第一个历史王朝这种安排,在实际表达上也否定了夏王朝存在的观念。

从历史文献特别是考古的学术成果看,夏是中国历史上第一个王朝,更接近历史的真实。这也是中国多数学者一直坚持的观念。早在春秋时期,就有将夏与商、周三代连称的习俗,《左传》襄公二十四年(前549年)载,范宣子在述其先祖时,就历数从尧舜到夏、商、周的历史:"昔丐之祖,自虞以上为陶唐氏,在夏为御龙氏,在商为豕韦氏,在周为唐杜氏。"②这一年孔子三岁,说明夏、商、周三代连称在孔子之前就已经存在,而范氏追溯其家族历史,可以说出在夏、商、周三代具体情况,这是夏王朝绝非出于历史虚构的最早证据。而到孔子时,以夏、商、周三代并称的论说就更为流行,所以,孔子有多次相关论说,如"殷因于夏礼,所损益,可知也;周因于殷礼,所损益,可知也;其或继周者,虽百世可知也"③。

① 禹为虫名,出于崔适:"禹之本义为虫名,犹鲧之本义为鱼名,夔、龙、朱虎、熊罴之本义为毛虫、甲虫之名也。"(崔适:《史记探源》,中华书局1986年版,第32页。)后顾颉刚据以发挥,而被许多人讥刺。关于这个问题,吴锐在《"禹是一条虫"再研究》(《文史哲》2007年第6期)中有详细的论述。

② 阮元刻:《论语·八佾》,《十三经注疏》(下),中华书局1982年版,第1979页。

③ 阮元刻:《论语·为政》,《十三经注疏》(下),中华书局1982年版,第2463页。

"夏礼吾能言之,杞不足征也;殷礼吾能言之,宋不足征也;文献不足故也。足则吾能征之矣。"①颜渊问为邦,孔子答以"行夏之时,乘殷之辂,服周之冕,乐则韶舞"②。孔子的弟子宰我答哀公问社,也以三代不同礼制为说:"夏后氏以松,殷人以柏,周人以栗。"③在《尚书》、《诗经》、《国语》、《山海经》、《古本竹书纪年》、《世本》、《尚书大传》、《孟子》、《荀子》、《礼记》、《大戴记》与《逸周书》的《世俘篇》、《商誓篇》、《尝麦篇》等篇,都有关于夏的记载,尤其是以禹作为圣王形象,与以夏代最后一位君王桀作为沦丧道德的暴君被多次提及;据徐旭生考辨统计,先秦文献中有关夏代的史料约有 80 条。④ 司马迁能够在《史记》的《夏本纪》中,记叙从禹、启到纣的完整夏代史,与春秋以来的就有三代的历史述说有直接关系。这些历史文献有力地证明,以夏、商、周三代并称,以夏代为中国第一个家天下的王朝不是神话,也不仅仅是无根无据的传说,而是有充分文献根据的。

而已经发现的彝器文物尤其是考古发掘的研究成果,更有力地证明了夏代是真实存在的历史王朝。《齐侯镈钟》有"处禹之堵"的铭文;《秦公簋》有"幂宅禹迹"的文字;《遂公盨》铭文有"天命禹敷土,堕山濬川"的记载。根据科学测定,遂公盨是西周中期的器物,这说明大禹并不是西周中期才被造出的,而是至少在西周中期以来就一直被传颂的圣王。战国抄写的清华简的《厚父》等出土文献,也保存有涉及夏史的新史料。这些都有力地证明夏王朝不是虚构出来,而是有古代文物、可靠文献证明的历史记载。特别是考古学数十年的研究成果,人们已经从多方面论证说明,以二里头遗址为代表的二里头文化就是夏文化,并越来越多地得到考古学的认可。尤其是经过李学勤先生主持的"夏商周断代工程",经过 200 多位学者的共同努力,在考古学、天文

---

① 阮元刻:《论语·八佾》,《十三经注疏》(下),中华书局 1982 年版,第 2466 页。
② 阮元刻:《论语·卫灵公》,《十三经注疏》(下),中华书局 1982 年版,第 2517 页。
③ 阮元刻:《十三经注疏》(下),中华书局 1982 年版,第 2468 页。
④ 参见徐旭生:《1959 年夏豫西调查"夏墟"的初步报告》,《考古》1959 年第 11 期。

学、文献学、甲骨文等综合研究的基础上，通过¹⁴C 测定等科学测定手段，采用多学科联合攻关、交叉研究的方法，基本上对的夏、商、周三代的时间作出了较为准确的结论，以夏的始年大致在公元前 2070 年，夏商分界约在公元前 1600 年，商周分界在公元前 1046 年，并列出了三代君王的具体在位时间。① 这一成果更有力地证明了夏王朝的存在，绝不是传说与神话，而是有考古学、天文学、文献学、文字学等多学科支持的可靠结论。

二、三代文化的开端

夏代出于三代开端的位置，加之夏代还没有文字出现，相对商周而言，作为观念形态的夏文化还是比较模糊的。郭沫若就说："照现在由地下发掘及古器物古文字学上多得来的知识而论，大抵殷商以前还是石器时代，究竟有没有文字还是问题，《周书》上的周初的几篇文章，如《多士》、《多方》、《立政》，都以夏、殷相提并论，夏以前的事情全没说到。就是说到夏、殷上来在详略上也大有悬殊，夏代知识笼统地说一个大概，商代则进论到它的比较具体的事迹。尤其是《无逸》与《君奭》两篇，叙殷代的史事，颇为详细，而于夏代则绝口不提。可见夏朝在周初时都是传说时代，而殷朝才是有史时代的。"②并认为："断定夏代是传说时代，并不是说夏代没有。有是有的，不过不会有多么高的

---

① 河南省文物考古研究所方燕明研究员在《夏商周断代工程中的早期夏文化研究》中说："经过夏代年代学研究学者的共同努力，已经大致建立了夏代的基本年代框架。夏商分界估定为公元前 1600 年。夏代始年的推定，我们主要是依据文献中有关夏代积年记载的研究，并参考天文推算的结果及相关¹⁴C 测年数据。关于夏文化的上限，学术界主要有二里头文化一期、河南龙山文化晚期两种意见。新砦二期遗存的确认，已将二里头文化一期与河南龙山文化晚期紧密衔接起来，以公元前 1600 年为商代始年上推 471 年，则夏代始年为公元前 2071 年，基本落在河南龙山文化晚期第二段（前 2132—前 2030 年）范围之内。现暂以公元前 2070 年作为夏的始年。"（《中原文化》2001 年第 2 期。）

② 郭沫若：《先秦天道观之进展》，《郭沫若全集·青铜器时代》，《历史编第一卷》，人民出版社 1982 年版，第 317 页。

文化,有的只是一点口头传下来的史影。"①虽然在考古学上,人们依据出土文物,可以通过科学的检测,知道其准确的年代,并对其材质、形态、工艺等作出较为合理的说明,结合古文献,对夏代的某些问题如夏墟、都城、建筑、生产工具、生活用品、祭祀用品等,作出了一些有成就的研究成果,但对观念形态的夏文化发展具体情况的认识却相对薄弱。郭沫若数年前说对夏代文化的论说,至今还是有参考价值的。观念形态的文化必须借助文字表现出来,出土的文物其中所包含的文化意义,在没有文字记录的情况下,是不可能得到准确说明的。没有文字,只有实物,特别是远古的出土文物,很难准确地说明其观念形态的文化的具体内涵。因为实物可以有各种已知或未知的文化意义,在已知的文化意义中也往往有多种含义,没有文字的表述,难以得到准确说明是十分正常的。所以,我们只能从最早的文献中,来尝试寻求观念形态夏文化的认识。

按照孔子的说法,夏代是从天下为公的大同时代转变为家天下的小康时代的开始,是禅让制向世袭制转化的起点,也是三代文化的开端,其后的商周文化都是损益夏文化而来。所以,孔子有关于三代礼的损益之说。但孔子并不是最早论及夏文化的人,在《左传》襄公四年,晋侯与魏庄子的一段论辩,就有关于夏文化的内容。魏绛在劝诫晋侯主张征伐戎狄时,不仅讲到后羿、寒浞、少康的夏代故事,还以后羿的好武不修德,重用奸小,带来的有穷国灭国之祸作为反面教训。其中指责后羿恃其射,"不修民事而淫于原兽";重用寒浞,"愚弄其民而虞羿于田","恃其谗慝诈伪而不德于民";并提到《夏训》与周太史辛甲所著《虞人之箴》两部著作,引用《虞人之箴》的"民有寝庙,兽有茂草,各有攸处,德用不扰"②。从这些论述可见,重贤才,以修德为务,以重民为本,

① 郭沫若:《先秦天道观之进展》,《郭沫若全集·青铜器时代》,《历史编第一卷》,人民出版社 1982 年版,第 318 页。
② 原文:"无终子嘉父使孟乐如晋,因魏庄子纳虎豹之皮,以请和诸戎。晋侯曰:'戎狄无亲而贪,不如伐之。'魏绛曰:'诸侯新服,陈新来和,将观于我,我德则睦,否则携贰。劳师于戎,而楚伐陈,必弗能救,是弃陈也,诸华必叛。戎,禽兽也,获戎失华,无乃不可乎?'《夏训》有之曰:

是夏代肯定并奉行的德行,而这与存世文献所说的三皇五帝的德行完全是吻合的。所以,在春秋时期的魏庄子等人眼里,夏代虽然是家天下的开端,但在文化观念上,与三皇五帝并不是完全相反的,其重贤才、崇道德,以民为本等观念,还是一脉相承的。因此,魏庄子才会用"不德于民"等语来批评后羿。而《虞人之箴》的"芒芒禹迹,尽为九州"①,可与《齐侯镈钟》的"处禹之堵",《秦公簋》的"鼏宅禹迹",《遂公盨》的"天命禹敷土,堕山濬川"等记载,相互印证,表明大禹与九州是周秦时流行的传说。

魏庄子的话,可以从《尚书》相关的虞夏文献中也得到证明。虽然今存《尚书》的《大禹谟》、《五子之歌》、《胤征》被认为是《伪古文尚书》,但从《皋陶谟》、《益稷》、《禹贡》、《甘誓》等有关夏的篇目内容来看,夏代文化在重视天文、注重德性、关注民生等方面,与三皇五帝完全是一脉相承的。正是这种一脉相承,才会有三代文化的损益相贯。但关于夏代这些文化的说辞,是后人据后代文化的发展所作出的推论,并不一定完全合于历史。郭沫若早就指出:"在现今传存的《尚书》中,所谓《虞书》和《夏书》都是战国时的儒者假造的。"②假有多种,有的是无中生有,有的是夸大其说,有的是事出有因,《尚书》中的虞夏书,固然出于后世,但是所造之假,却是依据当时中国文化的状

'有穷后羿。'"公曰:"后羿何如?"对曰:"昔有夏之方衰也,后羿自鉏迁于穷石,因夏民以代夏政。恃其射也,不修民事而淫于原兽。弃武罗、伯困、熊髡、龙圉而用寒浞。寒浞,伯明氏之谗子弟也。伯明后寒弃之,夷羿收之,信而使之,以为己相。浞行媚于内而施赂于外,愚弄其民而虞羿于田,树之诈慝以取其国家,外内咸服。羿犹不悛,将归自田,家众杀而亨之,以食其子。其子不忍食诸,死于穷门。靡奔有鬲氏。浞因羿室,生浇及豷,恃其谗慝诈伪而不德于民。使浇用师,灭斟灌及斟寻氏。处浇于过,处豷于戈。靡自有鬲氏,收二国之烬,以灭浞而立少康。少康灭浇于过,后杼灭豷于戈。有穷由是遂亡,失人故也。昔周辛甲之为大史也,命百官,官箴王阙。于《虞人之箴》曰:'芒芒禹迹,尽为九州,经启九道。民有寝庙,兽有茂草,各有攸处,德用不扰。在帝夷羿,冒于原兽,忘其国恤,而思其麀牡。武不可重,用不恢于夏家。兽臣司原,敢告仆夫。'《虞箴》如是,可不惩乎? 于是晋侯好田,故魏绛及之。"(阮元刻:《左传》,《十三经注疏》(下),中华书局1982年版,第1933页。)

① 阮元刻:《春秋左传注疏》,《十三经注疏》(下),中华书局1982年版,第1933页。

② 郭沫若:《先秦天道观之进展》,《郭沫若全集·青铜器时代》,《历史编第一卷》,人民出版社1982年版,第317页。

况来造的假,这个假不是无中生有,而是从现实出发去寻历史渊源的"假"。

三代虽然同属小康,但夏代是直接从虞舜而来,所以,相对而言,夏代比较接近虞舜时代,而以夏与虞舜相连,在古人的著作中是常见的。故《尚书》在分篇上,古代不少学者直接以虞夏不分,孔颖达疏就说:"马融、郑玄、王肃、《别录》题皆曰《虞夏书》,以虞、夏同科,虽虞事亦连夏。此直言《虞书》,本无《夏书》之题也。"①不仅《尚书》,墨子也是如此。苏秉琦说:"先秦儒家言必称尧舜,《尚书》就是从《尧典》开始编纂的。墨家常是虞夏商周连称,把尧舜的历史同三代相连系而与以前的历史相区别。在其余各家的著作也可以看到类似的倾向。"②以至于董仲舒认为,禹开创的夏与尧舜是一脉相承,而无所损益的:"夏因于虞,而独不言所损益者,其道如一而所上同也。道之大原出于天,天不变,道亦不变,是以禹继舜,舜继尧,三圣相受而守一道,亡救弊之政也,故不言其所损益也。"③孔子也有虞、夏、商、周的四代连称的说法:"颜渊问为邦。子曰:'行夏之时,乘殷之辂,服周之冕,乐则韶舞。'"④韶舞为虞舜的乐舞。晚清的廖平讲孔子改制,就据此而认为孔子改制是参用虞、夏、商、周的四代之礼。而《礼记·表记》中记载孔子论四代,也多虞夏连称,以与商、周相区别:"子曰:'虞夏之道,寡怨于民;殷周之道,不胜其敝。'"⑤"子曰:'虞夏之质,殷周之文,至矣。虞夏之文不胜其质;殷周之质不胜其文。'"⑥孔子在论及虞、夏、商、周四代时,以虞夏相连,以别于商周,并以文质来区分,这是以虞夏为质,商周为文。《说文解字注》解"质"说:"以物相赘、如春秋交质子是也。引伸其义为朴也、地也。"⑦与文相对的质,有质朴、素质、古朴之义,是引申义。

① 阮元刻:《尚书·尧典》,《十三经注疏》(上),中华书局 1982 年版,第 117 页。
② 苏秉琦:《重建中国古史的远古时代》,《史学史研究》1991 年第 3 期。
③ 班固:《汉书·董仲舒传》,中华书局 1983 年版,第 2518—2519 页。
④ 阮元刻:《论语·卫灵公》,《十三经注疏》(下),中华书局 1982 年版,第 2517 页。
⑤ 阮元刻:《礼记·表记》卷五十四,《十三经注疏》(下),中华书局 1982 年版,第 1642 页。
⑥ 阮元刻:《礼记·表记》卷五十四,《十三经注疏》(下),中华书局 1982 年版,第 1642 页。
⑦ 段玉裁:《说文解字注》,上海古籍出版社 1981 年版,第 281 页。

虞夏为质,商周为文,是以夏文化还处在人文初始的阶段,还没有文字的出现,人们还保留了较多古代野蛮习俗。

三、尚忠的文化意蕴

在论及夏、商、周的不同时,有一个大家都熟知的忠敬文之说。这个说法出自董仲舒,他在《天人三策》中说董仲舒说:"夏上忠,殷上敬,周上文者,所继之救,当用此也。……继治世者其道同,继乱世者其道变。今汉继大乱之后,若宜少损周之文致,用夏之忠者。"①这是以忠敬文来说明夏、商、周三代的政治制度,及其之所以有忠敬文的变化的原因,在救敝补偏。司马迁在《史记·高祖本纪》太史公赞,将其师的话作了更详细的说明:"夏之政忠。忠之敝,小人以野,故殷人承之以敬。敬之敝,小人以鬼,故周人承之以文。文之敝,小人以僿,故救僿莫若以忠。三王之道若循环,终而复始。周秦之间,可谓文敝矣。秦政不改,反酷刑法,岂不缪乎?故汉兴,承敝易变,使人不倦,得天统矣。"②对忠敬文之义,裴骃《集解》引郑玄说:"忠,质厚也。野,少礼节也","多威仪,如事鬼神","文,尊卑之差也"③。郑玄之说,是以人的质朴厚道说忠,以事鬼神多威仪说敬,以尊卑等差之礼说文。这一解释还是比较合乎董仲舒的本义的。

董仲舒的这一说法,可以追溯到孔子,《礼记·表记》载,孔子说:"夏道尊命,事鬼敬神而远之,近人而忠焉,先禄而后威,先赏而后罚,亲而不尊;其民之敝,蠢而愚,乔而野,朴而不文。殷人尊神,率民以事神,先鬼而后礼,先罚而后赏,尊而不亲;其民之敝,荡而不静,胜而无耻。周人尊礼尚施,事鬼敬神而远之,近人而忠焉,其赏罚用爵列,亲而不尊;其民之敝,利而巧,文而不惭,贼而

---

① 班固:《汉书·董仲舒传》,中华书局 1983 年版,第 2518—2519 页。
② 司马迁:《史记·高祖本纪》,中华书局 1985 年版,第 393—394 页。
③ 司马迁:《史记·高祖本纪》,中华书局 1985 年版,第 394 页。

蔽。"①这里用尊命、尊神、尊礼来说明夏、商、周三代的不同,虽然没有忠敬文之说,但以"朴而不文"说夏,以"先鬼而后礼"说商,以"文而不惭"说周,与郑玄对忠敬文的解释在精神上是一致的。明代吕柟曾对此作出了清楚的解说:"夏尚忠相与只是浑厚的意思,在内不在外面,到商尚质,虽渐形于外面,却全质朴还无文藻,至周尚文,则仪文度数纤悉备具,多在外面了。且如禹之时,菲饮食,恶衣服,再进前看如舜,连漆器也不用,抵璧投珠,土阶三尺,茅茨不剪。"②三代忠敬文之别,不过是从浑厚无内外之分的质朴到仪文度数悉备的差别。吕柟的这一解释,与郑玄对忠敬文的训诂是一致的,都是以忠敬文表达的是三代文明发展差异,以夏代为文明未开的质朴时代。这比较合乎孔子对夏代的看法,董仲舒、司马迁以政治制度解读忠敬文,《白虎通》更以《三教》为说,与孔子的本义是不同的。从夏尚忠这一古老的说法中,可以看出,在孔子等人眼里,夏代的文化还处于质朴的时代。这个看法也是合于历史发展的。

正因为夏代文化处于质朴的时代,所以,尽管孔子讲到夏礼,还说夏礼吾能言之,但孔子言及夏的礼制,比较可靠的只有一条材料,即所谓"行夏之时"③。另外,《论语》还载有孔子弟子宰我答哀公问社,有"夏后氏以松,殷人以柏,周人以栗,曰使民战栗"④。讲的是三代祭祀设立社神所用木材的不同。孟子为了宣传自己的十一而税时,曾说到"夏后氏五十而贡"⑤,为推广其学校教育,讲到"夏曰校"⑥。此外,《礼记》多处记载有所谓夏礼,如《檀弓》说:"夏后氏尚黑……殷人尚白……周人尚赤。"《明堂位》更有数十条关于夏、商、周三代礼制的不同,如乐器的不同、学校名称之异,祭祀所用动物脏器之别,酒水

---

① 阮元刻:《礼记·表记》卷五十四,《十三经注疏》(下),中华书局1982年版,第1642页。

② 吕柟:《四书因问》卷四,文渊阁《四库全书》电子本,上海人民出版社、迪志文化出版有限公司1999年版。

③ 阮元刻:《论语·卫灵公》,《十三经注疏》(下),中华书局1982年版,第2517页。

④ 阮元刻:《论语·八佾》,《十三经注疏》(下),中华书局1982年版,第2468页。

⑤ 阮元刻:《孟子·滕文公上》,《十三经注疏》(下),中华书局1982年版,第2703页。

⑥ 阮元刻:《孟子·滕文公上》,《十三经注疏》(下),中华书局1982年版,第2703页。

使用的差异等。但从考古已知夏代的经济与文化状况看，夏代不可能有所谓"五十而贡"的税法与专门教育弟子的学校出现，至于《檀弓》以黑、白、赤言说夏、商、周，《明堂位》关于夏、商、周三代礼制不同的各种说法，应该是董仲舒以黑、白、赤言夏、商、周的三统说出现之后，才可能有的各种附会。所以，这些关于夏代礼制之说都是不可信的。①

　　但一些典籍记载，孔子与《夏小正》关系密切。如《礼记·礼运》载："孔子曰'我欲观夏道，是故之杞而不足征也，吾得夏时也'。"②郑玄注云："得夏四时之书也，其书存者有《小正》。"《史记·夏本纪》也说："孔子正夏时，学者多传《夏小正》云。"③后人多据此认为《夏小正》是孔子所著，是夏代的历法，如清代的洪震煊说："礼征夏时，学传《小正》，尼山旧业，由来久矣。"④庄述祖、刘逢禄还认为，《夏小正》不仅是孔子所作，而且包含有公羊学的三科微言。但经过现代的研究，多数人认为它成书于战国时代。王安安在《〈夏小正〉历法考释》中，还通过"《夏小正》与《月令》的天象比较"、"《夏小正》与《月令》的物候比较"、"《夏小正》与《逸周书·时训》的物候比较"，证明"《夏小正》以十月记历"，而非十二月历。"今本《夏小正》所记人们在十一月、十二月的活动内容，完全有可能是《传》文作者将《夏小正》误当成十二月历，按照自己的主观意图，从十月内析分出来的。"⑤后人讲孔子著《夏小正》，虽然查无实据，《夏小正》也不是夏代历法的记录，但是，此说确有不可忽略的文化意义，这就是重视历法天文是中国古代最重要的文化传统。这从周秦到西汉的众多典

---

　　① 《礼记·明堂位》关于虞、夏、商、周四代礼制的说法，虽然不可信，但言说四代职官多少一条，却有合理性。该条说："有虞氏官五十，夏后氏官百，殷二百，周三百。"这以由少到多的变化，正好也说明虞、夏、商、周四代文明的进步，夏代是三代文明的开端，职官比较商周为少，这与夏代质朴之说是相通的。

　　② 阮元刻：《礼记·表记》卷五十四，《十三经注疏》(下)，中华书局 1982 年版，第 1415 页。

　　③ 司马迁：《史记·夏本纪》，中华书局 1985 年版，第 89 页。

　　④ 洪震煊：《夏小正疏义序》，《清经解、续清经解》(八)，凤凰出版社 2005 年版，第 10263 页。

　　⑤ 王安安：《〈夏小正〉历法考释》，《兰州学刊》2006 年第 5 期。

籍,如《逸周书·周月解》、《逸周书·时训解》、《管子·幼官》、《管子·四时》、《管子·轻重己》、《礼记·月令》、《大戴记·夏小正》、《吕氏春秋·十二月纪》、《淮南子·时则训》、《淮南子·天文训》都有天文历法的内容,以及司马迁著《史记》专列《历书》、《天官书》二篇,就可见一斑。依托夏王朝的《夏小正》,正是农业是中国古代社会发展的命脉,人们因农业的需要而重视天文历法的产物。

第二节　尚敬的商文化

商代是中国有文字记载以来的最早王朝。对商代的历史,我们可以根据商代的文字记载,并结合出土文献来认识。相对夏王朝及其以前无文字记录的历史,多出于后人根据传说或是推论,商代的历史与文化具有较多的可信度。所以,郭沫若在《中国古代社会研究》一书中,称殷代是"中国历史之开幕时期"[①],就是从商代有文字记录的角度来说的。这一观念仍为今天许多学者所坚持。

一、甲骨文的发现

在中国文化研究中,古代文物的出土,尤其是重要的出土文献,常常会带来研究的新突破,发现许多前所未有的新东西,甚至改写某些已有的观念。最近三十来年,围绕着出土简帛文献,中国哲学史、思想史等学科形成了简帛研究的热潮,以至简帛学成为显学,出现了诸多令人耳目一新的重要成果。对商代文化而言,甲骨文的发现可以说是具有里程碑式的重大意义,正是甲骨文的发现,商代被公认为有文字记载的中国史的开端,商文化成为具有信史意义的历史。

---

① 郭沫若:《中国古代社会研究》,人民出版社 1982 年版,第 18—22 页。

关于中国文字的出现,最早的传说是出于黄帝时的仓颉。文字的出现是人类发展史上最伟大的里程碑,仓颉造字因此被神化,而有"苍颉作书,而天雨粟,鬼夜哭"①之说。秦朝实行书同文,李斯托名仓颉而著《仓颉篇》等字书,但是小篆字书的汇编,与仓颉毫无关系,这在《说文解字序》说得很清楚:"斯作《仓颉篇》,中车府令赵高作《爰历篇》,太史令胡毋敬作《博学篇》,皆取史籀大篆,或颇省改(或者有很大的简化改变),所谓小篆者也。"②从黄帝到夏代,虽然考古发现有类似文字的符号,在小篆之前有所谓大篆,又称之为籀文,但真正意义上的文字,是商代出现的甲骨文。但甲骨文并不包含完整的商代历史,陈梦家说:"殷墟卜辞所包含的时代应是纪元前 1300 年—前 1028 年,即盘庚迁殷至纣王末年。"③根据夏商周断代工程得出的三代年表,盘庚在位的时间为前 1401—前 1374 年,而殷纣王在位的时间为前 1154—前 1122 年,所以,对陈梦家的说法应该有所修正。

甲骨文主要出于殷虚安阳小屯,最初被发现的时间是光绪初年,但当地老百姓并没有认识到它的文物价值,而是作为中药来使用。大约在光绪二十五年(1899 年),被北京的官员王懿荣认识到,才发现了甲骨文的文物价值,随之才出现了甲骨文收藏与研究的热潮。④ 研究甲骨文的著名大家先后有孙诒让、罗振玉、王国维、郭沫若、董作宾、陈梦家、胡厚宣等。迄今为止,国内共藏刻有文字的甲骨 13 万余片,发现单字约 4500 个,能够识别的有 2000 余字。并有多部有影响的著作问世,刘鹗的《铁云藏龟》为第一部著录甲骨文的书,孙诒让的《契文举例》是第一本对甲骨文进行考释的书,罗振玉的《殷墟书契》是第一本甲骨文照片制版的书,王国维的《殷卜辞中所见先公先王考》是甲骨文发现以来第一篇具有重大学术价值的科学论文,郭沫若的《卜辞通纂》是

---

① 刘文典:《淮南鸿烈集解》(上),中华书局 1997 年版,第 252 页。
② 段玉裁:《说文解字注》,上海古籍出版社 1981 年版,第 758 页。
③ 陈梦家:《殷虚卜辞综述》,中华书局 1988 年版,第 35 页。
④ 关于甲骨文的发现及其 20 世纪 50 年代以前的相关研究,可参见陈梦家:《殷墟卜辞综述》第一章,中华书局 1988 年版。

第一部全面考释卜辞的著作,陈梦家的《殷虚卜辞综述》是第一本对甲骨文进行全面综述的书,徐中舒的《甲骨文字典》是第一部甲骨文的工具书;此外,于省吾的《甲骨文释林》、《甲骨文字诂林》,王蕴智的《殷商甲骨文研究》,李孝定的《甲骨文字集释》等都是极有价值的著作。甲骨文收集最全面的著作是胡厚宣为总编辑的《甲骨文合集》,共计13册。该书选录甲骨拓本、照片和摹本,共41956片。采用董作宾的五期分类法,以武丁为第一期,祖庚、祖甲为第二期,廪辛、康丁为第三期,武乙、文丁为第四期,帝乙、帝辛为第五期。根据夏、商、周断代工程,商王朝开始于公元前1766年,纣王被灭在公元前1122年,总计644年,而武丁是盘庚迁殷后的第三位帝王,即位在公元前1324年,即使从武丁即位算起,到商王朝灭亡,甲骨文也只存在于商王朝后期的202年。

郭沫若曾评价甲骨文说:"商代已有文字,但那文字百分之八十以上是象形图画,而且写法不定,于字的构成上或倒书或横书,或左或右,或反或正,或数字合书,或一字析书。而文的构成上亦或横行或直行,横行亦或左读或右读,简直是五花八门,可以知道那时文字还在形成的途中。"[1]但根据一些学者的研究,从甲骨文已经辨识的单字来分析,甲骨文已经具备汉字六书的象形、会意、形声、指事、转注、假借的造字方法。陈梦家也认为:"我们若是把今天的汉字和甲骨文作比较,尽管经历了三千年的演变,然而,基本上是相同的。也就是说,汉字在武丁时代已经基本定型。"[2]虽然甲骨文还存在郭沫若所说的不规范的"五花八门"的现象,但绝非只是还在形成途中的文字,而是较为成熟的文字,已经是汉字的最初形态,后来的金文、大篆、小篆、隶书、楷书皆是其发展。所以,甲骨文是中国汉字最早的文字形态,正是通过甲骨文,商代的历史才成为有文字依据的信史。

---

[1]　郭沫若:《中国古代社会研究》,人民出版社1982年版,第18—19页。

[2]　陈梦家:《殷墟卜辞综述》,中华书局1988年版,第83页。

二、商代的文化官

商代文化官的主体是巫、史。著名哲学家李泽厚在《由巫到礼，释礼归仁》一书中，用巫、礼、仁三个概念将中国古代文化划分为三个阶段，这一划分是对从远古到孔子的中国文化发展进程的合理说明。按照这一划分，商代属于巫文化的时代。巫既是一种原始迷信的文化形态，即所谓巫文化；巫也是古代主要文化人，即《国语·楚语》所说的在男曰觋在女曰巫的巫。巫的起源很早，在商代以前就存在①，在《山海经》中就有关于"巫"的如下记载：《海外西经》："巫咸国在女丑北，右手操青蛇，左手操赤蛇，在登葆山，群巫所从上下也。"《海内西经》："开明东有巫彭、巫抵、巫阳、巫履、巫凡、巫相，夹窫窳之尸，皆操不死之药以距之。窫窳者，蛇身人面，贰负臣所杀也。"《大荒南经》："有载民之国。帝舜生无淫，降载处，是谓巫载民。巫载民盼姓，食谷，不绩不经，服也；不稼不穑，食也。爰有歌舞之鸟，鸾鸟自歌，凤鸟自舞。爰有百兽，相群爰处。百谷所聚。"《大荒西经》："有灵山，巫咸、巫即、巫盼、巫彭、巫姑、巫真、巫礼、巫抵、巫谢、巫罗十巫，从此升降，百药爰在。"《山海经》记载"巫"有一个现象，就是以西方为主，在上引文字里，除一条出于《大荒南经》外，其余皆出于地理位置在西的《海外西经》、《海内西经》、《大荒西经》，而且讲群巫、多位巫师时都出于记载西方地理的篇目。这与中国地理西高东低，显然有着密切的关系。因为古人认为地的高处是与天相通的，而神是住在高山与天上的，古老的西王母等神话被附会出于西方，西部的昆仑山被视为中国第一神山，都与此有关。晁福林教授的《山海经与上古时代的帝观念》一文，在详细列举了

---

① 张全海认为在甲骨文出现一千多年前的马家窑文化中，就有"巫"的出现："马家窑文化半山类型的年代是距今 4600—4300 年，所以说这两件半山类型彩陶上的陶文'十'字是迄今发现的最早的'巫'字。甚至还可以认为，这两件陶罐上的'巫'字是迄今发现的可以释读意旨的最早的史前中国文字，它们的年龄要比甲骨文早 1000 年左右。"（《"巫"字的起源》，《寻根》2012 年第 3 期。）此说将最早文字的出现，从甲骨文上推了一千余年。这个形状类似"十"的图形，查询相关字典，甲骨文、金文都没有"十"字形的巫字。而且此说只是孤证，难以为据。

《山海经》说:"《山海经》里的'帝'常居住和活动于高山之上。这些高山,最著名的是昆仑山。"①《山海经》的帝就是神,而巫是与神沟通,昆仑山成为记载"帝"的最著名高山,这与巫多出于地理位置较高的西部是一致的。

巫具有与神沟通的本领,可以看见神明,与神明进行语言思想的交流。所谓"能斋肃事神明也",即是此意。巫与神沟通的形式,要通过一些特殊的形式来进行,舞蹈是最重要的形式。巫的象形字就是一个舞动两袖的人形图画,《说文解字》巫部:"巫:祝也。女能事无形,以舞降神者也。象人两袖舞形。与工同意。古者巫咸初作巫。凡巫之属皆从巫。"巫的舞蹈有一定的动作规定,这些动作巧妙灵动,故《说文解字》以工与巫同意:"工:巧饰也。象人有规榘也。与巫同意。"所谓规矩,是指巫的舞蹈的规定动作,与工的行为一样都是有标准的某些要求规定,这就是所谓规矩,不合规矩,工的作为就会失败,巫的舞蹈不合规矩,就会得不到认可。巫除了用形体动作与神沟通,还有借助语言。通过讲一些让常人听不懂的言辞,来增加其神秘性,所以,《说文解字》示部说:"祝:祭主赞词者。从示从人口。一曰从兑省。《易》曰:'兑为口为巫。'"言部:"诬:加也。从言巫声。"正是通过念念有词的神秘语言,巫才能够实现与神的交通。而与神明交通,往往还必须通过某种仪式来祭祀神明,而古代祭祀神明最重要的祭品就是玉,《说文解字》释靈巫说:"以玉事神。从玉,霝声。"所以,以玉祭祀神明,是巫的重要活动。在《说文解字》中与巫相关的文字还有数个,从许慎的解释也可丰富对巫的理解。如竹部的"筮":"《易》卦用蓍也。从竹从巫字。"是从易筮的角度释巫,而卜筮为巫的职责。此外,西部的"医":"治病工也。殹,恶姿也;医之性然。得酒而使,从酉。王育说。一曰殹,病声。酒所以治病也。《周礼》有医酒。古者巫彭初作医。"巫彭见于《山海经》,这说明巫有对医药的一定认识。《论语·子路》载孔子之言:"南人有言曰:'人而无恒,不可以作巫医。'善夫。"也是巫医并提,可见二者的联系。

---

① 晁福林:《山海经与上古时代的帝观念》,《中国史研究》2016 年第 2 期。

此外,巫一般都知晓一些天文的知识,常常利用对天象的预测,来进行求雨、止雨的祭祀活动,以神化巫的形象。可以说,巫是具有丰富知识、特殊技能的文化人。在还处于人类文明初期的时代,这些知识技能都可以赋予巫极大的神秘性与权威性。

所以,巫在商代的政治生活中起着重要的作用,甚至商王朝的开创者与许多大臣,本身就是巫或具有巫术的人物。譬如夏的开国君主汤,就是一位大巫:

> 昔者汤克夏而正天下,天大旱,五年不收,汤乃以身祷于桑林,曰:"余一人有罪,无及万夫。万夫有罪,在余一人。无以一人之不敏,使上帝鬼神伤民之命。"于是翦其发,其手,以身为牺牲,用祈福于上帝,民乃甚说,雨乃大至。则汤达乎鬼神之化,人事之传也。①

汤的祈雨行为完全就是巫术的那一套。《墨子·兼爱下》也有类似的记载:"汤贵为天子,富有天下,然且不惮以身为牺牲,以祠说于上帝鬼神。"②这些说明汤即使不是巫,也是能够熟练运用巫术与天神交通的君王。③ 不仅君王,许多著名大臣也都带有巫的色彩,或本身就是巫。《尚书·君奭》载周公之语说:"我闻在昔成汤既受命,时则有若伊尹,格于皇天。在太甲,时则有若保

---

① 吕不韦:《吕氏春秋·季秋纪·顺民》,《百子全书》(下),浙江古籍出版社 1998 年版,第794 页。

② 《百子全书》(上),浙江古籍出版社 1998 年版,第 722 页。

③ 王晖在论及这个问题时,有一段较为集中的说明:"文献所载夏商时代许多有为之君都是君王兼巫师式的人物。《山海经·海外西经》、《大荒西经》、《楚辞·离骚》、《天问》、古本《竹书纪年》(《路史·后记》十三引)均谓夏后启上天为上帝嘉宾,并从上帝那里得到'九歌'与'九辩'而下。张光直认为'夏后启无疑为巫,且善歌舞',是对的。夏禹同样也是君王兼巫师式的领袖。《史记·夏本纪》索隐说:'今巫犹称禹步'。陈梦家说'禹步'即'巫步',甚是。20 世纪 70年代在长沙马王堆三号汉墓帛书中见到大量的材料证明禹不但是巫师,而且应是巫师之祖。《五十二病方》所用巫术治病之方中,屡言'禹步三',如治癫病时说'操柏杵,禹步三……'《五十二病方》凡见有五例。《抱朴子·登涉》篇对'禹步三'步法有详细的说明,并说'如此,禹步之道毕矣!凡作天下百术,皆宜知禹步'。可见禹步之法在社会上流行情况。不仅如此,在巫术之中,还认为禹之名有镇慑鬼神的作用。治病之方云:'辛卯日,立堂下东乡,向日,令人挟提癫者曰:今日辛卯,更名曰禹。'可见,禹之名有驱邪逐鬼的功能,只有大巫才具有这种功能。"(《商周文化比较研究》,人民出版社 2000 年版,第 117 页。)

衡。在太戊,时则有若伊陟、臣扈,格于上帝;巫咸乂王家。在祖乙,时则有若巫贤。在武丁,时则有若甘盘。率惟兹有陈,保乂有殷,故殷礼陟配天,多历年所。"①这里讲到巫咸、巫贤,皆为商代贤明的辅佐大臣。晁福林教授甚至据这段话认为:"周公所列作为辅佐商王的最主要的大臣的名单,从伊尹直到甘盘,都有可能是兼任商王朝之大巫者。"②可见,商代包括君王到大臣,或自身就是巫,或是熟悉并运用巫术的人,这是巫在商代政治生活中的缩影。这与时代中国文化还处于原始的鬼神迷信、图腾崇拜有直接关系,统治者要获得人民的拥戴,必须借助神明的权威,而要得到这一权威就只能依靠巫与巫术。

中国文化与西方文化最大的不同,就在于从它初始起,就具有重人文的性格。所以中国古代文化,至少从商代开始,就不只是单纯的巫文化,而是巫史文化,在巫之外还有偏重人文的史。史与巫都是在古代社会有着重要作用的文化官员,《礼记·礼运》说:"王前巫而后史,卜筮瞽侑皆在左右,王中心无为也,以守至正。"就是巫史共同作用的写照。《易经》中《巽》卦九二爻辞:"巽在床下,用史巫纷若,吉。"也可证史与巫联系之紧密。巫与史也并不是可以截然分开的,有的巫也是史,有的史也是巫,如甲骨文史官中的"御史",据《说文》的解释,"御,祭也",就是以御史为主持鬼神祭祀的官员,而祭祀一般属于巫的职责。因此,商代文化官的构成虽然主要是巫,但还有相当数量与史有关的文化官。《说文解字》释史:"史,记事者也,从又,持中。中,正也。凡史之属皆从史。"所谓记事是对社会历史事件的记叙,但《说文解字》以中为中正之义是不正确的。据江永、王国维、罗振玉、章太炎等人的考辨,中的本义是指官府所藏的簿书,史之象形表示的是右手持书,义指持书的人。这说明史的职责和性质与巫是有一定区别的,是职掌簿书的官员。而且,史也是有多方面知识、技能的文化人,童书业说:"史本是掌管记载的官,但也兼管着祭祀卜筮等事,他们多是世官,又掌着典籍,知识愈富,所以上知天文,下知地理,中知人

---

① 阮元刻:《十三经注疏》(上),中华书局 1982 年版,第 223 页。
② 晁福林:《商代的巫与巫术》,《学术月刊》1996 年第 10 期。

事,博观古今,能医卜星相,乃是当时贵族最重要的顾问。他们会从天象和人事里看出吉凶的预兆,所以他们既是智囊,同时又是预言家。"①但史官的最大特点是与文字、典策相联系,相传最早造字的仓颉就是黄帝的史官。陈梦家在《殷虚卜辞综述》中考察了殷商时期各史官类官职有 25 种之多,其具体名称是:"尹、多尹、又尹、某尹;乍册;卜某、多卜;工、多工、我工;史、北史、卿史、御史、朕御史、我御史、北御史、某御史;吏、大吏、我吏、上吏、东吏、西吏。"②其中"乍册"的史官特别值得注意,册的象形为编缀的简策,这说明商代除了甲骨文外,还可能有简策的文物,只是最早的简策由于制作工艺等相对不成熟,所以不能够如战国简帛易保存至今,在今天无法见到了。《尚书·多士》说:"惟殷先人有册有典。"绝非完全是臆说。陈梦家据此认为:"殷代已有竹木简的册书,大约是不成问题的。"③《逸周书·世俘》篇载:"武王降自车,乃俾史佚繇书于天号"④,武王告于周庙曰:"古朕闻文考修商人典。"⑤这里的商人典,很可能是指商人的典策,而史佚繇书之书,虽然更可能是周书,但武王的周初能够有史佚的繇书,也可证明商代有典策的可能性极大。关于史的这一意义,王国维早就指出:"史为掌书之官,自古为要职。殷商以前,其官之尊卑虽不可知,然大小官名及职事职名多由史出,则史之位尊地要可之矣。……古之官名多由史出。"⑥刘师培也认为,史"掌一代之学者也;一代之学,即一国政教之本"⑦。中国重历史、重传统的文化精神,最早就植根于这些史官及其史官文化中。正是史的传统,最深刻地影响了中国文化,铸造了中国文化以人为本的灵魂。

①　童书业:《春秋史》,山东大学出版社 1987 年版,第 96 页。
②　陈梦家:《殷墟卜辞综述》,中华书局 1988 年版,第 521 页。
③　陈梦家:《殷墟卜辞综述》,中华书局 1988 年版,第 518 页。
④　黄怀信等:《逸周书汇校集注》上册,中华书局 2018 年版,第 437 页。
⑤　黄怀信等:《逸周书汇校集注》上册,中华书局 2018 年版,第 442 页。
⑥　王国维:《观堂集林》卷六,中华书局 1959 年版,第 269 页。
⑦　刘师培:《刘师培史学论著选集》,上海古籍出版社 2006 年版,第 321 页。

巫史最重要的工作是进行占卜,所以都巫史都可称为卜人。由于卜筮在商代社会政治生活中居于特别重要的地位,为着满足卜筮的需要,商代设置不少卜筮的官员,因此卜人众多,董作宾在《殷代文化概论》中,罗列有 68 个卜人,陈梦家在《殷墟卜辞综述》中则有 120 人之多,并表示这个统计并不全面。① 而占卜神明卜的结果,常常会记录在龟甲或兽骨上,这就是所谓甲骨文,它是商代文化,主要是巫史文化的珍贵资料。

三、尚敬的含义

按照古代文献论记载的孔子、董仲舒等人的说法,三代文化的分别以忠、敬、文为标识。夏尚忠,会带来野的弊端,为了挽救野的缺失,于是商代之以敬。司马迁曾在《史记·高祖本纪》的赞词中对此有明确的说明:"夏之政忠,忠之敝,小人以野,故殷人承之以敬。"② 敬是对神明的敬,是对野的矫正。这就是孔子所说,"殷人尊神,率民以事神"③。商人所敬的神明主要对象是上帝与祖先神。

在较早的卜辞研究中,如郭沫若、陈梦家、胡厚宣等人,在其相关的著作中都比较强调商人对上帝的崇拜,认为上帝是商人崇拜的最高主宰。如郭沫若在《先秦天道观之进展》一文,在引用卜辞中八条有"帝"的文字记录文献④后

---

① 参见陈梦家:《殷墟卜辞综述》,中华书局 1988 年版,第 202—203 页。

② 司马迁:《史记·高祖本纪》,中华书局 1985 年版,第 393—394 页。

③ 阮元刻:《礼记·表记》,《十三经注疏》(下),中华书局 1982 年版,第 1641—1642 页。

④ 这几篇引文与郭沫若的译文如后:一"帝隹(唯)癸其雨"。(《卜辞通纂》三六四片,下略称《卜》)(天老爷在癸的一天要下雨。)二"今二月帝不令雨"。(《卜》三六五)(在这二月里天老爷不会下雨。)三"帝令雨足年? 帝令雨弗其足年?"(《卜》三六三)(天老爷要下雨来使年辰好吗? 天老爷要下雨使年辰不好吗?)四"帝其降堇(馑)?"(《卜》三七一)(老天爷要降下饥馑吗?)五"伐□方,帝受(授)我又(佑)?"(《卜》三六九)(要出兵征伐□国,天老爷肯给我们以保佑吗?)六"勿伐□,帝不我其受(授)又(佑)"。(《卜》三六六)(不要出兵征伐□国,天老爷不会给我们以保佑。)七"王封邑,帝若"。(《卜》三七三及三七四)(国王要建都城,天老爷答应了。)八"我其已□,乍(则)帝降若。我勿已□,乍(则)帝降不若"。(《卜》三六七)(我要免□的职,天老爷是答应的。我不免□的职,天老爷是不会答应的。)郭沫若:《先秦天道观之进展》,《郭沫若全集·青铜器时代》,《历史编第一卷》,人民出版社 1982 年版,第 320 页。

说:"这几条是比较上文字完整而意义明白的纪录,大抵都是武丁时的卜辞。这儿的'帝'自然是至上神无疑。"①这是以卜辞的帝为至高无上的至上神。他还通过多方面论证说明:"足见殷时代是已经有至上神的观念的,起初称为'帝',后来称为'上帝',大约在殷周之际的时候又称为'天':因为天的称谓在周初的《周书》中已经屡见,在周初彝铭如《大丰簋》和《大盂鼎》上也是屡见,那是因袭了殷末人无疑。由卜辞看来可知殷人的至上神是有意志的一种人格神,上帝能够命令,上帝有好恶,一切天时上的风雨晦冥,人事上的吉凶祸福,如年岁的丰啬,战争的胜败,城邑的建筑,官吏的黜陟,都是由天所主宰,这和以色列民族的神是完全一致的。"②陈梦家在《殷墟卜辞综述》第十七章第一节,以"上帝的权威"为题,认为"卜辞中上帝有很大的权威,是管理自然与下国的主宰"③,并根据武丁卜辞,分为令雨、令风、降旱、降祸等十六义,来说明帝的权威主宰,基本上是沿袭郭沫若的说法,但论述更为详细精密。④ 胡厚宣在《殷卜辞中的上帝和王帝》(下)中也说:"一般人以为上帝至上,有无限尊严。"⑤这些说法表述不同,但都是以上帝为自然社会的具有至高无上地位的最高主宰,是商人思想观念中最重要的天神。

　　卜辞称至上神的上帝更多的是称帝,而卜辞中的帝也是祖先神的称呼。胡厚宣说:

　　　　殷人于天帝称帝,于祖先亦称帝。甲骨文中贞卜殷王祭祀祖先,于其生父每亦称帝。如武丁时卜辞称其生父小乙叫父乙帝,祖庚、祖甲时卜辞称其生父武丁叫帝丁,廪辛、康丁时卜辞称其生父祖甲叫帝

　　① 郭沫若:《先秦天道观之进展》,《郭沫若全集·青铜器时代》,《历史编第一卷》,人民出版社1982年版,第320页。

　　② 郭沫若:《先秦天道观之进展》,《郭沫若全集·青铜器时代》,《历史编第一卷》,人民出版社1982年版,第324页。

　　③ 陈梦家:《殷墟卜辞综述》,中华书局1988年版,第562页。

　　④ 参见陈梦家:《殷墟卜辞综述》,中华书局1988年版,第562—571页。

　　⑤ 胡厚宣:《殷卜辞中的上帝和王帝》(下),《历史研究》1959年第10期。

> 甲,武乙时卜辞称其生父康丁叫帝丁,帝乙时卜辞称其生父文丁叫文武帝。①

作为祖先神的帝,与至上神的帝,二者是不同的,一为在天的帝,一为人世间的帝。为了区分二者,卜辞有时以"王"与"帝"对称,以王为人世间的帝王,故卜辞时有帝护佑王的文字,《殷墟卜辞综述》第 569 页,就列有七条证据。但卜辞更多的是用上帝一词,来与人世间的帝相区分。但上帝一词出现的时间是什么时候,各位大师的看法是不同的。郭沫若认为:

> 凡是《诗》、《书》、彝铭中所称的"帝"都是指的天帝或上帝,卜辞中也有一例称"上帝"的,惜乎上下的文字残缺,整个的辞句不明,但由字迹上看来是帝乙时代的东西。大抵殷代对于至上神的称号,到晚年来在"帝"上是加了一个"上"字的。上下本是相对的文字,有"上帝"一定已有"下帝",殷末的二王称"帝乙""帝辛",卜辞有"文武帝"的称号,大约是帝乙对于其父文丁的追称,又有"帝甲"当是祖甲,可见帝的称号在殷代末年已由天帝兼摄到了人王上来了。②

以上帝称谓至上神,以与人间的君王的帝相区别,这一解释极有理据,是对上帝一词出现富有学理性的解释。但随着甲骨文发现数量的增加与研究的深入,人们发现,郭沫若说上帝出现在商代末期,与事实不合。陈梦家在《殷墟卜辞综述》中,在列举卜辞中的"上帝"一词时,就举证有武丁时期的一条材料。③ 胡厚宣《殷卜辞中的上帝和王帝》(下)说:"由后来发现的甲骨文字看来,殷代对于至上神的称号,从武丁时以来,在帝上就加了一个上字。"④可见,上帝一词在武丁时期的最早的甲骨文中就已经出现。这说明商代以上帝为至

---

① 胡厚宣:《殷卜辞中的上帝和王帝》(下),《历史研究》1959 年第 10 期。
② 郭沫若:《先秦天道观之进展》,《郭沫若全集·青铜器时代》,《历史编第一卷》,人民出版社 1982 年版,第 321 页。
③ 参见陈梦家:《殷墟卜辞综述》,中华书局 1988 年版,第 562 页。
④ 胡厚宣:《殷卜辞中的上帝和王帝》(下),《历史研究》1959 年第 10 期。

上神的观念,在武丁时期就已经出现,而不是殷代晚期才出现的。上帝观念反映了对天上人间的区分,是中国最早的天人之分观念。这个观念表现的是对至上神绝对权威的精细化。虽然,胡厚宣与郭沫若对上帝一词出现的时间看法不同,但都认为殷代天神信仰上帝的崇拜高于祖先神的崇拜。

胡厚宣的《殷卜辞中的上帝和王帝》,对此作出了最详尽的说明,并引用众多的古文献来证明殷墟卜辞的上帝是至高无上的至上神:

> 其实这种至神上帝的宗教信仰,也见于古代的文献资料中。《墨子·非乐上》引《汤之官刑》说:"上帝弗常,九有以亡。上帝不顺,降之百殃。"常读为尚,《尔雅·释诂》,"尚右也"。九有即九州,犹言天下。意思说,上帝如果不保佑,天下就会亡。顺犹甲骨文言若。样即殃。意思说,上帝如果不答应,就会降下百殃来。《诗经·商颂》"玄鸟""玄息"说"古帝命武渴,正域彼四方"。意思是,"上帝命令威武的成渴,领有四方天下"。《尚盘庚》下说,"肆上帝将复我高祖之德,乱越我家。"《尔雅·释诂》"肆,今也。""乱,治也。""越,于也。"意思是,今上帝将兴复我高祖成汤之德运,以治于我家。说上帝保佑,上帝顺诺,帝降百殃,说帝命成汤,说上帝兴复我高祖的德运,上帝这些权能,都与甲骨文所说,是相一致的。①

的确,在《诗经》、《尚书》与春秋时期的文献中,上帝被视为自然与社会的全能主宰,是至高无上、无所不能的至上神,世界的一切都是由上帝决定的。但是,这是商代以后,从宗教迷信方向对上帝观念的深化,并不是卜辞上帝观念的准确说明。这与早期甲骨文研究对上帝的认识是一致。随着研究的发展,这一对上帝的认识观念被人质疑。

晁福林教授的《论殷代神权》最具代表性。该文认为:"殷代神权基本上呈现着三足鼎立之势,即:以列祖列宗、先批先母为主的祖先神,以社、河、岳为

---

① 胡厚宣:《殷卜辞中的上帝和王帝》(下),《历史研究》1959 年第 10 期。

主的自然神,以帝为代表的天神。三者各自独立,互不统属。过去那种以'帝'为殷代最高神的传统认识,是错误地估价了它在殷人心目中的实际地位。帝只是殷代诸神之一,而不是诸神之长。居于殷代神权崇拜显赫地位的是殷人的祖先神,而帝则不过是小心翼翼地偏坐于神灵殿堂的一隅而已。整个有殷一代,并未存在过一个统一的、至高无上的神灵。"①他通过卜辞关于祭祀祖先神的材料分析,证明了殷人祈祷的主要对象不是上帝,而是祖先神;祖先神不只是男性祖先,女性祖先在祭典中也占有相当显赫的地位。晁福林教授详细地辨析了商人祭祀祖先神与上帝存在着巨大的差别,"在殷代祭典的祭祀种类、祭品多寡、祭祀次数等方面,帝和祖先神等相比均望尘莫及。关于祖先神的卜辞有 15000 多条,而关于帝的仅 600 多条。就祭品情况看,殷人祭祖的牺牲、人牲常以数十、数百为限,如'御自唐、大甲、大丁、祖乙百羌百牢'(合集 300)、'羌三百于祖'(合集 297)、'御自大丁、大甲、祖乙百巴、百羌,卯三百牢'(合集 301)等。……然而,殷人对于帝却一毛不拔,不奉献任何祭品。"②所以,在商人的神灵世界中上帝与祖先神是无法相提并论的,"平实而论,帝只是殷代诸神之一,而不是诸神之长。"③

晁福林教授的这一观念,可能受到陈梦家的影响。陈梦家早就指出:"就卜辞的内容来看,殷代的崇拜还没有完全形式化。这表现于占卜的频繁与占卜范围的无所不包④,表现于'殷人尚鬼'的隆重而繁复的祭祀……但是,祖先崇拜的隆重,祖先崇拜与天神崇拜的逐渐接近、混合,已为殷以后的中国宗教

① 晁福林:《论殷代神权》,《中国社会科学》1990 年第 1 期。
② 晁福林:《论殷代神权》,《中国社会科学》1990 年第 1 期。
③ 晁福林:《论殷代神权》,《中国社会科学》1990 年第 1 期。
④ 在《殷墟卜辞》中,陈梦家还将卜辞的祭祀对象分为三类:天神类,包括上帝、日、东母、西母、云、风、雨、雪等;地祇类,包括社、四方、四戈、四巫、山、川等;人鬼类,包括先王、先公、先妣、组织、诸母、旧臣等。(见该书第 562 页)晁福林所说的殷代神权基本上呈现三足鼎立之势,与陈梦家之说基本上是一致的。陈梦家的三大类区分,采用的是《周礼·春官·大宗伯》的说法:"大宗伯之职,掌建邦之天神人鬼地祇之礼。"天神、地祇、人鬼三大类虽然在文本中是对周礼的说明,但卜辞中却也存在三大类的祭祀,陈梦家的分类是有根据的。商代与周代祭祀虽然都不出天神、地祇、人鬼三大类,但具体内容上是不同的。

树立了规范,即祖先崇拜压倒了天神崇拜。"①陈梦家已经看到卜辞中祖先神崇拜的隆重,祖先神崇拜压倒天神崇拜这一现象。但是,他坚持上帝是最高的主宰,而没有将这一认识贯彻到底。晁福林教授则对此作出了有说服力的全面论证。

商代的上帝并不是至上神,只是众多诸神之一,这是对以前关于商代上帝地位的颠覆性认识。而从现存卜辞看,晁福林教授的结论是可信的。这一新认识对准确理解中国文化的源起与后来发展的关系有重要的理论意义。若商代果真已有《诗》、《书》那样至上神的上帝观念,中国文化的发展就很难走上以人文为根本的道路,至少其发展进程要曲折得多。因为至上神是具有绝对权威的最高天神,若商代已经被至上神的上帝统治思想界,人们很难从至上神的迷信中摆脱出来。正是祖先神重于上帝,才决定了商代文化最深层的内容是血缘的传承关系,尽管商代的中国文化处于以迷信为主的时代,但正是因为没有形成对超自然上帝的绝对崇拜,而是以祖先神的崇拜为主,才为周代兴起重礼的社会思潮提供了条件。祖先神与上帝虽然都是神,但上帝是超越人间的,祖先毕竟是后王的前辈,他们之间存在可以感知的血缘、亲情联系,是人类社会的关系,而非神灵世界的联系。后来儒学最重要的亲亲、尊尊,就是由中国社会重视血缘关系的基因发展而来,而商代敬神的文化以祖先神为主,则是重视血缘关系的文化表现。重视血缘亲情,由前辈与后辈的关系,尊尊成为自然的原则;而由同辈人的关系,亲亲则成为处理相互间关系的法则。所以说,商代尽管是以巫为主的巫史文化,但是,即使是巫所表现出来的神灵迷信,也是带有人间温情的,是与中国远古历史发展密切相联系的,而不同于只是对超自然的至上神的顶礼膜拜。这是中国文化的特质,也是古代巫史文化的特点。巫文化成为迷信的代名词,只适合用在后来流行民间的低俗巫术上。也正因为如此,才有接续商代的周王朝制礼作乐的礼乐文化的出现。

---

① 陈梦家:《殷墟卜辞综述》,中华书局 1988 年版,第 561—562 页。

第三节　尚文的周文化

代商兴起的周王朝历经西周、东周。周平王东迁后的东周,时间从公元前770年到公元前256年,而春秋的时间历史学界多有异说,在春秋的起点上无异议,都以公元前770年为开端,但在春秋终点上,却有公元前477年或公元前476年、公元前468年、公元前453年、公元前403年等说。也有根据孔子著《春秋》终于公元前481年,以此为春秋的最后时间。从思想文化的角度,孔子是承上启下的文化巨人,所以,本书的春秋时间确定,采取公元前770年到公元前481年。作为春秋思想文化来源的周文化,只包括西周这个时段。因此,这里的讨论周文化实际上只是西周这个阶段的文化。

一、殷周之际的社会巨变

周原本是西部的一个小邦族,到太王古公亶父部落迁至岐山后,才开始兴盛起来,文武取代商王朝,就是在从太王开始逐步发展起来的。《诗经·鲁颂·閟宫》:"后稷之孙,实维大王。居岐之阳,实始翦商。至于文武,缵大王之绪,致天之届,于牧之野。"就是对这一历史的叙说。周部落直到取代商王朝之前,一直是臣服商王朝的小邦族,周的代商有如蛇吞大象,但是,周王朝并没有消化不良,而是很快建立起了自己的制度,特别是塑造出了重礼的周文化,确立了中国文化的基因。所谓周尚文之文,指的就是以礼为核心的文化表现。

论及殷周之际的社会变化,王国维的《殷周制度论》是绕不开的名著。此文开篇就说:"中国政治与文化之变革,莫剧于殷周之际。"[1]这是对周王朝取代商王朝历史意义的高度评价。王国维之所以如此推崇殷周之际的社会变

---

[1]　王国维:《观堂集林》卷十,中华书局1959年版,第451页。

革,是因为在他看来,"殷、周间之大变革,自其表言之,不过一姓一家之兴亡与都邑之移转;自其里言之,则旧制度废而新制度兴,旧文化废而新文化兴。又自其表言之,则古圣人之所以取天下及所以守之者,若无以异于后世之帝王;而自其里言之,则其制度文物与其立制之本意,乃出于万世治安之大计,其心术与规摹,迥非后世帝王所能梦见也"①。王国维从表里二分,肯定殷周之际的社会变革在本质上,是新制度、新文化取代旧制度、旧文化,是为万世开太平。也就是说,周王朝在制度、文化上,都具有超越一般王朝兴替的深远历史意义。结合中国后来的历史发展来看,王国维的这一论断是有合理性的,在一定程度上说明了周代制度、文化对中国历史发展的深远影响。就中国五千多年文明发展而论,我认为有两个最重要的历史阶段,一个是西周时期的社会变革,一个是春秋末年的诸子蜂起。而西周的社会变革,正是春秋末期诸子蜂起特别是儒学出现的必要前提。没有西周的尚文的文化出现,就不可能有春秋末期开始出现的百家争鸣,中国文化的最重要的两大基因——重礼与崇仁,就是通过西周的社会变革与春秋的文化定型来实现的。

就制度言,王国维认为:"周人制度之大异于商者,一曰立子立嫡之制。由是而生宗法及丧服之制,并由是而有封建子弟之制、君天子臣诸侯之制。二曰庙数之制。三曰同姓不婚之制。此数者皆周之所以纲纪天下。其旨则在纳上下于道德,而合天子、诸侯、卿、大夫、士、庶民以成一道德之团体。周公制作之本意,实在于此。"②嫡长子继承制被列在第一位,这说明王国维对此制度极其重视。这一结论,与他对商代君王传承的看法直接相关,他认为:"商之继统法,以弟及为主,而以子继辅之,无弟然后传子。自成汤至于帝辛中,以弟继兄者凡十四帝,以子继父者亦非兄之子而多为弟之子。"③郭沫若虽然批评王国维的《殷卜辞所见先公先王考》"不可尽信",但也认可商代实行的是兄终

---

① 王国维:《观堂集林》卷十,中华书局1959年版,第453页。
② 王国维:《观堂集林》卷十,中华书局1959年版,第453—454页。
③ 王国维:《观堂集林》卷十,中华书局1959年版,第454—455页。

弟及说,并予以进一步论证说:"殷代之兄终弟及制为历来史家所承认,而于卜辞亦得到了实物上之证明。三十一帝十七世而直接传子者仅十一二三,兄弟相及者在过半数以上。"①这个看法,至今甚至还被一些论著所沿袭。但陈梦家已经指出:"根据《殷本纪》与卜辞一致处,以及根据卜辞的世系传统,我们得到与王氏相反的结论。就是:(1)子继与弟及是并用的,并无主辅之分。(2)传兄之子与传弟之子是并用的,并无主辅之分。(3)兄弟同礼而有长幼之别,兄弟继位以长幼为序。(4)虽无嫡庶之分而凡子及王位者其父得为直系。这些才是商制的特点而异于周制者。"②陈氏将卜辞与传世文献两相互证,更有说服力。裘锡圭在《关于商代的宗族组织与贵族和平民两个阶级的初步研究》一文中也认为,至迟在商代武丁时,已经确立父子相承的继承制,并有嫡庶的观念,"在殷墟卜辞中,屡见'帝(嫡)子'与'介子'(庶子),可见嫡庶观念已经形成了"③。甚至有人认为商代已有嫡长子继承制,但此说既无历史依据,也缺乏文献的证据,难以为据。④ 尽管王国维说商代是兄终弟及,未可定论,但以嫡长子继承制为周所创造的制度,是周代制度创新的第一义,却是极有见地的。历史已经证明,中国自进入"家天下"的时代,君主传承无疑是每

<hr />

① 郭沫若:《中国古代社会研究》,人民出版社1982年版,第233—234页。
② 陈梦家:《殷虚卜辞综述》,中华书局1988年版,第370页。
③ 裘锡圭:《古代文史研究新探》,江苏古籍出版社1992年版,第297页。
④ 如王晖认为:"嫡长制在祖甲之后的康丁武乙时代已经形成。《尚书·无逸》谓祖甲之后,'立王,生则逸。生则逸,不知稼穑之难'。祖甲之后从出生便立为嗣王储君,说明嫡长制已经形成了。"(《商周文化比较研究》,人民出版社2000年版,第6页。)这是误解《尚书》。查《无逸》所载:"周公曰:'呜呼! 我闻曰:昔在殷王中宗,严恭寅畏,天命自度,治民祗惧,不敢荒宁。肆中宗之享国七十有五年。其在高宗,时旧劳于外,爰暨小人。作其即位,乃或亮阴,三年不言。其惟不言,言乃雍。不敢荒宁,嘉靖殷邦。至于小大,无时或怨。肆高宗之享国五十年有九年。其在祖甲,不义惟王,旧为小人。作其即位,爰知小人之依,能保惠于庶民,不敢侮鳏寡。肆祖甲之享国三十有三年。自时厥后立王,生则逸,生则逸,不知稼穑之艰难,不闻小人之劳,惟耽乐之从。自时厥后,亦罔或克寿。或十年,或七八年,或五六年,或四三年。'"[阮元刻:《尚书·无逸》,《十三经注疏》(上),中华书局1982年版,第221页。]这段话先言商高宗、祖甲能够爱护人民,不贪图享乐腐化,而能在位数十年;再说祖甲之后所立之王,在位都贪图享乐,而不知百姓农耕劳作的艰辛,故在位多在十年以下。周公是借历史告诫成王,不要逸豫,根本无所谓出生就立为储君的含义,王晖的解读断章取义,既不合文法,更不合《尚书》的本义,也没有历史根据。

一个王朝的平安发展最根本的制度,嫡长子继承制虽然不是最好的制度,却是每一个王朝实现君王顺利交替最有可行性的选择。正是以嫡长子继承制为核心的周代政治制度,才确保了分封制、宗法制等制度的落实①,为周王朝数百年的发展打下了最坚实的基础。

就文化而论,周代确立的文化精神影响更为深远。按照李泽厚先生由巫到礼的说法,周代可以说是礼得以正式奠立的时代。董仲舒等人所说的周尚文的文,就是指的周代的礼文化。礼是周与夏商二代文化区分的所在。周代的各项制度,都可以概括为礼制,而礼制对社会的治理则为礼教。礼制、礼教二而为一,从制度层面说是礼制,从这一制度用于社会治理,教化民众,则为礼教。无论是就礼制论,还是从礼教说,周代的礼都具有道德、政治的属性,是以道德、政治为其内核的。王国维早就敏锐地看到了这一点,他说:"周之制度典礼,乃道德之器械,而尊尊、亲亲、贤贤、男女有别四者之结体也,此之谓民彝;其有不由此者,谓之非彝。"②"且古之所谓国家者,非徒政治之枢机,亦道德之枢机也。使天子、诸侯、大夫、士各奉其制度、典礼,以亲亲、尊尊、贤贤,明男女之别于上,而民风化于下,此之谓治;反是,则谓之乱。是故天子、诸侯、卿、大夫、士者,民之表也;制度、典礼者,道德之器也。周人为政之精髓,实存于此。"③凸显道德、政治的意义是周文化的最重要的标记。

相传周礼极其丰富。《礼记·礼器》有"经礼三百,曲礼三千"之说,郑玄以为经礼三百指《周礼》,曲礼三百指礼篇所载事仪;《礼记·中庸》有"礼仪三百,威仪三千"之语,孔颖达疏以为礼仪三百指《周礼》,威仪三千指《仪礼》所

---

①　关于嫡长子继承制与宗法制、分封制的关系,王国维说:"是故由嫡庶之制而宗法与服术二者生焉。商人无嫡庶之制,故不能有宗法。曰有之,不过合一族之人奉其族之贵且贤者而宗之;其所宗之人,固非一定而不可易,如周之大宗、小宗也。周人嫡庶之制,本为天子诸侯继统法而设,复以此制通之大夫以下,则不为君统而为宗统,于是宗法生焉。"(王国维:《观堂集林》卷十,中华书局1959年版,第458页。)

②　王国维:《观堂集林》卷十,中华书局1959年版,第477页。

③　王国维:《观堂集林》卷十,中华书局1959年版,第477页。

载。为什么《周礼》是经礼，《仪礼》是曲礼，郑玄、孔颖达的解释都无法说明，故郑玄、孔颖达之说难以为据。王念孙《读书杂志》："大事曰事，小事曰曲。事为之制，礼仪三百也；曲为之防，威仪三千也。"①经礼指礼的大纲或类别，曲礼指礼的细目或类别下的条目，而不是分指《周礼》、《仪礼》。《周礼》、《仪礼》都有经礼、曲礼，二书所言礼的大纲、类别为经礼，而关于礼的细目、类别下的条目则为曲礼。而后起的《礼记》则是对礼仪精神、价值意义的诠释。要了解周代之礼，离不开《周礼》、《仪礼》②，而要深入理解周礼的价值与意义，就必须到《礼记》中去探究。所以，三礼在当代具有不同的意义。作为官制的《周礼》，显然不符合现代社会政府对职官设立的要求，而《仪礼》所讲的具体仪节，不仅烦琐，许多细节今天也难以说清楚，所以，研究《周礼》、《仪礼》，力求说明其本义，是学术研究的必须，但我们更应该重视的是对《礼记》的探讨，以从中追寻礼的意义与价值。现代一些研究礼学的人与社会上的某些人，热衷于对某些具体礼仪再现，古代服饰的恢复，而不只是其中蕴含的意义与价值，以博取大众的眼球，那只是皮相的功夫，不值得提倡。

礼的起源早在周代之前。从文字学的角度看，礼出现于何时，学者是有异议。郭沫若认为："礼字是后起的字，周初的彝铭中不见有这个字，礼是由德的客观方面的节文所蜕化下来的，古代有德者的一切正当行为的方式汇集了下来便成为后代的礼。"③但是，根据现在的各种字典来看，甲骨文已有礼、德二字，礼并不是所谓德行汇集而后出。④ 甲骨文的礼字，从玨，从鼓，为击鼓、

---

① 王念孙：《读书杂志》（上），中国书店 1985 年版，第 25 页。
② 《周礼》、《仪礼》的成书，虽然在战国时，但书中无疑保留了周代礼制的内容，所以，成为历代人们探讨周礼的主要文献。
③ 郭沫若：《先秦天道观之进展》，《郭沫若全集·青铜器时代》，《历史编第一卷》，人民出版社 1982 年版，第 336 页。
④ 郭沫若还认为："在卜辞和殷人的彝铭中没有德字，而在周代的彝铭中如成王时的《班簋》和康王时的《大盂鼎》都明白地有德字表现着。"[《先秦天道观之进展》，《郭沫若全集·青铜器时代》，《历史编第一卷》，人民出版社 1982 年版，第 335 页。]此说也不确。《甲骨文编》第 74 页有两个德字，《甲骨文、金文集粹》第 864 字，亦为"德"字。郭沫若的误说，与他写作《先秦天道观之进展》时代，甲骨文、铭文的发现与研究状况有直接关系。

奉玉的形象字。《说文解字》释礼，"从示，从豊，所以事神致福也"。段玉裁注："礼有五经。莫重于祭。故礼字从示。豊者行礼之器。"①豊像盘中盛有双玉。可见，礼的初义与祭祀神灵有关，击鼓为祭祀所常见的行为，奉玉是以玉为敬献给神灵。《礼记·礼运》说："夫礼之初，始诸饮食。其燔黍捭豚，污尊而杯饮，蒉桴而土鼓，犹若可以致其敬于鬼神。"②就是对最初出现的礼的性质的说明。这种最初的礼，是巫史的职责与专长。

孔子多次讲到三代之礼，《论语·为政》说："殷因于夏礼，所损益，可知也；周因于殷礼，所损益，可知也；其或继周者，虽百世可知也。"③《论语·八佾》："子曰：'夏礼，吾能言之，杞不足徵也；殷礼，吾能言之，宋不足徵也。文献不足故也，足则吾能徵之矣。'"④这说明礼非周代专有，三代皆有。但孔子的这段话，并不是说三代皆有同样的礼文化，在春秋时期所谓礼是无所不包的，就如今天所说的文化。孔子所说的三代之礼，其实是有分别的。夏商二代的礼，是事神祈福之礼，如"哀公问社于宰我。宰我对曰：'夏后氏以松，殷人以柏，周人以栗，曰使民战栗'"⑤。这是讲三代设立社神神主所用木材的不同；《礼记·明堂位》说："有虞氏祭首，夏后氏祭心，殷祭肝，周祭肺。夏后氏尚明水，殷尚醴，周尚酒。"⑥是在三代之外加上虞舜，言四代祭祀的不同。祭祀神灵是巫的职责与专长，事神祈福之礼，是以神为主宰，服务于神的，这样的礼是通过巫的活动来体现。而巫在祭祀神灵活动中所必须遵守的动作、仪式、器物等相关的规定，就成为最初所谓礼。应该说，这样的礼是通行夏、商、周三代的。

但是，绝不是说三代之礼都只是事神祈福之礼。三代之礼虽然都存在事

①　段玉裁：《说文解字注》，上海古籍出版社1981年版，第2页。
②　阮元刻：《礼记·礼运》卷二十一，《十三经注疏》(下)，中华书局1982年版，第1415页。
③　阮元刻：《十三经注疏》(下)，中华书局1982年版，第2463页。
④　阮元刻：《十三经注疏》(下)，中华书局1982年版，第2466页。
⑤　阮元刻：《十三经注疏》(下)，中华书局1982年版，第2467页。
⑥　阮元刻：《十三经注疏》(下)，中华书局1982年版，第1491页。

神祈福的意义,但夏商与周的礼制还是有区别的。这个区别就是夏商二代之礼,主要属于事神祈福之礼,周代之礼,已经转变为人文为主之礼,虽然依然存有事神祈福之礼,但主要是以人的社会行为规范、规则为主的一套学说,是以人为中心的人文之礼。正是有了人文之礼,经过西周的发展,礼在东周才能够成为评判人的一切得失的根据与标准。周礼的这一人文之礼,是以《仪礼》、《周礼》为依托所表现出来的一套礼仪规范、制度,是礼制、礼教,已经摆脱了事神祈福的最初意义,而是作为社会规范与制度的体现,这样的礼商代尚无发现,夏代更无踪迹。虽然周代的文化是在夏商两代的基础上发展而来,存在礼的损益,但三代的文化还是有差别的,尤其是周文化与夏商差距更大,这主要就表现在周代的礼文化上。所以,绝不能将三代之礼混而不分,只看到他们的继承,更应该看到周礼与夏商之礼的本质差别。

高崇文先生的《古礼足征》是一部很有价值的学术名著。从考古学的视野对中国礼制作出了迄今最为详明的研究,但在《礼制文明篇》中对周礼性质的说法却值得商榷。书中说:"利用天神、地神、祖神来统治天下,正是周代礼制根本性的特质。"①此说是将周礼仅仅局限于对神灵的祭祀,而非对周礼的全面认识,没有看到周礼虽然有借助神灵的一面,但已经摆脱了仅仅是事神祈福之礼的传统,在本质上已经是以人文为本质特点的礼,与夏商的只是事神祈福之礼有着实质的区别。就三代之礼的目的而论,的确可以说都是为统治天下。而利用天神、地神、祖神来统治天下,也是商文化的特点,但周礼与夏商之礼在性质上的不同也是不可忽略的,否则,就无法说明夏尚忠、殷尚敬、周尚文之间的差异。所谓周尚文的文,就集中体现在周代的人文之礼的礼文化上。从周以来中国人讲的礼,主要就是以周礼为代表的人文之礼,而非夏商事神祈福之礼。

---

① 高崇文:《古礼足征》,上海古籍出版社 2017 年版,第 9 页。

二、周公的制礼作乐

周代尚文的礼文化,是由周公制礼作乐构建起来的。周公不仅是周代最重要的政治家,更是中国文化由巫到礼的关键性人物。他不仅参与了周文王、周武王取代殷纣的活动,还对维护周初的稳定起到了决定性的作用,不仅平定了周初的三监之乱,还通过分封的方式,为周王朝的长治久安打下了坚实的基础。周公最重要的历史贡献与历史影响,并不在他政治的丰功伟绩,而在他的制礼作乐。《朱子语类·论语七·八佾篇·周监于二代章》说:"周公制成周一代之典,乃视夏商之礼而损益之。故三代之礼,其实则一,但至周而文为大备,故孔子美其文而从之。"损益夏商两代之礼,制成周一代之典,是周公完成的。周礼与两代之礼的区别,就在于文备,所谓文备,正是人文取代死神祈福之义。

就三代到晚清的中国文化而言,最重大的历史事件有二:一是西周实现的由巫到礼,以周公的制礼作乐为标志;二是春秋末期的以政治、道德价值理念释礼,以孔子的以仁释礼为代表。仁与礼也构成中国传统文化的两个最重要的核心观念。中国其后的发展,尤其是文化的演化,都是紧紧围绕着仁与礼两个核心范畴,而不断展开的。与之相联系的是,中国文化史上人们常常周孔并称,视为二大圣人。先有周公制礼作乐而形成的周代礼乐文化,才有后来孔子的以仁释礼。在这个意义上,周公理所当然地是以礼乐著称的中国文化的奠基人。没有西周的周公,就没有春秋末期的孔子,所以孔子一再自道自己是周公的继承者。而周公的制礼作乐,是在承继三皇五帝及夏商二代文化的基础上实现的,关于这一点唐代的杨倞在《荀子注》的序中就有明确的说明:"昔周公稽古三五之道,损益夏殷之典,制礼作乐。"孔子能够成为周公之后的最伟大的文化人,也在于自觉地继承了周公开创的礼乐文化,孔子的自道就清楚地说明了这一点:"周监于二代,郁郁乎文哉! 吾从周。"[1]重视文化传承,不是

①　阮元刻:《论语·八佾》,《十三经注疏》(下),中华书局1982年版,第2467页。

全盘否定以往的历史虚无主义,是中国文化的巨大优点,也是中国文化能够延续数千年的一个重要原因。这也是中国文化史上大师成就的重要因素,周公、孔子就是最有说服力的榜样。

周公生活在西周初年,孔子是东周的春秋末期人,二人都属于周王朝的时代,道家的始祖老子也是春秋末期人,亦为周人,中国文化自唐代以后儒、释、道三教鼎立,其儒道的创始都出自周王朝。而从春秋末年开始蜂起并兴盛于战国的诸子百家,也在周王朝的东周时间段,中国文化后来各方面的发展都与诸子百家的学说有着某种直接或间接的联系,这说明周文化不仅是中国三皇五帝以来文化发展的大飞跃,也是中国文化最终形成的奠基期,在中国文化史上具有其他时代不可比拟的崇高地位。可以毫不夸大地说,在中国文化史上没有一个王朝有周王朝这样大的贡献与成就,周王朝是中国文化史上最伟大的时代。而周公的制礼作乐是这个时代能够创造出空前绝后文化成就的基础。

周公制礼作乐也因此成为最为后世称颂的话题,从先秦诸多典籍开始就有许多相关的记载。如《礼记·明堂位》说:"周公相武王以伐纣。武王崩,成王幼弱,周公践天子之位以治天下;六年,朝诸侯于明堂,制礼作乐,颁度量,而天下大服;七年,致政于成王;成王以周公为有勋劳于天下,是以封周公于曲阜,地方七百里,革车千乘,命鲁公世世祀周公天以子之礼乐。"①《逸周书·明堂解》说:"明堂者,明诸侯之尊卑也,故周公建焉,而朝诸侯于明堂之位。制礼作乐,颁度量而天下大服,万国各致其方贿,七年致政于成王。"②《尚书大传》卷四记载,制礼作乐是周公特别重视的大事件,为了保证制礼作乐的成功,周公还以营造洛邑为其准备:"周公将作礼乐,优游之三年,不能作。君子耻其言而不见从,耻其行而不见随。将大作,恐天下莫我知也;将小作,恐不能扬父祖功业德泽。然后营洛,以观天下之心。于是四方诸侯,率其群党,各攻

---

① 阮元刻:《十三经注疏》(下),中华书局 1982 年版,第 1488 页。
② 黄怀信等:《逸周书汇校集注》(下),中华书局 2018 年版,第 715—716 页。

位于其庭。周公曰:示之以力役,且犹至,况导之以礼乐乎? 然后敢作礼乐。"营造洛邑是东周初年的一件大事,也是周公重要的政治功绩,但只能作为制礼作乐的准备,这说明周公制礼作乐意义的重大是怎么评价都不过的。

在春秋时期,周公制礼作乐已经是社会公认的历史事实。周公的后代季文子说:"先君周公制周礼曰:'则以观德,德以处事,事以度功,功以食民。'"①查《周礼》一书,并无"则以观德"等语,《仪礼》、《逸周书》等亦无类似文字。所以,季文子在这里说的周礼,不是指《周礼》一书,而是指的制礼作乐之礼,是周公在制礼作乐时所讲的话,是周公制礼作乐的精神所在。晋国的韩宣子出使鲁国,在大史氏那里看到《易象》与《鲁春秋》,而感叹道:"周礼尽在鲁矣。吾乃今知周公之德,与周之所以王也。"②司马迁以《春秋》为礼义之大宗,最早的渊源实本于此。当然,司马迁所说的《春秋》不是《鲁春秋》。而是孔子所著的《春秋》。但以《春秋》为礼书,在《左传》绝非只有这一孤证。隐公七年,也有类似的说明:"滕侯卒。不书名,未同盟也。凡诸侯同盟,于是称名,故薨则赴以名,告终嗣也,以继好息民,谓之礼经。"③杜预注更是直接地将《春秋》与周公制礼作乐联系起来:"此言凡例,乃周公所制礼经也。十一年不告之例,又曰不书于策,明礼经皆当书于策,仲尼脩春秋皆承策为经,丘明之传博采众记,故始开凡例,特显此二句,他皆放此。"④这些表明,周公制礼作乐的说法在春秋时期已经十分流行,是包括孔子在内的许多人都认可的历史事实。秦汉以后的典籍,关于周公制礼作乐的说法,更是流行于四部,成为中国文化史上公认的历史事件,如唐代贾公彦在《序周礼兴废》中说:"周公制礼之日,

---

① 阮元刻:《春秋左传正义》文公十八年,《十三经注疏》(下),中华书局1982年版,第1861页。
② 阮元刻:《春秋左传正义》定公四年,《十三经注疏》(下),中华书局1982年版,第2134—2135页。
③ 阮元刻:《春秋左传正义》隐公七年,《十三经注疏》(下),中华书局1982年版,第1732页。
④ 阮元刻:《春秋左传正义》隐公七年,《十三经注疏》(下),中华书局1982年版,第1732页。

礼教兴行。"①

周公制礼作乐具体情节,虽然今天已经难以讲清,但周代的许多重要礼制,皆与周公有关,是史有明文的。譬如周代最重要的政治制度——分封制的确立与实施,就出自周公。关于这一点,周大夫富辰有过清楚的说明:"昔周公吊二叔之不咸,故封建亲戚以蕃屏周。管、蔡、郕、霍、鲁、卫、毛、聃、郜、雍、曹、滕、毕、原、酆、郇,文之昭也;邘、晋、应、韩,武之穆也;凡、蒋、邢、茅、胙、祭,周公之胤也。"②对富辰的这一说法,孔颖达曾作出疏解:"此二十六国武王克商之后,下及成康之世,乃可封建毕矣,非是一时封建,非尽周公所为。富辰尽以其事属周公者,以武王克殷,周公为辅,又摄政制礼,成一代大法,虽非悉周公所为,皆是周公之法,故归之于周公耳。"③这一疏证极有理据。将西周的分封都说成是周公所为,是不合历史的,但又不得不归结于周公名下,是因为分封制是"周公之法"的体现,贯注着周公的礼乐精神理念,这个理念不是别的,而是所谓德观念。在晋国主持的一次盟会前,蔡、卫争谁先谁后,苌弘同意蔡在卫先,子鱼则通过周公分封尚德,并通过关于周公分封的一大段论述,说明应该卫在蔡先:

> 以先王观之,则尚德也。昔武王克商,成王定之,选建明德,以蕃屏周。故周公相王室,以尹天下,于周为睦。分鲁公以大路,大旂,夏后氏之璜,封父之繁弱,殷民六族,条氏、徐氏、萧氏、索氏、长勺氏、尾勺氏。使帅其宗氏,辑其分族,将其类丑,以法则周公,用即命于周。是使之职事于鲁,以昭周公之明德。分之土田倍敦,祝、宗、卜、史,备物、典策,官司、彝器。因商奄之民,命以《伯禽》,而封于少皞之虚。

① 阮元刻:《序周礼兴废》,《周礼正义》,《十三经注疏》(上),中华书局 1982 年版,第635 页。

② 阮元刻:《春秋左传正义》僖公二十四年,《十三经注疏》(下),中华书局 1982 年版,第1817—1818 页。

③ 阮元刻:《春秋左传正义》隐公七年,《十三经注疏》(下),中华书局 1982 年版,第1817 页。

分康叔以大路、少帛、綪茷、旃旌、大吕，殷民七族，陶氏、施氏、繁氏、錡氏、樊氏、饥氏、终葵氏；封畛土略，自武父以南，及圃田之北竟，取于有阎之土，以共王职。取于相土之东都，以会王之东蒐。聃季授土，陶叔授民，命以《康诰》，而封于殷虚。皆启以商政，疆以周索。分唐叔以大路，密须之鼓，阙巩，沽洗，怀姓九宗，职官五正。命以《唐诰》，而封于夏虚，启以夏政，疆以戎索。三者皆叔也，而有令德，故昭之以分物。不然，文、武、成康、之伯犹多，而不获是分也，唯不尚年也。管蔡启商，惎间王室。王于是乎杀管叔而蔡蔡叔，以车七乘，徒七十人。其子蔡仲，改行帅德，周公举之，以为己卿士。见诸王而命之以蔡，其命书云："王曰：胡！无若尔考之违王命也。"若之何其使蔡先卫也？武王之母弟八人，周公为大宰，康叔为司寇，聃季为司空，五叔无官，岂尚年哉！曹，文之昭也；晋，武之穆也。曹为伯甸，非尚年也。今将尚之，是反先王也。晋文公为践土之盟，卫成公不在，夷叔，其母弟也，犹先蔡。其载书云："王若曰，晋重、鲁申、卫武、蔡甲午、郑捷、齐潘、宋王臣、莒期。"藏在周府，可覆视也。吾子欲覆文、武之略，而不正其德，将如之何？[1]

子鱼这段论述，比较富辰更为详细，是了解周公分封的重要史料。这也证明分封制与周公关系密切。由周公所实施的分封制，是周王朝得以延续八百年的根本制度保障，构成周礼最重要的内容之一。分封制以公、侯、伯、子、男五等爵位分封同姓与异姓诸侯[2]，在《左传》中，还可以看到周初分封制遗留下来的诸侯国君的称谓，如宋公、卫侯、祭伯、邾子、许男等，按照礼制，爵位的不同在盟会时就有相应的礼节规定，但在盟会时各国间往往因强弱的不同等原因，而

---

① 阮元刻：《春秋左传正义》定公四年，《十三经注疏》（下），中华书局1982年版，第2134—2135页。

② 关于分封制是公、侯、伯、子、男五等爵位，还是公、侯、伯子男三等爵位，今文经学与古文经学是有分歧的。根据廖平《今古学考》的说法，古文经学守孔子早年从周之说，采五等说；而今文经学持孔子晚年改制之说，以三等为说。按照这一说法，周公的分封制是五等爵位。

常常发生盟会时的位次先后之争等违礼的情况,这在《左传》中有不少记载。

孔颖达疏解周公制礼作乐所表达的观念,在顾颉刚那里也有类似的说法,他在《"周公制礼"的传说和〈周官〉一书的出现》一文中认为:"'周公制礼'这件事是应该肯定的,因为在开国的时候哪能不定出许多制度和仪节来;周公是那时的行政首长,就是政府部门的共同工作也得归功于他。即使他采用殷礼,也必然经过一番选择,不会无条件地接受,所以孔子说:'周因于殷礼,所损益可知也(《论语·为政》)。'既然有损有益,就必定有创造的成分在内,所以未尝不可说是周公所制。"①顾颉刚是从职官的职责,与周礼对殷礼的损益来论断周公制礼作乐。而职官的职责所在,虽非事事亲历,但职责所在皆为其职责范围;损益必有创新的一面,以创新归创造者,也是合于理的。这种解释与孔颖达的疏解视角不同,但都没有肯定周礼皆出于周公,但又都确定周公的制礼作乐。这是对周公制礼作乐的理性理解,本书对周公的制礼作乐也作此观。这也是处理历史上关于周公制礼作乐记载应取的理性态度。

周公制礼作乐绝不仅仅限于分封制等相关的政治制度,还包括田赋等经济制度。《左传》载:"季孙欲以田赋,使冉有访诸仲尼。仲尼曰:'丘不识也。'三发,卒曰:'子为国老,待子而行,若之何子之不言也?'仲尼不对。而私于冉有曰:'君子之行也,度于礼,施取其厚,事举其中,敛从其薄。如是则以丘亦足矣。若不度于礼,而贪冒无厌,则虽以田赋,将又不足。且子季孙若欲行而法,则周公之典②在。若欲苟而行,又何访焉?'弗听。"③孔子是最懂周公的人,鲁国季孙氏要行新的田税,孔子以"周公之典在来"反对,说明在孔子时鲁

---

① 顾颉刚:《"周公制礼"的传说和〈周官〉一书的出现》,《文史》1979 年第六辑。

② 周公之典,《国语》作周公之籍:"季康子欲以田赋,使冉有访诸仲尼。仲尼不对,私于冉有曰:求来! 女不闻乎? 先王制土,籍田以力,而砥其远迩;赋里以入,而量其有无;任力以夫,而议其老幼。于是乎有鳏寡孤疾,有军旅之出则征之,无则已。其岁,收田一井,出稯禾、秉刍、缶米,不是过也。先王以为足。若子季孙欲其法也,则有周公之籍矣;若欲犯法,则苟而赋,又何访焉!"[佚名:《国语·鲁语下》(上),上海古籍出版社 1978 年版,第 218 页。]

③ 阮元刻:《春秋左传正义》哀公十一年,《十三经注疏》(下),中华书局 1982 年版,第 2167 页。

国的赋税制度还保留有周公的法典。此外,周公制礼还有处理各种人神与人际关系的礼仪礼节。根据《周礼》的说法,这些礼仪归春官宗伯职掌,所谓"掌建邦之天神、人鬼、地示之礼"①。就其大类,可分为五大类,即与祭祀相关的吉礼,丧葬相关的凶礼,军旅有关的军礼,宾客有关的宾礼,冠婚有关的嘉礼,这就是五礼。这些礼制在春秋时期都一直通行,而最重要的是吉礼与军礼,春秋有所谓"国之大事,在祀与戎"②一说。春秋此说,是由春秋通行霸权的社会状况决定的。从《周礼》所言五礼看,前两种与神鬼有关,后三种与人相关,以天人分,人三天二,而即使是关于天的方面,也是与人事密切相关的,这也表明周礼的人文因素已经超越了鬼神迷信。所以,周公制礼作乐的主要内容是人文之礼,而非夏商两代的事神祈福之礼所能限定。

第四节　周公与"五经"

周公制礼作乐的人文性质,主要体现在周公与"五经"的联系上。周公与"五经"的联系,首先是在与礼相关的著作方面,这也与周公的制礼作乐有直接关系。相传《周礼》与《仪礼》皆出于周公。《周礼》一书本名《周官》,司马迁说:"成王在丰,天下已安,周之官政未次序,于是周公作《周官》,官别其宜,作《立政》,以便百姓,百姓说。"③西汉末年,刘歆以《周礼》为"周公致太平之迹"④,极其重视,将其改名《周礼》,东汉郑玄注《周礼》时也说:"周公居摄作六典之职,谓之《周礼》。"⑤在刘歆、郑玄等的推许下,《周礼》后来成为三礼之

---

① 阮元刻:《周礼正义·春官·宗伯》,《十三经注疏》(上),中华书局1982年版,第752页。

② 阮元刻:《春秋左传正义》成公十三年,《十三经注疏》(下),中华书局1982年版,第1911页。

③ 司马迁:《史记·鲁周公世家第三》(五),中华书局1985年版,第1522页。

④ 阮元刻:《序周礼兴废》,《周礼正义》,《十三经注疏》(上),中华书局1982年版,第635—636页。

⑤ 阮元刻:《周礼正义》卷一,《十三经注疏》(上),中华书局1982年版,第639页。

首,极受重视。《隋书·经籍志》也说:"《周官》盖周公所制官政之法"①。陈友仁说:"《周官》六典,周公经制之书也。"②《仪礼》也被历代许多学者认为是周公所著,像汉代的古文经学家、唐代的孔颖达与贾公彦、清代的胡培翚与曹元弼等皆作如是观。如孔颖达疏解《礼记·明堂位》的周公制礼作乐时说:"周公……所制之礼,则《周官》、《仪礼》也。"③《礼纬·稽命征》还有一种说法,认为《周官》、《仪礼》为周文王所立:"文王见礼坏乐崩,道孤无主,故设礼经三百,威仪三千。"④但《周易正义》在《第四卦辞爻辞谁作》缝合其说,还是归结为周公:"其三百三千即周公所制《周官》、《仪礼》,明文王本有此意,周公述而成之,故系之文王。"⑤依然将二书的著作权归于周公。朱熹对《周礼》、《仪礼》两书,也一再肯定是周公的著作。仅在《朱子语类·礼三·周礼·总论》就有四处相关论说,其一,"今只有《周礼》、《仪礼》可全信"。其二,"《周礼》只疑有行未尽处。看来《周礼》规模皆是周公做,但其言语是他人做。今时宰相提举敕令,岂是宰相一一下笔? 有不是处,周公须与改。至小可处,或未及改,或是周公晚年作此。"其三,"大抵说制度之书,惟《周礼》、《仪礼》可信……《周礼》毕竟出于一家。谓是周公亲笔做成,固不可,然大纲却是周公意思。"其四,"《周礼》是周公遗典也。"因此,朱熹对《周礼》、《仪礼》极为称许,说:"大抵说制度之书,惟《周礼》、《仪礼》可信"。"《周礼》一书好看,广大精密","也是做得来缜密,真个盛水不漏"⑥。当然,历史上也有否定《周礼》、《仪礼》为周公作的各种说法,可参见《经义考》的相关内容。当今的许多研究也证明《周礼》、《仪礼》不可能成于东周初年,应该是战国的作品,如杨向奎

①　魏徵等:《经籍一》,《隋书》卷三十二,中华书局 1996 年版,第 925 页。
②　陈友仁:《周礼集说原序》,文渊阁《四库全书》电子本,上海人民出版社、迪志文化出版有限公司 1999 年版。
③　阮元刻:《礼记正义·礼器》,《十三经注疏》(下),中华书局 1982 年版,第 1435 页。
④　赵在翰辑,钟肇鹏点校:《七纬》(上),中华书局 2012 年版,第 298 页。
⑤　《周易正义》卷首,《十三经注疏》(上),中华书局 1982 年版,第 2008 页。
⑥　朱熹:《朱子七经语类》卷二十三,上海古籍出版社 1992 年版,第 471 页。

说:"应当是战国中叶前后的作品,可能出于齐国。"①甚至有人认为是对秦人成功的理论总结,如金春峰就说:"《周官》正是以儒学思想为主导,对秦人之成功的实践在思想理论上进行总结并强调继承与发展传统价值观念的结果。"②但在经学史上以《周礼》、《仪礼》出于周公,确为诸多经学家言二书著作权的最为流行的观点。

为了肯定《周礼》与《仪礼》皆为周公所著,自郑玄开始,一些经学家就以经礼、曲礼来论说二者的关系。经礼、曲礼之说出于《礼记·礼器》:"经礼三百,曲礼三千。"郑玄注:"经礼谓《周礼》也。《周礼》六篇,其官三百六十。曲犹事也,事礼今谓《礼》也。"③汉代以《仪礼》为礼经,故今谓《礼》指《仪礼》。唐宋学者还以本末、礼经与威仪的关系论说《周礼》与《仪礼》,来进一步充实郑玄之说。如贾公彦说:"至于《周礼》、《仪礼》发源是一,理有终始,分为二部,并是周公摄政太平之书,《周礼》为末,《仪礼》为本,本则难明,未便易晓,是以《周礼》注者则有多门,《仪礼》所注后郑而已。"④这是本末说。本末在唐宋时期,已经是一对哲学范畴,主要的含义是指宇宙的本体与世界万物的关系,有根本与枝节、本质与表象等含义,《周礼》言官职设置,《仪礼》言冠婚、丧祭、乡射、朝聘的各种礼仪,二书各有分野,职官与礼仪之间固然有联系,但绝非本末的哲学关系。宋代的王昭禹等人,则提出礼经与威仪关系说:"《周礼》、《仪礼》并周公所记,所谓礼经三百,威仪三千,礼经则《周礼》也,威仪则《仪礼》也。"⑤此说不过是郑玄以经礼与曲礼说《周礼》与《仪礼》的不同表述。

---

① 杨向奎:《周礼内容的分析及其制作时代》,《山东大学学报》1954年第4期。

② 金春峰:《〈周官〉的成书时代及研究方法——〈《周官》成书的时代及其反映的时代与文化背景〉一书自序》,《求索》1992年第1期。

③ 阮元刻:《礼记正义·春官·宗伯》卷一,《十三经注疏》(下),中华书局1982年版,第752页。

④ 阮元刻:《仪礼疏序》,《仪礼注疏》,《十三经注疏》(上),中华书局1982年版,第945页。

⑤ 王昭禹:《周礼详解·周礼互注总括》,文渊阁《四库全书》电子本,上海人民出版社、迪志文化出版有限公司1999年版。

礼有礼经与威仪说,早在《大戴礼》的《本命》中就出现过:"礼经三百,威仪三千。"①《礼记·中庸》与《大戴礼·卫将军文子》还以礼仪、威仪为说:"礼仪三百,威仪三千。"②"礼仪三百"、"威仪三千"③。但《礼记》与《大戴礼》都没有与《周官》与《仪礼》相比附。班固在《汉书·礼乐志》曾论说礼经与威仪之别说:"周监于二代,礼文尤具,事为之制,曲为之防,故称礼经三百,威仪三千。"④《汉书·艺文志》也有类似说法。⑤ 班固的这一解释是可取的,所谓礼经、经礼或礼仪是指礼的大纲,威仪、曲礼则指礼的细目,纲少目多,固有三百与三千之别。所以,经礼与威仪、经礼与曲礼都是就礼节、礼仪而言,一个是从大纲说,一个是从具体事例的细目说,并不是指《周礼》、《仪礼》二书。郑玄以《周礼》、《仪礼》比附《礼记》所说的经礼与曲礼,王昭禹等人以礼经与威仪为说都是毫无根据的。郑玄是经学大师,是汉代经学的集大成者,王昭禹等人也非今天学人可以比肩,但他们都这样说,绝不能以简单的无根据来否定,在他们坚持为说的背后,是周公制礼作乐说的历史印迹。

除《周礼》与《仪礼》被视为周公所著关于礼的著作外,《周易》、《鲁春秋》也被视为表现周礼的著作。晋国韩宣子出使鲁国,在太史处看到《易象》与《鲁春秋》,而有孔颖达"周礼尽在鲁矣"⑥之叹。杜预在《春秋左传集解·序》中,只是笼统地说韩宣子所见典籍是"周之旧典礼经也"⑦,孔颖达则明确地讲"《易象》即今《周易》上下经之象辞也,《鲁春秋》谓鲁史记之策书也"⑧。《易

---

① 王聘珍:《大戴礼记解诂》,中华书局 1983 年版,第 252 页。
② 阮元刻:《礼记正义·中庸》卷五十三,《十三经注疏》(下),中华书局 1982 年版,第 752 页。
③ 王聘珍:《大戴礼记解诂》,中华书局 1983 年版,第 109 页。
④ 班固:《礼乐志》,《汉书》卷二十二,中华书局 1983 年版,第 1029 页。
⑤ 《汉书·艺文志》也有类似说法:"帝王质文世有损益,至周曲为之防,事为之制,故曰:礼经三百,威仪三千。"(《汉书》卷三十,中华书局 1983 年版,第 1710 页。)
⑥ 阮元刻:《春秋左传正义》昭公二年,《十三经注疏》(下),中华书局 1982 年版,第 2025—2029 页。
⑦ 阮元刻:《春秋左传正义序》,《十三经注疏》(下),中华书局 1982 年版,第 1704 页。
⑧ 阮元刻:《春秋左传正义序》,《十三经注疏》(下),中华书局 1982 年版,第 1704 页。

象》指的是什么,是存在异解的。据郑玄、孔颖达等人的说法,是指周文王、周公所著卦辞与爻辞。《周易·系辞下》说:"八卦成列,象在其中"的六十四卦卦象,被称作大象,而六十四卦每卦六爻的爻象,则被称为小象,《易象》就是解释卦象、爻象的卦辞与爻辞。《周易正义·第四卦辞爻辞谁作》:"卦辞文王,爻辞周公,马融、陆绩等並同此说,今依而用之,所以只言三圣,不数周公者,以父统子业故也。"①《春秋左传正义》也说:"郑众、贾逵、虞翻、陆绩之徒,以《易》有'箕子之明夷'、'东邻杀牛',皆以为《易》之爻辞周公所作。"②这是主流的说法,按照此说《易象》就是卦辞、爻辞的统称。查《左传》、《国语》的记载,春秋时期人们论《易》,常常都是据卦象、卦辞与爻象、爻辞来推论人事的得失吉凶,所以,这种说法还是比较有根据的。但陈居渊教授在《"易象"新说》中提出的新看法,认为:"'易象'是《周易》的早期名称,它的基本内容与今本《周易》相似。"③为证其说,文中还提出《易象》与《象传》的区别:"《象传》'演德','易象''尊礼尚施'。"④以尊礼为《易象》的特色,合于周代重礼的时代特质,值得参考。无论《易象》具体何指,可以肯定的是指周人与《易》相关的著作。《鲁春秋》被认为是鲁国的史记,而且是与周公相关的著作,如杜预《春秋左传序》说,《春秋》"其发凡以言例,皆经国之常制,周公之垂法"⑤。马骕在《左传事纬》前集卷四的《总论》中,直接以《春秋》为周公的礼经:"所谓《春秋》盖即周公之礼经矣,故隐七年传例曰谓之礼经,十一年传例曰不书于策,首发二凡,特举此文,以明策之所书,必遵礼经,礼经者,何祝佗所谓典策,韩宣所谓周礼也。"所以,《易象》与《春秋》也可归于周公的著作,至少是与周公有关系的著述。

《尚书》的诸多篇章,也出自周公之手。《史记·鲁周公世家》记载,《周

---

①　阮元刻:《周易正义》卷首,《十三经注疏》(下),中华书局1982年版,第2025—2029页。
②　阮元刻:《十三经注疏》(下),中华书局1982年版,第1705页。
③　陈居渊:《"易象"新说》,《周易研究》2012年第1期。
④　陈居渊:《"易象"新说》,《周易研究》2012年第1期。
⑤　阮元刻:《春秋左传正义序》,《十三经注疏》(下),中华书局1982年版,第1705页。

书》的《多士》、《毋逸》都是周公所著，"周公归，恐成王壮，治有所淫佚，乃作《多士》，作《毋逸》"①；另有《嘉禾》一篇，"周公既受命禾，嘉天子命，作《嘉禾》"②，今已不存；孔颖达疏《尚书序》，以《金縢》、《大诰》、《康诰》、《嘉禾》、《洛诰》、《多士》、《无逸》、《君奭》、《将蒲姑》、《立政》、《君陈》等皆出于周公。《尚书》除《金縢》前面5篇与《毕命》后面几篇外，中间十余篇都载有周公的言行。《逸周书序》说："武王既没，成王元年，周公忌商之孽，训敬命，作《成开》；周公既诛三监，乃述武王之志，建都伊雒，作《作雒》；周公会群臣于闳门，以辅主之格言，作《皇门》；周公陈武王之言以赞已言，戒乎成王，作《大戒》；周公正三统之义，作《周月》；辨二十四气之应，以明天时，作《时训》；周公制十二月赋政之法，作《月令》；周公肇制文王之谥义以垂于后，作《谥法》；周公将致政成王，朝诸侯于明堂，作《明堂》；成王既即政，因尝麦以语群臣而求助，作《尝麦》；周公为太师，告成王以五则，作《本典》；成王访周公以民事，周公陈六徵以观察之，作《官人》；周室既宁，八方会同，各以职来献，欲垂法厥世，作《王会》。"③上述周公所著篇章在今存《逸周书》的第47篇到第59篇。周公的后代季文子也谈到先君周公"作《誓命》曰：'毁则为贼，掩贼为藏，窃贿为盗，盗器为奸。主藏之名，赖奸之用，为大凶德，有常无赦。'在《九刑》不忘。"④从名称看，《誓命》的文体为《尚书》六体之一，应该为《周书》的逸文无疑，而《尚书·周书》有《吕刑》、《九刑》应为相类似的著作。这些记载明确讲到《尚书》多篇是出自周公，《尚书》以政治文献为主，主要记载历史政治及其政治家的政治理念，这与周公是周初最主要的政治家与中国历史上第一位最伟大的思想家的双重身份是相符合的。《诗经》多篇诗文的作者也被认为是周公。吴公子季札在鲁国，听到《豳风》之乐，而感叹道："美哉！荡乎！乐而不淫，其周

① 司马迁：《史记·鲁周公世家第三》(五)，中华书局1985年版，第1520页。
② 司马迁：《史记·鲁周公世家第三》(五)，中华书局1985年版，第1518页。
③ 黄怀信等：《逸周书汇校集注》(下)，中华书局2018年版，第1130—1134页。
④ 阮元刻：《春秋左传正义》文公十八年，《十三经注疏》(下)，中华书局1982年版，第1861页。

公之东乎?"①《史记》载:"东土以集,周公归报成王,乃为诗贻王,命之曰《鸱鸮》。"②先秦的著述与汉以来的注疏、研究《诗经》著述,多以豳诗的《七月》、《鸱鸮》、《东山》、《破斧》、《伐柯》、《九罭》、《狼跋》及其《唐风·蟋蟀》③、《小雅·鹿鸣之什·常棣》、《大雅·文王》、《周颂·清庙之什·清庙》、《周颂·时迈》、《周颂·思文》为周公作。郑玄在《诗谱序》中说:"周公致大平,制礼作乐,而有颂声兴焉"④。则是从总体上肯定《诗经》与周公的关系。

历史上的这些说法,可归结为"五经"皆出于周公,但关于周公著"五经"的不少说法是经不起考辨的,如《周颂·思文》为周公作,出于孔颖达疏,而且引有《国语》的史料为证:"《国语》云:周文公之为颂曰《思文》。"⑤看起来是证据确凿。可是,查《国语·周语上》,芮良夫答周厉王说:"故《颂》曰:'思文后稷,克配彼天。立我烝民,莫匪尔极。'"⑥这里引用到《周颂·思文》的原文,但并没有说此诗是周公所著,孔颖达却说成是周公的作品,是不可信的。当然,还有一些说法也是经不起推敲的。但是,绝不能因为其中的某些说法缺乏可信的证据,就否认周公制作"五经"。裘锡圭在论及今文《尚书》时提出:"通过跟西周春秋铜器铭文作对比,我们可以相信《尚诰书》中的大部分(自《大诰》以下各篇),虽然其文字在不断传抄诰刊刻过程中已经出现了不少讹误,但是大体上还保持着'原诰件'的面貌。"⑦这就是说《尚书》中《大诰》以下的篇章,都基本上可以作为可信的历史文献来使用。而其中多篇文献出自周公,

① 阮元刻:《春秋左传正义》襄公二十九年,《十三经注疏》(下),中华书局1982年版,第2008页。
② 司马迁:《史记·鲁周公世家第三》(五),中华书局1985年版,第1518页。
③ 贾海生、钱建芳:《周公所作〈蟋蟀〉因何被编入〈诗经·唐风〉中》,《中国典籍与文化》2013年第4期(总第87期)。
④ 阮元刻:《毛诗正义》卷十九,《十三经注疏》(上),中华书局1982年版,第262页。
⑤ 阮元刻:《毛诗正义》卷十九,《十三经注疏》(上),中华书局1982年版,第590页。
⑥ 佚名:《国语·周语上》(上),上海古籍出版社1978年版,第13页。
⑦ 裘锡圭:《谈谈地下材料在先秦秦汉古籍整理工作中的作用》,《古代文史研究新探》,江苏古籍出版社1992年版,第46页。

也是历代公认的历史事实。所以,周公与"五经"的关系从总体上说是无可怀疑的。

在中国文化史上,周公是第一个可以确定著作最为宏富的思想家,《易》、《书》、《诗》、《礼》、《春秋》皆出于周公,或与周公有关,在大量历史文献与出土文献中都有记载。当然,说周公著"五经",是根据后来社会对《易》、《书》、《诗》、《礼》、《春秋》的尊称,并不是说"五经"已经定型,已经成为社会公认的经典。"五经"的最后定型,是孔子实现的,"五经"之名出现在战国,而成为全社会认可的经典,是在汉武帝独尊儒术之后。所谓周公著"五经",只是就其初创而言。这个初创虽然还不是完成的"五经",却是"五经"的最早蓝本。正是有了这个蓝本,才有孔子的修定"五经"。

周公初创"五经"是中国文化史上最重大的历史事件,这是周公之所以从周代开始就受到中国人的极度尊崇的最根本的原因。当然,"五经"的出现周公只是标志性的人物,在他之前就有所谓伏羲创八卦,文王演为六十四卦的说法,《尚书》有记载尧舜禅让治理天下的篇章,有《夏书》、《商书》,《诗》有《商颂》,但这些内容能够成为后来中国文化的"五经",其初创之功非周公莫属。而这一初创绝非平常意义上的创造,而是被后人所赞誉的集伏羲以来圣人之大成的伟大创造。而周公之前的圣人之为圣人,在文化上其实质就是中华民族最早民族智慧与文化精神的化身,所以,周公的集大成,本质上是中国远古以来文化的总结性结晶。自此,中国文化的发展方向就被确立了。上承三皇五帝的文化精神,下开中国文化数千年的发展,这就是周公崇高的历史地位,周公巨大的历史贡献。查《四库全书》涉及周公的著作有 4616 卷,27385 个匹配,这个数量是惊人的,这也从一个方面说明周公在中国历史上的深远影响。

章学诚曾说:"六艺皆周公之政典,故立为经。"①政典之说表明"五经"都与政治治理有关,而周王朝的政治治理的核心是礼制,所以,在这个意义上可

---

① 叶瑛:《文史通义校注》(上),中华书局 2000 年版,第 112 页。

以说"五经"皆礼。难怪韩宣子见到《易象》与《鲁春秋》要说,周礼尽在于鲁,孟子有孔子著《春秋》,乱臣贼子惧之说,司马迁有《春秋》为礼义之大宗之说,而春秋时期引《诗》、《尚书》论礼、断其是否合礼,在《左传》、《国语》常常可见,《公羊传》、《穀梁传》常常以合礼与否断其得失是非。这些都说明周公初创"五经"是以礼为核心,都是礼的呈现。所以,周公初创"五经",是他制礼作乐最重要的成果。

第五节　周公的文化精神

周公制礼作乐,由"五经"为文本所表现的周礼,与夏商两代之礼的最根本的差别,在于具有人文的文化精神,这一文化精神的核心,用一个字来说明就是德,德是周礼的内在精神。周公的后代季文子曾明确地说明这一点:"先君周公制周礼曰:'则以观德,德以处事,事以度功,功以食民。'"[①]则是法则、规则,由经礼三百,曲礼三千所表现,但经礼、曲礼并不只是外在的威仪、仪节、仪式、服饰、器物,而是具有德的内在精神的,是德的表现,是外在的礼仪与内在的德的统一。韩宣子在说"周礼尽在鲁矣"之后,接着说"吾乃今知周公之德,与周之所以王也",也是讲的周礼与德不可分的联系。春秋时期是道德观念普遍兴起的时代,季文子、韩宣子的话代表春秋时期人们对德与礼关系的一种认识,但这也是对周公之礼的文化精神的说明。周公的礼是带有政治道德意义的规定,德观念是其集中表现。

在《世本》、《尚书》等文献中,有关于三皇五帝的德行记载,尧、舜、禹、汤都是德行高尚的圣王,但这些都是后人的追溯,虽然有历史的印迹,但并不一定是真实的历史事实。至少在夏王朝,还没有"德"字出现的证据。"德"字最早出现在商代,《甲骨文编》、《甲骨文、金文集粹》都有"德"字,《古文字诂林》

---

① 阮元刻:《春秋左传正义》文公十八年,《十三经注疏》(下),中华书局1982年版,第1861页。

第 1230 页列有 19 个甲骨文的"德"字。"德"在甲骨文中,是用一只眼看木桩影子运行的形象。《说文》:"德,升也。"段玉裁注:"升,当做登。……得即德也。登德双声。一部与六部合韵又冣近。今俗谓用力徎前曰德。古语也。"①这是德的本义,无论是升、登,还是用力徎前,都与动作有关,所以,这个德字是动词,而非名词。但德的这个本义早晦,至少在从周公开始,德开始成为表彰道德的名词,用来赞美圣贤的人品德行。从观念形态上说,道德含义的德出现在周代,是周公文化贡献的集中体现,也是中国文化人文精神的最重要表现。

但有一种观点认为,西周的德并无道德的意义。王德培在《〈书〉传求是札记》一文中就认为,"德"一开始具有道德意义是许慎的误说:

> 许慎《说文》"德"不从"彳"是根据战国时代的字形为说,与西周金文不合。就今所见西周金铭,德字都从"彳"。正因为许氏不知"悳"之初文是"德",才释为从直从心,谓"外得于人,内得于己也"。段注:"外得于人,谓惠泽使人得之也。"②于是"德"字从一开始便是道德之意了。③

王德培认为,"悳"的初文为"德",许慎是根据战国文字"悳",④而不是据"德",来解说道德的"德",所以,才使"德"字具有道德含义。并在其后引用《尚书·周书》关于德的文字,断言"酒德、凶德、暴德、桀德、受德、逸德均无道德义。桀纣之行而称德,表明周初德字只当作一种'行为'或'作为'的意思来使用。单一个德字,既可表示善行,也可表示恶行。所以《周书》里德字前面往往加上各种修饰词,以便知道是什么行为。如除上引者,还有明德、敏德、容德、义德等,各表示一种有一定含义的行为。凡单用一个德字,多数只作'行

---

① 段玉裁:《说文解字注》,上海古籍出版社 1981 年版,第 76 页。
② 段玉裁:《说文解字注》,上海古籍出版社 1981 年版,第 502 页。
③ 王德培:《〈书〉传求是札记(上)》,《天津师范大学学报》1983 年第 4 期。
④ 据《字源》第 925 页,"悳"字最早见于春秋时期,无西周以前的文字。王德培说许慎据战国文字为说,是有根据的。这个"悳"是道德的"德"的本字。

为'解。如'敬德'不是崇敬道德，而是'警惕行为'"①。如果说，这些关于德的词语都无道德之义，只是作为"行为"的名词，则周公有德的观念的说法自然就是历史的虚构，一直以来关于周初中国哲学史、思想史的认识都得改写。但王德培的说法难以成立。王德培的说法是从"桀纣之行而称德"推论出来的，这本身就是子虚乌有。因为《尚书》在内的先秦文献，就没有以德称桀纣之行的，这是将酒德、暴德、凶德等词语改换成了一个"德"字，暴德等作为词组诚然不是道德的行为，但并不是说词组的每个字都无道德含义，这些词组中的暴、凶等无疑是反道德的，但德字怎么能说不是道德？说义德、明德等不是道德行为，更无法说得通。从周初开始，德字无疑就已经具有道德的含义，所以，才有暴德、义德等词语出现，只不过当时还没有普遍意义的德观念，所以，才会出现对立的两大类相关的词语，以暴德等表述反道德的行为，以义德等描述合于道德的行为。无论是合道德，还是反道德，这正反两组词语都是以道德为说。所以，说西周德无道德含义是毫无根据的，而提出德观念最初的代表人物就是周公。

周公的德观念形成的直接原因是对商王朝灭亡的反思。自夏王朝进入家天下以来，在位的王朝都希图万世永继，但夏王朝灭亡了，商王朝也被周人推翻了。尽管继商的周也不可能万世永存，但每一个王朝在建立之初，都多少带有万世不变的幻想，至少是子子孙孙的长治久安。正是出于这样的考虑，从夏商两代的失败中探寻其原因，以从中找到长治久安的方略，就成为周王朝建立之初的最重大历史课题。周文王完成了让周从一个小小的侯国变为可以取代商王朝的强国，周武王在公元前 1046 年灭商，四年后就去世了，继位的周成王还未成年，这个重大的历史课题只能由周初实际主政的周公来完成。周公除了政治家的身份，还是有史以来有文献可证的第一位思想家，具备了完成这一历史课题的个人条件。

---

① 王德培：《〈书〉传求是札记(上)》，《天津师范大学学报》1983 年第 4 期。

此外,还有一个极其重要的原因,就是德观念的形成与周从古公以来,特别是周文王重视德行践行有直接关系。观念的东西是现实存在的反映,德观念的出现是对存在社会德行的概念化。先有德行的东西存在,才有表示道德的德观念出现。而周的兴起就被历史记载为是周人重德的结果。周公之前有两位代表性的人物,第一位人物是古公亶父,《史记·周本纪》说:"古公复修后稷、公刘之业,积德行义,国人皆戴之。"①正是古公继承后稷、公刘的事业,发扬光大,积德行义,才为蛇吞象的周克商打下了基础,《诗经·鲁颂·閟宫》说:"后稷之孙,实维大王。居岐之阳,实始翦商。"②这里的大王即太王,是周人对古公亶父的尊称。第二位也是最重要的人物是周文王,是一位被历史说成圣德满满的君王,后来更成为儒学最崇拜的圣王。在《尚书》、《诗经》、《礼记》、《论语》、《孟子》等众多先秦典籍中,都有歌颂文王崇高德行的记载,如《尚书》:"惟乃丕显考文王,克明德慎罚;不敢侮鳏寡,庸庸,祗祗,威威,显民,用肇造我区夏,越我一、二邦以修。我西土惟时怙冒,闻于上帝,帝休。天乃大命文王,殪戎殷,诞受厥命"③,由于文王明德,才使小周得到上帝眷顾,享有天命,得以取代强大的商王朝。《诗经·大雅·文王》:"文王在上、于昭于天。周虽旧邦、其命维新。有周不显、帝命不时。文王陟降、在帝左右。""仪刑文王、万邦作孚";④《大明》:"维此文王、小心翼翼。昭事上帝、聿怀多福。厥德不回、以受方国。"⑤《皇矣》:"比于文王、其德靡悔。既受帝祉、施于孙子。"⑥"帝谓文王、予怀明德、不大声以色、不长夏以革。不识不知、顺帝之则。"⑦这些诗句称颂文王昭事上帝,明德不回,故能在帝左右,并使旧邦的小周获得维

① 司马迁:《史记》(二),中华书局 1985 年版,第 113 页。
② 阮元刻:《十三经注疏》(上),中华书局 1982 年版,第 503—505 页。
③ 阮元刻:《尚书·康诰》,《十三经注疏》(上),中华书局 1982 年版,第 203 页。
④ 阮元刻:《十三经注疏》(上),中华书局 1982 年版,第 615 页。
⑤ 阮元刻:《十三经注疏》(上),中华书局 1982 年版,第 507 页。
⑥ 阮元刻:《十三经注疏》(上),中华书局 1982 年版,第 520 页。
⑦ 阮元刻:《十三经注疏》(上),中华书局 1982 年版,第 522 页。

新之命。《礼记》的《檀弓》、《文王世子》、《大传》、《乐记》、《祭法》、《祭义》、《表记》、《缁衣》、《大学》都有对文王德行的赞美，《中庸》还在引《周颂·清庙之什·维天之命》"维天之命、於穆不已。於乎不显、文王之德之纯"的诗文后解释说："盖曰文王之所以为文也，纯亦不已。"①这是说文王的文的谥号，表示的是文王德行纯粹，没有一点杂质。孟子特别称颂文王关心人民疾苦的美德，《梁惠王上》引"《诗》云：'经始灵台，经之营之，庶民攻之，不日成之。'"②以赞文王的与民同乐。《离娄下》说："文王视民如伤，望道而未之见"③，《尽心上》说"文王之民，无冻馁之老者"④云云，都是从关爱人民来赞美文王，这与孟子讲仁政有直接相关。周公自小生活在这样的家庭，特别是受其父亲周文王的言传身教，就表现出异于常人的独特德行品质，"为子孝，笃仁，异于群子"⑤。所以，周文王为代表的周人践行德行的成功，与夏商天命坠落的失败教训，都促成了周公德观念的形成。

周公的德观念，虽然是一个道德观念，但周公讲德并没有对德的道德含义作过多论述，而是与政治紧紧联系在一起，强调的是德的政治意义。这是周公讲德的特点。这突出表现在两个问题的讨论上：一是德与天命的关系；二是德与民的关系上。周公论德的主要内容就集中在这两个讨论上。

德与天命的关系，在古代是政权合法性、合理性的问题。这个问题，从古代到晚清，一直是政治的核心问题。在夏商两代，王朝所有者都宣称自己统治权来源于上帝，在司马迁的《史记》中称之为天命。《史记·殷本纪》载，夏桀曾以天上的太阳自居，以至老百姓发出"是日何时丧？予与女皆亡"⑥的诅咒，而商汤的伐桀，也是打着上帝的旗号，以天命相号召："予畏上帝，不敢不正。

---

① 阮元刻：《十三经注疏》（下），中华书局 1982 年版，第 1633 页。
② 阮元刻：《十三经注疏》（下），中华书局 1982 年版，第 2665 页。
③ 阮元刻：《十三经注疏》（下），中华书局 1982 年版，第 2727 页。
④ 阮元刻：《十三经注疏》（下），中华书局 1982 年版，第 2768 页。
⑤ 司马迁：《史记》（五），中华书局 1985 年版，第 1515 页。
⑥ 司马迁：《史记》（一），中华书局 1985 年版，第 95 页。

今夏多罪,天命殛之"①。《诗经·商颂·玄鸟》有:"天命玄鸟、降而生商。"《尚书·汤誓》也讲到商代夏是顺应天命,"有夏多罪,天命殛之"②。荒淫无度的殷纣面对摇摇欲坠的政治局面,还声称"我生不有命在天乎!"③周武王的伐纣,同样是以天命来决断:"西伯既卒,周武王之东伐,至盟津,诸侯叛殷会周者八百。诸侯皆曰:'纣可伐矣。'武王曰:'尔未知天命。'乃复归。"④《尚书·周书》的《大诰》、《康诰》、《召诰》、《洛诰》、《多士》、《无逸》、《君奭》、《多方》、《吕刑》却有"天命"一词,出现19次之多。从《周书》的记载看,周公也以天命来论说夏商二代,但更多的是用来论证周取代商的合法性。周公说:"天休于宁王,兴我小邦周,宁王惟卜用,克绥受兹命。今天其相民,矧亦惟卜用。呜呼!天明畏,弼我丕丕基。"⑤并一再以龟卜来论证天命,肯定周文王得到天命,才使"小邦周"取代大邦商。"皇天上帝,改厥元子兹大国殷之命。惟王受命,无疆惟休,亦无疆惟恤。呜呼!曷其奈何弗敬?"⑥《诗经·文王之什·文王》也说:"穆穆文王,于缉熙敬止。假哉天命,有商孙子。"⑦这些史料表明,夏、商、周三代都是以天命来论证其统治的合法性、合理性。而天命一词,在《虞书·皋陶谟》中就出现了:"天命有德",《商书》也多次讲到天命。⑧似乎至少在夏禹之时,就已经有天命观念了。⑨

---

① 司马迁:《史记》(一),中华书局1985年版,第95页。

② 阮元刻:《十三经注疏》(上),中华书局1982年版,第180页。

③ 司马迁:《史记》(一),中华书局1985年版,第107页。

④ 司马迁:《史记》(一),中华书局1985年版,第108页。

⑤ 阮元刻:《尚书·大诰》,《十三经注疏》(上),中华书局1982年版,第199页。

⑥ 阮元刻:《尚书·召诰》,《十三经注疏》(上),中华书局1982年版,第212页。

⑦ 阮元刻:《尚书·召诰》,《十三经注疏》(上),中华书局1982年版,第504页。

⑧ 如《汤誓》讲到"有夏多罪,天命殛之",《仲虺之诰》两次论及天命:"兹率厥典,奉若天命","钦崇天道,永保天命",《汤诰》"天道福善祸淫,降灾于夏,以彰厥罪。肆台小子,将天命明威,不敢赦","上天孚佑下民,罪人黜伏,天命弗僭,贲若草木,兆民允殖",《盘庚上》"先王有服,恪谨天命"。

⑨ 但是,从现存的实物与文献相互印证,说夏商二代及其周初确有天命的观念出现,还存在某些疑问。因为天命这个概念是指上天的意志,最初用法都是讲的夏、商、周三代的开创者(禹、汤、文王)拥有天命,得到上帝的眷顾。天命在人世间的承担者,也就是上天之子,简称天子。

但是，夏商二代言天命，都没有讲到天命与德的关系，周公第一个将德与天命联系起来。德是表述人的道德、德行、人品、人格等的术语，检索《尚书·周书》言德的地方共 75 段 129 处，言天命则只有 16 段 18 处，言德是言天命的 7 倍之多。而这些言德的话语，多出于周公，可见周公对德的重视。周公之所以极其重视德，是因为他认为，"皇天无亲，惟德是辅"①，"黍稷非馨，明德惟馨"②。天命获得的依据是德，上帝所接受人世间的是德，而不是丰盛的祭品。这里的两句话，一句出自《蔡仲之命》，一句出自《君陈》，这两篇文章都是后人所说的《伪古文尚书》，但这两句话在《左传》僖公五年，宫之奇谏假道时就已经讲到，并明确指出出自《周书》。所以，这两句话是《尚书》的《周书》本有的，是作伪者在作伪时，将其采入其中，完全可以作为周公的思想素材来处理。

从《周书》记载的周公论德的材料看，周公的以德为天命的根据，是以历史上夏商二代的灭亡，与夏、商、周王朝的兴起，通过反面的桀纣的失德、无德，正面的禹、汤、文武的重德、有德对比，而导致的两种政治结局，来建立其说的。如说："我不可不监于有夏，亦不可不监于有殷。……有夏服天命，惟有历年……惟不敬厥德，乃早坠厥命。……有殷受天命，惟有历年……惟不敬厥德，乃早坠厥命。"③"惟乃丕显考文王，克明德慎罚……闻于上帝，帝休，天乃

天命观念的出现，一定与天子观念同步。若没有天子概念，天命的观念就得不到落实，就是一句无意义的空话。根据王和教授的研究，周康王以前的铜器铭文中，绝无"天子"一词，在位国君的称谓一律直接称"王"；周书的《牧誓》、《大诰》、《多士》、《多方》、《康诰》、《酒诰》诸篇，均未称周王为"天子"。也就是说，金文与《尚书》周初的篇章可以相互印证，在周初康王之前还没有天子的观念。若周初尚无天子观念出现，就很难有所谓天命的观念。"天子"的概念最早出现在《康王之诰》："敬告天子"；存世金文也证明周康王之后铭文中称颂在位国君为"天子"才越来越多。而铸造于康王时的《大盂鼎》，有"文王受天有大令"的文字，这里的"令"已经具有天授予的统治权的含义，也就是说已经是天命之命的同义语了。所以，天命一词的出现很可能是在周王朝统治巩固之后，大约在康王时。（参见王和：《文王"受命"传说与周初的年代》，《史林》1990 年第 2 期。）但这还需要进一步说明，并解答《诗经》、《尚书》中的天命观念，是如何出现的，才可以得出令人信服的结论。所以，本研究还是采用《尚书》等的说法，以天命为三代共有的观念。

①　阮元刻：《十三经注疏》（上），中华书局 1982 年版，第 227 页。
②　阮元刻：《十三经注疏》（上），中华书局 1982 年版，第 237 页。
③　阮元刻：《尚书·召诰》，《十三经注疏》（上），中华书局 1982 年版，第 213 页。

大命文王。"①"惟文王德，丕承无疆之恤。"②这表明，周公的德是对夏商及其周初政治得失的总结。通过历史与现实政治得失的总结，周公深刻地认识到德的重要性，并因此而提出敬德说。《周书》直接讲"敬德"5次，讲敬近50次，周公所说的敬是一种内心虔诚服膺的状态，所以，周公强调的敬德，是要求包括成王在内的所有官员都要从内心保持对德的敬畏，自觉地将德的践行落到实处。所以，周公讲德，并不是对德的泛泛而谈，而是从内心对德敬畏的一种精神状态。

同时，德也是周公为周王朝制定的政治方略。在周公看来，"世世享德，万邦作式，俾我有周无斁"③；"王其德之用，祈天永命"④，只有治国以德，才能够永葆天命。而是否获得天命的庇佑，就看是否得到人民的拥护。所以，周公一再警戒周的后王大臣，一定要不忘文王之德，要时刻以德为准，才能够得到人民的拥戴，这构成周公言德与民关系的主要内容。周公关于德与民的关系，不少论著都用"敬德保民"来概括，但在《尚书》等先秦文献并无发现"敬德保民"一词。《尚书·周书》有讲敬德保民，但是分开的，其中讲敬德共5次，《召诰》3次："天亦哀于四方民，其眷命用懋。王其疾敬德！"⑤"王敬作所，不可不敬德。"⑥"肆惟王其疾敬德？"⑦《无逸》1次："小人怨汝詈汝。则皇自敬德。"《君奭》1次："其汝克敬德，明我俊民，在让后人于丕时。"保民2次，分别见于《康诰》的"别求闻由古先哲王用康保民"⑧与《梓材》的"欲至于万年，惟王子子孙孙永保民"⑨。虽然敬德保民没有连在一起，但二者在周公的思想中是不可分地联系在一起的，能够保民的一定是有德行的圣王，而保民也是天命于天

① 阮元刻：《尚书·康诰》，《十三经注疏》（上），中华书局1982年版，第203页。
② 阮元刻：《尚书·君奭》，《十三经注疏》（上），中华书局1982年版，第225页。
③ 阮元刻：《尚书·微子之命》，《十三经注疏》（上），中华书局1982年版，第200页。
④ 阮元刻：《尚书·召诰》，《十三经注疏》（上），中华书局1982年版，第213页。
⑤ 阮元刻：《尚书·召诰》，《十三经注疏》（上），中华书局1982年版，第212页。
⑥ 阮元刻：《尚书·召诰》，《十三经注疏》（上），中华书局1982年版，第213页。
⑦ 阮元刻：《尚书·召诰》，《十三经注疏》（上），中华书局1982年版，第213页。
⑧ 阮元刻：《尚书·康诰》，《十三经注疏》（上），中华书局1982年版，第203页。
⑨ 阮元刻：《尚书·梓材》，《十三经注疏》（上），中华书局1982年版，第208—209页。

子的最重要职责,这就是天以圣王为民主。周公在训诫殷民时说:"天惟时求民主,乃大降显休命于成汤,刑殄有夏。惟天不畀纯,乃惟以尔多方之义民,不克永于多享。惟夏之恭多士,大不克明保享于民,乃胥惟虐于民,至于百为,大不克开。乃惟成汤,克以尔多方简,代夏作民主。"①夏王朝的灭亡,就在于违背天命的民主之意,而商汤夺取天下,则是"天惟时求民主"的体现。从周公的"天惟时求民主"来说,保民不仅是圣王之德的结果,也是天命的要求。

　　在周公的时代,中国农业已经至少有三四千年的发展,但农业的发展依然还出于较低的水平,农业的正常生产活动能否得到保证,事关人的生存与社会发展的基础。所以,周公讲保民,特别反对统治阶层的好逸恶劳,不知农业生产的艰辛:"君子所其无逸。先知稼穑之艰难,乃逸,则知小人之依。"②他借历史为说,商王朝祖甲之后的君主,"生则逸,不知稼穑之艰难,不闻小人之劳,惟耽乐之从"③。不仅个人短寿,"亦罔或克寿。或十年,或七八年,或五六年,或四三年"④,还最终导致了商王朝的灭亡。所以,他告诫后代,要学习文王废寝忘食"咸和万民"的精神:"文王卑服,即康功田功。徽柔懿恭,怀保小民,惠鲜鳏寡。自朝至于日中昃,不遑暇食,用咸和万民。"⑤要反对一切淫逸享乐:"其无淫于观、于逸、于游、于田,以万民惟正之供。"⑥特别是酗酒:"无若殷王受之迷乱,酗于酒德哉!"⑦《周书》有《酒诰》就是专门讲这个问题。所以,周公一再警戒周的后王大臣,一定要不忘文王之德,要时刻以德为言行的标准。在周公的思想中,天命、敬德、保民就是不可分割的整体,天命是最高的根据,敬德是获得天命的保证,保民则是敬德的结果,也是获得天命的证明。因此,

---

① 阮元刻:《尚书·多方》,《十三经注疏》(上),中华书局1982年版,第228页。
② 阮元刻:《尚书·无逸》,《十三经注疏》(上),中华书局1982年版,第221页。
③ 阮元刻:《尚书·无逸》,《十三经注疏》(上),中华书局1982年版,第221页。
④ 阮元刻:《尚书·无逸》,《十三经注疏》(上),中华书局1982年版,第222页。
⑤ 阮元刻:《尚书·无逸》,《十三经注疏》(上),中华书局1982年版,第222页。
⑥ 阮元刻:《尚书·无逸》,《十三经注疏》(上),中华书局1982年版,第222页。
⑦ 阮元刻:《尚书·无逸》,《十三经注疏》(上),中华书局1982年版,第222页。

可以将周公的这一观念称之为以德配天。

从周公关于天命与德的相关论述中,还看不到他有怀疑天命的天命无常的观念,天命在他的观念中还是最高的信仰。他强调德行所要追求的也是为了保有天命,而不是怀疑天命,更不是否定天命。在天命与道德之间,周公不是以天命从属于道德,相反,道德只是获取天命的工具、手段或根据。但《诗经·文王之什·文王》有"天命靡常"①一语,有的论著还将此与"惟德是辅"联系在一起,讲周公有"天命靡常,唯德是辅"之语,甚至说出自《尚书·周书·多士》。但《周书》全文无这两句话相连的记载,只有"惟德是辅",出自《蔡仲之命》的"皇天无亲,惟德是辅"。《左传》已有这两句话,贾谊《新书·春秋》卷六也有此语。虽然在《周书》中无"天命靡常,唯德是辅"的连用,这两句话分别见于《诗经》与《周书》,与"皇天无亲,惟德是辅"的意思接近,说是周公的观念是没有问题的。此外,《周书》还有"唯命不于常"②、"天不可信"③等语,从文句看,似乎"靡常"、"无常"、"不可信"都表示的是对天的怀疑,其实,周公根本没有怀疑天命的想法,要说怀疑,也是对夏商天命观的怀疑,夏商天命观不讲德行,"无常"等语正是周公用他的天命观反对夏商两代的天命观。所以,郑玄、孔颖达对这几处经典文句的注疏,都没有从怀疑天命的视野来解读,而是从有德获天命、无德天命不保来诠释的。如《文王》的"天命靡常",郑玄笺:"无常者,善则就之,恶则去之。"孔颖达疏:"去恶就善,是无常也。"④从有德者获天命来说,那是"天命不易"、"天命不僭"⑤。对《周书》的"天不可信"也是以"无德去之"⑥来训解的。

尽管周公并没有否定怀疑天命观,但他的以德配天的天命观,却在中国文

---

① 阮元刻:《十三经注疏》(上),中华书局 1982 年版,第 505 页。
② 阮元刻:《尚书·召诰》,《十三经注疏》(上),中华书局 1982 年版,第 205 页。
③ 阮元刻:《尚书·君奭》,《十三经注疏》(上),中华书局 1982 年版,第 223 页。
④ 阮元刻:《十三经注疏》(上),中华书局 1982 年版,第 505 页。
⑤ 阮元刻:《尚书·大诰》,《十三经注疏》(上),中华书局 1982 年版,第 200 页。
⑥ 阮元刻:《尚书·君奭》,《十三经注疏》(上),中华书局 1982 年版,第 223 页。

化史上具有极其重大的意义。自从进入家天下以来，统治者都需要从上帝、天命或类似观念中寻求统治的合法性、合理性，夏商两代的统治者只是简单地利用天命观，一方面来神化、合法化自己的统治，另一方面则用天命观来欺骗危骇人民，使其心甘情愿地服从其淫威。周公提出以德配天的天命观，就打破了单一的上帝崇拜或天的迷信，而给天命加入了人文的德观念，这是对天命绝对性的冲击，天命不再仅仅是上帝的意志，而是与人的德行不可分割地联系在一起，是天命、德行、保民三者的统一。这不仅是对夏商简单天命观的革命，也是三代政治哲学的飞跃。孟子曾将夏禹治洪水、周公兼狄夷，孔子著《春秋》并称为古代的三大历史事件："昔者禹抑洪水而天下平，周公兼夷狄驱猛兽而百姓宁，孔子成《春秋》而乱臣贼子惧。"①并以《诗》中称颂鲁僖公的文句"戎狄是膺，荆舒是惩，则莫我敢承"②来解释周公兼夷狄："无父无君，是周公所膺也"③。兼有一并、相同之义，结合孟子以攻击杨墨无父无君，是继承周公的膺夷狄，孟子所谓周公兼夷狄，是指用道德教化狄夷，同化为华夏的文明人，故赵岐以"怀"训"兼"④。这是对周公的道德教化的意义的称赞，其实就是对周公德观念的历史价值的赞扬。而道德被儒学视为人禽之分的根本，这就是孟子所谓周公兼夷狄的理论根据。正是周公提出德观念，才在天命一统的迷信中，切入了人的道德因素，虽然在周公的天命观中，天命与德是统一、不可分的，但既然有天人的二种因素，就一定会有天人相分的出现。特别是由周公的敬德发展而来的道德普遍化认同，也必然会引发出对天命的怀疑、否定，从而引发出以人为本的人文主义的社会思潮。经过数百年的历史，在春秋时期终于形成了以人为本的人文主义，并成为社会思潮的主导，而取代了天命观的统治地位，从此，中国文化就定位在了重伦理道德的人文本位。而这一切都发源于周公的德观念。

①　阮元刻：《十三经注疏》（下），中华书局1982年版，第2715页。
②　阮元刻：《十三经注疏》（上），中华书局1982年版，第617页。
③　阮元刻：《十三经注疏》（下），中华书局1982年版，第2715页。
④　阮元刻：《十三经注疏》（下），中华书局1982年版，第2715页。

第三章　和同之辨与开明
　　　政治、言论自由

　　自进入家天下以来,中国文化的发展一直受到政治的直接影响,而政治对文化的影响在各种制约文化发展的因素中是最直接最重要的。一定的文化发展总是同一定的政治联系在一起的,这在经济发展缓慢的农业社会时代尤其如此。由于政治对思想文化有着直接的决定作用,因此,政治状况如何,是在某种程度上决定着思想文化的发展。在政治专制①的社会中,完全可能出现像乾嘉汉学那样缺乏思想的文化辉煌,但绝不可能出现春秋时期那样的文化辉煌。春秋时期的文化土壤培育出了中国文化两位超级大师老子与孔子,并为其后的诸子百家的兴起拉开了序幕。春秋时期虽然是一个礼崩乐坏的动荡社会,但却是"普天之下莫非王土,率土之滨莫非王臣"时代政治最为开明的时期。研究春秋战国思想文化的学者,多注意到了礼崩乐坏对思想文化的影响,而忽略了以尊重人才为内核的和而不同的开明政治局面对其所发生的作用。礼崩乐坏可以导致各种可能的发展方向,而和而不同的开明政治局面才

---

　　①　"专制"一词,见于《左传》昭公十九年,子产对晋人:"平丘之会,君寻旧盟曰:'无或失职。'若寡君之二三臣,其即世者,晋大夫而专制其位,是晋之县鄙也,何国之为";又见于《国语·楚语上》白公讽谏楚灵王:"若武丁之神明也,其圣之睿广也,其智之不疚也,犹自谓未乂,故三年默以思道。既得道,犹不敢专制,使以象旁求圣人"。所言专制,皆为专断决制。

直接影响着春秋时期思想文化的发展方向。春秋思想文化界的和同之辨,正是当时开明政治的思想表现。

第一节 和而不同的开明政治

春秋时期和而不同的开明政治,反映在理论表现就是著名的和同之辨。而和同之辨最早出现在东周末年,代表人物是史伯。

一、史伯的和同之辨

史伯的和同之辨,是中国文化史上第一次从区别的视域,对和同作出论说。由于史伯讲出了"和实生物,同则不济"的名言,而被哲学史思想史的论著常常论及。但数十年前与现在人们的看法有很大差异。

较早的论著论及史伯的和同之辨时看法都基本一致。如任继愈主编的《中国哲学史》说:

> 《国语·郑语》还记载史伯认为,"百物"都是"先王以土与金木水火"杂而成的,自然和社会的一切事物,都是由于不同的"他"物和合变化而来,所以"和"是自然和社会事物发展的法则,"和实生物,同则不继"。……意思是说,声音单一就不好听,一样的颜色就没有文采,一种味道就没有滋味,只有一种东西就无从比较好坏。①

孙叔平认为,史伯的和同之辨"并没有什么新东西。重要的是,他提出和与同的概念,讲出了哲理,以他平他,把不同的东西适当调和,才能得到平和,五音调和才好听,五味调和才好吃,五色调和才好看,五行相杂才成百物,这叫作和实生物。反之,以同裨同,同上加同,那就一个声音阶无可听,一种滋味不好吃,一种颜色无文采,一种物材不能成器,那就都成废物了。这叫作,同则不

继。史伯所讲的是对立物的调和,而不是对立物的统一。但他讲出了哲理,这是可贵的。"①任继愈与孙叔平对史伯和同之辨的分析,都比较忠实于文本,虽然都看到和同之辨具有哲学的价值,如任继愈以和为自然与社会事物发展的法则,孙叔平以和为对立物的调和,都肯定和同之辨具有方法论的意义,但都没有说具有自然哲学的本体论、生成论含义。后来,张岱年先生也谈到这一点:

> 对于和与同做出了深刻的辨析的是西周末周太史史伯,史伯说:"和实生物,同则不继。以他平他谓之和"。和包括了"他"与"他"的关系,即包含不同事物的关系。许多不同的事物之间保持一定的平稳,谓之和。和可以说是多样性的统一。"和实生物",和是新事物生成的规律。②

张先生说得更为精准,以多样性的统一来解释"和"的含义,认为和具有新事物生成的规律意义,也是从方法论来确定和同之辨的意义。这些对史伯的和同之辨的论述,都忠实于文本,而没有过度的发挥,对史伯之说作出了客观的论证。

但近几年,钱耕森将史伯的和同之辨上升到本体论的高度,提出所谓大道和生学。他在《光明日报》2015 年 3 月 2 日第 16 版发表《大道和生学》,认为史伯最早创立了"和生学",老子的"道生万物"说,其实也就是"和气生万物"说,老子"道生万物"说,实即"大道和生学"。一年后,钱耕森又撰文说:"在史伯那里,'和合'只具有方法的意思。'和'是生成万物的本原,万物是由'和'而生的。'和生'是哲学上本体论与生成论的范畴。"③此说还在学术界引起了较为热烈的反响,但也有人提出批评,如王西平的《对〈"大道和生学"简论〉一文之异议》,就对钱耕森的观点进行全面反驳。到底史伯之说是否有所谓

---

① 孙叔平:《中国哲学史稿》(上),上海人民出版社 1982 年版,第 46 页。
② 张岱年:《漫谈和合》,《中华文化论坛》1997 年第 4 期。
③ 钱耕森:《史伯论"和合""和生""和同"》,《衡水学院学报》2016 年第 6 期。

本体论的和生学？只要根据和同之辨提出的背景，再认真分析史伯之说，这个问题其实是很清楚的。

史伯和同之辨，出于《国语·郑语》的《史伯为桓公论兴衰》。史伯是周王朝的太史官，一称史伯阳，在《国语·郑语》与《史记·周本纪》、《郑世家》等都有他的记载。他是一位熟知历史与当代史尤其是政治史的著名学者。桓公即郑桓公，春秋时期郑国的第一位君主，当时在周王朝担任司徒一职，《国语》说他为政"甚得周众与东土之人"①，是一位很得民心的高官。面对西周末年王朝衰败的危机，他深感对周王朝与郑国未来前途的忧虑，而向史伯请教如何面对与化解危机。正是在回答郑桓公的问题时，史伯提出了著名的和同之辨。可见，史伯的和同之辨是对政治问题的解答，而不是讨论哲学的问题。这是探究史伯和同之辨首先必须注意到的。

史伯的和同之辨，是在回答郑桓公的"周其弊乎？"这个问题时提出来的：

> （史伯）对曰："殆于必弊者也。《泰誓》曰：'民之所欲，天必从之。'今王弃高明昭显，而好谗慝暗昧；恶角犀丰盈，而近顽童穷固。去和而取同。夫和实生物，同则不继。以他平他谓之和，故能丰长而物归之；若以同裨同，尽乃弃矣。故先王以土与金木水火杂，以成百物。是以和五味以调口，更四支以卫体，和六律以聪耳，正七体以役心，平八索以成人，建九纪以立纯德，合十数以训百体。出千品，具万方，计亿事，材兆物，收经入，行姟极。故王者居九畡之田，收经入以食兆民，周训而能用之，和乐如一。夫如是，和之至也。于是乎先王聘后于异姓，求财于有方，择臣取谏工而讲以多物，务和同也。声一无听，物一无文，味一无果，物一不讲。王将弃是类也而与剸同。天夺之明，欲无弊，得乎？"②

这清楚地表明，史伯和同之辨乃是对周王朝为什么衰败的理论说明。虽然他

---

① 佚名：《国语·郑语》（下），上海古籍出版社1978年版，第507页。

② 佚名：《国语·郑语》（下），上海古籍出版社1978年版，第515—516页。

的和同之辨只是为了说明周王朝的衰败,并以宠爱褒姒、重用虢石父的周幽王为去和而取同的现实例证。但史伯的和同之辨又没有局限于政治谈政治,而是将和同之辨从政治的话题,扩大到万物、声音、味觉、身心、成人、德行等各方面的和同之辨,上升到了哲学的高度,并提出了和实生物,同则不继之说,使之带有方法论的意义。所以,史伯的和同之辨虽然由政治而发,但绝不能仅仅视为单纯的政治理论。无心插柳柳成荫,倒是史伯的和同之辨的哲学意义产生了深远的历史影响,成为中国文化的关注的热度问题。

和实生物,同则不继,是史伯和同之辨的核心论点。要清楚这个论点的含义,必须首先弄清史伯所说的和、同的含义。史伯所谓"和"是一种基于不同事物之间的一种相互裨益的平衡之和。和的基础是事物的不同,如金、木、水、火、土的五行不同,酸、甜、苦、辣、麻的五味不同,宫、商、角、徵、羽的五音不同等,正是不同的五行相互裨益,不同的五味相互调和,不同的五音相互协和,才有各种各样的万物、美味的食物、美妙的乐曲等的出现。史伯的和的前提是承认万事万物具有不同性,但同时也有融合性。和实生物的和,具有三层含义:一是不同事物的组合,这是基础;二是在组合基础上的调和、协和,即以他平他;三是通过以他平他,而达到平衡、和谐的目的或境界。

在这三层含义中,第二层含义最为关键,没有第二层含义的和,不同事物的组合就没有意义,更不可能达到和谐、和美的目的或境界。从此而言,史伯讲的和主要是一种不同事物之间调和、协和的方法,是通过调和、协和的方法来达到不同事物、要素之间的平衡、和谐状态。所以,和绝没有本体的意义,根本不具备道家的道、儒家的天或天理、王充的元气这些世界本原的哲学含义。和实生物的生也不是出生、产生之义,而是生成、形成之义,是通过调和、协和的方法来生成、形成事物的平衡、和谐。史伯以五音、五味来论和,并不是说由和产生出美妙的音乐、美味的食品,而说的是通过调和、协和来生成、形成美妙的音乐、美味的食品,五音、五味才是美妙的音乐、美味的食品得以产生的元素,和只是一种方法或手段。所以,生也绝没有本体产生之生的意义。此外,和实生物的和必须通过人的主体活动来实现,而作为能够产生万物的哲学本体,是完全不受人的主观活动的影响。这也说明和实生物绝不是讲本体论的哲学,以哲学本体论论史伯的和实生物根本不能成立。

史伯讲同是与和相对立而言的。这个对立主要表现有两点,第一,和以不同的他物为前提,而同则是就单一的物事而论,所谓单一声调的声一、单一物品的物一、单一味道的味一等等。第二,和是造成新事物、政治取得成功的方法,同则却只能导致失败,这就是同则不继。继有连接、继续之义,不继是说物事的中断不能延续,引申为失败。如同只有单一的声调,就没有美妙的音乐享受;只有一种口味,就没有可供品尝的美味;只有一种物品,世界就没有文采,就无法相互比较。在讲同时,史伯曾两次说到一个名词——"剿同",一次是批评周幽王时,一次是批评虢石父时。剿之义为专擅,剿同的具体内容就是周幽王的"弃高明昭显,而好谗慝暗昧;恶角犀丰盈,而近顽童穷固",与虢石父之流的臭味相投、同流合污。这是史伯言同的主要含义,这也是同与和之所以在史伯的和同之辨中形成完全对立的原因。在这个意义上,史伯所说的同,只是狭义的同,是对西周末年周幽王、虢石父等昏君佞臣同流合污政治的批评。所以,史伯虽然反对声一无听,味一无果的同,但他并不完全反对同,他讲先王"择臣取谏工而讲以多物,务和同也"[1],就有对同的肯定。由和实生物、同则不继来看,和与同相对,则生物与不继相对。继之义为续,不继即不续,也就是中断,事物发展的中断,也就是失败。生物与不继相对,也就是与失败相对,从不继为失败来看,生物作为反对义,也是成功的近似之义,同样没有本体论的意义。这也说明史伯的和同之辨是大道和生学,有本体论的意义,是根本不能成立的。而且就整个中国哲学史的发展而论,西周末年还没有达到形成哲学本体论的理论背景。研究中国思想史、哲学史,一定要注意历史发展的社会背景问题,一定的思想观念只能出现在一定的历史背景下。没有可以超越时代

---

① 佚名:《国语·郑语》(下),上海古籍出版社1978年版,第516页。

的思想观念。

从史伯与郑桓公的全部对话可以清楚的看出,史伯和同之辨是以先王为和的典范,以周幽王、虢石父为同的现实表现,并以和为成就事物、政治成功的方法,以同为造成物事失败、政治昏暗的方法,既是两种方法论,更是两种政治观。这说明史伯的和同之辨,是以政治得失为主要观照的理论说明,虽然有哲学的意蕴,但还不是哲学的论证。史伯的和同之辨强调和的意义,是直接给郑桓公指出挽救危机的出路,就是要以先王为榜样,以宽容的心怀,如海纳百川,包容不同的人才,容纳万有,以和生物,来造就社会的和乐如一。这也是史伯对整个统治者的告诫,他的和同之辨的全部要义就在于此。史伯的这一告诫,在春秋时期不仅得到理论的发展,出现了晏子、孔子的和同之辨,和而不同也在春秋时期成为现实的政治体现。

二、春秋时期的和、同之义

自史伯之后的春秋时期,和同被广泛论及。但与史伯以合同相反的对立之说不同,在春秋时期人们言和同二词的主要用法是分开为说,连用很少见。在《左传》言同 185 次,言和 82 个。同和连用无一,和同连用 1 次;《国语》除开史伯的和同之辨,言同 58 次,言和 82 次,和同连用 3 次,同和 1 次。合计二书,言同 243 次,言和 164 次。和同连用 4 次,同和仅 1 次。① 这是春秋时期言合同的大致情况。

和、同二词的含义有交叉,也有异义。就和而言,主要有如下义项:

第一,人名。如《左传》隐公三年:"八月,庚辰,宋公和卒。"②晋国有和大夫,秦国有名医医和。

---

① 这个统计根据的是《中国哲学书电子化计划》所载《左传》、《国语》检索所得。

② 阮元刻:《春秋左传正义》桓公二年,《十三经注疏》(下),中华书局 1982 年版,第1722 页。

第二,乐器名。桓公二年:"钖,鸾,和,铃,昭其声也。"①

第三,乐音相应的和谐。《左传》僖公二十四年:"耳不听五声之和为聋。"②襄公十一年:"如乐之和,无所不谐。"③《国语·周语下》:"声以和乐,律以平声。"④《国语·周语下》:"必听和而视正。听和则聪,视正则明。"⑤《国语·郑语》:"和六律以聪耳。"⑥《国语·楚语下》:"明德以昭之,和声以听之。"⑦

第四,调和五味。《左传》昭公二十年:"和如羹焉,水、火、醯、醢、盐、梅以烹鱼肉,燀之以薪。宰夫和之,齐之以味,济其不及,以泄其过。"⑧《国语·郑语》:"和五味以调口。"⑨

第五,调和、平衡不同的事物。《国语·郑语》:"夫和实生物,同则不继。以他平他谓之和。"⑩

第六,和谐、和顺、和睦、和平、和好。《左传》隐公四年:"臣闻以德和民,不闻以乱。"⑪桓公六年:"民和年丰。"⑫僖公五年:"民不和,神不享矣。"⑬成公十

---

① 阮元刻:《春秋左传正义》桓公二年,《十三经注疏》(下),中华书局 1982 年版,第 1742 页。

② 阮元刻:《春秋左传正义》僖公二十四年,《十三经注疏》(下),中华书局 1982 年版,第 1818 页。

③ 阮元刻:《春秋左传正义》襄公十一年,《十三经注疏》(下),中华书局 1982 年版,第 1951 页。

④ 佚名:《国语·周语下》(上),上海古籍出版社 1978 年版,第 128 页。

⑤ 佚名:《国语·周语下》(上),上海古籍出版社 1978 年版,第 125 页。

⑥ 佚名:《国语·郑语》(下),上海古籍出版社 1978 年版,第 515 页。

⑦ 佚名:《国语·楚语下》(下),上海古籍出版社 1978 年版,第 565 页。

⑧ 阮元刻:《春秋左传正义》昭公二十年,《十三经注疏》(下),中华书局 1982 年版,第 2093 页。

⑨ 佚名:《国语·郑语》(下),上海古籍出版社 1978 年版,第 515 页。

⑩ 佚名:《国语·郑语》(下),上海古籍出版社 1978 年版,第 515 页。

⑪ 阮元刻:《春秋左传正义》隐公四年,《十三经注疏》(下),中华书局 1982 年版,第 1725 页。

⑫ 阮元刻:《春秋左传正义》桓公六年,《十三经注疏》(下),中华书局 1982 年版,第 1750 页。

⑬ 阮元刻:《春秋左传正义》僖公五年,《十三经注疏》(下),中华书局 1982 年版,第 1795 页。

六年:"上下和睦,周旋不逆,求无不具,各知其极。"①襄公七年:"八卿和睦。"②
襄公二十三年:"中行氏以伐秦之役怨栾氏,而固与范氏和亲。"③定公五年:"不让
则不和,不和不可以远征。"④《国语·晋语四》:"忆宁百神,而柔和万民。"⑤

第七,合。襄公九年:"嘉德足以合礼,利物足以和义。"⑥

第八,团结。隐公十年:"蔡人怒,故不和而败。"⑦桓公十一年:"师克在
和,不在众。"⑧定公九年:"鲁未可取也,上下犹和。"⑨

第九,亲。《国语·晋语七》:"和诸戎、狄而正诸华"⑩;《国语·晋语八》:
"秦、晋不和久矣。"⑪

第十,一种德行。《左传》昭公二十六年,"夫和而义,妻柔而正"⑫;昭公
二十八年,"慈和遍服曰顺"⑬;《国语·周语上》:"至于武王,昭前之光明而加

---

①　阮元刻:《春秋左传正义》僖公五年,《十三经注疏》(下),中华书局 1982 年版,第
1795 页。

②　阮元刻:《春秋左传正义》襄公八年,《十三经注疏》(下),中华书局 1982 年版,第
1939 页。

③　阮元刻:《春秋左传正义》襄公八年,《十三经注疏》(下),中华书局 1982 年版,第
1976 页。

④　阮元刻:《春秋左传正义》襄公八年,《十三经注疏》(下),中华书局 1982 年版,第
2140 页。

⑤　佚名:《国语·晋语四》(下),上海古籍出版社 1978 年版,第 387 页。

⑥　阮元刻:《春秋左传正义》襄公九年,《十三经注疏》(下),中华书局 1982 年版,第
1942 页。

⑦　阮元刻:《春秋左传正义》隐公十年,《十三经注疏》(下),中华书局 1982 年版,第
1735 页。

⑧　阮元刻:《春秋左传正义》桓公十一年,《十三经注疏》(下),中华书局 1982 年版,第
1755 页。

⑨　阮元刻:《春秋左传正义》定公九年,《十三经注疏》(下),中华书局 1982 年版,第
2165 页。

⑩　佚名:《国语·晋语七》(下),上海古籍出版社 1978 年版,第 443 页。

⑪　佚名:《国语·晋语八》(下),上海古籍出版社 1978 年版,第 463 页。

⑫　阮元刻:《春秋左传正义》昭公二十六年,《十三经注疏》(下),中华书局 1982 年版,第
2115 页。

⑬　阮元刻:《春秋左传正义》昭公二十八年,《十三经注疏》(下),中华书局 1982 年版,第
2119 页。

之以慈和,事神保民,莫弗欣喜。"①《国语·周语下》:"慈和能惠。"②

在这些义项中,被论说最多的是第五项,其次是第三、四、十项。从字源学说,第三项应该是和的初义。《说文》:"和,相应也。从口,禾声。"根据《汉字源流字典》记载,甲骨文、金文就已经有和字。《说文解字》:"龢,调也,从龠,禾声。读与咊同。"③其字形的右边为龠,像人用口吹编竹孔管之形④,因三人各吹,故人口、箫管孔形皆三,吹奏非一,故有调和的必要,以使声乐应和,以达不同声音相应的和谐,这是和的最初含义。《字源》说:"'龢'字在春秋之前频频使用,进入战国使用频率骤降,文献中渐以'和'字代之。"⑤甲骨文、金文的龢字的口在右边,在金文、小篆中龠简化为口,变为咊,在汉隶中变为现在通行的和,口则由右边变到左边了。由于字形的演变,和与乐器及其口吹的联系变得模糊了。但和的初义至迟在西周就有运用,《易经》中孚䷼卦九二爻辞:"鸣鹤在阴,其子和之。"就是在这个意义上来使用和字。相传爻辞为周公所著,此条爻辞的形成应在西周,可为声音应和为和的最初义的旁证。在春秋时期,"和"的这一含义依然被人们沿袭,《左传》、《国语》中就记载了不少人从音乐方面来论和的文字。仅《国语·周语下》就有"单襄公谏景王铸大钟"、"景王问钟律与伶州鸠"两条记载,而且文字都比较多,都是以乐器的声音是否相合应为和。

由声音之和到调和五味之和,是最早出现的引申义。五味之和与声音之和,都与口有关;声音之和是多种音调的调和,五味之和是多种食材平衡的结果,都是通过均衡各种不同要素来实现的,在这两点上二者是相通的,所以,由声音之和很容易引申出五味之和。这两种和的意义,虽然与人事联系,但都只

---

① 佚名:《国语·周语上》(上),上海古籍出版社1978年版,第2页。
② 佚名:《国语·周语下》(上),上海古籍出版社1978年版,第96页。
③ 段玉裁:《说文解字注》,上海古籍出版社1981年版,第85页。
④ 据《说文解字》:"龠:乐之竹管,三孔,以和众声也。"(段玉裁:《说文解字注》,上海古籍出版社1981年版,第85页。)
⑤ 李学勤主编:《字源》,天津古籍出版社2013年版,第159页。

与音乐、饮食有关,还没有用于政治、道德、外交。将和用于政治、道德、外交,讲君臣之和,上下和睦、和宁百姓、民和、和众、国和、和协典礼、惠和、慈和、夫和妻柔、参和为仁、聪明和协、和诸戎狄、和诸戎,则是和的进一步引申义,《左传》《国语》关于和的文字绝大多数属于这些方面的内容,而尤以从政治言和的内容为最多。

就同而论,春秋时期言同主要有如下义项:

第一,相同。如《左传》僖公二十八年:"同罪异罚,非刑也"。襄公二十九年:"弃同即异,是谓离德"。襄公十二年:"同姓于宗庙,同宗于祖庙,同族于祢庙"。成公十二年:"好恶同之"。襄公三十一年:"人心之不同,如其面焉"。昭公二十四年:"同心同德"。《国语·齐语》:"分同姓以珍玉"。《国语·晋语一》:"立太子之道三:身钧以年,年同以爱,爱疑决之以卜、筮"。《国语·晋语四》:"同姓则同德,同德则同心,同心则同志。同志虽远,男女不相及,畏黩敬也。黩则怨,怨乱毓灾,灾毓灭姓。是故娶妻避其同姓,畏乱灾也。故异德合姓,同德合义"。

第二,共同、一起。如《左传》隐公五年:"同恤社稷之难"。《左传》宣公十二年:"恶有所分,与其专罪,六人同之,不犹愈乎";庄公二十一年,"同伐王城";成公十二年,"同恤灾危",成公十六年,"勠力同心"。《国语·齐语》:"伍之人祭祀同福,死丧同恤,祸灾共之。人与人相畴,家与家相畴,世同居,少同游。故夜战声相闻,足以不乖;昼战目相见,足以相识。其欢欣足以相死。居同乐,行同和,死同哀。是故守则同固,战则同强。"

第三,相合。《国语·周语下》:"自鹑及驷七列也。南北之揆七同也。凡人神以数合之,以声昭之。数合声和,然后可同也。故以七同其数,而以律和其声,于是乎有七律。"

第四,一致。文公十五年:"兄弟致美,救乏,贺善,吊灾,祭敬,丧哀,情虽不同,毋绝其爱亲之道也",昭公四年:"与人同欲,尽济"。昭公十三年:"无与同好,谁与同恶"。昭公二十五年、哀公四年:"好恶同之"。

第五,共同签署盟约。《左传》隐公七年:"滕侯卒。不书名,未同盟也。凡诸侯同盟,于是称名,故薨则赴以名,告终嗣也,以继好息民,谓之礼经。"①同盟的记叙在春秋时期最为常见,其中《左传》言同盟41次,《国语》言盟39次。

第六,一种德行。襄公二十九年:子大叔曰:"吉也闻之:弃同即异,是谓离德。"

第七,混同。庄公二十四年:"今男女同贽,是无别也,男女之别,国之大节也"。

据《汉字源流字典》,甲骨文、金文已经有同字。② 这是一个象形字,由上下两部分组成,上部像一个四手共抬的劳动工具,下部是一个口字,《说文解字》解释为"合会"之义。本义为聚合众人之力,来共同从事一件工作。春秋时期人们对同字的使用,上面所列七种义项,除最后一项与本义相左外,其余五项都与本义联系紧密,可以从本义中引申出来。这表明,春秋时期的同主要是指人们在社会活动中的共同性、一致性、相同性的肯定,如同心同德、勠力同心等是对同一族群共同性的肯定,是对大家齐心协力的赞扬。但有时也以同为贬义,如男女无别的同,同姓为婚的同。《国语·晋语四》说:"同姓不婚,恶不殖也。"反对同姓为婚,带有现代优生学的科学认识,这是中国古人对生育经验的总结。但同字的运用,所说的相同、共同、相合、一致、同盟等义项,都是对人类在社会活动中团结作用的认知与肯定的反映。《易经》六十四卦有"同人☰",同人得名于"柔得位得中,而应乎乾",即下经卦六二,与上经卦九五,各处于卦位之中,又得阴阳相应,且六二爻与九五爻相应。卦象为离下乾上,离为火,乾为天,有天在上,火炎上之义。③《周易正义》注疏于《同人》卦之

---

① 阮元刻:《春秋左传正义》隐公七年,《十三经注疏》(下),中华书局1982年版,第1732页。

② 参见谷衍奎:《汉字源流字典》,语文出版社2008年版,第264页。

③ 参见阮元刻:《周易正义》卷二,《十三经注疏》(上),中华书局1982年版,第28页。

"同"8 次都是用"和同"来训解,如"同人,谓和同于人"①。这与春秋时期言同主要是讲共同性、一致性等是相吻合的,也说明春秋时期言同是承继西周而来的。

就和同连用而论,同和连用一次见于《国语·齐语》:"居同乐,行同和,死同哀。是故守则同固,战则同强。"②这是管子治国,对伍的规定要求,同和与同乐、同哀并列,是要求同伍之人在居家、出行、死丧等各方面行动、情感的一致性。这里的同和是表示出行时大家相互间的行动要一致、要和谐共处。同与和在同和这个词组中与春秋时期同、和的单独使用的绝大多数场合的含义基本上是一致的。

在"和同"二字连用的 4 次中,一见于《左传》:"是以神降之福,时无灾害,民生敦庞,和同以听。"③这里的和同以听是指人民得到衣食的保障,都乐于倾听上命。和同的含义与二字单独使用的绝大多数场合的含义基本上是一致的。《国语》的 3 次,分别见于《周语上》1 条,《周语中》2 条。其中"不解于时,财用不乏,民用和同"④、"和同可观,财用可嘉"⑤这两条言和同含义与《左传》相近。"夫战,尽敌为上,守和同顺义为上"这一条的和同,据韦昭注"谓不相与战而平和也"⑥。平和之义也在春秋时期人们言和的义项中。

总结《左传》、《国语》关于和同二字的含义,春秋时期除晏子的和同之辨,无论是分别为说,还是连用,其基本含义都是讲不同人事间的和谐、一致等,都涉及众多的物事,而和与同都是处理众多物事相互关系的方法,或表达人际关系友好和睦、政治安定、事物成就的词语,二者在基本义理上是相通的,并不是

---

① 阮元刻:《周易正义》卷二,《十三经注疏》(上),中华书局 1982 年版,第 28 页。

② 佚名:《国语·齐语》(下),上海古籍出版社 1978 年版,第 231 页。

③ 阮元刻:《春秋左传正义》成公十六年,《十三经注疏》(下),中华书局 1982 年版,第 1917 页。

④ 佚名:《国语·周语上》(上),上海古籍出版社 1978 年版,第 20 页。

⑤ 佚名:《国语·周语中》(上),上海古籍出版社 1978 年版,第 65 页。

⑥ 佚名:《国语·周语中》(上),上海古籍出版社 1978 年版,第 85 页。

相对立的。尽管这一内涵一直被保留下来，后来言和、同也常常有这些含义，但在哲学史、思想史上单独的和、同二字并没有产生多大影响。真正为后人所熟知的，并成为文化史的重要论题的是晏子的和同之辨。与春秋时期多数人言和同的观念不同，晏子的和同之辨，较为接近史伯的和同之辨，也是以和同相反对为说，但晏子的和同之辨较史伯之说，又不是简单地重复，而是有所发展，是春秋时期政治的反映。

三、晏子与孔子的和同之辨

两百年后的鲁昭公二十年（525 年），齐国的晏子也与齐景公发生了一次关于和同之辨的争论。《左传》载：

> 齐侯至自田，晏子侍于遄台，子犹驰而造焉。公曰："唯据与我和夫！"晏子对曰："据亦同也，焉得为和？"公曰："和与同异乎？"对曰："异。和如羹焉，水火醯醢盐梅以烹鱼肉，燀之以薪。宰夫和之，齐之以味，济其不及，以泄其过。君子食之，以平其心。君臣亦然。君所谓可而有否焉，臣献其否以成其可。君所谓否而有可焉，臣献其可以去其否。是以政平而不干，民无争心。故《诗》曰：'亦有和羹，既戒既平。鬷嘏无言，时靡有争。'先王之济五味，和五声也，以平其心，成其政也。声亦如味，一气，二体，三类，四物，五声，六律，七音，八风，九歌，以相成也。清浊，小大，短长，疾徐，哀乐，刚柔，迟速，高下，出入，周疏，以相济也。君子听之，以平其心。心平，德和。故《诗》曰：'德音不瑕。'今据不然。君所谓可，据亦曰可；君所谓否，据亦曰否。若以水济水，谁能食之？若琴瑟之专一，谁能听之？同之不可也如是。"[①]

与史伯的和同之辨相较，晏子的这段话也肯定和与同是对立的，肯定和是政治

成功、事物成就的方法,同时也是造成政治昏暗、事物失败的缘由。但晏子更深刻的地方在于,他讲和不是一般地讲以他平他,而是突出了"和"是不同因素的相反相成,甚至看似相互对立的不同方面也是可以互补的,及其如何实现的机制问题。晏子的和同之辨在和与同的界定上,都比史伯有较高的理论提升。

从和而言,其最重要的有两点,第一,他借做羹要做出美味,必须通过对各种食材"济其不及,以泄其过"来实现,而表达了中的理念。怎样才是过,怎样才是不及,显然要有一个标准,这个标准只能是不及与过之间的中,不达中是为不及,超越中是为过,不及要补益,过要减少,不及与过相对,济与泄相对,这些都蕴含有以中为标准。这是文献中第一次讲到不及与过的关系,并以中为断其不及与过的标准。这一中为判断标准的理念,是后来中国文化尤其是儒家的中和、中道、中庸学说的先声,值得大书特书。

和既是不同他物的和,也是对立面的和。史伯只讲到以他平他,不同事物之和,但没有对立面之和。晏子既讲"一气,二体,三类,四物,五声,六律,七音,八风,九歌,以相成也"。这是不同事物之和。又讲"清浊,小大,短长,疾徐,哀乐,刚柔,迟速,高下,出入,周疏,以相济也"。这里两两相对,则是对立面之和,是包含对立面的统一物。这具体到政治生活,就是"君所谓可而有否焉,臣献其否以成其可。君所谓否而有可焉,臣献其可以去其否"。可否相济的和,是承认对立面的和,有对立面,就会有矛盾、有冲突、有斗争,所以,晏子的和是以肯定对立面的矛盾、斗争为前提的和。这一承认对立面的和观念,带有在政治上反对专制,主张个性独立的意义,是史伯言和所没有的,这是晏子的独创,也是他言和的重心所在。"专制"一词,《左传》已经出现,出于郑国的子产对晋大夫之语:"若寡君之二三臣,其即世者,晋大夫而专制其位,是晋之县鄙也,何国之为?"[1]这里的专制之义,是反对晋国大夫对郑国的专断,专断

---

[1] 阮元刻:《春秋左传正义》昭公十九年,《十三经注疏》(下),中华书局 1982 年版,第 2088 页。

是一意孤行,容不得不同意见。这也说明晏子的和,是承认不同意见,肯定个性独立,反对专制的和,而不是一团和气,人云亦云,丧失个性的和。

就同而言,史伯的同是指单一事物之同,而晏子的同虽然也讲以水济水,琴瑟专一之同,但他说的同不仅只是单一事物之同,而且有清浊、小大、可否等不同事物之同。所以,晏子讲的这个同与史伯所说的同,在实际上是有区别的,史伯的同只是同一类事物的同,是不包含对立面的同,而晏子的同是以承认不同事物、对立面为前提的,如清浊、小大、可否对立不同,只是这种同消解了不同事物间本有的不同、对立,如君臣间保持可否的不同这是相济的和,而梁丘据的唯齐景公是从,丧失自我,虽然君臣不同,但却没有相互间的可否相济。晏子的和同之辨,才真正在理论上形成了和、同的对立又统一与二者的相反相成。

与史伯一样,晏子的和同之辨也是以政治为中心,但晏子的和同之辨远远高于史伯之论,这就是晏子的和同之辨明确肯定君臣在政治上都具有独立的人格、自主的思想。有此独立人格、自由思想,人君臣属之间才可能有可否相济的和,也正是有了可否相济的和,才有政治清明、社会安宁的保障。晏子批评的梁丘据与齐景公的同而不和,不仅是指责梁丘据的丧失自我,没有独立人格,更无自主思想,只知道唯齐景公马首是瞻,人云亦云,也是批评齐景公的专一独断,只认同与合于自己意志,不允许不同思想观念存在的排除异己的从同。

与晏子稍晚的孔子,也就和同之辨提出了一个著名命题,就是"和而不同"。孔子此说见于《论语·子路》:"子曰:'君子和而不同,小人同而不和。'"①朱熹解释:"和者,无乖戾之心;同者,有阿比之意。"②从心性来解读,这是宋明理学的特色,并非孔子的本义。孔子的这段和同之辨,以君子与小人相对,和而不同与同而不和相对,以说明君子、小人两种对立人格不同的处世

---

① 朱熹:《四书章句集注》,中华书局 1996 年版,第 147 页。
② 朱熹:《四书章句集注》,中华书局 1996 年版,第 147 页。

原则或态度。这与晏子的和同之辨的含义十分接近,但晏子虽然也是肯定和而不同的,却没有明确的和而不同一词,"和而不同"一词是孔子的首创。孔子的"和而不同",从君子与小人的对立,明确讲出和而不同是君子所为,是对晏子和同之辨精神的理论提升,更凸显了和而不同的价值。而君子在春秋时代常常是统治者代名词,当然孔子所说的君子,绝不是统治者泛泛而论,而是指有道德懂礼义的统治者,既包括君,也包括臣。但是,孔子的和同之辨只有这一记载,虽然可以从孔子的其他论述中,引申出更多的含义,但就其和同之辨这个问题而言,晏子的论述显然更有理论内涵。而无论是晏子,还是孔子的合同观,都是肯定和而不同,反对同而不和的,以和而不同为处理政治与人际关系的准则。而这正是春秋时期开明政治在理论上的表现。

第二节　开明政治与言论自由

春秋时期的和同之辨,凸显君臣间可否相济之和,而不应该君云亦云的君臣雷同,乃是春秋时期的思想家的一种政治共识,也是春秋时期政治生活中被公认的政治准则,并确实为许多政治家们所实践。与和而不同开明政治相联系的是言论自由的社会风气出现,这二者在历史上往往相伴而行,如形影不离,交互作用,常常对社会的发展产生积极的良好影响,特别是对思想文化的活跃有直接的作用。这是春秋末年及其战国出现诸子百家的政治土壤。

一、尊贤的开明政治

春秋时期的尊贤的开明政治,在《左传》与《国语》中有充分的反映。这突出地表现在君臣可否相济的事例上,面对君主、卿大夫的意见,人臣、家臣常常不是无条件的顺从,而是能够发现其失误,并能够勇敢地提出劝谏,而人君、卿大夫多乐于接受下属的批评。这些臣属对君主、主公的劝谏,出于畏惧人君、人主权威等原因,一些有政治智慧的下属在劝诫时,常常以反为正,正话反说,如叔向的谏晋平公必杀竖襄，就是著名的事例：

> 平公射鴳，不死，使竖襄搏之，失，公怒，拘将杀之。叔向闻之，
> 夕，君告之。叔向曰：“君必杀之。昔吾先君唐叔射兕于徒林，殪，以
> 为大甲，以封于晋。今君嗣吾先君唐叔，射鴳不死，搏之不得，是扬吾
> 君之耻者也。君其必速杀之，勿令远闻。”君忸怩，乃趣赦之。①

叔向表面上顺着晋平公的意思，但暗含规劝，这是正话反说。但这种方式并不
通行，通行的是直言不讳的对人君提出不同意见，及其对人君失误的批评，甚
至是与人君的针锋相对，《左传》、《国语》是不乏例证的。仅在《国语·鲁语》
就记载里革与国君直接对抗的两件事件。第一件：

> 莒太子仆弑纪公，以其宝来奔。宣公使仆人以书命季文子曰：
> “夫莒太子不惮以吾故杀其君，而以其宝来，其爱我甚矣。为我予之
> 邑。今日必授，无逆命矣。”里革遇之，而更其书曰：“夫莒太子杀其
> 君而窃其宝来，不识穷固又求自逭，为我流之于夷。今日必通，无逆
> 命矣”？明日，有司复命，公诘之。仆人以里革对。公执之，曰：“违
> 君命者，女亦闻之乎？”对曰：“臣以死奋笔，奚啻其闻之也！臣闻曰：
> ‘毁则者为贼，掩贼者为藏，窃宝者为宄，用宄之财者为奸’，使君为
> 藏奸者，不可不去也。臣违君命者，亦不可不杀也。”公曰：“寡人实
> 贪，非子之罪。”乃舍之。②

莒太子弑君，带着国宝逃到鲁国，献给鲁宣公，鲁宣公以莒太子爱己，诏令授予
封地给莒太子。春秋时期弑君被视为大逆不道，鲁宣公决定赏赐弑君的莒太
子，显然是昏聩的行为，里革知道后偷改诏令，命有司立刻将莒太子驱除鲁国，
这是冒天下之大不韪之举，但里革并没有受到刑罚，反倒是鲁宣公不得不承认
自己的贪婪无礼。第二件：

> 宣公夏滥于泗渊，里革断其罟而弃之，曰：“古者大寒降，土蛰

---

① 佚名：《国语·晋语八》(下)，上海古籍出版社1978年版，第461页。
② 佚名：《国语·鲁语上》(上)，上海古籍出版社1978年版，第176页。

发,水虞于是乎讲罛罶,取名鱼,登川禽,而尝之寝庙,行诸国,助宣气
也。鸟兽孕,水虫成,水虞于是禁罝罗,猎鱼鳖以为夏犒,助生阜也。
鸟兽成,水窗口远,水虞使用禁罝罜罗,设阱鄂,以实庙庖,畜功用也。
且夫山不槎蘖,泽不伐夭,鱼禁鲲鲕,兽长麑麌,鸟翼鷇卵,虫舍蚳蝝,
蕃庶物也,古之训也。今鱼方别孕,不教鱼长,又行网罟,贪无艺
也。"公闻之,曰:"吾过而里革匡我,不亦善乎! 是良罟也,为我得
法。使有司藏之,使吾无忘谂。"师存侍,曰:"藏罟不如置里革于侧
之不忘也。"①

在鱼虾繁殖期,鲁宣公用网捕鱼,里革断然割断鱼网,还公开批评宣公的不是,
鲁宣公不仅不生气,反而将割断的渔网保存下来,以警醒自己。从这些事例可
以看出,春秋时期较为贤明的人君对臣属,相互间都保持有一种相对独立的人
格,各自的自由思想。作为人君,多能不武断自专,只要求人臣屈从,而是鼓
励、奖赏人臣不同意见的劝谏;作为人臣也往往敢于提出不同甚至是完全相反
的意见,并被人君所接受。这是臣子与君主可否相济的事例。

《国语·晋语》则记载了卿大夫与家臣的可否相济:

赵简子使尹铎为晋阳,曰:"必堕其垒培。吾将往焉,若见垒培,
是见寅与吉射也。"尹铎往而增之。简子如晋阳,见垒,怒曰:"必杀
铎也而后入。"大夫辞之,不可,曰:"是昭余仇也。"邮无正进,曰:"昔
先主文子少衅于难,从姬氏于公宫,有孝德以出在公族,有恭德以升
在位,有武德以羞为正卿,有温德以成其名誉,失赵氏之典刑,而去其
师保,基于其身,以克复其所。及景子长于公宫,未及教训而嗣立矣,
亦能纂修其身以受先业,无谤于国,顺德以学子,择言以教子,择师保
以相子。今吾子嗣位,有文之典刑,有景之教训,重之以师保,加之以
父兄,子皆疏之,以及此难。夫尹铎曰:'思乐而喜,思难而惧,人之

---

① 佚名:《国语·鲁语上》(上),上海古籍出版社 1978 年版,第 178—180 页。

道也。委土可以为师保,吾何为不增?'是以修之,庶曰可以鉴而鸠

赵宗乎! 若罚之,是罚善也。罚善必赏恶。臣何望矣!"简子说,曰:

"微子,吾几不为人矣!"以免难之赏赏尹铎。初,伯乐与尹铎有怨,

以其赏如伯乐氏,曰:"子免吾死,敢不归禄。"辞曰:"吾为主图,非为

子也。怨若怨焉。"①

赵简子命家臣尹铎前往晋阳堕其壁垒,但尹铎却增高加厚,完全是对着干,赵简子一气之下要杀尹铎,但在邮无正的劝谏下,赵简子不仅没有杀害尹铎,反而给予尹铎优厚赏赐。

这也成为春秋时期社会评价的价值取向。那些敢于针锋相对批评人君,与人君对着干的臣属,春秋时期被人们被誉为谏臣,受到社会的一致称誉。相反,那些一味以人君之是非为是非的阿谀之臣,如梁丘据之流,虽然会得到某些君王的喜爱,但在社会上往往受到大家的批评,被斥责为阿臣:"宋文公卒,始厚葬,用蜃炭,益车马。始用殉,重器备,椁有四阿,棺有翰桧。君子谓华元、华举于是乎不臣。臣,治烦去惑者也。是以伏死而争。今二子者,君生者纵其惑;死,又益其侈。是弃君于恶也。阿臣之为。"②谏臣能够不惜牺牲生命,也要劝谏人君的过失。阿臣则一味讨好、迎合人君,使人君处于恶的地位。春秋时期人臣都以谏臣为荣,以阿臣为耻。从而,形成了晏子所说的君以为可,臣献其否;君以为否,臣献其可的可否相济的开明政治。所以,晏子的和同之辨,实际上是当时开明政治的写照。

这一开明政治的出现,与春秋时期的政治状况有直接关系。春秋时期是周天子一统权威失落的时代,礼乐征伐自天子出被代之以礼崩乐坏,形成了霸主迭起,诸侯各自为政、相互征战的政治局面。在这样的历史背景下,弱小就只能挨打,甚至被灭国,一个国家要在诸侯国林立、攻伐不断的条件下得以生

---

① 佚名:《国语·晋语九》(下),上海古籍出版社 1978 年版,第 491 页。

② 阮元刻:《春秋左传正义》成公二年,《十三经注疏》(下),中华书局 1982 年版,第 1896 页。

存发展，一个君王要想成为霸主，就不得不广泛地吸引人才，尊重人才，以吸收人才为己所用，并由此形成了尊贤重才的社会风气，这股风气一直沿袭到战国末年。管仲曾经以箭射杀齐桓公，齐桓公不仅没有怪罪，还授予相位，委以重任，就是为人们所熟知的最著名事例。而齐桓公也是依靠管仲，才成为最著名的霸主。晋国也有类似事件：

> 四年，会诸侯于鸡丘，魏绛为中军司马，公子扬干乱行于曲梁，魏绛斩其仆。公谓羊舌赤曰："寡人属诸侯，魏绛戮寡人之弟，为我勿失。"赤对曰："臣闻绛之志，有事不避难，有罪不避刑，其将来辞。"言终，魏绛至，授仆人书而伏剑。士鲂、张老交止之。仆人授公，公读书曰："臣诛于扬干，不忘其死。日君乏使，使臣狃中军之司马。臣闻师众以顺为武，军事有死无犯为敬，君合诸侯，臣敢不敬，君不说，请死之。"公跣而出，曰："寡人之言，兄弟之礼也。子之诛，军旅之事也，请无重寡人之过。"反役，与之礼食，令之佐新军。①

晋侯盟会各国诸侯，以魏绛为中军司马，公子扬干依仗自己是晋侯的弟弟身份，不听指挥，魏绛就杀掉扬干的仆人，以示惩罚。扬干要晋侯为他复仇，晋侯下令要杀掉魏绛，但是，经过羊舌赤、士鲂、张老等人的劝谏，晋侯不仅没有怪罪，反而以礼相待，让他统帅新军。人君对贤臣的信任尊重，也使贤臣能够放心地为人君奉献自己的一切。各国君主对人才的尊重，造成了不同国度的人才流动，一些在本国得不到认可，或遭到歧视迫害的人才，常常流动到他国，如楚国大夫析公逃到晋国，被晋国重用，类似"楚才晋用"的典故，在春秋时期不断上演：

> 及宋向戌将平晋、楚，声子通使于晋。还如楚，令尹子木与之语，问晋故焉，且曰："晋大夫与楚孰贤？"对曰："晋卿不如楚，其大夫则贤，皆卿材也。如杞、梓、皮革，自楚往也。虽楚有材，晋实用之。"子

---

① 佚名：《国语·晋语七》（下），上海古籍出版社1978年版，第438页。

木曰："夫独无族姻乎?"对曰："虽有,而用楚材实多。……今楚多淫

刑,其大夫逃死于四方,而为之谋主,以害楚国,不可救疗,所谓不能

也。子仪之乱,析公奔晋。晋人置诸戎车之殿,以为谋主。"①

类似楚才晋用在春秋时期的各国都在不断上演。最为著名的是楚国的伍子胥逃到吴国,受到重用,攻破楚国,打败鲁、齐,使小小的吴国称霸一时。有的人才甚至在他国,经过不解努力,而发展成为一个独立的国家,如在今陕西咸阳北的毕公高的后代毕万,到晋国做官,成为后来三家分晋的魏国的祖先。在出仕晋国前,毕万曾以《周易》占问前途,卜得屯☷之比☷的公侯之卦,就是最著名的事例。这股尊贤之风,一直延续到战国,并形成不拘一格用人才的尊贤风气,人才在各国流动成为家常便饭,如有孟尝君的豢养三千食客等历史记载。

　　人君要使贤才为己所用,在君臣之间,人君只有以某种相对平等的态度来对待人臣,给人臣一定的尊重,才能招纳到真正的人才。因此,当时的政治讲求的是君臣间的相互礼敬,相互信任,通行的原则是所谓"君臣有礼"②、"君明臣忠"③、"君义臣行"④等等。一方面,人君应该虚心听取的人臣意见,特别要能够接受相反意见的劝谏,并奖励那些敢于劝谏人君的人臣;另一方面,人臣应该本着维护国家的立场,大胆的规谏人君的过错,甚至是针锋相对的反对人君。这是一种君臣间相对平等的关系,这一关系保证了春秋时期可否相济的和而不同开明政治的实现。

　　当时的某些思想家还以人君是否能够任用敢于劝谏的人臣,作为判断人君政治得失的依据。鲁国的季文子就说:

---

①　阮元刻:《春秋左传正义》襄公二十六年,《十三经注疏》(下),中华书局1982年版,第1991页。

②　阮元刻:《春秋左传正义》襄公二十二年,《十三经注疏》(下),中华书局1982年版,第1974页。

③　阮元刻:《春秋左传正义》襄公九年,《十三经注疏》(下),中华书局1982年版,第1942页。

④　阮元刻:《春秋左传正义》隐公三年,《十三经注疏》(下),中华书局1982年版,第1724页。

> 夫贤者宠至而益戒,不足者为宠骄。故兴王赏谏臣,逸王罚之。
> 吾闻古之王者,政德既成,又听于民,于是乎使工诵谏于朝,在列者献
> 诗使勿兜,风听胪言于市,辨妖祥于谣,考百事于朝,问谤誉于路,有
> 邪而正之,尽戒之术也。①

季文子以人君对谏臣的两种不同态度,将人君分为兴王、逸王两种类型,以兴王奖赏谏臣,逸王惩罚谏臣相对照,并肯定奖赏谏臣是古代圣王相传的优秀传统,说明只有兴王才是人君应取的榜样。而兴王对谏臣的奖赏,必然会鼓励人臣与人君之间的可否相济,使政治上的和而不同成为政治时尚。这其中透露出的是以尊贤为本质内容的开明政治。

正是在这一尊贤的开明政治气氛,春秋时期人们对君臣关系的认识,与后世君主专制时代有很大的不同。君臣之间的关系绝不是一种服从与被服从的依附关系,而只是不同职能的分工关系,如楚国的申无纤将君臣视为一体:

> 楚公子围杀大司马蒍掩而取其室。申无宇曰:"王子必不免。
> 善人,国之主也,王子相楚国,将善是封,殖而疟之,是祸国也。且司
> 马,令尹之偏,而王之四体也。绝民之主,去身之偏,艾王之体,以祸
> 其国,无不祥大焉,何以得免?"②

人臣与人君犹如身体与四肢的关系,是互相联系的一体,四肢受伤,身体就会偏瘫。人君与人臣之间,就不完全是一种对立、矛盾的关系,而是相互依存的。只有四肢健壮,身体才能安康。故人君应该对人臣以关爱,而不是残害。关爱才能够无条件地容忍人臣各种意见的发表,出现和而不同的开明政治。申无是楚国大臣,但这种观念不仅存在于臣属,君主也有类似理念:

---

① 佚名:《国语·晋语六》(下),上海古籍出版社 1978 年版,第 410 页。
② 阮元刻:《春秋左传正义》襄公三十年,《十三经注疏》(下),中华书局 1982 年版,第 2012 页。

有云如众赤鸟,夹日以飞,三日。楚子使问周大史,周大史曰:
"其当王身乎? 若禜之,可移于令尹、司马。"王曰:"除腹心之疾,而
寘诸股肱,何益? 不榖不有大过,天其夭诸? 有罪受罚,又焉移之。"
遂弗禜。①

股肱分别指人体的大腿和胳膊,这一说法与申无宇的说法完全一致。都是以
人君与人臣是相互依存的一体关系。既然一体,就不可相互伤害,更不可牺牲
一方来满足另一方。

二、开放的言论自由

与和而不同的政治局面相呼应,是思想上出现了舆论开放的言论自由。
在春秋时期,各国遇到祭祀、战争、盟会、婚姻等重大问题,在人臣间总是会引
发不同意见的交锋,各种不同的观点都能够开放的自由发表,统治者不仅允许
执政者的不同意见,而且也允许其他人的不同意见。

春秋时期的言论自由,不仅在君臣间,臣属之间,甚至平民身份,也有言论
自由的权利。著名的曹刿论战,就是有力的证明:

长勺之战,曹刿问所以战于庄公。公曰:"余不爱衣食于民,不
爱牲玉于神。"对曰:"夫惠本而后民归之志,民和而后神降之福。若
布德于民而平均其政事,君子务治而小人务力;动不违时,财不过用;
财用不匮,莫不能使共祀。数以用民无不听,求福无不丰。今将惠以
小赐,祀以独恭。小赐不咸,独恭不优。不咸,民不归也;不优,神弗
福也。将何以战? 夫民求不匮于财,而神求优裕于享者也。故不可
以不本。"公曰:"余听狱虽不能察,必以情断之。"对曰:"是则可矣。
知夫苟中心图民,智虽弗及,必将至焉。"②

---

① 阮元刻:《春秋左传正义》哀公六年,《十三经注疏》(下),中华书局 1982 年版,第
2161 页。

② 佚名:《国语·鲁语上》(上),上海古籍出版社 1978 年版,第 151 页。

《左传》的记载稍有出入,但基本相同。[①] 曹刿作为一介平民,不仅能够与鲁庄公平起平坐,面对面的对话,还能让鲁庄公接受自己的意见,正是在曹刿的意见下,鲁国才取得了长勺之战的胜利,打败了齐国。而曹刿的事例并非个案,不仅平民可以对政治发表自己的意见,妇女也能够对政治发表自己的看法:

> 晋三郤害伯宗,谮而杀之,及栾弗忌樂弗忌晋贤大夫。伯州犁奔楚伯宗子。韩献子曰:"郤氏其不免乎! 善人,天地之纪也,而骤绝之,不亡何待?"初,伯宗每朝,其妻必戒之曰:"'盗憎主人,民恶其上。'子好直言,必及于难。"[②]

杜预注:"传见,虽妇人之言不可废。"[③]这两件事例说明,春秋时期的言论自由,是包括平民、妇女在内的,是广泛性的言论自由。

这种言论自由也不限于国内,甚至外国的大臣,国君也能够让他们开放地发表意见,越王勾践就是这样的君主:

> 楚申包胥使于越,越王句践问焉,曰:"吴国为不道,求残我社稷宗庙,以为平原,弗使血食。吾欲与之徼天之衷,唯是车马、兵甲、卒伍既具,无以行之。请问战奚以而可?"包胥辞曰:"不知。"王固问焉,乃对曰:"夫吴,良国也,能博取于诸侯。敢问君王之所以与之战者?"王曰:"在孤之侧者,觞酒、豆肉、箪食,未尝敢不分也。饮食不

---

① 《左传》关于曹刿论战的记载:"十年春,齐师伐我。公将战,曹刿请见。其乡人曰:'肉食者谋之,又何间焉。'刿曰:'肉食者鄙,未能远谋。'乃入见。问何以战。公曰:'衣食所安,弗敢专也,必以分人。'对曰:'小惠未遍,民弗从也。分公衣食所惠不过左右'公曰:'牺牲玉帛,弗敢加也,必以信。'对曰:'小信未孚,神弗福也。'公曰:'小大之狱,虽不能察,必以情。上思利民忠也。'对曰:'忠之属也,可以一战,战则请从。'"[阮元刻:《春秋左传正义》庄公十年,《十三经注疏》(下),中华书局1982年版,第1767页。]
② 阮元刻:《春秋左传正义》成公十五年,《十三经注疏》(下),中华书局1982年版,第1914页。
③ 阮元刻:《春秋左传正义》成公十五年,《十三经注疏》(下),中华书局1982年版,第1914页。

致味,听乐不尽声,求以报吴,愿以此战。"包胥曰:"善则善矣,未可以战也。"王曰:"越国之中,疾者吾问之,死者吾葬之,老其老,慈其幼,长其孤,问其病,求以报吴。愿以此战。"包胥曰:"善则善矣,未可以战也。"王曰:"越国之中,吾宽民以子之,忠惠以善之。吾修令宽刑,施民所欲,去民所恶,称其善,掩其恶,求以报吴。愿以此战。"包胥曰:"善则善矣,未可以战也。"王曰:"越国之中,富者吾安之,贫者吾与之,救其不足,裁其有余,使贫富皆利之,求以报吴。愿以此战。"包胥曰:"善则善矣,未可以战也。"王曰:"越国南则楚,西则晋,北则齐,春秋皮币、玉帛、子女以宾服焉,未尝致绝,求以报吴。愿以此战。"包胥曰:"善哉,蔑以加焉,然犹未可以战也。夫战,智为始,仁次之,勇次之。不智,则不知民之极,无以铨度天下之众寡;不仁,则不能与三军共饥劳之殃;不勇,则不能断疑以发大计。"越王曰:"诺。"①

这段记载,完全可与曹刿论战相互对照,只是勾践面对的是楚国的使臣,但他同鲁庄公能够虚心听取曹刿的意见一样,不仅认真地听取楚国使臣的意见,还接受了申包胥的观点,最终也完成了复仇大业。平民、妇女、外国使臣都有发表自己意见的权力,更不用说一国内部了。所以,在《左传》、《国语》中,凡遇大事,君臣之间的观念交锋,各种意见的争论,不绝于书。

可以说,言论自由是和而不同的可否相济开明政治的保障。没有言论自由,就不会有可否相济的政治局面。因此,是否有开放的言论自由,常常是政治得失的所在。《左传》列举出了正反两方面的例证,卫巫监谤就是著名的反面例证:

厉王虐,国人谤。邵公告曰:"民不堪命矣!"王怒,得卫巫,使监谤者。以告,则杀之。国人莫敢言,道路以目。王喜,告邵公曰:"吾

---

① 佚名:《国语·吴语》(下),上海古籍出版社1978年版,第619页。

能弭谤矣,乃不敢言。"邵公曰:"是障之也。防民之口,甚于防川。川壅而溃,伤人必多,民亦如之。是故为川者决之使导,为民者宣之使言。故天子听政,使公卿至于列士献《诗》,瞽献曲,史献书,师箴,瞍赋,百工谏,庶人传语,近臣尽规,亲戚补察,瞽史教诲,耆艾修之,而后王斟酌焉,是以事行不悖。民之有口,犹土之有山川也,财用于是乎出;犹其有原隰衍沃也,衣食于是乎生。口之宣言也,善败于是乎兴,行善而备败,其所以阜财用、衣食者也。夫民虑之于心,宣之于口,成而行之,胡可壅也? 若壅其口,其与能几何?"王不听,于是国莫敢出言,三年,乃流王于彘。①

厉王不准民说话,不许议论朝政,不听邵公的规劝,一意孤行,弄得人们只能用眼光来打招呼,人民的口被封住了,但只经过短短的三年,厉王就落得被国人流放的悲惨下场。

子产不毁乡校,就是正面的例证:

郑人游于乡校,以论执政。然明谓子产曰:"毁乡校校何如?"子产曰:"何为? 夫人朝夕退而游焉,以议执政之善否。其所善者,吾则行之;其所恶者,吾则改之。是吾师也。若之何毁之? 我闻忠善以损怨,不闻作威以防怨。岂不遽止? 然犹防川,大决所犯,伤人必多,吾不克救也。不如小决使道,不如吾闻而药之也。"然明曰:"蔑也! 今而后知吾子之信可事也,小人实不才。若果行此,其郑国实赖之,岂唯二三臣?"

仲尼闻是语也,曰:"以是观之,人谓子产不仁,吾不信也。"②

郑国在子产主张言论自由的政策之下,在稳定国内与对外关系中,都能够广泛的听取各种不同意见,而取得了政治上的极大成功。

---

① 佚名:《国语·周语上》(上),上海古籍出版社 1978 年版,第 9 页。
② 阮元刻:《春秋左传正义》襄公三十一年,《十三经注疏》(下),中华书局 1982 年版,第 2016 页。

这一正一反的事例中，无论是邵公还是子产，都表达了这样一个观点，开放的言论自由是政治安宁的保障。老百姓的口是封不住的，也是不可能封住的，舆论开放，言论自由，让各种不同的意见发表出来，社会存在的问题才会得到暴露，有及时处置的机会。所以，言论自由不是坏事，而是好事，应该得到提倡，只有有了言论自由，就像江河之水得以畅通，不至因江河堵塞而造成的水灾；如果不让人说话，没有言论自由，就会像堵壅的江河，堵塞越积越多，到一定时候，必定会爆发无法挽救的大灾难。

无论是可否相济的和而不同，还是开放的言论自由都有一个准则，这就是要合于道。《国语》通过四个事例来说明了这一点：

> 司马子期欲以妾为内子，访之左史倚相，曰："吾有妾而愿，欲笄之，其可乎？"对曰："昔先大夫子囊违王之命谥；子夕嗜芰，子木有羊馈而无芰荐。君子曰：违而道。谷阳竖爱子反之劳也，而献饮焉，以毙于鄢；芋尹申亥从灵王之欲，以陨于乾溪。"君子曰："从而逆。君子之行，欲其道也，故进退周旋，唯道是从。夫子木能违若敖之欲，以之道而去芰荐，吾子经营楚国，而欲荐芰以干之，其可乎？"子期乃止。①

这里第一个事例是讲子囊不遵从楚共王的遗命，第二个事例是讲儿子违背父命，这两个事例分别见于《国语·楚语》的《子囊议恭王之谥》与《屈建祭父不荐芰》。第三个事例是讲楚王召子反商议战事，子反却因谷阳竖献酒醉酒而误事，造成楚国的惨败，见于《左传》成公十六年。第四个事例是讲芋尹申亥从灵王之欲，而使楚灵王陨于乾溪，见于《左传》昭公十三年。前面两个是臣子违背君父之命，但合于道的事例；而后面两个则是家臣、臣子从主人、君主之欲，但不合于道的事例。左史倚相肯定"违而道"，反对"从而逆"，而提出"进退周旋，唯道是从"的准则。这是春秋时期政治活动公认的原则。而所谓道，

① 佚名：《国语·楚语上》（下），上海古籍出版社1978年版，第557页。

具体地说就是礼与仁。孔子评说楚灵王的殒命乾溪,就直接批评楚灵王的不遵礼、不合仁:"古也有志:'克己复礼,仁也'。信善哉! 楚灵王若能如是,岂其辱于乾溪?"①左史倚相的从道与孔子的复礼为仁是相通的。这是春秋时期特别重礼的表现。

正是和而不同的开明政治与开放的言论自由,使不同身份的人的各种不同意见都能够得以充分发表,这就无形的鼓励了各种观点的自由争鸣。没有春秋时期的和而不同的开明政治,开放的言论自由,就没有春秋时期思想文化的大飞跃,也不可能有诸子百家争鸣的出现。这是春秋时期文化定型的最直接的社会原因。正是在各种言论得以充分发表,各种观念相互交锋中,春秋时期才最终重新肯定了周公制礼作乐的价值,使重德为根本的人本主义中国文化得以定型。这里用定型,而不是用以前流行的转型,是因为春秋时期确定下来这些人本主义的基本观念,在周公制礼作乐时就开始出现,而不是春秋时期才有的,只是通过春秋时期各种思想观念的交锋对立,使周公所创立的以礼乐为标志的思想观念,得以确立为中国文化的基本要素而流传至今。

---

① 阮元刻:《春秋左传正义》昭公十二年,《十三经注疏》(下),中华书局 1982 年版,第 2064 页。

第四章　天命与天道

　　春秋时期文化定型最重要的成果,首先应该提及的是由对天命的怀疑与否定,所带来的天观念的变化,以及由这一变化而引起一系列改变。以天文历法为主的自然现象与人的政治道德因素被纳入天观念,改变了原本是上帝同义语的天的内涵,天成为含有社会、自然双重因素的新观念。有了天观念的变化,才出现了与西周不同的新天命观,新天命观有因的一面,但更多的是从人与自然特别是人的道德方面来言说天命,使西周只是上帝之令的天命,变为主要是包含天与人方面含义的多元观念,并促成了天道观的形成。

　　天道观是春秋时期出现的新观念,因为没有新的天观念、天命观,就不可能有所谓天道观;从天的自然角度探究天道是天道观的重要内容,天道观还与人相联系,涉及事物发展规律探寻的多层含义。这些新观念孕育出了天人之分的新思想,人们清楚地认识到了天人是两个相互独立的世界,开始以气与五行解释世界的存在发展,其中的阴阳、五行说,为其后中国哲学文化提供了基本范畴与基本模式;天道观的吉凶由人等说,开启以人事解释社会吉凶祸福的发展方向,而使人彻底地摆脱了天命观的束缚,获得天命观下所没有的独立自主地位,这也才有了天人相分的出现,而开启了天人关系的哲学问题。

第一节 天观念的变化

人类自进入文明史以来,探索人的生成发展的根源到底是什么,就成为最重大也是最根本的问题。自从进入农业社会以来,农业经济就成为人类生存的经济命脉,而农业生产必须依赖依天时制定的历法,而历法的制定是以天象运行为根据的,因此,从古代开始天观念就成为中国传统文化讨论的核心主题,这一讨论随着时代的发展、认识的深化而不断丰富。按照从司马迁以来的说法,中国从商代以来,天就被尊为对人的生活、生存起着终极决定性作用的神灵,而形成了在古人心目中的天命观。天命观的核心是对天的迷信崇拜,天命观中人与天的关系,是天决定人的一切,人只能屈从地被动接受天安排的命运,中国人中至今依然流传很广的听天由命一词,可以说是对此浅白而贴切的说明。

在天观念的演变中,春秋时期是一个历史关键点,在春秋以前,人们先有天神、地祇、人鬼三位一体的神灵崇拜,而后有上帝即天决定万事万物的天命观,自春秋开始,天虽然有时也被称为上帝,但已经与商周以上帝为天的代名词有很大的不同,天不再只是至上神的代名词,同时也是可以为人感知,具有自然属性与人的政治道德乃至情感属性的范畴,以至政治、道德等人的因素超越天的地位,至上神的天变为徒有虚名。天观念在春秋时期出现的这一变化,既是对之前天命观的怀疑与否定,也标志着以人为本的天人观理论的形成。

一、春秋以前的天观念

在甲骨文中,天字的语义为大。《甲骨文合集》第 36535、36545 有"天邑商"的卜辞,第 36348、36482、36507、36511、36530 有"大邑商"的卜辞,皆可证天与大是同义词。郭沫若说:"天字本来是有的,如象大戊称为'天戊',大邑商称为'天邑商',都是把天当为了大字的同意语。"①后来流行的民以食为天所说的天,就是大的意思,是说人最大的事情莫过于饮食。这是天的最早语义的存续。在甲骨文、金文中,天与大都作上肢平行伸展、下肢分开的人形,只不过天字放大凸显了人形的头部。人头为人体的上部最高处,其义为高为上。故《说文》训解:"天,颠也。至高无上。"段玉裁注:"颠者,人之顶也。以为凡高之称。"②山的最高处被称为山巅,即由此引申而来。在甲骨文、金文、小篆中,天的语义有大、高上的含义,大、高上之义的天都是作为形容词来使用,还与天命观的天观念无关。天变为天命观的天,是作为名词出现的,是用来指称"上帝"的名词。这一转变,与天的大、高上的含义有直接关系,上帝居于远离人世间的上天,在古人的心目中的形象是最高大的,高上与大的语义恰好能够说明至上神的这些特性。所以,用天来指称上帝,这一转化是很容易的。当天被作为名词使用后,大、高上也自然成为天的含义。孔子的"惟天为大"③,就是以大说明天的特性。西周晚期的毛公鼎的铭文,"丕显文武,皇天引厌厥德,配我有周,膺受大命",其中的"受大命"就是获得天命的意思,则是以大为天的同义语。这些类似用语,只能够出现在以天为名词之后。

天被作为至上神的名词,最迟出现在周初。卜辞已经有至上神的观念,在武丁以前,"卜辞称至上神为帝,为上帝,但决不曾称之为天"④。至上神的上帝被称为天,最早见于周初的彝铭。如周武王时的《大丰簋》有"天亡又(佑)王"之文,周康王时的《大盂鼎》有"不显文王受天有大令(命)"、"畏天畏"的文字。这两处铭文中的"天"能够保佑文王受命,讲求敬畏天威,所言之天都

---

① 郭沫若:《先秦天道观之进展》,《郭沫若全集·青铜器时代》,《历史编第一卷》,人民出版社1982年版,第321页。

② 段玉裁:《说文解字注》,上海古籍出版社1981年版,第1页。

③ 阮元刻:《论语·泰伯》,《十三经注疏》(下),中华书局1982年版,第2487页。

④ 郭沫若:《先秦天道观之进展》,《郭沫若全集·青铜器时代》,《历史编第一卷》,人民出版社1982年版,第321页。

是上帝的同义词。周代的《诗》、《书》中,天字已经屡见。如《诗经》的"天实为之"①,"天保定尔"、"受天百禄"②,"天方荐瘥,乱靡有定"③,"下民之孽,匪降自天"④,"曾孙寿考,受天之祐"⑤,"宣昭义问,有虞殷自天"⑥,"天难忱斯,不易维王。天位殷适,使不挟四方","天监在下、有命既集","有命自天,命此文王"⑦,"于万斯年,受天之祐;受天之祐、四方来贺"⑧,"宜民宜人,受禄于天"⑨。又如《尚书·周书》中的"天休于宁王,兴我小邦周"⑩,"故天降丧于殷,罔爱于殷,惟逸"⑪,"天亦哀于四方民"⑫,"王其德之用,祈天永命"⑬等。这些关于天的记叙,与卜辞讲至上神的上帝在内容上完全一致。这说明,周人所说的天就是卜辞至上神的上帝。

北京师范大学历史学院王和教授曾在《文王"受命"传说与周初的年代》中,通过"天子"一词出现的辨析,证明了以天为至上神是周人的创造。他先

① 阮元刻:《诗经·国风·邶风·北门》,《十三经注疏》(上),中华书局1982年版,第309页。

② 阮元刻:《诗经·小雅·鹿鸣之什·天保》,《十三经注疏》(上),中华书局1982年版,第412页。

③ 阮元刻:《诗经·小雅·节南山之什·节南山》,《十三经注疏》(上),中华书局1982年版,第440页。

④ 阮元刻:《诗经·小雅·节南山之什·十月之交》,《十三经注疏》(上),中华书局1982年版,第447页。

⑤ 阮元刻:《诗经·小雅·谷风之什·信南山》《十三经注疏》(上),中华书局1982年版,第470页。

⑥ 阮元刻:《诗经·大雅·文王之什·文王》,《十三经注疏》(上),中华书局1982年版,第505页。

⑦ 阮元刻:《诗经·大雅·文王之什·大明》,《十三经注疏》(上),中华书局1982年版,第506—507页。

⑧ 阮元刻:《诗经·大雅·文王之什·下武》,《十三经注疏》(上),中华书局1982年版,第525页。

⑨ 阮元刻:《诗经·大雅·生民之什·假乐》,《十三经注疏》(上),中华书局1982年版,第540页。

⑩ 阮元刻:《尚书·大诰》,《十三经注疏》(上),中华书局1982年版,第189页。

⑪ 阮元刻:《尚书·酒诰》,《十三经注疏》(上),中华书局1982年版,第207页。

⑫ 阮元刻:《尚书·召诰》,《十三经注疏》(上),中华书局1982年版,第213页。

⑬ 阮元刻:《尚书·召诰》,《十三经注疏》(上),中华书局1982年版,第213页。

列举金文,说明"周初康王以前的铜器铭文中,绝无'天子'一词,对在位国君的称谓一律直截称'王'。……到了康昭时期,'天子'的概念开始出现。……自昭穆以后,铭文中称颂在位国君为'天子'的越来越多。"①其后,他再列举文献说明,"就文献典籍而言,周书《牧誓》、《大诰》、《多士》、《多方》、《康诰》、《酒诰》诸篇,均未称周王为'天子'。但在《康王之诰》里,这一概念出现了"②。最后得出结论:"以'天'作为至高无上的无形神,是周人始创"③。这也从一个侧面证实天观念是西周才出现的。

正是有了以天为上帝的同义词,所以在《尚书·周书》与《诗经》的行文中,一段文字言天与上帝常常互文为说。如《尚书·周书》:"予惟小子,不敢替上帝命。天休于宁王,兴我小邦周"④;"惟时怙冒,闻于上帝,帝休,天乃大命文王"⑤;"我亦不敢宁于上帝命,弗永远念天威越我民"⑥;"我闻在昔成汤既受命,时则有若伊尹,格于皇天。在太甲,时则有若保衡。在太戊,时则有若伊陟、臣扈,格于上帝"⑦;"洪惟图天之命,弗永寅念于祀,惟帝降格于夏。有夏诞厥逸,不肯戚言于民,乃大淫昏,不克终日劝于帝之迪,乃尔攸闻。厥图帝之命,不克开于民之丽,乃大降罚,崇乱有夏。……天惟时求民主,乃大降显休命于成汤,刑殄有夏"⑧。《诗经》也有类似互文,如"昊天上帝"⑨,"思文后稷,克配彼天;立我烝民,莫匪尔极;贻我来牟,帝命率育"⑩,"胡然而天也,胡

①　王和:《文王"受命"传说与周初的年代》,《史林》1990 年第 2 期。

②　王和:《文王"受命"传说与周初的年代》,《史林》1990 年第 2 期。

③　王和:《文王"受命"传说与周初的年代》,《史林》1990 年第 2 期。

④　阮元刻:《尚书·大诰》,《十三经注疏》(上),中华书局 1982 年版,第 189 页。

⑤　阮元刻:《尚书·康诰》,《十三经注疏》(上),中华书局 1982 年版,第 203 页。

⑥　阮元刻:《尚书·君奭》,《十三经注疏》(上),中华书局 1982 年版,第 223 页。

⑦　阮元刻:《尚书·君奭》,《十三经注疏》(上),中华书局 1982 年版,第 223 页。

⑧　阮元刻:《尚书·多方》,《十三经注疏》(上),中华书局 1982 年版,第 228 页。

⑨　阮元刻:《诗经·大雅·荡之什·云汉》,《十三经注疏》(上),中华书局 1982 年版,第 540 页。

⑩　阮元刻:《诗经·周颂·思文》,《十三经注疏》(上),中华书局 1982 年版,第 590 页。

然而帝也"①。没有天就是上帝的同义词的出现,并得到人们的认可,绝不可能出现这一帝、上帝与天互文的现象。

周人的天不仅成为上帝的同义词,而且使用频率大大超过言上帝的记录。依据"中国哲学书电子化计划"(先秦两汉、汉代之后)网页所提供的文献,统计《诗经》与《尚书·周书》言天的次数,都大大多于言帝或上帝的次数。《诗经》言帝 19 次,言上帝 24 次,共计 43 次,除去 2 次以帝言文王外,其余 41 次都具有至上神的意义;言天 170 次,除去言天子 21 次,言自然之天 13 次(如《唐风·绸缪》的"三星在天",《豳风·鸱鸮》的"迨天之未阴雨",《南有嘉鱼之什·采芑》"翩彼飞隼,其飞戾天",《鸿雁之什·鹤鸣》"鹤鸣于九皋,声闻于天"之类),为 136 次,超过言上帝的次数 93 次;言天的次数是言帝、言上帝的 3 倍多。《尚书·周书》言天 188 次,除去《伪古文尚书》的 35 次,言天子的 6 次,其余几乎都是从至上神的意义言天,为 147 次;言帝 20 次,言上帝 24 次,除去《伪古文尚书》的 6 次,总计 38 次,相差 109 次;言天的次数是言帝、言上帝的 3 倍多。《诗经》、《尚书·周书》的大部分内容形成在春秋之前,上面提及的关于天、上帝或帝的记载,绝大多数为西周的记载,这说明到西周时不仅天成为至上神的主要用语,而且被普遍使用,远远超过了用上帝、帝来称呼至上神的次数。自从以天作为上帝的同义词后,至上神的上帝一词出现频率日渐减少,并最终被天的观念取代。天作为上帝的同义语,并只不是多了一个表述上帝的名词,而是为打破上帝至上神的观念提供了契机。

二、春秋时期的天观念

"天"观念是春秋时期最重要的观念。如果说西周是天观念的创始,春秋时期则是天观念得到极大发展的时期。正是通过春秋时期的发展,才确立了

---

① 阮元刻:《诗经·鄘风·君子偕老》,《十三经注疏》(上),中华书局 1982 年版,第 313 页。

中国文化天观念的基本内核,在此后中国文化的发展中,天观念都是作为中国人的主要文化观念在发生影响。

就春秋时期人们最热衷谈论的观念而论,无论是"礼"、"德"还是"鬼"、"神"等观念的次数都远远不及言天的记录。《左传》言天366次,《国语》言天309次,总计675次。与天相关的术语有天子、天王、天下、天地、天极、天应、天节、天数、天光、天明、天行、天道、天事、天根、天极、天常、天生、天命、天休、天威、天策、天赐、天祚、天作、天奉、天启、天占、天应、天授、天予、天欲、天诱、天降、天福、天禄、天功、天成、天衷、天赞、天益、天聚、天使、天夺、天弃、天祸、天殃、天诛、天灾、天咎、天火、天刑、天忌等五十多个,这从一个侧面反映出春秋时期人们对天观念的极其重视。

在这些言天的内容中,不少都带有至上神的意义,但以帝、上帝来称谓至上神则很少看到。《左传》言上帝6次、帝33次,除去作为地名的"帝丘"3次、"黄帝"等先帝15次,作为至上神的帝或上帝仅21次;《国语》言上帝12次、帝21次,除去"黄帝"等先帝18次,作为至上神的帝或上帝仅15次,两书总计才36次。据《宋元学案》卷四《庐陵学案》的《庐陵续传·机宜郑先生耕老》所载《读书说》的统计,《诗经》的字数是39224字,《尚书》是25700字,《左传》是196845字,《国语》大约92500字,就是说《左传》、《国语》任何一部书的文字都大大超过《诗经》与《尚书》两书的总和,若从《左传》、《国语》的总字数来比较,则为《诗经》与《尚书》的约4.5倍。但《诗经》与《尚书·周书》言至上神意义的帝或上帝的次数,都超过《左传》、《国语》言至上神的帝或上帝的总和。这说明春秋时期相对西周,以帝或上帝称谓至上神越来越少,以天称至上神已经成为人们最通用的词语。

春秋时期言天,虽然也有至上神的意义,但与西周的天几乎是至上神的帝或上帝的同义词不同,还具有其他更丰富的含义。从天与天的术语中,可以看到春秋时期的天观念大体有两大内容。一是以天为自然的天概念,如庄公十一年,鲁国使者说"天作淫雨",庄公二十五年,周内史为陈侯解《易》

以天释《乾》卦的卦象,襄公二十九年,吴季札说"如天之无不帱也",昭公元年的"天有六气",昭公七年讲天有十日,《国语·周语下》单襄公说"天六地五",《国语·鲁语上》展禽说"天之三辰"等,所言之天都是自然的天概念。术语中天地常常是指上天下地的自然,天光、天明、天行、天数也往往指与天象相关的自然现象或自然规律,这部分关于天的论说,往往有关自然之天的多样性、规律性、客观性,尽管这些观念有助于消减对天的神化迷信,但也造成因人们对自然现象、自然规律确定不移的信任,而将对天的迷信上升为对自然规律的信任,从而增加人们对上帝意义的天的迷信与崇拜。

二是与至上神相关的天概念。如《左传》中所说的"天若祚大子,其无晋乎"①、"天夺之鉴"②、"背天不祥"③、"天之弃商"④、"违天必有大咎"⑤、"天夺之魄"⑥、"天败楚也"⑦、"天其殃之也"⑧、"天之所乱"⑨、"天所废也"、"天弃之矣"⑩、

---

① 阮元刻:《春秋左传正义》闵公元年,《十三经注疏》(下),中华书局 1982 年版,第 1786 页。
② 阮元刻:《春秋左传正义》僖公二年,《十三经注疏》(下),中华书局 1982 年版,第 1791 页。
③ 阮元刻:《春秋左传正义》僖公九年,《十三经注疏》(下),中华书局 1982 年版,第 1801 页。
④ 阮元刻:《春秋左传正义》僖公二十二年,《十三经注疏》(下),中华书局 1982 年版,第 1813 页。
⑤ 阮元刻:《春秋左传正义》僖公二十三年,《十三经注疏》(下),中华书局 1982 年版,第 1816 页。
⑥ 阮元刻:《春秋左传正义》宣公十五年,《十三经注疏》(下),中华书局 1982 年版,第 1888 页。
⑦ 阮元刻:《春秋左传正义》成公十六年,《十三经注疏》(下),中华书局 1982 年版,第 1918 页。
⑧ 阮元刻:《春秋左传正义》襄公二十八年,《十三经注疏》(下),中华书局 1982 年版,第 2001 页。
⑨ 阮元刻:《春秋左传正义》昭公十九年,《十三经注疏》(下),中华书局 1982 年版,第 2087 页。
⑩ 阮元刻:《春秋左传正义》昭公二十三年,《十三经注疏》(下),中华书局 1982 年版,第 2102 页。

"天之弃鲁"①、"天或者以陈氏为斧斤"②、"天若亡之"③,《国语》中所说的"夫天之所弃;不过其纪"④、"天有恶于楚也"与"佻天不祥,乘人不义"⑤、"天亦不赞"⑥、"天又诳之"⑦、"天降祸于晋国"⑧、"天未丧晋"⑨、"天将启之"⑩、"天之所启;十世不替"⑪、"天之所弃"⑫等,以及天与命、祸、灾、福、祚、启、益、授、弃、威等词相组合的各种术语,这些关于天或相关的术语所说的天,都具有决定人类祸福、人生命运的意志能力,这些天观念无疑都带有至上神的含义。

但这两种含义的天观念,都具有一个共同的特点,就是天所表示的自然与至上神意义都不是单一的概念,而是含有多重性规定的观念。如地震、大旱、大雨、大火等,原本是自然之天的表现,但却有焚巫尫、用鼓、用币、用牲等来对应的诸多记载,伯阳父有地震为天之所弃的亡国之兆之说,晋国边吏以大火为失政所致⑬等,这一观念都给原本是自然的天加入了人的因素。在言至上神

---

① 阮元刻:《春秋左传正义》昭公二十六年,《十三经注疏》(下),中华书局 1982 年版,第2113 页。

② 阮元刻:《春秋左传正义》哀公十五年,《十三经注疏》(下),中华书局 1982 年版,第2175 页。

③ 阮元刻:《春秋左传正义》哀公十七年,《十三经注疏》(下),中华书局 1982 年版,第2179 页。

④ 佚名:《国语·周语上》(上),上海古籍出版社 1978 年版,第 22 页。

⑤ 佚名:《国语·周语中》(上),上海古籍出版社 1978 年版,第 85 页。

⑥ 佚名:《国语·晋语一》(上),上海古籍出版社 1978 年版,第 257 页。

⑦ 佚名:《国语·晋语二》(上),上海古籍出版社 1978 年版,第 296 页。

⑧ 佚名:《国语·晋语二》(上),上海古籍出版社 1978 年版,第 308 页。

⑨ 佚名:《国语·晋语四》(下),上海古籍出版社 1978 年版,第 340 页。

⑩ 佚名:《国语·晋语四》(下),上海古籍出版社 1978 年版,第 349 页。

⑪ 佚名:《国语·郑语》(下),上海古籍出版社 1978 年版,第 509 页。

⑫ 佚名:《国语·吴语》(下),上海古籍出版社 1978 年版,第 602 页。

⑬ 据子产之言,此说出自晋国边吏:"火之作也,子产授兵登陴。子大叔曰:'晋无乃讨乎?'子产曰:'吾闻之,小国忘守则危,况有灾乎? 国之不可小,有备故也。'既,晋之边吏让郑曰:'郑国有灾,晋君、大夫不敢宁居,卜筮走望,不爱牲玉。郑之有灾,寡君之忧也。今执事手间然授兵登陴,将以谁罪? 边人恐惧不敢不告。'子产对曰:'若吾子之言,敝邑之灾,君之忧也。敝邑失政,天降之灾,又惧谗慝之间谋之,以启贪人,荐为弊邑不利,以重君之忧。幸而不亡,犹可说也。不幸而亡,君虽忧之,亦无及也。郑有他竟,望走在晋。既事晋矣,其敢有二心?'"(阮元刻:《春秋左传正义》昭公十八年,《十三经注疏》(下),中华书局 1982 年版,第 2086 页。)

意义的天时,不同于商代、西周的至上神,只是远离人间的高高在上的人与万物的神灵主宰,而被加入了人与社会因素的天,特别是在解释至上神的天意时,春秋时期的人们往往将人与社会的因素纳入其中,从人的行为,从政治、道德、民意等方面与社会的状态去追寻,使原本只是由神意决定的天命,变为由人参与甚至是由人所决定的。正是天观念的这一变化,天就不再仅仅是高居于人上的至上神,是与人、自然没有关联的外物,而是与人、自然有不可分割的联系,可与人、自然相互影响作用的存在,正是天观念发生的这一变化,春秋时期才能够生发出以人为本的天人观。

第二节　天命观

在只有帝、上帝的商代,是无所谓天命观。因为天命观的出现,必以对天的崇拜为前提,而这一崇拜只能发生在天观念作为至上神的同义词之后。西周天观念的出现,以天替代上帝来称谓至上神,这绝不只是术语的文字变化,它在中国文化史上具有极大的意义。正是有了这一变化,才有天命观念的出现。没有至上神的天观念,天命就缺乏至高无上的依据。从此而言,中国文化史上的天命观,应该出现在周代。

一、西周的天命观

最早记载天命观的典籍是《尚书》。今存《尚书》言天命 26 次,其中《虞书》1 次;《商书》7 次,除去《伪古文尚书》的《仲虺之诰》、《汤诰》各 2 次,实为 3 次;《周书》18 次,除去《伪古文尚书》的《泰誓》2 次、《武成》1 次①,为 15 次,总计为 19 次。其中最早的时间是《虞书·皋陶谟》:"天命有德,五服五章哉!

---

① 《伪古文尚书》并不是完全不可信,其中有的文句是可信的,是真古文,如《左传》、《国语》记载春秋时期所引用的文句。但《伪古文尚书》言天命的文句,在《左传》、《国语》中都不见春秋时期人们的引用,这也从一个侧面说明这些文句的不可信。

天讨有罪,五刑五用哉！政事懋哉懋哉！天聪明,自我民聪明,天明畏,自我民明威。达于上下,敬哉有土。"①从这段话的内容看,以天命与德相联系,讲天聪明、天明畏来自我民,这显然是周公之后才有的,绝不可能出现在舜的时代,陈梦家将此篇断为战国的作品②是有道理的。司马迁甚至将天命观的出现提前到尧舜之交:"于是帝尧老,命舜摄行天子之政,以观天命。"③如果舜时关于天命的记载都不可信,这之前的记载更无可信度。

《商书》三次所言天命,分别见于《汤誓》:"有夏多罪,天命殛之。"④《盘庚上》:"先王有服,恪谨天命,兹犹不常宁;不常厥邑,于今五邦。"⑤《微子》:"殷既错天命,微子作诰。"⑥这三篇文献,陈梦家也断为战国的作品,⑦这说明这些文献的记载是难以作为商代有天命观的证据。但在《诗经》也有"天命玄鸟,降而生汤"⑧之语,后来,司马迁写《史记》也有类似记载,如"汤曰:格女众庶,来,女悉听朕言。匪台小子敢行举乱,有夏多罪,予维闻女众言,夏氏有罪。予畏上帝,不敢不正。今夏多罪,天命殛之"⑨等等。这么多的记载,都肯定商代的天命观。但这些记载也不可信,因为天命观的出现,只能在天作为至上神同义词出现后,才可能产生。而商代并没有以天为至上神的观念,以天为至上神是周人的观念。在周代以前,至多只有与天命观相近崇拜上帝的迷信思想,关于夏商及其以前就有天命观的历史记载,都是不可信的。上帝崇拜与天命观在理论上是一脉相承的,上帝与天命都是统治者为其统治的合法性、合理性所制造的神圣理论根据,在有天命观后,天命成为通行的说法,后人将以前的

---

① 阮元刻:《十三经注疏》上册,中华书局1982年版,第129页。
② 参见陈梦家:《尚书通论》,中华书局1985年版,第112页。
③ 司马迁:《史记·五帝本纪》,《史记》第1册,中华书局1985年版,第24页。
④ 阮元刻:《十三经注疏》上册,中华书局1982年版,第129页。
⑤ 阮元刻:《十三经注疏》上册,中华书局1982年版,第168页。
⑥ 阮元刻:《十三经注疏》上册,中华书局1982年版,第177页。
⑦ 陈梦家:《尚书通论》,中华书局1985年版,第112页。
⑧ 阮元刻:《诗经·商颂·玄鸟》,《十三经注疏》上册,中华书局1982年版,第622页。
⑨ 司马迁:《史记·殷本纪》,《史记》第1册,中华书局1985年版,第95页。

上帝崇拜改用天命来叙说,是很自然的。这就是司马迁的《史记》记载三代的兴亡更替,都贯穿天命兴废的原因。但就思想观念的发展而言,绝不能将天命观的出现说成是商代以至尧舜时就有的。

在西周初年以天为上帝的同义词出现后,天命观才有可能形成。《尚书》19 次言天命,15 次见于《周书》,正是天命观出于西周的有力说明。天命观的天命是由天与命组合的一个词组,这个词组与商代的上帝崇拜有联系,但又有差别。联系在于天命的天的主要含义是上帝的同义词,差别在于上帝一词只是指称至上神,而没有与人相关联,而天与命组合,就将上帝与人联系起来,并含有上帝决定人生与人接受上帝命令的双重意义。所以,天命是一个涉及天人关系的观念,可以说西周的天命观是由对天的迷信,而最早产生的关于天人关系的观念。

《周书》所载天命一词,见于《大诰》、《康诰》、《召诰》、《洛诰》、《多士》、《无逸》、《君奭》、《多方》、《吕刑》,其中《大诰》、《召诰》各 3 次,《多士》、《多方》各 2 次,其余都为 1 次,总计 15 次。这些言天命的绝大多数文字,《尚书》本文、《尚书序》与注疏都明确说是周公之语,而历代学者的辨析也认为这些篇章绝大部分都出自周公或与周公相关,陈梦家通过考辨得出结论,认为除《吕刑》为西周中期以后的作品外,其余皆为西周初期的作品。① 由此,可以认为"天命观"一词的出现在西周早期,周公则是中国历史上天命观的创立者,康王之时出现"天子"一词也正是天命观出现于西周的旁证。正是有了天命观的出现,才有天子概念的形成,"天子"一词正是天命在君王合法性问题上的逻辑展开。

西周的天命观,是以对上帝的迷信为基点,以获得天命为王朝正当性作论证的理论。由于周公的天命观所说的天,就是至上神的同义语,所以,西周的天命说总是与上帝联系为说:"惟乃丕显考文王,克明德慎罚;不敢侮鳏寡,庸

---

① 参见陈梦家:《尚书通论》,中华书局 1985 年版,第 112 页。

庸,祗祗,威威,显民,用肇造我区夏,越我一、二邦以修我西土。惟时怙冒,闻于上帝,帝休,天乃大命文王。"①天命就是上帝的命令,但天命观的上帝不同于卜辞的上帝,卜辞的上帝只是一味发号施令的主宰,并不与人事发生联系。而西周天命观的上帝是能够闻知人世间善恶,具有感知能力的,人间的圣王要获得天命,必须让其德行得到上帝的认可,上帝的天命是与圣王的德行联系在一起的。所以,在《大诰》等篇中,周公一再以龟卜来论证天命,肯定夏商周王朝的建立,夏商王朝被商周的取代,都是得到上帝的眷顾,才得以享有天命。

圣王获得天命,在西周天命观中被称之为受命。《周书》记载周文王等获得天命,无不是以"受命"为说。《周书》多言受命,如"贲敷前人受命,兹不忘大功"②、"惟王受命,无疆惟休,亦无疆惟恤"③、"文祖受命"④、"惟周公诞保文武受命"⑤、"文王受命"⑥、"昔成汤既受命"⑦、"我受命于疆惟休,亦大惟艰"⑧。受命就是获得天命,而能够受命的只是夏禹、商汤、周文王之类开创新王朝的圣王,无一例外。可以说,以周公为代表的西周天命观就是圣王受命说,而论说最多的就是文王受命说,这是周取代殷商的理论支柱,也是周王朝维持其统治合法性的根据,所以,成为周王朝最为流行的统治观念。受命只是被动地接受天命,即使如周公最推崇的文王,也只是受命而成为圣王的。丧失天命则被称为革命,如商取代夏王朝,就被周公说成是"殷革夏命"⑨。这是"革命"一词的最早含义,意为变革天命。革命说与受命说虽然立论不同,但都是对天命观的肯定。

---

① 阮元刻:《尚书·康诰》,《十三经注疏》(上),中华书局1982年版,第203页。
② 阮元刻:《尚书·大诰》,《十三经注疏》(上),中华书局1982年版,第198页。
③ 阮元刻:《尚书·召诰》,《十三经注疏》(上),中华书局1982年版,第212页。
④ 阮元刻:《尚书·洛诰》,《十三经注疏》(上),中华书局1982年版,第216页。
⑤ 阮元刻:《尚书·洛诰》,《十三经注疏》(上),中华书局1982年版,第216页。
⑥ 阮元刻:《尚书·君奭》,《十三经注疏》(上),中华书局1982年版,第223页。
⑦ 阮元刻:《尚书·君奭》,《十三经注疏》(上),中华书局1982年版,第223页。
⑧ 阮元刻:《尚书·君奭》,《十三经注疏》(上),中华书局1982年版,第225页。
⑨ 阮元刻:《尚书·多士》,《十三经注疏》(上),中华书局1982年版,第220页。

受命说与商代的上帝崇拜有一个最大的不同,就是强调要以崇高的道德、民众的支持来获取或保有天命,并将天命丧失的原因归结为道德的沦丧,民意的丧失。周公说:"我不可不监于有夏,亦不可不监于有殷。我不敢知曰,有夏服天命,惟有历年;我不敢知曰,不其延。惟不敬厥德,乃早坠厥命。我不敢知曰,有殷受天命,惟有历年;我不敢知曰,不其延。惟不敬厥德,乃早坠厥命。"①"王以小民受天永命"②;成王说他在周公辅佐下:"扬文武烈,奉答天命,和恒四方民。"③天命的获得,离不开德与民,这是西周以前所没有的新思想。但这一思想虽然强调天命的获得与保持都离不开道德、人民,可是,道德只是保有天命的条件,或获得天命的原因、手段,道德并没有获得上帝、天命同等的地位,人民的民意也只是天命的体现,天命依然对人事起着单方面的决定作用,具有绝对权威依然是天,而不是道德、人民。但是,天命观与道德、人民的联系,也就在对上帝、天命的迷信中埋下了异质的因子,而为春秋时期人本主义的天人观创造了理论条件。正是循着对道德、人民的重视,才有春秋时期在天命观上的突破。

二、春秋时期的天命说

春秋时期的天概念,虽然保留了天命观中天的主宰含义,但是包含有自然、人与社会因素的概念,而不再仅仅等同于上帝。这一天观念的变化,是春秋时期的天人观与天命观分野的关键所在,由此才真正形成天人既对立又联系的关系,为人本主义的天人观形成创造了条件。在天人观的发展史上,春秋时期是一个有决定意义的时代,而以人为本天人观的形成则是其最重要的成果。其后的天人观无论怎样演化,都可以在春秋时期的天人观中找到某种思想素材。

---

① 阮元刻:《尚书·召诰》,《十三经注疏》(上),中华书局 1982 年版,第 213 页。
② 阮元刻:《尚书·召诰》,《十三经注疏》(上),中华书局 1982 年版,第 213 页。
③ 阮元刻:《尚书·洛诰》,《十三经注疏》(上),中华书局 1982 年版,第 215 页。

　　但这并不是说春秋时期天命观就已经被否定了，其实在春秋时期不少人还是相信天命，认为天命具有决定的意义，人世间的一切都是天命安排的，人只能听命于天。讲春秋时期的天人观，不能只讲对天命观的怀疑否定，还必须承认天命观为多数人所信从的事实。但是，由于春秋时期天观念的变化，其天命观也与西周的天命观有很大的不同。西周的天命观虽然承认道德与人的意义，但依然是上帝决定论的天命观，而春秋时期的天命观则凸显道德与人的内涵，而消解了西周天命观的上帝决定论，上帝不再是唯一的决定意义，道德与人的因素构成天命不可缺少甚至是决定性的因素。

　　"天命"一词，《左传》记载有 8 次，《国语》有 6 次，"天命不祐"在同一问题上三次言及，所以，实际上只有 12 条。在这 12 条材料中，可以分为两大类。一类基本是西周天命观的再现，共计有 5 条材料。其中一条是郧辛的君命即天命说："王奔郧，钟建负季芈以从，由于徐苏而从。郧公辛之弟怀将弑王，曰：'平王杀吾父，我杀其子，不亦可乎？'辛曰：'君讨臣，谁敢仇之？君命，天也，若死天命，将谁仇？'《诗》曰：'柔亦不茹，刚亦不吐，不侮矜寡，不畏强御。'唯仁者能之。违强陵弱，非勇也。乘人之约，非仁也。灭宗废祀，非孝也。动无令名，非知也。必犯是，余将杀女。"[1]这是以周天子为上天之子，推论出来的天命观念。而以周天子为上天之子，是西周康王时代就出现的观念。

　　有 3 条是相信天命观的材料。其中二条可以称之为天命不可怀疑说，即子家子的"天命不慆"[2]，与子高说的"天命不谄"[3]。杜预注："慆，疑也。"[4]

　　① 阮元刻：《春秋左传正义》定公四年，《十三经注疏》(下)，中华书局 1982 年版，第2136 页。

　　② 阮元刻：《春秋左传正义》昭公二十七年，《十三经注疏》(下)，中华书局 1982 年版，第2117 页。

　　③ 阮元刻：《春秋左传正义》哀公十七年，《十三经注疏》(下)，中华书局 1982 年版，第2179 页。

　　④ 阮元刻：《春秋左传正义》昭公二十七年，《十三经注疏》(下)，中华书局 1982 年版，第2117 页。

"诒,疑也。"①不慆、不诒皆为无可怀疑之义,子家子用天命无疑,来说明昭公一定会被赶出鲁国,子高则是用来证明楚国的公孙朝一定能够消灭陈国。这两处虽然言及天命,但并没有对天命本身作出训解,而只是表达了相信天命的态度。相信天命的记载,还特别表现在晋文公身上,这有诸多记载。而明确以"天命"一词说晋文公享有天命,只有一条材料:

> 遂如楚,楚成王以周礼享之,九献,庭实旅百。公子欲辞,子犯曰:"天命也,君其飨之。亡人而国荐之,非敌而君设之,非天,谁启之心!"既飨,楚子问于公子曰:"子若克复晋国,何以报我?"公子再拜稽首对曰:"子女玉帛,则君有之。羽旄齿革,则君地生焉。其波及晋国者,君之余也,又何以报?"王曰:"虽然,不谷愿闻之。"对曰:"若以君之灵,得复晋国,晋、楚治兵,会于中原,其避君三舍,若不获命,其左执鞭弭,右属櫜鞬,以与君周旋。"②

九献是上公才能够享受的礼遇,晋文公当时只是流亡在外的公子,根本无资格享受这样级别礼遇的资格,但楚成王却以九献之礼款待晋文公,《左传》不以非礼批评,而是认为这是晋文公有天命的预兆,所以,子犯告诉晋文公大胆地接受就是了。以上3条材料所表达的天命观,与西周的天命观基本上没有区别,都是以迷信天命为特点,以天命为至上神意志表现的观念。

另外,还有伍子胥的"天命有反"说:

> 吴王夫差既许越成,乃大戒师徒,将以伐齐。申胥进谏曰:"昔天以越赐吴,而王弗受。夫天命有反,今越王句践恐惧而改其谋,舍其愆令,轻其征赋,施民所善,去民所恶,身自约也,裕其众庶,其民殷众,以多甲兵。越之在吴,犹人之有腹心之疾也。夫越王之不忘败吴,于其心也戚然,服士以伺吾间。今王非越是图,而齐、鲁以为忧。

---

① 阮元刻:《春秋左传正义》哀公十七年,《十三经注疏》(下),中华书局 1982 年版,第2179 页。

② 佚名:《国语·晋语四》(上),上海古籍出版社 1978 年版,第 352 页。

夫齐、鲁譬诸疾,疥癣也,岂能涉江、淮而与我争此地哉? 将必越实有
吴土。"①

"天命有反",是说天命是变化的,而不是固定不移,这虽然与上面 6 条的说法
有一些差异,但也是一种相信天命的观念,只不过相信天命是可以转移的而
已,这比较接近于西周的天命靡常说。这 5 条言天命的材料,反映的是西周天
命观在春秋时期的延续,这是历史发展中因的一面。

春秋时期还有许多没有天命一词,但也是讲天命的记载。如说秦公子是
"天所赞也"②,"夫吴之与越,唯天所授唯天所授"③;楚国的兴起,"是天启之
心也……天之所启,十世不替"④;"天方授楚"⑤;"天方授楚,未可与争。虽晋
之强,能违天乎?"⑥"齐、晋亦唯天所授,岂必晋?"⑦"晋、楚唯天所授,何患
焉?"⑧魏氏祖先毕万迁徙晋国,是"天启之也"⑨等。特别是为证晋文公的享
有天命,《左传》、《国语》记载晋文公流亡经过的齐国、卫国、曹国、宋国、郑
国、楚国、秦国等都有所谓天命的征兆,除上面已经分析过的一条外,还有如
下记载:"过卫,卫文公不礼焉,出于五鹿,乞食于野人,野人与之块,公子

---

① 佚名:《国语·吴语》(下),上海古籍出版社 1978 年版,第 597 页。
② 阮元刻:《春秋左传正义》昭公元年,《十三经注疏》(下),中华书局 1982 年版,第 2022 页。
③ 佚名:《国语·吴语》(下),上海古籍出版社 1978 年版,第 591 页。
④ 佚名:《国语·郑语》(下),上海古籍出版社 1978 年版,第 510 页。
⑤ 阮元刻:《春秋左传正义》桓公六年,《十三经注疏》(下),中华书局 1982 年版,第 1750 页。
⑥ 阮元刻:《春秋左传正义》宣公十五年,《十三经注疏》(下),中华书局 1982 年版,第 1887 页。
⑦ 阮元刻:《春秋左传正义》成公二年,《十三经注疏》(下),中华书局 1982 年版,第 1895 页。
⑧ 阮元刻:《春秋左传正义》成公十六年,《十三经注疏》(下),中华书局 1982 年版,第 1918 页。
⑨ 阮元刻:《春秋左传正义》闵公元年,《十三经注疏》(下),中华书局 1982 年版,第 1786 页。

怒,欲鞭之,子犯曰:'天赐也.'稽首受而载之"①;及其"天未绝晋,必将有主……天实置之"②,"天之所启,人弗及也"③,"天之所兴,谁能废之"④等说。甚至连季孙氏这样的大夫也得到"天之赞","季氏之复,天救之也"⑤的肯定。这些地方的"天授"、"天启"、"天赐"、"天置"、"天兴"、"天赞"都与西周的天命观在本质上没有差异,都是肯定上天对人与社会的主宰作用。但也有与西周天命观的不同,就是西周天命观讲受命于天的只是王朝的开创者,是普天之下所共尊的天子,而春秋时期能够获得天命的却是各国诸侯,甚至季孙氏这样的大夫。这与春秋时期周天子权威失落,礼崩乐坏的政治格局有直接关系。高岸为谷,深谷为陵,以前专属周天子的天命,现在也被诸侯国的君王以至大夫都用来为自己作论证的理论,这从一个侧面说明天命观依然是人们所尊奉的思想观念,具有社会公认的权威性。

另一大类是对西周天命观的怀疑与突破,共有 7 条相关材料。其中怀疑天命有 1 条材料。逃亡在外的晋公子夷吾私会秦公子絷,表示自己可以用赏赐田地的方式取得国内大臣的支持,如果再加上"君(指秦公子絷)苟辅我",则"蔑天命矣",韦昭注:"蔑,无也,无复天命,在秦而已。"⑥这是说能够得到公子絷代表的秦国方面的支持,天命也不在话下。这是蔑视天命,不相信天命,是春秋时期普遍怀疑天命的表现。这种蔑视天命的观念,与《诗经》中记载的春秋时期人们怀疑否定天命的思潮,是完全一致的,这是人文思潮兴起的

① 阮元刻:《春秋左传正义》僖公二十三年,《十三经注疏》(下),中华书局 1982 年版,第 1815 页。
② 阮元刻:《春秋左传正义》僖公二十四年,《十三经注疏》(下),中华书局 1982 年版,第 1817 页。
③ 阮元刻:《春秋左传正义》僖公二十三年,《十三经注疏》(下),中华书局 1982 年版,第 1815 页。
④ 佚名:《国语·晋语四》(下),上海古籍出版社 1978 年版,第 354 页。
⑤ 阮元刻:《春秋左传正义》昭公二十七年,《十三经注疏》(下),中华书局 1982 年版,第 2117 页。
⑥ 佚名:《国语·晋语二》(上),上海古籍出版社 1978 年版,第 311 页。

重要表现。但还不是对天命理论本身的突破。

对天命作出富含时代新意解释的有6条材料。其中有2条是将天命作为命运的同义语。一条是陈国使臣公孙贞子出使吴国,在边境身亡,吴国不准公孙贞子的尸体入境,陈国芋尹盖在回应楚国时说:"若不以尸将命,是遭丧而还也,无乃不可乎,以礼防民,犹或逾之。今大夫曰:'死而弃之。'是弃礼也,其何以为诸侯主?先民有言曰:'无秽虐士。'备使奉尸将命,苟我寡君之命,达于君所,虽陨于深渊,则天命也,非君与涉人之过也。"结果是"吴人内之"①。这里所说的天命是指人生死祸福的意外,非人力所能改变,人只能接受。一条是吴国季札面对阖闾弑君时所说:"苟先君无废祀,民人无废主,社稷有奉,国家无倾,乃吾君也,吾谁敢怨,哀死事生,以待天命,非我生乱,立者从之,先人之道也"②。这里所说的天命是一种已经出现的社会现实。这2条天命的含义是指一种不可避免人生意外、社会现实,带有个人不可抗拒、无可避免的性质,比较接近于后来所说命运。这一天命的含义已经没有上帝之令的含义,而是个人与社会生死存亡祸福际遇的命运,后来孟子讲的命就含有此意。

其中3条是将天命与道德联系为说的材料。看起来好像这是西周以德配天的观念的重现,但实际上却有很大的不同。第一条是王孙满的天祚有德的天命观:

> 楚子伐陆浑之戎,遂至于洛,观兵于周疆。定王使王孙满劳楚子。楚子问鼎之大小轻重焉。对曰:"在德不在鼎。昔夏之方有德也,远方图物,贡金九牧,铸鼎象物,百物而为之备,使民知神、奸。故民入川泽山林,不逢不若。螭魅罔两(魍魉),莫能逢之,用能协于上

---

① 阮元刻:《春秋左传正义》哀公十五年,《十三经注疏》(下),中华书局1982年版,第2174页。

② 阮元刻:《春秋左传正义》昭公二十七年,《十三经注疏》(下),中华书局1982年版,第2116页。

> 下以承天休。桀有昏德，鼎迁于商，载祀六百。商纣暴虐，鼎迁于周。
> 德之休明，虽小，重也。其奸回昏乱，虽大，轻也。天祚明德，有所底
> 止。成王定鼎于郏鄏，卜世三十，卜年七百，天所命也。周德虽衰，天
> 命未改，鼎之轻重，未可问也。"①

王孙满对楚王的僭越企图，提出义正言辞的批评，以周鼎非天命所在，天命是
由道德决定的，有德才会获得天命，失德就会失去天命，而且天命的长短是与
德的休明成正比的，明德越光大，享国就长久，反之亦然。这是以德为天命的
根本所在，天命长短依德的光大为转移，而不是仅以德为获取天命的手段之
类。这是道德比天命更根本的新观念。

第二条是裨谌以善代不善为天命的说法：

> 十二月己巳，郑大夫盟于伯有氏。裨谌曰："是盟也，其与几何？
> 《诗》曰：'君子屡盟，乱是用长。'今是长乱之道也。祸未歇也，必三
> 年而后能纾。"然明曰："政将焉往？"裨谌曰："善之代不善，天命也，
> 其焉辟子产？举不逾等，则位班也。择善而举，则世隆也。天又除
> 之，夺伯有魄，子西即世，将焉辟之？天祸郑久矣，其必使子产息之，
> 乃犹可以戾。不然，将亡矣。"②

这是讲政治得失的背后，是善的道德力量在起作用，善取代不善，就是天命。
这个天命完全是道德发生作用的天命，也就是说天命即道德，这就将天命完全
与道德等同起来，天命即道德的善，而不是至上神。

第三条是范文子国家存亡的天命在德的观念：

> 鄢之役，荆压晋军，军吏患之，将谋。范丐自公族趋过之，曰：
> "夷灶堙井，非退而何？"范文子执戈逐之，曰："国之存亡，天命也，童

---

① 阮元刻：《春秋左传正义》宣公三年，《十三经注疏》（下），中华书局 1982 年版，第
1868 页。

② 阮元刻：《春秋左传正义》襄公二十九年，《十三经注疏》（下），中华书局 1982 年版，第
2008 页。

子何知焉？且不及而言，奸也，必为戮。"苗贲皇曰："善逃难哉！"既退荆师于鄢，将谷，范文子立于戎马之前，曰："君幼弱，诸臣不佞，吾何福以及此！吾闻之，'天道无亲，唯德是授。'吾庸知天之不授晋且以劝楚乎，君与二三臣其戒之！夫德，福之基也，无德而福隆，犹无基而厚墉也，其坏也无日矣。"①

范文子以国家的存亡是由天命决定的，但他没有从至上神的角度去解说天命，而是以道德的因素来解释国家存亡的天命得失。这三条材料都表达一个概念，天命与至上神无关，而是由道德决定的。在天命新解的 6 条材料中，有 3 条是与道德联系为说，证明从人的道德来解构西周的天命观，是春秋时期天命观的主流，这也是春秋时期特重道德在天命观的反映。

最有意义的一条言天命的材料，是就秦伯派遣的医和为晋平公治病而发。在《左传》、《国语》中都有相关记载，《左传》记载医和讲天命一次，即"良臣将死，天命不佑"②，《国语》记载"良臣不生，天命不佑"③有两次，这三次言天命都是同一的含义，所以，这三条言天命的材料可以算作一条来处理。而天命不佑的含义是讲天命不保佑无守时节者，这是以时节为天命的规定。所谓时节，是本于自然之天包含天人共同作用的混合物：

晋侯求医于秦。秦伯使医和视之，曰："疾不可为也。是谓：'近女室，疾如蛊。非鬼非食，惑以丧志。良臣将死，天命不佑'。"公曰："女不可近乎？"对曰："节之。先王之乐，所以节百事也。故有五节，迟速本末以相及，中声以降，五降之后，不容弹矣。于是有烦手淫声，慆堙心耳，乃忘平和，君子弗德也。物亦如之，至于烦，乃舍也已，无以生疾。君子之近琴瑟，以仪节也，非以慆心也。天有六气，降生五

---

① 佚名：《国语·晋语四》(下)，上海古籍出版社 1978 年版，第 421 页。
② 阮元刻：《春秋左传正义》昭公元年，《十三经注疏》(下)，中华书局 1982 年版，第 2024—2025 页。
③ 佚名：《国语·晋语八》(下)，上海古籍出版社 1978 年版，第 478 页。

味,发为五色,征为五声,淫生六疾。六气曰阴、阳、风、雨、晦、明也。分为四时,序为五节,过则为灾。阴淫寒疾,阳淫热疾,风淫末疾,雨淫腹疾,晦淫惑疾,明淫心疾。女,阳物而晦时,淫则生内热惑蛊之疾。今君不节不时,能无及此乎?"出,告赵孟。赵孟曰:"谁当良臣?"对曰:"主是谓矣! 主相晋国,于今八年,晋国无乱,诸侯无阙,可谓良矣。和闻之,国之大臣,荣其宠禄,任其宠节,有灾祸兴而无改焉,必受其咎。今君至于淫以生疾,将不能图恤社稷,祸孰大焉! 主不能御,吾是以云也。"赵孟曰:"何谓蛊?"对曰:"淫溺惑乱之所生也。于文,皿虫为蛊,谷之飞亦为蛊。在《周易》,女惑男,风落山,谓之《蛊》。皆同物也。"赵孟曰:"良医也。"厚其礼归之。①

平公有疾,秦景公使医和视之,出曰:"不可为也。是谓远男而近女,惑以生蛊;非鬼非食,惑以丧志。良臣不生,天命不佑。若君不死,必失诸侯。"赵文子闻之曰:"武从二三子以佐君为诸侯盟主,于今八年矣,内无苛慝,诸侯不二,子胡曰'良臣不生,天命不佑'?"对曰:"自今之谓。和闻之曰:'直不辅曲,明不规暗,拱木不生危,松柏不生埤。'吾子不能谏惑,使至于生疾,又不自退而宠其政,八年之谓多矣,何以能久! 文子曰:"医及国家乎?"对曰:"上医医国,其次疾人,固医官也。"文子曰:"子称蛊,何实生之?"对曰:"蛊之慝,谷之飞实生之。物莫伏于蛊,莫嘉于谷,谷兴蛊伏而章明者也。故食谷者,昼选男德以象谷明,宵静女德以伏蛊慝,今君一之,是不飨谷而食蛊也,是不昭谷明而皿蛊也。夫文,'虫'、'皿'为'蛊',吾是以云。"文子曰:"君其几何?"对曰:"若诸侯服不过三年,不服不过十年,过是,晋之殃也。"是岁也,赵文子卒,诸侯叛晋,十年,平公薨。②

① 阮元刻:《春秋左传正义》昭公元年,《十三经注疏》(下),中华书局1982年版,第2024—2025页。

② 佚名:《国语·晋语八》(下),上海古籍出版社1978年版,第473—474页。

《左传》与《国语》这两段话中三处良臣,都是指的晋国执政赵文子,也附带指晋平公而言,即天命不佑的对象。医和是肯定赵文子为良臣的,但又断言他得不到天命的庇佑,这一断言在第二年就被验证了,晋平公也如预言十年后离世。天命不佑,是有悖天命带来的后果。作为良臣的赵文子究竟怎样会悖逆天命?综合这两段话,医和讲了两个方面的理由。第一,是自然之天的因素。所谓天有阴、阳、风、雨、晦、明的六气,由六气降生五味,发为五色,征为五声,分为四时,序为五节,人必须遵循天的时节,及其依时节而生发的五味、五色、五声,否则,就会淫生六疾、过则为灾。判断淫与过,在是否合乎平和、中的准则。这就将遵循天的时节,上升到守中的方法论,具有普遍的意义。第二,是由天的时节及其守中观念,引申于政治、人生。在政治上就是君臣都要值守各自的本分,作为执政不能荣其宠禄,任其宠节,面对君王政治失误,不闻不问,而应该以直辅曲,以明规暗,可否相济,若人臣不劝谏君主的失误,也将与无德的君主一样得不到天命的庇护;在人生上,顺应天时节气,守中不过度,才可颐享天年,如晋平公只是贪恋女色,不分昼夜沉迷女色,就会产生不可医治的惑蛊之疾,呜呼哀哉。为了说明在政治、人生不守时节,不遵循中的准则所造成的惑蛊之疾的危害,医和还特别通过"蛊"字的训诂,来解说其淫溺惑乱之义。不守时节,就会丧生的天命不佑,具有医学的养生、重生之义,但治病养生的医生只是下医,医和却是医国的上医,所以,医和讲天命不佑的意义更在于治国。从他反对君主贪恋女色的骄奢淫逸,主张人臣的谏劝人君过失来看,他的政治理念,显然包含以道德规范君臣言行的意义。通观医和的论说,他所说的天命,是包含自然,也包括人与社会,具有政治、道德、养生多种因素。这是春秋时期天观念的变化在天命观上最全面地表现,最具时代特色。

从春秋时期言天命的 12 则材料可见,西周以天为上帝的天命观在春秋时期还存在,但只有 5 条材料;人们更多的是从人与自然特别是人的道德方面来言说天命,占了 7 条材料。西周的天命只是上帝之令,春秋时期则变为主要是指包含天与人多层含义的多元观念,所以,这是一种新天命观。自此以后,言天命的内涵都不出春秋时期的基本内容。

第三节 天 道 观

当春秋时期人们给他们赋予自然、人与社会的因素时,以上帝为天的"天命"一词,已经涵盖不了这些解释所增加的内容,为了更好地说明不同于西周天命观的新天命观念,于是出现了"天道"一词,而有天道观的形成。查《尚书》无"天之道"一词,言"天道"五:即《大禹谟》的"满招损,谦受益,时乃天道",《仲虺之诰》的"钦崇天道,永保天命",《汤诰》的"天道福善祸淫",《说命中》的"明王奉若天道,建邦设都",《毕命》的"以荡陵德,实悖天道"。有意思的是这些篇章全都属于《伪古文尚书》,无一例外,故不可为据。《诗经》无"天道"、"天之道"的词语。这说明在春秋之前,是无"天道"一词,更无所谓天道观。这说明任何观念都是时代的产物,只是有了一定的思想发展时,才会有相关观念的出现。没有春秋时期对西周天命内涵的突破,就不会有"天道"一词的出现。研究古代哲学思想文化,一定要注意到观念的时代内涵。郭沫若论先秦天道观,从夏商谈起,太过宽泛,这是忽略了天道与天命的历史内涵的差异。

一、天道取代天命

"天命"与"天道",一字之差,但内容却有很大区别。《说文解字》释"命":"使也。从口令。"段玉裁注:"令者,发号也,君事也。非君而口使之,是亦令也。故曰命者,天之令也。"[1]天命之命,就是上天的命令。天即上帝,以天为上帝同义语的天命一词,只是一个特称概念,含义确定单一,这个概念只在天(上帝)的命令意义上使用。但天道之天则是包含自然、人与社会因素的

---

① 段玉裁:《说文解字注》,上海古籍出版社1981年版,第57页。

多元观念,而"道"也具有可供多方面发挥的多元含义。道的本义是指人行走的道路,《说文解字》:"所行道也。从辵从首。一达谓之道。"段玉裁注:"道者人所行。故亦谓之行。道之引伸为道理。亦为引道。首者,行所达也。"①由道路不仅可以引申出道理,还可以引申出经历、规律、道德等。道有两个读音,一读 dào,一读 dǎo。据国学大师网站,《中华大字典》第 2291 页 dào 读音的列有 46 种义项,dǎo 读音的列有 8 种义项;《汉语大词典》第 10 卷 1063 页 dào 读音的列有 48 种义项,dǎo 读音的列有 7 种义项。《汉语大字典》dào 读音的列有道路、路程、方位、种类、方法、事理、规律、道德、道义等 39 种义项,dǎo 读音的列有疏通、引导、开导、治理等 7 种义项,②这些引申义涉及自然、人生、社会政治、道德、文化的各个方面。当然,春秋时期并没有全部具备这些引申义,但就引申的大的方面而言都已经涉及了。所以,春秋时期的"天道"一词较之天命,是一个包容性很广的观念,一切与道路、行径有关及其可以引申的内容,都可以称之为天道。

出现在春秋时期的"天道"一词,已经取代西周的天命观,成为时代的流行观念。《左传》言天道 6 次,言天之道 9 次,为 15 次;《国语》言天道 10 次,言天之道 2 次,为 12 次。天道与天之道在语义上相同,皆可视为对天道不同的表述,所以,两书言天道总计有 27 次。上面分析天命的 12 条材料,其中 7 条材料就其对天命的解说而言,已经不是上帝为天的天命含义,而是符合多元含义的天道观念,这说明在春秋时期天道观念,还被一些人习惯用天命一词来说明,但天命的含义已经不同于西周的天命,而是春秋时期天道观所说的天道。所以,这 7 条材料也应该算作天道观的材料,这样来说,《左传》、《国语》言天命观的材料仅 5 条,而言天道的材料有 34 条之多,是言天命的近 7 倍。这说明,春秋时期通行的已经是天道观,而非天命观了。

---

① 段玉裁:《说文解字注》,上海古籍出版社 1981 年版,第 75 页。
② 参见汉语大字典编辑委员会:《汉语大字典》(下),四川辞书出版社 1995 年版,第 3865—3866 页。

二、天道与自然

从言天道的 27 条材料看,很难给春秋时期的天道观下一确定的定义。因为,这 27 条材料所说的天道,含有多方面的含义,根本无法用下定义的方式来说明。但可以大致分为天、人两大方面的含义。

就天的方面言,天道观的天道主要是指天象运行的自然。其中有 7 条材料,8 次论及天道都言及天象的运行变化。《左传》襄公九年载:"春,宋灾"。灾与火有区别,火是人为造成的火灾,灾则是自然发生的火灾,杜预注:"天火曰灾"。为了防止天火的进一步扩大,宋国政府采取了一系列措施,宋国之所以面对天火有如此大的动作,因为这与天道有关。晋侯不理解,于是向士弱请教,为什么说宋国发生天火:"于是乎知有天道?"士弱回答:"古之火正,或食于心,或食于咮,以出内火。是故咮为鹑火,心为大火。陶唐氏之火正阏伯居商丘,祀大火,而火纪时焉。相土因之,故商主大火。商人阅其祸败之衅,必始于火,是以日知其有天道也。"① 火正为古代的五行之官之一,据杜预注:"火正之官,居职有功,祀火星之时,以此火正之神配食也。"心为东方七宿之一,于十二次属大火;咮为南方七宿的柳星,十二次属鹑火。这是以天象的大火、鹑火与人事的火正相配。唐尧时,火正阏伯居地商丘,而相土为商人的先祖,宋为商之后,商丘为宋地,所以,"商主大火",实即宋主大火,即宋与天象十二次的大火对应。② 由此分野说推论,宋国的祸败的征兆必始于火。所以,当宋国

① 阮元刻:《春秋左传正义》襄公九年,《十三经注疏》(下),中华书局 1982 年版,第 1941—1942 页。

② 关于天象与春秋各国地理的分野,孔颖达疏引郑玄说及《左传》《国语》《周礼》等的相关记载指出其中多矛盾之说,且斥为"以相传为说,其源不可得而闻":"《周礼》:'保章氏以星土辩九州之地所封,封域皆有分星。'郑玄云:'星土,星所主土也。封,犹界也。大界则曰九州,州中诸国之封域,于星亦有分焉,其书亡矣。今其存可言者,十二次之分也。星纪,吴越也;玄枵,齐也;娵訾,卫也;降娄,晋也;大梁,赵也;实沈,晋也;鹑首,秦也;鹑火,周也;鹑尾,楚也;寿星,郑也;大火,宋也;析木,燕也。'是言地属于天,各有其分之事也。郑唯云'其存可言',不知存者本是谁说。其见于传记者,则此云'商主大火',昭元年传云'参为晋星'。二十八年传云'龙,宋、郑之星',则苍龙之方,有宋、郑之分也。又曰'以害鸟帑,周、楚恶之',则朱鸟之方,有周、楚之分也。

出现天火后,举国上下,一致行动,以防止灾害的扩大。从士弱关于天道部分的论述,他所谓天道是指星象运行的天文现象,他说大火是宋国灾害的预兆,这带有天与人能够相互影响的天人感应含义。天人感应作为系统的学说,是董仲舒创立的,但类似的思想在春秋时期已经散见于不少思想家。

还有一则与此相近的材料:

> 夏五月,火始昏见。丙子,风。梓慎曰:"是谓融风,火之始也。七日,其火作乎!"戊寅,风甚。壬午,大甚。宋、卫、陈、郑皆火。梓慎登大庭氏之库以望之,曰:"宋、卫、陈、郑也。"数日,皆来告火。裨灶曰:"不用吾言,郑又将火。"郑人请用之,子产不可。子大叔曰:"宝,以保民也。若有火,国几亡。可以救亡,子何爱焉?"子产曰:"天道远,人道迩,非所及也,何以知之? 灶焉知天道? 是亦多言矣,岂不或信?"遂不与,亦不复火。①

在五月心星开始在黄昏时出现后的丙子日,刮起风,梓慎说这是融风,还预言七天后必然出现大火,果然七天后在宋、卫、陈、郑都发生了火灾,裨灶向执政子产提出要用宝物来防止火灾的进一步蔓延,但子产认为裨灶的预言带有多言或中的概率性,并提出著名的"天道远,人道迩"的著名命题,拒绝裨灶的建

昭七年四月,日食,传称'鲁、卫恶之,去卫地如鲁地',则春分之日,在鲁、卫之分也。又十年传曰:'今兹岁在颛顼之虚,姜氏、任氏实守其地。'则于时岁星在齐、薛之分也。又三十二年传曰:'越得岁而吴伐之,凶。'则于时岁星在吴、越之分也。《晋语》云:'实沈之虚,晋人是居。'《周语》云:'岁在鹑火,我有周之分野。'是有分野之言也。天有十二次,地有九州。以此九州,当彼十二次,《周礼》虽云'皆有分星',不知其分,谁分之也。何必所分能当天地。星纪在于东北,吴、越实在东南。鲁、卫东方诸侯,遥属戌亥之次。又三家分晋,方始有赵,而韩、魏无分,赵独有之。《汉书·地理志》:'分郡国以配诸次。'其地分或多或少,鹑首极多,鹑火甚狭。徒以相传为说,其源不可得而闻之。于其分野,或有妖祥,而为占者,多得其效。盖古之圣哲,有以度知,非后人所能测也。"[阮元刻:《春秋左传正义》襄公九年,《十三经注疏》(下),中华书局1982年版,第1941—1942页。]譬如这里以火正配食大火、鹑火,就与五行的火正与五行的关系不完全相合,大火、鹑火分属东方、南方,五行为木与火,火正应只与南方的火及其星象相关,但这里却说"或食于心,或食于咮"。从孔颖达的疏也可以看出来,春秋时期人们对分野说,已经存在异说,在今天对其分野说,我们更难以厘清其说。

　① 阮元刻:《春秋左传正义》昭公十八年,《十三经注疏》(下),中华书局1982年版,第2085页。

议。梓慎、裨灶所说的天道，与上段材料士弱所说的天道，都有天象运行的含义，并将人世间的火灾及其发生时间，与天象联系起来。但子产认为天道与人道有区别，天道是远离人与社会，人难以知晓，这是与梓慎、裨灶不同的天人相分的天道观。

从星象的运行来言天道，还见于范蠡两处劝谏越王的记载。越王勾践继位三年，就想讨伐吴国，范蠡从天地人的角度劝谏说："持盈者与天，定倾者与人，节事者与地。王不问，蠡不敢言。天道盈而不溢，盛而不骄，劳而不矜其功。夫圣人随时以行，是谓守时。天时不作，弗为人客；人事不起，弗为之始。"①数年后，范蠡再次劝谏越王说："臣闻古之善用兵者，赢缩以为常，四时以为纪，无过天极，究数而止。天道皇皇，日月以为常，明者以为法，微者则是行。阳至而阴，阴至而阳；日困而还，月盈而匡。古之善用兵者，因天地之常，与之俱行。……凡陈之道，设右以为牝，益左以为牡，蚤晏无失，必顺天道，周旋无究。"②这两次劝谏讲到天道3次，第一次讲天道具有"盈而不溢，盛而不骄，劳而不矜其功"的特点，这就不仅是讲的天象的运行，而且是涉及天文的规律，接着讲到天时，所谓天时是人事必须遵循的这里时令，如农业生产必依春生夏长秋收冬藏的时令等，这其中也包含有规律性的问题，没有对天象规律性认识，就不会有时令的概念，而能够做到随时以行只有圣人，这是以天时即天道的重要内容。第二次讲天道皇皇，具体内容则是日月之行的变化，与阴阳到达极致的相互转化；第三次讲伐吴要成功，必顺天道。很显然。范蠡的天道是指日月的天象的运行，自然的阴阳变化而形成的天时，及其依据天象变化制定的天文历法，而最核心的内容是天象运行的天文规律性。孟子讲天时地利人和的天时，显然与春秋时期范蠡这一必顺天时的观念是一脉相承的。

《左传》襄公十八年，也有天道观的类似记载：

> 过五鹿，乞食于野人。野人举块以与之，公子怒，将鞭之。子犯

---

① 佚名：《国语·越语下》（下），上海古籍出版社1978年版，第641页。
② 佚名：《国语·越语下》（下），上海古籍出版社1978年版，第653页。

曰:"天赐也。民以土服,又何求焉! 天事必象,十有二年,必获此土。二三子志之。岁在寿星及鹑尾,其有此土乎! 天以命矣,复于寿星,必获诸侯。天之道也,由是始之。"①

这里以野人举土块与晋文公,是天命的预兆,而推算晋文公获取五鹿的根据,是依据岁星十二次的运行,韦昭注:"岁在寿星,谓德块之岁。鲁僖十六年后十二年,岁在鹑尾,必有此五鹿第。鲁僖公二十七年,岁在鹑尾。二十八年,岁复在寿星,晋文公伐卫,正月六日戊申取五鹿。"②这表明,这里的天道不仅包括天象的运行,还有由天象运行所决定的天文历法,这与范蠡所说的天道是一致的,但这里将其视为天命的体现,还带有西周天命观的遗迹。这就将自然之天与天命混在一起了。这与范蠡顺应天时的天,是日月运行、阴阳转化的自然现象,并没有天命的含义,是存在差异的。但他们都是以天象运行为天道的最重要内容,却是完全一致的。

从天的自然角度论及天道,是春秋时期的天道观最重要的内容,而这方面的内容主要是自然之天的日月星象的运行,运行就有运行之道,而太阳、月亮的每日升落,就是给人最常见的印象,天道观的天道最重要的规定,就是以日月为主的天象运行之道及其由此而形成的天文历法,以及相关的规律。这与古代的农耕经济,必须依赖天时有直接关系,而天时的确立是根据太阳的运行来确立的,中国的阴阳合历也参考月亮的运行来制定历法,最早的历法相传出于颛顼时代,虽然不可相信,但至少说明对天象观测的重视在中国有久远的历史。春秋时期的天道观在很大程度上就是古人通过观测天象,而对天象认识进行总结的精神成果,这也是被称为天道观的依据所在。而天象观测与历法的制定,在古代依靠的是史官,晏子有"祝史之为"的说法,单子有"吾非瞽、史,焉知天道"③之说,其中祝、瞽主要是在出现日食、月食、大旱等天象时,来

---

① 佚名:《国语·晋语四》(下),上海古籍出版社 1978 年版,第 338 页。
② 佚名:《国语·晋语四》(下),上海古籍出版社 1978 年版,第 338 页。
③ 佚名:《国语·周语下》(上),上海古籍出版社 1978 年版,第 90 页。

进行消除灾害的祭祀迷信活动,而天文历法的知识则为史官所掌握,西汉太初历的制定,太史公司马迁是发起者与参与人,就是古代史官与天文历法联系的证明。这也说明春秋时期天道观所说的天道,主要是天象运行与天文历法相关的内容,而主要为史官所职掌。正是自古就有专司天文历法的文化官,天文学才成为我国古代最早发展起来的一门自然科学,从而有《礼记》的《月令》、《吕氏春秋》的十二纪等著作,而《律历志》自《史记》始,就成为史书所不可或缺的最重要内容。

在西周的天命观遭到怀疑否定的春秋时期,中国人的精神发育还没有到达可以不需要最高主宰信仰的高度,天象运行确定不移的规律性,自然现象对人具有的不可抗拒性,加之天象带有的神秘莫测,地震大风大雨的给人的震撼等,使以天象为主要内容的天道具有天命更有说服力的权威性,恰可填补对天命怀疑的缺口,于是天道观兴起。而为了证明天道具有与天命同等的权威性,某些思想家往往将天命观的天命与天道混为一说,如梓慎、裨灶等人言天道,与人事吉凶祸福联系为说,以至于子犯还直接将天象的天道称为天命,都是其表现。

三、天道与人事

天道观与天命观有一个重大区别,就是天命观所说的天命只是上帝决定人事,人事只能无条件地接受天命的授受关系,而人事绝不能成为天命的要素,更不能直接说成就是天命。春秋时期的天道观则直接以人事说天道,甚至以人的政治特别是道德联系天道为说,是春秋时期天道观最常见的内容。

以道德联系天道为说的思想,至迟在公元前六世纪就出现了。单子在聘宋归来后,对周天子汇报所闻所见,预言淫乱的陈灵公必遭杀身之祸时说:

> 《先王之令》有之曰:"天道赏善而罚淫,故凡我造国,无从非彝,
> 无即慆淫,各守尔典,以承天休。"今陈侯不念胤续之常,弃其伉俪妃
> 嫔,而帅其卿佐以淫于夏氏,不亦嫭姓矣乎?陈,我大姬之后也。弃

衮冕而南冠以出,不亦简彝乎? 是又犯先王之令也。①

虽然无从考知《先王之令》出现的具体时间,但从引用有"天道"一词可以推知,此书应该是春秋时期才出现的著作,陈灵公被杀在公元前 599 年,单子引用此书一定早于公元前 599 年,也就是说以赏善罚恶为天道的观念,至少在公元前六世纪就已经流行,才有单子的引用其说的出现。赏善罚恶是一种道德报应论,这一观念在西周就已经存在,如周公等人以德为历史与现实中政治成败的根源,但将其与天道联系起来,将其作为天道的内容,甚至说成就是天道,这是春秋才有新观念。前引鄢之役,范文子说"国之存亡,天命也",又引"天道无亲,唯德是授"②为说,从他以德为国之基来看,所谓国之存亡的天命,实是以德为天命的根据,他又以唯德是授解释天道,所言天命、天道显然为同义语,这是借天命的无上权威来论证天道的不可违。从他说"天道无亲"是闻之,说明这一说法不是范文子的发明,可与单子引《先王之命》所引"天道赏善而罚淫"相互发明,都证明春秋时期的天道观凸显对道德作用肯定,是被人们普遍认可的观念。

这一以道德即天道,并据是否遵循道德来预断吉凶祸福,成为观许多思想家论断人事的标准,只是具体表述各有差异。如晏子直接以忠信笃敬为天道:

秋,栾盈自楚适齐。晏平仲言于齐侯曰:"商任之会,受命于晋。今纳栾氏,将安用之? 小所以事大,信也。失信不立,君其图之。"弗听。退告陈文子曰:"君人执信,臣人执共,忠信笃敬,上下同之,天之道也。君自弃也,弗能久矣!"③

这是从君信臣恭、忠信笃敬的道德准则,说天之道。正是以道德为天道,而道德决定人事的祸福,所以,晏子以不守道德,有违天道,来预测齐庄公的吉凶祸

---

①　佚名:《国语·周语中》(上),上海古籍出版社 1978 年版,第 74 页。
②　佚名:《国语·晋语六》(下),上海古籍出版社 1978 年版,第 421—422 页。
③　阮元刻:《春秋左传正义》襄公二十二年,《十三经注疏》(下),中华书局 1982 年版,第 1974 页。

福。季文子也有类似说法，齐侯讨伐循礼的曹国，就被季文子以"礼以顺天，天之道也"①，从礼与天道，来言齐侯不能长世。晋国的大夫史苏，在晋献公宠爱骊姬之初，就断晋国必将内乱：

> 二三大夫其戒之乎，乱本生矣！日，君以骊姬为夫人，民之疾心固皆至矣。昔者之伐也，兴百姓以为百姓也，是以民能欣之，故莫不尽忠极劳以致死也。今君起百姓以自封也，民外不得其利，而内恶其贪，则上下既有判矣，然而又生男，其天道也？天强其毒，民疾其态，其乱生哉！吾闻君之好好而恶恶，乐乐而安安，是以能有常。伐木不自其本，必复生，塞水不自其源，必复流，灭祸不自其基，必复乱。今君灭其父而畜其子，祸之基也。畜其子，又从其欲，子思报父之耻而信其欲，虽好色，必恶心，不可谓好。好其色，必授之情。彼得其情以厚其欲，从其恶心，必败国且深乱。乱必自女戎，三代皆然。骊姬果作难，杀太子而逐二公子。君子曰："知难本矣。"②

从晋献公骄奢淫逸的失德，带给晋国的灾难，来论说天道，依然是天道赏善罚恶的具体化。这些说法都是用道德来说明天道，道德已经成为天道观必不可少的内容。

春秋末期，鲁国发生了一件震惊天下的大事，就是鲁昭公被季孙氏赶出鲁国，流亡在外。围绕着这一事件，各国都为着自己的利益而有不同的态度与行动，并对这一事件的合理性、合法性展开了辩论，而在这一辩论中的焦点，是以政治联系天道为说。如范献子与宋国执政司城子梁、卫国执政北宫贞子的对话，就凸显了这一点：

> 秋，会于扈，令成周，且谋纳公也。宋、卫皆利纳公，固请之。范献子取货于季孙，谓司城子梁与北宫贞子曰："季孙未知其罪，而君

---

① 阮元刻：《春秋左传正义》文公十五年，《十三经注疏》（下），中华书局 1982 年版，第1856 页。

② 佚名：《国语·晋语一》（上），上海古籍出版社 1978 年版，第 262 页。

伐之,请囚请亡。于是乎不获,君又弗克,而自出也。夫岂无备而能出君乎? 季氏之复,天救之也,休公徒之怒,而启叔孙氏之心。不然,岂其伐人而说甲执冰以游? 叔孙氏惧祸之滥,而自同于季氏,天之道也。鲁君守齐,三年而无成,季氏甚得其民,淮夷与之,有十年之备,有齐楚之援,有天之赞,有民之助,有坚守之心,有列国之权,而弗敢宣也。事君如在国,故鞅以为难。二子皆图国者也,而欲纳鲁君,鞅之愿也。请从二子以围鲁,无成,死之。"二子惧,皆辞,乃辞小国,而以难复。①

范献子站在季孙氏的一面,说季孙氏与鲁昭公发生冲突,季孙氏取得胜利是"有天之赞"、"天救之"的"天之道"。讲"天赞"、"天救",显然是以天具有救、赞的功用,这是西周天命之天的含义,但范献子又将"天赞"、"天救"纳入"天道",这就消解了天命之天的含义。范献子所讲的天道,强调季孙氏得民,有民之助,实际上是以政治得失来判定得民的依据,将政治的因素纳入天道。

道德与政治的因素,是春秋时期言天道的最重要内涵,这被后来儒学所继承,儒学所言天道无不内涵道德政治的因素,孔子以须臾不可离的道就是仁,就是对春秋时期天道观的发扬,没有春秋时期天道观的出现,就没有儒学的道学说。而道家言道则注重自然无为,这是儒道在道观念上的根本区别。

四、天道与规律

无论是从自然还是从人来论说天道,都由一个共同的特点,就是从理论上将天道上升为带有规律性的存在。正是有了这方面的论证,天道才能够取代天命,成为后来言中国文化绕不开的基本话题。

---

① 阮元刻:《春秋左传正义》昭公二十七年,《十三经注疏》(下),中华书局 1982 年版,第2117 页。

齐国出现彗星,齐侯要祝史用法术消除,晏子说:"无益也,只取诬焉。天道不谄,不贰其命,若之何禳之? 且天之有彗也,以除秽也。君无秽德,又何禳焉? 若德之秽,禳之何损?《诗》曰:'惟此文王,小心翼翼,昭事上帝,聿怀多福。厥德不回,以受方国。'君无违德,方国将至,何患于彗?《诗》曰:'我无所监,夏后及商。用乱之故,民卒流亡。'若德回乱,民将流亡,祝史之为,无能补也。"[①]彗星是不常见的自然现象,但是是有规律的,这个规律是不可怀疑的,所以说是"不谄、不贰其命"。晏子认为彗星出现属于天道,天道为自然现象,自然现象与人事吉凶无关,所以,人君应该关心的是自己的德行,而不是彗星出现的自然变异。从晏子关于天道的论说中,他所说的天道不仅是指天象运行的自然现象,而且也含有天象的运行是有规律的思想。

赵简子与史墨在讨论鲁昭公流亡国外去世一事,也是从规律性的高度来论说天道,而且更含哲理化:

> 赵简子问于史墨曰:"季氏出其君,而民服焉,诸侯与之,君死于外,而莫之或罪也。"对曰:"物生有两,有三,有五,有陪贰。故天有三辰,地有五行,体有左右,各有妃耦。王有公,诸侯有卿,皆有贰也。天生季氏,以贰鲁侯,为日久矣。民之服焉,不亦宜乎? 鲁君世从其失,季氏世修其勤,民忘君矣。虽死于外,其谁矜之? 社稷无常奉,君臣无常位,自古以然。故《诗》曰:'高岸为谷,深谷为陵。'三后之姓,于今为庶,王所知也,在《易》卦,雷乘乾曰《大壮》,天之道也。昔成季友,桓之季也,文姜之爱子也,始震而卜。卜人谒之,曰:'生有嘉闻,其名曰友,为公室辅。'及生,如卜人之言,有文在其手曰'友',遂以名之。既而有大功于鲁,受费以为上卿。至于文子、武子,世增其业,不废旧绩。鲁文公薨,而东门遂杀适立庶,鲁君于是乎失国,政在季氏,于此君也,四公矣。民不知君,何以得国? 是以为君,慎器与

---

① 阮元刻:《春秋左传正义》昭公二十六年,《十三经注疏》(下),中华书局 1982 年版,第 2115 页。

名,不可以假人。"①

季氏为臣,昭公为君,按照礼制,应该是政在昭公,但昭公却被季孙氏赶出鲁国。所以,这完全是不合礼的现象,应该遭到谴责。但史墨却引《诗经》高岸为谷,深谷为陵这一自然现象,来说明社稷无常奉,君臣无常位是"自古以然",以证明春秋时期社会阶层变动的合理性;借《易经》的《大壮》☳,来说明这一变化是合乎事物发展的规律性,以此证明鲁国政在季氏的必然性、正当性。史墨将其称之为天道,并将造成这一变化的原因,归结为季孙氏"世修其勤",鲁君"世从其失",即政治道德的缺失与否。这就带有类似因果关系的论证,即政治道德的缺失与否,是社会变动的因,社会阶层的被动这是政治道德缺失与否的果。因果关系,是带有必然性、规律性的联系,史墨这一论证联系自然、社会为说,这是将自然现象与社会变化都视为带有规律性。

利用天文,来论证人事的规律性,是春秋时期以天道具有规律性最常见的说法。如:

> 陈灾。郑裨灶曰:"五年,陈将复封。封五十二年而遂亡。"子产问其故,对曰:"陈,水属也,火,水妃也,而楚所相也。今火出而火陈,逐楚而建陈也。妃以五成,故曰五年。岁五及鹑火,而后陈卒亡,楚克有之,天之道也,故曰五十二年。"②

据杜预注,陈为颛顼之后,颛顼以水德王天下,故为水属也。火畏水,故为之妃。③ 这是就五行相克的关系说,凡被克者即为妃,火被水克,故说火为水妃。

---

① 阮元刻:《春秋左传正义》昭公三十二年,《十三经注疏》(下),中华书局 1982 年版,第 2128 页。

② 阮元刻:《春秋左传正义》昭公九年,《十三经注疏》(下),中华书局 1982 年版,第 2057 页。

③ 孔颖达疏:"阴阳之书,有五行妃合之说:甲乙,木也。丙丁,火也。戊己,土也。庚辛,金也。壬癸,水也。木克土,土克水,水克火,火克金,金克木。木畏金,以乙为庚妃也。金畏火,以辛为丙妃也。火畏水,以丁为壬妃也。水畏土,以癸为戊妃也。土畏木,以己为甲妃也。杜用此说,故云'火畏水,故为之妃'也。"[《春秋左传正义》昭公九年,《十三经注疏》(下),中华书局 1982 年版,第 2057 页。]

为什么预测在复封后五十二年陈亡,杜预解释:"是岁岁在星纪,五岁及大梁,而陈复封。自大梁四岁而及鹑火,后四周四十八岁,凡五及鹑火,五十二年。天数以五为纪,故五及鹑火,火盛水衰。"这里以岁星运行十二次的周而复始,因天数为五,故要计算到五次鹑火,而得出五十二年的结果。在自然科学中,数字具有工具性的意义,可以用以解释万物,一切事物都可以用数字来说明,春秋时期讲天道时,常常以数字来说明祸福得失发生的时间,这就使带有偶然性的人生遭遇,成为具有普遍意义的必然性的东西,天道的权威性也因此而更具迷惑性。

苌弘推测蔡、楚之凶,也是采用的这一套理论:

> 景王问于苌弘曰:"今兹诸侯,何实吉? 何实凶?"对曰:"蔡凶。此蔡侯般弑其君之岁也,岁在豕韦,弗过此矣。楚将有之,然壅也。岁及大梁,蔡复,楚凶,天之道也。"[①]

杜预注:"襄三十年,蔡世子般弑其君,岁在豕韦。至今十三岁,岁复在豕韦。"岁星的周而复始为十二年,从这一次的岁在豕韦,再到下一次的岁在豕韦,正好十三年。岁星的周而复始,是古代天文学用来说明天象运行的周期。这里面包含了十二支,与岁星在十二次的依序运行,杜预注:"楚灵王弑立之岁,岁在大梁,到昭十三年,岁复在大梁。美恶周必复,故知楚凶。"《左传》、《国语》中由天文,推论人事的说法,常常包含有天象的运行、天文历法的知识、数学的计算等相互关系的推论,这些推论不再是以自然或人事为天道的简单推论,而是带有理论的论证。而天象的运行等自然现象都具有规律性,天文历法等则是其规律性的表现,当以这些作为推论的前提来推论的天道时,也就给天道赋予了规律性的规定。

这一规律性的规定,在春秋时期的某些思想家看来就是天道。伍子胥劝谏吴王,不应该去征伐距离远齐国,而应该消灭与吴国接壤的越国,吴王不听

---

① 阮元刻:《春秋左传正义》昭公十一年,《十三经注疏》(下),中华书局 1982 年版,第 2059 页。

劝谏,反而杀害伍子胥。伍子胥临死时,预言吴国一定衰落甚至灭亡,而他依据的就是"盈必毁,天之道也"①。楚武王伐隋,夫人邓曼预言楚武王不死就一定兵败,其依据也是"盈而荡,天之道也"②。伍子胥与邓曼的说法,虽然文字稍异,但含义相同,都是指事物发展到极端,就会走向反面,如阳极转阴,阴极变阳,寒极将暖,暖极寒来。"盈必毁"与"盈而荡",无疑是古代人们从大量物极必反的自然现象所总结出来,带有极大的概括性,是从规律性视角将天道上升到了哲学的高度,带有方法论的意义。

第四节　天人之分

春秋时期的天观念、天命观,已经不只是上帝的神灵或神灵的意志,而是与天象运行等自然现象共有的存在,特别是天道观更是以发明自然现象及其规律为重点内容的理论。正是这一变化,春秋时期的人们开始得以真正摆脱天命观的束缚,在中国文化史上第一次提出了天人之分的思想。所谓天人之分,并不是说天人没有联系,而是认为天人是两个不同的各自世界,这两个世界有着不同的运行规律,不能相互替代。有了天人之分,天人关系才成为中国文化的基本问题。从此,天人观成为中国文化一直探索的热点,经久不息,而通天人之际则成为中国史学家、思想家、哲学家们共同的最高追求。

天人之分的理论在春秋时期表现为两个方面:一方面,是用自然因素来解释世界万物变化的理论,气论与五行说就是最主要的理论成果;另一方面,是人的作用与意义第一次得到充分肯定,而有吉凶由人等观念。

---

① 阮元刻:《春秋左传正义》哀公十一年,《十三经注疏》(下),中华书局1982年版,第2167页。

② 阮元刻:《春秋左传正义》庄公四年,《十三经注疏》(下),中华书局1982年版,第1764页。

一、气论

气论是由气概念及其对事物发展意义所形成的学说。"气"概念不仅在春秋时期出现了,而且开始成为重要的哲学概念。

在《尚书》、《诗经》中皆无"气"字,《易经》的六十四卦的卦爻辞皆无气字,十翼有气字6次,但十翼即使为孔子所作,也在春秋末期,这说明春秋末期以前的可靠文献都没有气观念。《左传》言气19次①,《国语》22次②,可以说,气概念出现在春秋时期。这些言气的内容,可归纳为二大类:一是自然之气,如天有六气的阴、阳、风、雨、晦、明之气,天地之气,四时之气,土气等。二是与人相关的气,可分为两小类:第一小类是与人的身体相关的气,如血气、气佚之气、味气、守气、生气之气;第二小类是与人的社会生活相关的气,如战争的勇气、气馅之气,与音乐相关的声气等。

气的本义为云气。《说文解字》:"气,云气也。象形。凡气之属皆从气。"段玉裁注:"气氣古今字。自以气为云气字。乃又作餼,为廪氣字矣。氣本云气。引伸为凡气之称。象云起之皃。三之者、列多不过三之意也。是类乎从

---

① 分别见于《左传》的庄公十年2次,曹刿论战的"夫战,勇气也。一鼓作气,再而衰,三而竭";庄公十四年1次,申繻说的"人之所忌,其气焰以取之";僖公十五年1次,庆郑说:"乱气狡愤,阴血周作";僖公二十二年1次,子鱼说:"三军以利用也,金鼓以声气也";襄公二十一年1次,楚医说蓬子冯的身体,"血气未动";襄公三十一年1次,北宫文子说君子,"声气可乐";昭公元年3次,叔向说"君子有四时……于是乎节宣其气",医和讲"天有六气","六气曰阴、阳、风、雨、晦、明也";昭公九年2次,膳宰屠蒯说:"味以行气,气以实志,志以定言,言以出令";昭公十一年1次,叔向预言单子将亡,"不道不共,不昭不从,无守气矣";昭公二十年1次,晏子说:"一气,二体,三类,四物,五声,六律,七音,八风,九歌,以相成也";昭公二十五年3次,子大叔说"则天之明,因地之性,生其六气,用其五行,气为五味","民有好恶喜怒哀乐,生于六气,是故审则宜类";定公八年1次,阳虎说,"尽客气也"。

② 分别见于《周语上》3次,"土气震发"、"阳气俱蒸"、"天地之气";《周语中》2次,"血气不治"、"五味实气";《周语下》10次,"川气之导也"、"以导其气"、"气不沈滞"、"水无沈气,火无灾燀,"、"声味生气,气在口为言"、"不精则气佚,气佚则不和"、"气无滞阴,亦无散阳"、"宜养六气"、"宜中气";《鲁语上》2次,"血气强固"、"助宣气也";《晋语四》1次,"其众莫不生气";《楚语下》3次,"莫尽其气"、"民气纵则底"、"土气含收"。

三者也。"①气为象形字,所象之形为云气。气不仅指云气,也泛指一切与气相关的物象,但这只是作为自然存在的气,属于常识的气概念,还不是哲学的气概念。张岱年先生说:

> 我们应区别常识的气概念与哲学的气概念。哲学的气概念是从常识的气概念引申提炼而成的,含义有深浅的不同。常识的气概念指空气、气息(呼吸之气)、烟气、蒸气等等,即一切非液体、非固体的存在。哲学的气概念含义则更为深广,液体、固体也属于气的范畴。中国哲学强调气的运动性,用现代的名词来说,可以说气具有"质"、"能"统一的内容,既是物质存在,又具有功能的意义,"质"和"能"是相即不离的。但是,如果把"气"理解为"能",也就陷于偏失了。②

哲学的气概念是自然性与能的统一,所谓能指能动的功能。根据这一分判,春秋时期的气概念,如六气、天地之气、四时之气、土气等自然之气,原本属于常识之气,是作为自然之天的组成部分而存在,而人的血气、饮食的味气等,是人的生理表现,都是常识之气的表现。

但是,春秋时期的人们言气,并没有局限于物理学意义上的常识之气,而是常常将气与事物的变化发展联系起来,视为事物运动变化的根源或动能。这些关于气的论述,就突破了物理性的局限,而上升到了哲学的论证,这些地方的气概念就不再是物理学的气概念,而是已经具有哲学性质的气概念。这是中国哲学上第一波气论,其后的精气说、元气说等都是在春秋时期气论的基础上发展而来。

其中最著名的莫过于伯阳父用阴阳之气解释地震③论说:

---

①　段玉裁:《说文解字注》,上海古籍出版社 1981 年版,第 20 页。

②　张岱年:《中国古典哲学概念范畴要论》,中国社会科学出版社 1989 年版,第 38 页。

③　伯阳父说这段话的时间,是西周末年(公元前 794 年),春秋开始的时间是公元前 770 年,二者在时间上十分接近。单纯地从时间说,伯阳父的阴阳说属于西周末期。但是思想史与历史的时间并非完全同步,思想观念常常走在历史前面,引领时代的发展方向;或落后于时代的发展,成为阻碍历史前进的包袱。从这个意义上,伯阳父的观念作为西周末期以前未有的新观念,从哲学史或思想史的划分来说,归属于春秋时期的思想观念,更为合理。

幽王二年,西周三川皆震。伯阳父曰:"周将亡矣!夫天地之
气,不失其序;若过其序,民乱之也。阳伏而不能出,阴迫而不能烝,
于是有地震。今三川实震,是阳失其所而镇阴也。阳失而在阴,川源
必塞;源塞,国必亡。夫水土演而民用也。水土无所演,民乏财用,不
亡何待?昔伊、洛竭而夏亡,河竭而商亡。今周德若二代之季矣,其
川源又塞,塞必竭。夫国必依山川,山崩川竭,亡之征也。川竭,山必
崩。若国亡不过十年,数之纪也。夫天之所弃,不过其纪。"是岁也,
三川竭,岐山崩。十一年,幽王乃灭,周乃东迁。①

从先言天地之气,再言阴阳失序带来的灾祸,很显然这里的阴阳就是天地之气
的别称。阳气性主散发,但却伏而不能出,阴气性主烝散,但却迫而不能烝,这
是阴阳失调,不仅会遭致地震等自然灾害的发生,还会导致国家的灭亡;阴阳
要各得其所,发挥各自的功能,才会有自然界的正常秩序,社会的安定。现代
科学已经证明,地震是由地球上板块与板块之间相互挤压碰撞,所形成的板块
内部、板块边沿的错动和破裂而造成的。伯阳父将地震原因归结为"阳失其
所而镇阴",并不符合现代科学,但伯阳父这一解释,在当时天命观笼罩的氛
围下,却有重大的历史意义。它不仅是对天命观的突破,也具有从自然来解释
自然现象的意义,这在中国文化史上带有开创气论的时代价值。自此以后,气
论作为中国哲学与文化的理论才得以逐渐发展起来。

乐官伶州鸠关于音乐与气的论述,也涉及阴阳:

夫政象乐,乐从和,和从平。声以和乐,律以平声。金石以动之,
丝竹以行之,诗以道之,歌以咏之,匏以宣之,瓦以赞之,革木以节之,
物得其常曰乐极,极之所集曰声,声应相保曰和,细大不逾曰平。如
是,而铸之金,磨之石,系之丝木,越之匏竹,节之鼓而行之,以遂八
风。于是乎气无滞阴,亦无散阳,阴阳序次,风雨时至,嘉生繁祉,人

---

① 佚名:《国语·周语上》(上),上海古籍出版社 1978 年版,第 22 页。

民龢利,物备而乐成,上下不罢,故曰乐正。今细过其主妨于正,用物过度妨于财,正害财匮妨于乐,细抑大陵,不容于耳,非和也。听声越远,非平也。妨正匮财,声不和平,非宗官之所司也。①

音乐的声音一定要平和,才能实现"气无滞阴,亦无散阳",达到阴阳各得其位,政通乐和的境地。"滞阴"、"散阳"是指气失去平衡的状态,伶州鸠将其归结为是音乐失去平和所致,这一说法缺乏科学根据,是他从乐官的立场对音乐重视的表现。音乐属于人的社会东西,而阴阳二气属于自然现象,说音乐不平和就会带来阴阳的不平衡,这带有天人感应的意味。系统的天人感应学说是西汉董仲舒创立的,但作为思想渊源却远在春秋时期。但伶州鸠同时肯定阴阳二气的平衡,能够保证自然界风调雨顺,人民获得福利,这就承认了阴阳二气的平衡,对自然与社会发展的功用。

在春秋之前还没有以阴阳为气的观念。据《字源》的记载,最早的阳字见于甲骨文,阴字最早见于金文。甲骨文是商代的文字,金文这是周代才出现的,据此似先有阳字,后才有阴字。《说文解字》:"阳,高朙也。"段注:"高朙也,闇之反也。不言山南曰易者,阴之解可错见也。"②《说文解字》:"阴,闇也。水之南、山之北也。"段注:"闇也,闇者、闭门也。闭门则为幽暗。故以为高明之反。水之南、山之北也。"③可见,阴阳二字的本义与太阳有关,本指太阳光照射的正背两面,太阳照射到的方位为阳,阴指背着太阳光的方位。山南水北为太阳所照耀,故古人以为阳,而以山北水南为阴。"阴阳"一词,最早见于《尚书·周书·周官》:"立太师、太傅、太保,兹惟三公。论道经邦,燮理阴阳。"但《周官》为伪古文尚书,不足为信。《诗经》也有"阴阳"一词,见于《公刘》:"相其阴阳。"孔颖达疏解:"视其阴阳寒暖所宜",以阴阳与寒暑联系为说,基本上是阴阳本义的运用。据此诗为召康公戒成王之诗,则阴阳一词在西

---

① 佚名:《国语·周语下》(上),上海古籍出版社1978年版,第128页。
② 段玉裁:《说文解字注》,上海古籍出版社1981年版,第731页。
③ 段玉裁:《说文解字注》,上海古籍出版社1981年版,第731页。

周已经出现,但仅此一例。但此阴阳,诚如梁启超所言:"商周以前,所谓阴阳者,不过自然界中一种粗浅微末之形象,绝不含有何等深邃之意义。"①

"阴阳"一词被多人使用,是在春秋时期,除了上面所论外,还有三处言及阴阳:一为内史兴论六鹢退飞,"是阴阳之事,非吉凶所生也,吉凶由人"②,这是以阴阳为与人相分的天道,是一种天人相分的观念。二为虢文公谏宣王不籍千亩说,立春日"阴阳分布,震雷出滞"③,以震雷地联系说阴阳,不出阴阳的本义。三为范蠡说的"因阴阳之恒,顺天地之常"④。四为范蠡说的"阳至而阴,阴至而阳"⑤。这些阴阳的含义,虽然不一定都是从气的角度讲阴阳,但都与天象有关,至少是与天气有联系的概念。从春秋时期全部言阴阳的记载看,只有虢文公之说与范蠡的"阳至而阴,阴至而阳"是从自然现象讲阴阳,讲的是天文气象学的阴阳,即使单言自然现象,但也包含有阴阳转化的哲学观念;其余数条更是没有局限于天文学,而是一种理论的论说,或以阴阳二气为地震的原因,或以阴阳平衡为风调雨顺、人民幸福的保障,或以阴阳为不同于人道的天道,或以阴阳有人所必须遵循的恒常之道,带有天道为人道之本的含义等,这些说法都超越了仅仅从自然现象论阴阳。完全可以说,"阴阳"一词的通行是在春秋时期,阴阳的含义主要是气,或与自然天象相关的概念,但关于阴阳的论说已经不只是单纯自然描述,而是带有哲学性质的理论说明。

除用阴阳二气说明世界外,春秋时期还有用气解释自然现象的论述。周灵王二十二年(前550年),穀、洛两条河流洪水泛滥,造成极大灾害,周天子要采用鲧的方法,用土石雍堵洪水,太子晋反对说:

> 不可。晋闻古之长民者,不坠山,不崇薮,不防川,不窦泽。夫

---

① 梁启超:《阴阳五行学说之来历》,《古史辨》第五册,中华书局1982年版,第347页。
② 阮元刻:《春秋左传正义》僖公十六年,《十三经注疏》(下),中华书局1982年版,第1808页。
③ 佚名:《国语·周语上》(上),上海古籍出版社1978年版,第20页。
④ 佚名:《国语·越语下》(下),上海古籍出版社1978年版,第646页。
⑤ 佚名:《国语·越语下》(下),上海古籍出版社1978年版,第653页。

山,土之聚也;薮,物之归也;川,气之导也;泽,水之钟也。夫天地成
而聚于高,归物于下,疏为川谷,以导其气;陂塘汙庳,以钟其美。是
故聚不阤崩,而物有所归;气不沉滞,而亦不越散。是故民生有财用,
而死有所葬。然则无夭、昏、札、瘥之忧,而无饥、寒、乏、匮之患,故上
下能相固,以待不虞,古之圣王唯此之慎。①

自夏代以来,对洪水的治理,一直就有鲧的雍堵法与大禹的疏通法两种不同的
方法,这两种方法的背后,是以对水性的不同认识为根据的。太子晋以川流的
顺畅取决于气,认为只有气的流行畅通,不沉滞、不越散,才会有自然界山川陂塘
的平衡,而带来丰富的物产,保证人民安居乐业。而雍堵的方法,违背了气不沉
滞、不越散的原则。太子晋还以夏禹疏通河道治水成功的事例,说明只有疏导
的原则,才能够使"天无伏阴,地无散阳,水无沉气,火无灾燀,神无间行,民无淫
心,时无逆数,物无害生"②。这是用气说明洪水形成的原因,及其治理洪水所
应该采取的正确办法,这与伯阳父用阴阳二气说明地震的原因,都是用气来说
明造成某一自然现象,还没有将气作为万事万物的根源与原因,这是其不足,
也是气论开创时必然出现的缺陷,但却为后来的气论发展提供了思想养料。

春秋时期的气论,最值得注意的六气说。有两个著名人物都谈到六气,一
个是秦国的医和,一个是晋国的子大叔。医和说:

天有六气,降生五味,发为五色,征为五声,淫生六疾。六气曰
阴、阳、风、雨、晦、明也。分为四时,序为五节,过则为灾。阴淫寒疾,
阳淫热疾,风淫末疾,雨淫腹疾,晦淫惑疾,明淫心疾。③

医和以六气归天,所说六气即天象的阴、阳、风、雨、晦、明六种气候变化,而口
所感知的五味、眼所看见的五色、耳所听闻的五声都本于六气,是由六气而生

---

① 佚名:《国语·周语下》(上),上海古籍出版社 1978 年版,第 101 页。
② 佚名:《国语·周语下》(上),上海古籍出版社 1978 年版,第 104 页。
③ 阮元刻:《春秋左传正义》昭公元年,《十三经注疏》(下),中华书局 1982 年版,第 2024—
2025 页。

发出来的。这是以六气为五味、五色、五声形成的根源。同时,六气有时节,这个时节是人的生活所必须遵循的节度,人若超越其节度是为淫乱,六气对应有六淫,六淫会带来相应的六种疾病,伤生害国。医和是名医,他关于六气的说法,是从天时引申出人生的生活规律,与人的疾病的联系,而揭示出顺应天时与强身健体的联系。这是最早的通过气论来言养生治病的学说,对中医理论特别是养生学说的建立,具有开创之功。从这里以五味、五色、五声皆为六气生发的说法,可以看出春秋时期还没有系统的五行说,在系统的五行说中,五色等以数字为五的事物无不纳入五行的系统中,没有例外,绝不会出现以六气配五味等的说法。

子大叔是政治家兼思想家的人物,他的六气说更多的是从社会功用来立论:

> 天地之经,而民实则之。则天之明,因地之性,生其六气,用其五行。气为五味,发为五色,章为五声,淫则昏乱,民失其性。是故为礼以奉之:为六畜、五牲、三牺,以奉五味;为九文、六采、五章,以奉五色;为九歌、八风、七音、六律,以奉五声;为君臣、上下,以则地义;为夫妇、外内,以经二物;为父子、兄弟、姑姊、甥舅、昏(婚)媾、姻亚(娅),以象天明,为政事、庸力、行务,以从四时;为刑罚、威狱,使民畏忌,以类其震曜杀戮;为温慈、惠和,以效天之生殖长育。民有好、恶、喜、怒、哀、乐,生于六气。是故审则宜类,以制六志。哀有哭泣,乐有歌舞,喜有施舍,怒有战斗;喜生于好,怒生于恶。是故审行信令,祸福赏罚,以制死生。生,好物也;死,恶物也;好物,乐也;恶物,哀也。哀乐不失,乃能协于天地之性,是以长久。①

医和言天有六气,并没有与地联系为说。子大叔言六气,则是将天地并称,以天地之生为六气,天地之用为五行,以天地并列,六气五行并称。所以,杜预注

---

① 阮元刻:《春秋左传正义》昭公二十五年,《十三经注疏》(下),中华书局 1982 年版,第2107—2109 页。

"生其六气、用其五行"，只是注明六气为"阴、阳、风、雨、晦、明"，五行为"金、木、水、火、土"，并没有说分属天地之说。孔颖达疏则说："传称天有六气，此言生其六气，谓天生之也。用其五行，谓天用之也。"①将六气五行只与天联系，并引"传称天有六气"来证明子大叔之说意为天生六气。所谓《传》称是指医和之说，但医和说的是"天有六气"，而不是说"天生六气"，孔颖达换"有"为"生"，已离医和本义，自然不能据以来证明子大叔有天生六气之说。子大叔接着讲的"气为五味，发为五色，章为五声"，也被孔颖达所误解为"五行之气，入人之口为五味，发见于目五色，章彻于耳为五声"②，以五味、五色、五声皆因五行之气而生。这在语法上就说不通，"气为五味，发为五色，章为五声"这三句话是并列句，三句话中的第一个字"气"、"发"、"章"都不是名词，而是动词，"气为五味"的气是说通过口鼻的嗅觉来感觉气味，而不是说五行之气入于人口。子大叔在这一段话中没有以气说五行，更无五行之气一说，所谓五行之气只是孔颖达根据后来的阴阳五行学说而做出的疏注。子大叔是以五味、色、五声，为六气五行的体现，天地并列，六气与五行并重，是子大叔言六气的特点。他认为口鼻、眼、耳面对感知的五味、五色、五声，六气所生的好、恶、喜、怒、哀、乐，生的六种情志，如果失去其度，就会"淫则昏乱，民失其性"，带来社会的动荡，而礼就是为了防止这一现象最有力的武器。以礼防止人们淫迷于五味、五色、五声，迷失六志，这是子大叔言六气五行的归宿。

上面所论之气都属于天气，是人们从观察天文气象而得出对气的认识，可以称之为天气论，这是春秋时期气论的一个方面，春秋时期气论还有另一个方面，是从人的健康、心志等视觉对气的认识，则可称之为人气论。单穆公在谏周景王曾说：

①　阮元刻：《春秋左传正义》昭公二十五年，《十三经注疏》（下），中华书局 1982 年版，第 2107—2109 页。
②　阮元刻：《春秋左传正义》昭公二十五年，《十三经注疏》（下），中华书局 1982 年版，第 2107—2109 页。

> 口内味而耳内声,声味生气。气在口为言,在目为明。言以信
> 名,明以时动。名以成政,动以殖生。政成生殖,乐之至也。若视听
> 不和,而有震眩,则味入不精,不精则气佚,气佚则不和。于是乎有狂
> 悖之言,有眩惑之明,有转易之名,有过慝之度。出令不信,刑政放
> 纷,动不顺时,民无据依,不知所力,各有离心。上失其民,作则不济,
> 求则不获,其何以能乐,三年之中,而有离民之器二焉,国其危哉![①]

这里提出声味生气说,认为气是通过人的口、耳中介,由人所食之味及所听之
声生成的,人口发出的语言、眼睛对事物的分辨,都是气的体现。这样的气就
不是天气,而是人气。人气分为气和、气佚两种状态,气和是气的健康情形,气
佚则是不正常的状态,气的状况如何,决定着人的言行是否正常、精神是否快
乐。统治者气佚而不和,还会给国家与人民带来灾祸。

春秋时期讲人气,最重视气与味的联系。除单穆公的声味生气说,肯定味
为生气必不可少的根源外,还有晋人膳宰屠蒯讲到味与气的关系,提出了"味
以行气,气以实志"[②]之说,认为气的流行运行,需要借助所食之味,离开味,气
就不能正常流行。周定王也有"五味实气"[③]的说法,认为气的充实离不开饮
食之味。这些说法都强调气与味的联系,这无疑来源于日常生活的总结。人
的社会生活经验说明,通过口的饮食,食其五味,人才有生存的气,没有气,人
就不能生存,人死称之为断气,就是此意。春秋时期关于味与气的关系的论
述,是人们对饮食、五味与人之气,人之气与身体健康关系的生活经验总结。
这些内容都成为后来中医的养生学与道教的内丹学说的理论资源。

"血气"是春秋时期言人气的重要内容。"血气"一词,《左传》、《国语》出
现三次:

---

① 佚名:《国语·周语下》(上),上海古籍出版社 1978 年版,第 125 页。
② 阮元刻:《春秋左传正义》昭公九年,《十三经注疏》(下),中华书局 1982 年版,第
2057 页。
③ 佚名:《国语·周语中》(上),上海古籍出版社 1978 年版,第 62 页。

> 楚子使蒍子冯为令尹,访于申叔豫,叔豫曰:"国多宠而王弱,国
> 不可为也。"遂以疾辞,方暑,阙地下冰而床焉,重茧衣裘,鲜食而寝。
> 楚子使医视之,复曰:"瘠则甚矣,而血气未动。"乃使子南为令尹。①
> 晏子谓桓子:"凡有血气,皆有争心,故利不可强。"②
> 王召士季曰:"夫戎狄冒没轻儳,贪而不让,其血气不治,若禽
> 兽焉。"③

第一条言血气,是指人体相关的气血是否流畅平和,是人的健康与否的尺度,是生理学的概念。第二、第三条的血气,仍然具有与人体健康相关的生理学意义,但却与争心、戎狄联系起来,而争心是争斗之心,是心理学的概念,这就使血气不再是单纯的生理问题,而是与社会心理相联系的问题。戎狄的血气不治,是说没有礼义的制约,行事完全依照生理本能来进行,所以,人要成为有别于禽兽的成人,就必须使血气归服礼义,受道德的约束,这就与社会的道德联系起来了。尽管血气属于生理的范畴,但晏子、周天子论血气,都没有局限于生理学,而是与心理学、伦理学等联系在一起的。

无论是天气论,还是人气论的气,春秋时期人们所说之气都不具备万物根源、原因的属性,即使以阴阳来说,也只是天有六气的六气中的两种,与阴阳五行说的阴阳二气还不是一回事。这些气都只是与某类事物存在联系,如子大叔关于天的六气与人的好、恶、喜、怒、哀、乐六情,医和的与寒、热、末、腹、惑、心六种疾病对应,人气则与人的五味、身心健康相关联,多是联系某一类事物为说。有的还引申到社会道德、政治,但只是引申义。所以,春秋时期的气论,还不是用来说明整个世界的理论,而只是对某类现象的说明,不具备最高范畴的意义。但这些论说已经不是对事物的孤立认识,而是在其中包含了产生与

---

① 阮元刻:《春秋左传正义》襄公二十一年,《十三经注疏》(下),中华书局1982年版,第1970—1971页。
② 阮元刻:《春秋左传正义》昭公十年,《十三经注疏》(下),中华书局1982年版,第2058页。
③ 佚名:《国语·周语中》(上),上海古籍出版社1978年版,第62页。

被产生、因与果等逻辑关系,这就具有哲学论证的意义了。同时,气论之气是物质的存在,无论是天气,还是人气,都是可以感知的物质,特别是人气,与人的口、耳、鼻的感官直接联系,当用其来说明某一现象形成的原因时,这就彻底摆脱了天命观的天命决定一切的迷信,而开启了从事物自身及其相互联系中去说明问题的路径。就对后来的影响而论,其中天气论的部分,成为后来中国哲学气论的来源,六气中的阴、阳较之风、雨、晦、明,具有更多的理论包容性,所以,阴阳二气成为后来哲学气论的最基本范畴;而天气论中六气、六淫与六病的学说,人气论中关于食味与气的关系及其血气的概念,则成为中医与道教的养生学重要内容。此外,春秋时期的天气论、人气论并没有统一起来,而是各自为说,而后来的气论,天气与人气都是统一的气的表现,并不是分离的。这也说明春秋时期的气论,还处于气论发展的初级阶段。

二、五行说

在探索春秋时期的五行说时,需要先厘清五行与五行说的关系,才能做出界说清楚的研究。五行与五行学说是相互联系,但又不同的两个问题。如同气概念与气论,气概念只是对自然之气的说明,但气论则是由气概念推出的一套理论。五行与五行学说也是如此,五行可以说是水、火、金、木、土五种自然物,只是将五行作为五种独立的自然现象,还没有五行联系为一个整体,以相生、相克,及其附会五音、五色、五味、五方等论说,只有后者的才可称之为五行学说。如同先有气概念后有气论,五行观念也早于五行说出现。

五行一词,不见于《诗经》等。最早见于《尚书·甘誓》,出于夏启对六卿说:"嗟!六事之人,予誓告汝:有扈氏威侮五行,怠弃三正,天用剿绝其命,今予惟恭行天之罚。"①孔颖达等历代注疏多以水、火、金、木、土解五行,以建子

---

① 阮元刻:《尚书正义·夏书·甘誓》,《十三经注疏》(上),中华书局 1982 年版,第 155 页。

建丑建寅解三正。梁启超已经指出,夏代之后才有商周的建丑建子,夏启时何来建子建丑建寅的三正?"此文应解为威侮五种应行之道,怠弃三种正义"①,根本否认有水、火、金、木、土的五行观念。夏启是夏王朝的第一位君王,若此时威侮五行就已经成为讨伐有扈氏的理由,五行就应该是最重要的政治观念,理应被时常至少是偶尔提及,但从夏经过商代,按照夏商周工程研究出来的年表,时间是从公元前 2070 年到前 1046 年,有上千年的历史,《尚书》却没有一次五行的文字出现。这是不可思议的。况且《甘誓》只有五行一词,没有具体的水、火、木、金、土之名,所以,此五行是否就是后来五行说的五行,还是如梁启超说是"五种应行之道"之类,也是值得进一步探索的。所以,夏代初年就有五行的观念,是没有可靠证据支持的。

最早明确提到水、火、木、金、土的五行,是西周初年的《洪范》:箕子说:"我闻在昔,鲧堙洪水,汩陈其五行。帝乃震怒,不畀'洪范'九畴,彝伦攸斁。鲧则殛死,禹乃嗣兴,天乃锡禹'洪范'九畴,彝伦攸叙。初一曰五行……五行:一曰水,二曰火,三曰木,四曰金,五曰土。水曰润下,火曰炎上,木曰曲直,金曰从革,土爰稼穑。润下作咸,炎上作苦,曲直作酸,从革作辛,稼穑作甘。"②这里以五行为上帝赐予大禹的九类大法中的第一类。刘节的《洪范疏证》从学术史的角度提出怀疑:"阴阳五行之说起于战国盛于两汉,《洪范》与《五行传》本出于一派人之手"③,认定五行说为战国及其以后的作品。但刘节之说不可信,因为《左传》已经 3 次引用《洪范》的文字:"沈渐刚克,高明柔克"④;"三人占,从二人"⑤;"无偏无党,王道荡荡"⑥。这说明《洪范》不是春

① 梁启超:《阴阳五行学说之来历》,《古史辨》第五册,中华书局 1982 年版,第 350 页。
② 阮元刻:《尚书正义·周书·洪范》,《十三经注疏》(上),中华书局 1982 年版,第 187—188 页。
③ 刘节:《洪范疏证》,《古史辨》第五册,中华书局 1982 年版,第 390 页。
④ 阮元刻:《春秋左传正义》文公五年,《十三经注疏》(下),中华书局 1982 年版,第 1843 页。
⑤ 阮元刻:《春秋左传正义》成公六年,《十三经注疏》(下),中华书局 1982 年版,第 1903 页。
⑥ 阮元刻:《春秋左传正义》襄公三年,《十三经注疏》(下),中华书局 1982 年版,第 1930 页。

秋以后的作品，而是春秋之前的著作。《尚书》将其列入西周时期，还是可信的。但《左传》引用时都称《商书》，而不是《周书》。这可能是《洪范》出于箕子，箕子为商人，故春秋时人以《商书》称；或者是春秋时期《尚书》的编排，《洪范》原本就在《商书》，今在《周书》是经过孔子编排后的顺序。但《洪范》讲五行，以润下、炎上、曲直、从革、稼穑来说明其属性，都是将其作为自然物及其特性来说的，也没有五行说的相生、相克及其以五行比附其他事物的内容，这与《五行传》附会《洪范》为说是完全不同的，所以，此五行还不具备后来五行学说的特点。

　　《尚书》的"六府"也涉及五行。《禹贡》记载"四海会同，六府孔修"①，据《左传》文公七年，晋郤缺说："六府三事，谓之九功。水、火、金、木、土、穀，谓之六府；正德、利用、厚生，谓之三事。"②则六府包含五行。六府三事，还见于《尚书·大禹谟》："禹曰：'於！帝念哉！德惟善政，政在养民。水、火、金、木、土、穀，惟修；正德、利用、厚生，惟和。九功惟叙，九叙惟歌。戒之用休，董之用威，劝之以九歌俾勿坏。'帝曰：'俞！地平天成，六府三事允治，万世永赖，时乃功。'"③《大禹谟》虽然为伪古文尚书，但并非全部内容皆伪，至少这段话中的六府一说，《禹贡》与《左传》皆有记载，应该肯定为先秦的内容。而《大禹谟》关于六府的说法与《左传》完全相同，其五行的排列顺序也完全相同，这就有一个谁抄谁的问题。从《大禹谟》为伪作来评判，应该是《大禹谟》抄《左传》。如果是这样，六府说在春秋以前就只有《禹贡》的一次记载。而《尚书正义》注疏以水、火、金、木、土、穀解《禹贡》的六府，不过是据春秋时期的说法作出的解读。而《禹贡》本文没有关于六府的具体说明，所以，其六府是否包含

---

① 阮元刻：《尚书正义·夏书·禹贡》，《十三经注疏》（上），中华书局 1982 年版，第 152 页。

② 阮元刻：《春秋左传正义》文公七年，《十三经注疏》（下），中华书局 1982 年版，第 1846 页。

③ 阮元刻：《尚书正义·虞书·大禹谟》，《十三经注疏》（上），中华书局 1982 年版，第 135 页。

水、火、木、金、土是不能肯定的。同时,在《诗经》《尚书》中的水、火、金、木、土五字都是指五种物质,无一例外,而没有与五行说相关的理论论说。可以说,在春秋以前至多只有五行的概念,但没有五行说,五行说作为一种理论出自春秋时期。

春秋时期有一个经典的说法,就是天六地五之说,以六气属天,五行归地。单襄公在论晋周将得晋国时说:"天六地五,数之常也。经之以天,纬之以地。经纬不爽,文之象也。"①韦昭注,天六指天的阴、阳、风、雨、晦、明六气,地五指金、木、水、火、土五行。六五相加正好十一,单襄公是要用天六地五,说明晋周的十一种德行合于天地之数,有经天纬地之象。从天六地五,可见春秋时期是将五行、六气分别归属于天地。以五行归地,还可以从春秋时期人们以天上的日、月、星三辰,与地上的木、火、金、水、土五行相对为说得到证明,如史墨有"天有三辰,地有五行"②之说,展禽以"及天之三辰"与"地之五行"③相对,这表明以五行属地是春秋时期多数人的共识。

因五行是五种物质,故又被称为五材。子罕说:"天生五材,民并用之,废一不可,谁能去兵?"④叔向说:"且譬之如天,其有五材,而将用之,力尽而敝之,是以无拯。"⑤杜预注、孔颖达疏皆以金、木、水、火、土释五材,即以五材为五行。但言五材的两条材料都没有与地,而是与天联系为说,这与后来言五行属地的流行说法不一。这说明五行属地还是属天,在春秋时期并没有完全统

---

① 佚名:《国语·周语下》(上),上海古籍出版社1978年版,第98页。
② 阮元刻:《春秋左传正义》昭公三十二年,《十三经注疏》(下),中华书局1982年版,第2128页。
③ 原文为:"凡禘、郊、祖、宗、报,此五者国之典祀也。加之以社稷山川之神,皆有功烈于民者也。及前哲令德之人,所以为明质也;及天之三辰,民所以瞻仰也;及地之五行,所以生殖也;及九州名山川泽,所以出财用也。非是不在祀典。"[佚名:《国语·鲁语上》(上),上海古籍出版社1978年版,第166页。]
④ 阮元刻:《春秋左传正义》襄公二十七年,《十三经注疏》(下),中华书局1982年版,第1997页。
⑤ 阮元刻:《春秋左传正义》昭公十一年,《十三经注疏》(下),中华书局1982年版,第2060页。

一,这是五行说在春秋时期还不成熟的体现。①

对五行还有着深刻的认识首推蔡国的史墨。史墨说:

> 夫物,物有其官,官修其方,朝夕思之。一日失职,则死及之。失官不食。官宿其业,其物乃至。若泯弃之,物乃坻伏,郁湮不育。故有五行之官,是谓五官。实列受氏姓,封为上公,祀为贵神。社稷五祀,是尊是奉。木正曰句芒,火正曰祝融,金正曰蓐收,水正曰玄冥,土正曰后土。龙,水物也。水官弃矣,故龙不生得。不然,《周易》有之,在《乾》之《姤》,曰:"潜龙勿用。"其《同人》曰:"见龙在田。"其《大有》曰:"飞龙在天。"其《夬》曰:"亢龙有悔。"其《坤》曰:"见群龙无首,吉。"《坤》之《剥》曰:"龙战于野。"若不朝夕见,谁能物之? ……少皞氏有四叔,曰,实能金、木及水。使重为句芒,该为蓐收,修及熙为玄冥,世不失职,遂济穷桑,此其三祀也。颛顼氏有子曰犁,为祝融;共工氏有子曰句龙,为后土,此其二祀也。后土为社;稷,田正也。有烈山氏之子曰柱为稷,自夏以上祀之。周弃亦为稷,自商以来祀之。②

这段话是第一次关于五行与职官、姓氏比附为说的史料。根据史墨的说法,可以将三者的对应关系列表如下:

五行	五行之官	姓氏
木	句芒	重
火	祝融	犁
金	蓐收	该
水	玄冥	修、熙
土	后土	句龙

---

① 在《孔子家语·五帝》保留有以五行属天的看法:"季康子问于孔子曰:'旧闻五帝之名,而不知其实,请问何谓五帝?'孔子曰:'昔丘也闻诸老聃曰:天有五行,木、火、金、水、土,分时化育,以成万物,其神谓之五帝。'"(《百子全书》,浙江古籍出版社1998年版,第16页。)

② 阮元刻:《春秋左传正义》昭公二十九年,《十三经注疏》(下),中华书局1982年版,第2121—2123页。

这里虽然以五行为中心与五正之官、姓氏相配,但还较为简单,在春秋时期还不是普遍现象。就当时的相关论述而言,如五味、五色、五声等还没有被纳入五行的系统。如周定王说的"五味实气,五色精心,五声昭德,五义纪宜"①;史伯说的"和五味以调口"②;晏子说的"先王之济五味,和五声也……一气,二体,三类,四物,五声,六律,七音,八风,九歌,以相成也"③;医和说的"天有六气,降生五味,发为五色,征为五声……分为四时,序为五节,过则为灾"④;子大叔说的"生其六气,用其五行,气为五味,发为五色,章为五声,淫则昏乱,民失其性,是故为礼以奉之,为六畜,五牲,三牺,以奉五味,为九文,六采,五章,以奉五色,为九歌,八风,七音,六律,以奉五声"⑤;等等。这些地方都是将五行与五声、五味、五色等并列为说,而不是以五行为中心,附会为五行的表现,这说明五行说在春秋时期还不成熟,还没有以五行为中心将万物纳入其中的系统理论。⑥ 但是,史墨的简单比附却无疑是后来系统五行说的雏形,在五行说的发展史上具有开创性的意义。

春秋时期的分野说,也有五行说的影响。其中最明显的是梓慎的论说:

---

① 佚名:《国语·周语中》(上),上海古籍出版社 1978 年版,第 65 页。

② 佚名:《国语·郑语》(下),上海古籍出版社 1978 年版,第 515 页。

③ 阮元刻:《春秋左传正义》昭公二十年,《十三经注疏》(下),中华书局 1982 年版,第 2093 页。

④ 阮元刻:《春秋左传正义》昭公元年,《十三经注疏》(下),中华书局 1982 年版,第 2024—2025 页。

⑤ 阮元刻:《春秋左传正义》昭公二十五年,《十三经注疏》(下),中华书局 1982 年版,第 2107—2109 页。

⑥ 昭公十七年,郯子的一段话也可说明这一点:"昔者黄帝氏以云纪,故为云师而云名;炎帝氏以火纪,故为火师而火名;共工氏以水纪,故为水师而水名;太皞氏以龙纪,故为龙师而龙名。我高祖少皞挚之立也,凤鸟适至,故纪于鸟,为鸟师而鸟名。凤鸟氏,历正也。玄鸟氏,司分者也;伯赵氏,司至者也;青鸟氏,司启者也;丹鸟氏,司闭者也。祝鸠氏,司徒也;鴡鸠氏,司马也;鸤鸠氏,司空也;爽鸠氏,司寇也;鹘鸠氏,司事也。五鸠,鸠民者也。五雉,为五工正,利器用、正度量,夷民者也。九扈为九农正,扈民无淫者也。自颛顼以来,不能纪远,乃纪于近,为民师而命以民事,则不能故也。"这里将水火与云龙并列,五鸠、司空等五官及其五雉、五工正同说,根本看不到以五行系统地附会万物的观念。[阮元刻:《春秋左传正义》昭公十七年,《十三经注疏》(下),中华书局 1982 年版,第 2083—2084 页。]

冬，有星孛于大辰，西及汉。申须曰："彗所以除旧布新也，天事
恒象，今除于火，火除必布焉。诸侯其有火灾乎？"梓慎曰："往年吾
见之，是其征也。火出而见。今火出而章，必火入而伏。其居火也久
矣。其与不然乎？火出于夏为三月，于商为四月，于周为五月，夏数
得天。若火作，其四国当之，在宋、卫、陈、郑乎？宋，大辰之虚也；陈，
太皞之虚也；郑，祝融之虚也；卫，颛顼之虚也。皆火房也，星孛天汉，
汉，水祥也，卫，颛顼之虚也，故为帝丘，其星为大水，水火之牡也，其
以丙子若壬午作乎，水火所以合也，若火入而伏，必以壬午，不过其见
之月。"①

大辰又名大火，"大辰者何？大火也"②，指二十八宿中东方苍龙七宿中的房、
心、尾三宿。这里根据分野说，来说明与天象相应国家出现的火灾。孔颖达
疏："丙是火日，午是火位。壬是水日，子是水位。故丙午为火，壬子为水。水
火合而相薄，则是夫妻合而相亲。亲则将行其意，或水从火，或火从水。但彗
在大辰为多，及汉为少，水少而火多，故水不胜火。火行其意，水必助之，故此
丙子、壬午之日，当有火灾。"③这里不仅有以五行比附天象、律历、国家的类
推，还有以五行的水火譬喻夫妇之说，这就是所谓"水火之牡也"。牝牡分别
指动物的雄性与雌性，水能克火，所以水为牡，火为牝。水火的这一牝牡关系，
是以水克火的关系为根据的。裨灶也有类似的说法：

夏四月，陈灾。郑裨灶曰："五年，陈将复封，封五十二年而遂
亡。"子产问其故。对曰："陈，水属也。火，水妃也，而楚所相也。今
火出而陈，逐楚而建陈也。妃以五成，故曰五年。岁五及鹑火，而后

① 阮元刻：《春秋左传正义》昭公十七年，《十三经注疏》（下），中华书局1982年版，第
2084页。

② 阮元刻：《春秋公羊传注疏》昭公十七年，《十三经注疏》（下），中华书局1982年版，第
2324页。

③ 阮元刻：《春秋左传正义》昭公十七年，《十三经注疏》（下），中华书局1982年版，第
2084页。

陈卒亡,楚克有之,天之道也。"①

据孔颖达疏,陈为颛顼之后,而颛顼以水德王,故陈属水。楚为祝融之后,祝融为火正,故楚为火。水克火,火畏水,故火为水妃,这与梓慎的"水火之牡"说完全一致。牝牡、夫妇在阴阳五行学说中都是阴阳的表现,春秋时期这一以牝牡来说明五行之间的关系,实已打开阴阳五行说合流之门。陈为水,依据水能胜火,故能逐楚而建陈;楚为火,天数以五为纪,至五及鹑火的后五十二年,物极必反,火盛水衰,故陈为楚所亡。在这些论证的背后,说明春秋时期不仅有五行相克之说,而且有对五行相克有辨证的理解,既讲水克火之类,又讲火盛水衰,并没有将五行相克绝对化。

如果说梓慎、裨灶的话语,还没有直接说五行相克,那么,史墨等人则明确讲到五行之间有着相克的联系:

十二月辛亥朔,日有食之。是夜,赵简子梦童子臝而转以歌。旦,占诸史墨。曰:"吾梦如是,今而日食,何也?"对曰:"六年及此月也,吴其入郢乎?终亦弗克。入郢必以庚辰,日月在辰尾。庚午之日,始有谪。火胜金,故弗克。"②

宋公伐郑……晋赵鞅卜救郑,遇水适火。③ 占诸史赵、史墨、史龟。史龟曰:"是谓沈阳,可以兴兵,利以伐姜,不利子商。伐齐则可,敌宋不吉。"史墨曰:"盈,水名也;子,水位也。名位敌,不可干也。炎帝为火师,姜姓齐后也,水胜火,伐姜则可。"④

---

① 阮元刻:《春秋左传正义》昭公九年,《十三经注疏》(下),中华书局 1982 年版,第2057 页。

② 阮元刻:《春秋左传正义》昭公三十一年,《十三经注疏》(下),中华书局 1982 年版,第2127 页。

③ 据孔颖达疏说:"服虔云:'兆南行适火。'卜法横者为土,立者为木,邪向经者为金,背经者为火,因兆而细曲者为水。"[阮元刻:《春秋左传正义》,《十三经注疏》(下),中华书局 1982 年版,第 2165 页。]

④ 阮元刻:《春秋左传正义》哀公九年,《十三经注疏》(下),中华书局 1982 年版,第2165 页。

史墨两次明确讲到火胜金、水胜火,这说明春秋时期,的确已经有了五行相克说,而且被运用予说明国家之间战争成败的理据,邹衍的五德终始说,以五行相克为说来排列王朝的兴替,无疑是由此发展而来。从以五行与五行之官、姓氏的比附,到明确讲到五行相克都是出自史墨之口来看,史墨无疑是春秋时期最著名的五行说的大师,也是邹衍五德终始说的先驱。

在关于春秋时期的五行说的研究中,有一个问题就是五行是否是万物构成的元素? 伯阳父在讲和同之辨时说道:"故先王以土与金木水火杂,以成百物。"①有人根据这段话认为,春秋时期的五行说已经有以五行为万物构成元素的思想。李存山对此已经作出了很好的辨析:"伯阳父在这里是否把土、金、木、水、火作为构成世界万物的元素了呢? 回答应该是否定的。'百物'并不就是世界万物,而是人对自然物进行了加工的'铸冶煎烹之属'(韦昭注:"成百物,谓若铸冶煎烹之属"。)"②伯阳父的和同之辨,是以不同事物经人为的加工组合,而形成不同物的和谐,而不是讲万物产生或构成的问题。所以,伯阳父用的是"杂",杂是不同物的合一,而不是谁产生谁,也不是谁成为万物元素的问题,因为"杂"的各种成分或事物都是相对独立的,并不存在产生与被产生、构成与被构成的关系。此外,春秋时期所讲五行的金,不仅指金而言,而且包含兵的含义。子罕曰:"凡诸侯小国,晋、楚所以兵威之。畏而后上下慈和,慈和而后能安靖其国家,以事大国,所以存也。无威则骄,骄则乱生,乱生必灭,所以亡也。天生五材,民并用之,废一不可,谁能去兵? 兵之设久矣,所以威不轨而昭文德也。圣人以兴,乱人以废,废兴存亡昏明之术,皆兵之由也。"③这里讲五材并用,不能去兵的兵,显然指五行的金而言。以兵国家的关系兴废,这是对兵的极度重视,是春秋时期战争关系国家生死存亡的反映。这

---

① 佚名:《国语·郑语》(下),上海古籍出版社1978年版,第515—516页。
② 李存山:《先秦时期的五行说与气论》,《社会科学研究》1985年第6期。
③ 阮元刻:《春秋左传正义》襄公二十七年,《十三经注疏》(下),中华书局1982年版,第1997页。

是春秋时期五行说的时代特点。

从春秋时期的五行说来看，虽然已经开始以五行比附事物，讲五行相克，但还没有以五行来系统地附会万物，也还没有发现五行相生的观念，这说明五行说还不成熟。而五行相克主要是运用来说明战争、政治、人事的成败，在战争与政治斗争中，最忌讳的是失败，只有立于不败之地，才谈得上生存与发展，所以，如何避免失败是现实需要解决的重大理论问题。正是从此出发，在五行问题上，相克的关系被凸显出来，因为五行相克的学说可以提供事业成败的某种理论说明。所以，五行相克成为春秋时期五行说最为关注的焦点。尽管五行说有诸多不足，但五行的金、木、水、火、土，无疑是对自然界的五种物质的概括，而五行之间的牝牡关系、相克关系，则是对物质世界相互自然联系的探索，表现出人们对自然的认识成果，已经完全摆脱了天命观的束缚。

春秋时期的阴阳五行说，特别是以五行说牝牡，则启迪了五行说与阴阳说的合流，并直接促成战国系统的阴阳五行说的形成，使阴阳、五行成为后来中国哲学文化的两个基本范式，阴阳五行学说则成为中国哲学解释世界的基本模式。中国思想文化的许多观念，及其思维模式，其实都可以在春秋时期的阴阳五行说等学说中找到某种最初的痕迹，说中国思想文化的定型于春秋时期绝非无根之论。

阴阳五行说还为《黄帝内经》的成书，提供了直接的思想养料，《黄帝内经》就是以阴阳五行学为基本框架而发展出来的。在《黄帝内经》的《素问》中以阴阳为名的篇目就有《阴阳应象大论》、《阴阳离合论》、《阴阳别论》、《阴阳类论》等，而与五行说相关的篇目则有《五藏生成》、《五藏别论》、《五运行大论》、《五常政大论》、《疏五过论》等；《灵枢》中则有《五十营》、《五乱》、《五癃津液别》、《五阅五使》、《五变》、《五色》、《五味》、《五禁》、《五味论》、《阴阳二十五人》、《五音五味》等，可以说没有阴阳五行说，就没有《黄帝内经》。

三、吉凶由人

气论、五行说是春秋时期人们认识外部世界的最重大成果,而吉凶由人说等观念,则是对人类社会的崭新认识。此说出自内史兴:

> 春,陨石于宋五,陨星也。六鹢退飞,过宋都,风也。周内史叔兴聘于宋,宋襄公问焉,曰:"是何祥也? 吉凶焉在?"对曰:"今兹鲁多大丧;明年,齐有大乱。君将得诸侯而不终。"退而告人曰:"君失问,是阴阳之事,非吉凶所生也。吉凶由人。吾不敢逆君,故也。"①

面对陨石从天上陨落地上,鹢鸟被风吹得倒着飞,这类不常见的自然界现象,内史兴的解释是,这同其他常见的自然现象一样都是阴阳之事,与吉凶祸福没有关系,并不存在什么神秘主义。这一解释的背后,实际上包含这样的理念,即吉凶祸福是由人的言行所造成的后果,属于人类社会的现象,阴阳则是属于天的自然现象,天人有别,社会的吉凶祸福无关于自然界的阴阳变化。

与吉凶由人相近的说法,还有申繻的妖由人兴说:

> 郑厉公自栎侵郑,及大陵,获傅瑕。傅瑕曰:"苟舍我,吾请纳君。"与之盟而赦之。六月甲子,傅瑕杀郑子及其二子而纳厉公。初,内蛇与外蛇斗于郑南门中,内蛇死。六年而厉公入。公闻之,问于申繻曰:"犹有妖乎?"对曰:"人之所忌,其气焰以取之,妖由人兴也。人无衅焉,妖不自作。人弃常则妖兴,故有妖。"②

在古代限于科学的发展水平,特别是认识的局限性,人们常常不能对自然变异作出正确的解释,而被附会为妖孽神怪,形成所谓鬼怪的迷信观念。申繻虽然不知道这一点,但他以妖的出现是人的因素,与自然无关。这里的"衅",《字

---

① 阮元刻:《春秋左传正义》僖公十六年,《十三经注疏》(下),中华书局 1982 年版,第1808 页。

② 阮元刻:《春秋左传正义》庄公十四年,《十三经注疏》(下),中华书局 1982 年版,第1771 页。

源》的解释是:"《说文》:'衅,血祭也。象祭灶也。从爨省,从酉。酉,所以祭也。从分,分亦声。'大致的意思是衅的本义是用牲血涂在器物的裂璺缝隙的祭祀形式,文字从爨的省形;从酉,也就是祭祀时所用的祭品酒;从分,取其分散牲血的意思。"①衅的本义是与歃血有关的祭祀,是一种带有血腥的祭祀行为,可引申为情绪的激动、冲动。《左传》说"夫小人之性,衅于勇"②,即以小人遇事没有理性的节制,常常情感冲动而莽勇。人一冲动,就容易丧失理智,出现意识混乱的情形。申𬞟之说是从人的精神层面来说明妖孽出现的原因,这一说法是具有科学性的。现代神经医学证明,人的神志混乱,就会出现各种臆想与虚幻形象。妖由人兴与吉凶由人说法不同,但都是从人自身去追寻祸福的原因,而不是用天意或神怪来说明,只不过申𬞟之说深入到了人的精神世界。

梓慎也有类似的思想:

　　二十年春,王二月己丑,日南至。梓慎望氛曰:"今兹宋有乱,国几亡,三年而后弭。蔡有大丧。"叔孙昭子曰:"然则戴、桓也! 汏侈无礼已甚,乱所在也。"③

梓慎根据望氛,断言宋国的大乱必定应在向氏(桓氏)、华氏(戴族),理由是他们的"汏侈无礼",即丧失礼义,奢侈无度,杜预注直接以"传言妖由人兴"来诠释,是完全正确的。只不过申𬞟是从人的精神层面,梓慎是从人的道德方面,来说妖、社会动荡的根源,都是对吉凶由人思想的说明。

这一思想观念,在春秋时期并不是例外,而是各国思想家的普遍共识。所以,当发生与人与社会相关的问题时,这些思想家都能够根据吉凶由人的理论来说明问题,寻找解决问题的方法。如鲁国的臧文仲对防备旱灾的论说:

----

① 李学勤主编:《字源》上册,天津古籍出版社 2013 年版,第 208 页。
② 阮元刻:《春秋左传正义》襄公二十六年,《十三经注疏》(下),中华书局 1982 年版,第 1992 页。
③ 阮元刻:《春秋左传正义》昭公二十年,《十三经注疏》(下),中华书局 1982 年版,第 2090 页。

> 夏,大旱,公欲焚巫尫。臧文仲曰:"非备旱也,修城郭,贬食省用,务穑劝分,此其务也,巫尫何为? 天欲杀之,则如勿生:若能为旱,焚之滋甚。"公从之。是岁也,饥而不害。①

根据《国语》的说法,巫分男女,女巫称巫,男巫称觋。所以,杜预注说:"巫尫,女巫也,主祈祷请雨者。或以为尫非巫也,瘠病之人,其面上向,俗谓天哀,其病恐雨入其鼻,故为之旱。"杜预以巫尫为二,不确,应是一人。尫为女巫之名,《尚书》有巫咸、巫贤的记载,《周礼》巫更、巫咸、巫式、巫目、巫易、巫比、巫祠、巫参、巫環九巫之名,《楚辞》记载有巫马、巫咸、巫阳等。但杜预以巫、尫为二也有根据,《礼记》载:

> 岁旱,穆公召县子而问然,曰:"天久不雨,吾欲暴尫而奚若?"曰:"天久不雨,而暴人之疾子,虐,毋乃不可與!""然则吾欲暴巫而奚若?"曰:"天则不雨,而望之愚妇人,于以求之,毋乃已疏乎!"②

这里明显是以巫尫为二,所以,县子分别以疾子与愚妇来对应。鲁僖公要想焚烧的巫尫,既是女巫,又患有尫的疾病,故称巫尫。古代有一种迷信观念,就是尫能够制造旱灾,所以,当旱灾发生时,就会有人主张将尫焚烧或者是在烈日下暴晒,以消除旱灾;巫因不能求得雨下,也会遭到焚暴的下场。③ 臧文仲则认为,旱灾属于自然现象,更与巫尫无关,它们之间不存在因果关系。要消除旱灾带给人们的危害,不在焚烧巫尫,而在增加农业生产,节省开支等人为努力。这同样是吉凶由人,不在天的思想。

齐侯患疾,不见好转,梁丘据与裔款认为是祝固、史嚚的过错,建议杀掉祝史,来换取神灵的庇护,晏子提出明确的反对意见:

> 若有德之君,外内不废,上下无怨,动无违事,其祝史荐信,无愧

---

① 阮元刻:《春秋左传正义》僖公二十一年,《十三经注疏》(下),中华书局 1982 年版,第1811 页。

② 阮元刻:《礼记·檀弓下》,《十三经注疏》(上),中华书局 1982 年版,第 1317 页。

③ 到西汉的董仲舒依然还有类似思想,《春秋繁露·求雨》就有"秋暴巫至九日"之说。

心矣。是以鬼神用飨，国受其福，祝史与焉。其所以蕃祉老寿者，为信君使也，其言忠信于鬼神。其适遇淫君，外内颇邪，上下怨疾，动作辟违，从欲厌私。高台深池，撞钟舞女，斩刈民力，输掠其聚，以成其违，不恤后人。暴虐淫从，肆行非度，无所还忌，不思谤讟，不惮鬼神，神怒民痛，无悛于心。其祝史荐信，是言罪也。其盖失数美，是矫诬也。进退无辞，则虚以求媚。是以鬼神不飨其国以祸之，祝史与焉。所以夭昏孤疾者，为暴君使也，其言僭嫚于鬼神。……县鄙之人，入从其政；逼介之关，暴征其私；承嗣大夫，强易其贿；布常无艺，征敛无度；宫室日更，淫乐不违；内宠之妾，肆夺于市；外宠之臣，僭令于鄙；私欲养求，不给则应；民人苦病，夫妇皆诅。祝有益也，诅亦有损。聊、摄以东，姑、尤以西，其为人也多矣。虽其善祝，岂能胜亿兆人之诅？君若欲诛于祝史，修德而后可。①

祝史作为古代的文化官，被认为具有通神的能力，齐侯生病让祝史祈告，却没有使疾病好起来，在梁丘据等奸佞的迷惑下，齐侯竟然要杀害祝史，以求神佑病消。晏子则从君王的有无德行，来说明相关的社会问题，认为只有在德行高尚的人君领导下，才有国家的安宁，人民的幸福，国君也才能得到神灵的庇佑而康宁。祝史虽然有与神灵沟通的能力，但并不是国富民强的根本，国家人民的根本在人君的德行，而且祝史只有数人，人民这有亿兆之多，几个人无论如何也抵挡不了亿兆人民。晏子的说法不仅有吉凶由人的思想，还有多数胜少数的辩证法。

郑国的子产面对自然灾害，还明确提出了天人相分的观念。申须、梓慎在观察天象后，预言宋卫陈郑将同日大火，裨灶以预防火灾向子产要求瓘斝玉瓒来防止火灾，但却遭到子产的拒绝。后来，宋、卫、陈三国果然发生火灾，裨灶再次提出用玉消灾的意见：

---

① 阮元刻：《春秋左传正义》昭公二十年，《十三经注疏》（下），中华书局 1982 年版，第2092—2093 页。

> 裨灶曰:"不用吾言,郑又将火。"郑人请用之。子产不可。子大
> 叔曰:"宝以保民也。若有火,国几亡。可以救亡,子何爱焉。"子产
> 曰:"天道远,人道迩。非所及也。何以知之? 裨灶焉知天道,是亦
> 多言矣,岂不或信?"遂不与,亦不复火。①

在举国上下都主张用玉消灾的情形下,子产敢于力排众议,是因为他有一个理念,这就是天人相分。他认为,天道远离人世,人能知的是人的世界,而不是远离人世的天道。他还用多言或中的概率论来说明裨灶等人的预言,并不是他们能够预知天道,而是多言或中。正是在这一区分天道、人道思想的指导下,当郑国发生火灾,引起民众的骚动,以致里析提出迁都的主张时,子产依然没有理会裨灶的建议,而是积极地采取了一系列人为的救火措施:

> 火作,子产辞晋公子、公孙于东门;使司寇出新客,禁旧客勿出于
> 宫;使子宽、子上巡群屏摄,至于大宫;使公孙登徙大龟;使祝史徙主
> 祏于周庙,告于先君;使府人、库人各儆其事;商成公儆司宫,出旧宫
> 人,置诸火所不及;司马、司寇列居火道,行火所焮;城下之人,伍列登
> 城。明日,使野司寇各保其征;郊人助祝史除于国北,禳火于玄冥、回
> 禄,祈于四鄘;书焚室而宽其征,与之材;三日哭,国不市;使行人告于
> 诸侯。②

《左传》载子产的这一套做法还得到宋、卫等国的响应。这就不只是理论上的吉凶由人,而是吉凶由人的实践,是用实际行动来践行吉凶由人。这一实践性的践行特点,是中国文化从春秋时期就已经形成的学术性格。

　　这一以吉凶由人为代表的观念,是一种以人为本的天人观。它改变以前只是迷信、屈从天命的天命观,而肯定了人的地位与作用,认识到决定社会、国

---

① 阮元刻:《春秋左传正义》昭公十八年,《十三经注疏》(下),中华书局 1982 年版,第2085 页。

② 阮元刻:《春秋左传正义》昭公十八年,《十三经注疏》(下),中华书局 1982 年版,第2085 页。

家、个人命运不是天命,而是人自身的道德人品素养,人在天面前不再仅仅是天命的接受者,而是能够发挥主观能动作用,具有可与天并的地位。天人关系从此成为中国文化最基本的问题,正是以人为本的天人观的确立,保障了中国文化在其后的发展中,没有一直被宗教迷信所笼罩,宗教迷信也从未在中国社会长期居于统治地位,而是以人为中心的人文主义的儒学文化,始终居于文化主流的地位。

第五章　礼的世界

如果说春秋时期人们最重视是"天"观念,那么列在第二位就非"礼"观念莫属。《左传》言礼536次,《国语》言礼122次,总计658次,只比言天的675次少17次。礼与天不同,天主要是关乎人以外的世界,礼则是主要讲人世间的问题。虽然有周公制礼作乐之说,但《尚书·周书》除去《微子之命》、《周官》两篇伪古文尚书,言礼仅6次,说明礼在西周并没有得到社会的普遍重视。礼被全社会普及,形成人们议论的社会思潮,被视为社会生活中人所必须遵守的规则,是在春秋时期,以至于在统治阶层一个不懂礼的人,就不能被大家所接受,而无法立足于社会,在此意义上春秋时期可以说是礼的世界。

第一节　礼的概略

春秋时期的礼,究竟是什么? 这是我们讨论春秋时期的礼应当首先解决的问题。

一、春秋时期的礼

从《左传》与《国语》的相关记载可以肯定,春秋时期人们所言之礼就是周公制礼作乐后不断完善的周礼,这个周礼被后人归纳为"五礼"。

五礼说有四种说法。第一种是出自《周礼》的吉、凶、宾、军、嘉的五礼说。见于《周礼·春官·大宗伯》："大宗伯之职：掌建邦之天神、人鬼、地示之礼，以佐王建保邦国。"①具体说来，就是吉、凶、宾、军、嘉的五礼："以吉礼事邦国之鬼神示……以凶礼哀邦国之忧……以宾礼亲邦国……以军礼同邦国……以嘉礼亲万民之昏姻。"②按照这里的说法，所谓五礼就是吉、凶、宾、军、嘉，其中每一项下还有诸多小类。③ 这一五礼说最为通行，从东汉初年的郑众开始，就被历代注释经典的据以为说。贾公彦疏《周礼·地官·大司徒》"以五礼防万民之伪而教之中"就说："郑司农云：'五礼谓吉、凶、宾、军、嘉。'《春官·大宗伯》文也。"④郑司农为郑众，因做过司农的职官，而有此称谓，他是东汉初年的经学家，为东汉末年郑玄的先辈，故又被称为先郑。

但"五礼"一词的最早出处并不是《周礼》，而是《尚书·舜典》："修五礼、五玉、三帛、二生、一死贽。"⑤孔颖达疏解五礼时，就引《周礼·大宗伯》的"以吉礼事邦国之鬼神示，以凶礼哀邦国之忧，以宾礼亲邦国，以军礼同邦国，以嘉礼亲万民之昏姻"⑥为据，以《尚书·舜典》的五礼就是《周礼》所说的吉、凶、

---

① 阮元刻：《周礼注疏·春官·大宗伯》，《十三经注疏》（上），中华书局 1982 年版，第757 页。

② 阮元刻：《周礼注疏·春官·大宗伯》，《十三经注疏》（上），中华书局 1982 年版，第757—760 页。

③ 五礼大类下的小类具体名目是："以吉礼事邦国之鬼神示：以禋祀祀昊天上帝，以实柴祀日月星辰，以槱燎祀司中、司命、风师、雨师。以血祭祭社稷、五祀、五岳，以貍沈祭山林川泽，以副辜祭四方百物。以肆献祼享先王，以馈食享先王，以祠春享先王，以礿夏享先王，以尝秋享先王，以烝冬享先王。以凶礼哀邦国之忧：以丧礼哀死亡，以荒礼哀凶札，以吊礼哀祸灾，以禬礼哀围败，以恤礼哀寇乱。以宾礼亲邦国：春见曰朝，夏见曰宗，秋见曰觐，冬见曰遇，时见曰会，殷见曰同，时聘曰问，殷覜曰视。以军礼同邦国：大师之礼，用众也；大均之礼，恤众也；大田之礼，简众也；大役之礼，任众也；大封之礼，合众也。以嘉礼亲万民：以饮食之礼亲宗族兄弟，以婚冠之礼亲成男女，以宾射之礼亲故旧朋友，以飨燕之礼亲四方之宾客，以脤膰之礼亲兄弟之国，以贺庆之礼亲异姓之国。"［阮元刻：《周礼注疏·春官·大宗伯》，《十三经注疏》（上），中华书局 1982 年版，第 757—760 页。］

④ 阮元刻：《周礼注疏·地官·大司徒》，《十三经注疏》（上），中华书局 1982 年版，第708 页。

⑤ 阮元刻：《尚书正义·舜典》，《十三经注疏》（上），中华书局 1982 年版，第 127 页。

⑥ 阮元刻：《尚书正义·舜典》，《十三经注疏》（上），中华书局 1982 年版，第 128 页。

宾、军、嘉五礼,并从《尚书》的文句寻找证据:"此篇(即《舜典》)'类于上帝',吉也;'如丧考妣',凶也;'群后四朝',宾也;《大禹谟》云'汝徂征',军也;《尧典》云'女于时',嘉也。五礼之事,并见于经,知与后世不异也。"①认定在尧舜时,就存在《周礼》所说的吉、凶、宾、军、嘉的五礼。但商代也只有事神祈福之礼,在尧舜时哪里有吉、凶、宾、军、嘉的五礼呢? 孔颖达将从《尚书》找到的文句,套在吉、凶、宾、军、嘉上,只是用《尚书》之文来附会《周礼》的吉、凶、宾、军、嘉五礼说,绝非是吉、凶、宾、军、嘉的五礼自尧舜就有的证明。这完全没有历史依据。《尚书》中的五礼一词与《周礼》的五礼,文字相同,但所指内涵不同,绝不能混为一谈。但将吉、凶、宾、军、嘉的五礼说,追溯到尧舜,在儒学占据主流的时代,尧舜是圣王的典范,这无疑会增加人们对吉、凶、宾、军、嘉的五礼说的信从。

第二种是公、侯、伯、子、男的五礼说。《周礼·地官》有两处言及五礼:"乃立春官宗伯,使帅其属而掌邦礼,以佐王和邦国",与"保氏掌谏王恶,而养国子以道。乃教之六艺:一曰五礼,二曰六乐,三曰五射,四曰五驭,五曰六书,六曰九数"②。贾公彦在疏解这两处的五礼时都有如下文字:"案彼《虞书》云'五礼',下又云'典朕三礼',三五不同者,郑义上云'五礼',与下'五玉'连文,五玉是诸侯所执玉,则五礼,非吉凶宾军嘉之五礼,故郑云'五礼,公侯伯子男之礼'。"③这一说法还见于《孔传》:"天次秩有礼,当用我公、侯、伯、子、男五等之礼以接之,使有常。"④这是从分封制的公、侯、伯、子、男五等爵来言五礼。此说与吉、凶、宾、军、嘉的五礼说是人们所熟知的两种五礼说。但这一

① 阮元刻:《尚书正义·舜典》,《十三经注疏》(上),中华书局1982年版,第128页。

② 阮元刻:《周礼注疏·地官·保氏》,《十三经注疏》(上),中华书局1982年版,第731页。

③ 分别见阮元刻:《周礼注疏·地官·保氏》,《十三经注疏》(上),中华书局1982年版,第731、752页。

④ 阮元刻:《尚书正义·虞书·皋陶谟》,《十三经注疏》(上),中华书局1982年版,第139页。

五礼说有一个明显缺陷，就是只涉及公、侯、伯、子、男，而没有包括天子、卿大夫与士。吉、凶、宾、军、嘉的五礼说是从礼的内容归类为说，包含了礼所涉及的方方面面，更能全面地概括历史上的礼制。此外，吉、凶、宾、军、嘉的五礼说出于《周礼》文本，公、侯、伯、子、男五礼说《尚书》并无明文，是推论得出的，推论在理论上不如据本经有说服力。所以，尽管这两种说法各有典籍的依据，但《周礼》的吉、凶、宾、军、嘉的五礼说因其理论上的优势，而得到更多人的认可。

第三、第四种五礼说，是王肃的王、公、卿、大夫、士的五礼说，与郑玄的天子、诸侯、卿大夫、士、庶人的五礼说，见于孔颖达的《尚书正义》。他在疏解《皋陶谟》的"天秩有礼，自我五礼，有庸哉"时说："王肃云：'五礼谓王、公、卿、大夫、士。'郑玄云：'五礼，天子也，诸侯也，卿大夫也，士也，庶民也。'此无文可据，各以意说耳。"①虽然孔颖达批评王肃、郑玄的说法是臆说，不可为据，但也透露出还有另外两种五礼说，即王肃的王、公、卿、大夫、士的五礼说，与郑玄的天子、诸侯、卿大夫、士、庶人的五礼说。从孔颖达以臆说的批评中，可以看出这两种五礼说由于没有得到人们的认可，所以很少被提及。但这两种说法并非如孔颖达批评的只是臆说，在春秋时期观射父的礼说中，就有天子、诸侯、卿、大夫、士、庶人六等的礼说，而这两种礼说可以说是对观射父说的修正，都是从社会阶层来区分五礼，但较之五等爵的五礼说，郑玄、王肃的这两种五礼说包含了更多的社会阶层在内，具有更大的包容性，并非是无根据的臆说。

《史记·五帝纪》《封禅书》与《汉书·郊祀志》皆据《尚书》有舜"修五礼"的文字，《后汉书·郊祀志上》有汉光武帝"修五礼"的记载，但都没有五礼的具体说明。《隋书》在史书中首以吉、凶、宾、军、嘉说五礼："以吉礼敬鬼神，以凶礼哀邦国，以宾礼亲宾客，以军礼诛不虔，以嘉礼合姻好，谓之五礼。"②自

---

① 阮元刻：《尚书正义·虞书·皋陶谟》，《十三经注疏》（上），中华书局1982年版，第139页。

② 魏徵：《礼仪志一》，《隋书》卷六，中华书局1996年版，第105页。

此以后,言五礼多据以为说。此说也成为历代王朝制礼的依据,如唐王朝制礼,即以五礼为据,定吉礼其仪55,嘉礼其仪50,宾礼其仪6,军礼其仪23,凶礼其仪18,总计仪目152条。[1] 杜佑著《通典》述礼,即以吉、凶、军、宾、嘉五大类为说,集唐初以前礼制之大成。

尽管《周礼》的吉、凶、军、宾、嘉五礼说通行于后世,并被认为就是周代礼制。但《周礼》说五礼就是大宗伯职掌的天神、人鬼、地示之礼,却非定论。因为天神、人鬼、地示之礼,其祭祀的对象是天神地祇人鬼,能行此礼的是巫史,所行之礼皆为事神祈福之礼;而吉、凶、军、宾、嘉的五礼,除吉礼、凶礼有事神祈福之礼的内容外,其余多为人文之礼,即使吉礼、凶礼的事神祈福也多有人文的内涵,这些礼制通行于社会,是统治阶层中人人必备的知识,非仅为巫史的专长。二者的不同,只要看一看《通典》关于五礼的记载,就十分清楚了。商代及其以前之礼是事神祈福之礼,但周公制礼作乐为标志的周礼则是人本为主的礼,从吉、凶、军、宾、嘉的五礼多为人文之礼,是讲处理人与人之间的人际关系与国家、宗族、民族关系的规则,内涵人文教化而言,说五礼为周礼是有一定道理的,但绝不能将其与天神、人鬼、地示之礼等同起来。

周公制定的周礼究竟如何,除开分封制、嫡长子继承制等几项主要礼制外,古代文献很少关于吉、凶、军、宾、嘉五礼的文字,只是在《春秋》中有较多与春秋时期行礼的记载。查《尚书·周书》无一吉礼、凶礼、军礼、宾礼、嘉礼的名目,《左传》除襄公三年记载"军礼"一词外,根本无吉礼、凶礼、宾礼、嘉礼之名,《国语》除《周语下》有一条"宾礼"外,其余四礼的名目都没有看到,这说明《周礼》的吉礼、凶礼、军礼、宾礼、嘉礼的五礼说,绝不可能是西周本有的,甚至在春秋时期也不存在,而是出于后人的总结。这也可以作为《周礼》成书在春秋以后的一个证据。

宋人张大亨著《春秋五礼例宗》,"取《春秋》事迹,分吉、凶、军、宾、嘉,五

---

[1] 参见杜佑:《礼六十六·开元礼纂》,《通典》(中)卷一百六,岳麓书社1995年版,第1439—1440页。

礼依类别记,各为总论",此书被《四库全书提要》许为"义例赅贯而无诸家拘例之失,陈振孙称为考究详洽,殆非溢美"①。值得注意的是张氏此书,完全是根据《春秋》与《左传》的材料而成,故所言之礼就是春秋时期通行的周礼。此书虽然以吉、凶、军、宾、嘉五礼分类,但其细目却完全是根据《春秋》与《左传》的记载,如第一卷吉礼,分为王正、即位、立、郊望、宗庙、雩诸目,第二卷凶礼(上)的丧葬,分为天王、公、诸侯、内大夫、外大夫诸目,其余皆是如此,可见,此书实际所言其实就是春秋时期天王、诸侯、卿大夫等不同阶层的礼制,孔颖达批评为臆说的王肃以王、公、卿、大夫、士说五礼,郑玄以天子、诸侯、卿大夫、士、庶民说五礼,其实都可以在春秋时期找到证据。郑玄、王肃皆为经学大家,虽然关于经学问题的观点常常对立,但他们都是从人的等差言礼,而这正是春秋时期言礼的精神所在。这说明春秋时期的礼,是以天王、诸侯、卿大夫等不同身份的社会等差之礼,《周礼》的吉、凶、军、宾、嘉的五礼是战国时对包括春秋时期在内的周礼的概括。

春秋时期虽然没有所谓吉礼、凶礼、军礼、宾礼、嘉礼的五礼,但当时各国通行有关天子、诸侯、卿大夫等不同阶层的周礼确是一个不可否认的事实。可是,韩宣子聘鲁,观书于太史氏,有"周礼尽在鲁矣"②之叹,好像周礼只存在鲁国,但这是误解。韩宣子的话并不是说只有鲁国才有周礼,而是说周礼文献在鲁国保存最为完善。张大亨的《春秋五礼例宗序》也认为,只有通过《春秋》记载之礼,才可能认识到孔子著作《春秋》的圣人之法,得识周礼。春秋时期的周礼是由周公制礼作乐开始,经过西周270多年的发展,而逐渐完善起来的一套礼制。这套礼制并没有文献存世,而是散见于《春秋》与《左传》,所以,张大亨归纳春秋五礼只能据以为说。今天认识春秋时期的礼,也只有通过《春秋》,特别是《左传》。

---

① 永瑢:《四库全书总目》(上),中华书局1983年版,第218页。
② 阮元刻:《春秋左传正义》昭公二年,《十三经注疏》(下),中华书局1982年版,第2025—2029页。

　　为什么礼会在春秋时期通行各国各阶层,因为礼是处理各种人际关系的准则。人际关系主要有君臣、夫妇、父子、兄弟、朋友,被称为五伦,尤其是前三伦最为重要,后来"三纲"就是关于处理这三种人际关系的准则。而各种人伦关系,都可以简化为人己关系,所以,说到底礼就是处理人己关系的规则。晋国的子余曾引《礼志》:"将有请于人,必先有入焉。欲人之爱己也,必先爱人。欲人之从己也,必先从人。无德于人,而求用人罪也。"①姑不说这里关于处理人际关系的观念与孔子的思想高度的一致,还透露出一个信息,就是春秋时期已经有关于礼的专门著作,就是《礼志》。而从这段引语看,《礼志》所说的礼是处理人己关系的准则,德则是礼的精神的集中体现。既然是处理人际关系的准则,人在社会生活中就离不开礼,礼通行社会各阶层也就是一种自然而然的状态。

二、礼是通行夷夏、社会各阶层的社会规范

　　周天子权威的失落是春秋时期的政治特点,但周天子还是名义上的宗主,周礼在春秋时期不只是周王朝的制度,也是通行于夷夏为天下公认的共同规制。晋国内乱,重耳出逃,"遂如楚,楚成王以周礼享之,九献,庭实旅百"②;这是楚国实行周礼的证据。子服景伯针对吴王的僭礼说:"周之王也,制礼上物,不过十二,以为天之大数也,今弃周礼,而曰必百牢,亦唯执事。"并言及吴的始祖"大伯端委以治周礼"③。这是讲吴国早有周礼实行的证明。而吴楚两国在春秋时期都被华夏视为蛮夷,如果蛮夷之地都通行周礼,华夏各国就更不用说了。这有力地说明春秋时期周礼是通行于夷夏的。

　　吴国、楚国不仅通行周礼,还有观射父这样的礼学大家。《国语》载:

---

① 佚名:《国语·晋语四》(下),上海古籍出版社 1978 年版,第 358 页。
② 佚名:《国语·晋语四》(下),上海古籍出版社 1978 年版,第 352 页。
③ 阮元刻:《春秋左传正义》哀公七年,《十三经注疏》(下),中华书局 1982 年版,第 2162—2163 页。

　　子期祀平王,祭以牛俎于王,王问与观射父,曰:"祀牲何及?"对曰:"祀加于举,天子举以大牢,祀以会;诸侯举以特牛,祀以太牢;卿举以少牢,祀以特牛;大夫举以特牲,祀以少牢;士食鱼炙,祀以特牲;庶人食菜,祀以鱼。上下有序则民不慢。"王曰:"其小大何如?"对曰:"郊禘不过茧栗,蒸尝不过把握。"王曰:"何其小也?"对曰:"夫神以精明临民者也,故求备物,不求丰大。是以先王之祀也,以一纯、二精、三牲、四时、五色、六律、七事、八种、九祭、十日、十二时辰以致之,百姓、千品、万官、亿丑,兆民经入畡数以奉之,明德以昭之,和声以听之,以告边至,则无不受休。毛以示物,血以告杀,接诚拔取以献具,为齐敬也。敬不可久,民力不堪,故齐肃以承之……是以古者先王日祭、月享、时类、岁祀,诸侯舍日,卿大夫舍月,士、庶人舍时。天子边祀群神品物,诸侯祀天地、三辰及其土之山川,卿大夫祀其礼,士、庶人不过其祖。日月会于龙尾,土气含收,天明昌作,百嘉备舍,群神频行。国于是乎蒸尝,家于是乎尝祀,百姓夫妇择其令辰,奉其牺牲,敬其粢盛,洁其粪除,慎其采服,禋其酒醴,帅其子姓,从其时享,虔其宗祝,道其顺辞,以昭祀其先祖,肃肃济济,如或临之。于是乎合其州乡朋友婚姻,比尔兄弟亲戚。于是乎弭其百苛,殄其谗慝,合其嘉好,结其亲昵,亿其上下,以申固其姓。上所以教民虔也,下所以昭事上也。天子禘郊之事,必自射其牲,王后必自舂其粢;诸侯宗庙之事,必自射牛,刲羊、击豕,夫人必自舂其盛。况其下之人,其谁敢不战战兢兢,以事百神!天子亲舂禘郊之盛,王后亲缫其服,自公以下至于庶人,其谁敢不齐肃恭敬致力于神!民所以摄固者也,若之何其舍之也!"①

这段话可以说是春秋时期论礼的一篇鸿文。涉及天子、诸侯、卿、大夫、士、庶

---

①　佚名:《国语·楚语下》(下),上海古籍出版社1978年版,第564—567页。

人各个阶层相应祭礼,与祭祀相关的太牢、少牢、特牲、郊禘、蒸尝、尝祀、宗庙之礼等名称,不同祭礼的各种礼数、时日的规定。没有对周礼的深入认识,一个楚国人是绝不可能作出如此鸿篇大论的。而能够对周礼作出如此精深的论述,无疑是名副其实的礼学大家。没有礼学普及的社会土壤,是绝产生不出这样的礼学大家的。正是周礼通行夷夏,所以,《左传》、《国语》关于礼的记载,涉及中原各国与周边的秦、楚、吴、越等国,无一例外。

周礼之所以通行夷夏,是因为周礼是全社会各阶层所必须遵循的法则,具有交流工具的性质。从《左传》、《国语》中可以看到,诸侯国朝见周天子,诸侯国之间礼聘、盟会,君臣之间的活动,卿大夫相互间的交往,都有相应的礼的规定。可以说,上到天子,下到士民,以至妇女都熟知周礼,是周礼的践行者。士民的知礼,可以曹刿为例。当鲁庄公欲去齐观社时,曹刿提出反对意见:

> 不可。夫礼,所以正民也。是故先王制诸侯,使五年四王、一相朝。终则讲于会,以正班爵之义,帅长幼之序,训上下之则,制财用之节,其间无由荒怠。夫齐弃太公之法而观民于社,君为是举而往之,非故业也,何以训民?土发而社,助时也。收捃而蒸,纳要也。今齐社而往观旅,非先王之训也。天子祀上帝,诸侯会之受命焉。诸侯祀先王、先公,卿大夫佐之受事焉。臣不闻诸侯相会祀也,祀又不法。[①]
> 君举必书,书而不法,后嗣何观?[②]

曹刿批评鲁庄公的根据就是不合礼。而曹刿原本是一介平民,至多是没有进入统治阶层的士,所以,他才有"肉食者鄙,未能远谋"[③]的名言。

---

① 对鲁庄公观社,杜预注的解释是:"齐因祭社蒐军实,故公往观之。"《春秋左传正义》的疏则说:"《鲁语》说此事云'夫齐弃大公之法而观民于社',孔晁云'聚民于社,观戎器也'。襄二十四年传称楚子使薳启疆如齐,齐社蒐军实,使客观之。知此亦然,故公往观之。"皆以观社与军事相关。但曹刿说观社是"诸侯相会祀也,祀又不法",则观社当为观看社祭。注疏皆不得其义。
② 阮元刻:《春秋左传正义》庄公二十三年,《十三经注疏》(下),中华书局1982年版,第1778—1779页。
③ 阮元刻:《春秋左传正义》庄公十年,《十三经注疏》(下),中华书局1982年版,第1767页。

还有厨师明礼的记载：

晋荀盈如齐逆女，还，六月，卒于戏阳。殡于绛，未葬。晋侯饮酒，乐。膳宰屠蒯趋入，请佐公使尊，许之。而遂酌以饮工，曰："女为君耳，将司聪也。辰在子卯，谓之疾日。君彻宴乐，学人舍业，为疾故也。君之卿佐，是谓股肱。股肱或亏，何痛如之？女弗闻而乐，是不聪也。"又饮外嬖嬖叔曰："女为君目，将司明也。服以旌礼，礼以行事，事有其物，物有其容。今君之容，非其物也，而女不见。是不明也。"亦自饮也，曰："味以行气，气以实志，志以定言，言以出令。臣实司味，二御失官，而君弗命，臣之罪也。"公说，彻酒。①

这位名叫屠蒯的膳宰，虽然有一定身份，但说穿了不过是一个为君主做饭的厨师。他也熟悉礼数，还能够策略地提出劝谏，使晋侯接受他的意见，没有违礼的现象出现。这次事件后，屠蒯也获得晋侯的信任，而在昭公十九年，还成为晋侯的特使"如周，请有事于雒与三涂"。杜预注："屠蒯，晋侯之膳宰也。以忠谏见进。"②就是指昭公九年，屠蒯谏劝晋侯饮酒一事。

鲁国公父文伯之母敬姜则是妇女知礼的代表，在《国语》就有四条关于她熟知周礼的记载：

公父文伯之母，季康子之从祖叔母也。康子往焉，闱门与之言，皆不逾阈。祭悼子，康子与焉，酢不受，彻俎不宴，宗不具不绎，绎不尽饫则退。仲尼闻之，以为别于男女之礼矣。③

公父文伯之母欲室文伯，飨其宗老，而为赋《绿衣》之三章。老请守龟卜室之族。师亥闻之曰："善哉！男女之飨，不及宗臣；宗室之谋，不过宗人。谋而不犯，微而昭矣。诗所以合意，歌所以咏诗也。

---

① 阮元刻：《春秋左传正义》昭公九年，《十三经注疏》（下），中华书局 1982 年版，第 2057 页。

② 阮元刻：《春秋左传正义》昭公十七年，《十三经注疏》（下），中华书局 1982 年版，第 2084 页。

③ 佚名：《国语·鲁语下》（上），上海古籍出版社 1978 年版，第 209 页。

今诗以合室,歌以咏之,度于法矣。"①

  公父文伯卒,其母戒其妾曰:"吾闻之:好内,女死之;好外,士死之。今吾子夭死,吾恶其以好内闻也。二三妇之辱共先者祀,请无瘠色,无洵涕,无掏膺,无忧容,有降服,无加服。从礼而静,是昭吾子也。"仲尼闻之曰:"女知莫如妇,男知莫如夫。公父氏之妇智也夫!欲明其子之令德。"②

  公父文伯之母朝哭穆伯,而暮哭文伯。仲尼闻之曰:"季氏之妇可谓知礼矣。爱而无私,上下有章。"③

这四条材料涉及同姓男女会面、婚姻、丧礼等多方面的礼制,敬姜的处置都一一符合周礼的规定,还受到孔子、师亥的"知礼"称赞。特别是得到孔子不止一次知礼的赞扬,敬姜的知礼可以说是名副其实。一个妇女能够在方方面面都合于周礼,没有长期的践行是无法想象的。这表明春秋时期社会各阶层的人受到周礼的影响,周礼通行于社会各阶层。所以,不明周礼,就无法知晓春秋时期的社会与人的真实状况,礼是理解春秋时期的一把钥匙。

第二节　礼　数

  礼有义、仪之分。《礼记》称之为义与数:"礼之所尊,尊其义也。失其义,陈其数,祝史之事也。故其数可陈也,其义难知也。知其义而敬守之,天子之所以治天下也。"《礼记正义》疏解说:"若不解礼之义理,是失其义;惟知布列笾豆,是陈其数,其事轻,故云祝史之事也。谓笾豆事物之数可布陈,以其浅易故也。其礼之义理难以委知,以其深远故也。言圣人能知其义理而恭敬守之,

---

① 佚名:《国语·鲁语下》(上),上海古籍出版社 1978 年版,第 210 页。
② 佚名:《国语·鲁语下》(上),上海古籍出版社 1978 年版,第 211 页。
③ 佚名:《国语·鲁语下》(上),上海古籍出版社 1978 年版,第 212 页。

是天子所以治天下也。"①笾与豆都是古代盛装食物的器皿,竹制品称为笾,木制品名为豆,这里用来代表祭祀时行礼所用的器具。器具因祭礼不同,而所用器具也不同,而且所用器具的数量也有差异。器具种类不一,名目各异,一个品类不能概括全部,但其中都有数量的规定,都可以用数来说明其差异,而数所表示只是礼的器物与外在形式,所以,人们就用数表示与义理相对的一面。数是抽象的,具有普遍性,可用于说明万事万物。与礼的义理相对的数,绝不是简单的纯数字,而是表示礼的外在形式的总和。在这个意义上,数与仪是同一概念,都是表示与礼的义理相对的外在形式。数有数字的问题,但礼数之数绝不是研究数字问题,而是礼的外在形式,是与礼仪、仪节同义的词语。

一、礼数与等差

春秋时期所讲的礼数,主要是指礼的外在形式的规定。礼数的最大特点是讲数量差异。如"会于邢丘,以命朝聘之数,使诸侯之大夫听命,季孙宿,齐高厚,宋向戌,卫甯殖,邾大夫会之,郑伯献捷于会,故亲听命,大夫不书,尊晋侯也"②;"公如晋朝,且听朝聘之数"③;这是朝聘有数的证据。"季文子问师数于臧武仲,对曰:'伐郑之役,知伯实来,下军之佐也,今彘季亦佐下军,如伐郑可也,事大国无失班爵,而加敬焉礼也。'从之。"④这是关于军队建制有礼数的记载。"尝、禘、蒸、享之所致君胙者有数矣。出入受事之币以致君命者,亦有数矣"⑤。

---

① 阮元刻:《礼记正义·郊特牲》卷二十六,《十三经注疏》(下),中华书局 1982 年版,第1455 页。

② 阮元刻:《春秋左传正义》襄公八年,《十三经注疏》(下),中华书局 1982 年版,第1939 页。

③ 阮元刻:《春秋左传正义》襄公八年,《十三经注疏》(下),中华书局 1982 年版,第1939 页。

④ 阮元刻:《春秋左传正义》成公十八年,《十三经注疏》(下),中华书局 1982 年版,第1925 页。

⑤ 佚名:《国语·鲁语下》(上),上海古籍出版社 1978 年版,第 171 页。

这是讲四季祭祀、人臣出入外交皆有礼数。大到分封诸侯、祭祀天地祖先、各国礼聘、盟会、战争、婚姻,小到人的穿衣吃饭、一言一行,无不有礼数的规定。

具体到各种礼的规定上都存在这样的数量等差。如"天子七月而葬,同轨毕至,诸侯五月,同盟至,大夫三月,同位至,士逾月"①,这是讲丧礼在天子、诸侯、大夫、士阶层时间长短的不同规定;"天子祀上帝,公侯祀百辟,自卿以下不过其族"②,这是讲天子、诸侯、卿大夫祭祀的不同礼数;《礼记》所述王七庙,诸侯五庙、大夫三庙、适士二庙,官师一庙,庶士庶人无庙③,这是天子到庶人七等庙制的数量规定;"天子用八,诸侯用六,大夫四,士二。夫舞所以节八音而行八风,故自八以下"④,这是讲羽舞在天子、诸侯、大夫、士不同阶层的数量之别;"诸侯五年再相朝,以修王命,古之制也"⑤,这是讲诸侯讲朝聘的时间规定。总之,在各种礼仪的具体规定中,绝对大多数都有确定的数量规定,是可以通过数字来说明的。鲁国的郈敬子就曾举例说:"尝、禘、蒸、享之所致君胙者有数矣。出入受事之币以致君命者,亦有数矣。"⑥而当时讲得最多的是天子、诸侯、卿大夫与士的各种礼数不同,这四个阶层也是春秋时期最为活跃的集团。

数字多少的不同,只是礼数的表现之一。礼数的规定是贯穿社会生活的方方面面,尤其是政治生活的各个层面,几乎是无所不包,无处不在。所以,礼数虽然主要表现为数字的多少,但数字多少并不是礼数的唯一形式。如"凡

---

① 阮元刻:《春秋左传正义》隐公元年,《十三经注疏》(下),中华书局 1982 年版,第1717 页。

② 佚名:《国语·晋语八》(下),上海古籍出版社 1978 年版,第 478 页。

③ 阮元刻:《礼记正义·祭法》卷四十六,《十三经注疏》(下),中华书局 1982 年版,第1588—1589 页。

④ 阮元刻:《春秋左传正义》隐公五年,《十三经注疏》(下),中华书局 1982 年版,第 1727—1728 页。

⑤ 阮元刻:《春秋左传正义》文公十五年,《十三经注疏》(下),中华书局 1982 年版,第1855 页。

⑥ 佚名:《国语·鲁语下》(上),上海古籍出版社 1978 年版,第 171 页。

公女嫁于敌国,姊妹则上卿送之,以礼于先君,公子则下卿送之。于大国,虽公子亦上卿送之。于天子,则诸卿皆行,公不自送。于小国,则上大夫送之"①,这是关于天子到诸侯的婚礼送亲者的身份礼数;"凡诸侯之丧,异姓临于外,同姓于宗庙(杜预注:所出王之庙),同宗于祖庙(杜预注:始封君之庙),同族于祢庙(杜预注:父庙也。同族,谓高祖以下。)。是故鲁为诸姬,临于周庙,为邢、凡、蒋、茅、胙、祭临于周公之庙"②,这是讲诸侯丧礼是哭于宗庙还是祖庙,是依诸侯是同姓还是异姓的血缘亲疏不同。此外,举凡与礼仪相关的表现形式,从居住房屋的大小、装饰,日常物品的形制、颜色,在朝聘、盟会时的排位,人际交往中的各种定位,到人的各种表情,语言的迟缓急速,视觉的高低,走路的快慢等,都有礼数的规定。礼数存在与衣食住行、各种人际关系与社会活动中,其表现形式是多方面的,数字只是重要体现并非全部。礼数是可以感知礼的各种外在形式的总和。春秋时期对一些不合礼的批评,常常就是通过对不合礼数的感知而做出的。

作为礼的外在形式,礼数又被称为威仪。《礼记·中庸》说:"礼仪三百,威仪三千。"孔颖达疏:"威仪三千者,即《仪礼》中行事之威仪。"③春秋时期有关礼制的动作仪节、礼仪都被称为威仪。鲁臧僖伯有"习威仪"④之说,刘康公言及"动作礼义威仪之则"⑤;卫甯子说:"古之为享食也,以观威仪。"⑥晋叔向

---

① 阮元刻:《春秋左传正义》桓公三年,《十三经注疏》(下),中华书局 1982 年版,第1746 页。

② 阮元刻:《春秋左传正义》襄公十二年,《十三经注疏》(下),中华书局 1982 年版,第1952 页。

③ 阮元刻:《礼记正义·中庸》卷十七,《十三经注疏》(下),中华书局 1982 年版,第1833 页。

④ 阮元刻:《春秋左传正义》隐公五年,《十三经注疏》(下),中华书局 1982 年版,第1726 页。

⑤ 阮元刻:《春秋左传正义》成公十三年,《十三经注疏》(下),中华书局 1982 年版,第1911 页。

⑥ 阮元刻:《春秋左传正义》成公十四年,《十三经注疏》(下),中华书局 1982 年版,第1913 页。

说:"慎吾威仪"①;王子朝批评单旗、刘狄:"傲很威仪,矫诬先王"②,这些言及的威仪都是礼的外在表现形式,是指礼仪、礼节之类,与礼数同义。对威仪作出详细解释的是《左传》如下一大段话:

> 卫侯在楚,北宫文子见令尹围之威仪,言于卫侯曰:"令尹似君矣,将有他志,虽获其志,不能终也,《诗》云:'靡不有初,鲜克有终。'终之实难,令尹其将不免。"公曰:"子何以知之?"对曰:"《诗》云:'敬慎威仪,惟民之则。'令尹无威仪,民无则焉,民所不则,以在民上,不可以终。"公曰:"善哉,何谓威仪?"对曰:"有威而可畏,谓之威,有仪而可象,谓之仪,君有君之威仪,其臣畏而爱之,则而象之,故能有其国家,令闻长世;臣有臣之威仪,其下畏而爱之,故能守其官职,保族宜家。顺是以下,皆如是,是以上下能相固也。《卫诗》曰:'威仪棣棣,不可选也。'言君臣上下,父子兄弟,内外大小,皆有威仪也。《周诗》曰:'朋友攸摄,摄以威仪。'言朋友之道,必相教训,以威仪也。《周书》数文王之德曰,大国畏其力,小国怀其德,言畏而爱之也。《诗》云:'不识不知,顺帝之则。'言则而象之也。纣囚文王七年,诸侯皆从之囚,纣于是乎惧而归之,可谓爱之;文王伐崇,再驾而降为臣,蛮夷帅服,可谓畏之;文王之功,天下诵而歌舞之,可谓则之;文王之行,至今为法,可谓象之,有威仪也。故君子在位可畏,施舍可爱,进退可度,周旋可则,容止可观,作事可法,德行可象,声气可乐,动作有文,言语有章,以临其下,谓之有威仪也。"③

威仪分开说,威是指威严可畏,仪是指由仪节形象表现的形式。礼无论是事神

---

① 阮元刻:《春秋左传正义》昭公五年,《十三经注疏》(下),中华书局1982年版,第2041页。

② 阮元刻:《春秋左传正义》昭公二十六年,《十三经注疏》(下),中华书局1982年版,第2114页。

③ 阮元刻:《春秋左传正义》襄公三十一年,《十三经注疏》(下),中华书局1982年版,第2016页。

祈福之礼,还是周礼,其外在的仪节形式,都带有令人敬畏的内涵,能够给人以庄严威武之感,故称之为威仪。所以,威仪是由威、仪组合成的词组,用以表示礼的外在仪节、仪式,以与一般的行事形式相区别,说明礼仪的庄重严肃性。虽然每一威仪都包含特定的内涵,但内涵是看不见的,看得见、能够被人感知的只是威仪本身。威仪需要通过进退、周旋、容止、施舍、作事、德行、声气、动作、言语等表现出来,而进退等都有可以感知的表现形式。人的身份不同,威仪也各异。君臣不同,威仪亦异。正是依据这一关于威仪的理论,所以,北宫文子见到公子围的威仪,说他没有威仪,因为公子围此时只是令尹,却没有臣子应有的威仪,而是举止僭越,采用了楚王的威仪。

以威仪称谓礼仪,在《诗经》中有 17 处之多。如北宫文子所引的“威仪棣棣,不可选也”,出自《邶风·柏舟》①;“敬慎威仪,维民之则”,出自《大雅·荡之什·抑》与《鲁颂·泮水》;“朋友攸摄,摄以威仪”,出自《大雅·生民之什·既醉》。这些言威仪的诗句,大约分为两类:一类是称颂周的统治者如仲山甫等有威仪,及其肯定威仪价值的内容。如北宫文子所引,以及《大雅·生民之什·假乐》的“威仪抑抑、德音秩秩。无怨无恶、率由群匹。受福无疆、四方之纲。”《大雅·生民之什·民劳》的“敬慎威仪,以近有德”。《大雅·荡之什·抑》的“抑抑威仪、维德之隅”、“敬慎威仪、维民之则”、“慎尔出话,敬尔威仪。无不柔嘉”;《大雅·荡之什·烝民》的“仲山甫之德、柔嘉维则。令仪令色、小心翼翼。古训是式、威仪是力、天子是若、明命使赋”《周颂·清庙之什·执竞》的“降福简简、威仪反反。既醉既饱、福禄来反”。这些作品基本上属于西周的诗歌。而另一类这是对威仪沦丧的批评诗句,如《小雅·甫田之什·宾之初筵》的“曰既醉止,威仪幡幡。舍其坐迁,屡舞僛僛。……曰既醉止,威仪怭怭。是曰既醉,不知其秩”,是揭露卿大夫贵族吃醉酒后威仪全

---

① 今本《诗经》出自《邶风》,北宫文子说出自《卫诗》,据高亨的《诗经今注》,春秋时期人们认为《邶风》、《鄘风》、《卫风》都是卫国的诗,今本十五国风的区分出自汉代。(《诗经今注》,上海古籍出版社 1980 年版,第 7 页。)

失的各种丑态;《大雅·生民之什·板》的"天之方懠,无为夸毗。威仪卒迷,善人载尸",与《大雅·荡之什·瞻仰》的"不吊不祥,威仪不类。人之云亡,邦国殄瘁",是痛斥统治者没有威仪,丧失本有,而带给善良人们的灾难。这些诗句基本上是春秋时期的作品,是当时礼崩乐坏的现实写照。

　　春秋时期人们常常将礼数、威仪等同于礼,所以,在《左传》、《国语》记载解释、盟会、朝聘、宴享、丧葬、婚姻时,往往以合不合礼数、威仪,作为评价一个人是否知礼、合礼的标准。但春秋时期礼崩乐坏,各个阶层的人都不守礼数,丧失威仪,因而《左传》、《国语》多有斥责非礼的记载,例如:"公矢鱼于棠,非礼也"①;"齐侯送姜氏于讙,非礼也"②;"虢公、晋侯朝王,王飨醴,命之宥,皆赐玉五瑴,马三匹,非礼也,王命诸侯,名位不同,礼亦异数,不以礼假人"③;"哀姜至。公使宗妇觌,用币,非礼也"④。特别是季孙氏的八佾舞于庭,被孔子以怒斥为"是可忍孰不可忍"⑤。《左传》载:"公问羽数于众仲。对曰:'天子用八,诸侯用六,大夫四,士二。夫舞所以节八音而行八风,故自八以下。'公从之。于是初献六羽,始用六佾也。"⑥季孙氏只是鲁国的大夫,按照礼数,应该用四佾的羽舞,但他却用了是天子的礼数,所以遭到孔子的严厉批评。凡是不合礼的言行,在《左传》、《国语》、《公羊传》、《穀梁传》中都遭到毫无例外的批评。仅《左传》一书就有55处直接批评"非礼"的记叙。但有一个奇怪的现象,按照春秋时期礼崩乐坏的现实,批评非礼的应该远多于赞扬合礼的,但

---

　　①　阮元刻:《春秋左传正义》隐公五年,《十三经注疏》(下),中华书局 1982 年版,第 1726 页。

　　②　阮元刻:《春秋左传正义》桓公三年,《十三经注疏》(下),中华书局 1982 年版,第 1746 页。

　　③　阮元刻:《春秋左传正义》庄公十八年,《十三经注疏》(下),中华书局 1982 年版,第 1772—1773 页。

　　④　阮元刻:《春秋左传正义》庄公二十四年,《十三经注疏》(下),中华书局 1982 年版,第 1779 页。

　　⑤　阮元刻:《论语注疏·八佾》,《十三经注疏》(下),中华书局 1982 年版,第 2465 页。

　　⑥　阮元刻:《春秋左传正义》隐公五年,《十三经注疏》(下),中华书局 1982 年版,第 1727—1728 页。

《左传》直接以"礼也"赞扬合礼的竟达 178 次,是批评非礼的 3.5 倍,如"曹大子来朝,宾之以上卿,礼也"①、"吴子寿梦卒,临于周庙,礼也"②等等,不胜枚举。这说明《左传》的作者虽然面对礼崩乐坏,但他的态度与立场是鼓励对礼的遵循,所以,重点就不在斥责非礼,而在赞扬守礼、合礼。这是《左传》所要确立的价值取向。

二、等差与贵贱亲疏

礼数、威仪制定的根据是社会阶层等差。人的身份不同,礼数也不同,威仪也有区别。礼数、威仪的本质是人的社会等差的理论表现。所以,春秋言礼数、威仪,常常与贵贱等差联系为说。鲁国的臧僖伯说:"故春搜,夏苗,秋獮,冬狩,皆于农隙以讲事也,三年而治兵,入而振旅,归而饮至,以数军实昭文章,明贵贱,辨等列,顺少长,习威仪也。"③晋国大夫张老说:"从其等,礼也。"④叔向说:"是故明王之制,使诸侯岁聘以志业,间朝以讲礼,再朝而会以示威,再会而盟以显昭明,志业于好,讲礼于等,示威于众,昭明于神,自古以来,未之或失也,存亡之道,恒由是兴。"⑤师服说:"吾闻国家之立也,本大而末小,是以能固,故天子建国,诸侯立家,卿置侧室,大夫有二宗,士有隶子弟,庶人工商,各有分亲,皆有等衰,是以民服事其上,而下无觊觎。"⑥若遇日食,"天子不举,伐鼓于社,诸侯用币于社,伐鼓于朝,以昭事神,训民事君,示有等威,

---

① 阮元刻:《春秋左传正义》桓公九年,《十三经注疏》(下),中华书局 1982 年版,第 1754 页。
② 阮元刻:《春秋左传正义》襄公十二年,《十三经注疏》(下),中华书局 1982 年版,第 1952 页。
③ 阮元刻:《春秋左传正义》隐公五年,《十三经注疏》(下),中华书局 1982 年版,第 1726 页。
④ 佚名:《国语·晋语八》(下),上海古籍出版社 1978 年版,第 469 页。
⑤ 阮元刻:《春秋左传正义》昭公十三年,《十三经注疏》(下),中华书局 1982 年版,第 2071 页。
⑥ 阮元刻:《春秋左传正义》桓公二年,《十三经注疏》(下),中华书局 1982 年版,第 1744 页。

古之道也"①。这些地方所说的等、等列、等衰、等威,皆为等差之义。等差就是人在不同社会阶层与社会关系中,而所具有相应的社会境遇的差别。这个境遇主要指在社会中权力的大小,占有的经济份额、文化资源的多少,在社会与家族中的话语权等。

等差确立主要原则有两条:一是尊尊;二是亲亲。这也是礼数等差确立的依据所在。《礼记》说:"亲亲之杀,尊贤之等,礼所生也。"②亲亲之杀,是指依血缘关系的远近而形成的亲疏之别,尊贤之等是指政治地位高低形成的社会等差。这里将尊贤与社会等差相联系,是儒学的政治理想的思想渊源。儒学的政治理想,是以德才配位,社会职务的高低应该与德才相匹配,这是很有价值的宝贵思想。但这绝不是现实的说明,现实的政治之等,绝非以德才的贤来决定,更多的是窃钩者诛,窃国者侯,所以,虽然不排除现实有尊贤之等,但更多的是以政治等级区分尊卑,不是尊贤的尊尊,而是尊贵的尊尊。这种现实与理想的背离,使尊贤的理念很难得到体现,反倒成为尊尊的蒙羞布,德不配位成为常态,而带给人民则是无尽的灾难。

尊尊主要是社会等级的政治认同原则。申叔时说:"明等级以导之礼。"③就是说讲礼的作用在分辨等级,讲等级就是说的以尊尊为核心的尊卑之分。周代从一开始,就确立了以周天子为最高政治核心,以分封制为制度而形成的公、侯、伯、子、男五等爵的政治体制,天子的中央王朝与诸侯国都有卿、大夫的各级官僚设置,在卿、大夫下还有家臣,其下还有士的阶层,最底层是几无政治权利被称为庶人的群众。社会就是以周天子为最高层,以庶人为最底层,而形成的层层相扣但界限分明的统一体。尊尊的原则,就是肯定这一社会构建的

---

① 阮元刻:《春秋左传正义》文公十五年,《十三经注疏》(下),中华书局 1982 年版,第1855 页。

② 阮元刻:《礼记正义·中庸》卷十九下,《十三经注疏》(下),中华书局 1982 年版,第1629 页。

③ 佚名:《国语·楚语上》(下),上海古籍出版社 1978 年版,第 529 页。

理论。在礼数、威仪上，社会阶层越高，礼数也最隆盛，威仪也最庄严，而阶层越低，礼数也就越简单，以至庶人几乎没有什么礼数可言。从相关的文献可以看到，在各种礼数的规定中，一般说来总是等级越高礼数也越多，如前面提到的各种礼数规定，都是天子最多，王公次之，卿大夫再次，士最少。所谓普天之下莫非王土、率土之滨莫非王臣，以周天子为最高主宰的话语，就是礼的尊尊的典型体现。

尊尊的现实意义是通过区分等级，以立贵贱尊卑的社会秩序。周王朝的内史过说："古者，先王既有天下，又崇立上帝、明神而敬事之，于是乎有朝日、夕月以教民事君。诸侯春秋受职于王以临其民，大夫、士日恪位着以儆其官，庶人、工、商各守其业以共其上。犹恐其有坠失也，故为车服、旗章以旌之，为贽币、瑞节以镇之，为班爵、贵贱以列之，为令闻嘉誉以声之。"①臧僖伯以"明贵贱"与"辨等列"并列；北宫文子称赞公孙挥时，说他"能知四国之为，而辨于其大夫之族姓，班位贵贱能否，而又善为辞令"②，这几处都将设置职官的班爵、等列、班位与贵贱联系为说。社会等级的本质就在贵贱之分，即尊卑之别。随武子说："君子小人，物有服章，贵有常尊，贱有等威；礼不逆矣。"③区分贵贱尊卑，礼才能够得到顺利通行。

依贵贱的不同，春秋时期将社会的人分为十个等级，而有"人有十等"之说："天有十日，人有十等，下所以事上，上所以共神也。故王臣公，公臣大夫，大夫臣士，士臣皂，皂臣舆，舆臣隶，隶臣僚，僚臣仆，仆臣台。"④这里讲到除周天子之外的王、公、大夫、士、皂、舆、隶、僚、仆、台十个等级，包括了社会上除天

---

① 佚名：《国语·周语上》（上），上海古籍出版社 1978 年版，第 37 页。

② 阮元刻：《春秋左传正义》襄公三十一年，《十三经注疏》（下），中华书局 1982 年版，第 2015 页。

③ 阮元刻：《春秋左传正义》宣公十二年，《十三经注疏》（下），中华书局 1982 年版，第 1879 页。

④ 阮元刻：《春秋左传正义》昭公七年，《十三经注疏》（下），中华书局 1982 年版，第 2048 页。

子之外的所有人,在人的十个等级之间,存在的是高等级对低等级的管制,低等级对高等级的臣服,这里将其与天有十日相对应,是以天道来说明等级制的合理性,以论证人有十等如同天有十日,是无可变更的法则。在稍后的《礼记》作了充分的发挥,凡涉及礼数的问题,总是联系人的社会等级,以贵贱、尊卑为说,如"席,小卿次上卿,大夫次小卿,士、庶子以次就位于下。献君,君举旅行酬;而后献卿,卿举旅行酬;而后献大夫,大夫举旅行酬;而后献士,士举旅行酬;而后献庶子。俎豆、牲体、荐羞,皆有等差,所以明贵贱也"①;"尸饮五,君洗玉爵献卿;尸饮七,以瑶爵献大夫;尸饮九,以散爵献士及群有司,皆以齿。明尊卑之等也"②等等。而"礼义立,则贵贱等矣"③、"贵贱之等级"④、"别贵贱之等"⑤等语更是随处可见。对礼最有造诣的荀子,以分莫大于礼,所谓分就是指的尊卑贵贱的等差之分。现在还对有社会地位的人称为尊贵的客人,其尊贵一词的最深远根源,就在以礼区分贵贱尊卑的文化因子。

亲亲则是依血缘远近来分别亲疏,以确立相应礼数或威仪的原则。血缘关系是人类出现以来,就伴随着人类的最重要人际关系。在远古时代,单独的个人很难独自生存,而必须依赖于有血缘关系的氏族为组织。氏族组织要在与其他氏族的争斗中壮大发展,也离不开血缘关系的纽带,来强化其凝聚力。所以,中国自古以来就十分重视血缘亲情,且很早就形成了以血缘亲疏为纽带而形成的宗法社会。宗法是以血缘为基础,以小宗尊奉大宗为法则,而形成的

① 阮元刻:《礼记正义·燕义》卷六十二,《十三经注疏》(下),中华书局 1982 年版,第 1690 页。

② 阮元刻:《礼记正义·祭统》卷四十九,《十三经注疏》(下),中华书局 1982 年版,第 1605 页。

③ 阮元刻:《礼记正义·乐记》卷三十七,《十三经注疏》(下),中华书局 1982 年版,第 1529 页。

④ 阮元刻:《礼记正义·月令》卷十七,《十三经注疏》(下),中华书局 1982 年版,第 1381 页。

⑤ 阮元刻:《礼记正义·祭统》卷四十九,《十三经注疏》(下),中华书局 1982 年版,第 1604 页。

社会组织结构。在宗法中大宗往往是一姓的始祖,小宗则是由始祖分流出来的单位,被称为氏族。清代的朱大韶在《实事求是斋经义·以字为谥辨》,曾有明白的说明:"族者,氏之别名;姓者,所以统系百世使不别也;氏者,所以别子孙之所出。然则姓统于上,若大宗然;氏别于下,若小宗然。"①姓从女,从生,反映的是母系氏族的状况,而能够得以成为大宗的姓,常常是古代圣王的姓。如周王朝为姬姓,文王、武王及其周天子在周为大宗,其余分封的同姓则为小宗,这也说明宗法不只是血缘关系,同时也是政治关系,即所谓家国同构的关系。宗法一直在中国社会发生作影响,中国社会在历史上具有世界其他国家所没有的稳定性、民族团结性等,以及长期奉行的唯上是尊、家长制、情大于法等弊端都与此社会构建有直接关系。

根据文献记载,这一宗法关系最早出现在黄帝时代,晋国司空季子曾经说,黄帝之后分为二十五宗,得姓者十四人为十二②,司马迁著《史记·五帝本纪》亦采以为说,但并没有得到证实。据较为可靠的文献记载,姓氏族组织至少在殷商就已经出现,卫国的子鱼曾讲到,周初封建,鲁公分得殷民条氏、徐氏、萧氏、索氏、长勺氏、尾勺氏六族,康叔分得殷民陶氏、施氏、繁氏、锜氏、樊氏、饥氏、终葵氏七族,皆为殷的氏族,故称殷民;唐叔分得怀姓九宗,不是殷的氏族,就是附于殷的氏族,否则,是不会作为分封品的。③ 周王朝取代殷商,靠的也是姬姓与姜姓两大氏族的联盟。周初的分封,则是以姬姓为主的氏族对权力、资源的分配。对周初的分封及其意义,富辰在谏周王将以狄伐时的一大段话有过清晰的说明:

富辰谏曰:"不可,臣闻之,大上以德抚民,其次亲亲,以相及也。

昔周公吊二叔之不咸,故封建亲戚,以蕃屏周,管、蔡、郕、霍、鲁、卫、

---

① 朱大韶:《实事求是斋经义·以字为谥辨》,阮元、王先谦辑:《清经解·续清经解》第11册,凤凰出版社2005年版,第3770页。

② 参见佚名:《国语·晋语四》(下),上海古籍出版社1978年版,第356页。

③ 参见阮元刻:《春秋左传正义》定公四年,《十三经注疏》(下),中华书局1982年版,第2134—2135页。

> 毛、聃、郜、雍、曹、滕、毕、原、酆、郇，文之昭也；邢、晋、应、韩，武之穆
> 也；凡、蒋、邢、茅、胙、祭，周公之胤也。召穆公思周德之不类，故纠合
> 宗族于成周，而作诗，曰：'常棣之华，鄂不韡韡，凡今之人，莫如兄
> 弟。'其四章曰：'兄弟阋于墙，外御其侮。'而是则兄弟虽有小忿，不
> 废懿亲。今天子不忍小忿，以弃郑亲，其若之何？……周之有懿德
> 也，犹曰莫如兄弟，故封建之，其怀柔天下也，犹惧有外侮，扞御侮者，
> 莫如亲亲，故以亲屏周，召穆公亦云。今周德既衰，于是乎又渝周召，
> 以从诸奸，无乃不可乎，民未忘祸，王又兴之，其若文武何？"①

这里提到春秋时期的晋、鲁、郑、卫、曹等 26 个国家，皆为姬姓的诸侯国，与周
文王、周武王和周公有直接血亲关系的后代。富辰说得很清楚，周初的这一封
建的原则就是亲亲，而目的就是以亲屏周，即通过同姓的亲情来维稳周天子为
宗主的周王朝。分封时，各诸侯国的等差，就有礼数的规定。而这些规定，也
成为各个诸侯国后来行礼所必须遵守的礼仪。

在周王朝中，周天子是大宗，被分封的同姓诸侯国则是小宗。而周天子分
封的原则是亲亲，所以，周初分封同姓多是文王、武王的后代，或是周公的后
代。在各诸侯国也通行亲亲的原则。春秋时期鲁有三桓、晋有六卿、齐有六
贵、郑有七穆等，皆为各国同姓的贵族。鲁国的"三桓"为季孙氏、孟孙氏、叔
孙氏，都是鲁桓公的后代，是春秋时期鲁国最有权势的卿大夫，三桓曾三分公
室，不久又四分公室，因季孙氏专权，而分得四分之二。郑国七穆是驷氏、罕
氏、国氏、良氏、印氏、游氏、丰氏家族的合称，他们都是郑穆公的后代；晋国六
卿是指晋国三军将佐，晋文公立上中下三军，各设将、佐一名，这六卿交替掌
管晋国军政，狐氏、先氏、郤氏、胥氏、栾氏、范氏、韩氏、、中行氏皆为姬姓的
后代。

不仅姬姓各国，春秋时期中原各国的贵族都存在亲亲的血缘联系，这些贵

---

① 阮元刻：《春秋左传正义》僖公二十四年，《十三经注疏》（下），中华书局 1982 年版，第
1817 页。

族成为春秋时期社会中最有影响的团体。仅《左传》记载相关的氏族就有姜氏、君氏、武氏、展氏、尹氏、鴌氏、孔氏、季氏、华氏、雍氏、周氏、臧氏、甯氏、茅氏、罕氏、印氏、向氏、邁氏、駟氏、晳氏、段氏、豐氏、陳氏、管氏、泄氏、英氏、风氏、赵氏、车氏、贾氏、嬴氏、芊氏、隗氏、周氏、子车氏、已氏、戴氏、姬氏、崔氏、夏氏、召氏、毛氏、辅氏、伯氏、施氏、郤氏、桓氏、荡氏、高氏、鲍氏、庆氏、国氏、妣氏、狐氏、阳氏、孟氏、駟氏、刘氏、彊氏、归氏、甘氏、郈氏、曹氏、寒氏、匠氏、己氏、孙氏、皇氏、游氏、颌氏、苏氏、懿氏、栾氏、堵氏、侯氏、尉氏、司氏、党氏、梁氏、單氏、若敖氏、针巫氏、叔孙氏、须遂氏、遂因氏、工娄氏、皋落氏、东门氏、郁瑕氏、伯有氏、北官氏、华臣氏、子人氏、子师氏、子尾氏、子良氏、子旅氏、子期氏、羊舌氏、北官氏、中行氏等，至少有上百家氏族贵族。这些贵族在各诸侯国起着国家支柱的作用，叔向说："晋之公族尽矣，肸闻之，公室将卑，其宗族枝叶先落，则公从之，肸之宗十一族，唯羊舌氏在而已，肸又无子，公室无度，幸而得死，岂其获祀。"[1]叔向这一哀叹，既是礼崩乐坏的写实，也是氏族贵族支撑公室作用的说明。郑樵在《通志·氏族序》说的"氏所以别贵贱，贵者有氏"，完全符合殷商以来氏族即贵族的社会状况。"无骇卒。羽父请谥与族。公问族于众仲。众仲对曰：'天子建德，因生以赐姓，胙之土而命之氏。诸侯以字为谥，因以为族。官有世功，则有官族，邑亦如之。'公命以字为展氏。"注："诸侯之子称公子，公子之子称公孙，公孙之子以王父字为氏，无骇公子展之孙，故为展氏。"[2]这也说明春秋时期的氏族多是与周天子或诸侯国的公室子弟发展而来，而氏族的存在与发展，都是依靠亲亲的原则来维系的。亲亲原则是维系周王朝统治最重要的法宝，也是西周礼制的最根本的法则。

---

① 阮元刻:《春秋左传正义》昭公三年,《十三经注疏》(下),中华书局 1982 年版,第 20231 页。

② 阮元刻:《春秋左传正义》隐公八年,《十三经注疏》(下),中华书局 1982 年版,第 1734 页。

亲亲的原则之所以被认可,来源古代人们对族群之间人际关系的认同。季文子引《史佚之志》:"非我族类,其心必异"①。史佚是西周初年的思想家,他写进《志》中的话,一定是社会已经公认的理念,这说明以同族必定心同,异族一定异志的观念,应该在商代就已经出现,所以,才会被西周初年的史佚写进著作中。在古代生产力极为低下的时代,个人离开族群,是难以得到发展的,甚至生存都有困难,所以,个人必须依赖族群,面对敌对的族群,这一最严酷的现实,为着个人与族群的生死存亡,同族的人总是能够团结一致,一心对敌。所以,这一观念应当形成于古代族群间为生存发展的相互斗争,是古人在族群斗争中用生命与鲜血得出的经验总结。史佚将其载于志书,季文子也引以为说,说明这是周人与商人的共识。春秋时期的司空季子,更讲出了"同姓则同德,同德则同心,同心则同志"②,用同德、同心、同志的三同说来进一步发展史佚的观念,这不仅对促进同族团结,一心一德地去争取族群的生存空间,提供最有说服力的武器,而且也为亲亲原则提供了带有现实意义的理论依据。特别是"同志"一词,两千年后被某些党派依然在春秋时期的词义上,用来称呼同一党派的朋友,这是春秋时期文化的深远历史影响的表现。

根据这一亲亲关系,春秋时期主张同姓各国都应该相互团结,同心同德,在涉及利害关系时,只能维护同姓的利益,而绝不能偏袒异姓,谁违反这一原则,就会受到批评:

> 晋平公,杞出也,故治杞。六月,知悼子合诸侯之大夫以城杞,孟孝伯会之。郑子大叔与伯石往。子大叔见大叔文子,与之语。文子曰:"甚乎! 其城杞也。"子大叔曰:"若之何哉? 晋国不恤周宗之阙,而夏肆是屏。其弃诸姬,亦可知也已。诸姬是弃,其谁归之? 吉也闻

---

① 阮元刻:《春秋左传正义》成公四年,《十三经注疏》(下),中华书局 1982 年版,第 1901 页。

② 佚名:《国语·晋语四》(下),上海古籍出版社 1978 年版,第 352 页。

之,弃同即异,是谓离德。《诗》曰:'协比其邻,昏姻孔云。'晋不邻

矣,其谁云之?"①

杞为夏后,晋为姬姓,非同姓,但晋平公因母亲是杞人,而利用其晋国的盟主地位,让各国去帮助杞国治理其地,修其城,这就背离了亲亲原则,所以被子大叔批评是"弃同即异",指责由此会带来姬姓各国离心离德的恶果。

春秋时期亲亲原则的最明显体现,是同为同姓的诸侯国皆以兄弟相称,这就是晋国司空季子说的"同姓为兄弟"②。所以,这一兄弟之情在春秋时期受到高度赞美。《左传》、《国语》多有同姓诸侯国为兄弟的说法,如"晋与鲁卫,兄弟也"③等,《诗经》有18首诗涉及兄弟情义,虽然有的不出自春秋时期,如《常棣》等,但诗里体现的重视兄弟亲情血缘关系的精神,依然在春秋时期盛行。所以,孔子著《春秋》,最痛恨兄弟相残,对灭同姓的行为斥之为狄夷,孔子书"晋伐鲜虞",何休以为:"谓之晋者,中国以无义,故为夷狄所强。今楚行诈灭陈、蔡,诸夏惧然去而与晋会于屈银,不因以大绥诸侯,先之以博爱,而先伐同姓,从亲亲起,欲以立威行霸,故狄之。"④董仲舒说伐是用在小夷的文字⑤,故何休说孔子用伐是将晋国视为夷狄,其原因则是鲜虞与晋为同姓,应以兄弟相待,晋伐鲜虞是违背了亲亲的原则,故夷狄视之。⑥ 相反,晋在处理

① 阮元刻:《春秋左传正义》襄公二十九年,《十三经注疏》(下),中华书局1982年版,第2005页。

② 佚名:《国语·晋语四》(下),上海古籍出版社1978年版,第352页。

③ 阮元刻:《春秋左传正义》成公二年,《十三经注疏》(下),中华书局1982年版,第2005页。

④ 阮元刻:《春秋公羊传注疏》昭公十二年,《十三经注疏》(下),中华书局1982年版,第2320页。

⑤ 董仲舒说:"《春秋》慎辞,谨于名伦等物也。是故小夷言伐,而不得言战;大夷言战,而不得言获;中国言获,而不得言执。有小夷避大夷,而不得言战;大夷避中国,而不得言获;中国避天子,而不得言执。名伦弗予,嫌于相臣之辞也。是故大小不等,贵贱如其伦,义之正也。"(苏舆:《春秋繁露义证》,中华书局1996年版,第85页。)

⑥ 《穀梁传》与《左传》与何休的解释不同,《穀梁传》虽然同《公羊传》认为是以晋为夷狄,但是以鲜虞为夷狄,而不是晋的同姓,认为《春秋》"其曰晋,狄之也","不正其与夷狄交伐中国,故狄称之也"。(阮元刻:《春秋穀梁传注疏》,《十三经注疏》第2436页。)《左传》的解释,则解释为不书将帅姓名,史有阙文。董仲舒、何休的解释虽然于史有疑,但其义理却更符合《左传》与孔子的重亲亲的思想观念。

卫襄公丧礼的问题上,重视兄弟之情,就被称赞为合礼:

> 卫襄公卒。晋大夫言于范献子曰:"卫事晋为睦,晋不礼焉,庇
> 其贼人而取其地,故诸侯贰。《诗》曰:'鹡鸰在原,兄弟急难。'又曰:
> '死丧之威,兄弟孔怀。'兄弟之不睦,于是乎不吊,况远人,谁敢归
> 之? 今又不礼于卫之嗣,卫必叛我,是绝诸侯也。"献子以告韩宣子。
> 宣子说,使献子如卫吊,且反戚田。①

这发生在晋国的一反一正评价,反映出春秋时期对亲亲原则的重视。

表现在礼上,亲亲依亲疏关系,在分封、盟会、祭祀、丧礼等方面都有严格
的礼数规定,享受不同的威仪。按照礼数规定,盟会有主有次,也有先后顺序,
先为尊,后为卑。春秋时期各国在盟会时不时出现先后的礼数之争,实际上就
是地位、尊卑之争。如隐公十一年春天,滕侯、薛侯同时来鲁国礼聘,两国"争
长",薛侯要求先封,滕侯反对说:"我,周之卜正也。薛,庶姓也,我不可以后
之。"②滕侯之说合于"周之宗盟,异姓为后"的亲亲原则,结果自然是滕在薛
先。定公四年,晋国与蔡国、卫国等盟会,蔡、卫与晋皆为兄弟之国,原先的安
排是蔡国先于卫国,卫国为了在盟会时先于蔡国,派出子鱼出面力争,取得了
苌弘的支持,苌弘又说服了刘子、范献子,卫国最终取得了希望的结果。同为
兄弟,也有亲疏之别,所以,才有先后的礼数之争。

最能表现亲亲礼数,是丧礼与祭祀祖先的祭礼。无论是丧礼还是祭祀祖
先的祭礼,都有依亲疏等差而规定的礼数。这一礼数的大端,就是区分同姓、同
宗与同族的,所谓"凡诸侯之丧,异姓临于外,同姓于宗庙,同宗于祖庙,同族于
祢庙。是故鲁为诸姬,临于周庙,为邢、凡、蒋、茅、胙、祭临于周公之庙"③。

---

① 阮元刻:《春秋左传正义》昭公七年,《十三经注疏》(下),中华书局 1982 年版,第
2050 页。
② 阮元刻:《春秋左传正义》隐公十一年,《十三经注疏》(下),中华书局 1982 年版,第
1735 页。
③ 阮元刻:《春秋左传正义》襄公十二年,《十三经注疏》(下),中华书局 1982 年版,第
1952 页。

杜预注宗庙为"所出王之庙父庙也"，祖庙为"始封君之庙"，同族为"谓高祖以下"。吴为姬姓，始祖为古公亶父之子，是周文王的哥哥，与周天子同姓，所以，吴国君王寿梦去世，哭于周庙，被肯定为合礼。周天子去世后，作为文王的命脉的延续，都会在宗庙安放一个神主；诸侯国的国君去世，也会在祖庙有一个牌位；同族的家长去世，也会在祢庙安放牌位，分别供同姓、同宗、同族的后人祭祀。这些神主的安放，是按照昭穆的序列，分列左右排列的。昭穆之序的设置，就是依血缘远近对亲疏、尊卑等差的认定。《国语·鲁语上》："夫宗庙之有昭穆也，以次世之长幼，而等胄之亲疏也。"①《礼记》："夫祭有昭穆，昭穆者，所以别父子、远近、长幼、亲疏之序而无乱也。"②因此，昭穆的序列在丧礼、祭礼中最为严格。鲁文公二年，鲁国祭祀的主管官员宗伯夏父弗忌，主持烝祭，将鲁僖公的排位置于鲁闵公之上，按照昭穆排序的规则，鲁僖公虽然是鲁闵公之兄，但是继鲁闵公之后的君王，排位应在鲁闵公之后，夏父弗忌的做法显然是为了讨好鲁文公，但违反了昭穆排序的规则。虽然夏父弗忌讲出一番新鬼大、故鬼小的说辞，但《左传》《国语》都以斥之为"跻僖公"的"逆祀"③，《国语》还以"夏父弗忌改昭穆之常"的小标题，直言不讳地批评其逆祀，违反了昭穆原则。《仪礼·丧服》规定不同血缘亲疏关系的人们各种丧礼的礼数，都是依据亲亲原则来确立的。

　　汉代有一种说法，将亲亲、尊尊分属商周或夏商。分属商周说见于窦太后与袁盎。窦太后宠爱汉景帝的弟弟刘武，希望汉景帝之后，刘武可以继承皇位，于是提出此说。窦太后说："吾闻殷道亲亲，周道尊尊，其义一也。"④窦太后是信奉黄老的，此说很可能源于袁盎。史载袁盎说："殷道亲亲者，立弟。

---

① 佚名：《国语·鲁语上》（上），上海古籍出版社1978年版，第173—174页。

② 阮元刻：《礼记正义·祭统》卷四十九，《十三经注疏》（下），中华书局1982年版，第1605页。

③ 分别见阮元刻：《春秋左传正义》文公二年，《十三经注疏》（下），中华书局1982年版，第1839页；《国语·鲁语上》（上），上海古籍出版社1978年版，第173—174页。

④ 司马迁：《史记·梁孝王世家》，中华书局1985年版，第2091页。

周道尊尊者,立子。殷道质,质者法天,亲其所亲,故立弟。周道文,文者法地,尊者敬也,敬其本始,故立长子。"①袁盎之说带有迎合窦太后之意。分属夏商说出自董仲舒,《春秋繁露·三代改制质文》说:"王者以制,一商一夏,一质一文。商质者主天,夏文者主地……主天法商而王,其道佚阳,亲亲而多仁朴。故立嗣予子,笃母弟,妾以子贵……主地法夏而王,其道进阴,尊尊而多义节。② 故立嗣与孙,笃世子,妾不以子称贵号。"③这两种说法都是根据一文一质的文质递变为说,按照文质递变,夏为文,商为质,代商的周只能属文,所以,董仲舒与袁盎的说法是一致的。从时间说,董仲舒的说法在袁盎之后,但《春秋繁露》成书时,已经没有迎合窦太后的政治氛围,且窦太后不好儒学,董仲舒则为群儒首,所以,董仲舒实际上虽然也以殷道亲亲,周道尊尊,但或许袁盎迎合窦太后失败的教训,使董仲舒不便直接以商周分尊尊亲亲,而是借夏商为说来委婉地表达。这也说明,汉代确有殷道亲亲,周道尊尊一说,此说出现也绝不仅只是迎合窦太后之说,但在先秦汉初文献却看不到相关记载。或许此说与春秋公羊学有关,公羊学讲孔子改制,而孔子之所以要改制,是因为周礼文采过剩之弊,而有改文从质说。

但此说绝非对商周文化的确论,就周礼而论,其礼数、威仪的确立是亲亲、尊尊并有的,没有偏废。在《礼记》的《大传》中,三次亲亲与尊尊并说:"上治祖祢,尊尊也;下治子孙,亲亲也";"其不可得变革者则有矣:亲亲也,尊尊也";"服术有六:一曰亲亲,二曰尊尊"④。《淮南子·齐俗训》载周公治鲁以

---

① 司马迁:《史记·梁孝王世家》,中华书局1985年版,第2091页。

② "义节"或作"节义",钟肇鹏先生以"义节"为是。[参见钟肇鹏:《春秋繁露校释》(校补本),河北人民出版社2005年版,第467页注释3。]据《春秋繁露》该篇后文"主地法文而王,其道进阴,尊尊而多礼文",礼文与仪节通义,指礼节的繁杂;且"义节"与"仁朴"相对,于理不通,若"义节"为仪节,则文通理顺,意为法地的仪节多,法天的仁朴少文。而商周之异,正在商质朴少文,周礼节繁多。故此处"义节"当为"仪节",可能是在《春秋繁露》流传中发生之误,少了仪字的人旁。

③ 苏舆:《春秋繁露义证》,中华书局1996年版,第204—208页。

④ 阮元刻:《礼记正义·大传》卷三十四,《十三经注疏》(下),中华书局1982年版,第1506—1507页。

"尊尊亲亲"并重,此说又见《韩诗外传》卷十。众多的文献都证明,周代绝非只讲亲亲,而无尊尊。从周代的礼数重等差看,周礼的各级职官威仪的设定,各色人等在祭礼、丧礼、婚礼等上的礼数规定,无不有亲亲,也有尊尊的精神。春秋时期人们所论礼数,其背后都包含亲亲、尊尊的原则。特别能表现这一点的是《春秋》的尊王观念,春秋时期虽然霸权居于统治地位,但名义上的以周天子为王的尊王观念,依然是春秋言礼的重要内容。如晋文公召周天子,《春秋》书"天王狩于河阳",孔子批评说:"以臣召君,不可以训。"①在《公羊传》中一切不尊周天子的言行,皆被视为不合礼数。这一尊王的观念,是既承认政治贵贱的尊尊,又肯定血缘亲疏的亲亲的统一。

礼数的亲亲与尊尊,一从政治德才,一从血缘亲情,来确立人在社会生活各方面的等差,出发点不同,但原是相通的。在血缘关系为主要社会纽带的时代,尊尊的尊既是政治的权势者、德才的楷模,也是血缘联系的宗族成员,亲亲的大宗既是宗族的始祖,也是具有最尊贵政治地位、被视为最具德才的人物。大宗相对小宗而言,随宗族的发展而变化的。宗族有如一棵大树,是由最初的一粒种子,而不断生长,变为参天大树的。在参天大树中,大宗小宗是相对的,相对周天子,鲁侯是小宗,但在鲁国则是大宗,三桓相对鲁侯是小宗,在各自的氏族又是大宗。以此类推,可以有多层级的大宗、小宗的系列。正是这种多层级的大宗、小宗连接的家国同构,构成春秋时期的社会结构,也形成了政治与伦常合一的文化、思维方式。古代圣王观念的产生就是以此为社会基础的,政治皇权至上的社会基础就是依亲亲原则建立的家长制。

由尊尊、亲亲的原则,说明礼数本身是内含义理的。尊尊、亲亲讲贵贱亲疏,强调的人等差,按照等差,尽管是一种公开的不平等,但不同的人因其不同的名分,并由此决定其相应的社会地位及其权利义务,这就使等差同时具有身份约束意义。礼崩乐坏,使许多有拥有经济财富特别是政治特权的人,总是为

---

① 阮元刻:《春秋左传正义》僖公二十八年,《十三经注疏》(下),中华书局1982年版,第1827页。

着享受逸乐,而突破礼数的等差束缚,但周礼已经成为社会的公认规则,为了既肆意享乐,又希图不受到社会的批判,礼的义理被这些人抛到一边,变为"礼云礼云,玉帛云乎哉"的空壳,成为只是礼数、威仪的形式。《礼记》讲礼失去义,则为"祝史之事"①,正是指礼缺乏尊尊、亲亲的义理,变为徒有礼数、威仪的外壳。《礼记》的这一说法,正好也说明周礼与之前的祝史之礼的最大区别,就在于祝史的事神祈福之礼只有仪式性的礼数,而没有尊尊亲亲的人文义理,而周礼的本质则在具有尊尊亲亲的人文内涵。李泽厚讲的由巫到礼,就是具有尊尊、亲亲义理之礼,这个礼与夏商的事神祈福之礼是完全不同的。

第三节　礼　义

尽管春秋时期出现了大量不讲礼义的现象,但在众多的政治精英与思想家那里,也发出了重视礼的义理的呼唤。通过他们对礼义的发明,周公重德的精神才没有被礼崩乐坏所冲垮,反而是礼义的内涵第一次得到充分的阐发,不仅使礼从主要是通行于统治阶层的规范,变为全社会普遍认可的规范,而且第一次充分说明了礼所具备的价值意义。经过春秋时期的洗礼,礼义的精神得以发扬光大,成为社会普遍认同的价值观念,为中国文化基本精神的确立奠定了坚实的基础,同时,也确定了中国文化以关注人的道德与成人的终极追求为特色人文面貌。礼有义、数之分,礼义之义既指具体礼仪所包含的义理,也指礼制的价值意义。价值意义是礼义之义更重要内容,也是春秋时期论述礼的中心所在。

一、礼与天地并

礼与天地并,出自齐国的晏子。齐景公面对陈氏的大斗出小斗进,得到越

---

① 阮元刻:《礼记正义·郊特牲》卷二十六,《十三经注疏》(下),中华书局 1982 年版,第 1455 页。

来越多国民的拥护，担心齐国变色，由姜姓变为陈氏，而向晏子请教如何才可以避免这一危机时，晏子认为只有依靠礼，才可以挽救这一危机，并以礼与天地并之说来论证："礼之可以为国也久矣，与天地并。……先王所禀于天地，以为其民也，是以先王上之。"①晏子的礼与天地并，不仅将礼上升到与天地并的高度，还说出了礼能够与天地并的根据，在于礼是先王受于天地的产物。天在春秋时期无论是作为上帝的同义词，还是与地相对的天，都具有至高无上性，以礼与天地并，这是对礼的最高定位。这是礼义的最重要的规定，也是礼义最根本的含义。

从晏子是在与齐景公讨论国是这样的背景下讲出此语的，所以，礼与天地并，绝不是晏子个人的私论，而是一个至少统治阶层都认可的观念。正因其是统治阶层的普遍共识，所以，鲁国的子服景伯与季文子也在类似背景下，都讲出了类似的观念。《左传》文公十五年：

> 齐侯侵我西鄙，谓诸侯不能也。遂伐曹，入其郛，讨其来朝也。季文子曰："齐侯其不免乎。己则无礼，而讨于有礼者，曰：'女何故行礼？'礼以顺天，天之道也，己则反天，而又以讨人，难以免矣。诗曰：'胡不相畏，不畏于天？'君子之不虐幼贱，畏于天也。在周颂曰：'畏天之威，于时保之。'不畏于天，将何能保？以乱取国，奉礼以守，犹惧不终，多行无礼，弗能在矣！"②

齐侯在侵略鲁国时，不满曹伯曾于当年夏天朝聘鲁国，也对曾国进行讨伐，曹伯朝鲁是合礼的行为，齐侯的讨伐则是违礼之举，所以，季文子批评齐侯是无礼讨有礼。季文子在批评齐侯的无礼时，也将礼与天联系起来，认为顺从天道才是礼，所以，礼就是天之道或至少是天道的体现。这种说法直接以礼与天道

①　阮元刻：《春秋左传正义》昭公二十六年，《十三经注疏》（下），中华书局1982年版，第2115页。

②　阮元刻：《春秋左传正义》文公十五年，《十三经注疏》（下），中华书局1982年版，第1856页。

联系起来,较礼与天地并更为深刻。而鲁国的子服景伯则从礼数的角度,讲出了礼与天的联系:

> 公会吴于鄫。吴来征百牢,子服景伯对曰:"先王未之有也。"吴人曰:"宋百牢我,鲁不可以后宋。且鲁牢晋大夫过十,吴王百牢,不亦可乎?"景伯曰:"晋范鞅贪而弃礼,以大国惧敝邑,故敝邑十一牢之。君若以礼命于诸侯,则有数矣。若亦弃礼,则有淫者矣。周之王也,制礼,上物不过十二,以为天之大数也。今弃周礼,而曰必百牢,亦唯执事。"吴人弗听。景伯曰:"吴将亡矣! 弃天而背本不与,必弃疾于我。"乃与之。①

按照周礼的规定,上公九牢,侯伯七牢,子男五牢,吴国方面却要鲁国给他百牢的待遇,还以晋国大臣范鞅的违礼之举为借口,子服景伯虽然屈从了吴方的淫威。但也直言不讳地批评了吴方的违礼,是一种弃天背本的行为,并将礼数的确立与天联系起来。天一年十二月,十二是天的大数,周公制礼作乐的礼数就没有超过十二的,吴王要鲁国给他百牢的待遇,违背了尚物不过十二的天数,所以,被子服景伯斥为弃天背本。

在鲁国的季文子与子服景伯之外,还有郑国的子大叔的礼为天之经地之义人之行之说,对礼与天地并作出了最全面的说明:

> 子大叔见赵简子,简子问揖让周旋之礼焉。对曰:"是仪也,非礼也。"简子曰:"敢问何谓礼?"对曰:"吉也闻诸先大夫子产曰:'夫礼,天之经也,地之义也,民之行也。'天地之经,而民实则之。则天之明,因地之性,生其六气,用其五行。气为五味,发为五色,章为五声,淫则昏乱,民失其性。是故为礼以奉之:为六畜、五牲、三牺,以奉五味;为九文、六采、五章,以奉五色;为九歌、八风、七音、六律,以奉五声;为君臣、上下,以则地义;为夫妇、外内,以经二物;为父子、兄

---

① 阮元刻:《春秋左传正义》哀公七年,《十三经注疏》(下),中华书局 1982 年版,第2162 页。

弟、姑姊、甥舅、昏媾、姻亚,以象天明,为政事、庸力、行务,以从四时;
为刑罚、威狱,使民畏忌,以类其震曜杀戮;为温慈、惠和,以效天之生
殖长育。民有好、恶、喜、怒、哀、乐,生于六气。是故审则宜类,以制
六志。哀有哭泣,乐有歌舞,喜有施舍,怒有战斗;喜生于好,怒生于
恶。是故审行信令,祸福赏罚,以制死生。生,好物也;死,恶物也;好
物,乐也;恶物,哀也。哀乐不失,乃能协于天地之性,是以长久。"简
子曰:"甚哉,礼之大也!"对曰:"礼,上下之纪,天地之经纬也,民之
所以生也,是以先王尚之。故人之能自曲直以赴礼者,谓之成人。
大,不亦宜乎?"①

子大叔说得很清楚,此说出自子产。所以,子产是以天之经地之义人之行来诠
释礼义的第一位思想家,对子大叔的这段话,《正义》作出如后疏解:"言礼本
法天地也,自生其六气。至民失其性,言天用气味、声色以养人,不得过其度
也。是故为礼以下,言圣王制礼以奉天性,不使过其度也。经,常也。义,宜
也。夫礼者,天之常道,地之宜利,民之所行也。天地之有常道,人民实法则
之。法则天之明道,因循地之恒性,圣人所以制作此礼也。"②这一训解基本上
是正确的。但以常训经,却非天之经的本义。天经地义人行是并列的三组词
语,天地人为主语,经义行是谓语。分别是指天象的运行,要经过从东到西的
线路运行,所谓经就是指其在线路的运行,是通过、经过之义,如我们每天看到
的日出日落的运行变化;所以,天经之经的本义是指通过、经过,不是恒常不变
的常,即使一定要说经为常,也是引申义,是指天象运行的规律性,也就是荀子
说的"天行有常"的常,即确定不移性。地义是说不同土质的土壤适合不同的
植物生长,是合宜、适宜之义,晏子著名的"橘生淮南则为橘,生于淮北则为

---

① 阮元刻:《春秋左传正义》昭公二十五年,《十三经注疏》(下),中华书局1982年版,第
2107—2108页。

② 阮元刻:《春秋左传正义》昭公二十五年,《十三经注疏》(下),中华书局1982年版,第
2107页。

枳",就是对此最贴切的说明,这是中国古代农业生产的经验总结;人行是指人的行为举止,有行动、运动之义。这里通过天经地义人行并列的三位一体,来说明礼具有"法则天之明道,因循地之恒性"的意义,礼作为人的行为准则,就如天象的运行确定不移,种地必须遵循地宜的规则一样。

在天地人的关系上,人并不能完全与天地保持一致,遵循天地之性,当发生偏差时,就会出现好、恶、喜、怒、哀、乐昏聩反常的现象,即所谓"淫则昏乱,民失其性",而圣人制礼就是为了矫正这一偏差,以使人哀乐不失,合于天地之性,成为成人。成人是礼的最根本任务,也是圣人制礼的目的。而成人的成败在于是否能够做到"自曲直以赴礼者",《春秋左传正义》疏解此语时,曾引刘炫的注释:"礼有宜曲宜直,不可信情而行。故人之能自曲直以赴于礼者,谓之为成人。"孔颖达认为,"恐刘义未当"[1],质疑刘炫的疏解不正确。这一质疑是有道理的,若曲直指礼的曲直,岂不是说以礼的曲直赴礼,这从语法也说不通。其实,这里的自是讲自我,主观的自觉性,曲直是说的人性有曲直,曲直的标准在以礼为判断,直合于礼,只需循礼而行,曲则违礼,需用礼来纠正其曲,无论是循礼还是违礼,都离不开礼,而违礼与合礼都与人自身的主观自觉性有关,这就是自曲直以赴礼者的含义。

在《国语》中也有一段关于成人的论述,可以作为"自曲直以赴礼"的补充。晋国的赵文子在举行冠礼拜见韩献子时,韩献子告诫他说:

> 戒之,此谓成人。成人在始与善,始与善,善进善,不善蔑由至矣;始与不善,不善进不善,善亦蔑由至矣。如草木之产也,各以其物。人之有冠,犹宫室之有墙屋也,粪除而已,又何加焉。[2]

这里韩献子所说的两处成人的含义是不一的。前一处成人是指进入成年人的行列了,后一处成人才是成人理念的成人。这里提出一个宝贵的思想,就是要

---

① 阮元刻:《春秋左传正义》昭公二十五年,《十三经注疏》(下),中华书局 1982 年版,第2107 页。

② 佚名:《国语·晋语六》(下),上海古籍出版社 1978 年版,第 411 页。

真正成人，从举行冠礼开始，就要以善为追求，以善始，并保持其善，才能不受到恶的影响，真正成就为成人。这是将善作为成人必不可少的内涵，丰富了成人理念。虽然这段话没有出现礼，但春秋时期所谓善，必以合礼为前提。成人是礼义的终极追求，人行礼的归宿也在成人。这一向善说为"自曲直以赴礼"补充了善是礼的指向，如果说礼是成人的外在规范，向善则是成人主观努力的方向，从礼与向善构成成人内外两个方面的要求。只有经过礼的规范而完成人之成为成人，才能实现礼与天地并，达到天经地义人行的合一境地。

从关于礼以成人思想的构成，我们看到不仅有鲁国人贡献的观念，也有郑人、晋人贡献的思想，春秋时期的各种文化理念的构成都带有这样的痕迹，无不是各国有远见的思想家与开明的政治家共同的思想成果。这一由礼与天地引申出来的成人理念，自春秋开始就成为中国文化的基因，后来更是经学的常道内容，一直在中国社会发生着深远的影响，对人的道德修养与人格培养、精神气节的塑形起着不可或缺的作用。

礼与天地并是从哲学的高度凸显礼的价值与意义的观念。价值与意义落实到现实，春秋的礼义学说有二个层面的论说：一是从国家层面；二是从个人层面。国家层面，可以用礼为国之常来概括，个人层面可用人无礼不立来说明。

二、礼为国之常

礼为国之常，是曹国大夫僖负羁在与曹伯对话时提出的观念：

> 僖负羁言于曹伯曰："夫晋公子在此，君之匹也，不亦礼焉？"曹伯曰："诸侯之亡公子其多矣，谁不过此！亡者皆无礼者也，余焉能尽礼焉！"对曰："臣闻之，爱亲明贤，政之干也。礼宾矜穷，礼之宗也。礼以纪政，国之常也。失常不立，君所知也。国君无亲，以国为亲。先君叔振，出自文王，晋祖唐叔，出自武王，文、武之功，实建诸

姬。故二王之嗣,世不废亲。今君弃之,不爱亲也。"①

晋公子重耳流亡到曹国,僖负羁劝诫曹伯,曹为文王之后,晋为武王之后,世代友好,依照礼的亲亲原则,应该礼遇重耳。② 在规劝时,负羁将礼提到国之常的高度,来强调礼的意义。常有多义,《国语·越语》"无忘国常"注以"旧法"释常③,《诗经》、《晏子春秋》中的常,陈奂、孙星衍都训为"法"④,这里国之常,正是从法的意义言礼,是说礼是治理国家必须遵循的法规。所以,僖负羁才有失常国不立的引申。而愚蠢的曹伯并没有听负羁的意见,这也为后来的曹国埋下了隐患。

这一将礼视为治理国家,关系国家生死存亡的根本的观念,并非僖负羁一人所有,而是存在于诸多人的思想中,只是说法不一。其中最著名的说法还有四种,第一种是内史过与子皮的礼为国之干说:

> 天王使召武公、内史过赐晋侯命。受玉惰。过归,告王曰:"晋侯其无后乎。王赐之命而惰于受瑞,先自弃也已,其何继之有? 礼,国之干也。敬,礼之舆也。不敬则礼不行,礼不行则上下昏,何以长世?"⑤

> 子驷氏欲攻子产,子皮怒之曰:"礼,国之干也,杀有礼,祸莫大焉。"⑥乃止。

这是以国喻大树,礼为大树的主干,说明国家的存亡与发展,都必须依赖礼,离

---

① 佚名:《国语·晋语四》(下),上海古籍出版社 1978 年版,第 347 页。

② 《左传》僖公二十三年的记载稍异:重耳"及曹,曹共公闻其骈胁,欲观其裸,浴,薄而观之,僖负羁之妻曰:吾观晋公子之从者,皆足以相国,若以相,夫子必反其国,反其国,必得志于诸侯,得志于诸侯,而诛无礼,曹其首也,子盍蚤自贰焉,乃馈盘飧寘璧焉。公子受飧反璧。"(阮元刻:《十三经注疏》,中华书局 1982 年版,第 1815 页。)

③ 佚名:《国语·越语下》(下),上海古籍出版社 1978 年版,第 651 页。

④ 参见宗福邦等编:《故训汇纂》,商务印书馆 2003 年版,第 672 页,"常"字第 18、19 义项。

⑤ 阮元刻:《春秋左传正义》僖公十一年,《十三经注疏》(下),中华书局 1982 年版,第 1802 页。

⑥ 阮元刻:《春秋左传正义》襄公三十年,《十三经注疏》(下),中华书局 1982 年版,第 2013 页。

开礼,就如大树没有树干,就无法生存,所以,礼不行,就会上下昏,给国家带来何以长世的极大祸害。

第二种是礼为国之纪,出于卫国的宁庄子:

> (重耳)过卫,卫文公有邢、狄之虞,不能礼焉。宁庄子言于公曰:"夫礼,国之纪也;亲,民之结也;善,德之建也。国无纪不可以终,民无结不可以固,德无建不可以立。此三者,君之所慎也。今君弃之,无乃不可乎!晋公子善人也,而卫亲也,君不礼焉,弃三德矣。臣故云君其图之。康叔,文之昭也。唐叔,武之穆也。周之大功在武,天祚将在武族。苟姬未绝周室,而俾守天聚者,必武族也。武族唯晋实昌,晋胤公子实德。晋仍无道,天祚有德,晋之守祀,必公子也。若复而修其德,镇抚其民,必获诸侯,以讨无礼。君弗蚤图,卫而在讨。小人是惧,敢不尽心。"公弗听。①

纪有纲纪之义,指治国的大经大法。这里将礼与亲、善三者结合为说,肯定它们对治国理政的作用,但以礼为第一位,强调的是国无礼不可以终。正是根据这一理论,宁庄子劝谏卫文公礼遇重耳,以免因今日的无礼遭致未来的惩罚。

第三种是礼为王之大经说,出于晋国的叔向:

> 籍谈归,以告叔向。叔向曰:"王其不终乎!吾闻之:'所乐必卒焉。'今王乐忧,若卒以忧,不可谓终。王一岁而有三年之丧二焉,于是乎以丧宾宴,又求彝器,乐忧甚矣,且非礼也。彝器之来,嘉功之由,非由丧也。三年之丧,虽贵遂服,礼也。宴乐以早,亦非礼也。礼,王之大经也。一动而失二礼,无大经矣。言以考典,典以志经,忘经而多言举典,将焉用之?"故讥其不遂。②

籍谈在朝觐周天子后,向叔向报告了所见所闻,叔向由此批评周天子在丧礼

① 佚名:《国语·晋语四》(下),上海古籍出版社1978年版,第435页。
② 阮元刻:《春秋左传正义》昭公十五年,《十三经注疏》(下),中华书局1982年版,第2078页。

时,丧宴宾客,索求彝器,是一动二失礼,并预言周天子没有善终。而他作出这一预言的理论根据,就是礼为王之大经,这里的经与国之常的"常"、"纪"同义,是说礼为周天子治理天下的最重大的法。国之常、国之纪与王之大经,一从国家的角度,一从周天子的角度,角度不同,但都肯定礼为国家治理的大经大法。

第四种是礼为政之舆说,也出自晋国的叔向:

> 会于商任,锢栾氏也。齐侯、卫侯不敬。叔向曰:"二君者必不免。会朝,礼之经也;礼,政之舆也;政,身之守也;怠礼失政,失政不立,是以乱也。"①

舆本指车中装东西的车厢,这里指车。是说礼对于国家治理,如同行路的车,车行可以尽快到达目的地。离开车,人行要到达目的地就困难得多。没有礼,国家就会陷入混乱之中。

这五种说法的礼为国之干、国之舆都是譬喻的论证,而礼为国之常、国之纪、王之大经则直接从大经大法的高度肯定礼的价值,这是从国家层面对礼与天地并作出的论证。所以,春秋时期人们十分看重的礼的作用,君子在评价郑庄公时所说的礼可以"经国家,定社稷,序民人,利后嗣"②,就是对礼的作用中肯而全面的评说。

而更多的人直接以礼是关系国家生死存亡之道,来论说礼的价值与意义。如叔向、子贡皆有相关论说:

> 叔向曰:"国家之败,有事而无业,事则不经。有业而无礼,经则不序。有礼而无威,序则不共。有威而不昭,共则不明。不明弃共,百事不终,所由倾覆也。是故明王之制,使诸侯岁聘以志业,间朝以

---

① 阮元刻:《春秋左传正义》襄公二十一年,《十三经注疏》(下),中华书局 1982 年版,第 1972 页。

② 阮元刻:《春秋左传正义》隐公十一年,《十三经注疏》(下),中华书局 1982 年版,第 1736 页。

讲礼，再朝而会以示威，再会而盟以显昭明。志业于好，讲礼于等。示威于众，昭明于神。自古以来，未之或失也。存亡之道，恒由是兴。晋礼主盟，惧有不治。奉承齐牺，而布诸君，求终事也。"①

邾隐公来朝。子贡观焉。邾子执玉高，其容仰。公受玉卑，其容俯。子贡曰："以礼观之，二君者，皆有死亡焉。夫礼，死生存亡之体也。将左右周旋，进退俯仰，于是乎取之；朝祀丧戎，于是乎观之。今正月相朝，而皆不度，心已亡矣。嘉事不体，何以能久？高仰，骄也，卑俯，替也。骄近乱，替近疾。君为主，其先亡乎！"②

叔向以存亡之道说礼，子贡以死生存亡之体说礼，无论是道，还是体，都具有令人无可怀疑、必须遵从的特性，强调的是礼对国家、人君的决定性作用，这是顺礼者兴，违礼者亡。所以，子贡可以据以断言违礼的邾隐公与鲁定公都有死亡之虞，叔向更是将其上升为从古到今"未之或失"的规律性高度。北宫文子也有类似说法，他在评价郑国政治时说："郑有礼，其数世之福也，其无大国之讨乎！《诗》曰：'谁能执热，逝不以濯。'礼之于政，如热之有濯也。濯以救热，何患之有？"③为政以礼，即使小国，也可在大国环视的格局下，享有"数世之福"，得以生存发展。可以说，礼是小国得以生存的根本保障。

礼不仅事关国家的生死存亡，也是人君成就霸业的法宝。楚国的椒举在于楚王讨论如何使诸侯归附时，就举历史与现实的事例来证明：

楚子合诸侯于申。椒举言于楚子曰："臣闻诸侯无归，礼以为归。今君始得诸侯，其慎礼矣。霸之济否，在此会也。夏启有钧台之享，商汤有景亳之命，周武有孟津之誓，成有岐阳之搜，康有酆宫之

① 阮元刻：《春秋左传正义》昭公十三年，《十三经注疏》（下），中华书局1982年版，第2071页。
② 阮元刻：《春秋左传正义》定公十五年，《十三经注疏》（下），中华书局1982年版，第2152页。
③ 阮元刻：《春秋左传正义》襄公三十一年，《十三经注疏》（下），中华书局1982年版，第2015页。

朝,穆有涂山之会,齐桓有召陵之师,晋文有践土之盟。君其何用?
宋向戌、郑公孙侨在,诸侯之良也,君其选焉。"王曰:"吾用齐桓。"①

　　楚子示诸侯侈,椒举曰:"夫六王二公之事,皆所以示诸侯礼也,
诸侯所由用命也。夏桀为仍之会,有缗叛之。商纣为黎之搜,东夷叛
之。周幽为大室之盟,戎狄叛之。皆所以示诸侯汰也,诸侯所由弃命
也。今君以汰,无乃不济乎?"王弗听。②

面对天下诸侯力争,各国君主都希望成为号令四方的霸主,怎样才能实现这一
宏图,椒举提出只能依靠礼,认为礼是使天下诸侯归附的利器,并举夏启、商
汤、周武王、成王、康王、穆王及其齐桓公、晋文公六王二公,作为以礼夺取天下
的成功事例,以夏桀、商纣、周幽对诸侯无礼,失去天下的反面教训,说明谁守
礼,谁就可以在当今天下使诸侯为之用命。在椒举列举的事例中,既有夏、商、
周的历史的事件,也有齐桓公、晋文公的现实事实,这就从历史与现实两个方
面,说明了礼对国家生死存亡的价值,特别是对实现霸业的现实意义。所以,
作为一个贤明的国君,必须时刻守礼行礼,如楚国蓬启强所说"圣王务行
礼"③。否则,就会带来国破身亡的悲惨后果。

　　是否守礼,也就成为春秋时期思想家、政治家评价一个国家的存亡的尺
度。凡合礼者存,凡违礼者亡,成为人们立论的理论根据。晋国的师服说:

　　惠之二十四年,晋始乱,故封桓叔于曲沃,靖侯之孙栾宾傅之。
师服曰:"吾闻国家之立也,本大而末小,是以能固。故天子建国,诸
侯立家,卿置侧室,大夫有贰宗,士有隶子弟,庶人、工、商,各有分亲,
皆有等衰。是以民服事其上而下无觊觎。今晋,甸侯也,而建国。本

---

①　阮元刻:《春秋左传正义》昭公四年,《十三经注疏》(下),中华书局 1982 年版,第
2035 页。

②　阮元刻:《春秋左传正义》昭公四年,《十三经注疏》(下),中华书局 1982 年版,第
2035 页。

③　阮元刻:《春秋左传正义》昭公五年,《十三经注疏》(下),中华书局 1982 年版,第
2041 页。

既弱矣,其能久乎?"①

立国为天子的职能,晋为侯国却设立国中国,这就违背了分亲、等衰的礼数,师服因此预言晋国将会衰弱不振,而晋国后来的发展果然应验师服的预言。子产作丘赋,遭到国人的诋毁,浑罕在批评子产时说:

> 君子作法于凉,其敝犹贪。作法于贪,敝将若之何?姬在列者,蔡及曹、滕其先亡乎!逼而无礼。郑先卫亡,逼而无法。政不率法,而制于心。民各有心,何上之有?②

这里浑罕的预言各国灭亡,据杜预的《氏族谱》后来都一一得到验证。③ 而灭亡的原因则在"逼而无礼"、"逼而无法",无礼的蔡、曹、滕三国的灭亡,在无法的郑、卫之先,说明无礼、无法都会导致国家的灭亡,但无礼的国度一定首先灭亡。又如:

> 夏,公会吴于鄫。吴来征百牢,子服景伯对曰:"先王未之有也。"吴人曰:"宋百牢我,鲁不可以后宋。且鲁牢晋大夫过十,吴王百牢,不亦可乎?"景伯曰:"晋范鞅贪而弃礼,以大国惧敝邑,故敝邑十一牢之。君若以礼命于诸侯,则有数矣。若亦弃礼,则有淫者矣。周之王也,制礼,上物不过十二,以为天之大数也。今弃周礼,而曰必百牢,亦唯执事。"吴人弗听。景伯曰:"吴将亡矣!弃天而背本不与,必弃疾于我。"乃与之。④

---

① 阮元刻:《春秋左传正义》桓公二年,《十三经注疏》(下),中华书局 1982 年版,第 1744 页。

② 阮元刻:《春秋左传正义》昭公四年,《十三经注疏》(下),中华书局 1982 年版,第 2035—2036 页。

③ 《春秋左传正义》:"杜据《世本》、《史记》作《世族谱》,说诸国灭亡之年。此下十一年楚灭蔡,十三年蔡复封,春秋后二世十八年而楚灭蔡也;哀八年宋灭曹也,滕以春秋后六世而齐灭之;郑在春秋后五世九十一年,韩灭郑;卫在春秋后十一世二百五十八年,而秦灭卫也;据蔡之前亡,则浑罕之言,终亦验矣。"(阮元刻:《十三经注疏》(下),中华书局 1982 年版,第 2036 页。)

④ 阮元刻:《春秋左传正义》哀公七年,《十三经注疏》(下),中华书局 1982 年版,第 2162 页。

吴王向鲁国索求百牢,不合周礼,被子服景伯断言吴国将亡,后来就有吴被越灭的发生。这些类似的记载,不一而足,都是国无礼不衰则亡的现实说明。

　　国家的生死存亡,及其衰败还是兴旺,说到底还是取决于人民。中华民族的人民自古以来,就是一个具有优秀品质的民族,人民若能安居乐业,总是会为国尽心尽力,而带来国家的兴盛。而如何使人民能够安于现实,为统治者驱使,春秋时期的思想家与政治家也不约而同地想到礼。晋国的说:"世之治也,诸侯间于天子之事,则相朝也,于是乎有享宴之礼。享以训共俭,宴以示慈惠,共俭以行礼,而慈惠以布政。政以礼成,民是以息。"①社会治理成功靠的是礼,成功的标志是"民息"。息有本义、引申义。本义指"人之气急曰喘,舒曰息。引伸为休息之称,又引伸为生长之称。引伸之义行而鼻息之义废矣"②。这里是引申义。是说人君以礼治国,人民就可以得到休养生息,国家就得到了治理。曹刿还有"礼以正民"说:"夫礼,所以正民也。"③正可训为直,与邪恶相对的善等义。④"礼以正民"就是通过礼使人民向善,让人民保持正直朴实的品质,来诚心诚意地接受君王的统治,君王的统治就可以立于不败之地,这就是声子说的"有礼无败"⑤。这也说明自古以来历代的纲纪、法度都是用来统治人民的工具一样,"礼以正民"直言不讳地揭露了这一不断上演的历史真实。

三、人无礼不立

　　从个人的层面,用一句话来概括礼的价值,就是人无礼不立。

---

　　① 阮元刻:《春秋左传正义》成公十二年,《十三经注疏》(下),中华书局1982年版,第1910页。

　　② 段玉裁:《说文解字注》,上海古籍出版社1981年版,第502页。

　　③ 阮元刻:《春秋左传正义》庄公二十三年,《十三经注疏》(下),中华书局1982年版,第1778页。

　　④ 参见陆费逵、欧阳溥存等编:《中华大字典》(下),中华书局1978年版,第1291—1292页。

　　⑤ 阮元刻:《春秋左传正义》襄公二十六年,《十三经注疏》(下),中华书局1982年版,第1991页。

人无礼不立,出自鲁国的孟僖子:

> 孟僖子病不能相礼,乃讲学之,苟能礼者从之。及其将死也,召其大夫曰:"礼,人之干也。无礼,无以立。吾闻将有达者曰孔丘,圣人之后也,而灭于宋。其祖弗父何,以有宋而授厉公。及正考父,佐戴、武、宣,三命兹益共。故其鼎铭云:'一命而偻,再命而伛,三命而俯。循墙而走,亦莫余敢侮。饘于是,鬻于是,以糊余口。'其共也如是。臧孙纥有言曰:'圣人有明德者,若不当世,其后必有达人。'今其将在孔丘乎?我若获没,必属说与何忌于夫子,使事之,而学礼焉,以定其位。"故孟懿子与南宫敬叔师事仲尼。仲尼曰:"能补过者,君子也。《诗》曰:'君子是则是效。'孟僖子可则效已矣。"①

孟僖子是鲁国三桓孟孙氏的宗主,这是他临死时对门下大夫交代的临终遗言,遗言的内容:一是要他的两个儿子拜孔子为师;二是预言孔子必定成为圣人。《左传》记载于昭公七年,为公元前535年,这一年孔子17岁。但孟僖子并不是去世于当年,这一年他也还无这两个儿子。所以,需要对史实做一辨析。据《左传》记载,昭公十一年五月,"孟僖子会邾庄公盟于祲祥,脩好,礼也,泉丘人有女,梦以其帷幕孟氏之庙,遂奔僖子,其僚从之,盟于清丘之社,曰:'有子,无相弃也。'僖子使助薳氏之簉,反自祲祥,宿于薳氏,生懿子及南宫敬叔于泉丘人,其僚无子,使字敬叔"②。按照十月怀胎的常理,他这两个儿子应该出生在昭公十二年。孟僖子去世的时间是鲁昭公十八年(前524年),孔子28岁,他的两个儿子也才6岁,所以,他只能将让两个儿子拜孔子为师的遗训,托付给他手下的大夫。

在清楚了这一史实后,又会发生一个问题,就是人无礼不立观念的所有

---

① 阮元刻:《春秋左传正义》昭公七年,《十三经注疏》(下),中华书局1982年版,第2051页。

② 阮元刻:《春秋左传正义》昭公十一年,《十三经注疏》(下),中华书局1982年版,第2060页。

权。因为在《论语》中记载,孔子曾两次表述过这一观念,一见于《季氏》,孔子教育他儿子,明确说"不学礼,无以立"①。孔子 19 岁娶宋人亓官氏之女为妻,第二年亓官氏生子,恰遇得鲁昭公赏赐的鲤鱼,而给儿子取名鲤,字伯鱼,在孟僖子去世时,孔子的儿子也有 8 岁了。朱熹《〈大学章句〉序》说:"人生八岁,则自王公之下,至庶人之子弟,皆入小学,而教之以洒扫、应对、进退之节,礼、乐、射、御、书、数之文。"②这个时间完全可能有孔子以礼教育儿子的发生,但《季氏》所载是陈亢与子鱼问答中子鱼提到的孔子教诲,陈亢小孔子 40 岁,陈亢能作为孔子弟子至少应该有十多岁,所以,这则记载的时间至少在孔子 50 岁之后,比起孟僖子说无礼不立至少要晚 20 多年。

除开《左传》的记载外,在《孔子家语》中,也有孟僖子相关的记载:

> 南容说、仲孙何忌既除丧,而昭公在外,未之命也。定公即位,乃命之。辞曰:"先臣有遗命焉,曰:夫礼、人之干也,非礼则无以立。嘱家老,使命二臣必事孔子而学礼,以定其位。"公许之。二子学于孔子,孔子曰:"能补过者,君子也。《诗》云:'君子是则是效。'孟僖子可则效矣。惩己所病,以诲其嗣。《大雅》所谓'诒厥孙谋,以燕翼子。'是类也夫!"③

鲁定公在册书中肯定无礼不立说,出自孟僖子。国君的册书,是一件非常严肃的事,若非孟僖子真有其说,是绝不会记在他头上的。然而,孟僖子虽然官至司空,为周公之后,生活在周礼浸润的鲁国,但他似乎不懂礼数,昭公七年三月,他陪鲁昭公到楚国,"郑伯劳于师之梁,孟僖子为介,不能相仪,及楚,不能苔郊劳"④,正是这次出国外交的不懂礼仪,孟僖子一定受到很大刺激,才有讲学论礼之事,与去世前嘱咐儿子向孔子学礼的遗言,孔子也才会称赞他是勇于

---

① 阮元刻:《论语注疏》卷十六,《十三经注疏》(下),中华书局 1982 年版,第 2522 页。
② 朱熹:《四书章句集注》,中华书局 1996 年版,第 1 页。
③ 王肃:《孔子家语·正论解》,《百子全书》(上),浙江古籍出版社 1998 年版,第 23 页。
④ 阮元刻:《春秋左传正义》昭公七年,《十三经注疏》(下),中华书局 1982 年版,第 2051 页。

改正自己过错的君子。这样来看,孟僖子虽然早于孔子讲无礼不立,但他对无礼不立是缺乏真正理解的。所以,此观念的所有权难以归于孟僖子。真正理解无礼不立的是孔子,他不仅以此教诲儿子及其弟子,还提出"不知礼,无以立也"①,从知识论、认识论的角度,深化了人无礼不立的观念。

但无礼不立也并非出自孔子。君子在批评季孙氏的无礼时,曾引"《志》所谓'多行无礼,必自及也',其是之谓乎!"②自及是指给自己带来灾祸。这一引用表明,无礼不立的观念,已经被写入《志》书,这一记载出于《左传》襄公四年(前569年),而孔子出生于鲁襄公二十二年(前551年),也就是说孔子出生前18年的《志》书,已经有无礼不立的观念,只不过《志》书是从反面来讲说这一点。春秋时期简册为书,能写在书上,一定是重要的历史事件与极有价值的思想观念。《志》书的这一记载,说明无礼不立的观念在孔子之前就已经被记录于册书。孔子之道述而不作,确实是诚实的自道。

而子鱼讲述孔子的无礼不立,从时间上晚于孟僖子至少20多年。不懂礼的孟僖子为什么在孔子之前就能够讲出无礼不立? 这其实是礼在当时社会普遍通行的写照。自周公制礼作乐,到孔子的时代已经有五百多年的历史,以亲亲尊尊为原则制定的礼仪,早已经成为人们社会交往的准则,深入到社会生活的方方面面,尤其是在士以上的社会阶层,一切言行都必须合于身份等差,否则,就会受到社会的歧视,根本无法融入社会。无礼不立,是普遍的社会现象与严酷的现实。孟僖子的话,不过是对现实存在的表述。中国文化的许多观念,不是通过玄虚的论证来说明,而是通过大量的事例来证明就是这么回事,就是如此,这种方式往往更有说服力,更能深入人心。春秋时期的无礼不立的观念,就不是通过一套理论的说辞,而主要是通过对人合礼、违礼的评价中体现出来。

---

① 阮元刻:《论语注疏》卷二十,《十三经注疏》(下),中华书局1982年版,第2538页。

② 阮元刻:《春秋左传正义》襄公四年,《十三经注疏》(下),中华书局1982年版,第1932页。

在《左传》、《国语》中凡不合礼、不守礼者,而被预言死亡的事例,比比皆是:

> 齐侯侵我西鄙,谓诸侯不能也。遂伐曹,入其郛,讨其来朝也。季文子曰:"齐侯其不免乎。己则无礼,而讨于有礼者,曰:'女何故行礼!'礼以顺天,天之道也,己则反天,而又以讨人,难以免矣。诗曰:'胡不相畏,不畏于天?'君子之不虐幼贱,畏于天也。在周颂曰:'畏天之威,于时保之。'不畏于天,将何能保?以乱取国,奉礼以守,犹惧不终,多行无礼,弗能在矣!"①

> 陈成公卒。楚人将伐陈,闻丧乃止。陈人不听命。臧武仲闻之,曰:"陈不服于楚,必亡。大国行礼焉而不服,在大犹有咎,而况小乎?"夏,楚彭名侵陈,陈无礼故也。②

> 齐高子容与宋司徒见知伯,女齐相礼。宾出,司马侯言于知伯曰:"二子皆将不免。子容专,司徒侈,皆亡家之主也。"知伯曰:"何如?"对曰:"专则速及,侈将以其力毙,专则人实毙之,将及矣。"③

> 叔向出,行人挥送之。叔向问郑故焉,且问子晳。对曰:"其与几何?无礼而好陵人,怙富而卑其上,弗能久矣。"④

> 宋乐大心曰:"我不输粟。我于周为客?若之何使客?"晋士伯曰:"自践土以来,宋何役之不会,而何盟之不同?曰'同恤王室',子焉得辟之?子奉君命,以会大事,而宋背盟,无乃不可乎?"右师不敢对,受牒而退。士伯告简子曰:"宋右师必亡。奉君命以使,而欲背

---

① 阮元刻:《春秋左传正义》文公十五年,《十三经注疏》(下),中华书局1982年版,第1856页。
② 阮元刻:《春秋左传正义》襄公四年,《十三经注疏》(下),中华书局1982年版,第1931页。
③ 阮元刻:《春秋左传正义》襄公二十九年,《十三经注疏》(下),中华书局1982年版,第2005页。
④ 阮元刻:《春秋左传正义》昭公元年,《十三经注疏》(下),中华书局1982年版,第2024页。

盟以干盟主,无不祥大焉。"①

郑伯如晋,公孙段相,甚敬而卑,礼无违者。晋侯嘉焉,授之以策,曰:"子丰段之父有劳于晋国,余闻而弗忘。赐女州田,以胙乃旧勋。"伯石再拜稽首,受策以出。君子曰:"礼,其人之急也乎!伯石之汰也汰骄也,一为礼于晋,犹荷其禄,况以礼终始乎?《诗》曰:'人而无礼,胡不遄死?'其是之谓乎!"②

叔孙婼聘于宋,桐门右师见之。语,卑宋大夫,而贱司城氏。昭子告其人曰:"右师其亡乎!君子贵其身而后能及人,是以有礼。今夫子卑其大夫而贱其宗,是贱其身也,能有礼乎?无礼必亡。"③

这些斥责无礼者"弗能在矣"、"必亡"、"毙之"、"弗能久"、"遄死",在《左传》、《国语》中也都一一灵验了。此外,《左传》、《国语》的还有诸多记载,如重耳出逃至曹,曹伯不礼重耳,负羁因此预断曹国将有"不立"之灾④;晋侯受周天子所赐惰,不合于礼,被内史过预言"何以长世"⑤;郑文夫人享楚王,楚王无礼,叔詹预言楚王"将何以没"⑥;周王孙满有见于秦军的"轻而无礼",而断言其师必败⑦;邾隐公与鲁定公相会,鲁定公、邾隐公举止皆不合于礼,而被子贡

---

① 阮元刻:《春秋左传正义》昭公二十五年,《十三经注疏》(下),中华书局 1982 年版,第 2107—2109 页。

② 阮元刻:《春秋左传正义》昭公三年,《十三经注疏》(下),中华书局 1982 年版,第 2032 页。

③ 阮元刻:《春秋左传正义》昭公二十四年,《十三经注疏》(下),中华书局 1982 年版,第 2106 页。

④ 参见佚名:《国语·晋语四》(下),上海古籍出版社 1978 年版,第 353 页。

⑤ 阮元刻:《春秋左传正义》僖公十一年,《十三经注疏》(下),中华书局 1982 年版,第 1802 页。

⑥ 阮元刻:《春秋左传正义》僖公二十二年,《十三经注疏》(下),中华书局 1982 年版,第 1814 页。

⑦ 参见阮元刻:《春秋左传正义》僖公三十三年,《十三经注疏》(下),中华书局 1982 年版,第 1833 页。

预断"何以能久"①,而这些预言也都一一兑现了。通过这些活生生的现实事例,深刻地说明春秋时期无礼必亡的客观存在。这是无礼不立观念给人刻骨铭心影响的现实印迹,更是肯定这一理论是经由实践检验而被证明颠簸不破的真理。

正是受到无礼不立的观念的现实影响,以至于有的人自愿成为这一理论的牺牲品:

> 襄仲欲勿哭,惠伯曰:"丧,亲之终也。虽不能始,善终可也。史佚有言曰:'兄弟致美。'救乏、贺善、吊灾、祭敬、丧哀,情虽不同,毋绝其爱,亲之道也。子无失道,何怨于人?"襄仲说,帅兄弟以哭之。他年,其二子来,孟献子爱之,闻于国。或谮之曰:"将杀子。"献子以告季文子。二子曰:"夫子以爱我闻,我以将杀子闻,不亦远于礼乎?远礼不如死。"一人门于句鼆,一人门于戾丘,皆死。②

两条鲜活的生命,因不堪自己远礼的心理压力,选择了以死谢罪。这表明无礼不立,在春秋时期是何等的深入人心,不仅是评判一个人的得失生死,也成为人们生活实践的内容。

与无礼不立相对照的是,守礼、知礼则受到赞扬,并一定拥有光明的前途。例如最著名的管仲,就是一位知礼的政治家:

> 王以上卿之礼飨管仲,管仲辞曰:"臣,贱有司也,有天子之二守国、高在国子高子天子所命为齐守臣皆上卿也。若节节时也春秋来承王命,何以礼焉?陪臣敢辞。"王曰:"舅氏,余嘉乃勋,应乃懿德,谓督不忘。往践乃职,无逆朕命。"管仲受下卿之礼而还。君子曰:"管氏之世祀也宜哉!让不忘其上。《诗》曰:'恺悌君子,神所劳矣。'"③

---

① 阮元刻:《春秋左传正义》定公十五年,《十三经注疏》(下),中华书局 1982 年版,第2152 页。

② 阮元刻:《春秋左传正义》文公十五年,《十三经注疏》(下),中华书局 1982 年版,第1855 页。

③ 阮元刻:《春秋左传正义》僖公十二年,《十三经注疏》(下),中华书局 1982 年版,第1802 页。

管仲辅佐齐桓公成就霸业,尊王攘夷,名震天下,但他只是诸侯国的相,没有上卿的官阶,周天子为了表彰管仲的功勋,而以上卿之礼款待,这是一种殊荣,但管仲并没有接受,只接受合乎自己身份的下卿之礼遇,所以,得到君子的管氏世代相传的称赞。另一位著名的人物子产,也以不失礼,而被预言将成为郑国的执政:

> 郑伯赏入陈之功。三月甲寅朔,享子展,赐之先路,三命之服,先八邑。赐子产次路,再命之服,先六邑。子产辞邑,曰:"自上以下,隆杀以两,礼也。臣之位在四,且子展之功也。臣不敢及及赏礼,请辞邑。"公固予之,乃受三邑。公孙挥曰:"子产其将知政矣! 让不失礼。"①

不久,子产果然成为郑国执政。子产以不失礼成为执政,在他领导下,也是通过礼的运用,尊贤使能,使小小的郑国成为一个受到列国敬重的国家:"子产之从政也,择能而使之。冯简子能断大事,子大叔美秀而文,公孙挥能知四国之为,而辨于其大夫之族姓、班位、贵贱、能否,而又善为辞令,裨谌能谋,谋于野则获,谋于邑则否。郑国将有诸侯之事,子产乃问四国之为于子羽,且使多为辞令。与裨谌乘以适野,使谋可否。而告冯简子,使断之。事成,乃授子大叔使行之,以应对宾客。是以鲜有败事。北宫文子所谓有礼也。"②

春秋时期人们在用事例说明无礼不立时,也有一些理论的论说。如孟献子说的"礼,身之干也"③,这是礼为国之干在个人的引申,形象地说明人没有礼,就像树木没有树干,无法生存。申叔时说:"礼以庇身。"④身不仅指身体,

---

① 阮元刻:《春秋左传正义》襄公二十六年,《十三经注疏》(下),中华书局1982年版,第1989页。
② 阮元刻:《春秋左传正义》襄公三十一年,《十三经注疏》(下),中华书局1982年版,第2015页。
③ 阮元刻:《春秋左传正义》成公十三年,《十三经注疏》(下),中华书局1982年版,第1911页。
④ 阮元刻:《春秋左传正义》成公十五年,《十三经注疏》(下),中华书局1982年版,第1914页。

更是指生命,这是说礼对个人人生的庇护意义。这两种论说都带有譬喻的性质。晏子认为,守礼而不非礼,乃是君子人格的体现:"君子不犯非礼,小人不犯不祥,古之制也。"①刘子说:"是故君子勤礼,小人尽力"②。这是以礼为君子人格的必备要素。而鲁国的臧武仲批评季武子作林钟而铭鲁功的无礼之举,直言"非礼……亡之道也"③,则将无礼不立上升到道的高度。虽然这些论述极为简略,但对无礼不立起到了理论深化与支撑的意义。而无礼不立,将人生祸福与合礼违礼相联系,这是一种道德祸福论,这种道德祸福论,是中国文化对民众具有最深远影响的观念之一,后来佛教的因果报应论,能够被中国大众很快接受,其背后就有自春秋以来就流行的道德报应论有密切关系。这也说明中国文化后来发展的许多现象,都与春秋时期的文化有着不可分割的联系。

第四节　礼仪合一

礼之所以能够是国之常,人之所以无礼不立,其背后的支持是礼内涵着德的精神。所谓德是道德的泛称,指的是处理各种人伦关系的规范观念。礼与天地并、礼为国之常、人无礼不立,虽然都是礼义的重要内容,但礼义最根本的东西是德。离开德,礼与天地并、礼为国之常、人无礼不立都是没有根基的空中楼阁。而礼义与礼仪的统一,也主要表现在礼数与德的合一。礼以观德的观念就是这一思想的集中体现。

---

① 阮元刻:《春秋左传正义》昭公三年,《十三经注疏》(下),中华书局 1982 年版,第 2031 页。

② 阮元刻:《春秋左传正义》成公十三年,《十三经注疏》(下),中华书局 1982 年版,第 1911 页。

③ 阮元刻:《春秋左传正义》襄公十九年,《十三经注疏》(下),中华书局 1982 年版,第 1968 页。

一、礼以观德

礼以观德这一理论的出现,乃是对春秋时期以礼数为礼的矫正。周公制礼作乐的礼本来是内涵道德的要求,而不只是作揖、打拱、跪拜的形式。季文子说:"先君周公制周礼曰,则以观德,德以处事,事以度功,功以食民。"①这里的则是指礼的规则,即礼仪,礼仪规定依人的等差不同,礼数也不同,但都有相应的道德内涵。而道德要素带有约束统治者骄奢淫逸的意义,但在政权已经稳定的背景下,这一要素对于贪图腐化的统治者来说是极其反感的,在普天之下莫非王土、率土之滨莫非王臣的王权不受制约的时代,统治者往往是兽性多于人性,他们不愿道德的要素对放纵恣意的约束,所以,礼的道德要素被统治者日益被淡化,原本在周公那里合一的礼义与礼仪被逐渐分离,在春秋时期礼已经成为流于形式的礼仪,社会上的许多人也误以礼就是礼仪,但一些睿智的思想家与政治家,深感礼义、礼仪不分的严重后果,提出礼以观德,强调只有具有道德内涵的礼仪才能够算作是真正的礼。

春秋时期的礼以观德,有总说与分说二种表现。总说是以礼为道德之统宗,礼蕴含一切道德,所有道德都可以通过礼来表现。周内史过出使晋国归来,对周天子说:

> 晋,不可不善也。其君必霸,逆王命敬,奉礼义成。敬王命,顺之道也;成礼义,德之则也。则德以导诸侯,诸侯必归之。且礼所以观忠、信、仁、义也,忠所以分也,仁所以行也,信所以守也,义所以节也。忠分则均,仁行则报,信守则固,义节则度。分均无怨,行报无匮,守固不偷,节度不携。若民不怨而财不匮,令不偷而动不携,其何事不济! 中能应外,忠也;施三服义,仁也;守节不淫,信也;行礼不疚,义也。臣入晋境,四者不失,臣故曰:"晋侯其能礼矣,王其善之!"树于

---

① 阮元刻:《春秋左传正义》文公十八年,《十三经注疏》(下),中华书局1982年版,第1861页。

有礼,艾人必丰。①

内史过称赞晋文公对礼的遵守,并通过忠、信、仁、义各种道德来论说,就是以忠、信、仁、义皆为礼的表现,礼包含有忠、信、仁、义诸种道德。晏子也讲过类似的观念:

晏子曰:"君令臣共,父慈子孝,兄爱弟敬,夫和妻柔,姑慈妇听,礼也。君令而不违,臣共而不贰,父慈而教,子孝而箴;兄爱而友,弟敬而顺;夫和而义,妻柔而正;姑慈而从,妇听而婉:礼之善物也。"②

这里讲到君臣、父子、兄弟、夫妻、婆媳的道德准则,并将其归纳于礼,各色人等都能够按其身份实行礼的规定,就是礼的最好体现。君子在评价周天子取郑人之田地,又将苏忿生的田地赐予郑人时说"恕而行之,德之则也,礼之经也"③,虽然是突出恕的意义,但德与礼、则与经相对,也表明礼与德是不可分割的。

分说是以礼与某些具体道德联系为说。如,以礼为孝之始:"襄仲如齐纳币,礼也。凡君即位,好舅甥,修昏姻,娶元妃以奉粢盛,孝也。孝,礼之始也"④;礼与义、信的联系:"礼以行义,信以守礼"⑤;等等。其中讲得较多是礼必须体现忠信卑让:

叔弓聘于晋,报宣子也。晋侯使郊劳。辞曰:"寡君使弓来继旧好,固曰:'女无敢为宾!'彻命于执事,敝邑弘矣。敢辱郊使?请辞。"致馆。辞曰:"寡君命下臣来继旧好,好合使成,臣之禄也。敢

---

① 佚名:《国语·周语上》(上),上海古籍出版社 1978 年版,第 40 页。

② 阮元刻:《春秋左传正义》昭公二十六年,《十三经注疏》(下),中华书局 1982 年版,第 2115 页。

③ 阮元刻:《春秋左传正义》隐公十一年,《十三经注疏》(下),中华书局 1982 年版,第 1737 页。

④ 阮元刻:《春秋左传正义》文公二年,《十三经注疏》(下),中华书局 1982 年版,第 1839 页。

⑤ 阮元刻:《春秋左传正义》僖公二十八年,《十三经注疏》(下),中华书局 1982 年版,第 1827 页。

辱大馆?"叔向曰:"子叔子知礼哉! 吾闻之曰:'忠信,礼之器也。卑让,礼之宗也。'辞不忘国,忠信也。先国后己,卑让也。《诗》曰:'敬慎威仪,以近有德。'夫子近德矣。"①

鲁国的叔弓到晋国,一举一动皆合于礼,叔向称赞他知礼。但叔向称赞叔弓的知礼,并不是指合于礼数,而是指有道德的内涵。这里讲忠信是礼之器,卑让是礼之宗,以器与宗来说明忠信与卑让在礼中的不同意义,但都肯定了忠信、卑让的道德都是礼的表现。诸侯即位,各国都会派出使臣礼聘,是春秋时期经常遇到的礼节,而这一礼节不只是礼数,而是包含有忠信卑让的道德含义:"穆伯如齐,始聘焉,礼也。凡君即位,卿出并聘,践修旧好,要结外授,好事邻国,以卫社稷,忠信卑让之道也。忠,德之正也;信,德之固也;卑让,德之基也。"②这里说德之正、固、基,也是以忠信卑让的道德是礼的表现。无论是总说,还是分说,都是以礼为根本,这表明春秋时期的道德学说在很大程度上还是受到礼观念的制约,这与礼在春秋时期还是最重要的思想观念与人最根本的行为规范有直接关系。

无论是总说,还是分说,都肯定礼不是钟鼓玉帛、言行合于礼数,而是指的一定要体现其中的道德意义。如何才能做到这一点,春秋时期特别强调行礼时一定要有让的精神:

荀罃、士鲂卒。晋侯搜于绵上以治兵,使士匄将中军,辞曰:"伯游长。昔臣习于知伯,是以佐之,非能贤也。请从伯游。"荀偃将中军,士匄佐之。使韩起将上军,辞以赵武。又使栾黡,辞曰:"臣不如韩起。韩起愿上赵武,君其听之!"使赵武将上军,韩起佐之。栾黡将下军,魏绛佐之。新军无帅,晋侯难其人,使其什吏,率其卒乘官

① 阮元刻:《春秋左传正义》昭公二年,《十三经注疏》(下),中华书局1982年版,第2025—2029页。

② 阮元刻:《春秋左传正义》文公元年,《十三经注疏》(下),中华书局1982年版,第1837页。

属,以从于下军,礼也。晋国之民,是以大和,诸侯遂睦。君子曰:
"让,礼之主也。范宣子让,其下皆让。栾黡为汰,弗敢违也。晋国
以平,数世赖之。刑善也夫! 一人刑善,百姓休和,可不务乎?《书》
曰:'一人有庆,兆民赖之,其宁惟永。'其是之谓乎? 周之兴也,其
《诗》曰:'仪刑文王,万邦作孚。'言刑善也。及其衰也,其《诗》曰:
'大夫不均,我从事独贤。'言不让也。世之治也,君子尚能而让其
下,小人农力以事其上,是以上下有礼,而谗慝黜远,由不争也,谓
之懿德。及其乱也,君子称其功以加小人,小人伐其技以冯君子,
是以上下无礼,乱虐并生,由争善也,谓之昏德。国家之敝,恒必
由之。"①

让为礼之主的主,不是主次之分的主,而是讲让是礼的根本精神。只有以礼让
的精神来行礼,礼才不会流于只是礼数的形式,而成为真正有道德内涵的礼。
所以说只有以让的精神行礼,才会上下有礼,反之,则上下无礼,乱虐并生。怎
样才会做到礼让,这就需要内心的敬,即所谓行礼必敬:

公及诸侯朝王,遂从刘康公、成肃公会晋侯伐秦。成子受脤于
社,不敬。刘子曰:"吾闻之,民受天地之中以生,所谓命也。是以有
动作礼义威仪之则,以定命也。能者养以之福,不能者败以取祸。是
故君子勤礼,小人尽力,勤礼莫如致敬,尽力莫如敦笃。敬在养神,笃
在守业。国之大事,在祀与戎,祀有执膰,戎有受脤,神之大节也。今
成子惰,弃其命矣,其不反乎?"②

敬是发自内心,是一种主观自觉的心悦诚服。只有具备敬的品质,行礼才能有
让,使礼成为有道德内涵的礼。

---

① 阮元刻:《春秋左传正义》襄公十三年,《十三经注疏》(下),中华书局 1982 年版,第
1954 页。

② 阮元刻:《春秋左传正义》成公十三年,《十三经注疏》(下),中华书局 1982 年版,第
1911 页。

二、礼仪之分的意义

由对礼的内在精神的重视,面对社会上以仪为礼的现象,春秋后期出现了礼仪之分的辨析,这一辨析从理论上带有区分礼的表现形式与内在精神的意义,在现实上则是对周公制礼作乐的回归,但不仅是简单的回归,而是带有升华的回归。

> 公如晋,自郊劳至于赠贿,无失礼。晋侯谓女叔齐曰:"鲁侯不亦善于礼乎?"对曰:"鲁侯焉知礼?"公曰:"何为? 自郊劳至于赠贿,礼无违者,何故不知?"对曰:"是仪也,不可谓礼。礼所以守其国,行其政令,无失其民者也。今政令在家,不能取也。有子家羁,弗能用也。奸大国之盟,凌虐小国。利人之难,不知其私。公室四分,民食于他。思莫在公,不图其终。为国君,难将及身,不恤其所。礼之本末,将于此乎在,而屑屑焉习仪以亟。言善于礼,不亦远乎?"君子谓:"叔侯于是乎知礼。"①

> 子大叔见赵简子,简子问揖让周旋之礼焉。对曰:"是仪也,非礼也。"简子曰:"敢问何谓礼?"对曰:"吉也闻诸先大夫子产曰:'夫礼,天之经也,地之义也,民之行也。'天地之经,而民实则之。则天之明,因地之性,生其六气,用其五行。气为五味,发为五色,章为五声,淫则昏乱,民失其性。是故为礼以奉之:为六畜、五牲、三牺,以奉五味;为九文、六采、五章,以奉五色;为九歌、八风、七音、六律,以奉五声;为君臣、上下,以则地义;为夫妇、外内,以经二物;为父子、兄弟、姑姊、甥舅、昏媾、姻亚,以象天明,为政事、庸力、行务,以从四时;为刑罚、威狱,使民畏忌,以类其震曜杀戮;为温慈、惠和,以效天之生殖长育。民有好、恶、喜、怒、哀、乐,生于六气。是故审则宜类,以制

---

① 阮元刻:《春秋左传正义》昭公五年,《十三经注疏》(下),中华书局1982年版,第2041页。

六志。哀有哭泣,乐有歌舞,喜有施舍,怒有战斗;喜生于好,怒生于
恶。是故审行信令,祸福赏罚,以制死生。生,好物也;死,恶物也;好
物,乐也;恶物,哀也。哀乐不失,乃能协于天地之性,是以长久。"简
子曰:"甚哉,礼之大也!"对曰:"礼,上下之纪,天地之经纬也,民之
所以生也,是以先王尚之。故人之能自曲直以赴礼者,谓之成人。
大,不亦宜乎?"①

这两段史料,都是关于礼仪之分的论说。鲁昭公在晋国,从始到终,一言一行
都合乎礼数,但被女叔齐批评为是仪,而不是礼;赵简子问揖让周旋之礼,子大
叔明确告诉他,这不是礼,而是仪。晋国的女叔齐与郑国的子大叔,都明确区
分仪礼,认为仪只是礼的外在形式,并不是礼的本质,礼的本质在于为人纲纪,
能够守其国,无失其民,是天之经,地之义,民之行。特别是女叔齐并明确提出
礼仪之分就是本末之分,即仪为末,礼为本。这一观念被朱熹所发挥,朱熹在
注释孔子的"礼云礼云,玉帛云乎哉? 乐云乐云,钟鼓云乎哉"时说:"敬而将
之以玉帛,则为礼;和而发之以钟鼓,则为乐。遗其本而专事其末,则岂礼乐之
谓哉?"②玉帛钟鼓只是末,其中的敬、和才是本质。而敬与和都是道德的范
畴,特别是敬强调的是一种精神状态,这种状态是人从内心对礼的笃敬,从此
意义上说,春秋时期的礼仪之分说,反对仪礼分离,就是讲求以敬诚的心理对
道德的追求。这是春秋时期道德的被重视超越礼的地位的表现,反映了春秋
时期文化发展的前进方向。

从女叔齐、子大叔、孔子的言论中,都看到人们关于礼仪之分的观念,值得
注意的是他们三人都是春秋末期的人物,而在之前,还没有看到仪礼之分的论
说,这说明礼仪之分的观念出现在春秋末期。这绝不是偶然的,它实际上是春
秋时期人们反对礼的形式化的结果。尽管周公制礼作乐的礼是以道德为本,

---

① 阮元刻:《春秋左传正义》昭公二十五年,《十三经注疏》(下),中华书局 1982 年版,第
2107 页。

② 朱熹:《四书章句集注》,中华书局 1996 年版,第 178 页。

但春秋时期在很多人那里这个本已经被忽略,甚至忘掉了,所以,才有孔子"玉帛钟鼓云乎"的哀叹,礼仪之分充分肯定道德是礼之本,礼数威仪只是礼之末,反对只看重外在形式,不重本质内容,这是经过否定以仪为礼之后,而向周公的回复。正是通过这个回复,礼的价值意义被人们更加重视,礼虽然依然有规范的意义,但规范后面存在的价值,存在的道德及其伦理、政治意义,对礼应有的敬诚之心,才是人们关注的重点,只有经过这一变化,原本只是作为规范的礼,才会在后来的发展中,成为"五常"之一,以仁、义、智、信并列,成为经学常道不可或缺的内容。

就典籍文化而言,春秋时期的礼的学说,也为"三礼"的形成提供了直接来源。春秋时期周王朝职官的设置,诸侯国职官的设置,都成为《周官》设立官职的借鉴。周王朝设有司寇,如苏忿生就是周武王死的司寇。鲁国设有司空、司寇、司马,"羽父请杀桓公,将以求大宰"。《春秋左传正义》:"《周礼》:天子六卿,天官为大宰,诸侯则并六为三而兼职焉。昭四年传称季孙为司徒,叔孙为司马,孟孙为司空。"①此外,宋国、郑国等都有司空、司寇、司马的设立。《周礼》中司马为夏官,司寇为秋官,司空当为冬官。《左传》记载"夏五月辛卯,司铎火。火逾公宫,桓、僖灾。救火者皆曰顾府。南宫敬叔至,命周人出御书,俟于宫,曰:'庀女而不在,死。'子服景伯至,命宰人出礼书,以待命:'命不共,有常刑。'校人乘马,巾车脂辖。百官官备,府库慎守,官人肃给。济濡帷幕,郁攸从之,蒙葺公屋。自大庙始,外内以悛,助所不给。有不用命,则有常刑,无赦。公父文伯至,命校人驾乘车。"②《周礼·夏官》的属官有校人一职,职责为掌马的政务,与鲁国的校人相同。《国语·周语中》载单襄公的一段话,提到虞人、候人、宗祝、甸人、膳宰、廪人等职官,皆见于《周礼》一书。而这

①　阮元刻:《春秋左传正义》隐公十一年,《十三经注疏》(下),中华书局1982年版,第1737页。

②　阮元刻:《春秋左传正义》哀公三年,《十三经注疏》(下),中华书局1982年版,第2157页。

些职官都出于《秩官》一书,还提到关尹、行理、门尹、司里、司徒、司空、司寇、虞人、甸人、火师、水师、司马等①,这说明周王朝与各诸侯国都先有《周礼》的某些职官的设置,并已经有记叙职官著作如《秩官》,因此,《周礼》的成书并非完全虚构,确有周王朝设立官职的根据,而这些官职最早有较多记载的文献无疑是《左传》与《国语》,《周礼》成书有春秋时期的影响使无可怀疑的。而春秋时期关于各阶层人物,在各种场合行礼的记述,关于各种礼数威仪的记载,则是《仪礼》成书的主要根据,只不过能够保存下来的主要是士阶层的礼仪,所以,《史记·儒林传》《汉书·艺文志》都直接称《仪礼》为《士礼》。之所以士阶层的礼仪被较多的保存下来,或许与士阶层是春秋战国时期最为活跃的社会阶层有关,因其最为活跃,相关的礼仪就最受关注,运用也极为普遍,就容易保存下来。《礼记》一书更是春秋时期以来重视礼仪的产物,正是对礼仪的重视,引发的对礼的本质、价值、意义的发掘,这些相关论说都构成《礼记》最重要的思想素材,而《礼志》等书更是《礼记》成书的直接来源。可以说,"三礼"的经典成书,都离不开春秋时期的礼论。

---

① 原文:"单襄公:周之《秩官》有之曰:'敌国宾至,关尹以告,行理以节逆之,候人为导,卿出郊劳,门尹除门,宗祝执祀,司里授馆,司徒具徒,司空视途,司寇诘奸,虞人入材,甸人积薪,火师监燎,水师监濯,膳宰致餐,廪人献饩,司马陈刍,工人展车,百官以物至,宾入如归。是故小大莫不怀爱。其贵国之宾至,则以班加一等,益虔。至于王吏,则皆官正莅事,上卿监之。若王巡守,则君亲监之。'今虽朝也不才,有分族于周,承王命以为过宾于陈,而司事莫至,是蔑先王之官也。"[《国语·周语中》(上),上海古籍出版社 1978 年版,第 71—72 页。]

第六章　德观念与仁义诸德

　　西周以周公为代表的德观念,是中国文化史上第一次出现的具有里程碑意义的伦理道德观念,但它主要是受命者的应具品质,带有强烈的天命色彩①,并没有普遍化的意义,可以说只是一个点。春秋时期则从这个点出发,扩大到整个社会的面,在中国文化史上形成了普遍重视伦理道德的社会风尚。在这个风尚引领下,不仅形成了道德之德的德观念,而且出现了数十种具体德行的德观念,其中仁、义、礼、智、忠、孝成为人们最热衷论说的几种德行,由此构成了春秋时期内容丰富的伦理道德学说。道德普遍化的结果,使道德规范成为整个公认的社会规则,这是春秋时期文化定型的最重要成果。正是春秋时期确立的重视伦理道德的文化方向与价值取向,不仅为其后以重视伦理道德的儒学创立提供了直接的理论来源,更为中国文化重视伦理道德的特色定下来基调。

---

　　① 《尚书·周书》言德常常与天、上帝相配为说,以为德是上帝或天最喜好的祭献,无德则最为上帝或天所厌恶。如《酒诰》:"弗惟德馨香祀,登闻于天;诞惟民怨,庶群自酒,腥闻在上。故天降丧于殷,罔爱于殷,惟逸。"《君陈》:"至治馨香,感于神明。黍稷非馨,明德惟馨尔。"《吕刑》:"上帝监民,罔有馨香德,刑发闻惟腥。"这也说明能够配称德的人只能是天命的获得者或继承者,因为没有天命的人是无资格与上帝沟通,对上帝进行祭祀的。

第一节　道德之德的德观念的确立

道德普遍化的直接表现是道德之德的"德"观念的形成。德观念也是春秋时期言说最多的概念。《左传》言德334次,《国语》言德250次,总计584次,与德相关的词组有令德、明德、共德、盛德、懿德、大德、崇德、刚德、文德、武德、吉德、茂德、政德、君德、男德、女德、恭德、让德、孝德、厚德、温德、顺德、周德、同德、元德、显德、正德、旧德、嘉德、凉德、凶德、昏德、离德、惭德、衰德、秽德、夷德、私德、异德、寡德、无德、地德、淫德、逆德等45组,其中明德27次,令德25次。略少于言天、礼的次数。但就其重要性而言,德观念要超越天、礼,因为天、礼、德观念虽然都在西周已经存在,可是就对中国文化后世的深层影响而论,德观念显然要超过天与礼。

一、德与非德之分

春秋时期的德观念并不都是道德之德的同义语。从《左传》、《国语》关于德的词组中,可以看出其中明显有对立的两组词语,一组是正面的,如令德、明德、共德、盛德、懿德、大德、崇德、吉德、茂德、恭德、让德、孝德、厚德、温德、顺德、正德等;一组是负面的,如凉德、凶德、昏德、离德、惭德、衰德、秽德、私德、寡德、无德、淫德、逆德等,正面的词组都是合于道德的,而负面的词组则是不道德甚至是反道德的。这两对词组常常被对立为说,如:

大史克曰:"毁则为贼,掩贼为藏,窃贿为盗,盗器为奸,主藏之名,赖奸之用,为大凶德,有常无赦,在九刑不忘……孝敬忠信为吉德,盗贼藏奸为凶德。"①

世之治也,君子尚能而让其下,小人农力以事其上,是以上下有

---

① 阮元刻:《春秋左传正义》文公十八年,《十三经注疏》(下),中华书局1982年版,第1861页。

礼,而谚慝黜远,由不争也,谓之懿德;及其乱也,君子称其功以加小人,小人伐其技以凭君子,是以上下无礼,乱疟并生,由争善也,谓之昏德。国家之敝,恒必由之。①

（子高）曰:"不可。其为人也,展而不信,爱而不仁,诈而不智,毅而不勇,直而不衷,周而不淑。复言而不谋身,展也;爱而不谋长,不仁也;以辩盖人,诈也;强忍犯义,毅也;直而不顾,不衷也;周言弃德,不淑也。是六德者,皆有其华而不实者也,将焉用之。"②

第一段吉德与凶德对立,并以孝敬忠信为吉德,盗贼藏奸为凶德;第二段以懿德与昏德相对,直言懿德治理社会,昏德导致国破家亡;第三段子高讲到信、仁、智、勇、衷、淑,及其与这六德相对的展、爱、诈、毅、直、周,从名目看,爱、毅、直、周在传统文献通常都是用作表示德行的词汇,但与仁等相对,显然指不道德或反道德的。这三段记载说明,吉德与凶德、懿德与昏德、信仁等与展爱等的六德对立,二者有着本质的差异。这两组词语虽然都有个德字,但负面组的德绝非道德之德,以至于富辰有"狄,豺狼之德也"③之语,只有正面组的德才是道德之德,这个德观念只有与另一个名词组合在一起时,才能确定是道德之德,还是反道德之德。所以,春秋时期人们讲的德并非都是道德之德,在一些地方存在德与非德的区分。

二、狭义的德观念

但就春秋时期绝大多数关于德的论述而言,德确定无疑是道德之德。作为道德之德的德观念有广义与狭义之分,狭义的德观念只是诸多道德观念的一种,而非全部,这个德观念常常是与其他道德观念并列为说。

---

① 阮元刻:《春秋左传正义》襄公十三年,《十三经注疏》(下),中华书局1982年版,第1954页。
② 佚名:《国语·楚语下》(下),上海古籍出版社1978年版,第584页。
③ 佚名:《国语·周语中》(上),上海古籍出版社1978年版,第50页。

单襄公曰:"夫目以处义,足以践德,口以庇信,耳以听名。"①

管仲言于齐侯曰:"臣闻之,招携以礼,怀远以德。德礼不易,无人不怀。"②

管仲:"夫诸侯之会,其德刑礼义,无国不记。"③

(申叔时)对曰:"德、刑、详、义、礼、信,战之器也。德以施惠,刑以正邪,详以事神,义以建利,礼以顺时,信以守物。"④

吾闻以乱得聚者,非谋不卒时,非人不免难,非礼不终年,非义不尽齿,非德不及世,非天不离数。⑤

这里一共有 5 条材料,是以德与仁、义、礼、信等德行并列为说。按照三世说的划分,这些说法都出现在所见世之前,若以三世分为前中后期,这些以德为一种德行的说法,并不见于春秋后期,也就是说这一观念至少在春秋后期已经无人至少是少有人提及了。同时,这种说法的数量很少,这说明此说在春秋时期只是少数人的个别观念,而且主要存在于春秋晚期以前。

作为具体道德之一的德的含义是什么? 从上面的材料看,其含义往往是在与其他具体道德相所联系时来确定的,所以,在不同的人不同的论说中含义是不同的,但也有一个较为确定的含义,就是德主要是指抚恤、实惠人民的德行,故上面两次明确讲到"恤民为德",而另外讲到"怀远以德"、"德以施惠"都与施惠于人民、狄夷相关,"非德不及世"也含有此义,因为只有使人民得到施惠,国家才能长治久安。这就是具体的德观念的主要含义。

在春秋时期被多数人所通用的是广义的道德之德观念。所谓广义的德观

---

① 佚名:《国语·周语下》(上),上海古籍出版社 1978 年版,第 90 页。

② 阮元刻:《春秋左传正义》僖公七年,《十三经注疏》(下),中华书局 1982 年版,第1798 页。

③ 阮元刻:《春秋左传正义》僖公七年,《十三经注疏》(下),中华书局 1982 年版,第1799 页。

④ 阮元刻:《春秋左传正义》成公十六年,《十三经注疏》(下),中华书局 1982 年版,第1917 页。

⑤ 佚名:《国语·晋语一》(上),上海古籍出版社 1978 年版,第 257 页。

念,不再是以德为具体的德行,而是以德为囊括一切具体德行的观念,类似现在所说的"道德"一词。在至少五百多条言德的记载中,只有极少几条材料所言道德之德不属于广义的德观念,其余所言之德都属于广义的德观念。而在中国文化的发展中具有重要意义的,也是广义的德观念。所以,春秋时期最值得关注的是广义的德观念。

三、广义的德观念

在人们关于德的论述中,广义的德观念有三种表现形式。第一,与数字联系为说的所谓三德说、四德说、六德说、七德说、九德说等。持三德说的有宁庄子、富辰与惠伯:

> 宁庄子言于公曰:"夫礼,国之纪也;亲,民之结也;善,德之建也。国无纪不可以终,民无结不可以固,德无建不可以立。此三者,君之所慎也。今君弃之,无乃不可乎!晋公子善人也,而卫亲也,君不礼焉,弃三德矣。"①

> 富辰:"章怨外利,不义;弃亲即狄,不祥;以怨报德,不仁。夫义所以生利也,祥所以事神也,仁所以保民也。不义则利不阜,不祥则福不降,不仁则民不至。古之明王不失此三德者,故能光有天下,而和宁百姓,令闻不忘。王其不可以弃之。"②

> 惠伯曰:"吾尝学此矣,忠信之事则可,不然必败。外强内温,忠也。和以率贞,信也。故曰'黄裳元吉'。黄,中之色也。裳,下之饰也。元,善之长也。中不忠,不得其色。下不共,不得其饰。事不善,不得其极。外内倡和为忠,率事以信为共,供养三德为善,非此三者弗当。且夫《易》,不可以占险,将何事也?且可饰乎?中美能黄,上

---

① 佚名:《国语·晋语四》(下),上海古籍出版社 1978 年版,第 345 页。
② 佚名:《国语·周语中》(上),上海古籍出版社 1978 年版,第 45 页。

美为元,下美则裳,参成可筮。犹有阙也,筮虽吉,未也。"①

宁庄子所说的三德,据韦昭为礼宾、亲亲、善善;富辰所说三德为义、祥、仁;惠伯所说三德,是从《易经》占卜卦辞的解释而得出,据杜预注为正直、刚克、柔克。他们每个人说的三德名目都不同,但这些不同的德目皆为德的细目。此外,还有申包胥的智仁勇的三德说:"夫战,智为始,仁次之,勇次之。不智,则不知民之极,无以铨度天下之众寡;不仁,则不能与三军共饥劳之殃;不勇,则不能断疑以发大计。"②这三德说只是就战争而言,与上面的三德说为一般德行的说法有一定差异。

四德说见于庆郑、富辰、赵孟、穆姜:

庆郑曰:"背施无亲,幸灾不仁,贪爱不祥,怒邻不义。四德皆失,何以守国?"③

富辰:"郑有平惠之勋,又有厉宣之亲,弃嬖宠而用三良,于诸姬为近,四德具矣。耳不听五声之和为聋,目不别五色之章为昧,心不则德义之经为顽,口不道忠信之言为嚚,狄皆则之,四奸具矣。"④

晋襄公卒,灵公少,晋人以难故,欲立长君,赵孟曰:"立公子雍,好善而长,先君爱之,且近于秦,秦旧好也,置善则固,事长则顺,立爱则孝,结旧则安,为难故,故欲立长君。有此四德者,难必抒矣。"⑤

穆姜曰:"元,体之长也,亨,嘉之会也,利,义之和也,贞,事之干也,体仁足以长人,嘉德足以合礼,利物足以和义,贞固足以干事,然

① 阮元刻:《春秋左传正义》昭公十二年,《十三经注疏》(下),中华书局 1982 年版,第 2063 页。

② 佚名:《国语·吴语》(下),上海古籍出版社 1978 年版,第 620 页。

③ 阮元刻:《春秋左传正义》僖公十四年,《十三经注疏》(下),中华书局 1982 年版,第 1803 页。

④ 阮元刻:《春秋左传正义》僖公二十四年,《十三经注疏》(下),中华书局 1982 年版,第 1817—1818 页。

⑤ 阮元刻:《春秋左传正义》文公六年,《十三经注疏》(下),中华书局 1982 年版,第 1844 页。

故不可诬也,是以虽随无咎,今我妇人而与于乱,固在下位,而有不仁,不可谓元,不靖国家,不可谓亨,作而害身,不可谓利,弃位而姣,不可谓贞,有四德者,随而无咎,我皆无之,岂随也哉,我则取恶,能无咎乎,必死于此,弗得出矣。"①

庆郑的四德是亲、仁、详、义;富辰的四德是将郑的四德与狄夷的四奸相对为说;赵孟的四德是指置善、事长、立爱、结旧;穆姜的四德是就《易经》的《随》卦的卦辞所说的元、亨、利、贞为说。

持六德说的是叔孙穆子:

（叔孙穆子)曰:"怀和为每怀②,咨才为诹,咨事为谋,咨义为度,咨亲为询,忠信为周。君贶使臣以大礼,重之以六德,敢不重拜。"③

叔孙穆子的六德指怀、诹、谋、度、询、周。除叔孙穆子之说,还有前面引用过的子高的以信、仁、智、勇、衷、淑为六德的六德说,只不过子高的六德是与展、爱、诈、毅、直、周六种非德行为相对而言。

持七德说有楚子、富辰:

楚子曰:"夫武,禁暴、戢兵、保大、定功、安民、和众、丰财者也。故使子孙无忘其章。……武有七德。"④

富辰曰:"尊贵、明贤、庸勋、长老、爱亲、礼新、亲旧。然则民莫不审固其心力以役上令,官不易方,而财不匮竭,求无不至,动无不济。百姓兆民,夫人奉利而归诸上,是利之内也,若七德离判,民乃携

---

① 阮元刻:《春秋左传正义》襄公九年,《十三经注疏》(下),中华书局1982年版,第1939页。
② 此句与后面五句话是并列句,从后五句皆为五字来看,此句六字,而且"每怀",与后面五德各以一个字表述不同,且"每怀"义晦难明,故怀疑"每"字为衍文。
③ 佚名:《国语·鲁语下》(上),上海古籍出版社1978年版,第186页。
④ 阮元刻:《春秋左传正义》宣公十二年,《十三经注疏》(下),中华书局1982年版,第1881—1883页。

贰,各以利退,上求不暨,是其外利也。……王一举而弃七德,臣故曰
利外矣。"王不听。①

楚子的禁暴、戢兵、保大、定功、安民、和众、丰财七德说,是就战争而言,这是为
他的扩张军事提供理论根据;富辰的七德说是七种处理人际关系的道德准则,
即尊贵、明贤、庸勋、长老、爱亲、礼新、亲旧,分别是指对待贵人、贤者、功勋、老
人、亲人、新朋友、旧相识,所应采取的尊、明、庸、长、爱、礼、亲的七种道德
标准。

九德说的代表人物是伶州鸠与成鱄:

伶州鸠对曰:"律所以立均出度也。古之神瞽考中声而量之以
制,度律均钟,百官轨仪,纪之以三,平之以六,成于十二,天之道也。
夫六,中之色也,故名之曰黄钟,所以宣养六气、九德也。"②

成鱄曰:"戊之为人也,远不忘君,近不逼同,居利思义,在约思
纯,有守心而无淫行。虽与之县,不亦可乎? ……心能制义曰度,德
正应和曰莫,照临四方曰明,勤施无私曰类,教诲不倦曰长,赏庆刑威
曰君,慈和遍服曰顺,择善而从之曰比,经纬天地曰文。九德不愆,作
事无悔,故袭天禄,子孙赖之。主之举也,近文德矣,所及其远哉!"③

成鱄所言九德指度、莫、明、类、长、君、顺、比、文;伶州鸠讲的九德无明文,韦昭
注:"九德,九功之德,水、火、金、木、土、榖、正德、利用、厚生。"

这些与数字相连的三德说、九德说等,所言德行各不相同,有些是后来人
们所经常谈及的仁、义、礼、智、信、忠、孝等,但也有些是后来不为人熟知的如
度、莫、明、类、长、君、比、文。这些说法常常是就人事,是为了说明某一个人具
有崇高的道德,而将几种德行联系为说,还不是专门论述道德之德的内容,所

① 佚名:《国语·周语中》(上),上海古籍出版社 1978 年版,第 50 页。
② 佚名:《国语·周语下》(上),上海古籍出版社 1978 年版,第 132 页。
③ 阮元刻:《春秋左传正义》昭公二十八年,《十三经注疏》(下),中华书局 1982 年版,第
2119 页。

以所谓三德说云云的德,还不是关于德的有系统的理论学说,只是几种具体德行排列之说。

第二类是从人伦来论德的说法,其代表人物有晏子、石碏与鲁国的大史克:

晏子:"礼之可以为国也久矣。与天地并。君令臣共,父慈子孝,兄爱弟敬,夫和妻柔,姑慈妇听,礼也。君令而不违,臣共而不贰,父慈而教,子孝而箴;兄爱而友,弟敬而顺;夫和而义,妻柔而正;姑慈而从,妇听而婉:礼之善物也。"①

石碏:"臣闻爱子,教之以义方,弗纳于邪。骄、奢、淫、泆,所自邪也。四者之来,宠禄过也。将立州吁,乃定之矣,若犹未也,阶之为祸。夫宠而不骄,骄而能降,降而不憾,憾而能珍者鲜矣。且夫贱妨贵,少陵长,远间亲,新间旧,小加大,淫破义,所谓六逆也。君义,臣行,父慈,子孝,兄爱,弟敬,所谓六顺也。去顺效逆,所以速祸也。君人者将祸是务去,而速之,无乃不可乎?"②

大史克:"此十六族(指八恺、八元)也,世济其美,不陨其名,以至于尧,尧不能举。舜臣尧,举八恺,使主后土,以揆百事,莫不时序,地平天成。举八元,使布五教于四方,父义、母慈、兄友、弟共、子孝,内平外成。"③

晏子讲到君臣、父子、兄弟、夫妻、婆媳(即姑妇)五种最常见人伦关系,除第一种属于政治社会关系外,另外四种都是任何一个家庭都具有的血缘伦理关系;石碏所谓君义、臣行、父慈、子孝、兄爱、弟敬的六顺,也涉及有政治伦理与家庭

① 阮元刻:《春秋左传正义》昭公二十六年,《十三经注疏》(下),中华书局1982年版,第2115页。
② 阮元刻:《春秋左传正义》隐公三年,《十三经注疏》(下),中华书局1982年版,第1724页。
③ 阮元刻:《春秋左传正义》文公十八年,《十三经注疏》(下),中华书局1982年版,第1862页。

伦理的道德原则,同时六顺也可以说是一种六德说。大史克也讲到五种人伦
关系①,但是就父、母、兄、弟、子单方面为说,而且全部是家庭的伦理关系,不
涉及社会政治方面。值得注意的,孟子讲的父子、君臣、夫妇、长幼、朋友五伦
的前四伦,春秋时期讲到伦常关系都已经涉及,但却没有朋友之伦,这说明朋
友之伦在春秋时期还没有被重视,《左传》、《国语》"朋友"一词仅出现四次,
还有两次是引用《诗经》及其解释其义。朋友之伦被重视,大致在春秋末年,
所以,《论语》的《学而》、《里仁》、《公冶长》、《乡党》、《子路》都有讨论朋友之
伦的专章。到战国,《孟子》、《荀子》、《礼记》多朋友的论说,并被纳入"五伦"
之一。朋友关系依赖于社会交往,春秋末期朋友之伦的开始得到重视,是人们
社会交往日益扩大与频繁的结果。

　　此外,在《左传》、《国语》中还在一些涉及君臣关系、婆媳关系时,也常常
有道德之德的论述,如"齐姜薨,初,穆姜使择美檟,以自为樻,与颂琴,季文子
取以葬,君子曰,非礼也,礼无所逆,妇养姑者也,亏姑以成妇,逆莫大焉"②。
在涉及这些伦常关系时,春秋时期虽然也有以尊卑为判定道德之德的准则,但
更多则是主张一种相对平等的伦理原则。如讲君对臣要有令德,臣对君要有
恭德,父母对子女要慈,子女对父母要孝,夫对妻要和,妻对夫要柔,兄对弟要
友,弟对兄要顺,又说君、父要义,夫要和,兄要爱等,这些内容与后来以阴阳
论尊卑,只讲阳尊阴卑有很大的不同。而每一个人在现实社会中总是处于
一定的人伦关系中,以人伦谈道德,就使道德成为与每一个人相关的社会问
题了。

---

　　① 大史克这里讲到父、母、兄、弟、子的五教,与关于八恺、八元的八德,在时间上都是确定
在尧舜之际,是舜向尧举荐贤时发生的。但这不可信,尧舜之际,按照孔子的说法,中国还处在公
天下的时代,这个时代还没有独立的家庭,也不可能有家庭伦理出现的历史条件,所以,不能认
为尧舜时代已有这些德行出现。大史克的说法其实是春秋时期对历史的解读,并不是历史
如此。

　　② 阮元刻:《春秋左传正义》襄公二年,《十三经注疏》(下),中华书局 1982 年版,第
1929 页。

第三类是直接以德观念来称谓各种具体德行。如大史克分别讲到八恺、八元的八种德行："昔高阳氏有才子八人，苍舒、隤凯、梼戭、大临、龙降、庭坚、仲容、叔达，齐、圣、广、渊，明、允、笃、诚，天下之民谓之八恺。高辛氏有才子八人，伯奋、仲堪、叔献、季仲、伯虎、仲熊、叔豹、季狸，忠、肃、共、懿，宣、慈、惠、和，天下之民谓之八元。"①据杜预注与孔颖达疏，这里分别讲到两个八德，一个是齐、圣、广、渊，明、允、笃、诚，此八德是对八恺的德行的称颂；另一个是忠、肃、共、懿，宣、慈、惠、和，此八德是对八元德行的赞美。大史克将两种八德说成是尧舜时的八恺、八元的美德，虽然不合历史，但却可以肯定是春秋时期人们对德行的论说。

最著名的是单襄公论晋周必为晋君时，称许周的十一种德行：

> 夫敬，文之恭也；忠，文之质也；信，文之孚也其行也；仁，文之爱也；义，文之制也；智，文之舆也；勇，文之帅也；教，文之施也；孝，文之本也；惠，文之慈也；让，文之材也。象天能敬，帅意能忠，思身能信，爱人能仁，利制能义，事建能智，帅义能勇，施辩能教，昭神能孝，慈和能惠，推敌能让。此十一者，夫子皆有焉。②

这里讲到晋公子周具有敬、忠、信、仁、义、智、勇、教、孝、惠、让十一个德行，《国语》还在另一处论及晋公子周的这十一种德行。这十一种德行已经包含后来"五常"的仁、义、智、信与忠、孝这六个最重要的德行。叔向劝谏子产铸刑书，提到义、政、礼、信、仁、忠、务、和、敬、强、刚。③此外，申叔时也一次讲到十多种德行："明施舍以导之忠，明久长以导之信，明度量以导之义，明等级以导之礼，明恭俭以导之孝，明敬戒以导之事，明慈爱以导之仁，明昭利以导之

---

① 阮元刻：《春秋左传正义》文公十八年，《十三经注疏》（下），中华书局1982年版，第1862页。

② 佚名：《国语·周语下》（上），上海古籍出版社1978年版，第96—98页。

③ 参见阮元刻：《春秋左传正义》昭公六年，《十三经注疏》（下），中华书局1982年版，第2043页。

文,明除害以导之武,明精意以导之罚,明正德以导之赏,明齐肃以耀之临。"①
这里一共有忠、信、义、礼、孝、事、仁、文、武、罚、赏、临十二种德行,也包含忠孝
与五常中的四种,不过缺少的是智,而不是礼。

这三类讲德的材料,在《左传》、《国语》中随处可见,极为丰富,证明德观
念在春秋时期已经被作为广义的道德之德来使用,并且十分普及。周公虽然
最早提出德观念,但他的德主要是与天命、保民的政治理念联系在一起,还不
是广义的道德之德,也没有包含这样多具体的德行;同时,周公的德观念主要
是对最高统治者而言,而春秋时期的德观念是对全社会所有的人而言,具有普
遍意义,这是春秋时期才出现的。

四、德是真善美的统一

只有当德被视为包含各种具体德行的观念时,道德之德的德观念才得以
确立。德的本字悳字出现在春秋时期,而不是这之前,可以说是广义的德观念
确立在文字学上的表现。这说明中国文字的形成,总与一定思想文化发展相
联系,只有在有了一定观念后,才会出现体现这一观念义理的文字,文字是表
现一定思想观念的物质外壳。

悳,许慎解释说:"外得于人,内得于己也。"段玉裁注:"内得于己,谓身心
所自得也;外得于人,谓惠泽使人得之也。"②从字形说,悳从直,从心。所谓直
是说德出自心的本真,这个本真没有被邪念、物欲等污染,是人内心最真诚的
表现。所以,德必须是人内心真实的体现,真是德的必具品质。

白季曰:"敬,德之聚也;能敬必有德。能敬必有德。"③

---

① 佚名:《国语·楚语上》(上),上海古籍出版社 1978 年版,第 529 页。
② 段玉裁:《说文解字注》,上海古籍出版社 1981 年版,第 420 页。
③ 阮元刻:《春秋左传正义》僖公三十三年,《十三经注疏》(下),中华书局 1982 年版,第
1833 页。

忠,德之正也;信,德之固也。①

胥臣曰:"夫敬,德之恪也;恪于德以临事,其何不济?"②

单襄公:"夫正,德之道也;端,德之信也;成,德之终也;慎,德之
守也。守终纯固,道正事信,明令德矣。慎成端正,德之相也。"③

这里讲到的忠、信都有一个共同的含义,就是指德是出于内心的真实,而敬、慎指恪守德的敬畏、谨慎的精神状态,以保证德的不失其真。这些说法都是强调德的真的品性,只有具有真的品性的德,才是道德之德,否则就不能称之为德。对真诚的肯定,具有反对道德虚伪性的积极意义。同时,出于内心对道德恪守的这一规定,也使真成为受道德约束的真,而不是追寻世界规律性、客观性的真,这个真不是科学追求的真,而是道德追求所体现的内心精神状态。所以,这一对真的追求,不可能引导人们对自然科学的探索,而只能导致人们敬诚的恪守道德。但就对人性、人品、人格而言,这一真的品性具有十分重大的价值,没有了真,对个人而言,就会使其成为虚伪无耻之人,对社会而言,就会出现全社会的没有诚信,给国家带来假伪泛滥的大灾难。

善是德最本质的表现。段玉裁以"身心所自得"释悳的"内得于己",可以说是对德的真实性品性的说明,而以"惠泽使人得之"释"外得于人",则是对德的善的品性说明。内在德表现出来,就是使他人得到惠泽,这就是善。没有惠泽,善就无从体现。这个善的含义自古以来都没有变化,现在我们称赞的善人、善事,都是指能够给人民、社会带来惠泽的人与事,如民间的修桥补路、灾荒年间的施舍米饭、帮助鳏寡孤独等都被称赞为行善,而实施这些的人被尊称为善人,这一以德为善的含义自古未变。卫宁庄子说:"善,德之建也。"④正是

①　阮元刻:《春秋左传正义》文公元年,《十三经注疏》(下),中华书局1982年版,第1837页。
②　佚名:《国语·晋语五》(下),上海古籍出版社1978年版,第393页。
③　佚名:《国语·周语下》(上),上海古籍出版社1978年版,第98页。
④　佚名:《国语·晋语四》(下),上海古籍出版社1978年版,第345页。

此意。人们对善都一致的高度肯定,如武子说:"夫善,众之主也。"①羊舌职说:"善人在上,则国无幸民。"②叔向说:"匹夫为善,民犹则之,况国君乎?"③晏子说:"能用善人,民之主也。"④有的则通过善恶对立之说,来凸显善的价值,如司马侯说:"以其善行,以其恶戒,可谓德义也。"⑤君子说:"善不可失,恶不可长。"⑥而用善恶祸福论来说明善的意义,更在《左传》、《国语》中时常可见,以致《先王之命》有"天道赏善而罚淫"⑦之语,还被单子所引用。正是对善的如此肯定重视,使善成为春秋时期人们关注的热点,《左传》言善164次,《国语》言善122次,总计达286次之多。

这种给人惠泽的善,绝不是一种居高临下的恩赐,所以,春秋时期的思想家特别强调让的精神。晏子说:"让,德之主也。"⑧文公一年,也有"卑让,德之基也"⑨一说,叔向引史佚之言有"德莫若让"⑩之说。与此相联系的是春秋时期人们多讲德让,直接以让说德。让的本质是对人谦和,善没有让,给人惠泽,就颐指气使,绝非是合于德的善。而给人以惠泽,若出自内心的真实,自然不会有居高临下的表现。这说明,善是与真的品性密不可分的,没有出自内心

---

① 阮元刻:《春秋左传正义》成公六年,《十三经注疏》(下),中华书局1982年版,第1903页。

② 阮元刻:《春秋左传正义》宣公十六年,《十三经注疏》(下),中华书局1982年版,第1888页。

③ 阮元刻:《春秋左传正义》昭公六年,《十三经注疏》(下),中华书局1982年版,第2045页。

④ 阮元刻:《春秋左传正义》昭公五年,《十三经注疏》(下),中华书局1982年版,第2042页。

⑤ 佚名:《国语·晋语七》(下),上海古籍出版社1978年版,第445页。

⑥ 阮元刻:《春秋左传正义》隐公六年,《十三经注疏》(下),中华书局1982年版,第1731页。

⑦ 佚名:《国语·周语中》(上),上海古籍出版社1978年版,第74页。

⑧ 阮元刻:《春秋左传正义》昭公十年,《十三经注疏》(下),中华书局1982年版,第2058页。

⑨ 阮元刻:《春秋左传正义》文公元年,《十三经注疏》(下),中华书局1982年版,第1837页。

⑩ 佚名:《国语·周语下》(上),上海古籍出版社1978年版,第114页。

真诚给人惠泽的善,是不能称之为善的。

美是德的又一品格。下面有两则材料都讲到这一观点,一则是关于鲁国季文子的记载:

> 季文子相宣、成,无衣帛之妾,无食粟之马。仲孙它谏曰:"子为鲁上卿,相二君矣,妾不衣帛,马不食粟,人其以子为爱,且不华国乎?"文子曰:"吾亦愿之,然吾观国人,其父兄之食粗衣恶者犹多矣,吾是以不敢。人之父兄食粗衣恶,而我美妾与马,无乃非相人乎?且吾闻以德荣为国华,不闻以妾与马。"①

季文子为鲁宣公、鲁成公二朝的相国,但妾衣服却连帛制品都没有,马连粟米也没有得吃,仲孙它批评这是给国家抹黑。季文子则回答道,美衣精食不能光华其国,国家的光华在于道德。光华即今天所说的美,这是说美不在衣服的华丽、食物的精细等外表,而在人的道德,这是以德为美。

一则出自楚国的伍举,楚灵王修筑宏大的章华楼台,向伍举夸耀其美,伍举却说:

> 夫美也者,上下、内外、小大、远近皆无害焉,故曰美。若于目观则美,缩于财用则匮,是聚民利以自封而瘠民也,胡美之为?夫君国者,将民之与处;民实瘠矣,君安得肥?且夫私欲弘侈,则德义鲜少;德义不行,则迩者骚离而远者距违。天子之贵也,唯其以公侯为官正,而以伯子南为师旅。其有美名也,唯其施令德于远近,而小大安之也。若敛民利以成其私欲,使民蒿焉忘其安乐,而有远心,其为恶也甚矣,安用目观?②

能够以令德施于远近,保障人们安居乐业,才能够称之为美。否则,楼台看起来再漂亮,但没有令德,人民得不到安乐,也根本不能说美,甚至是亡国的祸

---

① 佚名:《国语·鲁语上》(上),上海古籍出版社 1978 年版,第 183 页。
② 佚名:《国语·楚语上》(下),上海古籍出版社 1978 年版,第 544 页。

根:"若君谓此台美而为之正,楚其殆矣"①! 伍举这一番关于美与令德议论,与季文子一样都是以德为美,是德行之美,美的根本在德行。这一美观念是中国美学文化的宝贵观念。

郭偃在批评晋惠公改葬共世子时,则以真善美的统一论德,他说:"甚哉,善之难也! 君改葬共君以为荣也,而恶滋章。夫人美于中,必播于外,而越于民,民实戴之。恶亦如之。"②晋惠公的改葬共世子的行为是恶,而不是善,只有善才可称之为美,而善是内在的真实德行,所以说"美于中"、"播于外"则是内在的善的美德的外在表现,这就将真、善、美统一于人的德行。这是对德是真、善、美的统一的论说,虽然简洁,但基本含义还是明确的。

在真、善、美之间,真是善的前提,没有发自内心的真诚,绝无善可言;善与恶相对,是德的本质体现,德之所以被称之为德,就在于合于善的要求;美是对善的德行的欣赏,是从精神层面对善的赞扬。虽然春秋时期提出德是真、善、美统一的只见于郭偃的论说,但在不同思想家那里,也都存在德具有真、善、美的品格的观念,只不过是分散在各自的论说中。说春秋时期已经有德具有真、善、美的品性的观念,绝非向壁虚构。春秋时期因为文献记载的不足,还没有著书立说的风气等历史原因,许多思想观念只是散见于不同人那里,春秋时期的社会思潮就是由这些人们的思想观念构成的,所以,研究春秋时期的思想观念,不同于对后来某一思想家的个案研究,需要将不同人们的论说联系起来,才能得到较为全面的认识。这是研究春秋时期的思想文化所必须注意的。

第二节　主要德行观念

广义的德观念,已经是对各种德行的概括,带有理论的抽象性。这是中国

---

① 佚名:《国语·楚语上》(下),上海古籍出版社 1978 年版,第 545 页。
② 佚名:《国语·晋语三》(上),上海古籍出版社 1978 年版,第 316 页。

古代伦理道德学说一个里程碑的成果,伴随着这一进步,出现了各种具体的德行观念。根据《左传》《国语》的记载,至少有六十多个德行名目,如仁、义、礼、智、信、忠、孝、让、精、诚、敬、敦、笃、衷、淑、正、直、贞、祥、亲、爱、尊、明、庸、长、度、莫、类、诹、谋、询、周、君、顺、果、比、文、行、慈、肃、共、懿、宣、惠、令、听、和、齐、圣、广、渊、敏、允、教、事、武、勇、罚、赏、临、政、务等。这些德行含义不同,从不同视觉对人的伦理道德做出了规范说明,全面地表现了春秋时期对道德的普遍关注。而其中的仁、义、礼、智、信、忠、孝几个观念受到特别重视,是春秋时期人们论说最多的观念,并成为后来中国伦理道德学说最重要的观念。其中礼观念,已经在前面礼的专章中已经有所讨论,下面分析仁、义、智、信、忠、孝。

一、仁

关于"仁"字,《字源》说:"从现有古文字材料看,仁字最早出现在春秋晚期的《侯马盟书》中。过去曾一度认为甲骨文已有仁字,后经学者考辨,是误识。在春秋战国文字中,仁字的形体,一种从尸从二,是《说文》古文的形体来源;另一种从心千声,是《说文》古文的形体来源。此外还有从身声、人声者。秦简从人,为《说文》正篆所本,隶、楷承之。《说文》:'仁,亲也。从人,从二。'本义是对人友善、相亲。"①虽然甲骨文没有仁字,仁字最早见于春秋晚期的《侯马盟书》,但并不是说在春秋晚期之前就没有仁字。《左传》《国语》的记载证明,在春秋晚期之前仁观念就被许多人论及,并成为最重要的德行观念,没有春秋末年以前仁观念的普及,就不可能出现孔子的仁学思想体系。仁观念的普及,必有相应的仁字来体现,所以,仁字的出现虽然是在春秋晚期的《侯马盟书》,但仁字的形成一定要早于这个时间段。而且不排除未来会有新的考古文献,发现仁字出现的更早时间。

---

① 李学勤主编:《字源》中册,天津古籍出版社 2013 年版,第 698 页。

春秋文献中"仁"字已经多次出现,《左传》言仁达 39 次,《国语》言仁有 62 次,总计 101 次。这些言仁德的材料可以分为两类:一类是以仁与其他德行联系为说;一类是单独言仁的论说。

1. 仁德与礼义、智勇、忠信

在以仁与其他德行联系为说中,最值得注意的有三种情况。一是以仁与礼义的联系之说,其中有两条材料最能说明仁观念在春秋时期人们心目中的地位。一条是:

> 赵文子为室,斫其椽而砻之,张老夕焉而见之,不谒而归。文子闻之,驾而往,曰:"吾不善,子亦告我,何其速也?"对曰:"天子之室,斫其椽而砻之,加密石焉;诸侯砻之;大夫斫之;士首之。备其物,义也;从其等,礼也。今子贵而忘义,富而忘礼,吾惧不免,何敢以告。"文子归,令之勿砻也。匠人请皆斫之,文子曰:"止。为后世之见之也,其斫者,仁者之为也,其砻者,不仁者之为也。"①

这里先讲天子、诸侯、大夫宫室的建筑标准,以及其中所包含的礼、义的意义,最后以是否合于礼义,再做出仁与不仁的判定。这是以是否合于礼义为仁之与否的判断标准。另一条如下:

> 齐侯使敬仲……为工正,饮桓公酒,乐,公曰:"以火继之。"辞曰:"臣卜其昼,未卜其夜,不敢。"君子曰:"酒以成礼,不继以淫,义也,以君成礼,弗纳于淫,仁也。"②

酒宴有礼,合于礼数,就是义,具体讲就是通过酒宴使君臣得到快乐与交流,而不是因为酗酒,没有了白天黑夜之分引起淫乱,这就是义;只有合于义的酒宴,才算符合礼的规范,才可以称之为仁。这两条材料都强调了仁与礼义的不可

---

① 佚名:《国语·晋语八》(下),上海古籍出版社 1978 年版,第 469 页。
② 阮元刻:《春秋左传正义》庄公二十二年,《十三经注疏》(下),中华书局 1982 年版,第 1774 页。

分割的联系,及其三者的一致性,而礼是春秋时期最重要的社会规范与道德观念,将仁、义与礼义并列,这是肯定仁、义作为一种德行与礼具有同等的地位与意义。这是仁与义凸显于其他具体德行之上的体现。这两条材料虽然没有对仁的含义的具体说明,但仁具有与礼义一样的地位的表示是十分明白的。

仁与包括礼义在内的更多德行联系为说,材料就更多了。例如:

庆郑曰:"背施无亲,幸灾不仁,贪爱不祥,怒邻不义。四德皆失,何以守国?"①

富辰谏曰:"章怨外利,不义;弃亲即狄,不祥;以怨报德,不仁。夫义所以生利也,祥所以事神也,仁所以保民也。不义则利不阜,不祥则福不降,不仁则民不至。古之明王不失此三德者,故能光有天下,而和宁百姓,令闻不忘。"②

度之天神,则非祥也;比之地物,则非义也;类之民则,则非仁也;方之时动,则非顺也;咨之前训,则非正也。观之诗书,与民之宪言,则皆亡王之为也。上下议之,无所比度,王其图之! 夫事大不从象,小不从文。上非天刑,下非地德,中非民则,方非时动而作之者,必不节矣。作又不节,害之道也。③

魏绛曰:"夫乐以安德,义以处之,礼以行之,信以守之,仁以厉之,而后可以殿邦国,同福禄,来远人,所谓乐也。"④

叔向使诒子产书,曰:"始吾有虞于子,今则已矣。昔先王议事以制,不为刑辟,惧民之有争心也。犹不可禁御,是故闲之以义,纠之以政,行之以礼,守之以信,奉之以仁,制为禄位以劝其从,严断刑罚

① 阮元刻:《春秋左传正义》僖公十四年,《十三经注疏》(下),中华书局1982年版,第1803页。
② 佚名:《国语·周语中》(上),上海古籍出版社1978年版,第45页。
③ 佚名:《国语·周语下》(上),上海古籍出版社1978年版,第112页。
④ 阮元刻:《春秋左传正义》襄公十一年,《十三经注疏》(下),中华书局1982年版,第1951页。

以威其淫。"①

上面五条材料除仁与礼义联系为说外,还涉及祥、信等。第一条材料是仁与亲、祥、义联系为说;第二条是以仁与义、祥三德并举;第三条是仁与义、顺、正同列;第四条是仁与乐、义、礼、信联系为说;第五条是仁与义、礼、信相联系。其中每一条都包含仁义,说明仁义并列为说正成为许多人的共识。

在关于仁德的解释中,有一条最著名关于仁与礼的论说:

仲尼曰:"古也有志:'克己复礼,仁也'。信善哉! 楚灵王若能如是,岂其辱于乾溪?"②

《论语·颜渊》也有类似记载:"颜渊问仁。子曰:'克己复礼为仁。一日克己复礼,天下归仁焉。为仁由己,而由人乎哉?'"③两相比较可知,"克己复礼"一语本出孔子之前的《志》书,非孔子之语。但孔子是完全赞同其说,不仅引用其语,还作了进一步发挥。许多人不读《左传》,将"克己复礼"的著作权归于孔子,是不合历史的。由此条材料来看,春秋时期虽然更重视礼,但更强调的是仁观念,所以讲克复反礼为仁。而这一观念被写入《志》书,孔子说是"古也有《志》",说明重视仁德的这一观念在孔子之前早已存在。这也是春秋时期有如此多的思想家、政治家热衷于仁德的论说原因。在其他德行与礼联系为说时,都没有克己复礼为仁类似的说法,所以,这一说法值得特别重视。从克己复礼最终以仁为归来说,是以复礼为仁的手段或表现,仁为复礼的追求,这是肯定仁的价值高于礼,是春秋时期德行伦理超越仪式伦理的集中表现,与春秋礼论反对只讲礼数的形式主义,重视礼义的内在本质这一社会思潮完全相合。

---

① 阮元刻:《春秋左传正义》昭公六年,《十三经注疏》(下),中华书局 1982 年版,第2043 页。

② 阮元刻:《春秋左传正义》昭公十二年,《十三经注疏》(下),中华书局 1982 年版,第2064 页。

③ 阮元刻:《论语·颜渊第十二》,《十三经注疏》(下),中华书局 1982 年版,第 2502 页。

二是仁与智、勇联系为说。例如：

> 韩献子老,使公族穆子受事于朝。辞曰:"厉公之乱,无忌备公族,不能死。臣闻之曰:'无功庸者,不敢居高位。'今无忌,智不能匡君,使至于难,仁不能救,勇不能死,敢辱君朝以忝韩宗,请退也。"固辞不立。悼公闻之,曰:"难虽不能死君而能让,不可不赏也。"使掌公族大夫。①

> 包胥曰:"善哉,蔑以加焉,然犹未可以战也。夫战,智为始,仁次之,勇次之。不智,则不知民之极,无以铨度天下之众寡;不仁,则不能与三军共饥劳之殃;不勇,则不能断疑以发大计。"越王曰:"诺。"②

> 申生曰:"吾闻之:'仁不怨君,智不重困,勇不逃死。'若罪不释,去而必重。去而罪重,不智。逃死而怨君,不仁。有罪不死,无勇。去而厚怨,恶不可重,死不可避,吾将伏以俟命。"③

> 郤至曰:"不可。至闻之,武人不乱,智人不诈,仁人不党。夫利君之富,富以聚党,利党以危君,君之杀我也后矣。且众何罪,钧之死也,不若听君之命。"④

> (晋文)公曰:"不可。微夫人之力不及此。因人之力而敝之,不仁,失其所与,不知。以乱易整,不武。吾其还也,亦去之。"⑤

前三条材料都讲到智、仁、勇,第四、五条没有勇字,但讲到武人,而武人以勇著称,实际上也是智、仁、勇并说。这五条材料两条以智排在第一位,两条勇排在第一位,一条仁排在第一位。这说明智、仁、勇并列为说并没有一个固定的先

①　佚名:《国语·晋语七》(下),上海古籍出版社1978年版,第442页。
②　佚名:《国语·吴语》(下),上海古籍出版社1978年版,第619页。
③　佚名:《国语·晋语二》(上),上海古籍出版社1978年版,第291页。
④　佚名:《国语·晋语六》(下),上海古籍出版社1978年版,第424页。
⑤　阮元刻:《春秋左传正义》僖公三十年,《十三经注疏》(下),中华书局1982年版,第1832页。

后顺序,但智、仁、勇三者联系为说确是一个普遍现象,而智与勇排在仁的前面更为常见。

除了智、仁、勇联系为说几条材料,还有关于仁与智、仁与勇联系为说的多条文献。关于仁与智的联系为说,如:

> 展禽:"今海鸟至,已不知而祀之,以为国典,难以为仁且智矣。夫仁者讲功,而智者处物。无功而祀之,非仁也;不知而不能问,非智也。今兹海其有灾乎? 夫广川之鸟兽,恒知避其灾也。"①

> 栾武子、中行献子围公于匠丽氏,乃召韩献子,献子辞曰:"弑君以求威,非吾所能为也。威行为不仁,事废为不智,享一利亦得一恶,非所务也。昔者吾畜于赵氏,赵孟姬之谗,吾能违兵。人有言曰:'杀老牛莫之敢尸。'而况君乎? 二三子不能事君,安用厥也!"②

当仁与智联系为说时,仁在智前,特别是展禽"仁且智"之说,突出二者联系的不可分割性,可以仿佛看出后来董仲舒的"必仁且智"影子。

值得注意的是勇除了能够与仁智并列,还常常与仁、礼同说:

> 邵桓公转述郤至自夸之语:"勇而有礼,反之以仁。吾三逐楚君之卒,勇也;见其君必下而趋,礼也;能获郑伯而赦之,仁也。若是而知晋国之政,楚、越必朝。"③

> 单襄公:"夫仁、礼、勇,皆民之为也。以义死用谓之勇,奉义顺则谓之礼,畜义丰功谓之仁。奸仁为佻,奸礼为羞,奸勇为贼。"④

仁、礼、智都是后来所说"五常"的内容,勇常常与之联系为说,说明春秋时期对勇的重视。这与战争在春秋时期的作用有直接关系,所谓国之大事在戎与祀。只有战争胜利,才能够保证国家的生存,在国际舞台有话语权,而战争的

---

① 佚名:《国语·鲁语上》(上),上海古籍出版社 1978 年版,第 170 页。
② 佚名:《国语·晋语六》(下),上海古籍出版社 1978 年版,第 424 页。
③ 佚名:《国语·周语中》(上),上海古籍出版社 1978 年版,第 81 页。
④ 佚名:《国语·周语中》(上),上海古籍出版社 1978 年版,第 85 页。

胜利离不开战士的勇,这就是曹刿所说的"夫战,勇气也"①。但是,勇若不合于礼,没有仁义的制约,就会导致动荡,所以说勇而有礼,才合于仁,死合于义才能够称之为勇。而真正能够做到以礼与仁义来行勇的人并不多,所以,虽然春秋时期对勇极为提倡,但勇最终没有成为"五常",也没有像忠孝等德行那样受到推崇。但勇在春秋时期的受重视确是无疑的,《左传》言勇 43 次,《国语》言勇 28 次,也是有力的旁证。而智在后来成为"五常"之一,同时,春秋时期各国间的外交、战争,不仅需要勇,更需要智。所以,对关乎国家存亡、个人命运的现实意义而言,勇与智较之仁德更为直接,这就是为什么三者连用时,为什么智、勇往往列在第一位。但这种联系为说,如同仁与礼义的联系为说,都说明了仁观念是春秋时期人们最重视的观念。

此外,还有数条包含智、仁、勇,但涉及更多德行的材料,其中有两条最值得注意:

> 棠君尚谓其弟员曰:"尔适吴,我将归死。吾知不逮,我能死,尔能报。闻免父之命,不可以莫之奔也;亲戚为戮,不可以莫之报也。奔死免父,孝也;度功而行,仁也;择任而往,知也;知死不辟,勇也。父不可弃,名不可废,尔其勉之,相从为愈。"②

> 郧公辛曰:"《诗》曰:'柔亦不茹,刚亦不吐,不侮矜寡,不畏强御。'唯仁者能之。违强陵弱,非勇也。乘人之约,非仁也。灭宗废祀,非孝也。动无令名,非知也。"③

这二条都涉及子女面对杀害父亲的仇敌,如何理解及其践行孝道的问题。

---

① 阮元刻:《春秋左传正义》庄公十年,《十三经注疏》(下),中华书局 1982 年版,第 1767 页。

② 阮元刻:《春秋左传正义》昭公二十年,《十三经注疏》(下),中华书局 1982 年版,第 2090—2091 页。

③ 阮元刻:《春秋左传正义》定公四年,《十三经注疏》(下),中华书局 1982 年版,第 2136 页。

《礼记·曲礼上》有"父之仇,弗与共戴天"①之说,在讨论为父复仇问题时,孝无疑是最重要也是最值得关注的德行。同时也讲到智、仁、勇,说明智、仁、勇的重要性及其被关注的程度。而孝不仅是春秋以前也是后来最重要的德行,智、仁、勇与之并说,同样具有仁德被日益重视的时代意义。

三是与忠信联系为说。例如:

内史兴归,以告王曰:"且礼所以观忠、信、仁、义也,忠所以分也,仁所以行也,信所以守也,义所以节也。忠分则均,仁行则报,信守则固,义节则度。分均无怨,行报无匮,守固不偷,节度不携。"②

文子曰:"楚囚,君子也。言称先职,不背本也。乐操土风,不忘旧也。称大子,抑无私也。名其二卿,尊君也。不背本,仁也。不忘旧,信也。无私,忠也。尊君,敏也。仁以接事,信以守之,忠以成之,敏以行之。事虽大,必济。"公从之,重为之礼,使归求成。③

这两条材料都有忠信与仁的联系为说,第一条是仁在忠信之后,第二条是仁在忠信之前。此外,还有以仁与信联系为说的例子,如:

舅犯曰:"不可。亡人无亲,信仁以为亲,是故置之者不殆。父死在堂而求利,人孰仁我? 人实有之,我以徼幸,人孰信我? 不仁不信,将何以长利?"④

子服景伯曰:"小所以事大,信也。大所以保小,仁也。背大国,不信。伐小国,不仁。民保于城,城保于德,失二德者,危,将焉保?"⑤

---

① 阮元刻:《礼记正义·曲礼上》卷三,《十三经注疏》(上),中华书局 1982 年版,第1250 页。

② 佚名:《国语·周语上》(上),上海古籍出版社 1978 年版,第 40 页。

③ 阮元刻:《春秋左传正义》成公九年,《十三经注疏》(下),中华书局 1982 年版,第 1905—1906 页。

④ 佚名:《国语·晋语二》(上),上海古籍出版社 1978 年版,第 310 页。

⑤ 阮元刻:《春秋左传正义》哀公七年,《十三经注疏》(下),中华书局 1982 年版,第2163 页。

忠信的"信"是"五常"之一，忠与孝经常连称，其重要性与意义并不亚于"五常"，只不过忠孝后来作为臣子对君主、孝作为子女对父母的专有德行，不具备仁、义、礼、智、信那样的普遍适用性，所以，尽管忠孝在古代社会更为统治者所提倡，但也没有被列入"五常"，这说明普适性在理论观念中所具有的优势。这一仁与忠信的联系为说，同样是仁观念在春秋时期被重视的表现。

此外，《国语》论晋周事单襄公之德，言及敬、忠、信、仁、义、智、勇、教、孝、惠、让的十一种德行，申叔时论教育太子的忠、信、义、礼、孝、事、仁、文、武、罚、赏、临十二种德行，都包含有仁观念，由这些文献材料说明，春秋时期仁观念已经成为最重要的德行观念，被人们所称引。根据春秋时期对具体德行的引用情况，忠、孝、仁、义、礼、智、信、勇这八种德行无疑属于第一方阵，除却勇与春秋时期的战争需要有关，后来没有被特别重视外，其余几种德行都是中国人讲德行时最重视的观念，仁、义、礼、智、信被称为"五常"，忠孝更是维护君主专制与家庭和睦、社会稳定的不二法宝。但只有仁才能够成为"五常"的第一位，这固然与孔子构建了以仁为核心的儒学体系有直接关系，但孔子的思想体系之所以以仁为核心，除了仁在春秋时期仁观念受到格外重视外，还与春秋时期人们对仁观念的解释有密切关系。正是春秋时期人们对仁观念的解释，使仁观念成为最具包容性且带有根本性意义的德行。

2. 仁德的本质与功利

从上面罗列仁与礼义联系为说的五条材料，可以看出春秋时期人们从正反两个方面对仁德内涵的规定，所谓幸灾不仁、以怨报德不仁、亡王类之民则非仁，是从反面说明仁德，不应该有哪些恶行。助人为乐，而不是幸灾乐祸；以德报怨或以直报怨，而不是以怨报德；保护好人民，而不是使祸害人民；仁以厉之、奉之以仁、仁所以保民，则是从正面说明仁与礼义一样为先王以德教民的重要内容，表明仁具有爱护人民的意义。而仁与智勇、忠信等联系为说时，所讲的"仁不怨君"、"仁人不党"、"能获郑伯而赦之，仁也"、"畜义丰功谓之仁"、"度功而行,仁也"、"不背本,仁也"、仁是"大所以保小"。"不仁,则不能与三军共饥劳之殃"、"逃死而怨君,不仁"、"因人之力而敝之,不仁"、"无功而祀之,非仁也"、"威行为不仁"、"乘人之约,非仁也"、"仁所以行也"、"父死在堂而求利"是为不仁、"伐小国,不仁"等,则从正反两方面对仁德做出了多方面的规定,使仁德成为内涵极为丰富,具有极大包容性的德行。晋韩无忌说:"恤民为德,正直为正,正曲为直,参和为仁。"①这是以仁为德、正、直三种德行的合一。

在关于仁德的解释中,爱民是最核心的内容。以爱解仁,绝非个案。连骊姬也有:"爱亲之谓仁"②之说。爱亲固然合于仁德,却不是仁德的全部,但从爱民、爱亲的爱发展为爱人,不过是一步之遥。单襄公在赞扬晋周之德时说:"必善晋周,将得晋国。其行也文,能文则得天地,天地所胙,小而后国。夫敬,文之恭也;忠,文之实也;信,文之孚也;仁,文之爱也;义,文之制也;智,文之舆也;勇,文之帅也;教,文之施也;孝,文之本也;惠,文之慈也;让,文之材也。象天能敬,帅意能忠,思身能信,爱人能仁,利制能义,事建能智,帅义能勇,施辩能教,昭神能孝,慈和能惠,推敌能让。此十一者,夫子皆有焉。"③这里的文,是道德之德的另一种说法。所以讲到十一种德行,皆以"文之实也"等为说,即以仁义等为道德的某一方面的体现。而对仁的定义是用爱来说明的,所谓"文之爱"、"爱人能仁",爱是仁德与其他德行相区别的本质特点,在春秋时期已经成为许多人的共识。仁的爱人不只是一种观念,更是一种践行,是爱在实践中的运用。范文子说:"仁以接事。"④接事就离不开行动,这是仁的实践品格。所以,仁德的爱是必须通过人与人之间的相互行动来体现的。

爱可以说是人类一切德行的基石,各种各样的具体德行都可以说是爱的

---

① 阮元刻:《春秋左传正义》襄公七年,《十三经注疏》(下),中华书局 1982 年版,第1938 页。

② 佚名:《国语·齐语》(上),上海古籍出版社 1978 年版,第 275 页。

③ 佚名:《国语·周语下》(上),上海古籍出版社 1978 年版,第 96 页。

④ 《左传》成公五年。

不同表达。春秋时期人们赋予仁德以爱的独特价值,使仁德在一定意义上成为具有普遍意义的德行。如内史兴说:"中能应外,忠也;施三服义,仁也;守节不淫,信也;行礼不疚,义也。臣入晋境,四者不失,臣故曰:'晋侯其能礼矣,王其善之!'树于有礼,艾人必丰。"①所谓"施三服义"的"三",据韦昭注引贾逵说为忠、信、礼,则仁德包含忠、信、礼与义,已非单一的具体德行。晋国韩无忌推荐弟弟韩起为卿的理由是"与田苏游,而曰好仁",而韩无忌所说的仁是包含德、正、直三种具体德行的:"恤民为德,正直为正,正曲为直,参和为仁。"②这一意义的人,已经不是一种具体德行,而是具有道德同义语的意义了。

这一用类似道德同义语对仁德的论说,还体现在以仁评说人格、人性上。不少人常常以仁人称谓有德行的人,而以不仁评判不道德的人。如宋国公子目夷与太子兹父,相互礼让君位,而被视为仁人;齐景公繁刑,晏子对以"踊贵屦贱",齐景公于是省刑。君子以仁人誉晏子:"仁人之言,其利博哉。晏子一言而齐侯省刑。《诗》曰:'君子如祉,乱庶遄已。'其是之谓乎!"③齐桓公被"天下诸侯称仁"④,而诸侯归之,成就霸业。继齐桓公之后的霸主重耳亦被秦穆公誉之以仁,而有"重耳仁"⑤之语。子产始问为政于然明,得到"视民如子,见不仁者诛之,如鹰鹯之逐鸟雀也"⑥的教诲。赵文子以"仁人之心",与楚国令尹子木的"祸人之心"⑦相对为说。最著名的是楚国子高的一段比较仁

---

① 佚名:《国语·周语上》(上),上海古籍出版社 1978 年版,第 41 页。

② 阮元刻:《春秋左传正义》襄公七年,《十三经注疏》(下),中华书局 1982 年版,第 1938 页。

③ 阮元刻:《春秋左传正义》昭公三年,《十三经注疏》(下),中华书局 1982 年版,第 2031 页。

④ 佚名:《国语·齐语》(上),上海古籍出版社 1978 年版,第 246 页。

⑤ 佚名:《国语·晋语二》(上),上海古籍出版社 1978 年版,第 313 页。

⑥ 阮元刻:《春秋左传正义》襄公二十五年,《十三经注疏》(下),中华书局 1982 年版,第 1986 页。

⑦ 阮元刻:《春秋左传正义》昭公元年,《十三经注疏》(下),中华书局 1982 年版,第 2019—2020 页。

者与不仁者的话:

> 唯仁者可好也,可恶也,可高也,可下也。好之不逼,恶之不怨,
> 高之不骄,下之不惧。不仁者则不然,人好之则逼,恶之则怨,高之则
> 骄,下之则惧。骄有欲焉,惧有恶焉,欲恶怨逼,所以生诈谋也。①

这里从好、恶与高、下两两相对的四个方面,说明仁人与不仁者在处理人际关系上的完全相反对,仁人为人处世是好而不逼、恶而不怨、高而不骄、下而不惧,不仁者接人待物则是好而逼、恶而怨、高而骄、下而惧。总之,仁人受到肯定,不仁之人被社会所唾弃,成为春秋时期的社会风尚。

与后来儒学轻视功利不同,春秋时期讲仁德是充分肯定功利的。在讲到礼与仁的关系时内史兴曾说,"仁行则报……行报无匮"②,认为人的行为只要有敬诚的仁爱之心,就可以得到不断的回报,这个回报就带有功利的性质。具体到各国诸侯,只有以仁德来教导人民,才可以获得人民的拥护,这就是周富辰所说:"仁所以保民也","不仁则民不至"③。齐桓公、晋文公能够成为霸主,就在于他们都具有仁德,并以仁德来治理国家天下。如《国语·齐语》说:"狄人攻邢,桓公筑夷仪以封之,男女不淫,牛马选具。狄人攻卫,卫人出庐于曹,桓公城楚丘以封之。其畜散而无育,桓公与之系马三百。天下诸侯称仁焉。于是天下诸侯知桓公之非为己动也,是故诸侯归之。"④齐桓公令乡长、五属大夫推荐人才,皆有"聪慧质仁"⑤的内容。对于臣民而言,如果能够以仁爱之心来从事自己的事业,就可以功成名就,所谓"畜义丰功谓之仁"⑥。只有以仁德建功立业,为社会人民作出巨大功绩的人,才能在死后得到祭祀的礼遇。

---

①　佚名:《国语·楚语下》(下),上海古籍出版社 1978 年版,第 587 页。

②　佚名:《国语·周语上》(上),上海古籍出版社 1978 年版,第 40 页。

③　佚名:《国语·周语中》(上),上海古籍出版社 1978 年版,第 45 页。

④　佚名:《国语·齐语》(上),上海古籍出版社 1978 年版,第 246 页。

⑤　佚名:《国语·齐语》(上),上海古籍出版社 1978 年版,第 233—234 页。

⑥　佚名:《国语·周语中》(上),上海古籍出版社 1978 年版,第 85 页。

这就是展禽说的"夫仁者讲功"①,"无功而祀之,非仁也"②。齐景公与晏子对话,晏子对以"踊贵屦贱",带出齐景公的省刑,君子为此称许晏子说:"仁人之言,其利博哉。晏子一言而齐侯省刑。"③这些说法都是将仁德与功利联系为说,以仁德是获得功利的保障,仁人一定是给人民带来功利的人。④ 而没有仁德,即使已经取得了一些成就,也不可能保有功利,"不仁不信,何以长利"⑤?不仁甚至导致国家、家族的灭亡:

> 智宣子将以瑶为后,智果曰:"不如宵也。"宣子曰:"宵也很。"对曰:"宵之很在面,瑶之很在心。心很败国,面很不害。瑶之贤于人者五,其不逮者一也。美鬓长大则贤,射御足力则贤,伎艺毕给则贤,巧文辩惠则贤,强毅果敢则贤。如是而甚不仁。以其五贤陵人,而以不仁行之,其谁能待之?若果立瑶也,智宗必灭。"弗听。智果别族于太史为辅氏。及智氏之亡也,唯辅果在。⑥

智氏原本是晋国权势最大的家族,但春秋末年出现的著名三家分晋,智氏不仅没有取得成功,反而被消灭,其原因就在于智宣子用了不仁的智瑶。有人还把仁与祸福的关系及神意联系起来,如贞伯说:"神福仁而祸淫。"⑦在当时这种打着神意的旗号,是对仁德与福祉的必然关系的最令人信服的说明,而福祉就是现实的功利。需要说明的是春秋时期讲的功利,绝非君王一人的私利,而是关乎社会发展、人们福祉的功利。

---

①　佚名:《国语·鲁语上》(上),上海古籍出版社1978年版,第170页。

②　佚名:《国语·鲁语上》(上),上海古籍出版社1978年版,第170页。

③　阮元刻:《春秋左传正义》昭公三年,《十三经注疏》(下),中华书局1982年版,第2031页。

④　《左传》还有类似称赞仁人的记载,如文子说:"宋之盟,子木有祸人之心,武有仁人之心,是楚所以驾于晋也。"[阮元刻:《春秋左传正义》昭公元年,《十三经注疏》(下),中华书局1982年版,第2019页。]

⑤　佚名:《国语·晋语二》(上),上海古籍出版社1978年版,第310页。

⑥　佚名:《国语·晋语九》(下),上海古籍出版社1978年版,第500页。

⑦　阮元刻:《春秋左传正义》成公五年,《十三经注疏》(下),中华书局1982年版,第1901页。

仁与功利的这种关系,有些接近因果关系。行仁是因,功利是行仁带来的果,但功利绝不是仁德所追求的目标,仁才是人们所追求的价值所在。当仁德的追求与自己的生命发生冲突时,人们就应该杀身以成仁,这就是杜原说的"杀身以成志,仁也"①。为着行仁的志向的实现,连生命都可以奉献。而杀身成志之仁的实现,需要有极大的勇气,所以,君子说:"仁而不武,无能达也。"②武就是杀身成仁的精神勇气,没有武的精神因素,就难以达到仁的要求。

二、义

《左传》言义 112 次、《国语》言义 91 次,共计 203 次,超过言仁的次数,说明义在春秋时期是人们最关注的德行。《字源》说:"'义'的本义是威仪。《说文》:'义,己之威仪也。从羊,从我。'后作仪。《王子午鼎》:'淑于威义。'《郭店楚墓竹简·缁衣》30:'敬尔威义。''威义'读为'威仪',与《诗·大雅·民劳》'敬慎威仪'同,指容止礼节。'义'又指品德的根本,伦理的原则。"③但《汉字源流字典》认为,义字在甲骨文、金文中从羊、从我,本义是用刀锯屠宰牛羊以祭祀,威仪只是引申义。④ 以牛羊祭祀有一定仪式,由此引申出威仪顺理成章。但春秋时期的义,几乎看不到屠宰牛羊以祭祀之义,虽然有威仪义,如春秋中期的《王子午鼎》的"威义"铭文,但就《左传》与《国语》的文献记载而言,义主要是表示一种德行或道德原则,并带有合宜的方法论含义;义常常与利联系为说,而形成了最早的义利之辨。

1. 义的含义

义在春秋时期是一个运用很广的德行观念。《国语·齐语》有"父与父言

---

① 佚名:《国语·晋语二》(上),上海古籍出版社 1978 年版,第 290 页。
② 阮元刻:《春秋左传正义》宣公四年,《十三经注疏》(下),中华书局 1982 年版,第 1869 页。
③ 李学勤主编:《字源》上册,天津古籍出版社 2013 年版,第 1112 页。
④ 参见谷衍奎编:《汉字源流字典》,华夏出版社 2003 年版,第 42 页。

义"①一说;赵孟讲"母义子爱"②;季文子有"父义"③之说;晏子说"夫和而
义"④。义是父母、丈夫对子女、妻子的德行,这是以义为家庭伦理的德行。解
扬说:"君能制命为义。"⑤管仲说:"夫诸侯之会,其德刑礼义,无国不记。"⑥丕
郑说:"吾闻事君者,从其义,不阿其惑。"⑦狐偃说:"求诸侯,莫如勤王。诸侯
信之,且大义也。继文之业而信宣于诸侯,今为可矣。"⑧蓝尹亹说:"君子临政
思义,饮食思礼,同宴思乐,在乐思善,无有叹焉。"⑨这些言义的对象多是诸侯
国的君主,也有说是臣子应具的德行,君臣都是政治人物,这些说法是以义为
政治伦理的原则。义是通行于家庭生活、社会政治的伦理原则。

　　义观念常常与礼、信、仁等联系为说。与仁联系为说,已见于对仁观念的分
析。与礼联系为说,如说"是故君子动则思礼,行则思义","三叛人名,以惩不义,
数恶无礼"⑩;"酒以成礼,不继以淫,义也"⑪;"礼以行义,信以守礼,刑以正邪"⑫;

---

①　佚名:《国语·齐语》(上),上海古籍出版社1978年版,第226页。

②　阮元刻:《春秋左传正义》文公六年,《十三经注疏》(下),中华书局1982年版,第1846页。

③　阮元刻:《春秋左传正义》文公十八年,《十三经注疏》(下),中华书局1982年版,第1862页。

④　阮元刻:《春秋左传正义》昭公二十六年,《十三经注疏》(下),中华书局1982年版,第2115页。

⑤　阮元刻:《春秋左传正义》宣公十五年,《十三经注疏》(下),中华书局1982年版,第1887页。

⑥　阮元刻:《春秋左传正义》僖公七年,《十三经注疏》(下),中华书局1982年版,第1799页。

⑦　佚名:《国语·晋语一》(上),上海古籍出版社1978年版,第264页。

⑧　阮元刻:《春秋左传正义》僖公二十五年,《十三经注疏》(下),中华书局1982年版,第1820页。

⑨　佚名:《国语·楚语下》(下),上海古籍出版社1978年版,第578页。

⑩　阮元刻:《春秋左传正义》昭公三十一年,《十三经注疏》(下),中华书局1982年版,第2126页。

⑪　阮元刻:《春秋左传正义》庄公二十二年,《十三经注疏》(下),中华书局1982年版,第1774页。

⑫　阮元刻:《春秋左传正义》僖公二十八年,《十三经注疏》(下),中华书局1982年版,第1827页。

晋郤缺说:六府、三事的九功,"义而行之,谓之德、礼"①。义与信或忠信联系
为说,如季文子说:"信以行义,义以成命,小国所望而怀也。信不可知,义无
所立,四方诸侯,其谁不解体?"②赵孟说:"临患不忘国,忠也;思难不越官,信
也;图国忘死,贞也;谋主三者,义也。有是四者,又可戮乎?"③此外,义与亲、
仁、祥合称四德,如庆郑说:"背施无亲,幸灾不仁,贪爱不祥,怒邻不义。四德
皆失,何以守国?"④叔向诒子产书说:"昔先王议事以制,不为刑辟,惧民之有
争心也。犹不可禁御,是故闲之以义,纠之以政,行之以礼,守之以信,奉之以
仁,制为禄位以劝其从,严断刑罚以威其淫。"⑤这是以义与政、礼、信、仁并称。
这些说法都是以义为一种具体德行,但常常与其他德行特别是与最常见的仁、
礼、忠联系为说,表明义也是一种主要的德行。

有的还以义是最为根本的德行。如富辰说:"佻天不祥,乘人不义,不祥
则天弃之,不义则民叛之。且郤至何三伐之有? 夫仁、礼、勇,皆民之为也。以
义死用谓之勇,奉义顺则谓之礼,畜义丰功谓之仁。奸仁为佻,奸礼为羞,奸勇
为贼。"⑥这是以仁、礼、勇三德皆受义的约束,没有义的制约,就没有仁、礼、勇
三德,这是将义置于三德之上。狼瞫说:"死而不义,非勇也。"⑦也是以义较勇
更为根本,这些用法的"义"已经超越具体德行意蕴,带有包含各种德行的广
义道德或更为根本性德行的含义。最能说明这一点的是,春秋时期人们常常
德义连用,其中《左传》6 次,《国语》9 次,达 15 次之多。如富辰说:"心不则德

① 阮元刻:《春秋左传正义》文公七年,《十三经注疏》(下),中华书局 1982 年版,第 18 页。
② 阮元刻:《春秋左传正义》成公八年,《十三经注疏》(下),中华书局 1982 年版,第
1904 页。
③ 阮元刻:《春秋左传正义》昭公元年,《十三经注疏》(下),中华书局 1982 年版,第 2020—
2021 页。
④ 阮元刻:《春秋左传正义》僖公十四年,《十三经注疏》(下),中华书局 1982 年版,第
1803 页。
⑤ 阮元刻:《春秋左传正义》昭公六年,《十三经注疏》(下),中华书局 1982 年版,第
2043 页。
⑥ 佚名:《国语·周语中》(上),上海古籍出版社 1978 年版,第 85 页。
⑦ 阮元刻:《春秋左传正义》文公二年,《十三经注疏》(下),中华书局 1982 年版,第 18 页。

义之经为顽。"①叔向之母说:"夫有尤物,足以移人,苟非德义,则必有祸。"②
郭偃说:"不度而迁求,不可谓义,以宠贾怨,不可谓德;少族而多敌,不可谓
天。德义不行,礼义不则,弃人失谋,天亦不赞。"③赵衰说:"夫德义,生民之本
也。"④而德作为道德之德是包容一切具体德行的,德义连为一词,就使义也具
有道德之德的含义。最有说服力是如下一段话:

> 悼公与司马侯升台而望曰:"乐夫!"对曰:"临下之乐则乐矣,德
> 义之乐则未也。"公曰:"何谓德义?"对曰:"诸侯之为,日在君侧,以
> 其善行,以其恶戒,可谓德义矣。"⑤

这段话直接将德义与善行等同为说,而善正是道德之德的本质体现,德义为善
行,自然包含有义为善行之义。正因为义有近似道德之德的含义,所以春秋时
期人们言义,常常是以道德之义来言义,如叔向说:"强以克弱而安之,强不义
也。不义而强,其毙必速。"⑥卫彪傒说:"大事奸义,必有大咎。"⑦太子晋说:
"夫亡者岂繄无宠? 皆黄、炎之后也。唯不帅天地之度,不顺四时之序,不度
民神之义,不仪生物之则,以殄灭无胤,至于今不祀。"⑧赵宣子说:"吾闻事君
者比而不党。夫周以举义,比也;举以其私,党也。"⑨这些义都不是具体德行
的义,而是一般意义的道德之义。

义观念在春秋时期最重要的含义,是指行事合于事物的节度。是以义为

---

① 阮元刻:《春秋左传正义》僖公二十四年,《十三经注疏》(下),中华书局 1982 年版,第
1817—1818 页。
② 阮元刻:《春秋左传正义》昭公二十八年,《十三经注疏》(下),中华书局 1982 年版,第
2118 页。
③ 佚名:《国语·晋语一》(上),上海古籍出版社 1978 年版,第 257 页。
④ 佚名:《国语·晋语四》(下),上海古籍出版社 1978 年版,第 382 页。
⑤ 佚名:《国语·晋语七》(下),上海古籍出版社 1978 年版,第 445 页。
⑥ 阮元刻:《春秋左传正义》昭公元年,《十三经注疏》(下),中华书局 1982 年版,第
2021 页。
⑦ 阮元刻:《春秋左传正义》定公元年,《十三经注疏》(下),中华书局 1982 年版,第
2131 页。
⑧ 佚名:《国语·周语下》(上),上海古籍出版社 1978 年版,第 107 页。
⑨ 佚名:《国语·晋语五》(下),上海古籍出版社 1978 年版,第 396 页。

行事合一的德行。内史兴也说："义所以节也……义节则度。"①叔孙穆子说："咨义为度。"②申叔时："明度量以导之义。"③成鱄说："心能制义曰度。"孔颖达疏："心能制断时事，使合于义，是为善揆度也。言预度未来之事皆得中也。"④这几处言义都讲到节度、度、度量，单襄公说："义者，文之制也。"⑤韦昭注："义所以制断事宜。"而制断事宜也以合度为准。所以，这段话言义实际上也涉及度。可见，度是义观念最重要的规定。度也是春秋时期人们经常论说的重要观念，《左传》言度达 61 次，《国语》言度 45 次，超过 100 次。从这些论说可见，度的含义主要有两个方面：一是作为名词，表示事物的尺度、行事的标准。例如：隐公元年，祭仲说"今京不度，非制也"；隐公五年，臧僖伯说："讲事以度轨量谓之轨"；隐公十一年，薛侯引周谚"山有木，工则度之"；桓公二年，臧哀伯说："夫德，俭而有度，登降有数"；襄公二十八年，晏子说："且夫富如布帛之有幅焉，为之制度"；昭公四年，子产说："为善者不改其度，故能有济也，民不可逞，度不可改"；昭公七年，"子皮之族，饮酒无度"；昭公三十二年，"计丈数，揣高卑，度厚薄"；《周语中》周襄王说："岂敢厌纵其耳目心腹以乱百度"；《周语下》载，"伯禹念前之非度，厘改制量，象物天地，比类百则，仪之于民，而度之于群生"；《周语下》单穆公说："制度不可以出节"；伶州鸠说："律所以立均出度也。古之神瞽考中声而量之以制，度律均钟，百官轨仪，纪之以三，平之以六，成于十二，天之道也"。一是作为动词，判断行事是否合乎事物的标准尺度，以衡量得失。例如：隐公十一年，君子说："度德而处之，量力而行之，相时而动"，批评息侯"不度德，不量力"；襄公十四年，师旷说："使师保之，勿使过度"；襄公三十一年，北宫文字说："故君子在位可畏，施舍可爱，进

---

① 佚名：《国语·周语上》（上），上海古籍出版社 1978 年版，第 40 页。
② 佚名：《国语·鲁语下》（上），上海古籍出版社 1978 年版，第 186 页。
③ 佚名：《国语·楚语上》（下），上海古籍出版社 1978 年版，第 529 页。
④ 阮元刻：《春秋左传正义》昭公二十八年，《十三经注疏》（下），中华书局 1982 年版，第 2119 页。
⑤ 佚名：《国语·周语下》（上），上海古籍出版社 1978 年版，第 96 页。

退可度,周旋可则,容止可观,作事可法,德行可象,声气可乐,动作有文,言语有章,以临其下,谓之有威仪也";昭公十年,"欲败度,纵败礼";昭公十七年,"利器用,正度量";昭公二十年,晏子批评齐国政治,"暴虐淫从,肆行非度","布常无艺,徵敛无度,宫室日更,淫乐不违";《周语下》伶州鸠说:"用物过度妨于财";《晋语二》"今晋侯不量齐德之丰否,不度诸侯之势,释其闭修,而轻于行道,失其心矣";《楚语上》申叔时说"明度量以导之义","制节义以动行之"①;《楚语下》观射父说:"蒸享无度,民神同位";《吴语》包胥说:"不智,则不知民之极,无以铨度天下之众寡"。这些是指人们能够合宜的制断事物的品德。制断事物,必须有一个节度。事物不同,节度亦异。制断事物合于节度,才能够称之为合宜。而合宜的标准是节度,故古人常以节度释义,或是以和宜释义,都是指要合宜事物的节度之宜。《释名·释言语》:"义,宜也。裁制事物使合宜也。"这是对春秋时期义含义的准确说明。义有两义:一是宜之义,表示一定的标准尺度;二是合宜之义,表示行事合于标准尺度。

义的宜与合宜之义,这一认识最早可能出于农业生产与日常生活的经验总结。周灵王时,发生谷水与洛水的洪水泛滥,而危及王宫,周灵王提出用土石阻塞的办法,来治理洪水,但遭到太子晋的反对,太子在陈述理由时说道:"比之地物,则非义也;类之民则,则非仁"。② 仁是处理人与人之间相互关系的准则,所以说仁是民则,义则是对土地与物产关系的说明。不同的土质适合于不同的物产,同一品种的物产,在不同的土地条件下,也会发生品质的改变。中国在春秋以前,就有橘生淮南则为橘,生于淮北则为枳的认识。《周礼》就有相关记载:"橘逾淮而化为枳,此地气然也。"③《晏子春秋》更借晏子使楚的故事,附带说明了这一认识:

---

① 佚名:《国语·楚语上》(下),上海古籍出版社 1978 年版,第 531 页。
② 佚名:《国语·周语下》(上),上海古籍出版社 1978 年版,第 112 页。
③ 阮元刻:《周礼·冬官·考工记》卷三十九,《十三经注疏》(下),中华书局 1982 年版,第906 页。

> 晏子至,楚王赐晏子酒。酒酣,吏二缚一人诣王。王曰:"缚者
> 曷为者也?"对曰:"齐人也,坐盗。"王视晏子曰:"齐人固善盗乎?"晏
> 子避席对曰:"婴闻之:橘生淮南则为橘,生于淮北则为枳,叶徒相
> 似,其实味不同。所以然者何? 水土异也。今民生长于齐不盗,入楚
> 则盗,得无楚之水土使民善盗耶?"①

面对楚王带有侮辱性的挑衅,晏子以其睿智,借助农业生产的常识,反而让楚
王自取其辱。晏子所说的物产与土地之间的这种适应关系,古人称之为宜。
春秋时期的人们正是将这种物种对土地间的相宜,作为一般的原则与方法论,
推广到其他事物上,以其作为人们行事是否正确的判断准则,才有了所谓义的
观念。物种合于土地之宜称之为义,人们处理事物合宜,也被称之为义。故晋
国的张老说:"备其物,义也。"②韦昭注说:"物备得宜,义也。"物得宜为义,正
是从义之本义而言。子大叔曰论礼以"地之义"与"天之经"、"民之行"并
称③,其"地之义",就是指物种要合适于生长的土地,只有在合适的土壤才可
培育出优良的物种。是否合宜,不同的情况有不同的标准,这就是度,合于度,
就是适宜,这是春秋时期人们言义常常联系度为说的原因。度带有标准、尺度
的含义,但也有灵活性之义。如:

> 甲午,宋大灾。宋伯姬卒,待姆也。君子谓:"宋共姬,女而不
> 妇。女待人,妇义事也。"④

按照礼仪,妇女在遇到火灾时,若是未成年的年轻女子,就需要等到女师一道
同行,若是已婚的成年妇女,就不必等候女师,可以灵活便宜行事。所以,杜预

---

① 晏婴:《晏子春秋·内篇·杂下第六》,《百子全书》,浙江古籍出版社 1998 年版,第
454 页。
② 佚名:《国语·晋语八下》(上),上海古籍出版社 1978 年版,第 469—470 页。
③ 参见阮元刻:《春秋左传正义》昭公二十五年,《十三经注疏》(下),中华书局 1982 年版,
第 2107—2109 页。
④ 阮元刻:《春秋左传正义》襄公三十年,《十三经注疏》(下),中华书局 1982 年版,第
2012 页。

注：“义，从宜也。伯姬时年六十左右。”《春秋左传正义》曰：“义者，宜也，从宜，宜辟火也。成年，伯姬归于宋至此四十年，故为六十左右也。”①这都是以便宜之宜解释义。这个义与宜通，为适宜、合宜、便宜之义，是指处理事务具有的灵活性，这是春秋时期义观念的重要含义。所以，义所说的度既是尺度、标准，也带有灵活性，是依人、依事、依时而有所变化，而不是一成不变的。一成不变的度，就不成其为度了。

所以，春秋时期以合于节度为义的这一观念，带有哲学方法论的意义。这是义观念所具有独特价值的所在，也是义观念能够与仁观念并列，形成仁义并称的原因。这一理论品质对后来中国哲学史的发展极为深远，儒家学派的中庸学说，反对过与不及的两端，强调中道的相关论说，都是从义观念的这一思想发展而来。但在中庸、中道学说出现之后，义所包含的这一合宜的一般方法论意义，被冲洗得日益稀薄。但是，这已经是历史变化了的义观念，而决非春秋时期的义观念了。

2. 义利之辨

趋利避害是人类的生存法则。春秋时期的中国人就已经有了这一认识，祭公谋父说：“先王之于民也……使务利而避害。”②要做到趋利避害，人的行事就得合于事物的规律，采取某种合宜的方法，才能保障趋利避害的成功。在农业生产中因地制宜，就会带来农业的丰收，反之，只会导致歉收或劳而不获；将此原则运用在人类社会，以合宜的原则行事，就一定会给人带来福利；相反，则会给人带来祸害。春秋时期的义观念，就是这些生产、生活经验的总结。由义观念来讨论趋利避害，自然就会引申出义利之辨的问题。由春秋时期义的独特含义，使义利之辨与后来义利之辨有很大的区别，不仅是道德与功利关系

---

① 阮元刻：《春秋左传正义》襄公三十年，《十三经注疏》（下），中华书局 1982 年版，第 2012 页。

② 佚名：《国语·周语上》（上），上海古籍出版社 1978 年版，第 1 页。

的论辩,也是行事方法与行事结果关系的讨论。

从源于农业的因地制宜的义观念,而形成的义利之辨,合逻辑地包含着义必生利的思想,这是春秋时期义利之辨的最重要观点。春秋时期的许多政治家、思想家都有义必生利或类似的论说:

丕郑:"义以生利,利以丰民,若之何其民之与处而弃之也?"①

富辰:"夫义以生利也……不义则利不阜。"②

赵衰:"德义,利之本也。"③

晏子谓桓子:"凡有血气,皆有争心,故利不可强,思义为愈。

义,利之本也,蕴利生孽。姑使无蕴乎!"④

申叔时:"德、刑、详、义、礼、信,战之器也。……义以建利。"⑤

上面的义生利、义建利、义为利之本,都是一个意思,是以利出于义,义是根本,利是由义产生出来的,没有以就不可能有利。除了这些论说外,还有里克的"义,利之足"之说:"夫义者,利之足也;贪者,怨之本也。废义则利不立,厚贪则怨生。"⑥从后面对应的废义则利不生,义者利之足显然也包含有义生利的思想。穆姜的"利,义之和也"⑦之说,孔颖达疏:"义理和协,乃得其利。故利者,义之和也。"也含有利生于义的意思。除了正面的论说,还有不少负面的说法,如:郑庄公说:"多行不义,必自毙。……不义不昵,厚将崩。"⑧叔向说:

① 佚名:《国语·晋语一》(上),上海古籍出版社 1978 年版,第 264 页。

② 佚名:《国语·周语中》(上),上海古籍出版社 1978 年版,第 45 页。

③ 阮元刻:《春秋左传正义》僖公二十七年,《十三经注疏》(下),中华书局 1982 年版,第 1822 页。

④ 阮元刻:《春秋左传正义》昭公十年,《十三经注疏》(下),中华书局 1982 年版,第 2058 页。

⑤ 阮元刻:《春秋左传正义》成公十六年,《十三经注疏》(下),中华书局 1982 年版,第 1917 页。

⑥ 佚名:《国语·晋语二》(上),上海古籍出版社 1978 年版,第 303 页。

⑦ 阮元刻:《春秋左传正义》襄公九年,《十三经注疏》(下),中华书局 1982 年版,第 1942 页。

⑧ 阮元刻:《春秋左传正义》隐公元年,《十三经注疏》(下),中华书局 1982 年版,第 1716 页。

"不义而强,其毙必速。"①赵孟说:"不义而强,其毙必速。"②文子说:"违义,祸也。"③卫彪傒说:"大事奸义,必有大咎。"④类似的说法,不一而足,不义、违义、奸义就必有殃祸,甚至是生命危险。这些众多关于义利关系的正反论说,表明义必生利是春秋时期义利之辨最根本的观念。所以,晋周事单襄公,"言义必及利"⑤,而受到单襄公的极力称赞。这些地方所说的义,都不是与其他德行并列的具体德行,而是带有一般道德属性意义的道德之义。

晏子用"制度"一词,来说明义的尺度对利的制衡:

> 崔氏之乱,丧群公子。故鉏在鲁,叔孙还在燕,贾在句渎之丘。及庆氏亡,皆召之,具其器用而反其邑焉。与晏子邶殿,其鄙六十,弗受。子尾曰:"富,人之所欲也,何独弗欲?"对曰:"庆氏之邑足欲,故亡。吾邑不足欲也。益之以邶殿,乃足欲。足欲,亡无日矣。在外,不得宰吾一邑。不受邶殿,非恶富也,恐失富也。且夫富如布帛之有幅焉,为之制度,使无迁也。夫民生厚而用利,于是乎正德以幅之,使无黜嫚,谓之幅利。利过则为败。吾不敢贪多,所谓幅也。"与北郭佐邑六十,受之。与子雅邑,辞多受少。与子尾邑,受而稍致之。公以为忠,故有宠。⑥

晏子区分欲与利,反对足欲,主张制利。制利的意思是指合于制度之利,认为只有制利才可以保证家族不致衰败。而制利是以德为尺度,根据德的大小,来

---

① 阮元刻:《春秋左传正义》昭公元年,《十三经注疏》(下),中华书局 1982 年版,第2021 页。
② 阮元刻:《春秋左传正义》昭公六年,《十三经注疏》(下),中华书局 1982 年版,第2043 页。
③ 阮元刻:《春秋左传正义》昭公三年,《十三经注疏》(下),中华书局 1982 年版,第2032 页。
④ 阮元刻:《春秋左传正义》定公元年,《十三经注疏》(下),中华书局 1982 年版,第2131 页。
⑤ 佚名:《国语·周语下》(上),上海古籍出版社 1978 年版,第 95 页。
⑥ 阮元刻:《春秋左传正义》襄公二十八年,《十三经注疏》(下),中华书局 1982 年版,第2001 页。

裁定利的多少,如同以尺子裁量布的幅度来确定尺寸,这就是晏子所说的"制度"。这是"制度"一词的最早出处,意指依据一定标准制定人所遵循的尺度、规定。就利而言称之为幅利,幅即幅度,是对利的大小多少的规定。以德的不同来制利,实际上就是以义制利,但这里的制绝不是制裁、钳制之义,而是制定、规划之义,是义与利的统一。

与后来儒学特别是董仲舒之后的儒学重义轻利不同,春秋时期对义所生的利是高度肯定的,被认为万物的生成、人民的福祉都依赖于利。芮良夫说:"夫利,百物之所生,天地之所载也。"一个国君的职责就在于使人人都能各得其利,"夫王人者,将导利而布之上下者也,使神人百物无不得其极也"①。这种对功利的极度肯定,是春秋时期义利之辨宝贵的思想。但春秋时期肯定的利,是合于义的利,是由义生出的利,这就是里克说的"废义则利不立"。如果利与义没有联系,即以义为利的内在精神,这样的利就不是应该肯定的利,而是缺乏正当性的所谓淫利,单襄公说:"利而不义,其利淫矣。"②淫利是指不合义的要求,只图个人骄奢淫逸的私利。这种私利本质上是反人道的:

> 武公伐翼,杀哀侯,止栾共子曰:"苟无死,吾以子见天子,令子为上卿,制晋国之政。"辞曰:"成闻之:'民生于三,事之如一。'父生之,师教之,君食之,非父不生,非食不长,非教不知生之族也,故壹事之。唯其所在,则致死焉。报生以死,报赐以力,人之道也。臣敢以私利废人之道,君何以训矣?且君知成之从也,未知其待于曲沃也,从君而贰,君焉用之?"遂斗而死。③

栾共子不"私利废人之道",简明地说明了人道与私利的绝不相容。所以,春秋时期的思想家、政治家对这种私利是坚决反对的,如芮良夫反对荣公专利:"今王学专利,其可乎?匹夫专利,犹谓之盗,王而行之,其归鲜矣。荣公若

---

① 佚名:《国语·周语上》(上),上海古籍出版社 1978 年版,第 13 页。
② 佚名:《国语·周语下》(上),上海古籍出版社 1978 年版,第 92 页。
③ 佚名:《国语·晋语一》(上),上海古籍出版社 1978 年版,第 251 页。

用,周必败。"①内史过批评虢公"匮百姓"以"求利",并断言"离民怒神"②,虢国的灭亡。

从《左传》、《国语》言利的记载,可以很清楚地看出来春秋时期所说合于义的利,是指国家、社稷之利与人民之利,而非个人(特别是君王)的私利。成公六年,晋国谋划迁都,主张迁往郇瑕氏之的理由是"沃饶而近盬,国利君乐",韩献子主张迁往新田,理由是"土厚水深,居之不疾,有汾浍以流其恶。且民从教,十世之利也"③,两方意见不同,但都以国家、人民之利为迁都的理由,晋侯最终同意韩献子的建议,迁都新田。富辰提出内利、外利之说,来区分国家、人民之利与个人的私利之别。他两次说到这个问题:

> 尊贵、明贤、庸勋、长老、爱亲、礼新、亲旧,然则民莫不审固其心力以役上令,官不易方,而财不匮竭,求无不至,动无不济,百姓兆民,夫人奉利而归诸上,是利之内也;若七德离判,民乃携贰,各以利退,上求不暨,是外其利也。④

> 王德狄人,将以其女为后。富辰谏曰:"不可。夫婚姻,祸福之阶也。由之利内则福,利外则取祸。今王外利矣,其无乃阶祸乎?昔挚、畴之国也由大任,杞、缯由大姒,齐、许、申、吕由大姜,陈由大姬,是皆能内利亲亲者也。昔鄢之亡也由仲任,密须由伯姞,郐由叔妘,聃由郑姬,息由陈妫,邓由楚曼,罗由季姬,卢由荆妫,是皆外利离亲者也。"⑤

所谓利内是以道德为基础的,是能够给国家、人民带来福祉的社会公利,外利则是各自争利与利归于上,不顾国家、人民利益的私利。

① 佚名:《国语·周语上》(上),上海古籍出版社1978年版,第13页。
② 佚名:《国语·周语上》(上),上海古籍出版社1978年版,第33页。
③ 阮元刻:《春秋左传正义》成公六年,《十三经注疏》(下),中华书局1982年版,第1902页。
④ 佚名:《国语·周语中》(上),上海古籍出版社1978年版,第50页。
⑤ 佚名:《国语·周语中》(上),上海古籍出版社1978年版,第48页。

赵宣子在与他人讨论对韩献子的任用时,从人才任用的角度也强调了义与私利的不相容:

> 赵宣子言韩献子于灵公,以为司马。河曲之役,赵孟使人以其乘车干行,献子执而戮之。众咸曰:"韩厥必不没矣。其主朝升之,而暮戮其车,其谁安之!"宣子召而礼之,曰:"吾闻事君者比而不党。夫周以举义,比也;举以其私,党也。夫军事无犯,犯而不隐,义也。吾言女于君,惧女不能也。举而不能,党孰大焉!事君而党,吾何以从政?吾故以是观女。女勉之。苟从是行也,临长晋国者,非女其谁?"皆告诸大夫曰:"二三子可以贺我矣!吾举厥也而中,吾乃今知免于罪矣。"①

人臣事君应该比而不党,比是周以举义,党是勾结营私。这与后来孔子讲的"君子周而不比,小人比而不周",十分接近,可以说孔子之说是受到赵宣子的影响。但赵宣子之说突出了义与私的对立,带有结党营私的政治意义。

3. 大义灭亲与死而利国

义观念虽然不排除正当的功利,但是,在义利之间,功利并不是追求的目标,义才是最高的追求。最能体现这一观念的是大义灭亲说:

> 卫人使右宰丑,莅杀州吁于濮。石碏使其宰獳羊肩,莅杀石厚于陈。君子曰:"石碏,纯臣也。恶州吁而厚与焉。大义灭亲,其是之谓乎。"②

州吁是当时卫国的国君,但是靠弑杀卫桓公而登上了王位的,石厚是卫国大夫石碏的儿子,也是州吁的亲信。《春秋》以弑君为大逆不道,石碏没有因为父子亲情,反而利用这一血缘关系,巧妙安排,设计杀掉了州吁,并派家臣獳羊肩

---

① 佚名:《国语·晋语五》(下),上海古籍出版社1978年版,第396页。
② 阮元刻:《春秋左传正义》隐公四年,《十三经注疏》(下),中华书局1982年版,第1726页。

去陈国,杀死亲生儿子。弑君者是乱臣贼子,石碏之举是诛杀乱臣贼子,被誉为大义灭亲。面对重大的政治原则面前,血缘亲情绝不是第一位的,相反,不顾亲情而维护政治原则,才是合于义的。此说与杀身成仁说,都有以仁义重于亲情、重于生命的意义。

大义灭亲所说的义不是别的,就是国家、社稷、人民之利。所以,春秋时期面对生死,而有死而利国等说。晋楚大战前夕,楚国主帅子玉梦神索要琼弁玉缨,并答应护佑楚国,但子玉却爱惜宝物,不给神灵,而受到子西等人的激烈批评:

> 大心与子西使荣黄谏,弗听。荣季曰:"死而利国,犹或为之,况琼玉乎? 是粪土也。而可以济师,将何爱焉?"弗听,出告二子曰:"非神败令尹,令尹其不勤民,实自败也。"①

荣季先说死而利国,后又说令尹不勤民,为国也就是为民。这是为了国家、人民之利,连自己的生命也可以奉献的崇高思想。这一思想观念并非个例,而是普遍的社会现象,例如:

> 邾文公卜迁于绎。史曰:"利于民而不利于君。"邾子曰:"苟利于民,孤之利也。天生民而树之君,以利之也。民既利矣,孤必与焉。"左右曰:"命可长也,君何弗为?"邾子曰:"命在养民。死之短长,时也。民苟利矣,迁也,吉莫如之!"遂迁于绎。五月,邾文公卒。君子曰:"知命。"②

> 解扬对曰:"臣闻之,君能制命为义,臣能承命为信,信载义而行之为利。谋不失利,以卫社稷,民之主也。义无二信,信无二命。君之赂臣,不知命也。受命以出,有死无霣,又可赂乎? 臣之许君,以成

---

① 阮元刻:《春秋左传正义》僖公二十八年,《十三经注疏》(下),中华书局 1982 年版,第1826 页。

② 阮元刻:《春秋左传正义》文公十三年,《十三经注疏》(下),中华书局 1982 年版,第1852 页。

命也。死而成命,臣之禄也。寡君有信臣,下臣获考死,又何求?"楚子舍之以归。①

孔达曰:"苟利社稷,请以我说,罪我之由,我则为政,而亡大国之讨,将以谁任,我则死之。"②

郑子产作丘赋。国人谤之,曰:"其父死于路,己为虿尾。以令于国,国将若之何?"子宽以告。子产曰:"何害? 苟利社稷,死生以之。且吾闻为善者不改其度,故能有济也。民不可逞,度不可改。《诗》曰:'礼义不愆,何恤于人言。'吾不迁矣。"③

邾文公、解扬、孔达、子产在面对生死时,都是将国家、社稷、人民之利放在第一位,表现出一种置生死于不顾的大义凛然之气。上面四段话中三段讲到社稷,社稷的本义分指土地神与谷神,土地与谷物是农业社会最重要的生产资料与生活资料,事关古代国家生死存亡的根本,所以,社稷成为古代帝王祭祀的主要神灵,并常常用来代指国家,这在《左传》、《国语》中常常见到。最著名的例子见于晏子的如下对话:

晏子立于崔氏之门外,其人曰:"死乎?"曰:"独吾君也乎哉? 吾死也。"曰:"行乎?"曰:"吾罪也乎哉? 吾亡也。""归乎?"曰:"君死,安归? 君民者,岂以陵民? 社稷是主。臣君者,岂为其口实,社稷是养。故君为社稷死,则死之;为社稷亡,则亡之。若为己死而为己亡,非其私昵,谁敢任之? 且人有君而弑之,吾焉得死之,而焉得亡之? 将庸何归?"门启而入,枕尸股而哭。兴,三踊而出。人谓崔子:"必

---

① 阮元刻:《春秋左传正义》宣公十五年,《十三经注疏》(下),中华书局1982年版,第1887页。

② 阮元刻:《春秋左传正义》宣公十三年,《十三经注疏》(下),中华书局1982年版,第1884页。

③ 阮元刻:《春秋左传正义》昭公四年,《十三经注疏》(下),中华书局1982年版,第2035—2036页。

杀之!"崔子曰:"民之望也! 舍之,得民。"卢蒲癸奔晋,王何奔莒。①

齐国国君无道,被崔子弑杀,晏子是大夫,与齐侯有君臣关系,有人认为晏子也应该随齐侯而去,但晏子却认为国君不是为社稷,而是因个人淫乐而死,他没有随之殉葬的义务。晏子这一区分国君与社稷,其实也是春秋时期众多思想家、政治家的共识,这一共识就是君主不等于国,国之为国,不在于国君,而在于人民,国与民密不可分,没有民,就无所谓国,国是社稷、人民、国家的三位一体。只有爱护人民、获得人民拥护的国君,才能代表国家,所以,晏子反对为国君死,主张为社稷而死,认为这样的死才是死而利国,才合乎义。后世以朕即国家,君要臣亡,臣不得不亡,与春秋时期死以利国的国家观是完全不同的。朕即国家的要害是以国家为君主个人的私产,根本否定人民在国家中的地位,是君主专制的国家观的体现。

这种大义灭亲的主张,以及为国家、人民之利可以牺牲生命的死以利国的思想,与杀身成仁的主张一样,都是把道德的仁、义置于比生命更加宝贵、重要的地位。春秋时期形成的这一观念,是中国古代思想文化中极其宝贵的观念,它对于培养中国人的人品、气节起到了巨大而深远的影响。但需要区分的是,春秋时期的杀身成仁、舍生取义,都是以国家、社稷、人民三位一体为前提的,而后世的君主专制则是利用这两个口号,让老百姓死心塌地底为君王奉献一切。这是打着仁义的旗帜,造最无人道的人间罪恶。

三、智与信

按照仁、义、礼、智、信的顺序,因为礼观念在礼的专章中已有论及,在讨论了义观念后,自然应该探索智与信。先说智观念。

---

① 阮元刻:《春秋左传正义》襄公二十五年,《十三经注疏》(下),中华书局 1982 年版,第1983 页。

1. 智

"智"也是后来所说的"五常"之一。作为"五常"之一的智是指一种基本德行,但春秋时期的智的主要含义并不是作为德行来使用的,而是作为知识论的知来使用的。所以,我们看到《左传》无智字出现,但知字出现达 417 次之多;《国语》言智 48 次,言知 156 次,是言智的三倍以上;综合两书,知字出现的次数是智字的 11 倍以上。

智的古文"从白、亏、知"①,段玉裁注:"此与矢部知音义皆同,故二字多通用"②。根据《词源》的解说,甲骨文已有智字,智的"本义为口之所陈,心迹可识……智与知声韵并同"③。关于知,"知,词也。从口,从矢"④。可见,智与知二字最早是通用的,其本义指口陈其心所识,因口陈其所知必借其言辞,故许慎以词训知。这是智或知的本义。由此可以导出知识、智慧、认识、知晓、知道、明白等义。

智与知的通用在春秋时期最为常见。通用有两种情况:一是作为名词使用,智或知常常用作知识、智慧之义,如《国语》就有如下记载:"言智必及事"⑤;"事建能智"⑥;"夫苟中心图民,智虽弗及,必将至焉"⑦;"寡智不敏"⑧;"智不重困"⑨;"事废为不智"⑩;"智不能匡君"⑪;"夫战,智为始"⑫。

---

① 段玉裁:《说文解字注》,上海古籍出版社 1981 年版,第 137 页。
② 段玉裁:《说文解字注》,上海古籍出版社 1981 年版,第 137 页。
③ 李学勤主编:《字源》上册,天津古籍出版社 2013 年版,第 29 页。
④ 段玉裁:《说文解字注》,上海古籍出版社 1981 年版,第 227 页。
⑤ 佚名:《国语·周语下》(上),上海古籍出版社 1978 年版,第 95 页。
⑥ 佚名:《国语·周语下》(上),上海古籍出版社 1978 年版,第 96 页。
⑦ 佚名:《国语·鲁语上》(上),上海古籍出版社 1978 年版,第 151 页。
⑧ 佚名:《国语·晋语二》(上),上海古籍出版社 1978 年版,第 290 页。
⑨ 佚名:《国语·晋语二》(上),上海古籍出版社 1978 年版,第 291 页。
⑩ 佚名:《国语·晋语六》(下),上海古籍出版社 1978 年版,第 425 页。
⑪ 佚名:《国语·晋语七》(下),上海古籍出版社 1978 年版,第 441 页。
⑫ 佚名:《国语·吴语》(下),上海古籍出版社 1978 年版,第 559 页。

二是作为动词使用,智或知是在认识、知晓、知道、明白的意义上使用,如"荣公好专利而不知大难"①;"古者不料民而知其少多"②;"少多、死生、出入、往来者皆可知也"③;"先王知大事之必以众济也"④;"重耳之仁莫不知"⑤;公"知祁奚之果而不淫";"知羊舌职之聪敏肃给","知魏绛之勇而不乱","知张老之智而不诈","知铎遏寇之恭敬而信强";"知籍偃之敦帅旧职而恭给","知程郑端而不淫"⑥;《左传》的"宋宣公可谓知人"⑦;"君子是以知桓王之失郑也"⑧;桓公六年的"臣不知其可"⑨;十七年的"昭公知所恶";庄公六年的"不知其本"⑩;"民未知义"、"民未知信"、"民未知礼"⑪;"民之情伪,尽知之矣"⑫;"晋侯闻之而后喜可知也"⑬;"君子是以知出姜之不允于鲁也"⑭;"颛顼有不才子,不可教训,不知话言"⑮;"吾知所过矣"⑯;等等。这两种情况,作

---

① 佚名:《国语·周语上》(上),上海古籍出版社1978年版,第13页。
② 佚名:《国语·周语上》(上),上海古籍出版社1978年版,第24页。
③ 佚名:《国语·周语上》(上),上海古籍出版社1978年版,第24页。
④ 佚名:《国语·周语上》(上),上海古籍出版社1978年版,第35页。
⑤ 佚名:《国语·晋语三》(上),上海古籍出版社1978年版,第329页。
⑥ 佚名:《国语·晋语七》(下),上海古籍出版社1978年版,第435页。
⑦ 阮元刻:《春秋左传正义》隐公三年,《十三经注疏》(下),中华书局1982年版,第1723页。
⑧ 阮元刻:《春秋左传正义》隐公十一年,《十三经注疏》(下),中华书局1982年版,第1737页。
⑨ 阮元刻:《春秋左传正义》桓公六年,《十三经注疏》(下),中华书局1982年版,第1750页。
⑩ 阮元刻:《春秋左传正义》庄公六年,《十三经注疏》(下),中华书局1982年版,第1764页。
⑪ 阮元刻:《春秋左传正义》僖公二十七年,《十三经注疏》(下),中华书局1982年版,第1823页。
⑫ 阮元刻:《春秋左传正义》僖公二十八年,《十三经注疏》(下),中华书局1982年版,第1824页。
⑬ 阮元刻:《春秋左传正义》僖公二十八年,《十三经注疏》(下),中华书局1982年版,第1826页。
⑭ 阮元刻:《春秋左传正义》文公四年,《十三经注疏》(下),中华书局1982年版,第1840页。
⑮ 阮元刻:《春秋左传正义》文公十八年,《十三经注疏》(下),中华书局1982年版,第1862页。
⑯ 阮元刻:《春秋左传正义》文公十八年,《十三经注疏》(下),中华书局1982年版,第1867页。

为动词使用的情况是大多数。而作为动词使用的智或知都没有德行的含义，只是涉及人对事物的知与不知，及其与此相关的智与不智等知识论的问题，故与后来的"五常"无关。

智与知的通用在春秋时期是通例，但也出现了明确区分智、知的论说。主要见于两条材料，一条是"展禽论祭爰居非政之宜"的材料：

> 今海鸟至，己不知而祀之，以为国典，难以为仁且智矣。夫仁者讲功，而智者处物。无功而祀之，非仁也；不知而不能问，非智也。①

另一条见于《左传》：

> 公父文伯卒，其母戒其妾曰："吾闻之：好内，女死之；好外，士死之。今吾子夭死，吾恶其以好内闻也。二三妇之辱共先者祀，请无瘠色，无洵涕，无搯膺，无忧容，有降服，无加服。从礼而静，是昭吾子也。"仲尼闻之曰："女知莫如妇，男知莫如夫。公父氏之妇智也夫！欲明其子之令德。"②

展禽讲知是作为动词，以知为知晓，不知为不知晓；孔子讲的知是作为名词，表示知识、见识之义；而他们所说的智都是作为名词，为明智、智慧之义。虽然智与知不同，但要达到智，又必须以知为前提，无知而不问不可言智。可见，智是以知为前提，并包含有知。展禽以智与仁并列，孔子誉公父氏之母的智是明其儿子的令德，智就不只是一个知识论的观念，同时也是一个德行的概念。知与智的这一区分，知成为主要是与知识、认识相关的名词，智则兼有知识与道德的双重含义。

与知相区分的智观念兼有知识论、道德论两种含义，后来被继承下来，为中国文化言伦理道德与知识论的混而不分埋下了伏笔，并不断显露出来，这在儒家那里尤为明显。上引孔子之语，即为一证；而儒学以上智下愚区分人性道德的高低，更是以知识论混淆道德论、人性论。即使到东汉的《白虎通德论》

---

① 佚名：《国语·鲁语上》（上），上海古籍出版社 1978 年版，第 170 页。
② 佚名：《国语·鲁语下》（上），上海古籍出版社 1978 年版，第 211 页。

释"五常"时,也带有浓厚的知识论意味:"智者,知也,独见前闻,不惑于事,见微者也。"①而儒学重视道德的基本性格,决定了知识论只能屈从道德学说,这是中国文化知识论不发达的文化基因。说到中国文化,我们总是说如何优秀,固然,中国文化是世界文化中最优秀的文化,所以,能够在世界上唯一流传数千年至今不绝,让我们感到自豪,但绝非尽善尽美。任何文化都有两面性,对中国文化也必须作如此观,才可能避免文化的自大傲骄。而文化的盲目自大傲骄最容易令人丧失心智,当这种自大傲骄成为全民的共识时,那绝对是整个民族的灾难。

除了上面的例子,作为德行的智,在春秋时期总是与仁义等德行联系为说。如在仁德部分讲到的仁、智、勇三德并列为说,此外,如"智人不诈"②、"子桑之忠也,其知人也,能举善也"③、"知而背之不信"④、"其智能上下比义"⑤等,这些与道德相关的智或知,都是具有德行意义的智观念。但是,这些德行的智与知,在春秋时期常常混在一起,说明德行的智还没有完全独立出来。春秋时期国家的生死存亡、个人的荣辱祸福,特别需要人的知识、智慧,而不是德行的智,所以,人们言智与知,主要重视的是作为知识论的知与智,而不是德行的智,《左传》、《国语》两书言智、知 621 次,但言德行的智可以明确确定的只有不到二十条材料,不到知识论的智或知三十分之一。可以说,后来所说"五常"的智观念,在春秋时期是论说最少的。

2. 信

"信"观念是春秋时期人们最为重视的德行之一,《左传》言信 217 次,《国

---

① 　陈立:《白虎通疏证》上册,中华书局 1994 年版,第 381 页。
② 　佚名:《国语·晋语六》(下),上海古籍出版社 1978 年版,第 424 页。
③ 　阮元刻:《春秋左传正义》文公三年,《十三经注疏》(下),中华书局 1982 年版,第 1840 页。
④ 　佚名:《国语·晋语三》(上),上海古籍出版社 1978 年版,第 321 页。
⑤ 　佚名:《国语·楚语下》(下),上海古籍出版社 1978 年版,第 559 页。

语》言信 97 次,总计超过三百次,就是有力的证明。信观念之所以在春秋时期被特别重视,这与当时的社会状况有直接关系。春秋时期是一个战乱不断的时代,也是各种政治势力强弱多变的年代,《诗经》中所说的高岸为谷、深谷为陵,就是最形象的譬喻。为了国家的存亡,家族的兴盛,国与国之间、各个政治集团之间常常通过盟会,订立盟约,以获取其生存发展的空间。各种各样的盟会在春秋成为家常便饭,仅《左传》言盟就有 642 次,而盟约是否得到信守,成为社会最为关注的政治问题。这就是子服惠伯所说的:"夫盟,信之要也。"①正是这样的社会背景,使信观念在春秋时期成为人们最重视的德行之一。春秋时期虽然盟会不断,但许多盟会是出于私利,或权宜之计,所以,结果是多数盟会都没有得到遵守。《诗经·小雅·节南山之什·巧言》说的"君子屡盟,乱是用长"②,就是对这种经常盟会,却言而无信的痛斥。盟会越是得不到遵守,就越发凸显遵守信用的重要性,使信观念被人们特别关注。

这种关注体现在两个方面:一方面对信的作用与价值给予极高的评价。如晋文公说:"信,国之宝也,民之所庇也。"③赵文子说:"能信不为人下。"④郤至说:"人所以立,信知勇也。"⑤这些论说虽然没有孔子的"民无信不立"之说经典,但已经有了相近的含义。除开这些论述,春秋时期更将信作为成就霸业的保障。齐桓公、晋文公的成就霸业,被认为无不如此。庄公十三年,齐桓公与鲁庄公在柯会盟,鲁国的曹沫用剑胁迫齐桓公,要他答应归还齐国侵吞的鲁国土地,齐桓公在威逼下,不得不答应了曹沫的胁迫,但依照礼制,曹沫的行为是胁迫的要盟,完全可以不理睬,但最终齐桓公还是兑现了对曹沫的承诺。

---

① 佚名:《国语·鲁语下》(上),上海古籍出版社 1978 年版,第 199 页。
② 阮元刻:《毛诗正义》卷十二,《十三经注疏》(上),中华书局 1982 年版,第 454 页。
③ 阮元刻:《春秋左传正义》僖公二十五年,《十三经注疏》(下),中华书局 1982 年版,第 1821 页。
④ 阮元刻:《春秋左传正义》昭公元年,《十三经注疏》(下),中华书局 1982 年版,第 2019—2020 页。
⑤ 阮元刻:《春秋左传正义》成公十七年,《十三经注疏》(下),中华书局 1982 年版,第 1922 页。

《春秋公羊传》说："要盟可犯,而桓公不欺;曹子可仇,而桓公不怨;桓公之信著乎天下,自柯之盟始焉。"①认为将齐桓公的成就霸业,一个重要原因就在于有信用,而柯之盟正是齐桓公信著于天下的开始。晋文公的成就霸业,也是以讲求信用为基础,《国语》载:晋文公即位二年,"欲用其民,子犯曰:'民未知信,盍伐原以示之信?'乃伐原……于是乎遂伯"②。《左传》也有晋文公"于是乎伐原以示之信。……一战而霸,文之教也"③。成为霸主是春秋时期诸侯国国君的最高现实政治追求,通过齐桓公、晋文公的事例表明,春秋时期的人们是以信的德行成为霸主的必须条件。

另一方面,春秋时期对盟而无信则深恶痛绝。如季文子说:"君命无贰,失信不立。"④晋士燮说:"失信不立。"⑤伯州犁说:"志以发言,言以出信,信以立志,参以定之,信亡何以及三。"⑥舅犯说:"不仁不信,将何以长利?"⑦庆郑说:"弃信背邻,患孰恤之,无信患作,失援必毙,是则然矣。"⑧失去信的德行,人在社会就不能立足,就会受到一致批评。孔子著《春秋》,记载襄公三十年晋国等国家的盟会,书以"晋人、齐人、宋人、卫人、曹人、邾人、薛人、杞人、小邾人会于澶渊",据《左传》记载,这些参与盟会被称为人的都是各国的卿大夫,按照《春秋》笔法,卿大夫会盟应以姓名相称,但这里全部称为人,依照"州

---

① 阮元刻:《春秋公羊传注疏》庄公十三年,《十三经注疏》(下),中华书局 1982 年版,第 2233 页。

② 佚名:《国语·晋语四》(上),上海古籍出版社 1978 年版,第 391 页。

③ 阮元刻:《春秋左传正义》僖公二十七年,《十三经注疏》(下),中华书局 1982 年版,第 1823 页。

④ 阮元刻:《春秋左传正义》成公八年,《十三经注疏》(下),中华书局 1982 年版,第 1905 页。

⑤ 阮元刻:《春秋左传正义》成公八年,《十三经注疏》(下),中华书局 1982 年版,第 1905 页。

⑥ 阮元刻:《春秋左传正义》襄公二十七年,《十三经注疏》(下),中华书局 1982 年版,第 1995 页。

⑦ 佚名:《国语·晋语二》(上),上海古籍出版社 1978 年版,第 310 页。

⑧ 阮元刻:《春秋左传正义》僖公十四年,《十三经注疏》(下),中华书局 1982 年版,第 1803 页。

不若国,国不若氏,氏不若人,人不若名,名不若字"①的义例,卿大夫称人,这是一种极其严厉的谴责。而他们所以受到谴责,原因就在于他们无信:"信其不可不慎乎,澶渊之会,卿不书,不信也。诸侯之上卿,会而不信,宠名皆弃,不信之不可也如是。"②个人没有信的德行,会遭到社会的严厉谴责,一个国家不守信用,就会遭到各国的共同讨伐。桓公十二年,鲁桓公为了平息宋、郑两国间的矛盾,三次与宋公盟会,但是,宋公没有诚意,使三次盟会都失败了,结果是宋国遭到各国的讨伐。

春秋时期信观念经常与礼联系为说,主要有如下数条记载:

> 管仲曰:"君以礼与信属诸侯,而以奸终之,无乃不可乎,子父不奸之谓礼,守命共时之谓信,违此二者,奸莫大焉。"③

> 申叔时曰:"子反必不免。信以守礼,礼以庇身,信礼之亡,欲免得乎?"④

> 晋侯有疾,曹伯之竖侯獳货晋史使曰:"以曹为解。齐桓公为会而封异姓,今君为会而灭同姓。曹叔振铎,文之昭也。先君唐叔,武之穆也。且合诸侯而灭兄弟,非礼也。与卫偕命,而不与偕复,非信也。同罪异罚,非刑也。礼以行义,信以守礼,刑以正邪,舍此三者,君将若之何?"公说,复曹伯,遂会诸侯于许。⑤

> 叔向诒子产书曰:"始吾有虞于子,今则已矣,昔先王议事以制,

---

① 阮元刻:《春秋公羊传注疏》庄公十年,《十三经注疏》(下),中华书局1982年版,第2232页。

② 阮元刻:《春秋左传正义》襄公三十年,《十三经注疏》(下),中华书局1982年版,第2013页。

③ 阮元刻:《春秋左传正义》僖公七年,《十三经注疏》(下),中华书局1982年版,第1799页。

④ 阮元刻:《春秋左传正义》成公十五年,《十三经注疏》(下),中华书局1982年版,第1914页。

⑤ 阮元刻:《春秋左传正义》僖公二十八年,《十三经注疏》(下),中华书局1982年版,第1827页。

不为刑辟,惧民之有争心也,犹不可禁御,是故闲之以义,纠之以政,

行之以礼,守之以信,奉之以仁,制为禄位,以劝其从。"①

礼是春秋时期最重要的社会规范,这四条材料都以信、礼并列,这说明信在春秋时期的重要性,是可与礼相提并论的。这四条材料中第二、第三条都讲到"信以守礼",第四条说"行之以礼,守之以信",都是强调信的作用是"守",所谓"守"有卫护、奉行等义,是指信是礼得以实行的保障。这与春秋时期的礼仪之分的精神是相应的,区分礼仪,就是要重视礼的内在精神,而只有言而有信,礼才可以不流于形式,落实其内在精神,信可以说是礼的内在精神得以落实的要求。没有信,礼就会流入空虚,成为徒有虚名的外在形式。这也是信观念与礼观念被人们联系为说的原因。春秋时期是礼的时代,由信与礼的并列及其相互联系为说都说明信观念是春秋最为关注的德行之一。

信观念的含义是什么?《说文解字》:"信,诚也。从人从言。会意。"信字在"六书"中为会意。段玉裁注:"言必由衷之意。"②从字形看,信与人及其语言有关,其基本含义是诚信,但并不是人说的话都是诚信,诚信一定是要内心真实的体现,故段玉裁以言必由衷来解释。从许慎、段玉裁的解释,可以知道信的含义主要有二:第一,信必须是发自内心,而体现的真诚;第二,信是对承诺执一不二的信守。我们现在还流行的言而有信一语,就是此含义的表示。这两点含义也是春秋时期的信观念的基本内涵。

就信必须是发自内心,而体现的真诚而言,在强调信与忠的联系上体现得最为明显。忠信连用《左传》有 12 次,《国语》有 12 次,总计 24 次。忠信连用常常带有忠信互训之义,以忠是信最重要的本质规定。

信不由中,质无益也。明恕而行,要之以礼,虽无有质,谁能间

之?苟有明信,涧谿沼沚之毛,蘋蘩蕰藻之菜,筐筥錡釜之器,潢汙行

---

① 阮元刻:《春秋左传正义》昭公六年,《十三经注疏》(下),中华书局 1982 年版,第2043 页。

② 段玉裁:《说文解字注》,上海古籍出版社 1981 年版,第 92 页。

> 潦之水，可荐于鬼神，可羞于王公。而况君子结二国之信，行之以礼，
> 又焉用质？《风》有《采蘩》、《采蘋》，《雅》有《行苇》、《泂酌》，昭忠
> 信也。①

信是指发至内心的真实，故信必由中。祭祀神灵没有内心的真诚，再昂贵的祭
品也没有意义。只要有内心的诚信，即使祭品是随处可见的平常粗俗之物，也
会得到鬼神的福佑。《诗经》的《采蘩》、《采蘋》、《行苇》、《泂酌》，就是昭示这
一哲理的。忠信连用时的信观念主要强调其内在的真实性，即真诚的品性。
而忠信分开为说时，信观念主要表示其由内而外的表现，这就是所谓"忠自
中，而信自身"②；"言信必及身"③，"思身能信"④。身相对中而言，是指由身
体表现出来的内心真诚。虽然信的德行必须通过身体的行为来表现，但身体
只是外在的表现，绝非信的实质，信的实质是忠，即内在的真诚。

为了凸显信的内在真诚这一品性，春秋时期以小信与忠来区分为说：

> 公曰："牺牲玉帛，弗敢加也，必以信。"对曰："小信未孚，神弗福
> 也。"公曰："小大之狱，虽不能察，必以情。"对曰："忠之属也，可以一
> 战，战则请从。"⑤

著名的曹刿论战中，曹刿以祭品数目的真实只是小信，认为只有以情察狱才是
忠，这是忠必以情为前提。而情必为人的内在真实，缺乏情的真实的信，只是
小信，也就是说不是真正的信；故鲁庄公说是信，而曹刿说只是小信。忠相对
小信而言，必指大信，也就是真正的信，忠、情皆从心，强调的是信必以内心的
真实为依据。

---

①　阮元刻：《春秋左传正义》隐公三年，《十三经注疏》（下），中华书局 1982 年版，第
1723 页。

②　佚名：《国语·晋语八》（下），上海古籍出版社 1978 年版，第 464 页。

③　佚名：《国语·周语下》（上），上海古籍出版社 1978 年版，第 95 页。

④　佚名：《国语·周语下》（上），上海古籍出版社 1978 年版，第 96 页。

⑤　阮元刻：《春秋左传正义》庄公十年，《十三经注疏》（下），中华书局 1982 年版，第
1767 页。

信观念对承诺执一不二的信守,春秋时期常常通过信与义的联系为说来表现这一点。如周内史过说:"制义庶孚,信也。"①季文子说:"信以行义,义以成命";"信不可知,义无所立"。② 这些论说是以信一定要合于义;义的得以实现,又必须依赖于信。信的特点是对义执一不二的固守。周内史兴说:"信所以守也","信守则固","守固不偷","守节不淫,信也"③。守节即守义,因为义以节度为标准,而所以守,守要固,不能偷与淫,这些言信强调守的论说,都是说对守义的执一不二的坚持。自春秋以来,守信连称成为人们日常的用语,就是信观念执一不二品格对中国人深刻影响的说明。

春秋时期的思想家对信观念的执一不二,有十分明确的论说。季文子说:"君命无贰,失信不立。"④解扬说:"义无二信,信无二命"⑤。贰是中文二的大写,贰与二是指二说并立、前后不一,是对执一原则的破坏,对信的违背,这是对信观念不二的说明。臧武仲者说:"纥也闻之,在上者,灑濯其心,壹以待人,轨度其信,可明征也,而后可以治人。……信由已壹,而后功可念也。""《夏书》曰:'念兹在兹,释兹在兹,名言兹在兹,允出兹在兹,惟帝念功。'将谓由已壹也,信由已壹,而后功可念也。"⑥杜预注:"言非但意念而已,当须信已诚至。"孔颖达疏:"谓信实由已专壹,然后善功可念。"壹是中文一的大写,这里讲的壹是固执不变,始终如一。壹才可以称之为信,而是否能够做到壹,这在于自己,这说明信的执一不仅在始终如一,这种始终如一还在于自己,而非外因的作用,这是对信观念执一特点的最好说明。

① 佚名:《国语·周语上》(上),上海古籍出版社 1978 年版,第 35 页。
② 阮元刻:《春秋左传正义》成公八年,《十三经注疏》(下),中华书局 1982 年版,第 1904 页。
③ 佚名:《国语·周语上》(上),上海古籍出版社 1978 年版,第 40 页。
④ 阮元刻:《春秋左传正义》成公八年,《十三经注疏》(下),中华书局 1982 年版,第 1905 页。
⑤ 阮元刻:《春秋左传正义》宣公十五年,《十三经注疏》(下),中华书局 1982 年版,第 1887 页。
⑥ 阮元刻:《春秋左传正义》襄公二十一年,《十三经注疏》(下),中华书局 1982 年版,第 1970 页。

四、忠与孝

传统伦理德行除了被称为"五常"的仁、义、礼、智、信外,还有忠、孝这两个德行,也一直是最为重要并对中国社会影响最为深刻的观念。按照汉代以来的说法,忠是臣子对君主的德行,主要是一种政治道德,而孝是子女对父母的德行,偏重于家庭道德。但春秋时期所说的忠、孝,与汉代以来的忠、孝观念的内涵有很大的不同,具有更加丰富及其显著的时代特色。

1. 忠

《左传》言忠 70 次,《国语》言忠 52 次,总计 122 次。《说文》:"敬也。尽心曰忠。从心,中声。"段玉裁注:"敬者,肃也。未有尽心而不敬者。此与慎、训、谨同义。"①谨、慎二字在《说文》中互训,谨、慎都有敬之义,说它们与忠同义,容易接受。但说与训同义,就有些难以理解。《说文》释"训":"说教也。从言,川声。"段玉裁注:"说教者,说释而教之,必顺其理。引伸之凡顺皆曰训,如五品不训②,闻六律、五声、八音、七始训,以出内五言③,是也。"④训是指顺于理的说教,段玉裁取顺之义释忠,是以忠为必顺于内心之理的敬。这个解释带有宋明理学的特色,段玉裁的训释说明文字学绝不仅仅是与思想观念无关的学说,而是与思想观念有密切联系的。

《说文》及其段玉裁的注,关于"忠"的解释并不完全合乎春秋时期人们所说的忠观念。春秋时期忠观念的基本含义,是指发自内心真实情感合于中正

---

① 段玉裁:《说文解字注》,上海古籍出版社 1981 年版,第 502 页。

② "五品不训"出自《尚书·舜典》:"帝曰:'契,百姓不亲,五品不逊。汝作司徒,敬敷五教,在宽。'"孔颖达疏:"品谓品秩,一家之内尊卑之差,即父、母、兄、弟、子是也;教之义,慈、友、恭、孝,此事可常行,乃为五常耳。"[阮元刻:《尚书正义》卷三,《十三经注疏》(上),中华书局 1982 年版,第 130 页。]

③ "闻六律"云云出自《尚书·益稷》为舜帝对大禹所训之语。详见阮元刻:《尚书正义》卷五,《十三经注疏》(上),中华书局 1982 年版,第 143 页。

④ 段玉裁:《说文解字注》,上海古籍出版社 1981 年版,第 91 页。

的德行。如周内史过说："考中度衷,忠也。"①内心为中,这个中是内在于心的,属于意念、情感之类,故单襄公有"帅意能忠"②之说,曹刿论战以鲁庄公的"小大之狱,虽不能察,必以情",归为"忠之属"③,而晋公子周事单襄公"言忠必及意"④。言忠离不开意,情为忠之属,都是对忠为人内心的真实精神的说明。这个内心的真实需要通过身体的外部表现出来,但并不是所有身体的外在表现都能够称为忠,只有那些与内在真实相合的外在表现才可以称之为忠,故内史兴说:"中能应外,忠也。"⑤惠伯说:"外内倡和为忠。"因身的表现体现的是内在的忠,所以,才是可信的,这就是叔向所说:"忠自中,信自身。"⑥

同时,忠作为内心的真实情感,只是对忠从心的说明,就忠上部为中而言,这个内心的真实情感由带有中正、公平、正义等义。这一中正、公平、正义的含义,才是忠观念的本质属性。由于忠具有中正品质,所以内史兴说:"忠所以分也","忠分则均"⑦,认为用忠的精神去分判财物、处理问题,就可以保证每个人都能公正的得到自己应有的一份,保证其公正,这样就可以使社会保持均衡。因而春秋时期有"忠,德之正也"⑧之说。出于内心的公正是忠的最本质规定。内心不一定保证都中正,以中正来确立忠的品质,就将内心的邪恶等不中正排除在了忠的范围。

没有中正、公平、正义,忠就无法成立。只有这种发自人内心的具有中正、公平、正义性质的真实情感,才没有丝毫的虚伪因素,可以被称为忠。这个意

①　佚名:《国语·周语上》(上),上海古籍出版社 1978 年版,第 35 页。

②　佚名:《国语·周语下》(上),上海古籍出版社 1978 年版,第 96 页。

③　阮元刻:《春秋左传正义》庄公十年,《十三经注疏》(下),中华书局 1982 年版,第 1767 页。

④　佚名:《国语·周语下》(上),上海古籍出版社 1978 年版,第 95 页。

⑤　佚名:《国语·周语上》(上),上海古籍出版社 1978 年版,第 41 页。

⑥　佚名:《国语·晋语八》(下),上海古籍出版社 1978 年版,第 464 页。

⑦　佚名:《国语·周语上》(上),上海古籍出版社 1978 年版,第 40 页。

⑧　阮元刻:《春秋左传正义》文公一年,《十三经注疏》(下),中华书局 1982 年版,第 1837 页。

义的忠是一种人人应具的德行,带有适合于每个人的普遍性,较之后来仅仅以忠为臣子的德行,只讲求人臣对君主的绝对忠诚,春秋时期这一忠的基本含义显然带有极大的包容性。从忠的这一基本特性出发,凡一切中正的内心真实情感都可以称之为忠,所以,忠是一种人人都应该具备的美德,而且是人所得以在社会立足的保证,内史过说"非忠不立"①,就是此意。

与后来把忠作为臣子对君主的效忠根本不同,春秋时期人们常常讲忠作为君主或其他统治者对人民的应有德行。从祭公谋父以忠为先王之德,曹刿论战以鲁庄公有忠之德,都可以看到这一点。还有一些论说讲得更清楚,如季梁说:"上思利民,忠也。"②鉏麑说:"贼民之主,不忠。"③君子说:"忠,民之望也。"④季梁甚至以对民的忠,提升到道的高度:"所谓道,忠于民而信于神也。上思利民,忠也;祝史正辞,信也。"⑤尽管春秋时期也有人以忠为臣对君的德行,如楚国子囊不赞成与秦国一起去讨伐晋国,其中的一个理由就是晋国"君明臣忠,上让下竞"⑥。由此也可以看到臣对君的忠,是以君的明为条件的,而不是单一的臣子屈从君王。所以,春秋时期的思想家政治家常常反对无条件地为君主尽忠,特别不赞成去为昏庸无道的君王殉葬,前面在讲义观念时谈到的晏子拒绝为齐侯殉葬,就是一个榜样。而晏子不为齐侯殉葬,并不表示完全反对对君主的忠,他说得很清楚当君主是为国家、为社稷而死,臣子也就应该义不容辞地为君主尽忠。后来将忠说成是下对上的德行,完全是对春秋时期

① 佚名:《国语·周语上》(上),上海古籍出版社 1978 年版,第 35 页。

② 阮元刻:《春秋左传正义》桓公六年,《十三经注疏》(下),中华书局 1982 年版,第 1750 页。

③ 阮元刻:《春秋左传正义》文公十八年,《十三经注疏》(下),中华书局 1982 年版,第 1867 页。

④ 阮元刻:《春秋左传正义》襄公十四年,《十三经注疏》(下),中华书局 1982 年版,第 1959 页。

⑤ 阮元刻:《春秋左传正义》桓公六年,《十三经注疏》(下),中华书局 1982 年版,第 1750 页。

⑥ 阮元刻:《春秋左传正义》襄公九年,《十三经注疏》(下),中华书局 1982 年版,第 1942 页。

忠观念的颠倒。

晏子的事例说明,春秋时期虽然不排除忠含有人臣对人君的忠,但这个忠必须是合于国家、社稷之利的忠。关于这一点,许多思想家政治家都有类似的论说,如楚王说:"忠,社稷之固也。"①赵孟说:"临患不忘国,忠也。"②叔向说:"辞不忘国,忠信也。"③宫之奇说:"夫国,非忠不立"。④ 郑叔詹说:"杀身赎国,忠也。"⑤忠必须是对国家、社稷的忠诚,而这一对国家、社稷的忠也是人民之望:

> 楚子囊还自伐吴,卒,将死,遗言谓子庚必城郢,君子谓子囊忠,
>
> 君薨不忘增其名,将死不忘卫社稷,可不谓忠乎?忠,民之望也。诗
>
> 曰:"行归于周,万民所望。"忠也。⑥

忠是忠于国家、社稷、人民的三位一体的忠,这是春秋时期诸多政治家、思想家的共识。所以,忠的品德讲求的是公利,而不是私利,这个公利不是别的,而是人民、国家、社稷之利。如:

> 荀息曰:"可以利公室,力有所能,忠也。"⑦
>
> 范文子曰:"无私,为忠。"⑧
>
> 臾骈曰:"以私害公,非忠也。"⑨

---

① 阮元刻:《春秋左传正义》成公二年,《十三经注疏》(下),中华书局 1982 年版,第 1896 页。

② 阮元刻:《春秋左传正义》昭公元年,《十三经注疏》(下),中华书局 1982 年版,第 2020—2021 页。

③ 阮元刻:《春秋左传正义》昭公二年,《十三经注疏》(下),中华书局 1982 年版,第 2029 页。

④ 佚名:《国语·晋语二》(上),上海古籍出版社 1978 年版,第 297 页。

⑤ 佚名:《国语·晋语四》(下),上海古籍出版社 1978 年版,第 380 页。

⑥ 阮元刻:《春秋左传正义》襄公十四年,《十三经注疏》(下),中华书局 1982 年版,第 1959 页。

⑦ 佚名:《国语·晋语二》(上),上海古籍出版社 1978 年版,第 302 页。

⑧ 阮元刻:《春秋左传正义》成公九年,《十三经注疏》(下),中华书局 1982 年版,第 1905—1906 页。

⑨ 阮元刻:《春秋左传正义》文公六年,《十三经注疏》(下),中华书局 1982 年版,第 1844 页。

荀息曰:"公家之利,知无不为,忠也。"①

鲁国的执政季文子,就是一位无私而忠于国家、社稷的典范。因此,他在生前就受到晋国范文子的称赞:"季孙于鲁,相二君矣,妾不衣帛,马不食粟,可不谓忠乎?"②当他去世后,又受到君子的赞扬:"知季文子之忠于公室也,相三君矣,而无私积,可不谓忠乎?"③春秋时期这些诸多论述与事例表明,忠主要是为人民、国家、社稷的公利而奋斗的政治德行,公利是排除个人私利的,后世将忠发展为人臣对君主绝对服从的德行,是与春秋的忠的公利原则根本对立的,完全背离了春秋时期的忠观念的基本精神。

2. 孝

《左传》言孝50次,《国语》言孝28次。较之仁、义、礼、智、信、忠等观念,孝观念论说的次数要少得多,但数量的多少绝不是判定某一观念是否重要的唯一标准。孝观念虽然论述的次数不如仁义等观念,但孝无疑是春秋时期最重要的德行之一。在春秋时期,许多诸侯国的国君与卿大夫都以孝命名,或以孝为谥号,以示对孝的敬重,如《左传》、《国语》记载有陈孝伯、晋孝侯、齐孝公、施孝叔、杞孝公、鲁孝公等名。春秋时期的贵族子弟也十分重视孝的教育,晋侯命荀氏为公族大夫,担任教训贵族子弟的工作,首要的任务就是"共俭孝弟"④。大史克讲吉德,将孝列在首位,"孝敬忠信为吉德"⑤,这也说明孝观念

---

① 阮元刻:《春秋左传正义》僖公九年,《十三经注疏》(下),中华书局 1982 年版,第1801 页。

② 阮元刻:《春秋左传正义》成公十六年,《十三经注疏》(下),中华书局 1982 年版,第1918 页。

③ 阮元刻:《春秋左传正义》襄公五年,《十三经注疏》(下),中华书局 1982 年版,第1937 页。

④ 阮元刻:《春秋左传正义》成公十八年,《十三经注疏》(下),中华书局 1982 年版,第1923—1924 页。

⑤ 阮元刻:《春秋左传正义》文公十八年,《十三经注疏》(下),中华书局 1982 年版,第1861 页。

是春秋时期人们最为推重的道德观念。一些人还突出孝在伦理道德中的地位，如单襄公以孝为"文之本也"①，将孝视为德行的根本，为后来百善孝为先之说的先声。《左传》文公二年载："襄仲如齐纳币，娶元妃以奉粢盛，孝也。孝，礼之始也。"礼是春秋时期最重要的社会规范与道德观念，春秋时期其他德行都是受礼的制约的，以孝为礼的原始，说明孝具有先于礼的地位。这是对孝观念的极度重视。

《说文》说："孝，善事父母者。从老，从子，子承老也。"②这是孝的本义。这一含义在甲骨文的孝字中就已经具备，在甲骨文中孝是一个会意字，字形象孩子搀扶老人，意为子女对父母的敬养。可见，孝的敬养老人的含义，源远流长，至少在商代以前孝观念就已经存在，《尚书》记叙舜帝就有"克谐以孝"之语。《尚书·酒诰》有"孝养厥父母"③之说。在各种具体德行中，孝观念无疑是最早出现的德行，血缘关系维系的关键是以父辈为中心的代代相传，敬养老人的孝道对于家族血缘的延续起着及其重要的意义。

春秋时期的孝观念基本含义，依然是子女敬养父母的德行。如颍考叔对他母亲的爱，就被君子誉为"纯孝"④；石碏论六顺："君义，臣行，父慈，子孝，兄爱，弟敬"⑤，以孝为子对父的德行；晏子对齐侯问，也说到"君令臣共，父慈子孝，兄爱弟敬，夫和妻柔，姑慈妇听"⑥；晋太子申生说："闻之羊舌大夫：'事父以孝……敬顺所安为孝。'"⑦里克说："夫为人子者，惧不孝，不惧不得。"⑧

---

① 佚名：《国语·周语下》（上），上海古籍出版社1978年版，第96页。
② 段玉裁：《说文解字注》，上海古籍出版社1981年版，第398页。
③ 阮元刻：《尚书正义·酒诰》，《十三经注疏》（上），中华书局1982年版，第206页。
④ 阮元刻：《春秋左传正义》隐公元年，《十三经注疏》（下），中华书局1982年版，第1717页。
⑤ 阮元刻：《春秋左传正义》隐公三年，《十三经注疏》（下），中华书局1982年版，第1724页。
⑥ 阮元刻：《春秋左传正义》昭公二十六年，《十三经注疏》（下），中华书局1982年版，第2115页。
⑦ 佚名：《国语·晋语一》（上），上海古籍出版社1978年版，第265页。
⑧ 佚名：《国语·晋语一》（上），上海古籍出版社1978年版，第277页。

闵子马说:"为人子者,患不孝,不患无所。敬共父命,何常之有?"①杜原款说:"守情悦父,孝也。"②伍尚对弟弟伍员说:"奔死免父,孝也。"③管子说:"子与子言孝。"④石碏言六顺,其中之一就是"子孝"⑤,而与君义、臣行、父慈、兄爱、弟敬并列。这些说法无不是以孝是子女对父母的应有德行,其中羊舌大夫说到敬与顺,杜原款说到情与悦,孝就不单单是子女以饮食供养父母,还有一个精神关怀的问题。敬是忠的本义,孝父母要敬,就是要求孝一定是出于内心的真实,单襄公说"言孝必及神","昭神能孝"⑥,亦即此义,就是说对父母的孝要像解释神灵那样敬诚。唯有以敬服侍父母,才可以真正顺从父母之意,使父母不仅得到物质的供养,还能够得到精神的愉悦。这十分接近春秋末年孔子所说的色养。

父母生前的敬养是孝,父母去世还要为其守丧三年,这是孝的德行重要内容。礼制中丧礼占有极其重要的地位,《仪礼》中的《丧服》,《礼记》中有《丧服小记》、《奔丧》、《问丧》、《服问》、《间传》、《三年问》、《丧服四制》等都与丧礼直接相关。古代何时才有所谓三年之丧的礼制,虽然未有定论,但至少在春秋时期三年丧,已是孝道的重要内容。如鲁昭公的母亲齐归去世,但鲁昭公没有一点悲伤之情,还举行田猎,叔向还为此批评鲁昭公:"鲁公室其卑乎!君有大丧,国不废蒐,有三年之丧,而无一日之慼。"⑦这说明春秋时期已经有三年之丧的礼制,所以,叔向才以三年丧来批评鲁昭公。而这位不遵三年丧礼制

---

① 阮元刻:《春秋左传正义》襄公二十三年,《十三经注疏》(下),中华书局 1982 年版,第 1977 页。

② 佚名:《国语·晋语二》(上),上海古籍出版社 1978 年版,第 290 页。

③ 阮元刻:《春秋左传正义》昭公二十年,《十三经注疏》(下),中华书局 1982 年版,第 2090—2091 页。

④ 佚名:《国语·齐语》(上),上海古籍出版社 1978 年版,第 225 页。

⑤ 阮元刻:《春秋左传正义》隐公三年,《十三经注疏》(下),中华书局 1982 年版,第 1724 页。

⑥ 佚名:《国语·周语下》(上),上海古籍出版社 1978 年版,第 96 页。

⑦ 阮元刻:《春秋左传正义》昭公十一年,《十三经注疏》(下),中华书局 1982 年版,第 2060 页。

的君主,仅在位五年就被驱除鲁国,流落在外,直到死亡,是《春秋》记载的鲁国十二公中结局最悲惨的君主。

孝的基本精神是子女对父母的敬顺,敬顺就必定遵循父母的意志,但是,父母的意志并不一定正确,特别是父母如顽嚚,或者因年事已高而神志不清,父母常常做出不理智甚至是违反道德的决定。如何处理顺从父母的意志,是子女行孝中最为棘手的问题。春秋时期的思想家、政治家对这个问题都持有理性的态度,就是反对不分是非原则而一味顺从,而主张应该根据父母之意的正确与否来决定。《左传》就记载了相关的一个事例:

> 秦桓公伐晋……晋侯治兵于稷,以略狄土,及洛,魏颗败秦师于辅氏。获杜回,秦之力人也。初,魏武子有嬖妾,无子,武子疾,命颗曰:"必嫁是。"疾病,则曰:"必以殉。"及卒。颗嫁之。曰:"疾病则乱,吾从其志也。"及辅氏之役,颗见老人结草以亢杜回,杜回踬而颠,故获之。夜,梦之曰:"余尔所嫁妇人之父也,尔用先人之治命,余是以报。"①

按照对孝一般理解的观念,子女遵守父母的临终遗言,才符合孝的要求,反之,就是有违孝道。而魏颗却是根据所言的"治"与"乱",来取舍父亲的遗嘱,取其治而舍其乱,就是依照父亲神志清醒时的正确意见来行动。而他的这一举动获得鬼神的福报,按照《左传》所宣扬的神福善祸淫,魏颗不遵循父亲病危时的临终遗言,却获得福报,这显然是对他的肯定。这个事例说明,在子女行孝的问题上,春秋时期是反对不加分辨的依从父母,而是主张只能够顺从父母正确的意志。这是一种讲求理性的孝道观念,也是春秋时期孝观念最有价值的所在。

对父母的孝与对君主的忠,常常在现实中会出现矛盾甚至是冲突,当对君的忠与对父的孝在现实中完全对立时,就常常将一个人逼到死路:

---

① 阮元刻:《春秋左传正义》宣公十五年,《十三经注疏》(下),中华书局 1982 年版,第1887—1888 页。

楚观起有宠于令尹子南,未益禄,而有马数十乘。楚人患之,王将讨焉。子南之子弃疾为王御士,王每见之,必泣。弃疾曰:"君三泣臣矣,敢问谁之罪也?"王曰:"令尹之不能,尔所知也。国将讨焉,尔其居乎?"对曰:"父戮子居,君焉用之?泄命重刑,臣亦不为。"王遂杀子南于朝,轘观起于四竟。子南之臣谓弃疾,请徙子尸于朝,曰:"君臣有礼,唯二三子。"三日,弃疾请尸,王许之。既葬,其徒曰:"行乎?"曰:"吾与杀吾父,行将焉入?"曰:"然则臣王乎?"曰:"弃父事仇,吾弗忍也。"遂缢而死。[1]

弃疾是楚国令尹子南的儿子,又担任楚王的御士,在得知楚王要杀他父亲时,他选择了忠君,没有泄漏消息,父亲遇害后,他又选择了孝父,不仕楚王,还以自缢来结束了自己的生命。如果弃疾是一个不忠的人,他就会马上向父亲告知楚王的计划,若弃疾是一个不孝的人,父亲被杀后,他就会继续在楚王手下做官。他既要忠,又要孝,自杀身亡就只能是他唯一的选择。这个历史的悲剧,深刻地说明了在现实政治生活中忠、孝不相容的两难悖论。

如何处理忠孝的关系,是孝观念的一个必须解答的问题。围绕着这个问题,春秋时期的人们提出了四种观念:一是郧公辛的忠君高于孝父;二是弟弟郧怀的孝父高于忠君;三是楚昭王的忠孝皆可取;四是左氏倚相的道高于忠孝。前三说见于《国语·楚语》:

吴入楚,昭王奔郧。郧公之弟怀将弑王。郧公辛止之。怀曰:"平王杀吾父,在国则君,在外则仇也。见仇弗杀,非人也。"郧公曰:"夫事君,不为外内行,不为封约举,苟君之,尊卑一也。且夫自敌以下则有仇,非是不仇。下虐上为弑,上虐下为讨,而况君乎?君而讨臣,何仇之为?若皆仇君,则何上下之有乎?吾先人以善事君,成名与诸侯,自斗伯比以来,未之失也。今尔以是殃之,不可。"怀弗听,

---

① 阮元刻:《春秋左传正义》襄公二十二年,《十三经注疏》(下),中华书局1982年版,第1974页。

曰:"吾思父,不能顾也。"郧公以王奔随。王归,而赏及郧、怀,子西谏曰:"君有二臣,或可赏,或可戮也,君王均之。群臣惧矣。"王曰:"夫子期之二子耶? 吾知之矣。或礼与君,或礼于父,均之,不亦可乎?"①

郧公辛的观念是忠君高于孝父,故反对弟弟为报父仇杀君的主张。郧怀要为父报仇,主张杀掉楚昭王,是孝高于忠的观念。在郧公兄弟身上,表现出了忠高于孝与孝高于忠的两种对立观念。所以,子西以为郧公兄弟一当赏,一当戮,这是忠孝不能并立的看法。而楚昭王则以忠、孝皆有可取,所以,没有采纳子西的意见,而是对兄弟二人都给予奖赏,这是忠、孝皆可取的观念。

同为楚人的左史倚相则提出唯道是从的观念。楚国司马子期想要将小妾改立为正室,也就是让小妾成为夫人,他去征求左史倚相的意见,左史倚相没有直接回答,而是列举了四个例子,这四个例子分为两方面:一方面是"违而道"的两个事例:子囊违王命,将"厉"改为"恭";子木违父命,以羊易芰。另一方面"从而逆"的两个事例:穀阳竖爱其主人,进酒与主人子反,致使子反误了王命,而自杀于鄢;芊尹申亥从楚灵王之欲,同死于乾谿。按照忠孝观,应该肯定的是顺从君父、主人之意,否定违背君父、主人之意,但是倚相却说:"君子之行也,欲其道也,故进退周旋,唯道是从。"②他所肯定的是有逆于君王、父母,但却合于道义的行为。这是以道义高于忠孝的观念,它可以克服忠观念、孝观念中的某些偏颇,使忠、孝都能在道义的制约下,在各自的领域中发生其应有的作用。否则,就会出现过分的强调忠、孝,而发生有悖于道德的悲惨结局。这四种关于忠孝的观念,尤其是道高于忠孝的观念,都有相当的合理性。

但是,在君主专制的历史发展中,统治者更多的是强调移孝于忠,忠孝不能两全,甚至是以忠牺牲孝,将对君主的无条件忠诚放在至高无上的地位,常常用无人性的忠君政治伦理消灭孝父的温情家庭理论,而日复一日地不断上

---

① 佚名:《国语·楚语下》(下),上海古籍出版社 1978 年版,第 577—578 页。

② 佚名:《国语·楚语上》(上),上海古籍出版社 1978 年版,第 577 页。

演出为维护君主权威,而蹂躏起码人权的人间悲剧,更可怕的是还被社会视为习以为常的真理。这与春秋时期的忠孝观念的基本精神是根本对立的。

第三节　春秋时期德行观念的特点

从上面对仁、义、忠、信、孝的具体分析中,可以看出这些道德观念的大略,同时,也可以从中发现春秋时期伦理观念的一些时代特性。其中最值得注意的有三点:

第一,是真实性的特性。如仁观念、忠观念、信观念、孝观念都讲求敬、诚,注重人的内心精神的真实,仁观念的爱人必须是发自人内心的真实,忠是发自内心的中正情感,信以内心的真实为前提条件,孝的德行主张对父母之孝一定要出自内心,这些思想都是这一特性的体现。这一特性对后来中国伦理道德思想的发展起着十分重要的影响,使以真实性为生命的诚信原则成为中国伦理道德的不二法则。

第二,是对公利的肯定。这一点在义观念中体现得特别明显,而忠观念讲求对人们、国家、社稷的忠,义观念的以义生利,也是讲的国家、社稷、人民之利,孝观念主张道义高于对人君、父母的个人的顺从,都包含着这一思想。这种对公利的肯定的价值观,为公私之间的价值取向作出了明确的导向,对培养集体主义精神,为国家、民族事业而奉献个人的一切,产生过深远的影响;道德与公利的统一观念,不仅将那些只知道谋取私利的小人定在不道德的耻辱柱上,也撕掉了历史上与当今打着道德的旗号谋取私利的伪君子们的漂亮外衣。

第三,较多的理性伦理原则成分。任何伦理道德学说都具有两面性:一方面反映人类道德的一般追求,这类道德常常具有理性精神,具有超时代性、超越族群的意义;另一方面,道德观念总是由某些具体的人所提出,代表某些社会阶层的利益需要,这类道德观念常常缺乏理性的精神,而有一定的局限性。前者可以不受时代、族群的制约,在任何时代、任何人群都起作用,而后者往往随时代、族群的变化而失去其价值。在春秋时期的道德观念中,就比较多的具有前一方面的成分,如关于德是真、善、美的统一,仁是对人的真诚之爱,义是处事合于节度之宜,忠是发自内心的真诚,孝既是敬爱父母,又要合于道义,信是对义的执着等。

这三大特性也是春秋时期伦理道德观的优秀品质,是春秋时期伦理道德思想的宝贵成分。这些成分不少被早期儒家所汲取,而成为儒家伦理思想的组成部分,早期儒家重视仁、义、忠、孝等伦理观念,及其对其论说,就有明显的春秋时期伦理思想的痕迹,甚至有的是直接借以为说,如孔子的"仁者爱人"等,就是如此。当然,随着进入君主专制的统治,尽管道德学说日益缜密,但是,春秋时期伦理思想中的超时代、族群性的一面被人们日益淡化甚至是遗忘,而一些有利于君主专制的内容被强化,使原本是教人向善、保护人民的道德的观念,变为了残害人性,甚至是荼毒生命的工具,以至于戴震发出了"以理杀人"的强烈控诉,而所谓理就是仁、义、礼、智、信等道德规范,这一点朱熹说得很清楚。在这个意义上,春秋时期的伦理道德在今天依然有其独特的价值。

第七章　德的功用与价值

在春秋时期,天命观念依然是社会的统治思想,在人们的社会生活中起着主导作用。除天命外,在社会中最有影响的就是礼与德,礼主要表现为外在的规范行为,德则重在人内在的精神价值。而从春秋时期文化的发展大势来看,有一个伦理道德学说不断说到社会重视的大趋势,在某些思想家政治家那里,德甚至超过天命与礼的地位,被视为人生的最高理想追求,成为人最重要的价值取向。

第一节　德与天命的地位升降

从周公开始,德与天命的关系一直是人们关注的重大问题。但在春秋之前占主导地位的思想,是以德为获取天命的手段或条件,天命才是二者的目的与追求。春秋时期天命与德的地位,发生了德超越天命的地位升降变化。这个地位升降变化有一个过程,经历了从德与天命作用的矛盾之说,到天命依德为转移,再到天道与德相分说的发展。

一、德与天命作用的矛盾之说

此说见于王孙满答楚王问。《左传》宣公三年载:

楚子伐陆浑之戎,遂至于洛,观兵于周疆。定王使王孙满劳楚子。楚子问鼎之大小轻重焉。对曰:"在德不在鼎。昔夏之方有德也,远方图物,贡金九牧,铸鼎象物,百物而为之备,使民知神、奸。故民入川泽山林,不逢不若。螭魅罔两,莫能逢之,用能协于上下以承天休。桀有昏德,鼎迁于商,载祀六百。商纣暴虐,鼎迁于周。德之休明,虽小,重也。其奸回昏乱,虽大,轻也。天祚明德,有所底止。成王定鼎于郏鄏,卜世三十,卜年七百,天所命也。周德虽衰,天命未改,鼎之轻重,未可问也。"[①]

鼎在古代是王权的象征,而王权来自天命,楚王问鼎,其心叵测,结果遭到王孙满义正辞严的回答。本来照王孙满最先"在德不在鼎"的说法,以及他讲到的夏商的兴在德,其亡在桀、纣的无德,这实际上是一种以德决定政权存亡的观念。但遗憾的是,王孙满没有将此点贯彻到底,同时又说出,周德虽衰,天命未改的话,这就与前面的"在德不在鼎"相矛盾了,而是以天命为主宰,是以天命决定政权的存亡,而否认了德对政权的决定观念。所以。王孙满之说是一种矛盾之说,而肯定天命的作用乃是传统的观念,而认定德的决定作用,则是春秋时期才出现的新观念,所以,王孙满的矛盾之说实际上是新旧观念的并存。

二、天命依德为转移说

此说见于虞国的宫之奇。晋国以伐虢的名义,提出借道虞国。围绕假道,在虞国君臣间发生一场激烈的争论,宫之奇以"唇亡齿寒"的道理劝谏虞公:

晋侯复假道于虞以伐虢。宫之奇谏曰:"虢,虞之表也。虢亡,虞必从之。晋不可启,寇不可玩,一之谓甚,其可再乎?谚所谓'辅车相依,唇亡齿寒'者,其虞、虢之谓也。"公曰:"晋,吾宗也,岂害我哉?"对曰:"大伯、虞仲,大王之昭也。大伯不从,是以不嗣。虢仲、

---

① 阮元刻:《春秋左传正义》宣公三年,《十三经注疏》(下),中华书局 1982 年版,第1868 页。

　　虢叔,王季之穆也,为文王卿士,勋在王室,藏于盟府。将虢是灭,何爱于虞?且虞能亲于桓、庄乎,其爱之也?桓、庄之族何罪,而以为戮,不唯逼乎?亲以宠逼,犹尚害之,况以国乎?"公曰:"吾享祀丰洁,神必据我。"对曰:"臣闻之,鬼神非人实亲,惟德是依。故《周书》曰:'皇天无亲,惟德是辅。'又曰:'黍稷非馨,明德惟馨。'又曰:'民不易物,惟德繄物。'如是,则非德,民不和,神不享矣。神所冯依,将在德矣。若晋取虞而明德以荐馨香,神其吐之乎?"弗听,许晋使。

　　宫之奇以其族行,曰:"虞不腊矣,在此行也,晋不更举矣。"①

宫之奇的劝谏虽然也肯定鬼神的作用,但强调的是鬼神"惟德是依",即依德为转移。这显然是以德为更根本的观念,而否定了鬼神的主宰作用,肯定了德的最终决定作用。特别值得注意的是,古代祭祀鬼神的原则是"非是族也,不在祀典"②,《论语·为政篇》也说:"非其鬼而祭之,谄也。"宫之奇却说鬼神所接受的是德,并不在祭品如何丰富、表面如何整洁,也不在是否祭祀的是同族的鬼神,如果晋国以明德去祭虞国的鬼神,虞国的鬼神同样不会推却。这一说法中的德较之鬼神,其功用无疑具有无所不通的普遍性,已经克服了族群的局限。③ 这是以德为根本,鬼神以德为转移的观念。宫之奇虽然说的是鬼神与德的关系,但鬼神与天命是相通的,获得天命,其祭祀鬼神一定不会被推却,鬼神教授祭祀,乃是天命的表现。所以,宫之奇之说实际上是一种天命依德为转

---

① 阮元刻:《春秋左传正义》僖公五年,《十三经注疏》(下),中华书局1982年版,第1795页。

② 佚名:《国语·鲁语上》(上),上海古籍出版社1978年版,第166页。

③ 此外,祭祀还有地望的规定。《左传》载:"初,昭王有疾。卜曰:'河为祟。'王弗祭。大夫请祭诸郊,王曰:'三代命祀,祭不越望。江、汉、雎、章,楚之望也。祸福之至,不是过也。不谷虽不德,河非所获罪也。'遂弗祭。孔子曰:'楚昭王知大道矣!其不失国也,宜哉!《夏书》曰:"惟彼陶唐,帅彼天常,有此冀方。"今失其行,乱其纪纲,乃灭而亡。'又曰:'允出兹在兹。'由己率常可矣。'"[阮元刻:《春秋左传正义》哀公六年,《十三经注疏》(下),中华书局1982年版,第2161页。]黄河非楚国地望,虽然卜人说楚王的疾病是河神的作祟,楚国大夫主张祭祀河神来消除楚王的疾病,但楚昭王却以"祭不越望"的理由来否定大夫的提议,而受到孔子"知大道"的赞许。

移的观念,在这里德是第一位的,天命是第二位的。范文子借解释《周书》,将此观念说得更为明确:"《周书》曰'唯命不于常',有德之谓。"①《周书》的"天命无常",就是说的天命依德为转移之义。

史嚚也提出有类似的看法:

> 神居莘六月。虢公使祝应、宗区、史嚚享焉。神赐之土田。史嚚曰:"虢其亡乎! 吾闻之:国将兴,听于民;将亡,听于神。神,聪明正直而一者也,依人而行。虢多凉德,其何土之能得!"②

神灵降临在莘,虢公命令祝应、宗区、史嚚三位祭享,神灵答应赐给虢公土地。史嚚却说,国家的兴亡在民,不在于神,因为聪明正直的神是依照人民的意愿来行动的,神的依人而行则在德的有无。虢公无德,一定不会得到神灵的福佑。所以,神灵不是决定因素,决定因素在德。这是神灵以德为转移之说,与天命依德为转移说的实质完全相同,只是表述有异。

这一观念与以前的天命观相比较,已经摆脱了仅仅是用外部的神秘主宰来说明社会问题,开始注意到人类社会的问题决定因素是人的道德,而非天命、神灵。但此说毕竟还没有完全脱离天命观的影响,还承认神灵的作用。

三、德与天道相分之说

此说出于齐国的晏子。公元前516年,彗星出现在齐国的上空,古人迷信以为这是天降灾难的预兆,引起了齐国的一片恐慌,齐侯命令祝史来禳除灾祸,晏子却劝谏齐侯说:

> 无益也。只取诬焉。天道不谄,不贰其命,若之何禳之? 且天之有彗星也,以除秽也。君无秽德,又何禳焉? 若德之秽,禳之何损?

---

① 阮元刻:《春秋左传正义》成公十六年,《十三经注疏》(下),中华书局1982年版,第1918页。

② 阮元刻:《春秋左传正义》庄公三十二年,《十三经注疏》(下),中华书局1982年版,第1783页。

《诗》曰："惟此文王,小心翼翼,昭事上帝,聿怀多福,厥德不回,以受方国。"君无违德,方国将至,何患于彗?《诗》曰:"我无所监,夏后及商,用乱之故,民卒流亡。"若德回乱,民将流亡,祝史为之,无能补也。①

晏子的这段话强调的是国君德行对社会治理的意义。在他看来,如果一个国君没有秽德,就会国家强盛、人民富裕,周围的各国也会归顺,即使出现彗星等天变,也根本不会有什么危害;相反,若是国君道德败坏,再高明的祝史无论如何也无法禳除灾害,而一定会落得个国破家败的结局。所以,国君应该关心的绝不是什么天变,而是自己的道德修养有无缺失,若能以文王为榜样,小心翼翼,时刻注重道德修养,就会国泰民安,无有祸害。这里完全否定了天道、天命一类外在因素对社会治乱的影响,而只承认德的决定作用,是一种天人相分的观念。

上述三种观念实际上代表着德的地位的认识在春秋时期的三个发展阶段。从时间的先后顺序说,最早出现的是发生在僖公五年(前655年)的宫之奇之说,稍后的是发生在宣公三年(前606年)的王孙满之说,最后是发生在昭公二十六年(前516年)的晏子之说。但这个记载的顺序并非符合春秋时期德观念与天命观之间内在逻辑顺序,虽然王孙满之说出现的时间在宫之奇之说的后面,但这只是时间记载的先后,并不表示一定先有宫之奇之说的观念,而后才有王孙满之说的观念。历史文献不是流水账,出于某些原因,某些早有的观念可能被记载在后出的思想观念之后,某些后出的观念也可能被记载在早出的思想观念之前,所以,文献记载的思想观念出现时间不一定能够可靠地反映真实的历史顺序。思想观念的发展有其内在逻辑,只有依据这个内在逻辑来判断,才能够准确地说明不同思想观念出现的先后顺序。新观念总是以旧观念为基础而发展出来,并不断深化发展的。就德与天命而论,德是新

---

① 阮元刻:《春秋左传正义》昭公二十六年,《十三经注疏》(下),中华书局1982年版,第2115页。

观念的代表,而天命是早已经存在的旧观念,德与天命的地位升降,是向着德观念地位日益上升的方向发展的,据此,可以认定上述三种观念发展的逻辑顺序,应该是先有王孙满的德与天命作用的矛盾之说,其次是宫之奇的天命依德为转移说,最后才是晏子的德与天道相分之说。因为德与天命作用的矛盾之说,还带有承认天命的决定作用的旧观念,而天命依德为转移说,则已经否定天命、鬼神的决定作用,德的地位得到进一步提升,变为对社会最终起决定作用的因素;德与天道相分之说则根本排除天命、天道对人事的作用,只承认德的影响,则连天命、鬼神的外衣也没有了,是对德的作用的完全肯定,代表着春秋时期对德的地位的最高认定。这一德与天命、天道完全分离的观念,才使德观念能够完全作为人的道德,从而建立起一套道德学说。

以王孙满、宫之奇、晏子为代表天命与德矛盾之说、天命依德为转移之说、德与天道相分之说,这三种观念虽然说法不一,但相较以前的天命观,无不贯注着重视道德的人文理性精神:人世间不是天命、鬼神主宰的,而是由人的道德决定的。循此精神人们就应该注重自身的道德修养,而不应该推诿于天命、鬼神。这是由天命、鬼神外在决定论,转向人的道德主体决定论,这是春秋时期人文精神普遍觉醒的最重要成果。这一成果奠定了中华文化以伦理道德为核心的文化基因,是中国文化定型的标志性成果。

第二节 德 政 论

德与天命地位的升降,使伦理道德从此成为最中国文化关注的焦点。春秋时期围绕着德观念也生发出了一系列的学说,可统称为德学说。德学说主要包括两大方面的内容:一方面是从伦理道德对德观念的理论说明;另一方面是德对社会、个人的作用与价值的探索。前一方面已经在上一章做过讨论,后一方面从社会角度而论,主要是关于道德对国家治理、社会安定等政治意义的论说,可以称之为德政论。德政论是春秋时期的德学说的重要内容,这个学说的核心是强调道德对政治的决定作用。

一、德为国之基

最早提出德观念的周公,以德为保有天命的依据,虽然从理论上带有天命目的论的色彩,但最根本的落实处则在德对国家政治的功用与价值。春秋时期循着周公的方向,但基本上摆脱了天命目的论的外衣,而是直接强调德对政治的决定意义。其中最经典的理念,就是出于郑国著名的政治家子产的德为国之基:

> 范宣子为政,诸侯之币重。郑人病之。二月,郑伯如晋。子产寓书于子西,以告宣子曰:"子为晋国,四邻诸侯,不闻令德,而闻重币,侨也惑之。侨闻君子长国家者,非无贿之患,而无令名之难。夫诸侯之贿聚于公室,则诸侯贰。若吾子赖之,则晋国贰。诸侯贰,则晋国坏。晋国贰,则子之家坏。何没没也!将焉用贿?夫令名,德之舆也。德,国家之基也。有基无坏,无亦是务乎!有德则乐,乐则能久。《诗》云:'乐只君子,邦家之基。'有令德也夫!'上帝临女,无贰尔心。'有令名也夫!恕思以明德,则令名载而行之,是以远至迩安。毋宁使人谓子子实生我,而谓子浚我以生乎?象有齿以焚其身,贿也。"宣子说,乃轻币。①

晋国为中原盟主,范宣子是晋国执政,但他让各国都感觉到贡赋过重,子产为此专门给范宣子去信,批评范宣子没有"令德",贪图贡赋,在诸侯国没有好名声,并正面提出德为国之基,只有以德为政,才会维持国家的基础,保有令名,如果一味重币,只知横征暴敛,聚集财富,必将招致以贿身亡,如象有齿以焚其身的悲惨下场。这一德为国之基之说,不仅是肯定了德行对国家生死存亡的作用,还带有为政以德的价值导向。

---

① 阮元刻:《春秋左传正义》襄公二十四年,《十三经注疏》(下),中华书局 1982 年版,第1979 页。

　　春秋时期各国诸侯,皆以成为霸主为最高追求。在如何才能成为霸主的问题上,人们普遍都重视德的作用,以德为成就霸主的根本保障。周内史过预言晋文公其后能实现霸主的业绩,根据的就是晋文公有"顺之道"、"德之则"①等德行。晋文公最终成为霸主,也依赖的是德教:

　　　　晋侯始入而教其民,二年,欲用之,子犯曰,民未知义,未安其居,于是乎出定襄王,入务利民,民怀生矣,将用之,子犯曰,民未知信,未宣其用,于是乎伐原以示之信,民易资者,不求丰焉,明征其辞,公曰,可矣乎,子犯曰,民未知礼,未生其共,于是乎大蒐以示之礼,作执秩以正其官,民听不惑,而后用之,出谷戍,释宋围,一战而霸,文之教也。②

这里讲的知义、知信、知礼,都是以德教民的不同方面,也就是文之教。春秋时期的文观念有时相对武而言,指文教、文化等,也常常作为道德之德的同义语,这里的文之教的文就是指道德之德。道德之德包含仁、义、礼、智、信、忠、孝等各种具体德行,教民知义、信、礼,都属于德教的内容,故可以成为文之教。其后的晋悼公能够复兴晋文公的霸业,有多方面的原因,《左传》说他,"举不失职,官不易方,爵不逾德,师不陵正,旅不逼师,民无谤言,所以复霸也"③。其中最重要的是任贤使能,而标准是"爵不逾德",即官员的职位一定与其德行相应,以德行的多少来确定官员职位的高低,说到底就是通过各级官员来贯彻重德的政治原则。

　　要获得霸主的地位,必须具有值得肯定的德行,这几乎是春秋时期思想家、政治家的共识。所以,论及与霸主相关的问题时人们无一例外地都肯定德的决定作用。宋之盟,楚国与晋国争先为歃,叔向以霸王之势在德不在先歃为

---

　　①　佚名:《国语·周语上》(上),上海古籍出版社1978年版,第40页。
　　②　阮元刻:《春秋左传正义》僖公二十七年,《十三经注疏》(下),中华书局1982年版,第1823页。
　　③　阮元刻:《春秋左传正义》成公十八年,《十三经注疏》(下),中华书局1982年版,第1923—1924页。

说:"夫霸王之势在德,不在先歃,子若能以忠信赞君,而裨诸侯之阙,歃虽在后,诸侯将载之,何争于先? 若违德而以贿成事,今虽先歃,诸侯将弃之,何欲于先? 昔成王盟诸侯于岐阳,楚为荆蛮,置茅蕝,设望表,与鲜卑守燎,故不与盟。今将与狎主诸侯之盟,唯有德也,子务德无争先,务德,所以服楚也。"①春秋盟会时为歃先后的惯例,常常是居于霸主或主持者地位的国家在先,楚国、晋国的盟会为歃的先后之争,也带有谁主谁次的意味,叔向提出"霸王之势,在德不在先歃",肯定德才是成为霸主的根本,歃的先后顺序只是形式,并不是霸主地位的证明。晋国的郤缺也有类似的论说:"无德何以主盟?"②没有德行。连主盟的资格也没有。宋襄公为求霸,用鄫子来祭祀,司马子鱼批评说:"齐桓公存三亡国,以属诸侯,义士犹曰薄德,今一会而虐二国之君,又用诸淫昏之鬼,将以求霸,不亦难乎,得死为幸。"③没有德行,以杀国君的人祭来求霸更是不可能,能够保全性命也只是侥幸。楚王无礼,叔詹预言"将何以没",而"诸侯是以知其不遂霸也"④。礼是德的最重要内容,无礼即无德。无德不仅成不了霸主,还连身家性命也不能保全。季文子在宴请韩穿时说:"大国制义以为盟主,是以诸侯怀德畏讨,无有贰心。谓汶阳之田,敝邑之旧也,而用师于齐,使归诸敝邑。今有二命曰:'归诸齐。'信以行义,义以成命,小国所望而怀也。信不可知,义无所立,四方诸侯,其谁不解体?《诗》曰:'女也不爽,士贰其行。士也罔极,二三其德。'七年之中,一与一夺,二三孰甚焉! 士之二三,犹丧妃耦,而况霸主? 霸主将德是以,而二三之,其何以长有诸侯乎?"⑤无义、

① 佚名:《国语·晋语八》(下),上海古籍出版社 1978 年版,第 466 页。

② 阮元刻:《春秋左传正义》文公七年,《十三经注疏》(下),中华书局 1982 年版,第 1846 页。

③ 阮元刻:《春秋左传正义》僖公十九年,《十三经注疏》(下),中华书局 1982 年版,第 1810 页。

④ 阮元刻:《春秋左传正义》僖公二十二年,《十三经注疏》(下),中华书局 1982 年版,第 1814 页。

⑤ 阮元刻:《春秋左传正义》成公八年,《十三经注疏》(下),中华书局 1982 年版,第 1904 页。

无信即无德,绝不是霸主的行为;作为霸主必须有德,诸侯才会归服。

将此点说得最为明白的是晋国司马侯与晋侯的如下对话:

> 晋侯欲勿许。司马侯曰:"不可。楚王方侈,天或者欲逞其心,以厚其毒而降之罚,未可知也。其使能终,亦未可知也。晋、楚唯天所相,不可与争。君其许之,而修德以待其归。若归于德,吾犹将事之,况诸侯乎? 若适淫虐,楚将弃之,吾又谁与争?"曰:"晋有三不殆,其何敌之有? 国险而多马,齐、楚多难。有是三者,何乡而不济?"对曰:"恃险与马,而虞邻国之难,是三殆也。四岳、三涂、阳城、大室、荆山、中南,九州之险也,是不一姓。冀之北土,马之所生,无兴国焉。恃险与马,不可以为固也,从古然然。是以先王务修德音以亨神人,不闻其务险与马也。邻国之难,不可虞也。或多难以固其国,启其疆土;或无难以丧其国,失其守宇。若何虞难? 齐有仲孙之难而获桓公,至今赖之。晋有里、丕之难而获文公,是以为盟主。卫、邢无难,敌亦丧之。故人之难,不可虞也。恃此三者,而不修政德,亡于不暇,又何能济? 君其许之! 纣作淫虐,文王惠和,殷是以陨,周是以兴,夫岂争诸侯?"乃许楚使。使叔向对曰:"寡君有社稷之事,是以不获春秋时见。诸侯,君实有之,何辱命焉?"椒举遂请昏,晋侯许之。[①]

楚灵王想要晋平公承认他的霸主地位,晋平公认为晋国有三大优势:一是地理上拥有难以突破的天险;二是盛产战争需要的宝马;三是楚、齐这两个大国国难不断。因此,晋平公根本不理睬楚灵王的请求。司马侯劝谏晋平公,认为当时天下的形势是晋楚之争,谁能够成为霸主,并不在天险、良马,也不在邻国之难,这既无历史依据,也无现实事实。国家要强盛、成为霸主,唯有依靠道德的力量,而不能沉迷于依恃天险之类的幻想。在成为霸主德各种要素中,只有德

---

① 阮元刻:《春秋左传正义》昭公四年,《十三经注疏》(下),中华书局 1982 年版,第 2033 页。

才是根本的,其他因素如天险、宝马、他国之难都不足为据。

霸主与称霸对大多数国家而言,并不现实。德行对没有霸主地位的国家,还有没有意义? 答案是肯定的,德不仅是成为霸主的根本,也是使其他国家居于不败之地的保障。楚国的子西与蓝尹亹对此有一段精彩的对话:

> 子西叹于朝,蓝尹亹曰:"吾闻……君子临政思义,饮食思礼,同宴思善,无有叹焉,今吾子临政而叹,何也?"子西曰:"阖庐能败吾师。阖庐即世,吾闻其嗣又甚焉。吾是以叹。"对曰:"子患政德之不修,无患吴矣。夫阖庐口不贪嘉味,耳不乐逸声,目不淫于色,身不怀于安,朝夕勤志,恤民之羸,闻一善若惊,得一士若赏,有过必悛,有不善必惧,是故得民以济其志。今吾闻夫差好罢民力以成私好,纵过而翳谏,一夕之宿,台榭陂池必成,六畜玩好必从。夫差先自败也已,焉能败人。子修德以待吴,吴将毙矣。"①

楚国执政子西深感吴国夫差的威胁,而哀叹于朝堂,蓝尹亹却认为夫差没有德行,并不可怕,只要子西能以德为政,就用不着惧怕吴国。后来,吴国果然灭亡在夫差手上。晋师与楚国将战,还得到郑国的支持,晋国的赵括、赵同等都主张开战,郤子甚至认为败楚服郑在此一战。栾武子却提出反对意见:"楚自克庸以来,其君无日不讨国人而训之于民生之不易,祸至之无日,戒惧之不可以怠。在军,无日不讨军实而申儆之于胜之不可保,纣之百克,而卒无后。训以若敖、蚡冒,筚路蓝缕,以启山林。箴之曰:'民生在勤,勤则不匮。'不可谓骄。先大夫子犯有言曰:'师直为壮,曲为老。'我则不德,而徼怨于楚,我曲楚直,不可谓老。"②栾武子以晋楚对比为说,认为楚君重视民生(训之于民生之不易),勤于民,晋则无德,与晋无德相对,就是楚有德。无德对有德,一定是失败,所以,他反对与楚国进行这场战争。史伯根据"蛮芈蛮矣,唯荆实有昭

---

① 佚名:《国语·楚语下》(下),上海古籍出版社 1978 年版,第 579 页。
② 阮元刻:《春秋左传正义》宣公十二年,《十三经注疏》(下),中华书局 1982 年版,第 1880 页。

德"，而预言其"若周衰，其必兴矣"①。内史过说："国之将兴，明神降之，监其德也；将亡，神又降之，观其恶也。"②以德行为国家兴起的标志，邪恶为国家灭亡的征兆。论及现实政治的成败与国家的盛衰存亡，人们无不以德行为其决定因素，这是春秋时期思想家、政治家的共识。

这一点，对弱小国家的生存尤具重大意义：

> 少师归，请追楚师，随侯将许之。季梁止之曰："天方授楚，楚之赢，其诱我也，君何急焉？臣闻小之能敌大也，小道大淫。所谓道，忠于民而信于神也。上思利民，忠也；祝史正辞，信也。"③

楚武王派兵侵略随国，随国少师主张开战，还得到随侯的支持。随是小国，楚是大国，少师的主张是自不量力，以卵击石，季梁因此极力反对，并提出小国能够与大国为匹敌，一定要以"小道大淫"为前提。所谓小道大淫即小国有道，大国无道，这个道不是别的，就是忠、信等为内涵的德行。在听取季梁意见后，"随侯惧而修政，楚不敢伐"④。而随侯的修政，就是为政以德，用道德来治理国家。季梁之说在随国取得的成功，可以说是德为国之基的最有力的现实证明。相反，若小国无德则有祸无福。所以，当郑国侵蔡，俘虏蔡国司马公子燮，郑国人都在庆祝这一胜利时，子产却说："小国无文德而有武功，祸莫大焉。"⑤认为郑国的这一胜利，绝非郑国之福，而是郑国之祸。小国无德必有祸，这是对德为国之基观念的另一种肯定。

为了证明德行对国家政治的价值，人们除了用现实来说明，还用历史来证

---

① 佚名：《国语·郑语》(下)，上海古籍出版社 1978 年版，第 511 页。

② 阮元刻：《春秋左传正义》庄公三十二年，《十三经注疏》(下)，中华书局 1982 年版，第 1783 页。

③ 阮元刻：《春秋左传正义》桓公六年，《十三经注疏》(下)，中华书局 1982 年版，第 1750 页。

④ 阮元刻：《春秋左传正义》桓公六年，《十三经注疏》(下)，中华书局 1982 年版，第 1750 页。

⑤ 阮元刻：《春秋左传正义》襄公八年，《十三经注疏》(下)，中华书局 1982 年版，第 1939 页。

明。《国语·周语上》说：

> 穆王将征犬戎，祭公谋父谏曰："不可。先王耀德不观兵。夫兵
> 戢而时动，动则威，观则玩，玩则无震。是故周文公之《颂》曰：'载戢
> 干戈，载櫜弓矢。我求懿德，肆于时夏，允王保之。'先王之于民也，
> 懋正其德而厚其性，阜其财求而利其器用，明利害之乡，以文修之，使
> 务利而避害，怀德而畏威，故能保世以滋大。"

> "昔我先王后稷，以服事虞、夏。及夏之衰也，弃稷不务，我先王
> 不窋用失其官，而自窜于戎、狄之间，不敢怠业，时序其德，纂修其绪，
> 修其训典，朝夕恪勤，守以敦笃，奉以忠信，奕世载德，不忝前人。至
> 于武王，昭前之光明而加之以慈和，事神保民，莫弗欣喜。"①

这是讲从周的先人到文王、武王，能够"光有天下"，及其"保世以滋大"，始终
依靠的就是德行，所谓"耀德不观兵"、"时序其德"、"奕世载德"、"怀德而畏
威"，都是对周先人与先王重德的说明。宾媚人说："四王之王也，树德而济同
欲焉。五伯之霸也，勤而抚之，以役王命。"②杜预注"四王"为禹、汤、文、武，
"五伯"指夏伯昆吾、商伯大彭、豕韦与周伯齐桓、晋文，这里讲的"四王五霸"，
除齐桓公、晋文公是春秋时期的人物外，其余都是历史人物，所以，这也主要是
在讲历史。富辰谏周襄王时，以义、祥、仁为三德，并认为"古之明王不失此三
德，故能光有天下，而和宁百姓"③。只有不失道德，才能够保有广大的疆域，
使人民和谐安宁。这些相关论述，从现实与历史的双重意义上说明了德行对
国家政治的决定作用，是对德为国之基的正面论证。

从反面来说，无论是历史，还是现实，失德或是无德都是遭至政治失败的
根本原因。郑与息发生战争，君子断定息国必亡，理由就是息国犯了五个方面

---

① 佚名：《国语·周语上》（上），上海古籍出版社1978年版，第1—2页。
② 阮元刻：《春秋左传正义》成公二年，《十三经注疏》（下），中华书局1982年版，第1895页。
③ 佚名：《国语·周语中》（上），上海古籍出版社1978年版，第45页。

的错误:第一条就是"不度德"①;没有德行的郑公子曼满想当卿大夫,被伯廖斥为"无德而贪",预言其不过三年一定死亡,"间一岁,郑人杀之"②;子大叔预言"楚子将死矣",其根据是"不修其政德,而贪昧于诸侯,以逞其愿,欲久,得乎"③? 叔孙昭子说高强不能继承父亲的忠的令德,必害其身④;宋华定来聘,叔孙昭子以其"令德之不知",断言"必亡"⑤。宋国州吁欲攻郑,鲁国君臣对此发生了一场讨论:

> 公问于众仲曰:"州吁其成乎?"对曰:"臣闻以德和民,不闻以乱。以乱,犹治丝而棼之也。……夫州吁弑其君,而虐用其民,于是乎不务令德,而欲以乱成,必不免矣。"⑥

州吁不以德治国理民,攻郑根本不能成功,而且只能落得个悲惨的结局。臧哀伯谏鲁桓公说:"君人者,将昭德塞违,以照临百官,犹惧失之,故昭令德以示子孙。……国家之败,由官邪也。官之失德,宠赂章也。"⑦邪是对德的背悖,君臣失德,只能导致国家败坏。太子晋谏周灵王时,还从历史上的亡国教训来论说德为国之基:"王无亦鉴于黎、苗之王,下及夏、商之季,上不象天,而下不仪地,中不和民,而方不顺时,不共神祇,而蔑弃五则。是以人夷其宗庙,而火

---

① 阮元刻:《春秋左传正义》隐公十一年,《十三经注疏》(下),中华书局 1982 年版,第 1737 页。

② 阮元刻:《春秋左传正义》宣公六年,《十三经注疏》(下),中华书局 1982 年版,第 1872 页。

③ 阮元刻:《春秋左传正义》襄公二十八年,《十三经注疏》(下),中华书局 1982 年版,第 1999 页。

④ 阮元刻:《春秋左传正义》昭公十年,《十三经注疏》(下),中华书局 1982 年版,第 2059 页。

⑤ 阮元刻:《春秋左传正义》昭公十二年,《十三经注疏》(下),中华书局 1982 年版,第 2061 页。

⑥ 阮元刻:《春秋左传正义》隐公四年,《十三经注疏》(下),中华书局 1982 年版,第 1725 页。

⑦ 阮元刻:《春秋左传正义》桓公二年,《十三经注疏》(下),中华书局 1982 年版,第 1741—1742 页。

焚其彝器,子孙为隶,下夷于民,而亦未观夫前哲令德之则。"①这些说法都是将失德与败国看成一种必然的联系,从反面肯定德行对国家政治的决定性意义。

伍举还在指出了没有德行的危害之后,追寻了造成无德的原因:"且夫私欲弘侈,则德义鲜少,德义不行,则迩者骚离,而远者距违。天子之贵也,唯其以公侯为官正,而以伯子南为师旅。其有美名也,唯其施令德于远近,而小大安之也。若敛民利以成其私欲,使民蒿焉忘其安乐,而有远心,其为恶也甚矣,安用目观?"②没有德行往往是由于个人是私欲过多,而私欲弘侈一定表现为对人民的无底线盘剥。这不仅点明了私欲与无德之间的相互联系,还揭示了统治阶级的私欲与人民贫困的因果关系,这是十分有价值的观念。需要指出的是,与无德有直接联系的欲,不是一般意义上的人欲,而是指统治阶层的私欲,这个欲只是一种不顾人民死活的私欲。后来宋明理学的理欲之辨,一般理学家都不加分别地反对所谓人欲,将人欲与天理对立,不区分私欲与合理的人欲,这就远逊于春秋时期私欲为无德的观念。

从正反两方面来论证这一道理,莫过于内史作如下论说:

> 国之将兴,其君齐明、衷正、精洁、惠和,其德足以昭其馨香,其惠足以同其民人。神飨而民听,民神无怨,故明神降之,观其政德而均布福焉。国之将亡,其君贪冒、辟邪、淫佚、荒怠、粗秽、暴虐;其政腥臊,馨香不登;其刑矫诬,百姓携贰。明神不蠲而民有远志,民神怨痛,无所依怀,故神亦往焉,观其苛慝而降之祸。是以或见神以兴,亦或以亡。昔夏之兴也,融降于崇山;其亡也,回禄信于聆隧。商之兴也,梼杌次于丕山,其亡也,夷羊在牧。周之兴也,鸑鷟鸣于岐山;其衰也,杜伯射王于鄗。是皆明神之志者也。③

---

① 佚名:《国语·周语下》(上),上海古籍出版社1978年版,第110—111页。
② 佚名:《国语·楚语上》(下),上海古籍出版社1978年版,第544页。
③ 佚名:《国语·周语上》(上),上海古籍出版社1978年版,第29页。

这里列举历史王朝的兴衰,从有德则兴、无德则亡的正反两个方面,不仅肯定了德为国之基是历史证明德颠簸不破的原理,而且将其说成是神意,这就将德为国之基上升到天命意义的绝对真理。

德为国之基,体现在时间上,是德的大小与国运的长短成正比。晋侯在与史赵讨论陈氏是否灭亡时,史赵认为不仅不会灭亡,还会在齐国兴起,其根据就在于盛德必百世祀:"陈,颛顼之族也。……舜重之以明德,置德于遂,遂世守之。及胡公不淫,胡周赐之姓,使祀虞帝。臣闻盛德必百世祀,虞之世数未也。继守将在齐,其兆既存矣。"①虞有盛德,可以有享祭百代的国运,陈氏与虞帝的时间还未满百代,故还能继续存在。这是以德的大小多少来决定家族、国家的命运。后来从陈国逃到齐国的陈氏,果然将姜姓的齐国变为陈田氏的齐国。这一德行大小决定国运时间的长短之说,深化了德为国之基之说。犹如修建房屋基础越深厚,就越坚固,房屋的时间就越长久,这是人们生活的常识,这个说法很有现实说服力。它对于鼓励统治阶层不断修养自己的德行,扩充自己的善行具有积极的意义。

二、德刑论

德为国之基,主要是就德行的政治价值而言。就政治价值而言,与德行对立的刑罚,也具有重要的作用。德与刑的关系,构成中国政治文化讨论的一对重要范畴。而德行关系的讨论与理论的形成,开始于春秋时期。

1."刑"含义的历史变化

在春秋时期"刑"的含义并不只是与德行相对的刑罚,还具有其他的含义。如:

> 君子曰:"晋国以平,数世赖之,刑善也夫。一人刑善,百姓休

---

① 阮元刻:《春秋左传正义》昭公八年,《十三经注疏》(下),中华书局1982年版,第2053页。

和。……其诗曰,仪刑文王,万邦作孚,言刑善也。"①

胥臣曰:"文王在母不忧,在傅弗勤,处师弗烦,事王不怒,孝友
二虢,而惠慈二蔡,刑于大姒,比于诸弟。《诗》云:'刑于寡妻,至于
兄弟,以御于家邦。'于是乎用四方之贤良。"②

这里的"刑善也夫"、"一人刑善"、"言刑善也"的刑,是作为名词,表示法规、
法律、法则等义,刑善是肯定法合于善,是指好的法律之类。所引《毛诗》的
"仪刑文王"、"刑于大姒"、"刑于寡妻"之刑,《毛诗传》与郑玄笺,皆训为
"法",为效法之义,是作为动词使用,"仪刑文王"即效法文王,"刑于大姒"、
"刑于寡妻"是指文王之妻对文王的效法。这两段记载所说的刑,都不是与德
相对的刑罚之刑。从引《诗》所讲的"刑"而言,刑的较早含义是值得效法的言
行,因其值得效法故称之为法,而具有法规、法律、法则之义,君子与胥臣言刑
依然保存有这个含义。

这一从法或效法的意义上所说的刑,与刑罚之刑是很大区别,不能混为
一谈:

鄢之役,晋伐郑,荆救之。大夫欲战,范文子不欲,曰:"君人者
刑其民,成而后振武于外,是以内和而外威。"③

屈到嗜芰,有疾,召其宗老而属之,曰:"祭我必以芰。"及祥,宗
老将荐芰,屈建命去之。宗老曰:"夫子属之。"子木曰:"不然。夫子
承楚国之政,其法刑在民心而藏在王府,上之可以比先王,下之可以
训后世,虽微楚国,诸侯莫不誉。其《祭典》有之曰:'国君有牛享,大
夫有羊馈,士有豚犬之奠,庶人有鱼炙之荐,笾豆、脯醢则上下共

① 阮元刻:《春秋左传正义》襄公十三年,《十三经注疏》(下),中华书局 1982 年版,第
1954 页。
② 佚名:《国语·晋语四》(下),上海古籍出版社 1978 年版,第 387 页。
③ 佚名:《国语·晋语六》(下),上海古籍出版社 1978 年版,第 417 页。

之.'不羞珍异,不陈庶侈。夫子不以其私欲干国之典。"遂不用。①

前一段讲人君刑其民,尔后才可振武于外,刑相对武而言,只能是指礼法之类的文。后一段子木讲其父所著的法刑,并说到不以私欲干国典,还引有法典性质的《祭典》,来作为自己不守其父临终遗嘱的理由,他所说的法刑也绝不是至少不是单指刑罚之法,而应该是指著于典籍的法,是以礼为核心的法。这些地方所说的刑、法,实际上就是礼制为核心的社会规范与制度,在这个意义上礼与法是相通的。例如:

> 晋赵鞅、荀寅帅师城汝滨,遂赋晋国一鼓铁,以铸刑鼎,著范宣子所谓刑书焉。仲尼曰:"晋其亡乎,失其度矣,夫晋国将守唐叔之所受法度,以经纬其民,卿大夫以序守之,民是以能尊其贵,贵是以能守其业,贵贱不愆,所谓度也,文公是以作执秩之官,为被庐之法,以为盟主,今弃是度也,而为刑鼎,民在鼎矣,何以尊贵,贵何业之守,贵贱无序,何以为国,且夫宣子之刑,夷之蒐也,晋国之乱制也,若之何以为法。"②

> 晋悼公"使士渥浊为大傅,使修范武子之法,右行辛为司空,使修士蒍之法"③。

第一段中孔子反对晋国的铸刑鼎,刊布范宣子的刑书,反对的理由是刑书与"唐叔之所受法度"、文公所作的"被庐之法"不合;第二段的晋悼公修范武子之法、士蒍之法,与"唐叔之所受法度"、"被庐之法"应该都是晋国有关的法规、法律性质的制度,它们都不能等同于与刑罚之刑,所以,晋国铸刑书,会遭到孔子的批评,并将其与"被庐之法"等对立为说,而晋悼公的修士蒍之法等

---

① 佚名:《国语·楚语上》(下),上海古籍出版社 1978 年版,第 533 页。

② 阮元刻:《春秋左传正义》昭公二十九年,《十三经注疏》(下),中华书局 1982 年版,第 2123—2124 页。

③ 阮元刻:《春秋左传正义》成公十八年,《十三经注疏》(下),中华书局 1982 年版,第 1923—1924 页。

则受到称赞。叔向说："吾国家有大事，必顺于典刑，而谘访于耆老，而后行之。"①这里将刑与典联系为说，其典刑也类似"被庐之法"之类，是指礼制相关的法规、法律等。这些涉及的刑、法、典刑都不是后来法家所说的法、刑，而是与礼相联系的刑、法。所以，春秋时期所讲的这些刑观念并不只是与德行、礼制相对立的观念，而是以礼制为核心的法规之类，这其中也包含后来与礼相对的刑、法，但刑、法还只是礼的部分，是从属于礼，是礼的附属，尚未从礼范畴独立出来。

这一含义的刑观念在西周就已存在，春秋时期刑观念最重要的内涵并不是西周这一刑观念的简单延续，而是有重大的变化。这个变化就是春秋时期人们言刑，已经开始单指与礼相对的刑罚之刑、法，这一用法的刑观念也超过了西周的刑观念。如臧文仲言刑，就完全是在刑罚的意义上："刑五而已，无有隐者，隐乃讳也。大刑用甲兵，其次用斧钺，中刑用刀锯，其次用钻笮，薄刑用鞭扑，以威民也。故大者陈之原野，小者致之市朝，五刑三次，是无隐也。"②这里的五刑，全是刑罚意义的规定。这个刑观念的出现，是无所不包的礼观念的分化，有此分化才有独立的刑观念，而能够与礼、德观念相对，形成德刑论，从此以后德刑关系成为中国古代政治学说最重要的内容。春秋时期的德刑论，则是后来德刑论发展的基础。与礼对立的独立刑观念的出现，与春秋时期出现的作刑书、铸刑鼎的兴起具有直接关系，《左传》载，昭公六年郑国铸刑书，二十九年晋国铸刑鼎，定公九年"郑驷歂杀邓析，而用其竹刑"③。据《逸周书·尝麦篇》，尽管在西周成王时，就颁发了周太史所著刑书九篇，但直到春秋时期社会最重视的还是礼制，刑并没有获得与礼相似的独立地位。春秋时期各国刑书的公布，即是社会需要刑罚来解决更多社会矛盾的表现，也为刑

---

① 佚名：《国语·晋语八》（下），上海古籍出版社 1978 年版，第 457 页。
② 佚名：《国语·鲁语上》（上），上海古籍出版社 1978 年版，第 162 页。
③ 阮元刻：《春秋左传正义》定公九年，《十三经注疏》（下），中华书局 1982 年版，第 2143 页。

罚之刑能够获得独立地位制造了社会基础。

2.德刑各有其作用范围

春秋时期的德刑论德主要观点有三点:第一,德刑各有作用的范围;第二,德刑缺一不可;第三,德重于刑。德刑各有其作用范围,包含三种不同的说法:一是治民以德,正邪以刑说。《左传》隐公十一年:

> 郑伯使卒出豭,行出犬鸡,以诅射颍考叔者。君子谓:"郑庄公失政刑矣。政以治民,刑以正邪,既无德政,又无威刑,是以及邪。邪而诅之,将何益矣!"①

这是说德、刑是治理国家都必须的两手,但二者的适用范围有所不同。德的适用范围是所有的人民,刑只是用来处罚邪恶之人。邪恶之人究竟包括哪些人?《左传》记载鲁国桓僖庙灾,两次讲到不听从命令,则有"常刑"无赦:"命不共,有常刑"、"有不用命,则有常刑,无赦"②。所谓命不共、不用命,都是讲的不听从命令,这只能是指被统治者,指人民而言,人民不听从命令就会受到刑罚,而且没有赦免。这是将不听命令的人民所谓邪恶之人。但刑的对象的邪恶之人无疑还包括统治阶层那些无道德之人,如公然在朝堂宣淫的陈灵公君臣、与文姜通奸的齐侯、那位使鲁国灾难不断的庆父等,所以,晋筮史说"刑以正邪"③,申叔时说"刑以正邪"④,都是针对统治者而言,季文子甚至直接以莒太子为盗贼。所以,德的适用范围是人民,刑的适用范围不仅有人民,还有统治者的无德之人。这是德刑适用范围的不同。从这里以德治民被称为德政,可

---

① 阮元刻:《春秋左传正义》隐公十一年,《十三经注疏》(下),中华书局1982年版,第1736页。

② 阮元刻:《春秋左传正义》哀公三年,《十三经注疏》(下),中华书局1982年版,第2157页。

③ 阮元刻:《春秋左传正义》僖公二十八年,《十三经注疏》(下),中华书局1982年版,第1827页。

④ 阮元刻:《春秋左传正义》成公十六年,《十三经注疏》(下),中华书局1982年版,第1917页。

见春秋时期的思想家已经将德治作为治理人民的主要手段,而为政以德是最重要的规定,德政就是为政以德的精炼概括,这一观念对儒家的德治政治哲学有直接作用,同时也给春秋以后中国社会的政治制度及其实践以极其深远的影响。

二是德柔中国,刑威四夷说。周天子准备将阳樊、温、原三地,作为给予晋国的奖励,可是阳樊地方的老百姓却反对,有位叫苍葛的人代表这个地方的人:"德以柔中国,刑以威四夷,宜吾不敢服也。此谁非王之亲姻?"①晋国是具有霸主地位的强国,周天子是名义上的最高政治权威,阳樊只是弱小的地区,但结果是的意见得到承认。可见,德服中国,刑威四夷,很可能周王朝的政策,并为华夏各国所认可,所以,强大的晋国面对苍葛的申诉,也不得不认可。这是从夷夏之辨,来说德、刑的不同范围。

三是德御内宄,刑御外奸说。此说出于晋国的胥童:"臣闻之,乱在内为宄,在外为奸,御宄以德,御奸以刑。今治政而内乱,不可谓德。除鲠而避强,不可谓刑。德刑不立,奸宄并至,臣脆弱,不能忍俟也。"②《左传》也有十分接近的一段文字。③ 这是以朝廷分内外,朝廷为内,内乱为宄(《左传》作轨),远离朝廷则为外,外乱为奸,这就是以德治理朝廷的内乱,以刑治理朝廷以外的外乱,这是依朝廷的内与外来言德、刑的不同范围。

这三说尽管各不相同,但都承认德、刑各有其适用的范围。在这三种说法中,第一种说法具有较多的合理因素,第二种说法明显带有对四周少数民族的歧视,第三种说法则表明了统治者对内部斗争的虚伪性。春秋时期及其后来的中国历史,朝廷内部的斗争的残酷性,令人触目惊心,远远超过外面的争夺,

---

① 阮元刻:《春秋左传正义》僖公二十五年,《十三经注疏》(下),中华书局1982年版,第1821页。

② 佚名:《国语·晋语六》(下),上海古籍出版社1978年版,第426页。

③ 胥童对曰:"人将忍君。臣闻乱在外为奸,在内为轨。御奸以德,御轨以刑。不施而杀,不可谓德;臣偪而不讨,不可谓刑。刑德不立,奸轨并至。"[阮元刻:《春秋左传正义》成公十七年,《十三经注疏》(下),中华书局1982年版,第1922页。]

所谓以德来治理朝廷中内乱,以刑来处理朝廷以外的外乱,根本是不合事实的,这只是为宫廷斗争蒙上了一层温情脉脉的面纱。

3. 德刑缺一不可

德、刑都是统治阶层维护政治统治的必须手段,缺一不可。在关于德刑各有适用的范围中,实际上已经包含了德刑两手缺一不可的思想。德刑的缺一不可的理由还在于,二者具有不同的功效,这就是申叔时说的"德以施惠,刑以正邪"①,施惠是赏,正邪是罚,德刑具有赏罚的不同功能。② 君子说:"德莫厚焉,刑莫威焉,服者怀德,贰者畏刑。"③臧文仲说:"臣闻之:善有章,虽贱赏也;恶有衅,虽贵罚也。"④师旷说:"良君将赏善而刑淫。"⑤这些都带有德行不同功效的说明。德刑的赏罚功效不同,却能互补,都是为政必不可少的两个方面。

对这一点,春秋时期的不少思想家、政治家都有共同的认识。如阳毕说:

> 君抡贤人之后有常位于国者而立之,亦抡逞志亏君以乱国者之后而去之,是遂威而远权。民畏其威,而怀其德,莫能勿从。若从,则民心皆可畜。畜其心而知其欲恶,人孰偷生? 若不偷生,则莫思乱矣。且夫栾氏之诬晋国久也,栾书实覆宗,弑厉公以厚其家,若灭栾氏,则民威矣。今吾若起瑕、原、韩、魏之后而赏立之,则民怀矣。威

---

① 阮元刻:《春秋左传正义》成公十六年,《十三经注疏》(下),中华书局 1982 年版,第1917 页。

② 但是,也有人把德视为有赏罚两种功能的东西。如《左传》文公七年,晋郤缺说:"叛而不讨,何以示威;服而不柔,何以示怀? 非威非怀,何以示德。"就以德是包含威与怀两个方面的观念。

③ 阮元刻:《春秋左传正义》僖公十五年,《十三经注疏》(下),中华书局 1982 年版,第1808 页。

④ 佚名:《国语·鲁语上》(上),上海古籍出版社 1978 年版,第 164 页。

⑤ 阮元刻:《春秋左传正义》襄公十四年,《十三经注疏》(下),中华书局 1982 年版,第1957 页。

与怀各当其所,则国安矣,君治而国安,欲作乱者谁与?①

当时晋国政治混乱,晋平公地位危危可及,晋平公向阳毕请教如何才能维系国家的安定,阳毕这段话就是回答晋平公之问。他提出要挽救国家的危亡,只有对贤人的后代委以重任,排斥亏君乱德的后人,通过赏罚并施,也就是德刑两手并重,才可以使晋国转危为安。而最著名的莫过于孔子所总结的宽猛相济说:

> 郑子产有疾,谓子大叔曰:"我死,子必为政。唯有德者,能以宽服民,其次莫如猛。夫火烈,民望而畏之,故鲜死焉;水懦弱,民狎而玩之,则多死焉,故宽难。"疾数月而卒,大叔为政,不忍猛而宽,郑国多盗,取人于萑苻之泽,大叔悔之,曰:"吾早从夫子,不及此。"兴徒兵以攻萑苻之盗,尽杀之,盗少止。②

子产以宽、猛为政的两手,认为两手都有弊端,以猛为政如火,民见火而有畏惧之心而鲜死,而宽有如水,民见水懦弱无忌而多死。其中的宽近似以德治民,猛近似以刑罚民。而子大叔以宽治民,结果带来的是郑国多盗,在他改宽为猛后,才使郑国政治平定下来。孔子因此评价说:"善哉,政宽则民慢,慢则纠之以猛,猛则民残,残则施之以宽,宽以济猛,猛以济宽,政是以和。"③孔子这一宽猛相济之说,最经典地说明了德刑互补,缺一不可的关系。

4.德重于刑

德刑虽然缺一不可,但二者对政治的作用决不是平行的,而有轻重、主次之分。在二者之间,德重于刑,刑的作用始终不能与德相比,这是春秋时期人

---

① 佚名:《国语·晋语八》(下),上海古籍出版社 1978 年版,第 448 页。

② 阮元刻:《春秋左传正义》昭公二十年,《十三经注疏》(下),中华书局 1982 年版,第2094 页。

③ 阮元刻:《春秋左传正义》昭公二十年,《十三经注疏》(下),中华书局 1982 年版,第2094 页。

们的普遍认识,也是德刑论德核心观点。

德重于刑的理论表现主要有两种说法:第一是先德后刑说。《国语》载:

> 穆王将征犬戎,祭公谋父谏曰:"不可。先王耀德不观兵。……
> 夫先王之制:邦内甸服,邦外侯服,侯、卫宾服,蛮、夷要服,戎、狄荒
> 服。甸服者祭,侯服者祀,宾服者享,要服者贡,荒服者王。日祭、月
> 祀、时享、岁贡、终王,先王之训也。有不祭则修意,有不祀则修言,有
> 不享则修文,有不贡则修名,有不王则修德,序成而有不至则修刑。
> 于是乎有刑不祭,伐不祀,征不享,让不贡,告不王。于是乎有刑罚之
> 辟,有攻伐之兵,有征讨之备,有威让之令,有文告之辞。布令陈辞而
> 又不至,则增修于德而无勤民于远,是以近无不听,远无不服。"①

天子统治的地域依距离的远近,分为甸服、侯服、宾服、要服、荒服,五服对天子
负有不同的义务职责,如果发生有违职责的情况,就应该先通过修意、修言、修
文、修名、修德这些道德教化手段,使其改过。只有在德教之后仍然坚持不改,
才施以刑罚征讨。

先德后刑,这是处理天下的原则,也是处理各国政治事务的原则。所以,
谈到治理国家,论及治国理政的各种要素时,人们总是将德列在刑之前,几乎
没有例外。如申叔时说:"德以施惠,刑以正邪。"②以德在刑先。君子评说郑
庄公:"既无德政,又无威刑,是以及邪。"③先说无德,再说失刑。管仲对齐桓
公:"君若绥之以德,加之以训辞,而帅诸侯以讨郑,郑将覆亡之不暇,岂敢不
惧。"④先以德安抚,后帅师讨伐。随武子说:"会闻用师观衅而动,德、刑、政,

---

① 　佚名:《国语·周语上》(上),上海古籍出版社 1978 年版,第 4 页。
② 　阮元刻:《春秋左传正义》成公十六年,《十三经注疏》(下),中华书局 1982 年版,第
1917 页。
③ 　阮元刻:《春秋左传正义》隐公十一年,《十三经注疏》(下),中华书局 1982 年版,第
1736 页。
④ 　阮元刻:《春秋左传正义》僖公七年,《十三经注疏》(下),中华书局 1982 年版,第
1799 页。

事,典礼不易,不可敌也。……德立刑行,政成事时,典从礼顺,若之何敌之?"①以刑在德后。这说明德先刑后是普遍通行的共识。声子还从天道来论说德刑的这一先后顺序的合理性:"古之治民者,劝赏而畏刑,恤民不倦,赏以春夏,刑以秋冬,是以将赏为之加膳,加膳则饫赐,此以知其劝赏也,将刑为之不举,不举则彻乐,此以知其畏刑也。"②虽然声子并没有天人感应的理论,但这一说法从语言与内容上与西汉董仲舒的天人感应说十分接近。

第二,德胜于刑说。德先刑后是从先后言德重于刑,德胜于刑则是从德与刑对政治作用的优劣论德重于刑。德为国之基是对德胜于刑的最集中说明,此外,春秋时期人们还常常与刑的对比中来说明德胜于刑。郑国铸刑书,叔向给子产去信,就最清楚地表明了这一观念:

> 昔先王议事以制,不为刑辟,惧民之有争心也,犹不可禁御,是故闲之以义,纠之以政,行之以礼,守之以信,奉之以仁,制为禄位,以劝其从,严断刑罚,以威其淫,惧其未也……民知有辟,则不忌于上,并有争心,以征于书,而侥幸以成之,弗可为矣,夏有乱政而作禹刑,商有乱政而作汤刑,周有乱政而作九刑,三辟之兴,皆叔世也,今吾子相郑国,作封洫,立谤政,制参辟,铸刑书,将以靖民,不亦难乎……如是何辟之有,民知争端矣,将弃礼而征于书,锥刀之末,将尽争之,乱狱滋丰,贿赂并行,终子之世,郑其败乎!肸闻之,国将亡,必多制,其此之谓乎。③

叔向以历史为说,认为刑书的制作都出于治理乱政的需要,夏、商、周刑书的出现皆为"叔世",而依靠刑书决不能实现治理,反而会导致民知争端,引起更大

---

① 阮元刻:《春秋左传正义》宣公十二年,《十三经注疏》(下),中华书局 1982 年版,第 1879 页。

② 阮元刻:《春秋左传正义》襄公二十六年,《十三经注疏》(下),中华书局 1982 年版,第 1991 页。

③ 阮元刻:《春秋左传正义》昭公六年,《十三经注疏》(下),中华书局 1982 年版,第 2043 页。

的社会动荡。这是明确的德胜于刑说,故叔向反对单纯以刑治国,认为单独以刑为政的危害,只能是国破家亡。由此叔向预言子产铸刑书,是郑国"将亡"的征兆;赵鞅、荀寅铸刑鼎,也就被孔子指责为"晋国之乱制也,若之何以为法",并以此预言"晋其亡乎,失其度矣"①。

齐桓公以霸主身份,率诸侯各国大军进攻楚国。楚国大夫屈完受命前往齐军,齐桓公陈列诸侯军队夸耀说,谁能抵御这样的军队?面对齐桓公的威势,屈完不卑不亢地回答:

> 君若以德绥诸侯,谁敢不服?君若以力,楚国方城以为城,汉水以为池,虽众,无所用之。②

听了屈完的回答后,齐桓公不但放弃了进攻,还与楚国订立了和平盟约。屈完这里所说的力,指齐国与诸侯各国的军力,与德相对与刑罚之刑同类,都是与德治不同的暴力手段。这也是对德胜于刑的证明。正因为认可德胜于刑,晋怀公杀害狐突,被卜偃批评说:"己则不明,而杀人以逞,不亦难乎?民不见德,而唯戮是闻,其何后之有?"③没有道德,不讲德治,只讲武力、刑戮,以此来处理国与国的关系、统治人民,不但一定失败,而且常常会落得个"何后之有"的可悲下场。

声子还提出宁赏僭无刑滥之说:"善为国者,赏不僭而刑不滥,赏僭则惧及淫人,刑滥则惧及善人,若不幸而过,宁僭无滥,与其失善,宁其利淫,无善人,则国从之。"④赏善是德,罚淫是刑,赏僭指赏赐不讲原则,没有原则,就可能使坏人也获得善人才应该享有的福报,刑滥指刑罚泛滥,泛滥就没有尺度,

---

① 阮元刻:《春秋左传正义》昭公二十九年,《十三经注疏》(下),中华书局1982年版,第2123—2124页。

② 阮元刻:《春秋左传正义》僖公四年,《十三经注疏》(下),中华书局1982年版,第1793页。

③ 阮元刻:《春秋左传正义》僖公二十三年,《十三经注疏》(下),中华书局1982年版,第1815页。

④ 阮元刻:《春秋左传正义》襄公二十六年,《十三经注疏》(下),中华书局1982年版,第1991页。

善人因此常常受到伤害。声子的宁赏僭无刑滥说,主张宁可让坏人不当得利,也要保护好人不受伤害,这是以保护善人为出发点,来反对滥刑的,这是一种慎刑的观念,同样表明了刑不如德、德胜于刑的思想。晏子以"踊贵屦贱",批评齐景公的繁刑,景公醒悟而省刑,晏子之语被称赞为"仁人之言,其利博哉"①。讲到德刑关系时,人们总是肯定德治的作用,将其置于第一位,对刑的作用只是在正邪、去淫的意义上予以认可,而只主张慎刑、省刑,反对单独以刑治国,特别是严刑治国。所以,当各国出现公布刑书、铸刑鼎等与刑相关的举措,无不遭到一致反对,甚至是极其强烈的批评。春秋时期这一德胜于刑的观念实际上已经蕴含了后来德主刑辅的含义。

第三节　德为个人最高价值追求

德为国之基是从国家、社会的方面对德的作用的认定,而国家、社会是由个人组成的,离开个人,国家、社会就不可能存在。所以,德的价值与作用最终还得落实到具体的个人,德为国之基的实现必须通过个人对德的价值的肯定与追求来实现。就个人而论,德的价值与作用集中表现在德是最高的价值追求上。

一、德为福之基

趋利避害是人的生存智慧,这个智慧当人与动物自觉区分开来时,就被人作为生存的不二法则而日用不已。趋利避害的利害观念,在春秋时期是以"福祸"二个词汇来表示的,有福而无祸成为每个人的愿望。而要获福免祸,就得认识到祸福形成的根源,以顺利地实现其获福去祸的希望。

春秋时期人们认为,德与祸福之间存在着一种必然的关系,有德者获福,

---

① 阮元刻:《春秋左传正义》昭公三年,《十三经注疏》(下),中华书局 1982 年版,第 2031 页。

无德招与祸,成为人们的普遍共识。如:

> 范文子曰:"吾闻之,唯厚德者能受多福,无德者而服者众,必自伤也。"①

> 范文子曰:"夫德,福之基也,无德而福隆,犹无基而厚墉也,其坏也无日矣。"②

> 百里奚曰:"天灾流行,国家代有,救灾恤邻,道也。行道有福。"③

> 小邾穆公来朝。季武子欲卑之,穆叔曰:"不可。曹、滕、二邾,实不忘我好,敬以逆之,犹惧其贰。又卑一睦,焉逆群好也? 其如旧而加敬焉!《志》曰:'能敬无灾。'又曰:'敬逆来者,天所福也。'"④

厚德是指德行深厚多多,敬是德行最根本的特点,道是德的不同表述。上面所说的厚德多福,能敬则天所福,行道有福,都是强调了德与福祉的必然联系。特别是范文子的德为福之基一说,最精炼地说明了二者的关系,说明了德对个人人生的意义所在。这与德为国之基之说,可以说是相映成辉,一个从国家的视觉说明德的价值,另一个则从个人的角度说明德的意义,都肯定德行对国家、个人的生死存亡、祸福得失具有的决定作用。如同房屋的基础一样,没有基础,就不可能修建出房屋,即使有了房屋,基础坏了,房屋也一定坍塌。而厚德则福多,说明福的多少与人的德行的正比关系,德行愈厚,福祉愈多,如果希望获得更多的福报,就必须积聚更多的德行,这对鼓励人们不断地行善积德是有说服力的。

与此形成鲜明对应的是,无德一定带来灾祸。单襄公预言晋侯将亡,最重

---

① 佚名:《国语·晋语六》(下),上海古籍出版社 1978 年版,第 418 页。
② 佚名:《国语·晋语六》(下),上海古籍出版社 1978 年版,第 421—422 页。
③ 阮元刻:《春秋左传正义》僖公十三年,《十三经注疏》(下),中华书局 1982 年版,第 1803 页。
④ 阮元刻:《春秋左传正义》昭公三年,《十三经注疏》(下),中华书局 1982 年版,第 2032 页。

要的根据就是晋侯的"日弃其德"①;昭子以宋华定"令德之不知,同福之不受",而发出"将何以在"②的哀叹。南蒯将叛,筮遇大吉的"黄裳元吉"的繇词,子服惠伯却说:"吾尝学此矣,忠信之事则可,不然必败。"③不合道德,即使占卜遇到所谓吉利的繇词,也一定招致失败。石碏以六顺六逆之说谏卫庄公,"去顺效逆,所以速祸也"④。富辰说:"弃德崇奸,祸之大者也。"⑤宁子以苦成叔傲,而断言将亡:"苦成家其亡乎! 古之为享食也,以观威仪、省祸福也。故《诗》曰:'兕觥其觩,旨酒思柔,彼交匪傲,万福来求。'今夫子傲,取祸之道也。"⑥士贞伯评说赵婴祀天使说:"神福仁而祸淫,淫而无罚,福也。祭,其得亡乎?"⑦子皮曰:"杀有礼,祸莫大焉。"⑧医和说:"今君至于淫以生疾,将不能图恤社稷,祸孰大焉。"⑨文子说:"违义祸也。"⑩叔向之母说:"夫有尤物,足以移人,苟非德义,则必有祸。"⑪晋厉公"之所以死者,唯无德而功烈多"⑫。

① 佚名:《国语·周语下》(上),上海古籍出版社1978年版,第90页。
② 阮元刻:《春秋左传正义》昭公十二年,《十三经注疏》(下),中华书局1982年版,第2061页。
③ 阮元刻:《春秋左传正义》昭公十二年,《十三经注疏》(下),中华书局1982年版,第2063页。
④ 阮元刻:《春秋左传正义》隐公三年,《十三经注疏》(下),中华书局1982年版,第1724页。
⑤ 阮元刻:《春秋左传正义》僖公二十四年,《十三经注疏》(下),中华书局1982年版,第1817—1818页。
⑥ 阮元刻:《春秋左传正义》成公十四年,《十三经注疏》(下),中华书局1982年版,第1911页。
⑦ 阮元刻:《春秋左传正义》成公五年,《十三经注疏》(下),中华书局1982年版,第1901页。
⑧ 阮元刻:《春秋左传正义》襄公三十年,《十三经注疏》(下),中华书局1982年版,第2013页。
⑨ 阮元刻:《春秋左传正义》昭公元年,《十三经注疏》(下),中华书局1982年版,第2024—2025页。
⑩ 阮元刻:《春秋左传正义》昭公三年,《十三经注疏》(下),中华书局1982年版,第2032页。
⑪ 阮元刻:《春秋左传正义》昭公二十八年,《十三经注疏》(下),中华书局1982年版,第2118页。
⑫ 佚名:《国语·晋语六》(下),上海古籍出版社1978年版,第420页。

逆、奸、傲、淫、无礼、不义、非德义等都是无德的表现,无德就一定会有祸害,甚至是家破人亡,《左传》《国语》记载这些事例与说法,说明无德与灾祸带有必然联系的观念,在春秋时期是十分流行的。这是从反面对德为福之基的证明。

有德得福,无德遭祸,这是一种道德报应论。此说在理论上讲祸福与道德视为一种类似因果联系的关系,就使道德与祸福的联系带有必然性的性质。但是,自古以来的历史与现实却并非如此,一些无德的邪恶之徒,往往窃取高官厚禄,而且愈是无耻,所窃取的福禄就愈多,所谓窃国者侯,道家后来的讥讽实非漫言。而一些德行优秀的高洁人士,往往贫困交加,甚至不容于黑暗的社会。有德者未必得福,无德者往往享禄,这是谁也否认不了的客观现实。面对理论与现实的矛盾,春秋时期的思想家提出"幸"的观念来解释,以维护德为福之基之说:

> 赵襄子使新稚穆子伐狄,胜左人、中人,遽人来告,襄子将食,寻饭有恐色。侍者曰:"狗之事大矣,而主之色不怡,何也?"襄子曰:"吾闻之,德不纯而福禄并至,谓之幸。夫幸非福,非德不当雍,雍不为幸,吾是以惧。"①

幸是侥幸,又称之为"徼幸",是偶然性的表现,是一种意外。《左传》言幸31次,其中侥幸3次,《国语》言幸17次,其中侥幸2次。无道德而有福禄,绝不是真正的福,而是偶然的侥幸。这种偶然的侥幸,有人认为不仅不是福,反而是祸殃,如虢公打败犬戎,舟之侨却说:"无德而禄,殃也,殃将至矣。"②为了躲避即将降临的灾祸,舟之侨还马上逃到晋国。无德而享有福禄,只能是那些权贵之家,人们用幸来解释这一现象,是要警戒那些只知贪图享受的权贵,敬天修德,而不能一味骄奢淫逸横行霸道。这具有积极的理论意义。但以德与祸福的因果联系,过分确定了道德的意义,具有道德决定性的弊端,没有认识到

---

① 佚名:《国语·晋语九》(下),上海古籍出版社1978年版,第499页。
② 阮元刻:《春秋左传正义》闵公二年,《十三经注疏》(下),中华书局1982年版,第1787页。

祸福的形成是由各方面的社会原因与个人因素构成的,道德虽然有重要作用,但却不是唯一作用。春秋时期这一"幸"观念,在东汉王充的思想中得到集中发展,形成了一套以"幸偶"为中心的学说。

当然,也有人认识到祸福与人更多方面的联系。如孔子的弟子闵子马就提出著名的"祸福无门,唯人所召"之说:

> 季氏以公鉏为马正,愠而不出。闵子马见之,曰:"子无然! 祸福无门,唯人所召。为人子者,患不孝,不患无所。敬共父命,何常之有? 若能孝敬,富倍季氏可也。奸回不轨,祸倍下民可也。"公鉏然之。敬共朝夕,恪居官次。季孙喜,使饮己酒,而以具往,尽舍旃。故公鉏氏富,又出为公左宰。①

闵子马这里所说的人,不仅包括人的道德,还应该包含人的思想观念、言行、思维方式、接人待物等与人相关的方方面面。这一说法更具有概括性,更能深刻准确地说明祸福与人的联系,所以,在后来成为人们解说祸福的最流行谚语。在这些方面,人们认识较为深刻的是语言与祸福的联系,而有不少关于语言与祸福得失的论说,其中最著名见于单襄公的如下一段话:

> 夫郤氏,晋之宠人也,三卿而五大夫,可以戒惧矣。高位寔疾颠,厚味寔腊毒。今郤伯之语犯,叔迂,季伐,犯则陵人,迂则诬人,伐则掩人。有是宠也,而益之以三怨,其谁能忍之! 虽齐国子亦将与焉。立于淫乱之国,而好尽言,以招人过,怨之本也,唯善人能受尽言,齐其有乎? 吾闻之,国德而邻于不修,必受其福。今君逼于晋,而邻于齐,齐、晋有祸,可以取伯,无德之患,何忧于晋?②

单襄公以郤氏三弟兄语言犯、迂、伐,将带来陵人、诬人、掩人的三怨,而预言其必将有祸,根本不值得顾虑。单襄公这段话的含义,用通俗的语言来表述,就

---

① 阮元刻:《春秋左传正义》襄公二十三年,《十三经注疏》(下),中华书局 1982 年版,第1977 页。
② 佚名:《国语·周语下》(上),上海古籍出版社 1978 年版,第 92 页。

是祸从口出。虽然祸从口出一语,最早见于晋代傅玄的《口铭》,但单襄公这段话实已具有此义,这不仅是一种事实认定,更是在春秋时期动荡的社会背景下的一种人生智慧。

将德与福视为必然的关系,认为有德必有福,这样的德观念显然是功利性的。然而,德观念所说的德与福的必然联系,并不是以追求福为目的的,而是以为福只是德的必然结果,因此,在德与福之间,人们不应该去追求所谓福,而应该重视道德本身。相反,就只能导致灾祸的发生。叔向有著名的忧德不忧贫之论,对此有深刻的说明:

> 叔向见韩宣子,宣子忧贫,叔向贺之。宣子曰:"吾有卿之名,而无其实,无以从二三子,吾是以忧,子贺我何故?"对曰:"昔栾武子无一卒之田,其宫不备宗器,宣其德行,顺其宪则,使越于诸侯,诸侯亲之,戎、狄怀之,以正晋国,行刑不疚,以免于难。及桓子骄泰奢侈,贪欲无艺,略则行志,假货居贿,宜及于难,而赖武之德,以没其身。及怀子改桓之行,而修武之德,可以免于难,而离桓之罪,以亡于楚。夫郤昭子,其富半公室,其家半三军,恃其富宠,以泰于国,其身尸于朝,其宗灭于绛。不然,夫八郤,五大夫三卿,其宠大矣,一朝而灭,莫之哀也,唯无德也。今吾子有栾武子之贫,吾以为能其德矣,是以贺。若不忧德之不建,而患货之不足,将吊不暇,何贺之有?"①

叔向通过晋国卿大夫家族的兴衰存亡,说明一个人、一个家族无论其权势一时多么显赫,如果无德,总是不会善终的,一定会遭到灾祸;而只有修德、守德之人,才能够得到福佑。所以,唯有道德才是人们所应该追求与重视的。这是春秋时期人们的普遍的价值取向,因此,在《左传》、《国语》中类似的论说不绝于书。

---

① 佚名:《国语·晋语八》(下),上海古籍出版社 1978 年版,第 408 页。

二、德是人生的最高价值追求

人类在生存的物质条件有一定程度的满足后,对精神追求的兴趣就会日益增加。而人生的最高价值追求是什么的问题,也必然会提出。中国至少在春秋时期就明确有了该问题的意识,而且提出了自己的看法,并由此奠定了中国人精神的最高价值追求。

生死观是人类社会最重大的课题,是人从具有自觉意识之后,就一直不断在探讨的问题。就死而论,死亡是否可以避免,怎样的死亡才有意义,无疑是最重要的问题。在春秋时期死亡及其意义的问题已经成为人们讨论的热点之一。至少在统治阶层中,追求死且不朽,在春秋时期已经是一个十分普遍的社会现象。《左传》记载,僖公三十三年,秦国的孟明视言及"死且不朽";成公三年,晋国的知罃两次言及"死且不朽";成公十六年,子反亦言及"死且不朽";昭公三十一年,季孙氏言及"死且不朽";《国语·楚语上》记载,楚国的椒举也讲到"死且不朽"。这些言死且不朽都是卿大夫,但不限于一国,鲁、晋、秦、楚各国都有。这些人所说的死且不朽,是指死得其所,合于自己意愿的死。在死且不朽外,晋国的范宣子与鲁国的穆叔还讨论到死而不朽的问题。

死而不朽与死且不朽一字之差,但表述的讨论的问题却有所不同。人死身朽,是一个自然现象,是谁也无法改变的,死且不朽与死而不朽都是承认这一现实,但死且不朽只是就死合于意愿得其所而言,并不涉及人生价值追求的问题;死而不朽则是以人生的意义追求,价值实现来讲死亡问题。虽然人死身亡是任何人都无法避免的,但人在世建立的功业名声,却不会随肉体的消亡而消失。就绝大多数人而言,死后总是默默无闻,而那些为社会进步做出丰功伟业的人,却长久活在人们心中,在很长的历史时期依然被人们所纪念。所谓死而不朽,就是对这些对社会进步做出丰功伟绩的人们的评价,而如何才配称死而不朽,能够称得上死而不朽的人还有没有差别,这就涉及人生的意义与价值追求了。范宣子与穆叔之间这场死而不朽的讨论,就是中国文化史上第一次关于人生价值的论辩,这次论辩也为中国人的最高价值追求确立了基调。

关于这场论辩,《左传》载:

> 穆叔入晋,范宣子逆之问焉,曰:"古人有言曰:'死而不朽。'何谓也。"穆叔未对。宣子曰:"昔匄之祖,自虞以上,为陶唐氏,在夏为御龙氏,在商为豕韦氏,在周为唐杜氏,晋主夏盟为范氏,其是之谓乎?"穆叔曰:"以豹所闻,此之谓世禄,非不朽也。鲁有先大夫曰:'臧文仲既没,其言立。'其是之谓乎? 豹闻之:'大上有立德,其次有立功,其次有立言。虽久不废。'此之谓不朽。若夫保姓受氏,以守宗祊,世不绝祀。无国无之,禄之大者,不可谓不朽。"[①]

范宣子是晋国的卿大夫,家世显赫,所以,他历数悠久家族历史上的显贵,自诩他的家族死而不朽。鲁国的穆叔则区分世禄与死而不朽,认为范宣子所说的显赫家世只是世禄,而非不朽。世禄在历史上与现实中都大有人在,是不配称死而不朽的。他认为能够够得上死而不朽的人,一定要在德、言、功三个方面有巨大建树:德是道德品质,指那些堪称圣贤的高尚德行;言是著书立说,指思想文化划时代的巨大贡献;功是功绩功业,是指为人民谋福利而立下的丰功伟绩。但这三方面的死而不朽并不是破裂的,而是三个层次,最高的是立德,其次是立功,再次是立言。孔颖达疏:

> 大上、其次,以人之才知浅深为上、次也。大上谓人之最上者,上圣之人也。其次,次圣者,谓大贤之人也。其次,又次大贤者也。立德,谓创制垂法,博施济众,圣德立于上代,惠泽被于无穷,故服以伏羲、神农,杜以黄帝、尧、舜当之,言如此之类,乃是立德也。《礼运》称"禹、汤、文、武、成王、周公"。后代人主之选,计成王非圣,但欲言周公,不得不言成王耳。禹、汤、文、武、周公与孔子皆可谓立德者也。立功,谓拯厄除难,功济于时,故服、杜皆以禹、稷当之,言如此之类,

---

① 阮元刻:《春秋左传正义》襄公二十四年,《十三经注疏》(下),中华书局1982年版,第1979页。

乃是立功也。《祭法》云:"圣王之制祭祀也,法施于民则祀之,以死勤事则祀之,以劳定国则祀之,能御大菑则祀之,能捍大患则祀之。"法施于民,乃谓上圣,当是立德之人。其余勤民定国,御灾捍患,皆是立功者也。立言,谓言得其要,理足可传,记传称史逸有言,《论语》称周任有言,及此臧文仲既没,其言存立于世,皆其身既没,其言尚存,故服、杜皆以史佚、周任、臧文仲当之,言如此之类,乃是立言也。老、庄、荀、孟、管、晏、杨、墨、孙、吴之徒,制作子书,屈原、宋玉、贾逵、扬雄、马迁、班固以后,撰集史传及制作文章,使后世学习,皆是立言者也。此三者虽经世代,当不朽腐,故穆子历言之。[①]

孔颖达的疏解,结合《礼记》的《礼运》、《祭法》之说,不仅对不朽的三个层次立德、立言、立功做出了明确的界说,还结合历史人物,一一与之对应,是对"三不朽"有史有论的疏解,基本上合于穆叔的观念。这一死而不朽、"三不朽"观念,对于激励人们的建功立业,倡导人们立言立说,鼓励人们的道德追求,起到了积极的影响。而将道德置于"三不朽"的最高层面,既是周公以来重德理念发展的结果,更是春秋时期道德的超越礼制的影响的表现,最为突出的体现了春秋时期以道德为重点的人文理性精神的兴盛。春秋时期这种以德为人生最高价值的观念,也奠定了中国文化以道德为核心的文化因子,对中国人的价值观产生了极其深远的历史影响,并至今对中国人的价值取向起着不可忽略的作用。

第四节　德观念的历史意义

从上面的论说中可以看出,春秋时期的德观念已经涉及德的概念、功用以及德在诸道德中的地位、德与刑的关系诸问题,人们对这些问题都进行了较为

---

①　阮元刻:《春秋左传正义》襄公二十四年,《十三经注疏》(下),中华书局 1982 年版,第1979 页。

深入的探讨,并取得了许多有价值的认识成果。其中,将德概念视为道德的同义语,将诸多道德都一统于其中,从而有了一个可以统摄各种具体德行的一般道德观念,这既是德观念发展史上的一个飞跃,也是中国古代伦理发展史上的一大成果。

就德在政治生活中的作用的论说而言,这又是对西周以来关于德的作用的概括与总结。对德刑关系的理论,肯定德的主导地位,影响着后来中国思想文化在德刑关系问题上的基调。人们从不同的程度上肯定德的作用,否定天命、鬼神的作用,尤其是晏子的将德与天道相分的观念,则是德观念的人文精神在当时所达到的高度;将德与福祉必然的联系在一起,虽有所不足,但是,却是对德的价值的充分肯定,而具有积极的意义。

当然,德观念也有所不足。从德观念的内容讲,人们已经将德视为道德的同义语了,理应从伦理学的角度来阐发德的道德意义与功用等,但是,德观念受礼的制约的历史局限性,使德观念这一本来是伦理范畴的问题,却在具体功用的论说上,被局限于政治的领域,而忽略了道德伦理的探讨。这样,就势必在德观念与其理论内容之间形成理论的不协调。尽管有其不协调,但是,春秋时期的德观念却在德观念的发展史上起着承上启下的作用。它既是春秋以前的德观念的理论总结,又为后来尤其是儒家的德学说的形成提供了直接的基础。

以孔子为代表的儒家,循着道德观念的方向,建立起了儒家的道德主体自觉论。① 德既是道德的范畴,道德的主体只能是人本身,人作为道德主体如何才算有道德,如何进行道德的修养,以及道德的评价诸问题,都会合逻辑的发生。这是从春秋时期的以德为道德观念所必然发展出来的。儒家将其这些内容凸显出来,而形成儒家的"内圣"一面。

而春秋时期关于德的政治功用的理论,则为儒家的"外王"学说以深刻的

---

① 参见黄开国:《儒家的道德主体自觉论与 21 世纪的个人道德修养》,载《孔子诞辰 2545 周年与国际学术研讨会论文集》。

影响。正是循着对德的政治作用的重视,儒家将其发展为德治的理论。从儒家的德治理论中,可以看出有许多与春秋时期德观念相近的说法。而儒家的外王学说,正是以德治理论为主导的。也因其如此,使儒家的外王学说能够有较多的宽容与理想成分,能够有某些爱民、重民、惠民的成分,及其从道德上制约统治者腐败的积极因素。

春秋时期人们将德观念置于天命、鬼神之上,尤其是将德与天命、鬼神相分离的认识,则对儒家的以伦理为本,敬鬼神而远之的基本格调的形成有明显的作用。将祸福与道德的必然联系之说,则在儒学中发展为道德报应论。儒学的道德报应论以行善必得福、行恶必有祸,实与后来传入中国的佛教的因果报应有相通之处,从而为佛教与儒学的相互融合提供了某种契机。把德视为真、善、美的统一,更是人类理想的永恒追求,春秋时期人们就已经有了对此的自觉体认,反映了春秋时期中国人的思想文化所达到的高度,这是中国人应该引以为自豪的。

第八章　重民的社会思潮

自从进入文明社会,人群总是分为不同社会阶层,民一直是社会中数量最大的社会阶层,民的状况最终决定着整个的社会状况。民在社会中的生存状况,常常是衡量一个时代政治与文化进步与否的最重要指标。在社会等级的时代,民只是居于被统治地位的社会阶层,所以,民的生存状态在很大程度上受制于统治者对民的地位作用的认识及其相应的对民政策。纵观全部中国历史发展,只有对民的地位作用有所认可,承认民一定的社会地位,肯定统治阶层应该如父母般地爱民如子,制定并实施给民生一定保障的政策,人民才能够安居乐业,社会才能得以快速的向前发展。相反,统治者视人民如土芥,只是一味压榨、残害人民,丝毫不顾人民死活,只图自己无底线的骄奢淫逸,人民也会视统治者如寇仇,这样的统治者没有不落得个遗臭万年、国破家亡的下场。中国社会数千年虽然发展有起伏,但能够在历史中延续至今,愈益强大日新,这在很大程度上得益于思想家与开明政治家对民的作用与地位的理性认识,使民的地位与作用被得到一定程度的肯定,从而保障了社会的平稳发展。这一对民理性认识的思想观念,形成于春秋时期,可以称之为重民的社会思潮。

第一节　民、神观念

春秋时期重民的社会思潮,是建立在对民神关系的新认识上。要理解春秋时期的民神关系,需要首先理解春秋时期的民与神,才可以对民神关系作出正确的说明。

一、春秋的民观念

在西周之前,基本上没有民的问题。即使第一个讲保民的周公,也是从民只能受制于"民主"来说的:"天惟时求民主,乃大降显休命于成汤,刑殄有夏。惟天不畀纯,乃惟以尔多方之义民,不克永于多享。惟夏之恭多士,大不克明保享于民,乃胥惟虐于民,至于百为,大不克开。乃惟成汤,克以尔多方简,代夏作民主。"①商代夏,周代商成为"民主",不过是天"求"的结果,而民只能是完全受制于"民主"的群体,并无被丝毫的社会地位与作用可言。这一关于民的定位在春秋时期民观念依然没有改变。

1. 管子的"四民"说

民的发现是指承认民的地位与作用为主要内容,重民观念的形成是其标志。所谓重民,不是说民成为具有社会主导地位的社会阶层,而是指统治阶层对民的重要性的承认,并由此引发的对民态度、政策取向等。重民观念的出现无疑开始于春秋时期。伴随这一发现,春秋时期出现了对民的很多论述,《左传》言民 436 次,《国语》言民 428 次,总计 864 次;关于与民相关的词组有下民、万民、兆民、民心、民生、民病、息民、抚民、安民、爱民、庇民、利民、养民、使民、舍民、隐民、蓄民、威民、剿民、整民、陵民、和其民、鸠其民、序民人、天下之民、政以治民、政以正民,政成而民听、民不堪命、败国殄民、纳民于轨物、民服事其上、抚小民以信等。在这些论述中,民的地位与作用第一次得到认可,而有重民的社会思潮出现。

从春秋的文献看,民是包含多个社会阶层人群的观念,在不同的地方含义

---

① 阮元刻:《尚书正义·多方》,《十三经注疏》(上),中华书局 1982 年版,第 228 页。

是有所包含的。管子的"四民"说是从民的外延讲得最全面的说法：

> 桓公曰："成民之事若何?"管子对曰："四民者，勿使杂处，杂处
> 则其言咙，其事易。"公曰："处士、农、工、商若何?"管子对曰："昔圣
> 王之处士也，使就闲燕；处工，就官府；处商，就市井；处农，就
> 田野。"①

管子的"四民"说，又见于《管子·小匡》中，文字稍有差异："士农工商四民者，
国之石民也。不可使杂处，杂处则其言咙、其事乱；是故圣王之处士，必于闲
燕。处农必就田墅。处工必就官府。处商必就市井。"②管仲以"石民"称四
民，是以四民为国家的柱石，与他以礼、义、廉、耻为国之四维相通，是强调民对
国家存亡的意义。士、农、工、商的排列顺序，表明了管子对四民作用大小的
认识。

在四民中士与农、工、商有一个重大区别，就是农、工、商都是只能够从事
生产、经济活动的民，而士则是有一定政治身份，具有可以参加政治活动资格
的民。按照通行的解读，士有文士与武士两类，文士是具有历史文化知识的文
化人，武士是指具有武术技能的战士，即《国语·晋语五》所说"三军之士"，武
士作战要有盔甲保护，春秋又称为甲士。士可以是统治阶层的成员，所以，
《左传》常常将卿、士联系为说。如隐公三年载："郑武公，庄公，为平王卿士"；
八年载："虢公忌父始作卿士于周"；九年载："郑伯为王左卿士"；等等。内史
过说："诸侯春秋受职于王以临其民，大夫、士日恪位著，以儆其官，庶人、工、
商各守其业，以共其上。"③士在庶人工商供其上的"上"之列，而不在庶人工
商之列，显然属于统治阶层。穆子说："天子有虎贲，习武训也；诸侯有旅贲，
御灾害也；大夫有贰车，备承事也；士有陪乘，告奔走也。"④这也是明确以士

---

① 佚名：《国语·齐语》(上)，上海古籍出版社 1978 年版，第 226 页。
② 《百子全书》，浙江古籍出版社 1998 年版，第 389—390 页。
③ 佚名：《国语·周语上》(上)，上海古籍出版社 1978 年版，第 37 页。
④ 佚名：《国语·鲁语下》(上)，上海古籍出版社 1978 年版，第 195 页。

为统治阶层之列。士的另一个重要来源是原本属于贵族氏族的成员,如商王朝时期的贵族,在周王朝沦落为士,也有周王朝贵族因衰败而降到士的行列。如叔向说:"虽吾公室,今亦季世也,戎马不驾,卿无军行,公乘无人,卒列无长,庶民罢敝……栾,郤,胥,原,狐,续,庆,伯,降在皂隶。""晋之公族尽矣。……肸之宗十一族,唯羊舌氏在而已。"①这是春秋时期在各国都存在的普遍现象,所谓高岸为谷,深谷为陵。士被置于四民之首,在很大程度上与士的这一特殊身份相关。由于士由贵族没落而来,古代学在官府,故不少士具有知识文化的素养,这是农、工、商所没有的。武士则在战争中起着重要的作用,而春秋时期战争事关国家存亡,这也使士的地位与作用被得到充分认可。

四民中的农、工、商则都属于被统治阶层,其中的工指从事手工制造的各类工人,工在官府,制造门类不一,故《左传》、《国语》有多次百工之称。工是通过家族传承的,根据范文澜的研究,周初大分封分给鲁国的"殷民六族",晋国"殷民七族",这十三个家族的陶氏等至少有九个是专门从事手工业的家族。② 关于百工最著名的一次记载见于《左传》昭公二十二年:"秋,七月,戊寅,以王如平畤,遂如圃车,次于皇,刘子如刘,单子使王子处守于王城,盟百工于平宫;辛卯,鄩肸伐皇,大败,获鄩肸;壬辰,焚诸王城之市;八月,辛酉,司徒丑以王师败绩于前城,百工叛。"③百工可以与王子订立盟约,可以作乱,并被史书记载,可见其作用非同一般。商人因其强大的经济实力与社会活动能力,在春秋时期已经成为很活跃的社会力量,《左传》、《国语》记载了不少商人参与政治活动的事件,如僖公三十三年,郑国商人弦高途中偶遇偷袭郑国的秦军,诈称自己是国君派遣的使者,还用牛酒犒劳秦军,使秦军误认为郑国早有

---

① 阮元刻:《春秋左传正义》昭公三年,《十三经注疏》(下),中华书局 1982 年版,第 2031 页。

② 参见范文澜:《中国通史》第 1 分册,人民出版社 1965 年版,第 48 页。

③ 阮元刻:《春秋左传正义》昭公二十二年,《十三经注疏》(下),中华书局 1982 年版,第 2101 页。

准备,而打消了袭郑的计划。孔子的高足子贡是卫国大商人,司马迁说他,"结驷连骑,束帛之币以聘享诸侯,所至国君无不分庭与之抗礼"①。叔向说:"夫绛之富商……金玉其车,文错其服,能行诸侯之贿。"②其中郑国、晋国的商人活动尤为频繁。但就数量而言,四民中的所占数量最大的是农,农民从事的农业又是整个社会经济的基础,一个国家的经济实力主要取决于农业。从个体而言,一个农民可能没有一个工商个体者那样有社会影响力,但就一个社会群体而言,农的地位与作用大大超过工商。所以,民首先是指农民,也主要是指农民,统治阶层对民的认识,对民的地位与作用的肯定,及其由此制定的统治民的各项政策,都主要是围绕着农民进行的。这就是农被排在四民第二位的原因。

但管子的"四民"说,重在民的职业区分,并不能说明民的社会本质。以民为被统治阶层,与"民主"相对而言的民观念,才最能说明民的本质,这也是春秋时期最为重要也更为通行的民观念,中国文化史、思想史、哲学史上所说的民观念,也主要是在此意义上来说的。而要明白民的本质,必须与"民主"联系起来考察。

2. 民与"民主"

"民主"一词出现在周初。周公已经谈到"民主",在《尚书·多士》中,不仅讲到"天惟时求民主",还谈到周"代夏作民主"③,所说的"民主"是指受命于天的君王。春秋所说"民主",也保留了"民主"即君王的含义,如郭偃说:"夫三季王之亡也宜。民之主也,纵惑不疚,肆侈不违,流志而行,无所不疚,是以及亡而不获追鉴。"④这是以君主为民主。襄仲说:"臣闻齐人将食鲁之

---

① 司马迁:《货殖列传》,《史记》(十),中华书局1985年版,第3258页。
② 佚名:《国语·晋语八》(下),上海古籍出版社1978年版,第476页。
③ 阮元刻:《尚书·多方》,《十三经注疏》(上),中华书局1982年版,第228页。
④ 佚名:《国语·晋语一》(上),上海古籍出版社1978年版,第257页。

麦,以臣观之,将不能。齐君之语偷。臧文仲有言曰,民主偷必死。"①这是以齐侯为民主。但春秋时期的"民主"更多的是泛指统治阶层中的掌权者。锄麑说赵盾:"不忘恭敬,民之主也。"②这是以晋国执政赵盾为民主。郑伯享赵孟,子展赋《草虫》,赵孟曰:"善哉,民之主也。"③这是以子展有民主的品质;穆叔说:"赵孟将死矣。其语偷,不似民主。且年未盈五十,而谆谆焉如八九十者,弗能久矣。"④这是批评赵孟没有民主的气质。子展说:"国卿,君之贰也,民之主也,不可以苟。"⑤这更是以卿大夫为民主。楚公子围杀大司马蒍掩,申无宇批评说:"是祸国也,且司马令尹之偏,而王之四体也,绝民之主。"⑥这是以司马为民主。勃鞮说:"事君不贰是谓臣,好恶不易是谓君。君君臣臣,是谓明训。明训能终,民之主也。"⑦君臣各副其实,即为民主,这是以君臣为民主,而君臣都是统治阶层的人物。从这些关于"民主"的论说中可见,春秋时期所说的民主指的是统治阶层大权在握的人,不是君王,就是执政的卿大夫。民主有一个本质特点,就是居于统治地位,对民具有主人的地位,起着主宰的作用。合格的民主除了拥有政治地位外,还一定是具有德行的统治者,如晏子说:"能用善人,民之主也。"⑧能用善人,就是从强调民主的德行资质。穆

---

① 阮元刻:《春秋左传正义》文公十七年,《十三经注疏》(下),中华书局 1982 年版,第1860 页。

② 阮元刻:《春秋左传正义》宣公二年,《十三经注疏》(下),中华书局 1982 年版,第1867 页。

③ 阮元刻:《春秋左传正义》襄公二十七年,《十三经注疏》(下),中华书局 1982 年版,第1997 页。

④ 阮元刻:《春秋左传正义》襄公三十一年,《十三经注疏》(下),中华书局 1982 年版,第2014 页。

⑤ 阮元刻:《春秋左传正义》襄公二十二年,《十三经注疏》(下),中华书局 1982 年版,第1976 页。

⑥ 阮元刻:《春秋左传正义》襄公三十年,《十三经注疏》(下),中华书局 1982 年版,第2012 页。

⑦ 佚名:《国语·晋语四》(下),上海古籍出版社 1978 年版,第 368 页。

⑧ 阮元刻:《春秋左传正义》昭公五年,《十三经注疏》(下),中华书局 1982 年版,第2042 页。

叔评说郑国伯有不敬鲁襄公："伯有无戾于郑，郑必有大咎，敬，民之主也，而弃之，何以承守，郑人不讨，必受其辜。"①这是以合格的民主必须具备礼敬的品德。民主必具德行，是春秋时期言民主的最重要规定。后来儒家以无德的当权者即使是君主，也被斥责为斗筲、独夫民贼，与这一思想观念是一脉相承的。

作为与"民主"相对的民，有广义与狭义之分。广义的民是相对君主为"民主"而言，当以君王为"民主"时，除君王之外的所有人都属于这一民范畴，这里面的民也包含统治阶层的人物，如原繁对郑厉公说："苟主社稷，国内之民，其谁不为臣？"②在代表社稷的君主面前的民，自然应当包括统治阶层的人。"文公为卫之多患也，先适齐。及败，宋桓公逆诸河，宵济。卫之遗民男女七百有三十人，益之以共、滕之民为五千人，立戴公以庐于曹。"③这些能够拥立国君的民只可能是统治阶层的人。陈国芊尹盖对吴大宰嚭引先民有言曰："无秽虐士。"④其先民显然也是指统治阶层的人。曹刿说："夫礼，所以整民也。"⑤根据孔子的"礼不下庶人"，这里的民应该也指统治阶层的人。宣王料之民，由司商协其民姓，有姓必然也是指统治阶层中的人物。中国自家天下以来，君主就是至高无上唯一的"主"，在这个"主"面前，即使一人之下万人之上的高官也只能是民。

君子在称赞楚国能官人时，说到民无觎心，这里的民也显然是指统治阶层的人而言：

---

① 阮元刻：《春秋左传正义》襄公二十八年，《十三经注疏》（下），中华书局1982年版，第2001页。

② 阮元刻：《春秋左传正义》庄公十四年，《十三经注疏》（下），中华书局1982年版，第1771页。

③ 阮元刻：《春秋左传正义》闵公二年，《十三经注疏》（下），中华书局1982年版，第1788页。

④ 阮元刻：《春秋左传正义》哀公十五年，《十三经注疏》（下），中华书局1982年版，第2174页。

⑤ 阮元刻：《春秋左传正义》庄公二十三年，《十三经注疏》（下），中华书局1982年版，第1779页。

> 楚公子午为令尹,公子罢戎为右尹,蒍子冯为大司马,公子橐师
> 为右司马,公子成为左司马,屈到为莫敖,公子追舒为箴尹,屈荡为连
> 尹,养由基为官厩尹,以靖国人,君子谓楚于是乎能官人,官人,国之
> 急也,能官人,则民无觊心。《诗》云:"嗟我怀人,置彼周行。"能官人
> 也,王及公侯,伯,子,男,甸,采,卫大夫,各居其列,所谓周行也。①

所谓觊心,指觊觎之心,觊觎是指企图得到不应该获得的。"民无觊心"所说
的民就绝不可能是被统治阶层的民众,因为被统治阶层的民众不存在应不应
该得到爵位的问题,而是根本没有资格得到爵位,只有统治阶层的人才有获取
爵位的资格,但有资格,并不等于应该,应不应该的依据在于是否优秀。即使
是统治阶层的人,能够获得王侯各级爵位职位的,也一定必须是优秀的人才,
只有优秀的人才居于各级官员的位置,才是官员各得其位的周行。这是以民
为统治阶层的又一例证。

虽然在君王面前,统治阶层的人也可以称之为民,但并不构成民的主体。
民的主体是指社会中君主与统治阶层之外的被统治阶层,如子产问政,然明答
以"视民如子"②所说之民,春秋时期关于民的术语中的下民、万民、兆民、息
民、抚民、安民、使民、舍民、隐民、威民、剿民、整民、陵民等等,都是讲的被统治
阶层的民。与被统治阶层德民相对的"民主",既有君王,也包括各级官僚,是
整个统治阶层。相对整个统治阶层而言的民,是狭义之民,这是中国文化所说
民的最主要含义,也是中国社会历史最真实的民。以整个统治阶层为"民
主",彰显了统治阶层对民的命运的主宰权,与之相对的民就只是处于被统
治、服从的地位。民与"民主"这种统治被统治关系,实际上就是一种主仆关
系,是民的本质的特点最好说明。这也是民在中国历史上地位的最真实写照,

---

① 阮元刻:《春秋左传正义》襄公十五年,《十三经注疏》(下),中华书局1982年版,第
1959页。

② 阮元刻:《春秋左传正义》襄公二十五年,《十三经注疏》(下),中华书局1982年版,第
1986页。

所以,尽管孟子等人有所谓民贵君轻之类的说法,但绝没有改变"民主"与民的主仆地位的事实发生。民在中国历史长河中一直居于仆从的地位,一直是社会的底层,如韩愈《原道》所说:"民者出粟米麻丝,作器皿,通货财,以事其上者也。……民不出粟米麻丝,作器皿,通货财,以事其上,则诛。"民的这一处境与命运在中国历史上从来没有改变,这是民最本质的规定。

春秋时期的君子小人之说,也可证民是"民主"的仆从。郑国的裨谌说:"君子小人,物有服章,贵有常尊,贱有等威,礼不逆矣。"①这是以贵贱论君子小人,统治阶层决不能说是贱,被统治阶层也决不能称为贵,这是以君子为统治阶层,小人为被统治阶层。而君子小人之别的根本在劳心与劳力的不同。刘子说:"是故君子勤礼,小人尽力。"②知武子说:"君子劳心,小人劳力,先王之制也。"③曹刿说:"君子务治,小人务力。"④公父文伯之母曰:"君子劳心,小人劳力。"⑤所谓尽力的小人是指从事体力劳动的人,主要是指从事农业生产活动的农民,故君子说:"君子尚能而让其下,小人力农而事其上。"⑥孟子后来讲劳心者治人。劳力者治于人,就是据此而作的发挥。儒学出现后,君子小人的含义变为主要是以伦理为主的道德人格,但春秋时期的君子小人的这一含义依然被保留,这也是其后人们言君子小人的最重要内容。这一君子小人之说,以小人只有"力农事其上"的义务,而无丝毫权力可言,也是民在古代的真实社会地位的写照,及其民的本质最好的说明。小人劳力,君子劳心,并不只是讲体力劳动与脑力劳动的社会分工,而主要是指统治阶层与被统治阶层贵

---

① 阮元刻:《春秋左传正义》宣公十二年,《十三经注疏》(下),中华书局 1982 年版,第 1879 页。

② 阮元刻:《春秋左传正义》成公十三年,《十三经注疏》(下),中华书局 1982 年版,第 1911 页。

③ 阮元刻:《春秋左传正义》襄公九年,《十三经注疏》(下),中华书局 1982 年版,第 1942 页。

④ 佚名:《国语·鲁语上》(上),上海古籍出版社 1978 年版,第 151 页。

⑤ 佚名:《国语·鲁语下》(上),上海古籍出版社 1978 年版,第 208 页。

⑥ 阮元刻:《春秋左传正义》襄公十三年,《十三经注疏》(下),中华书局 1982 年版,第 1954 页。

贱不同的社会等差之分。所以,以劳心劳力之分、贵贱之别的君子小人,主要是"民主"与民的关系。

民作为"民主"之下的被统治阶层,一直处于社会的底层,虽然社会财富都是他们创造的,但他们却没有参与政治的资格,更无政治上的丝毫话语权,他们对自己创造的财富除了无偿提供给统治阶层荒淫奢靡,及其随时被任意剥夺外,从来就没有自主的支配权。稍不服从,就会落得个韩愈所说的"诛"的下场。这是中国从三代以来到晚清民最真实的社会存在。从此来看,说中国古代有民本主义是值得怀疑的。

但有不少论著根据古代有"民为邦本"等说,认定中国有民本主义的悠久传统。这是缺乏文献根据的。① 就这些论著所讲的中国古代民本主义,基本上看不到对民本主义的定义,多含混之说,但从论证民本的内容看,多数主要是从民对国家存亡兴衰所起的重要作用,统治阶层对民生的关怀来论证的。这虽然难以成立,但大致还有某些理据。可是,有的说法未免太过。如有的认为《尚书》的"民惟邦本","不仅是讲民为国之根基、源泉或凭持,而且是讲民为国之主体。此乃民本思想的原初含义。民本的主体不是君主,不是君主以

---

① 以"民本"查知网,可以检索到数百篇关于论述中国古代民本主义的论文,但查阅《四库全书》,子部、集部未见"民本"一词,在经部仅见到两次,这两次都不出自"五经四书"的本文,而是出自相关的疏解中。一条出于宋代钱时的《融堂书解》卷二:"所谓火工金工者,五官分司其职,而归重于穀,以重民本"。从归重于农来看,这里所说的"民本"显然是指农业生产。一条出于清代库勒纳等所撰的《日讲书经解义》卷九说:"故周公陈《无逸》,首言知小人之依,盖国本于民,民本于食,有国家者诚不可纵肆以妨民事,逸豫以夺民时,而使之失其所依也。"这里直接以民与小人互训,以食为民本,以民事、民时说民本,亦是对民本之本为农业生产的清楚说明。故这两条材言"民本",都是与穀、食、民时、民事联系为说。在史部也只见到两次,一次出于《旧五代史·后汉·列传三》卷一百六载,冯道说:"今天下戎马之后,四方凶盗之余,杼柚空而赋敛繁,人民稀而仓廪匮,谓之康泰,未易轻言。侯伯牧宰,若能哀矜之,不至聚敛,不杀无辜之民,民为邦本,政为民本,和平宽易,即刘君之政安足称耶,复何患不至于令名哉?"民为邦本,虽然有人民是国家根本的语义;但政为民本,则是说君主的政策政治是人民生死存亡的根本,民为邦本不过是一句空话,实质是对统治阶层治民政策的强调。一次见于《元史·许有壬传》卷一百八十二载:"京畿饥,有壬请振之,同列让曰:'子言固善,其如亏国何?'有壬曰:'不然,民本也;不亏民,顾岂亏国邪?'"这里的"同列"以国与民对立,许有壬的民本说,肯定不亏民,就一定不会亏国,强调的是人民与国家利益的一致性。

民为本,而是以民为主体,民为本,君为末"①。这不仅肯定中国自古就有民本主义,而且将这一民本主义提高到"民为主体"的高度,具有民本君末的本末意义。首先,姑且不说夏代还没有文字,就是商代存世的也只有简短的甲骨文,故《尚书·夏书·五子之歌》的"民惟邦本"②的记载本身就值得怀疑③;其次,周公才有保民之说,保民是君主对民众的保有与保护,"以民为主体"、民本君末则是将民置于主体、比君主更根本的地位,显然远远高于保民的观念。夏代的时间约在公元前 2070 年至公元前 1600 年,商代的时间约在公元前1600 年至公元前 1251 年,《五子之歌》出自太康失国后,时间在周公之前至少700 多年,绝没有这样观念出现的历史与文化条件。

得出"民为主体"结论的训诂依据是:"'本'者,根基、主体也。在器用的意义上,'本'为不可离却的基础、来源或凭持;在本体的意义上,'本'指事物的内核、主体。"④所谓主体、本体观念,本末相对的观念,在夏代绝无痕迹,否则,全部中国哲学史就应该改写。"本"的最初含义,据《说文解字》:"本,木下曰本。"古文作𣎵,段玉裁注:"此从木象形也,根多窍似口,故从三口。"⑤本是指树木最下面的部分,像树根众多之貌。民为邦本的本,正是本的古义,意味民处于社会的最下层,数量众多,如本在木下、树根繁多,这只是民的存在状况的说明,而不是民关于民的地位作用的认识。鲁国季文子称赞子服:"过而能改者,民之上也。"⑥并授以上大夫之职。这里的"民之上",与"民主"同一含

① 夏勇:《民本与民权——中国权利话语的历史基础》,《中国社会科学》2004 年第 5 期。

② 阮元刻:《尚书》卷七,《十三经注疏》,中华书局 1982 年版,第 156 页。

③ 以我的浅见,《尚书》中虞夏商的记载,都不可能是当时的真实文献,很可能出自周取代殷商后,统治阶层中以周公为代表的类似思想家、历史学家,为着周王朝的长治久安,而试图从虞夏商历史的政治得失找寻经验教训形成的,这其中固然有历史遗迹的真实印记,但并不是都可以作为真实的文献来运用。只有通过考古证明,至少合于历史发展逻辑的文献,才可以用作说明某一历史事件或某一观念的证据。所谓历史发展逻辑,指符合一定社会的发展程度及其相应的思想文化。夏代早期绝不可能有民为邦本观念出现的历史发展与文化条件。

④ 夏勇:《民本与民权——中国权利话语的历史基础》,《中国社会科学》2004 年第 5 期。

⑤ 段玉裁:《说文解字注》,上海古籍出版社 1981 年版,第 248 页。

⑥ 佚名:《国语·鲁语上》(上),上海古籍出版社 1978 年版,第 184 页。

义,都是对相对于民而言的统治阶层。"民主"为"民之上",则民为"民主"之下。这也可以表明所谓"民本"之本,不过是指民在社会底层、下层之义。从本的这一含义看,根本无"民为主体"之意,民本君末的关系。春秋时期关于民的术语,如下民、万民、兆民等称呼,就是从本的下、多的最初语义而言;另外的息民、抚民、安民、爱民、庇民、利民、养民、使民、舍民、隐民、蓄民、威民、剿民、整民、陵民、和其民等,则是统治阶层对民的态度、政策及其相关说明,只有被"民之上"的"民主"所主的下民,才有被息、抚、安、爱、庇、使、威、剿、整、陵的遭遇,从春秋时期人们所说的关于民的这些术语中,根本看不到"民为主体"、民本君末的含义。这说明春秋时期的民也只是处于社会下层,人口最多的社会阶层,这个阶层是受"民主"主宰,夏代怎么会有"民为主体"、民本君末的民观念呢?

二、春秋的神观念

民神关系的神究竟何谓? 从《左传》、《国语》的记载可见,神被多次言及,其中《左传》言神110次,《国语》94次,超过200次。神有山川之神如河神、汾神,日月星辰之神如参神,还有五行之神,及其祝融、回禄、梼杌、夷羊、鸑鷟、杜伯、丹朱之神、刑神蓐收等。可见,春秋时期的神观念,就其构成而言包括两个方面:一是死亡之人如祝融、杜伯、丹朱、刑神蓐收等;二是自然界的日月星辰、山川五行、动植物等神,如参神、河神、梼杌、夷羊、鸑鷟等。

记载较多的是与人相联系的神。春秋时期称去世的先人,既可以称为神,也可以称之为鬼,故常常被称为鬼神。春秋时期鬼神连称极为普遍,《左传》言鬼神26次,《国语》言鬼神5次,总共达31次,多数与人有关。但并不是所有的人都可以称为鬼神,鬼神必须是已死之人,而且是有一定社会地位、家境殷实的人。子产在答伯有能为鬼时说:

> 能。人生始化曰魄,既生魄,阳曰魂。用物精多,则魂魄强。是以有精爽,至于神明。匹夫匹妇强死,其魂魄犹能冯依于人,以为淫

厉,况良霄,我先君穆公之胄,子良之孙,子耳之子,敝邑之卿,从政三世矣。郑虽无腆,抑谚曰"蕞尔国",而三世执其政柄,其用物也弘矣,其取精也多矣。其族又大,所冯厚矣。而强死,能为鬼,不亦宜乎?①

子产肯定伯有死后能够为鬼,根据是伯有家族三世执政,伯有本人又是郑国卿大夫,有优厚的物质保障,用物弘,取精多,魂魄强大。魄指人的形体,现在还有体魄一语,即是古代语义的延续;魂指人的精神,精神有灵性,相当于后来所说的灵魂。魂魄强大是说体魄与精神都很强健。强死之人,即使是老百姓,也可依附于人变为厉鬼,伯有被杀于羊肆,属于强死,所以,子产说伯有为鬼是完全可能的。这里讲了为鬼的条件,就是魂魄强大,而魂魄强大必须是世家大族以上的人物,所以,不排除老百姓死后可以为鬼,但这只是个别现象。所以,春秋文献记载与人相关的鬼神,绝大多数是已死的君王或世家大族中有权势的人物。

《左传》与《国语》的记载,可以充分证明这一点。如隐公三年,"苟有明信,涧溪沼沚之毛,苹蘩蕴藻之菜,筐筥锜釜之器,潢汙行潦之水,可荐于鬼神,可羞于王公"②,孔颖达疏:"上言鬼神,此言王公,是生王公也。"则鬼神与在世王公相对,指去世的王公甚明。僖公二十六年,"夔子不祀祝融与鬻熊,楚人让之。对曰:'我先王熊挚有疾,鬼神弗赦,而自窜于夔,吾是以失楚,又何祀焉?'"③楚人责备夔子不祀祝融与鬻熊,是以祝融与鬻熊为鬼神。昭公七年,蔿启彊说:"其先君鬼神实嘉赖之,岂唯寡君。"④这里的鬼神指楚国去世的

---

① 阮元刻:《春秋左传正义》昭公七年,《十三经注疏》(下),中华书局 1982 年版,第2050 页。

② 阮元刻:《春秋左传正义》隐公三年,《十三经注疏》(下),中华书局 1982 年版,第1723 页。

③ 阮元刻:《春秋左传正义》僖公二十五年,《十三经注疏》(下),中华书局 1982 年版,第1821 页。

④ 阮元刻:《春秋左传正义》昭公七年,《十三经注疏》(下),中华书局 1982 年版,第2048 页。

先王。定公元年,宋仲几说:"纵子忘之,山川鬼神,其忘诸乎?"①鬼神与山川相对,当指已死的先人。鲁文公时祭祀,宗伯夏父弗忌将闵公的神主置于僖公之后,僖公虽然为闵公庶兄,但他的王位是承继闵公而来,按照祭祀排列神主的昭穆顺序,闵公应该在僖公之前,所以,《左传》与君子都将其斥责为不合礼的逆祀。夏父弗忌还为其逆祀制造出一番说辞:"吾见新鬼大,故鬼小,先大后小,顺也,跻圣贤,明也,明顺,礼也。"②这里的新鬼指刚去世的鲁僖公,旧鬼指鲁闵公。宗伯是掌邦礼之官,鲁国为保存周礼最完备的国度,夏父弗忌不是不懂祭祀之礼,他的逆祀不过是为了讨好鲁文公,因为鲁文公是鲁僖公的儿子。为了迎合君王,而不惜丢掉礼的原则,这是鲁国文化史上的耻辱。

鬼神具有与天或上帝相通的功能,故能够作为天意的征兆,如国家兴亡之前,就会有各种不同的神出现,来预示着某种天意:

> 商之兴也,梼杌次于丕山;其亡也,夷羊在牧。周之兴也,鸑鷟鸣于岐山;其衰也,杜伯射王于鄗。③

这是以国家兴亡,有不同的神出现,以示天意。鬼神有时还作为上帝的使者,替上天传达上帝的旨意:

> 虢公梦在庙,有神人面白毛虎爪,执钺立于西阿,公惧而走。神曰:"无走!帝命曰:'使晋袭于尔门。'"公拜稽首,觉,召史嚚占之,对曰:"如君之言,则蓐收也,天之刑神也。"④

据《山海经·海外西经》,蓐收为西方之神。这位天之刑神原来也是少昊之子。蔡墨说:"少暤氏有四叔,曰重、曰该、曰修、曰熙,实能金、木及水。使重

---

① 阮元刻:《春秋左传正义》定公元年,《十三经注疏》(下),中华书局1982年版,第2131页。

② 阮元刻:《春秋左传正义》文公二年,《十三经注疏》(下),中华书局1982年版,第1839页。

③ 佚名:《国语·晋语二》(上),上海古籍出版社1978年版,第295页。

④ 佚名:《国语·鲁语下》(上),上海古籍出版社1978年版,第208页。

为句芒,该为蓐收,修及熙为玄冥,世不失职,遂济穷桑,此其三祀也。"①鬼神虽然有通达上帝的能力,但鬼神的作用各有局限,如祖先神只是福佑各自族类的后代,而山川诸神各有其作用的地域。神的作用远远不如天或上帝,只有天或上帝才是至高无上的,无所不包的。

鬼神还具有祸福人的能力。如著名的结草以亢杜回,就是福报的故事:

> 魏颗败秦师于辅氏,获杜回,秦之力人也。初,魏武子有嬖妾,无子,武子疾,命颗曰:"必嫁是。"疾病则曰:"必以为殉。"及卒,颗嫁之,曰:"疾病则乱,吾从其治也。"及辅氏之役,颗见老人,结草以亢杜回,杜回踬而颠,故获之。夜梦之曰:"余,而所嫁妇人之父也,尔用先人之治命,余是以报。"②

魏颗没有让老人的女儿陪葬,而是将其改嫁,所以,得到老人结草以亢杜回的回报,这是鬼神对有德行者的福报。《左传》、《国语》记载较多的是鬼神对人的祸害,如著名的伯有为鬼:

> 郑人相惊以伯有,曰"伯有至矣",则皆走,不知所往。铸刑书之岁二月,或梦伯有介而行,曰:"壬子,余将杀带也。明年壬寅,余又将杀段也。"及壬子,驷带卒,国人益惧。齐、燕平之月壬寅,公孙段卒。国人愈惧。其明月,子产立公孙泄及良止以抚之,乃止。子大叔问其故,子产曰:"鬼有所归,乃不为厉,吾为之归也。"③

伯有在郑国的政治斗争中被害身死,进行报复,先后杀害了驷带与公孙段,在郑国人引起极大恐慌。晋平公的久病不愈,则是受到不祀黄熊的报复:

> 郑简公使公孙成子来聘,平公有疾,韩宣子赞授客馆。客问君

---

① 阮元刻:《春秋左传正义》昭公二十九年,《十三经注疏》(下),中华书局1982年版,第2123页。

② 阮元刻:《春秋左传正义》宣公十五年,《十三经注疏》(下),中华书局1982年版,第1887—1888页。

③ 阮元刻:《春秋左传正义》昭公七年,《十三经注疏》(下),中华书局1982年版,第2049—2050页。

疾,对曰:"寡君之疾久矣,上下神祇无不遍谕,而无除。今梦黄熊入于寝门,不知人杀乎,抑厉鬼邪!"子产曰:"以君之明,子为大政,其何厉之有?侨闻之,昔者鲧违帝命,殛之于羽山,化为黄熊,以入于羽渊,实为夏郊,三代举之。……今周室少卑,晋实继之,其或者未举夏郊邪?"①

《左传》记载子产的话稍异:"昔尧殛鲧于羽山,其神化为黄熊"②,是以黄熊为神,而不是厉鬼。鬼神黄熊原是鲧的化身,鲧是禹的父亲,而禹是夏的开创者,晋为盟主,有继周之实,没有祀夏之礼,所以,遭到黄熊如梦的警告。晋国按照子产的指点,于郊祀夏,才消除了晋平公的疾病。而楚国子玉没有答应河神索取宝物的要求,则遭致战败身死的悲惨结局:

初,楚子玉自为琼弁玉缨,未之服也。先战,梦河神谓己曰:"畀余,余赐女孟诸之麋。"弗致也。大心与子西使荣黄谏,弗听。荣季曰:"死而利国。犹或为之,况琼玉乎?是粪土也,而可以济师,将何爱焉?"弗听。出,告二子曰:"非神败令尹,令尹其不勤民,实自败也。"③

果然楚国没有得到河神的护佑,而遭致战争失败的结局,子玉也因此而自杀身亡。从鬼神对人的祸福看,人能得鬼神福报,往往与人的德行有关;遭到鬼神祸害的情况,常常与人的失德相联系。士祯伯的"神福仁而祸淫"④,就是对鬼神祸福与人的德行联系的最经典说明。

鬼神除可与上天沟通,又能给人以祸福,为避祸得福,鬼神自然成为人所

---

① 佚名:《国语·晋语八》(下),上海古籍出版社 1978 年版,第 478 页。

② 阮元刻:《春秋左传正义》昭公七年,《十三经注疏》(下),中华书局 1982 年版,第 2049 页。

③ 阮元刻:《春秋左传正义》僖公二十八年,《十三经注疏》(下),中华书局 1982 年版,第 1826 页。

④ 阮元刻:《春秋左传正义》成公五年,《十三经注疏》(下),中华书局 1982 年版,第 1901 页。

祭祀的对象。但祭祀决不是滥祀,而是有原则的。展禽有一段关于祭祀的宏论:

> 夫圣王之制祀也,法施于民则祀之,以死勤事则祀之,以劳定国则祀之,能御大灾则祀之,能捍大患则祀之。非是族也,不在祀典。昔烈山氏之有天下也,其子曰柱,能殖百谷百蔬;夏之兴也,周弃继之,故祀以为稷。共工氏之伯九有也,其子曰后土,能平九土,故祀以为社。黄帝能成命百物,以明民共财,颛顼能修之。帝喾能序三辰以固民,尧能单均刑法以仪民,舜勤民事而野死,鲧障洪水而殛死,禹能以德修鲧之功,契为司徒而民辑,冥勤其官而水死,汤以宽治民而除其邪,稷勤百谷而山死,文王以文昭,武王去民之秽。故有虞氏禘黄帝而祖颛顼,郊尧而宗舜;夏后氏禘黄帝而祖颛顼,郊鲧而宗禹;商人禘舜而祖契,郊冥而宗汤;周人禘喾而郊稷,祖文王而宗武王;幕,能帅颛顼者也,有虞氏报焉;杼,能帅禹者也,夏后氏报焉;上甲微,能帅契者也,商人报焉;高圉、大王,能帅稷者也,周人报焉。凡禘、郊、祖、宗、报,此五者国之典祀也。……加之以社稷山川之神,皆有功烈于民者也。及前哲令德之人,所以为明质也;及天之三辰,民所以瞻仰也;及地之五行,所以生殖也;及九州名山川泽,所以出财用也。非是不在祀典。①

国家奉行的禘、郊、祖、宗、报五种礼仪,所祭祀的祖先神都是为人民的生存建立了丰功伟绩的英雄,而自然界被人所祭祀的社稷山川、三辰、五行,也都是有功烈于人民的神。可见,鬼神被作为祭祀的对象,最深层的根源在于它们是作为人民生存的保护神。鬼神及其祭祀的观念的出现是源于人的生存需要。而为人民建功立业是祖先神、自然神能够被祭祀的原则。但鬼神中也有厉鬼、

---

① 佚名:《国语·鲁语上》(上),上海古籍出版社 1978 年版,第 165—170 页。

"淫昏之鬼"①,索贿不成就报复的河神等,它们只能带给人以祸害,是人所痛恨的,绝不在应该祭祀之列。

在祭祀时,还有另外一些原则的规定。就对祖先鬼神的祭祀而论,就有不祀非族的原则。《左传》载:

> 狐突适下国,遇大子,大子使登仆,而告之曰:"夷吾无礼,余得请于帝矣,将以晋畀秦,秦将祀余。"对曰:"臣闻之,神不歆非类,民不祀非族,君祀无乃殄乎,且民何罪,失刑乏祀,君其图之。"君曰:"诺,吾将复请,七日,新城西偏,将有巫者而见我焉。"许之,遂不见。
>
> 及期而往,告之曰:"帝许我,罚有罪矣。"②

所谓"神不歆非类,民不祀非族",是说鬼神只接受自己族类的祭祀,祭祀先祖只能祭祀自己族类的祖先,才会得到鬼神的福佑。死去的申生是晋国的太子,秦为嬴姓,晋为姬姓,族类不同,申生根本不可能获得秦的祭祀,所以,遭到他以前的臣僚狐突的反对。甯武子也有类似说法:"鬼神非其族类,不歆其祀"③。子产说得更全面:"夫鬼神之所及,非其族类,则绍其同位,是故天子祀上帝,公侯祀百辟,自卿以下不过其族。"④祭祀不仅要依照族类,还要符合祭祀者的身份等级,只有天子才可以祭祀上帝,公侯祭祀有功于民的先王,卿大夫以下祭祀的只能是本族类的先人。

祭祀山川鬼神,也有"祭不越望"的原则规定:

> 初,昭王有疾,卜曰:"河为祟。"王弗祭,大夫请祭诸郊,王曰:"三代命祀,祭不越望,江汉睢章,楚之望也,祸福之至,不是过也,不

---

① 阮元刻:《春秋左传正义》僖公十九年,《十三经注疏》(下),中华书局1982年版,第1810页。

② 阮元刻:《春秋左传正义》僖公十年,《十三经注疏》(下),中华书局1982年版,第1801—1802页。

③ 阮元刻:《春秋左传正义》僖公三十一年,《十三经注疏》(下),中华书局1982年版,第1832页。

④ 佚名:《国语·晋语八》(下),上海古籍出版社1978年版,第478页。

谷虽不德,河非所获罪也。"遂弗祭。孔子曰:"楚昭王知大道矣,其
不失国也宜哉。"①

祭不过望,是说国家的祭祀不能超越领土地望,这被楚昭王称为三代以来的祭祀原则,可见这一祭祀原则有久远的历史。黄河不在楚界,虽然卜人认为祭祀河神,就可以消除楚昭王的疾病,却遭到楚昭王的拒绝,孔子因此称赞楚昭王"知大道"。祭不过望,与祭祀祖先一定是自己族类,都说明神各有地域界别,不是无所不能的。不同的神只能在不同的领域起作用,这是祭祀而各有界定的原因。

总结起来,鬼神的种类很多,山川万物,死去之人,皆可为鬼神。鬼神不一定有固定的形体,但一定有类似灵魂或精神的东西,所以,鬼神才可以上通天帝,下予人以祸福,而受到人的祭祀与迷信;但鬼神的作用各有局限,决不能与天相比,所以人祭祀鬼神有不同的原则规定。从总体说,鬼神是有某种神性,介于天人之间,可以予人祸福,被人所崇拜的存在。民与神的关系,绝不是天与人的关系。

第二节 民 神 论

春秋时期的民虽然只能是"民主"所"主"之民,但夏商王朝的兴替,特别是春秋时期频繁出现的各诸侯国的灭绝兴衰,各国公室与卿大夫之间权力的消长,众多贵族的衰败消亡,都显示出民心向背所起的巨大作用。现实是最好的理论教员,也是最有说服力的教科书,民在现实社会生活所展现出来的巨大力量,逼迫统治阶层也不得不肯定民的作用,并在一定程度上了认可民的社会地位,当时的思想家、开明政治家都充分肯定民的地位与作用,这在春秋时期出现的民神论中得到充分表现。

---

① 阮元刻:《春秋左传正义》哀公六年,《十三经注疏》(下),中华书局1982年版,第2161页。

一、言民必及神

春秋时期在民神关系上,言民必及神成为普遍现象,视民与神具有同等地位,甚至将民置于神之上,构成民神论的主要内容。这是民与神关系认识上的一次历史飞跃。

春秋以前的文献,言神不及民,但春秋时期言神必及民,民神并提成为普遍的现象。如晋伯宗说:"敬奉德义,以事神人。"①人与民通,这里的神人即神民。叔向预言弃疾将有楚国的理由是有五利,五利的前两利就是获神、有民:"获神,一也;有民,二也"②;吴国灭掉州来,楚国令尹子期向楚王提议讨伐吴国,楚王回答说:"吾未抚民人,未事鬼神,未修守备,未定国家,而用民力,败不可悔,州来在吴,犹在楚也,子始待之。"③这是以抚民人、事鬼神并提。祭公谋父说:"至于武王,昭前之光明而加之以慈和,事神保民,莫弗欣喜。商王帝辛,大恶于民。庶民不忍,欣戴武王,以致戎于商牧。是先王非务武也,勤恤民隐而除其害也。"④这是以事神、保民并列之说。太子晋说:"夫亡者岂繄无宠?皆黄、炎之后也。唯不帅天地之度,不顺四时之序,不度民神之义,不仪生物之则,以殄灭无胤,至于今不祀。"⑤天地之度、四时之序与民神之义并列,这是将民神的关系视为天地、四时的关系。

言民必及神,是因为春秋时期人们有一个共识,就是民与神之间存在诸多的同一性,而不是敌对的关系。在情感与意志等方面,民神都是同一的。如刘子评论赵孟说:"谚所为老将知而耄及之者,其赵孟之谓乎,为晋正卿,以主诸

---

① 阮元刻:《春秋左传正义》宣公十五年,《十三经注疏》(下),中华书局 1982 年版,第 1887—1888 页。

② 阮元刻:《春秋左传正义》昭公十二年,《十三经注疏》(下),中华书局 1982 年版,第 2070—2071 页。

③ 阮元刻:《春秋左传正义》昭公十三年,《十三经注疏》(下),中华书局 1982 年版,第 2073 页。

④ 佚名:《国语·周语上》(上),上海古籍出版社 1978 年版,第 2 页。

⑤ 佚名:《国语·周语下》(上),上海古籍出版社 1978 年版,第 107 页。

侯,而侪于隶人,朝不谋夕,弃神人矣,神怒民叛,何以能久,赵孟不复年矣,神怒不歆其祀,民叛不即其事,祀事不从,又何以年。"①弃神人,就会遭致神怒民叛的灾难。虢文公说:"王事唯农是务,无有求利于其官,以干农功,三时务农而一时讲武,故征则有威,守则有财。若是,乃能媚于神而和于民矣,则享祀时至而布施优裕也。今天子欲修先王之绪而弃其大功,匮神乏祀而困民之财,将何以求福用民?"②能媚于神则可和于民,匮神乏祀则困民之财,这是讲媚神与和民、匮神与困民的一致性;伶州鸠说:"夫有和平之声,则有蕃殖之财。于是乎道之以中德,咏之以中音,德音不愆,以合神人,神是以宁,民是以听。若夫匮财用,罢民力,以逞淫心,听之不和,比之不度,无益于教,而离民怒神,非臣之所闻也。"③和平之声,能合民神,达到民听神宁的效果。这些说法都肯定民、神的同一性,有着共同的情感与意志,因此,民与神之间就不再仅仅只是神决定民的关系,而是民神相互依存的关系。

言民必及神所体现的民神同一性,无论是从肯定方面,还是从否定方面来说,背后都是道德在起着直接的作用,这是许多思想家、政治家都存在的共识。如富辰说:"夫义所以生利也,祥所以事神也,仁所以保民也。不义则利不阜,不祥则福不降,不仁则民不至。"④义、祥、仁为三种德行,其中祥、仁二德分别是事神、保民的道德保障。在著名的长勺之战时,鲁庄公与曹刿有一段对话:

> 曹刿问所以战于庄公。公曰:"余不爱衣食于民,不爱牲玉于神。"对曰:"夫惠本而后民归之志,民和而后神降之福。若布德于民而平均其政事,君子务治而小人务力;动不违时,财不过用;财用不匮,莫不能使共祀。数以用民无不听,求福无不丰。今将惠以小赐,祀以独恭。小赐不咸,独恭不优。不咸,民不归也;不优,神弗福也。

---

① 阮元刻:《春秋左传正义》昭公元年,《十三经注疏》(下),中华书局1982年版,第2022页。

② 佚名:《国语·周语上》(上),上海古籍出版社1978年版,第21页。

③ 佚名:《国语·周语下》(上),上海古籍出版社1978年版,第130页。

④ 佚名:《国语·周语中》(上),上海古籍出版社1978年版,第45页。

> 将何以战？夫民求不匮于财，而神求优裕于享者也。故不可以不本。"①

鲁庄公以对民不惜衣食物品，对神不爱惜祭祀用的牺牲玉器，就可以得到民神的拥护，取得战争的胜利，这是肯定物质利益的重要性；曹刿则强调"布德于民而平均其政事"，以布德于民置于最重要的前列，称其为惠本，这是以德为本的观念，肯定德行的作用大于物质利益，才可以获得民归神福的效果。晋国在议立公族大夫时，其君臣也都表现有类似的观念：

> 晋韩献子告老，公族穆子有废疾，将立之，辞曰："诗曰：'岂不夙夜，谓行多露'又曰：'弗躬弗亲，庶民弗信'无忌不才，让其可乎，请立起也。与田苏游，而曰好仁，诗曰：'靖共尔位，好是正直，神之听之，介尔景福。'恤民为德，正直为正，正曲为直，参和为仁，如是则神听之，介福降之，立之，不亦可乎。"庚戌，使宣子朝，遂老。晋侯谓韩无忌仁，使掌公族大夫。②

晋国君臣都以官员一定要具备仁德，才可以取得民信神听的福祉。而将这一点讲得最清楚的是内史过。他有二段相关的论说，一是他答周惠王有神降于莘之问时说：

> 有神降于莘，王问于内史过，曰："是何故？固有之乎？"对曰："有之。国之将兴，其君齐明、衷正、精洁、惠和，其德足以昭其馨香，其惠足以同其民人。神飨而民听，民神无怨，故明神降之，观其政德而均布福焉。国之将亡，其君贪冒、辟邪、淫佚、荒怠、粗秽、暴虐；其政腥臊，馨香不登；其刑矫诬，百姓携贰。明神不蠲而民有远志，民神怨痛，无所依怀，故神亦往焉，观其苛慝而降之祸。"③

---

① 佚名：《国语·鲁语上》(上)，上海古籍出版社 1978 年版，第 151 页。
② 阮元刻：《春秋左传正义》襄公七年，《十三经注疏》(下)，中华书局 1982 年版，第 1938 页。
③ 佚名：《国语·周语上》(上)，上海古籍出版社 1978 年版，第 29 页。

一个国家将要兴起，君主就应该是有德行之人，"其德足以昭馨香，其惠足以同其民人，神饗而民听，民神无怨"；相反，一个国家将要衰亡，就会出现邪僻之君，而使"百姓携贰，明神不蠲而民有远志，民神怨痛"①。虽然内史过把国家的兴亡，都最终归结为人君的德行，但人君德行的好坏又是通过民神的状况来表现的。在这里民与神共同反映的是人君的德行的好坏，人君有德则神饗而民听，人君无德则民神怨痛。

二是内史过出使虢国后，评价虢国说：

> 内史过归，以告王曰："虢必亡矣，不禋于神而求福焉，神必祸之；不亲于民而求用焉，人必违之。精意以享，禋也；慈保庶民，亲也。今虢公动匮百姓以逞其违，离民怒神而求利焉，不亦难乎！"十九年，晋取虢。②

内史过根据民神离怒的情况，来判定虢国必亡的结局，而民神离怒的根源则在虢君的无德于民神。这两则史料，一是从一般的意义上，一是从具体的事例上，都肯定民神一致性的背后是道德的作用。遵循道德，民就会获得安宁幸福，就会得到神的福佑；相反，若违反道德，人民就会遭殃，神就会带来灾祸。因此，言民必及神所具有民神一致性，实是由道德决定的。随国的季梁甚至说："所谓道，忠于民，信于神也。"③忠于民同信于神一样都是道的体现。因此，言民必及神，民神具有同一性乃是道的要求。

春秋时期言民必及神，常常是民先神后，如曹刿论战讲的是"民和而后神降"，民和先于神降；穆子说有恤民之德，"如是则神听"，是先有恤民，才有神听；内史过论民神，讲"民神无怨"、"民神怨痛"、"离民怒神"，都是民在神先；

---

①　佚名：《国语·周语上》(上)，上海古籍出版社 1978 年版，第 29 页。
②　佚名：《国语·周语上》(上)，上海古籍出版社 1978 年版，第 33 页。
③　阮元刻：《春秋左传正义》桓公六年，《十三经注疏》(下)，中华书局 1982 年版，第 1750 页。

宫之奇说"民不和,神不享矣"①,以民和为神享的前提;季梁论道,以忠于民在信于神之先。这些说法都是以民在先神在后为排列,不仅包含民神的先后顺序,而且具有以民为神的先决条件的含义。这一民神先后的顺序,是民重于神观念在文字表达方式上的表现。

二、民重于神

春秋时期民重于神的观念有不同说法,最有代表性的有三种:史嚚与师旷的神依于人说,晏子的神不敌民说,以及季梁的民为神主说。这些说法从不同方面体现了民重于神的观念。

"神依人而行"说,是史嚚在评说神降于莘时提出的观念:

> 神居莘六月。虢公使祝应、宗区、史嚚享焉。神赐之土田。史嚚曰:"虢其亡乎! 吾闻之:国将兴,听于民;将亡,听于神。神,聪明正直而一者也,依人而行。虢多凉德,其何土之能得!"②

从史嚚说的闻之于人来看,这一"神依人而行"只是转引已有之说,而此说能够被他引以为说,应当是当时社会上所普遍认可的观念。此说以为聪明正直的神依人而行,若不依人而行,神就会成为人的对立面。而当神与民对立,就会导致听于民则兴,听于神则亡的后果。因此,史嚚的这段话是肯定"神依人而行"。

师旷在魏榆石头说话时,也表现出类似观念:

> 石言于晋魏榆。晋侯问于师旷曰:"石何故言?"对曰:"石不能言,或冯焉。不然,民听滥也。抑臣又闻之曰:'作事不时,怨讟动于民,则有非言之物而言。'今宫室崇侈,民力凋尽,怨讟并作,莫保其

---

① 阮元刻:《春秋左传正义》僖公五年,《十三经注疏》(下),中华书局1982年版,第1795页。

② 阮元刻:《春秋左传正义》庄公三十二年,《十三经注疏》(下),中华书局1982年版,第1783页。

性。石言,不亦宜乎?"于是晋侯方筑虒祁之宫。①

石头没有口舌,不具备语言的功能,石头说话是怪现象,被视为神意的体现。师旷则解释说,石头说话是民众怨恨的表现,这是一种借神借石头表现民意之说,同样是神依人而行的不同表述。这一神依人而行,实质是一种民决定神,神依人为转移的观念。

神不敌民说,出自齐国的著名政治家、思想家晏婴。齐侯生病不见好转,佞臣梁丘据献媚说,我们替您祭祀鬼神贡献的祭品十分丰盛,但您的疾病却不见好转,一定是祝、史没有尽到职责,一定要杀掉祝固与史嚚两人,才能换取您疾病的好转。齐侯为此向晏子征求意见,晏子激烈反对说:

> 不可为也。山林之木,衡鹿守之;泽之萑蒲,舟鲛守之……县鄙之人,入从其政;偪介之关,暴征其私;承嗣大夫,强易其贿;布无常艺,征敛无度;宫室日更,淫乐不违;内宠之妾,肆夺于市;外宠之臣,僭令于鄙;私欲养求,不给则应。民人苦疾,夫妇皆诅,祝有益也,诅亦有损。聊摄益以东,姑尤以西,其为人也多矣。虽其善祝,岂能胜亿兆人之诅?②

祝、史是文化官,祭祀先祖、上帝、鬼神,以求得福祉,这是古代文化官的重要职责。晏子以为梁丘据将齐侯久病不愈归责于祝、史,是不正确的,因为问题的根本在人民。一个国家人民在死亡线挣扎,就一定诅咒君主,君主即使有最善于向神灵祈祷的祝、史,也抵不过亿兆人民的诅咒。这是一种神不敌民的观念。这一说法以人民所以能够胜过鬼神,在于人民的数量众多,带有从数量关系来说明神不敌民的观念。

"民为神主"说,此说见于季梁之口:

---

① 阮元刻:《春秋左传正义》昭公八年,《十三经注疏》(下),中华书局 1982 年版,第 2052 页。

② 阮元刻:《春秋左传正义》昭公二十年,《十三经注疏》(下),中华书局 1982 年版,第 2093 页。

少师归,请追楚师,随侯将许之。季梁止之曰:"天方授楚,楚之
赢,其诱我也,君何急焉?臣闻小之能敌大也,小道大淫。所谓道,忠
于民而信于神也。上思利民,忠也;祝史正辞,信也。今民馁而君逞
欲,祝史矫举以祭,臣不知其可也。"公曰:"吾牲牷肥腯,粢盛丰备,
何则不信?"对曰:"夫民,神之主也。是以圣王先成民而后致力于
神。故奉牲以告曰'博硕肥腯',谓民力之普存也,谓其畜之硕大蕃
滋也,谓其不疾瘯蠡也,谓其备腯咸有也。奉盛以告曰'洁粢丰盛',
谓其三时不害而民和年丰也。奉酒醴以告曰'嘉栗旨酒',谓其上下
皆有嘉德而无违心也。所谓馨香,无谗慝也。故务其三时,修其五
教,亲其九族,以致其禋祀。于是乎民和而神降之福,故动则有成。
今民各有心,而鬼神乏主,君虽独丰,其何福之有! 君姑修政而亲兄
弟之国,庶免于难。"随侯惧而修政,楚不敢伐。①

楚国与随发生战争,楚是大国,随是小国,楚师佯退,随国少师主张追击楚师,
遭到季梁的反对。季梁反对的根据就是"民为神主",他认为在民神之间,民
为神主,人君为政必须先民后神,即所谓"成民而后致力于神",优先解决民生
问题,做好利民这篇文章,再谈事神的问题,才可以得到民和神降福得结果。
这是从主从关系、先后关系论说民重于神。这是对民为神主最有理据的论说。

宋国的子鱼也有类似的说法:

夏,宋公使邾文公用鄫子于次睢之社,欲以属东夷。司马子鱼
曰:"古者六畜不相为用,小事不用大牲,而况敢用人乎? 祭祀以为
人也。民,神之主也。用人,其谁飨之? 齐桓公存三亡国以属诸侯,
义士犹曰薄德。今一会而虐二国之君,又用诸淫昏之鬼,将以求霸,

---

① 阮元刻:《春秋左传正义》桓公六年,《十三经注疏》(下),中华书局 1982 年版,第
1750 页。

不亦难乎? 得死为幸!"①

子鱼是在反对宋公以鄫子为人祭时,提出民为神主的,虽然在理论的论证上不如季梁,但所说"民,神之主"一字不差。这表明,讲民为神主的绝非只是个案,而是当时开明思想家、政治家都有的观念。这一观念是对民重于神的经典说明,在民重于神的三种观念中最具代表性。此说完全颠倒了以前只是神能祸福人理论,肯定了民与神之间,民才是决定性、主导的力量,这是中国文化对人的作用与价值的充分肯定。

第三节　君民论

春秋时期重民社会思潮的理论表现除民神关系的民神论,还表现在君民关系的君民论。正是通过民神论、君民论,民在与神、君的关系中凸显出被时代重视的价值与意义。在春秋之前基本上没有君民关系问题的讨论,君民论是春秋时期才出现的话题,并成为政治讨论的热点。天立君以为民,君为民之父母,君主的政治成败取决于民心,构成君民论的主要内容。

一、君为民之父母

在西周的天命观下,只有国君与天命有关,民并不与天产生联系。但春秋时期则提出天生民树之君以为民之说,将君民都与天联系起来。此说的代表人物是师旷,他说:

> 师旷侍于晋侯,晋侯曰:"卫人出其君,不亦甚乎?"对曰:"或者其君实甚。良君将赏善而刑淫,养民如子,盖之如天,容之如地;民奉其君,爱之如父母,仰之如日月,敬之如神明,畏之如雷霆,其可出乎?

---

① 阮元刻:《春秋左传正义》僖公十九年,《十三经注疏》(下),中华书局 1982 年版,第1810 页。

夫君,神之主也,民之望也。若困民之主,匮神乏祀,百姓绝望,社稷无主,将安用之,弗去何为?天生民而立之君,使司牧之,勿使失性,有君而为之贰,使师保之,勿使过度。是故天子有公,诸侯有卿,卿置侧室,大夫有贰,宗士有朋友,庶人工商皂隶牧圉,皆有亲昵,以相辅佐也。善则赏之,过则匡之,患则救之,失则革之。自王以下,各有父兄子弟,以补察其政。……天之爱民甚矣,岂其使一人肆于民上,以从其淫,而弃天地之性,必不然矣。"①

天立君主,并不是为了让君主一人肆意妄为,而是为了替上天来牧民。所谓牧民是譬喻,如同牧民放牧牛羊,主要是指君主对民众的管理。这是从天意、天道的高度,否定了君主有骑在人民头上作威作福的特权,肯定了君主的职责就是替上天来管理人民。但管理不是对民的盘剥残害,而是要如父母关爱子女那样去养育人民、关爱人民,这就是师旷所说的君主要"养民如子",民对君主"爱之如父母"。子产向然明请教为政,然明答以"视民如子"②,视是如何看待的问题,养是具体行为,师旷与然明的角度不同,但都以为君主应该像父母爱子女一样爱护人民。这一君为民之父母的观念,是将宗法的血缘亲情在政治上的运用,这种政治与宗法伦理合而为一,在其后的中国文化中得到极度发挥,人们习惯于称地方官为"父母官",其最早的来源就在春秋时期。而说天立君以为民,虽然带有目的论的色彩,但为肯定民的作用提供了天意的根据,从这个意义说,春秋时期的得民心则得天下的观念,以民心决定政治的成败、国家的存亡,也就不仅是历史的规律性问题,也是带有天命的最高权威性的价值意义。

当然,天立君为民,君为民之父母,并不是说民就具有比君主更高、更重要

---

① 阮元刻:《春秋左传正义》襄公十四年,《十三经注疏》(下),中华书局 1982 年版,第1957 页。

② 阮元刻:《春秋左传正义》襄公二十五年,《十三经注疏》(下),中华书局 1982 年版,第1986 页。

的地位,因为此说强调君主的是君主牧民的问题,这里讲的利民、爱民并不是目的,而是君主牧民的手段,民相对于君主是处于被"牧"的地位,如同牛羊被牧人管理,所以,君为民之父母的所谓利民、爱民只是为保证人君政令畅通,实现长久的国泰民安的措施。虽然这一观念并没有以民为"民主"的含义,在历史的现实中,也根本没有统治阶层如父母爱护子女那样对待过老百姓,所谓"父母官"不过是统治阶层用来美化自己、欺骗人民的术语,但至少肯定了民并不是可以被任意宰割的物品,而是享有生存权,应当受到关爱的人群。

这一从天的高度来规定君主与民的关系,以君主应该爱民如子,将君民关系视为父母与子女的关系,是一种崭新的君民关系论。依此定位,君与民的关系就绝不是你死我活的关系,而是一种相互依存的关系。这是春秋时期许多政治家、思想家的共识,邾文公的民之利即君之利,就是最为突出的观念:

> 邾文公卜迁于绎。史曰:"利于民而不利于君。"邾子曰:"苟利于民,孤之利也。天生民而树之君,以利之也。民既利矣,孤必与焉。"左右曰:"命可长也,君何弗为?"邾子曰:"命在养民。死之短长,时也。民苟利矣,迁也,吉莫如之!"遂迁于绎。[①]

天生民而树之君,君为民之父母,必然推论出君主与人民的利益互不冲突,而是一致的。邾文公更由此强调君主之命在养民,而不在生命的长短。这就不仅是君民利益一致性的问题,而是以君主之利依人民之利为转移,君主应该以人民之利为务的观念。史苏评价晋献公以骊姬为夫人时,也表述了这样的观念:

> 二三大夫其戒之乎,乱本生矣!日,君以骊姬为夫人,民之疾心固皆至矣。昔者之伐也,兴百姓以为百姓也,是以民能欣之,故莫不尽忠极劳以致死也。今君起百姓以自封也,民外不得利,而内恶其

---

① 阮元刻:《春秋左传正义》文公十三年,《十三经注疏》(下),中华书局1982年版,第1852页。

贪,则上下既有判矣。①

所谓"兴百姓以为百姓",是指人君以人民福祉为务,而"戚百姓以自封",则是君主只图个人私利,是对君民一致性的破坏,其结果只能是"上下判矣",导致君民间的分崩离析。伍举在劝谏楚王时也说:

> 夫君国者,将民之与处,民实瘠矣,君安得肥? ……若敛民利以
> 成其私欲,使民菶焉忘其安乐,而有远心,其为恶也甚矣。②

人君与民是相互依存的关系,若人民贫困,君主就不能富足,君主为了自己腐化享乐,不顾人民死活,横征暴敛,人民就会远离君主,伍举直斥这是人君之恶。这些说法都是把人君与人民看成有依存性的关系,在利益上有着一致性,因此,他们都反对将人君与人民对立起来,只讲求人君之利,而丝毫不顾人民的死活。这一君主与民相互依存的一致性,并强调君主以民为转移的重民观念,同时也是一种理想的君主政治。因为在历史中,即使有所谓视民如子的明君,但绝没有君主依民为转移的事实发生。

二、民心决定君王政治成败

肯定君民的相互依存的一致性,君民之间就不是只有民对君的义务,民也有得到君的福利、关爱的权利。一个君主是否能够利民、爱民,视民如子,不仅是臧否一个君主的根据,也是判定其政治成败的关键。吴王阖闾被楚国的子西称赞为"亲其民,视民如子,辛苦同之"③,而取得巨大的成功,一度威震华夏,称雄东南。但他的儿子夫差,却将阖闾的视民如子,变为视民如仇,而遭到子西的轻视:

> 吴师在陈,楚大夫皆惧,曰:"阖庐惟能用其民,以败我于柏举。

---

① 佚名:《国语·晋语一》(上),上海古籍出版社 1978 年版,第 262 页。
② 佚名:《国语·楚语上》(下),上海古籍出版社 1978 年版,第 544 页。
③ 阮元刻:《春秋左传正义》昭公三十年,《十三经注疏》(下),中华书局 1982 年版,第 2125 页。

今闻其嗣又甚焉,将若之何?"子西曰:"二三子恤不相睦,无患吴矣。昔阖庐食不二味,居不重席,室不崇坛,器不彤镂,宫室不观,舟车不饰,衣服财用,择不取费。在国,天有灾疠,亲巡孤寡,而共其乏困。在军,熟食者分,而后敢食。其所尝者,卒乘与焉。勤恤其民而与之劳逸,是以民不罢劳,死知不旷。吾先大夫子常易之,所以败我也。今闻夫差次有台榭陂池焉,宿有妃嫱嫔御焉。一日之行,所欲必成,玩好必从。珍异是聚,观乐是务,视民如仇,而用之日新。夫先自败也已。安能败我?"①

子西以阖闾的视民如子、勤恤其民,与夫差的视民如仇、骄奢淫逸,两相对照为说,得出夫差已经自败,根本对楚国没有实质性威胁的结论。这是以对民的两种不同态度,来臧否君主,判定其政治得失。陈国的逢滑也有与子西类似的说法:"闻国之兴也,视民如伤,是其福也。其亡也,以民为土芥,是其祸也。"②逢滑的视民如伤与子西的视民如子同义,是对君主利民、爱民的具体说明,是君为民之父母观念的现实要求;视民如土芥与视民如仇同义,是君主对人民的残害,这与君为民之父母完全背道而驰。视民如伤、视民如子则为良君,就会获得民心,达到求无不获,作无不成的结果;视民如仇、以民为土芥,就是昏君,则会失去民心,出现"民闻公命,如逃寇仇"③的结局。《孟子·离娄下》说"君之视臣如土芥,则臣视君如寇仇",不过是承继春秋时期的君民论而来。

在春秋的现实政治中,对人君而言最大的失败莫过于君主被驱逐出国,国家被他人取代,甚至被弑杀。春秋时期的思想家、政治家在讨论这些事件时,都一致肯定了民的作用,将人君政治的失败归结于失去人民的支持。这是春

① 阮元刻:《春秋左传正义》哀公元年,《十三经注疏》(下),中华书局1982年版,第2155页。
② 阮元刻:《春秋左传正义》哀公元年,《十三经注疏》(下),中华书局1982年版,第2155页。
③ 阮元刻:《春秋左传正义》昭公三年,《十三经注疏》(下),中华书局1982年版,第2030页。

秋时期君民论的重要内容,也表明君民论是带有强烈现实性的理论问题。

鲁昭公被季孙氏驱逐出国是国君被驱的著名事件,《左传》记载有三次相关的讨论:

季公若之姊为小邾夫人,生宋元夫人,生子以妻季平子。昭子如宋聘,且逆之。公若从,谓曹氏勿与,鲁将逐之。曹氏告公,公告乐祁。乐祁曰:"与之。如是,鲁君必出。政在季氏三世矣,鲁君丧政四公矣。无民而能逞其志者,未之有也。国君是以镇抚其民。《诗》曰:'人之云亡,心之忧矣。'鲁君失民矣,焉得逞其志?靖以待命犹可,动必忧。"①

范献子曰:"鲁君守齐,三年而无成,季氏甚得其民,淮夷与之,有十年之备,有齐楚之援,有天之赞,有民之助,有坚守之心,有列国之权,而弗敢宣也。"②

赵简子问于史墨曰:"季氏出其君,而民服焉,诸侯与之,君死于外,而莫之或罪也。"对曰:"物生有两,有三,有五,有陪贰。故天有三辰,地有五行,体有左右,各有妃耦。王有公,诸侯有卿,皆有贰也。天生季氏,以贰鲁侯,为日久矣。民之服焉,不亦宜乎?鲁君世从其失,季氏世修其勤,民忘君矣。虽死于外,其谁矜之?社稷无常奉,君臣无常位,自古以然。"③

宋国的乐祁与晋国的犯献子、史墨在谈到鲁昭公被驱逐一事时,一方面都指责鲁君世从其失,与鲁昭公的失民;另一方面则肯定季孙氏世修其勤,甚得其民,来说明民忘君,鲁昭公被驱,最终死在他国异乡的原因,不是别的什么,而是鲁

<hr/>

① 阮元刻:《春秋左传正义》昭公二十五年,《十三经注疏》(下),中华书局1982年版,第2107页。

② 阮元刻:《春秋左传正义》昭公二十七年,《十三经注疏》(下),中华书局1982年版,第2117页。

③ 阮元刻:《春秋左传正义》昭公三十二年,《十三经注疏》(下),中华书局1982年版,第2128页。

昭公的失民所造成。特别是史墨把是否得民作为上升到古往今来国家存亡、君臣地位转化的根本原因,这就把是否得民决定政治成败,提升到了通行于古今的规律的高度,具有政治哲学的意义。

春秋末期齐国发生了一次重大的历史转变,就是陈田氏在齐国兴起,并最终取代姜姓的齐国。叔向与晏子曾围绕这个问题进行讨论:

> 叔向从之晏,相与语,叔向曰:"齐其何如?"晏子曰:"此季世也,吾弗知,齐其为陈氏矣,公弃其民,而归于陈氏,齐旧四量,豆、区、釜、钟,四升为豆,各自其四,以登于釜,釜十则钟,陈氏三量,皆登一焉,钟乃大矣,以家量贷,而以公量收之,山木如市,弗加于山,鱼盐蜃蛤,弗加于海,民参其力,二入于公,而衣食其一,公聚朽蠹,而三老冻馁,国之诸市,屦贱踊贵,民人痛疾,而或燠休之,其爱之如父母,而归之如流水,欲无获民,将焉辟之,箕伯,直柄,虞遂,伯戏,其相胡公大姬,已在齐矣。"①

数年后,晏子谈到这个问题时也说:"陈氏虽无大德,而有施于民,豆区釜钟之数,其取之公也薄,其施之民也厚,公厚敛焉,陈氏厚施焉,民归之矣。"②一方面是齐国国君对人民的厚敛,人民收获的三分之二都被国家夺取,以至于国库积聚的粮食财宝都腐朽,人民却饥寒交迫;另一方面是陈田氏的厚施于民,小斗进大斗出,而获得人民"爱之如父母"、"归之如流水"的真心爱戴。最终是姜姓的齐国变为陈田氏的齐国。与晏子讨论这个问题的叔向,谈及晋国的情况,也有指责晋君"庶民罢敝,而宫室滋侈",及其由此而造成的"民闻公命,如逃寇仇"③,来说明失民对晋国政治的祸害。

---

① 阮元刻:《春秋左传正义》昭公三年,《十三经注疏》(下),中华书局 1982 年版,第2031 页。

② 阮元刻:《春秋左传正义》昭公二十六年,《十三经注疏》(下),中华书局 1982 年版,第2115 页。

③ 阮元刻:《春秋左传正义》昭公三年,《十三经注疏》(下),中华书局 1982 年版,第2031 页。

在鲁国君臣在讨论晋厉公被杀事件时,里革也表达了类似的观念:

> 晋人杀厉公,边人以告,成公在朝。公曰:"臣杀其君,谁之过也?"大夫莫对,里革曰:"君之过也。夫君人者,其威大矣。失威而至于杀,其过多矣。且夫君也者,将牧民而正其邪者也,若君纵私回而弃民事,民旁有慝无由省之,益邪多矣。若以邪临民,陷而不振,用善不肯专,则不能使,至于殄灭而莫之恤也,将安用之?桀奔南巢,纣踣于京,厉流于彘,幽灭于戏,皆是术也。夫君也者,民之川泽也。行而从之,美恶皆君之由,民何能为焉。"①

里革与晏子的看法角度不同,晏子是从经济民生来说的,里革是从人君的教化来说的,但同样肯定人民对政治的作用,以"君纵私回而弃民事"是晋厉公被杀的根本原因。里革这段话更为深刻的地方在于,他不仅就晋侯被杀一事指出了其原因在弃民,没有以善教民,而是以邪临民,而且还把历史上桀、纣、厉、幽等暴君、昏君的被杀逐,都归结为"皆是术也"。这就把对具体历史事件的议论,上升到了一般理论的高度,与史墨的说法一样都带有探究历史发展规律的意义。这说明,春秋时期关于民的作用的认识,虽然常常是就现实的政治事件为说,但其讨论具有探究历史发展规律的深度。

单穆公的得民心之说,更深入地说明民对君王政治成败的决定性意义:

> 以言德于民,民歆而德之,则归心焉。上得民心,以殖义方,是以作无不济,求无不获,然则能乐。夫耳内和声,而口出美言,以为宪令,而布诸民,正之以度量,民以心力,从之不倦。成事不贰,乐之至也。……出令不信,刑政放纷,动不顺时,民无据依,不知所力,各有离心。上失其民,作则不济,求则不获,其何以能乐?三年之中,而有离民之器二焉,国其危哉!②

针对周王为铸造乐钟无射准备先造林钟,单襄公持明确的反对态度。他认为,

---

① 佚名:《国语·鲁语上》(上),上海古籍出版社1978年版,第182页。
② 佚名:《国语·周语下》(下),上海古籍出版社1978年版,第125页。

不顾人民死活,造作再大的乐器,也不能够获得音乐带来的快乐,而只能是劳民伤财,导致人民的离心离德。唯有以德教民,才可以获得民心,得到"作无不济,求无不获"的理想结果,获得真正的快乐。相反,失去民心,得不到人民内心的真诚拥护,做什么都不会成功,任何求取都不能够获得,更无所谓快乐而言。这是以是否获得民心,作为君王政治成败的根本原因。晋国的阳毕在向晋平公献策时,也强调了"民心皆可畜"对"治而国安"[①]的决定意义。楚国的斗且则说:"夫民心之愠也,若防大川焉,溃而所犯必大矣。子常其能贤于成、灵乎?成不礼于穆,愿食熊蹯,不获而死。灵不顾于民,一国弃之,若遗迹焉。子常为政,而无礼不顾甚于成、灵,其独何力以待之!"[②]这是从失去民心,将会"一国弃之",必遭祸殃来肯定民心的重要性。这些一正一反的说法,都肯定是否获取民心对君王政治成败的决定作用,较之一般的得民说更为深刻,已经包含有得民心则得天下的观念。

第四节　"民主"的牧民

由对民的地位与作用的认可,为保证其得民特别是得民心,以实现"民主"的"作无不济,求无不获"的目的,如何"牧民",就成为"民主"最重要的现实政治问题。在这个问题上,春秋时期的政治家、思想家提出了因民、亲民、爱民、恤民、抚民、息民、安民、利民、养民、庇民、使民、舍民、蓄民、威民、剿民、整民、陵民等方略。就其内容可以归结为两大类:第一类是对以民的亲爱为出发点,而对民的恤、抚、息、安、利、养等关爱举措;第二类是针对民的过失犯罪,特别是对所谓奸民、刁民进行的威、剿、整、陵等刑罚惩治。前者可称之"民主"牧民的德治方面,后者可称之为刑治方面。自从人类分裂为统治阶层与被统治阶层,以君主所代表的"民主"的牧民就一直是德刑两手,在口头上常常是

---

①　佚名:《国语·晋语八》(下),上海古籍出版社 1978 年版,第 448 页。
②　佚名:《国语·楚语下》(下),上海古籍出版社 1978 年版,第 575 页。

大谈视民如子的德治,在实际则是贪得无厌地残剥人民,毫无人性地压迫人民。春秋时期的"民主"因其自诩视民如子,故最喜好谈的是德治的一面,其中最主要是因民、亲民说。因民、亲民被视为"民主"必具的职责,构成重民的社会思潮的重要内容。

一、因民的正德与厚生

因民是"民主"牧民的最值得关注的问题。晋国的重耳说:"夫固国者,在亲众而善邻,在因民而顺之。"①士文伯论为政说:"务三而已,一曰择人,二曰因民,三曰从时。"②重耳与士文伯皆以因民为"民主"治理国家必不可少的要务。因是顺而不违,但因民绝不是指"民主"对民意的顺而不违,而是说要顺着民性来实施行政。

如何才算顺于民性的因民? 祭公谋父说:"先王之于民也,懋正其德而厚其性,阜其财求而利其器用,明利害之乡,以文修之,使务利而避害,怀德而畏威,故能保世以滋大。"③这里的厚其性的"性"与生通,是以正德与厚生为因民的两个方面。懋,从心,义为勉励、努力。正德、厚生是平行语,是指在正德、厚生两个方面的勉励而为。阜其财云云主要就厚生而言,以文修之云云则是就正德为说。正德是通过德教,让人民能够自觉地以道德来规范其言行;厚生是讲民生,是指要给予人民一定的生存保障。祭公谋父将其说成是从先王以来的牧民之道,并以正德、厚生为先王长治久安、不断强大的根本所在。

在正德与厚生之间,正德被放在厚生前面,是因为正德比厚生更为根本。赵衰说:"德义,生民之本。"④德是民得以生存的根本,民无德就失去了做人的根本。伯宗说:"天反时为灾,地反物为妖,民反德为乱,乱则妖灾生。故文反

---

① 佚名:《国语·晋语二》(上),上海古籍出版社 1978 年版,第 306 页。
② 阮元刻:《春秋左传正义》昭公七年,《十三经注疏》(下),中华书局 1982 年版,第 2048—2049 页。
③ 佚名:《国语·周语上》(上),上海古籍出版社 1978 年版,第 1 页。
④ 佚名:《国语·晋语四》(下),上海古籍出版社 1978 年版,第 382 页。

正为乏。"①反德与正德相对,正德则治,反德则乱,这是以民是否守德作为国家治乱的根本所在。故富辰说:"大上以德抚民,其次亲亲以相及也。"②将以德治民视为"民主"的最高法则。原季说:"以德纪民,其章大矣。"③这是肯定以德治民的巨大作用。单穆公的得民心之说,也是以德为归,所谓"以言德于民,民歆而德之,则归心焉"④。从这些论说可见,正德有两个方面的含义:一是从"民主"牧民说,正德是"民主"牧民最根本的任务,是教民以德为正。而要教民以归于德正,必须以"民主"的正德为前提,这也对"民主"提出了在道德上以身作则的要求。二是对人民而言,则是通过"民主"的"德以治民"⑤的牧民,达到使民知德、明德、守德,合于德之正的目的。这一正德为因民的第一位、最高法则的观念,是春秋时期重德的社会思潮在"民主"牧民问题上的落实,凸显了德教或德治的价值。强调正德的意义,也有利于制约对人民的滥用刑罚,卜偃说:"民不见德而唯戮是闻,其何后之有?"⑥唯戮是闻与德教正相反对,正德就能够功成名就,而唯戮是闻只会获得无后的悲惨结局,所以,"民主"对民不能滥用刑罚,只能以德教为务。

厚生从字义说,是要给人民以优厚的生存条件。这涉及社会财富的分配问题,"民主"与民作为社会的两个部分,面对一块蛋糕,必然是你多他少,而不可能无中生有。"民主"要维持自己的享乐腐化,必然运用自己的权势,将蛋糕的大部分甚至是绝大部分窃取在自己手中,所以,在历史的现实中绝没有

①　阮元刻:《春秋左传正义》宣公十五年,《十三经注疏》(下),中华书局 1982 年版,第1887—1888 页。

②　阮元刻:《春秋左传正义》僖公二十四年,《十三经注疏》(下),中华书局 1982 年版,第1817—1818 页。

③　佚名:《国语·晋语四》(下),上海古籍出版社 1978 年版,第 382 页。

④　佚名:《国语·周语下》(下),上海古籍出版社 1978 年版,第 125 页。

⑤　阮元刻:《春秋左传正义》僖公三十三年,《十三经注疏》(下),中华书局 1982 年版,第1833 页。

⑥　阮元刻:《春秋左传正义》僖公二十三年,《十三经注疏》(下),中华书局 1982 年版,第1815 页。

给人民以优厚的生存条件的所谓厚生,这从来都是带有极大欺骗性的话语。当然,在现实中不也排除"民主"为着家族、国家,而对民一时的厚生举措,如《左传》《国语》记载的田氏为取代姜姓齐国的让利于民,秦国的"孟明增修国政,重施于民"①等。作为因民的两大内容之一,厚生至少具有重视民生、关注人民的生存状况、维护人民起码的物质生活条件,及其抑制"民主"过分盘剥人民的积极意义。

中国古代社会的生存与发展依赖于农业经济,而从事农业生产的农民,无疑是民的重要代表。春秋时期"民主"所说的厚生,也是以农业生产为厚生之本。《国语》的《周语上》专门有一篇《虢文公谏宣王不籍千亩》,这篇文章就是专门讲周天子在立春日这一天举行亲耕农田的活动。天子为什么必须亲耕,因为农业是民之大事,关系人民生活的方方面面。这就是虢文公说的:"夫民之大事在农,上帝之粢盛于是乎出,民之蕃庶于是乎生,事之供给于是乎在,和协辑睦于是乎兴,财用蕃殖于是乎始,敦庞纯固于是乎成,是故稷为大官。"②而要保证农业的收成,最基本最重要的就是不失农时,相传很早就有《颛顼历》《夏小正》,后来有《月令》《吕氏春秋》有十二月的《月纪》,都是中国自古就重视天文历法,并有发达的天文学知识的证明。在天文历法发达的背后,是对农业生产的重视。

《左传》载:"闰月不告朔,非礼也,闰以正时,时以作事,事以厚生,生民之道,于是乎在矣。不告闰朔,弃时政也,何以为民。"③古代每月初一要举行告朔之礼,为的是保证农历历法的准确与实施,不告朔就可能引起历法的混乱,耽误农事。除了告朔之礼重视历法的起点准确,古代还注重一年四季历法的准确。文公元年,出现闰三月,不合天文历法,也被视为"非礼"。《左传》解释

---

① 阮元刻:《春秋左传正义》文公二年,《十三经注疏》(下),中华书局 1982 年版,第 1838 页。

② 佚名:《国语·周语上》(上),上海古籍出版社 1978 年版,第 16 页。

③ 阮元刻:《春秋左传正义》文公六年,《十三经注疏》(下),中华书局 1982 年版,第 1844 页。

说:"先王之正时也,履端于始,举正于中,归余于终。履端于始,序则不愆。举正于中,民则不惑。归余于终,事则不悖。"①这里的始、中、终,是指一年历法的准确无误。所以,《春秋》《公羊传》《穀梁传》《左传》与《国语》特重告朔、月闰的历法,凡是出现历法误差的记载,都会遭到非礼的批评。

要保证农业生产,除了不误农时外,还要确保农民有从事农业生产的时间,所以,春秋时期的思想家、政治家都主张"民主"牧民,一定要做到"不夺民时,不蔑民功"②。范蠡说:"不乱民功,不逆天时,五谷睦熟,民乃蕃滋。"③确保农时,重视民功,是厚生的根本保障。这也是"民主"政治成功必不可少的原因,如晋悼公的复霸,原因之一就是"时用民"④,即用民以时。农业生产是古代社会供给的根本保障,也是民最重要的社会活动与贡献,是最能展示民的作用的所在,所以,对农业生产的重视是"民主"厚生的重要内容。

厚生的另一个重要内容,是给人民以一定的物质生活保障,让人民获得起码的生存保障。就此而言,一方面是正面的强调民生,如太子晋说:"民生有财用,而死有所葬。"⑤范蠡说:"府仓实,民众殷。"⑥就是说要保证人民生有财用,死有地葬;国库充足,人民也殷实。另一方面则是反对"民主"的过分地盘剥人民,让人民担负过重徭役。楚国的子常说:"夫古者聚货不妨民衣食之利,聚马不害民之财用,国马足以行军,公马足以称赋,不是过也。公货足以宾献,家货足以共用,不是过也。夫货、马邮则阙于民,民多阙则有离叛之心,将何以封矣。"⑦货是财货物品,马在春秋时期既是重要的交通工具,也是战争的

---

①　阮元刻:《春秋左传正义》文公元年,《十三经注疏》(下),中华书局 1982 年版,第1836 页。

②　佚名:《国语·周语中》(上),上海古籍出版社 1978 年版,第 70 页。

③　佚名:《国语·越语上》(下),上海古籍出版社 1978 年版,第 646 页。

④　阮元刻:《春秋左传正义》成公十八年,《十三经注疏》(下),中华书局 1982 年版,第1923 页。

⑤　佚名:《国语·周语下》(上),上海古籍出版社 1978 年版,第 101 页。

⑥　佚名:《国语·越语上》(下),上海古籍出版社 1978 年版,第 644 页。

⑦　佚名:《国语·楚语下》(下),上海古籍出版社 1978 年版,第 572 页。

得力武器,国家征收财货、马匹都一定不要对民造成过重负担,否则,就会形成"民多阙则有离叛之心"。子常为子尹城郢都,沈尹戌断言:"子常必亡郢!苟不能卫,城无益也。古者,天子守在四夷;天子卑,守在诸侯。诸侯守在四邻;诸侯卑,守在四竟。慎其四竟,结其四援,民狎其野,三务成功,民无内忧,而又无外惧,国焉用城? 今吴是惧而城于郢,守己小矣。卑之不获,能无亡乎? 昔梁伯沟其公宫而民溃。民弃其上,不亡何待? 昔梁伯沟其公宫而民溃。民弃其上,不亡何待?"①这是借评说修筑城墙,反对给人民带来过重的徭役。

正德与厚生的指意不同,但又是相互依存。申叔时说:"民生厚而德正,用利而事节,时顺而物成。上下和睦,周旋不逆,求无不具,各知其极。故《诗》曰:'立我烝民,莫匪尔极。'是以神降之福,时无灾害,民生敦庞,和同以听,莫不尽力以从上命,致死以补其阙。"②民生厚而德正,是以保障民生为正德的前提,可以与《管子·牧民》的"仓廪实而知礼节,衣食足而知荣辱"相发明。这是以经济为道德的基础,没有厚生的经济支撑,正德就很难得到保障。

二、亲民的抚民、恤民

正德与厚生,是从道德教化与民生经济对民的重视。在以宗法血缘关系为基础的社会,血缘亲情是联络人与人之间的情感最有效的纽带,也是"民主"维系与民的联系的最根本途径。所以,春秋时期的重民,除了"民主"因民的正德、厚生外,还体现在亲民、爱民等带有血缘情感的抚民、恤民诸说。

亲民与爱民同义,是指在情感上对人民要像亲人那样去关爱,在《左传》、《国语》中爱亲一词出现十余次。亲在春秋时期的主要含义是处理宗族内部

---

① 阮元刻:《春秋左传正义》昭公二十三年,《十三经注疏》(下),中华书局 1982 年版,第 2102 页。
② 阮元刻:《春秋左传正义》成公十六年,《十三经注疏》(下),中华书局 1982 年版,第 1917 页。

人际关系的原则。如：随公说："亲其九族。"①郤犨说："吾与子国亲于公室。"②申无宇说："亲不在外。"③这些都是指的处理公室、宗族内部的原则。"民主"对人民之亲，则是这种宗族内部之亲的扩展。所以，才有"民主"的对民"视民如子"，民对"民主"的"爱之如父母"等说法。而亲民的目的，依然是出于政治的需要。沈尹戍说："昔梁伯沟其公宫而民溃。民弃其上，不亡何待？夫正其疆场，修其土田，险其走集，亲其民人，明其伍候，信其邻国，慎其官守，守其交礼，不僭不贪，不懦不耆，完其守备，以待不虞，又何畏矣？"④只有"亲其民人"⑤，才可以保证国家的安定与个人的福禄。卫国的宁庄子说："亲，民之结也……民无结，不可以固。"⑥君主只有对人民之亲，才可能真正获得民心。内史过说："不亲于民而求用焉，人必违之。……慈保庶民，亲也。"⑦

为体现"民主"对民的亲、爱，春秋时期的思想家、政治家提出恤民、抚民、息民、安民、利民、养民、庇民等说，其中谈论较多的是抚民与恤民。

抚与恤二字，抚从手，本意是用手轻轻地按摩，引申义有抚慰、抚爱、安抚、抚养等；恤从心，本意为忧、哀，引申义有同情、怜悯等。二字的字义有相通之处，都有关切、关爱之意。所以，在后来抚、恤二字连用，成为人们常用的"抚恤"一词。但春秋时期抚、恤还没有连用，还是分开为说，而有抚民说与恤民说。

---

① 阮元刻：《春秋左传正义》桓公六年，《十三经注疏》(下)，中华书局 1982 年版，第 1750 页。
② 阮元刻：《春秋左传正义》成公十六年，《十三经注疏》(下)，中华书局 1982 年版，第 1918 页。
③ 阮元刻：《春秋左传正义》昭公十一年，《十三经注疏》(下)，中华书局 1982 年版，第 2061 页。
④ 阮元刻：《春秋左传正义》昭公二十三年，《十三经注疏》(下)，中华书局 1982 年版，第 2102 页。
⑤ 阮元刻：《春秋左传正义》昭公二十三年，《十三经注疏》(下)，中华书局 1982 年版，第 2102 页。
⑥ 佚名：《国语·晋语四》(下)，上海古籍出版社 1978 年版，第 345 页。
⑦ 佚名：《国语·周语上》(上)，上海古籍出版社 1978 年版，第 33 页。

春秋时期有多人谈及抚民。富辰说:"大上以德抚民,其次亲亲,以相及也。"①认为以德抚民是政治的最高追求。《左传》赞楚子,"抚其民……息民五年,而后用师,礼也。"②这是对抚民的肯定,更多的是对不抚民的批评,如楚王不同意伐吴,说:"吾未抚民人,未事鬼神,未修守备,未定国家,而用民力",必将"败不可悔"③。当楚王出舟师,侵略吴国时,沈尹戌说:"此行也,楚必亡邑,不抚民而劳之,吴不动而速之,吴踵楚,而疆场无备,邑能无亡乎。"④郑子产预言陈国必亡,其理由就是"聚禾粟,缮城郭,恃此二者,而不抚其民"。⑤ 这些相关论述都言及抚民,但只是就抚民的价值与意义为说,而没有抚民的内容。即使子产的说法,有对"不抚其民"的说明,可以知道抚民的反面是对人民的横征暴敛、徭役无度,但依然没有抚民正面内容的说明。

涉及抚民具体含义的是楚国沈尹戌的抚民说:

> 楚人城州来。沈尹戌曰:"楚人必败。昔吴灭州来,子旗请伐之。王曰:'吾未抚民。'今亦如之,而城州来以挑吴,能无败乎?"使者曰:"王施舍不倦,息民五年,可谓抚之矣。"戌曰:"吾闻抚民者,节用于内,而树德于外,民乐其性,而无寇仇。今宫室无量,民人日骇,劳罢死转,忘寝与食,非抚之也。"⑥

在楚王是否做到了抚民的问题上,尽管沈尹戌与使者的看法不相同,但他们都

① 阮元刻:《春秋左传正义》僖公二十四年,《十三经注疏》(下),中华书局 1982 年版,第1817—1818 页。

② 阮元刻:《春秋左传正义》昭公十四年,《十三经注疏》(下),中华书局 1982 年版,第2076 页。

③ 阮元刻:《春秋左传正义》昭公十三年,《十三经注疏》(下),中华书局 1982 年版,第2073 页。

④ 阮元刻:《春秋左传正义》昭公二十四年,《十三经注疏》(下),中华书局 1982 年版,第2106 页。

⑤ 阮元刻:《春秋左传正义》襄公三十年,《十三经注疏》(下),中华书局 1982 年版,第2012 页。

⑥ 阮元刻:《春秋左传正义》昭公十九年,《十三经注疏》(下),中华书局 1982 年版,第2088 页。

认为抚民的内容包括君主对人民的休养生息,使人民能够以生为乐。可见,抚民说的要点是,人君应该给人民提供安定生活的保障,与暴民、虐民是相对立的,是对人民应该拥有安定生活权力的肯定。从使者以楚王息民即为抚民来看,抚民与息民至少是同义语。对息民的具体内容,可从如下一段话看出其大略:

> 晋侯归,谋所以息民。魏绛请施舍,输积聚以贷,自公以下,苟有积者,尽出之。国无滞积,亦无困人;公无禁利,亦无贪民。祈以币更,宾以特牲;器用不作,车服从给。行之期年,国乃有节。三驾,而楚不能与争。①

息民就是国家人君让利于民,人民不至贫困。这也说明,抚民主要是在经济上对人民给予起码的保障,不让人民陷于贫困的境地,使人民能够安居乐业。

恤民说亦被多人论及。祭公谋父认为,周的先王就是能够"勤恤民而除其害"的典范,也正是其恤民、"无勤民以远",才使周人能够取代商王朝。②声子也认为,古代明君治理国家依靠的就是恤民:"古之治民者,劝赏而畏刑,恤民不倦。赏以春夏,刑以秋冬,是以将赏为之加膳,加膳则饫赐,此以知其劝赏也;将刑为之不举,不举则彻乐,此以知其畏刑也;夙兴夜寐,朝夕临政,此以知其恤民也。"③春秋末年,吴国夫差帅军,准备攻打楚国,楚国上下一派惊恐,子西却认为夫差对楚国绝不可能造成威胁。并以阖庐的"勤恤其民而与之劳逸",说明阖庐取胜的原因;而用夫差的"视民如仇"④,只图自己的淫逸,说明

---

① 阮元刻:《春秋左传正义》襄公九年,《十三经注疏》(下),中华书局 1982 年版,第1944 页。

② 参见佚名:《国语·周语上》(上),上海古籍出版社 1978 年版,第 2 页。

③ 阮元刻:《春秋左传正义》襄公二十六年,《十三经注疏》(下),中华书局 1982 年版,第1991 页。

④ 阮元刻:《春秋左传正义》哀公元年,《十三经注疏》(下),中华书局 1982 年版,第2155 页。

夫差的不可为懼。① 子西肯定的是勤恤其民,而恤民的内容则包括与民共甘苦,同劳逸,关心鳏寡孤独等。

恤民还被视为"民主"所必具的德行。如庄公十二年秋天,宋国遭受大水灾,鲁君派人去慰问,宋君将大水的天灾归结于自己的"不敬",臧文仲据此而预言宋国必兴,臧孙达也据此评价宋公:"是宜为君,有恤民之心。"②以有恤民之心,作为合格君主的根据所在。恤民不仅是君主,也是一般当权者应具的德行,公族穆子说"恤民为德"③,臧文仲说"在位者"应"恤民之患"④。斗且廷称赞"斗子文三舍令尹,无一日之积,恤民之故也",并认为若敖氏只有子文之后,能够在楚国一直保有地位,就在于"先恤民而后己"⑤。

抚民、恤民说法有所不同,但是都是要求人君对人民要有起码的爱心,去关心人民的疾苦,给人民的物质生活以一段的保障,而不是高高的凌驾于人民之上,对人民肆意的掠夺,以满足于一人的无尽私欲。这些说法都包含着对人民的一定程度的关心与爱护,与因民的正德、厚生说同样都是从"民主"的角度所表现出来的对民的重视。

由"民主"的因民、亲民,所表现的重民社会思潮,主要是一个"民主"如何对待民众的问题。要真正做到所谓因民、亲民,"民主"的道德人品就是必须的前提。所以,君主与其他当权的统治者的道德人品,成为重民能否实现的必

---

① 在《国语·楚语下》也有对阖闾与夫差相类似的评价,但不是出于子西,而是出于蓝尹亹。蓝尹亹对子西说:"子患政德之不修,无患吴矣。夫阖庐口不贪嘉味,耳不乐逸声,目不淫于色,升不怀于安,朝夕勤志,恤民之羸,闻一善若惊,得一士若赏,有过必悛,有不善必惧,是故得民以济其志。今吾闻夫差好罢民力以成私好,纵过而翳谏,一夕之宿,台榭陂池必成,六畜玩好必从。夫差先自败也已,焉能百侮辱、在修德以待吴,吴将毙矣。"[佚名:《国语·楚语下》(下),上海古籍出版社 1978 年版,第 579 页。]

② 阮元刻:《春秋左传正义》庄公十一年,《十三经注疏》(下),中华书局 1982 年版,第 1770 页。

③ 阮元刻:《春秋左传正义》襄公七年,《十三经注疏》(下),中华书局 1982 年版,第 1938 页。

④ 佚名:《国语·鲁语上》(上),上海古籍出版社 1978 年版,第 158 页。

⑤ 佚名:《国语·楚语下》(下),上海古籍出版社 1978 年版,第 573 页。

备条件。道德人品的优秀,就成为"民主"是否合格的判定标准,这也就给"民主"提出了必须起到道德表率的要求。春秋时期认定因民、亲民的"民主",不是历史上尧、舜、文武之类的先王,就是现实中能够成就霸业的英雄。在后来的历史现实与历史剧中,凡被誉为爱民如子的"民主",无不是道德人品高杰之人,而在历代史记中被列入循吏之列,这正是春秋时期重民思潮的历史影响。

第九章　文献与经典的确立

中国文字的出现,能够较为确定的是商代的甲骨文。文字的出现为文化的发展提供了工具,但甲骨上的文字一般只有二三十字,少的只有三四个字,最多的也只有 178 字,见于省吾的《双剑誃所藏甲骨文字》的第 212 片,记叙帝乙、帝辛时打仗俘虏的卒、帅、车、马等物与用俘祭祀祖先的故事。经过约 500 年的发展,到春秋时期,已经形成了众多的各类文献。可以说,春秋时期是中国古代文献第一次大爆发的时代,这是中国文化史上的奇迹。这些文献是三皇五帝以来古代中国人精神文化的结晶,虽然藏在官府,但却开始向社会流传,并成为人们最重要的文化资源,在各种场合被人们所引用,成为人们立论的理论根据。正是通过春秋时期对已有文献的选择性诠释,确立了以"五经"为元典的文化经典,也由此而最终奠定了中国文化发展的基本基因。

第一节　春秋时期的史官文化

春秋时期文献的大量涌现,与周代兴起的史官文化有直接关系。史官文化源远流长,甲骨文中就有史官的记载,陈梦家的《殷墟卜辞综述》考辨,殷商已有史、北史、卿史、御史等名称。《竹书纪年》记载更早的夏代已有史官的出现,书中 6 次言及史官,见于《帝癸》的"太史令终古出奔商",《帝辛》的"内史向挚出奔周"，《穆王》的"王命左史戎夫作《记》"，《共王》的"王使内史良锡毛伯迁命"，《平王》的"王使史角如鲁谕止之"，《隐王》的"将军、大夫、适子、代史皆貂服"。帝癸、帝辛是夏商两朝的末代君王，即夏桀殷纣，据此夏代就有史官，商、周代因之。这一说法未必可全信。但《竹书纪年》所说的太史、内史等史官之名，在西周已经出现，《尚书·周书》就有几次关于太史、内史的记载。至少周王朝已经有史官，则是可以肯定的。

从《周书》关于史官的几处记载看，文王、武王设置职官，就有太史一职："亦越文王、武王，克知三有宅心，灼见三有俊心，以敬事上帝。立政：任人、准夫、牧、作三事。虎贲、缀衣、趣马、小尹、左右携仆、百司庶府。大都小伯、艺人、表臣百司、太史、尹伯、庶常吉士，司徒、司马、司空、亚、旅。"①依照"六经皆史"说，周公的制礼作乐，实际上也是一种历史的著述，由于周公特出的政治地位与道德、文章，使他不仅成为西周最大的史官，而且其制礼作乐更是具有价值指导的意义。

西周的史官在国家政权中具有重要的社会地位。周公在告诫殷人戒酒的告示中说："汝劼毖殷献臣、侯、甸、男、卫，矧太史友、内史友、越献臣百宗工，矧惟尔事服休，服采，矧惟若畴，圻父薄违，农夫若保，宏父定辟，矧汝，刚制于酒。"②据孔颖达疏，这里的太史、内史指的是康叔属国的官员：

> 太史掌国六典，依《周礼》，治典、教典、礼典、政典、刑典、事典也。内史掌八柄之法者，爵、禄、废、置、杀、生、与、夺。此"太史"、"内史"即康叔之国大夫，知者，以下"圻父"、"农父"、"宏父"是诸侯之三卿，明"太史"、"内史"非王朝之官。"所宾友"者，敬也。③

依孔疏之说，太史、内史有王朝与诸侯国之别。太史职掌治、教、礼、政、刑、事六典，内史职掌爵、禄、废、置、杀、生、与、夺八法。从《周书》关于太史、内史的

---

① 阮元刻：《尚书·立政》，《十三经注疏》（上），中华书局 1982 年版，第 231 页。
② 阮元刻：《尚书·酒诰》，《十三经注疏》（上），中华书局 1982 年版，第 207 页。
③ 阮元刻：《尚书·酒诰》，《十三经注疏》（上），中华书局 1982 年版，第 207 页。

记载看,太史、内史在众多职官中都排列在较为显著的位置,置于侯、男等爵与大臣官员之间,说明史的地位高于一般大臣官员。《立政》的最后,还有周公专门嘱咐太史的记载:"太史! 司寇苏公式敬尔由狱,以长我王国。兹式有慎,以列用中罚。"①这种特别嘱托,显然是周公对史官作用的看重,可说是史官在西周具有重要地位的旁证。

《顾命》记载召公、毕公相康王即位,还有太史宣读成王册命的内容:

> 太史秉书,由宾阶跻,御王册命。曰:"皇后凭玉几,道扬末命,命汝嗣训,临君周邦,率循大卞,燮和天下,用答扬文、武之光训。"王再拜,兴,答曰:"眇眇予末小子,其能而乱四方以敬忌天威。"乃受同瑁。②

天子即位是最重大的政治事件,太史能够在即位仪式上宣读先王遗诏,足见地位之显赫。史官因其显赫的地位,故能在社会政治特别是文化生活中发挥极其重要的作用。

人类文明的进步,与人自身的认识是分不开的。而人对自身的认识深化,是与人逐渐摆脱神灵崇拜的精神束缚成正比的。中国古代文化,最早是可与神灵交通的巫起主宰作用,随着社会文明的进步,与之相应的人征服自然的能力提高,史的作用得到日益提高,并逐步与巫分离,甚至是超越巫在文化中的主宰作用。至少在西周史官已经成为文化的主流代表。史官不仅掌管王朝与诸侯国的图书,更重要的还担负有记叙君主与国家大事的职责,具有国家代表"政教之本"③的崇高地位。

春秋时期的史官已经是专职的文化官员,并在数量上已经大大超越了巫。《国语》记巫字6次,除去人名申公巫臣3次,言巫只有3次,即卫巫、女曰巫、家为巫史各1次。《左传》记巫字34次,除开人名申公巫臣16次、针巫氏与鄅

---

① 阮元刻:《尚书·立政》,《十三经注疏》(上),中华书局1982年版,第232—233页。
② 阮元刻:《尚书·顾命》,《十三经注疏》(上),中华书局1982年版,第240页。
③ 刘师培:《刘师培史学论著选集》,上海古籍出版社2006年版,第321页。

世子巫各 1 次,山名巫山 1 次,言巫实际上只有 15 次,言女曰巫 1 次,鲁国记有锺巫 2 次、巫尫 2 次、公巫和巫皋各 1 次;晋国有桑田巫 3 次、巫者 1 次;齐国有雍巫、巫皋 2 次;楚国有范巫矞似。也就是说,《左传》、《国语》两书涉及巫的记载只有 18 次。而《左传》关于"史"字的记载达 111 次,其中祝史连用 17 次;另外,有成公五年载"祝币,史辞",筮史 1 次,周史 1 次。内史一词出现 9 次,周内史 1 次,内史过 3 次,内史叔兴 2 次,内史叔服 2 次,内史选 1 次,并记载有西周的大史辛甲;周王朝的史狁、周大史;卫国的史华龙滑、史狗、史苟、史鳅各 1 次,史朝 4 次;晋国的大史、左史、史赵、祭史、史黯、史龟各 1 次,史佚 6 次、史苏 3 次;鲁国的大史克、大史氏、大史固各 1 次;秦有史颗;郑国有大史;楚国有左史倚相、史皇、左史老各 1 次;蔡国的史狥 1 次、史墨 6 次;虢国有史嚚;齐国有史嚚、大史子余各 1 次。《国语》关于"史"的记载达 53 次,周王朝有史伯,楚国有史老等,记载较多的是史苏 8 次,内史过 5 次,左史倚相 4 次。二书关于史的记载达 154 次,是记载巫的 10 倍之多。值得注意的是,史有内史、左史、太史、南史氏等不同名称,说明春秋时期的史官是有分工的。社会的每一次分工都与某一方面的发展进步息息相关,史官职能不同的分工,是史学发达的标志。

奇怪的是,《左传》、《国语》数言内史,却无相应的外史;数言左史,楚国、晋国等皆设有左史,却没有对应的右史,有南史氏却无北史氏。直到《周礼》的《春官·宗伯》才有"内史"、"外史"分工的对应记载;《礼记·玉藻》始有"动则左史书之,言则右史书之"之说。《礼记》之说被《白虎通德论》、《中论》、《孔丛子》、《文心雕龙》等书采用。而《汉书·艺文志》则说:"左史记言,右史记事,事为《春秋》,言为《尚书》。"此说为更多的人所接受。这两种说法都遭到质疑,至今尚无定论。但可以肯定的是,春秋时期史官不仅人数众多,而且已经有职能分工,且具有相当的话语权。所以,《左传》、《国语》记载的多位著名的史官,如内史过、左史倚相、史墨、史佚、史苏等,在发生重大的政治事件时,他们常常成为咨询对象,他们的意见也时常起着决定性的作用。这些史

官的言论多被记载于史书,如史伯为郑桓公论兴衰、内史过答周慧王神降于
莘、史墨答魏献子问龙见于绛郊、史墨论鲁昭公流亡国外,都可以称之为当
时的长篇大论。但《左传》、《国语》却基本上没有著名的巫的记载,更没有
关于巫的长篇大论。这充分说明在巫史之间,史具有更多话语权。史官话
语权的提升,既是巫史作用与影响的升降,也是春秋时期人文精神活跃的
保障。

史与巫的最大区别在于,巫是与神灵联系的神职人员,最初的史如夏商二
代的史也有通神的职责,也要从事卜筮、祝祷之类的活动。西周以来以至于春
秋时期的史还保留着这一职能,卫国的史官还借以恫骗狄人:

> 狄人伐卫,卫懿公好鹤,鹤有乘轩者,将战,国人受甲者皆曰:
> "使鹤。鹤实有禄位,余焉能战?"公与石祁子玦,与甯庄子矢,使守,
> 曰:"以此赞国,择利而为之。"与夫人绣衣,曰:"听于二子。"渠孔御
> 戎,子伯为右,黄夷前驱,孔婴齐殿,及狄人,战于荥泽,卫师败绩,遂
> 灭卫。卫侯不去其旗,是以甚败。狄人囚史华龙滑与礼孔,以逐卫
> 人。二人曰:"我大史也,实掌其祭,不先,国不可得也。"乃先之,至
> 则告守曰:"不可待也。"夜与国人出。狄入卫,遂从之,又败诸河。①

除此记载外,史官从事卜筮的记载,多见于《左传》、《国语》。但西周以来特别
是春秋时期的史已经是以人文为主的文化官,即使论及卜筮,也常常是给予人
文的解释与引导。

史对文化的贡献不仅在以往文化的传承,更重要的还在于史官的著述。
史官著述有一条原则,就是根据秉笔直书。所谓秉笔直书,就是如实记载发生
的事实。《左传》载:

> 崔氏杀骊蔑于平阴……大史书曰:"崔杼弑其君。"崔子杀之。
> 其弟嗣书而死者,二人。其弟又书,乃舍之。南史氏闻大史尽死,执

---

① 阮元刻:《春秋左传正义》闵公二年,《十三经注疏》(下),中华书局 1982 年版,第
1788 页。

简以往。闻既书矣,乃还。①

为了如实地记录崔杼弑君,大史氏弟兄三人与南史氏,前赴后继,面对大权在握的残暴的崔杼,都不惜牺牲自己的生命,也要维护记录事实的真实性。这条史实充分说明,春秋时期的史官是如何遵守职业准则,这一秉笔直书的精神是史官文化的优良品质,对保证历史记载真实性具有决定性的作用。

史官著述的法则除了秉笔直书外,还有一条原则就是书法不隐。如下材料可以证明这一点:

> 乙丑,赵穿攻灵公于桃园,宣子未出山而复。大史书曰:"赵盾弑其君。"以示于朝。宣子曰:"不然。"对曰:"子为正卿。亡不越竟,反不讨贼。非子而谁?"宣子曰:"呜呼!'我之怀矣,自诒伊戚',其我之谓矣。"孔子曰:"董狐,古之良史也。书法不隐,赵宣子,古之良大夫也,为法受恶,惜也,越竟乃免。"②

史官董狐关于"赵盾弑君"的记述,其实与事实是不合的。晋灵公是被赵穿所杀,当时赵盾为躲避晋灵公的残害,正出逃在外,根本不在现场。但赵盾是晋国的执政,晋灵公被杀时,他还没有逃出国境,按照史官著述的书法原则,晋灵公被弑的责任就应该算在赵盾头上。董狐的这一记载,虽然与具体事实不合,但却合于史官的笔法。孔子称赞这一记载是书法不隐,并称赞董狐是良史,还是对董狐记载的肯定。但孔子同时叹息作为贤臣的赵盾当时没有出逃国外,而遭到"弑君"这罪名。赵盾弑君的这一记载,被后来春秋公羊学大肆发挥,视为孔子的书法,含有诛绝乱臣贼子的微言大义。清代今文经学讲经史之分,其中一个重要论点,就是以有无书法来区分经史。但这些都是今文经学之说,并不符合历史的实际。从这条史料看,书法并不是后来经学才有的,

---

① 阮元刻:《春秋左传正义》襄公二十五年,《十三经注疏》(下),中华书局1982年版,第1984页。

② 阮元刻:《春秋左传正义》宣公二年,《十三经注疏》(下),中华书局1982年版,第1867页。

更非只是春秋公羊学特有的,书法规则在春秋已经是史官一条必须遵守的法则。

秉笔直书是对史实如实的记载,而依书法对史实的记叙,未必一定合于事实。书法重视的是政治意识。同一的弑君,但背后的原因、人物职权不同,其政治责任也有分别。崔杼弑君与赵穿弑君,皆为弑君,但崔杼是齐国的执政,赵穿并不是晋国的正卿,晋国的执政是赵盾,所以,同一弑君,崔杼应该担负全部罪责,而赵穿的弑君最大责任却应该由赵盾来承担。如果赵穿弑君,也采用崔杼弑君的秉笔直书,就隐盖了赵盾应该负有的主要政治责任这一点。孔子称其为书法不隐,就是指赵盾弑君的记载,将赵穿弑君事件背后隐藏的赵盾应负的主要政治责任明白表述出来了。秉笔直书与书法不隐相互补充,既保证了史官文化忠实于历史真实的品格,也使史官文化不只是毫无思想、缺乏精神的流水账,而是有着政治意义的文献。

所以,这些著作被视为比珍宝更为贵重的财富,受到人们的高度重视与维护。鲁国遭遇一次大火,而官员救援的表现就充分说明了这一点:

> 夏五月辛卯,司铎火。火逾公宫,桓、僖灾。救火者皆曰顾府。南宫敬叔至,命周人出御书,俟于宫,曰:"庀女而不在,死。"子服景伯至,命宰人出礼书,以待命:"命不共,有常刑。"校人乘马,巾车脂辖。百官官备,府库慎守,官人肃给。济濡帷幕,郁攸从之,蒙茸公屋。自大庙始,外内以悛,助所不给。有不用命,则有常刑,无赦。公父文伯至,命校人驾乘车。季桓子至,御公立于象魏之外,命救火者伤人则止,财可为也。命藏象魏,曰:"旧章不可亡也。"富父槐至,曰:"无备而官办者,犹拾也。"于是乎去表之蒿,道还公宫。①

当遇到大火,危及王宫、祖庙时,鲁国的高官第一关注的是图书文献的保存,这些文献有君主阅读的御书,有关礼制的礼书,被统称为旧章,即以前的典章。

---

① 阮元刻:《春秋左传正义》哀公三年,《十三经注疏》(下),中华书局1982年版,第2157页。

从季桓子到南宫敬叔、子服景伯都以抢救典章文献为重点：一个说不抢救御书，就判死刑；一个说不保护好礼书，就杀无赦；一个说旧章不可亡。三个高官都对图书文献表达了无比的重视，无一例外。这说明重视文化典籍，在春秋时期已经成为许多人的共识，成为一种社会风气。这一对典籍文献的重视体现了中华民族对精神文明的敬重，也正是有了这种敬重，才为中华文明的发展提供了坚实的社会保障。而对典籍的尊重，在于典籍是史官文化的结晶，而史官文化背后是古代中国人的精神文化，这一精神文化是古代中国人长期生活经验的总结，具有指导人生的巨大价值意义。

第二节　春秋的文献

　　史官文化是通过其著述来表现的，史官的著述形成中国最早的文本文献。史官著述最早可以追溯到夏代。魏绛在与晋侯讨论是否和戎时说：

　　　　诸侯新服，陈新来和，将观于我，我德则睦，否则携贰。劳师于戎，而楚伐陈，必弗能救，是弃陈也，诸华必叛。戎，禽兽也，获戎失华，无乃不可乎？《夏训》有之曰："有穷后羿。"……昔周辛甲之为大史也，命百官，官箴王阙。于《虞人之箴》曰："芒芒禹迹，尽为九州，经启九道。民有寝庙，兽有茂草，各有攸处，德用不扰。在帝夷羿，冒于原兽，忘其国恤，而思其麀牡。武不可重，用不恢于夏家。兽臣司原，敢告仆夫。"《虞箴》如是，可不惩乎？[①]

这里引用到的《夏训》是关于夏代的著述。单子也言及夏代的《夏令》、《时儆》："故《夏令》曰：'九月除道，十月成梁。'其《时儆》曰：'收而场功，待而畚梮，营室之中，土功其始，火之初见，期于司里。'"[②]这三部著述虽然是有关夏

---

　　① 阮元刻：《春秋左传正义》襄公四年，《十三经注疏》（下），中华书局1982年版，第1933页。

　　② 佚名：《国语·周语中》（上），上海古籍出版社1978年版，第68页。

代的著述,但不可能成书于夏王朝。从西周周太史辛甲著《虞人之箴》,追叙舜帝末期大禹治水及其后羿篡夺夏王朝等故事,被称之为《虞箴》来看,《夏训》等著述也应该是后来人对夏代历史的追溯,而非夏王朝就已经成书,因为夏代中国还没有文字出现。比较可信的是,西周开始有了著述的出现,这里提到的周大史辛甲著《虞人之箴》等箴言性质的著述,就是西周史官著述的证据。而该书称之为《虞箴》,是因为讲的是虞夏时代的故事。虞夏商不可能有称之为文献的著述,但有类似史官的存在,远古伏羲、燧人、神农、黄帝、炎帝等传说,就是经由这些类似史官的传承,而被西周以来的史官最早写入史册的,如周大史辛甲的著述《虞箴》。

经由类似辛甲的著述活动,经过西周近三百年以来史官著述的积累,到春秋时期,在中国历史上第一次出现了中国古代文献的爆炸期。数量众多的各类著述涌现出来,从《左传》、《国语》中就可以看到被称引的图书就至少有 40 种以上,除了为人们熟知的《易》、《诗》、《书》、《礼》、《乐》、《春秋》外,还有《军志》、《周志》、《前志》、《史佚之志》、《箴》、《夏训》、《虞箴》(即《虞人之箴》)、《志》、《周文王之法》、《仆区之法》、《郑书》、《仲虺之志》、《夏令》、《时儆》、《周制》、《秩官》、《先王之令》、《先王之教》、《韩之誓》、《瞽史之纪》、《礼志》、《瞽史记》、《训语》、《郑书》、《世》、《令》、《语》、《故志》、《训典》、《祭典》、《懿戒》等。此外,楚王称左史倚相为良史,说他"能读《三坟》、《五典》、《八索》、《九丘》"[①]。考虑到被引用的书籍,只能够是存世书籍的一部分,而且常常是其中的少部分,完全有理由相信,春秋时期已有的文献远远超过这个数量。随着学在官府的限制被打破,这些著述开始了向民间的流传,上学下达,这在春秋末期发展尤为迅速。关于《左传》、《国语》引《志》等书的具体情况可以参见下表。

---

① 阮元刻:《春秋左传正义》昭公十二年,《十三经注疏》(下),中华书局 1982 年版,第2064 页。

《左传》、《国语》引《志》等书表

编号	出处	引用者	国	引文
1	僖公二十八年	楚子	楚	《军志》曰:"允当则归。"又曰:"知难而退。"又曰:"有德不可敌。"此三志者,晋之谓矣。
2	文公二年	狼曋	晋	《周志》有之:"勇则害上,不登于明堂。"
3	文公六年	臾骈	晋	《前志》有之曰:"敌惠敌怨,不在后嗣。"
4	文公十八年	季文子	鲁	周公制《周礼》曰:"则以观德,德以处事,事以度功,功以食民。"
5	宣公十二年	孙叔	楚	《军志》曰:"先人有夺人之心"①。薄之也。
6	宣公十二年	栾武子	晋	箴之曰:"民生在勤,勤则不匮。不可谓骄。"
7	成公四年	季文子	鲁	史佚之《志》有之,曰:"非我族类,其心必异。"
8	成公十五年	子臧	曹	《前志》有之曰:"圣达节,次守节,下失节。"
9	襄公四年	魏绛	晋	《夏训》有之曰:"有穷后羿。"
10	襄公四年	魏绛	晋	昔周辛甲之为大史也,命百官,官箴王阙。于《虞人之箴》曰:"芒芒禹迹,尽为九州,经启九道。民有寝庙,兽有茂草,各有攸处,德用不扰。在帝夷羿,冒于原兽,忘其国恤,而思其麀牡。武不可重,用不恢于夏家。兽臣司原,敢告仆夫。"《虞箴》如是,可不惩乎?
11	襄公四年	君子		君子曰:"《志》所谓'多行无礼,必自及也。'"
12	襄公二十五年	孔子	鲁	仲尼曰:"《志》有之:'言以足志,文以足言。'"
13	襄公三十年	子产	郑	《郑书》有之曰:"安定国家,必大焉先。"
14	襄公三十年	子皮	郑	曰:"《仲虺之志》云:'乱者取之,亡者侮之。推亡固存,国之利也。'"
15	昭公元年	子产	郑	故《志》曰:"买妾不知其姓,则卜之。"
16	昭公三年	穆叔	鲁	《志》曰:"能敬无灾。"
17	昭公三年	穆叔	鲁	又曰:"敬逆来者,天所福也。"
18	昭公七年	尹无宇	楚	《周文王之法》曰:"有亡,荒阅",所以得天下也。
19	昭公七年	尹无宇	楚	吾先君文王,作《仆区之法》,曰:"盗所隐器,与盗同罪。"
20	昭公十二年	孔子	鲁	古也有《志》:"克己复礼,仁也。"
21	昭公二十一年	厨人濮	宋	《军志》有之曰:"先人有夺人之心,后人有待其衰。"
22	昭公二十八年	司马叔游	晋	《郑书》有之曰:"恶直丑正,实蕃有徒。"
23	哀公十八年	君子		《志》曰:"圣人不烦卜筮。"

---

①　文公七年,范宣子有"先人有夺人之心,军之善谋也"之语,系暗引《军志》之语。

编号	出处	引用者	国	引文
24	《周语中》	单子	周	故《夏令》曰:"九月除道,十月成梁。"
25	《周语中》	单子	周	其《时儆》曰:"收而场功,待而畚梮,营室之中,土功其始,火之初见,期于司里。"
26	《周语中》	单子	周	《周制》有之曰:"列树以表道,立鄙食以守路,国有郊牧,疆有寓望,薮有圃草,囿有林池,所以御灾也。其余无非谷土,民无悬耜,野无奥草。不夺民时,不蔑民功。有优无匮,有逸无罢。国有班事,县有序民。"
27	《周语中》	单子	周	周之《秩官》有之曰:"敌国宾至,关尹以告,行理以节逆之,候人为导,卿出郊劳,门尹除门,宗祝执祀,司里授馆,司徒具徒,司空视途,司寇诘奸,虞人入材,甸人积薪,火师监燎,水师监濯,膳宰致飧,廪人献饩,司马陈刍,工人展车,百官以物至,宾入如归。"
28	《周语中》	单子	周	《先王之令》有之曰:"天道赏善而罚淫,故凡我造国,无从非彝,无即慆淫,各守尔典,以承天休。"
29	《周语中》	单子	周	故《先王之教》曰:"雨毕而除道,水涸而成梁,草木节解而备藏,阴霜而冬裘具,清风至而修城郭宫室。"
30	《晋语一》	郭偃		商之衰也,其《铭》有之曰:"嗛嗛之德,不足就也,不可以矜,而祇取忧也。嗛嗛之食,不足狃也,不能为膏,而祇罹咎也。"
31	《晋语三》	司马说	晋	夫《韩之誓》曰:"失次犯令,死;将止不面夷,死;伪言误众,死。"
32	《晋语四》	齐姜	齐	《瞽史之纪》曰:"唐叔之世,将如商数。"
33	《晋语四》	子余	晋	《礼志》有之曰:"将有请于人,必先有入焉。欲人之爱己也,必先爱人。欲人之从己也,必先从人。无德于人,而求用人罪也。"
34	《晋语四》	董因	晋	《瞽史记》曰:"嗣续其祖,如鮸之滋,必有晋国。"
35	《晋语七》	司马侯	晋	羊舌肸习于《春秋》。
36	《晋语九》	智襄子	晋	《志》有之曰:"高山峻原,不生草木。松柏之地,其土不肥。"
37	《郑语》	史伯	周	《训语》有之曰:"夏之衰也,褒人之神化为二龙,以同于王庭,而言曰:余褒之二君也。夏后卜杀之与安之与止之,莫吉。卜请其漦而藏之,吉。乃布币焉而策告之,龙亡而漦在,椟而藏之,传郊之。"
38	《楚语上》	申叔时	楚	《郑书》有之曰:"恶直丑正,实蕃有徒。"
39	《楚语上》	申叔时	楚	《志》曰:"圣人不烦卜筮。"
40	《楚语上》	申叔时	楚	教之《春秋》,而为之耸善而抑恶焉,以戒劝其心。
41	《楚语上》	申叔时	楚	教之《世》,而为之昭明德而废幽昏焉,以休惧其动。
42	《楚语上》	申叔时	楚	教之《诗》,而为之导广显德,以耀明其志。

编号	出处	引用者	国	引文
43	《楚语上》	申叔时	楚	教之《礼》,使知上下之则。
44	《楚语上》	申叔时	楚	教之《乐》,以疏其秽而镇其浮。
45	《楚语上》	申叔时	楚	教之《令》,使访物官。
46	《楚语上》	申叔时	楚	教之《语》,使明其德,而知先王之务用明德于民也。
47	《楚语上》	申叔时	楚	教之《故志》,使知废兴者而戒惧焉。
48	《楚语上》	申叔时	楚	教之《训典》,使知族类,行比义焉。
49	《楚语上》	子木	楚	其《祭典》有之曰:"国君有牛享,大夫有羊馈,士有豚犬之奠,庶人有鱼炙之荐,笾豆、脯醢则上下共之。不羞珍异,不陈庶侈。"
50	《楚语上》	左史倚相	楚	昔卫武公年数九十有五矣,犹《箴》儆于国,曰:"'自卿以下至于师长士,苟在朝者,无谓我老耄而舍我,必恭恪于朝,朝夕以交戒我;闻一二之言,必诵志而纳之,以训导我。'在舆有旅贲之规,位宁有官师之典,倚几有诵训之谏,居寝有亵御之箴,临事有瞽史之导,宴居有师工之诵。史不失书,蒙不失诵,以训御之,于是乎作《懿戒》以自儆也。及其没也,谓之睿圣武公。子实不睿圣,于倚相何害?"

中国传统文化以经史子集的四部分类,来划分图书的种类,清代今文经学的经史之分说,以事义区分经史,认为史只是记事却无义之书,只有经才有义。但这种区分绝不适合古代的史官著述。古代史官的著述不仅是历史的记载,也是精神文化的载体。中国古代文化的精神,就是通过史官的著述得以保存。春秋时期所见的各种著述,都是属于史官的著述。所以,春秋时期的著述最多的是以《志》命名,总计17次之多,其中《前志》出现2次,《军志》有3次,《志》有9次。而《志》不过是古代史书的通名,后世史部的著述也还多以《志》为名,如《三国志》、《华阳国志》等,或以《志》为史记的一种体例,如《汉书》有《艺文志》等《志》十篇,就是古代《志》为史官记载历史之名的延续。从名称看,这些书籍有的是以记载内容命名的如《军志》、《礼志》,可能是与军事、礼仪相关,《史佚之志》、《仲虺之志》是以著述人命名的著作,《前志》、《故志》可能是记载以往历史的著述,《周志》可能是关于周人历史记载的书籍。春秋时期常见瞽史并称,《瞽史之纪》、《瞽史记》,显然是由瞽人著作的史籍。而《先

王之令》、《先王之教》则是关于先王历史的记叙;《春秋》更是春秋时期各国史书的通名;其他以"箴"、"训"、"法"、"书"、"制"、"官"、"誓"、"语"、"世"、"令"、"典"、"戒"命名的书籍也无不是历史的记载。即使《诗经》、《周易》、《尚书》、《礼》,在章学诚看来最初也不过是史类之书,而这一看法是完全合乎春秋时期文献的实际的。只不过春秋时期的史官文化是无所不包的,与四部分类中与经、子、集相对而言的史不同。古代关于史的著述是包含后来经、史、子、集的各种内容,四部分类四部图书都是由最早的史官著述逐渐发展而来。

这些众多文献在春秋时期已经流行各国,无论是中原的鲁、郑、卫、宋、陈、晋诸国,还是中原之外的楚、秦,君臣在讨论重大国是时,常常引用这些文献作为立论的依据,而且经常出现一次引用数部文献的情况。楚王在请教如何教育太子时,申叔时说:

> 教之《春秋》,而为之耸善而抑恶焉,以戒劝其心;教之《世》,而为之昭明德而废幽昏焉,以休惧其动;教之《诗》,而为之导广显德,以耀明其志;教之《礼》,使知上下之则;教之《乐》,以疏其秽而镇其浮;教之《令》,使访物官;教之《语》,使明其德,而知先王之务用明德于民也;教之《故志》,使知废兴者而戒惧焉;教之《训典》,使知族类,行比义焉。[1]

按照春秋公羊学的夷夏之分说,楚国在当时还属于文明未开的狄夷之国,但申叔时一次就能够引用到《春秋》、《世》、《诗》、《礼》、《乐》、《令》、《语》、《故志》、《训典》九部著作,并建议用作教育太子的教材。这说明春秋时期的文化发展,实际上已经突破了夷夏的界限,在所谓的狄夷国度如楚国,已经有礼乐文化的深广的影响,才会有能读《三坟》、《五典》、《九丘》、《八索》的左史倚相,能够一次论及九部著述的申叔时。特别值得注意的是申叔时对这九部著述作用的说法,如说《春秋》有"耸善抑恶"之功,《礼》可知"上下之则",《诗》

---

[1]　佚名:《国语·楚语上》(下),上海古籍出版社1978年版,第528页。

能够"耀明其志",《乐》可以"疏其秽而镇其浮"等,这些解说都与看后来经学的解释在精神实质上并无二致。而这些著述能够被用来作为教育太子的教材,一定是具有公认重大价值的作品。

除开这些有文字形成的文献外,春秋时期还流行一种口传文献,包括古代贤人的名言、社会流传的各种谚语等。关于《左传》、《国语》引古人言与谚语的详细情况可参见下面两个表:

《左传》、《国语》引谚语表

编号	出处	引用者	国	引文
1	隐公十一年	羽父	鲁	周谚有之曰:"山有木,工则度之;宾有礼,主则择之。"
2	桓公十年	虞叔	虞	周谚有之:"匹夫无罪,怀璧其罪。"
3	闵公元年	士蒍	晋	且谚曰:"心苟无瑕,何恤乎无家。"
4	僖公五年	宫之奇	虞	谚所谓"辅车相依,唇亡齿寒"①。
5	僖公七年	孔叔	郑	谚有之曰:"心则不竞,何惮于病。"
6	宣公四年	子文	楚	谚曰:"狼子野心。"
7	宣公十五年	伯宗	晋	谚曰:"高下在心。"
8	宣公十六年	羊舌职	晋	谚曰:"民之多幸,国之不幸也。"
9	昭公元年	刘定公	周	谚所谓老将知而耄及之者。
10	昭公三年	晏子	齐	且谚曰:"非宅是卜,唯邻是卜。"
11	昭公十九年	子产	郑	谚曰:"无过乱门。"
12	昭公十九年	子瑕	楚	谚所谓"室于怒,市于色"者。
13	昭公二十八年	魏子	晋	谚曰:"唯食忘忧。"
14	定公十四年	戏阳	宋	谚曰:"民保于信。"
15	《周语下》	伶州鸠	周	谚曰:"众心成城,众口铄金。"
16	《周语下》	彪傒	卫	谚曰:"从善如登,从恶如崩。"
17	《晋语四》	叔詹	郑	《谚》:"黍稷无成,不能为荣。黍不为黍,不能蕃庑。稷不为稷,不能蕃殖。所生不疑,唯德之基。"
18	《越语下》	勾践	越	谚有之曰:"觥饭不及壶飧。"
19	《吴语下》	诸稽郢	吴	夫谚曰:"狐埋之而狐搰之,是以无成功。"

---

① 哀公八年:"王问于子泄,对曰:'鲁虽无与立,必有与毙;诸侯将救之,未可以得志焉。晋与齐、楚辅之,是四仇也。夫鲁、齐、晋之唇,唇亡齿寒,君所知也。不救何为?'"

《左传》、《国语》引古人言、先人言等

编号	出处	引用者	国	引文
1	隐公六年	君子		周任有言曰:"为国家者,见恶如农夫之务去草焉,芟夷蕴崇之,绝其本根,勿使能殖,则善者信矣。"
2	僖公七年	子文	楚	古人有言曰"知臣莫若君。"
3	僖公十五年	子桑	秦	史佚有言曰:"无始祸,无怙乱,无重怒。"
4	僖公十五年	秦伯	秦	箕子曰:"其后必大。"
5	文公十五年	子服惠伯	鲁	史佚有言曰:"兄弟致美。"
6	文公十七年	子家	郑	古人有言曰:"畏首畏尾,身其余几。"
7	文公十七年	子家	郑	又曰:"鹿死不择音。"
8	宣公十二年	栾武子	晋	先大夫子犯有言曰:"师直为壮,曲为老。"
9	宣公十二年	随武子	晋	仲虺有言曰"取乱侮亡兼弱也。"
10	宣公十二年	君子		史佚所谓毋怙乱者,谓是类也。
11	宣公十五年	伯宗	晋	古人有言曰:"虽鞭之长,不及马腹。"
12	襄公十四年	中行献子	晋	史佚有言曰:"因重而抚之。"
13	襄公十四年	中行献子	晋	仲虺有言曰:"亡者侮之,乱者取之,推亡固存,国之道也。"
14	襄公二十六年	卫侯	卫	古人有言曰:"非所怨勿怨。"
15	襄公二十六年	声子	楚	归生闻之:"善为国者,赏不僭而刑不滥。"
16	襄公三十年	季札	郑	吾闻之也:"辩而不德,必加于戮。"
17	昭公元年	赵文子	晋	且吾闻之:"能信不为人下。"吾未能也。
18	昭公元年	后子	秦	史佚有言曰:"非羁何忌?"
19	昭公五年	孔子	鲁	周任有言曰:"为政者不赏私劳,不罚私怨。"
20	昭公七年	子产	郑	古人有言曰:"其父析薪,其子弗克负荷。施将惧不能任其先人之禄,其况能任大国之赐?"
21	昭公八年	师旷	晋	臣又闻之曰:"作事不时,怨讟动于民,则有非言之物而言。"
22	昭公八年	宋君	宋	人有言曰:"唯乱门之无过。"
23	昭公二十四年	子大叔	郑	人亦有言曰:"嫠不恤其纬,而忧宗周之陨,为将及焉。"
24	昭公二十五年	乐祁	宋	吾闻之:"哀乐而乐哀,皆丧心也。"
25	昭公二十五年	子大叔	郑	吉也闻诸先大夫子产曰:"夫礼,天之经也。地之义也,民之行也。"
26	昭公二十六年	王子朝	周	先王之命:"王后无适,则择立长。年钧以德,德钧以卜。"
27	昭公二十八年	叔向母	晋	吾闻之:"甚美必有甚恶。"
28	定公四年	斗辛	楚	吾闻之:"不让则不和,不和不可以远征。"

编号	出处	引用者	国	引文
29	哀公十五年	芋尹盖	陈	且臣闻之曰："事死如事生,礼也。"
30	哀公十五年	芋尹盖	陈	先民有言曰："无秽虐士。"
31	《周语中》	富辰	周	古人有言曰："兄弟谗阋、侮人百里。"
32	《周语中》	周王	周	先民有言曰："改玉改行。"
33	《周语中》	仓葛	阳樊	臣闻之曰："武不可觌,文不可匿。觌武无烈,匿文不昭。"
34	《周语中》	单襄公	周	人有言曰："兵在其颈。"
35	《周语下》	太子晋	周	人有言曰："无过乱人之门。"
36	《周语下》	太子晋	周	又曰"佐饔者尝焉,佐斗者伤焉。"
37	《周语下》	太子晋	周	又曰："祸不好,不能为祸。"
38	《周语下》	叔向	晋	吾闻之曰："一姓不再兴。"
39	《鲁语上》	里革	鲁	臣闻曰："毁则为贼,掩贼者为藏,窃宝者为宄,用宄之财者为奸。"
40	《鲁语下》	孔子	鲁	丘闻之："木石之怪曰夔、魍魉,水之怪曰龙、罔象,土之怪曰羵羊。"
41	《鲁语下》	共父文伯之母	鲁	吾闻之先姑曰："君子能劳,后世有继。"
42	《鲁语下》	子夏	鲁	商闻之曰："古之嫁者,不及舅姑,谓之不幸。"
43	《晋语二》	申生	晋	吾闻之曰："仁不怨君,智不重困,勇不逃死。"
44	《晋语六》	范文子	晋	吾闻之曰："天道无亲,唯德是授。"
45	《晋语六》	长鱼矫	晋	臣闻之,乱在内为宄,在外为奸,御宄以德,御奸以刑。
46	《晋语六》	韩献子	晋	人有言曰："杀老牛莫之敢尸。"
47	《晋语七》	公族穆子	晋	臣闻之曰："无功庸者,不敢居高位。"
48	《晋语八》	赵文子	晋	吾闻之曰："善人在患,弗救不祥;恶人在位,不去亦不祥。"
49	《郑语》	史伯	周	臣闻之,天之所启,十世不替。
50	《楚语下》	子高	楚	人有言曰："狼子野心,怨贼之人也。"
51	《越语下》	范蠡	越	先人有言曰："伐柯者其则不远。"
52	《越语下》	王孙雒	吴	先人有言曰："无助天为虐,助天为虐者不祥。"

在这些所引的人物中,有史佚、箕子、周任、仲虺等古代著名的贤人、史官,而子犯、子产等则是春秋时期的名臣,更多的是佚名的古贤。这些被引用的名言及其谚语虽然都简短精炼,但都具有指导人的言行、警戒人生的深刻哲理与

现实意义。如"善为国者,赏不僭而刑不滥"、"为政者不赏私劳,不罚私怨"、"从善如登,从恶如崩"、"民保于信"、"夫礼,天之经也,地之义也,民之行也"、"甚美必有甚恶"、"不让则不和,不和不可以远征"、"知臣莫若君"、"天道无亲,唯德是授"等,对"民主"的为政多有警示与指导的意义。"君子能劳,后世有继"、"无功庸者,不敢居高位"、"祸不好,不能为祸"、"无过乱人之门"、"唯乱门之无过"、"无过乱门"、"事死如事生"、"辩而不德,必加于戮"、"能信不为人下"、"哀乐而乐哀,皆丧心也"、"心则不竞,何惮于病"、"高下在心"等语,则为正确地对待人生祸福及其为人处世提供原则。许多语言还以谚语或成语的形式流传至今,如"匹夫无罪,怀璧其罪"、"唇亡齿寒"、"狼子野心"、"畏首畏尾"、"众心成城,众口铄金"、"兄弟谗阋、侮人百里"、"狼子野心"等,在漫长的历史进程中一直潜移默化地影响着中国人的精神生活。这些通过口传的方式流传下来的谚语、古人言等,来源于古代中国人的社会生活,是其人生经验教训的总结,是古代中国人精神智慧的结晶。这些语言朴实易懂,朗朗上口,不必依赖文字的优点,故能在社会得到广泛传播,发生深远的影响。这些口传文献与著述的文献都是春秋时期文化不可或缺的重要内容。

但这些古人之言与谚语都是只言片语,不如文本的文献具有丰富的内容,带有理论的条理性、系统性,所以,尽管这些名言谚语具有经久不息的生命力,却不如文本的文献对中国文化构建的作用。所以,固然不可忽略古人名言与谚语之类口传文献的意义,但更应该重视的文本的文献。文化的意义在于满足人们的精神与现实需求,文本文献作为文化的载体,是否能够被流传与认同,就取决于是否具有这一价值,及其价值的大小。春秋时期被人们引用文献的内容,来源与古代人们社会生活的经验总结,有一个共同的特点,都是中国古代有关于人的生存发展智慧的理论总结,对人生与社会的发展具有指导价值。一般而论,文献引用越多,引用的历史越悠久,价值就越高。就著作而言,被春秋时期人们引用最多的是《诗经》、《周易》、《尚书》。《诗经》的引用达

305 条,《尚书》的引用达 55 条,《周易》的引用达 28 条。而《诗经》、《周易》、《尚书》引用最多的现象,实际上是一种历史的选择。这一选择的背后,是古代中国人对已有文化的选择性认同,正是经过春秋时期的这一选择性认同,才确定了中国文化的基本精神,奠定了中国文化的基因。春秋末期孔子整理《五经》,完成经学元典的最后定型,则是这一选择的集大成。春秋时期之所以是文化定型时期,而不是转型时期,就在于周公以来重德的人文精神被发扬光大,并通过元典的形式确立下来。

第三节　春秋时期的《易》学

根据后来经学排列经典的顺序,《五经》元典以《易经》为首。其实,《易》本为卜筮之书,在春秋时期《易》也是被作为占卜之书而被运用。占卜分为卜筮两大类,卜是龟卜,通过观察穿刺龟板而出现的裂纹之象来预断吉凶,筮是运用筮草的策数变化来进行预占。先有卜,后有筮。春秋时期卜筮的运用十分普遍,但卜筮连用《左传》3 次,《国语》2 次,总计 5 次。更多的卜筮分开叙述,《左传》言卜 124 次,筮 26 次;《国语》言卜 16 次,筮 8 次;二书合计言卜 140 次,言筮 34 次。卜的数量大大超过筮的次数,这说明春秋时期人们采用占卜的主要方式还是龟卜,这与卜是人们长期习惯的占卜方式有直接关系。春秋时期的《易》占已经超过了龟卜的地位。尽管龟卜的数量大大多于《易》筮,但已经有人认为龟卜的作用是有限的,如楚国的斗廉提出"卜以决疑,不疑何卜"①。子产引《志》:"买妾不知其姓,则卜之。"②龟卜只是在有怀疑、不知晓情况时才可应用,没有怀疑、事情清楚,龟卜就没有用武之地。甚至《志》

---

① 阮元刻:《春秋左传正义》桓公十一年,《十三经注疏》(下),中华书局 1982 年版,第 1755 页。

② 阮元刻:《春秋左传正义》昭公元年,《十三经注疏》(下),中华书局 1982 年版,第 2024 页。

书明确提出，"圣人不烦卜筮"①。就其重要性与影响而言，《易》筮大大超过龟卜，人们不仅利用《周易》进行筮占，更从对预占的解释中发挥出道德政治与哲学的学说，而为《易传》的形成做好了直接准备。没有春秋时期《易》学的发展，《周易》能够成为经学元典，并最终居于《五经》之首的地位是不可想象的。

一、春秋引《易》大略

要全面认识春秋时期《周易》的被引用，可以分为卦的引用、以卦辞为说及其依卦象为说三个方面来分析。

1. 卦的引用

《左传》、《国语》中利用《周易》筮占的有 28 条材料，其中《左传》有 25 条，《国语》有 3 条。详情可见下表。

编号	出处	引者	国名	引文
1	庄公二十二年	周史	周	周史有以《周易》见陈侯者，陈侯使筮之，遇☷☴观之☶否。曰："是谓'观国之光，利用宾于王。'代陈有国乎。不在此，其在异国；非此其身，在其子孙。光，远而自他有耀者也。☷坤，土也。☴巽，风也。☰乾，天也。风为天于土上，山也。有山之材而照之以天光，于是乎居土上，故曰：'观国之光，利用宾于王。'庭实旅百，奉之以玉帛，天地之美具焉，故曰：'利用宾于王。'犹有观焉，故曰其在后乎。风行而着于土，故曰其在异国乎。若在异国，必姜姓也。姜，大岳之后也。山岳则配天，物莫能两大。陈衰，此其昌乎。"
2	闵公元年	毕万	晋	晋侯作二军……赐毕万魏，以为大夫……卜偃曰："毕万之后必大，万，盈数也，魏，大名也，以是始赏，天启之矣，天子曰兆民，诸侯曰万民，今名之大，以从盈数，其必有众。"初，毕万筮仕于晋，遇☳☷屯之☷☳比。辛廖占之，曰："吉。☷屯固☷比入，吉孰大焉？其必蕃昌。震为土，车从马，足居之，兄长之，母覆之，众归之，六体不易，合而能固，安而能杀。公侯之卦也。公侯之子孙，必复其始。"

① 阮元刻：《春秋左传正义》哀公十八年，《十三经注疏》（下），中华书局 1982 年版，第 2180 页。

续表

编号	出处	引者	国名	引文
3	闵公二年	楚丘之父	鲁	成季之将生也，桓公使卜楚丘之父卜之。曰："男也。其名曰友，在公之右。间于两社，为公室辅。季氏亡，则鲁不昌。"又筮之，遇䷍大有之䷀乾，曰："同复于父，敬如君所。"及生，有文在其手曰"友"，遂以命之。
4	僖公十五年	卜徒父	秦	卜徒父筮之，吉。涉河，侯车败。诘之，对曰："乃大吉也，三败必获晋君。其卦遇䷑蛊，曰：'千乘三去，三去之余，获其雄狐。'夫狐蛊，必其君也。䷑蛊之贞，风也；其悔，山也。岁云秋矣，我落其实而取其材，所以克也。实落材亡，不败何待？"
5	僖公十五年	晋献公	晋	晋献公筮嫁伯姬于秦，遇䷵归妹之䷥睽。史苏占之曰："不吉。其繇曰：'士刲羊，亦无亡也。女承筐，亦无贶也。西邻责言，不可偿也。'䷵归妹之䷥睽，犹无相也。䷲震之䷝离，亦䷝离之䷲震，为雷为火。为嬴败姬，车说其輹，火焚其旗，不利行师，败于宗丘。归妹睽孤，寇张之弧，侄其从姑，六年其逋，逃归其国，而弃其家，明年其死于高梁之虚。"
6	僖公二十五年	卜偃	晋	卜偃卜之，曰："吉。遇黄帝战于阪泉之兆。"公曰："吾不堪也。"对曰："周礼未改。今之王，古之帝也。"公曰："筮之。"筮之，遇䷍大有之䷥睽，曰："吉。遇'公用享于天子'之卦也。战克而王飨，吉孰大焉，且是卦也，天为泽以当日，天子降心以逆公，不亦可乎？䷍大有去䷥睽而复，亦其所也。"
7	宣公六年	伯廖	郑	伯廖告人曰："无德而贪，其在《周易》䷶丰之䷝离，弗过之矣。"
8	宣公十二年	知庄子	晋	《周易》有之，在䷆师之䷒临，曰："师出以律，否臧凶。"
9	成公十六年	晋厉公	晋	公筮之，史曰："吉。其卦遇䷗复，曰：'南国蹙，射其元王中厥目。'"
10	襄公九年	穆姜	鲁	穆姜薨于东宫。始往而筮之，遇䷳艮之八。史曰："是谓䷳艮之䷐随。䷐随其出也。君必速出也。"姜曰："亡。是于《周易》曰：'䷐随，元亨利贞，无咎。'元，体之长也；享，嘉之会也；利，义之和也；贞，事之干也。体仁足以长人，嘉德足以合礼，利物足以和义，贞固足以干事，然，故不可诬也，是以虽随无咎。今我妇人而与于乱。固在下位而有不仁，不可谓元。不靖国家，不可谓亨。作而害身，不可谓利。弃位而姣，不可谓贞。有四德者，随而无咎。我皆无之，岂随也哉？我则取恶，能无咎乎？必死于此，弗得出矣。"
11	襄公二十五年	崔武子	齐	筮之，遇䷮困之䷛大过。史皆曰："吉。"示陈文子。文子曰："夫从风，风陨，妻不可娶也。且其《繇》曰：'困于石，据于蒺藜，入于其宫，不见其妻，凶。'困于石，往不济也。据于蒺藜，所恃伤也。入于其宫，不见其妻，凶，无所归也。"

编号	出处	引者	国名	引文
12	襄公二十八年	子大叔	郑	子大叔归,覆命,告子展曰:"楚子将死矣! 不修其政德,而贪昧于诸侯,以逞其愿,欲久,得乎?《周易》有之,在䷗复之䷕颐,曰:'迷复,凶。'其楚子之谓乎?"
13	昭公元年	医和	秦	在《周易》,女惑男,风落山,谓之䷑蛊。
14	昭公五年	庄叔	鲁	初,穆子之生也,庄叔以《周易》筮之,遇明夷之谦。曰:"是将行,而归为子祀。以谗人入,其名曰牛,卒以馁死。明夷,日也。日之数十,故有十时,亦当十位。自王已下,其二为公,其三为卿。日上其中,食日为二,旦日为三。明夷之谦,明而未融,其当旦乎,故曰:'为子祀'。日之谦,当鸟,故曰'明夷于飞'。明之未融,故曰'垂其翼'。象日之动,故曰'君子于行'。当三在旦,故曰'三日不食'。离,火也。艮,山也。离为火,火焚山,山败。于人为言,败言为谗,故曰'有攸往,主人有言',言必谗也。纯离为牛,世乱谗胜,胜将适离,故曰'其名曰牛'。谦不足,飞不翔,垂不峻,翼不广,故曰'其为子后乎'。吾子,亚卿也,抑少不终。"
15	昭公七年	孔成子	卫	孔成子以《周易》筮之,曰:"元尚享卫国,主其社稷。"遇䷂屯。
16	昭公七年	孔成子	卫	又曰:"余尚立絷,尚克嘉之。"遇䷂屯之䷇比。以示史朝。史朝曰:"'元亨',又何疑焉?"成子曰:"非长之谓乎?"对曰:"康叔名之,可谓长矣。孟非人也,将不列于宗,不可谓长。且其繇曰:'利建侯'。嗣吉,何建? 建非嗣也。二卦皆云,子其建之。康叔命之,二筮袭于梦,武王所用也,弗从何为?"
17	昭公十二年	南蒯	鲁	南蒯之将叛也,其乡人或知之,过之而叹,且言曰:"恤恤乎,湫乎,攸乎! 深思而浅谋,迩身而远志,家臣而君图,有人矣哉!"南蒯枚筮之,遇䷁坤之䷇比。曰:"黄裳元吉。"以为大吉也,示子服惠伯,曰:"即欲有事,何如?"惠伯曰:"吾尝学此矣。忠信之事则可,必然必败。外强内温,忠也;和以率贞,信也;故曰黄裳元吉。黄,中之色也;裳,下之饰也;元,善之长也。中不忠,不得其色;下不共,不得其饰;事不善,不得其极。外内倡和为忠,率事以信为共,供养三德为善,非此三者弗当。且夫《易》,不可以占险。将何事也? 且可饰乎? 中美能黄,上美为元,下美则裳,参成可筮。犹有阙也,筮虽吉,未也。"
18	昭公二十九年	史墨	晋	《周易》有之,在䷀乾之䷫姤,曰:"潜龙勿用。"
19	昭公二十九年	史墨	晋	其䷌同人曰:"见龙在田。"
20	昭公二十九年	史墨	晋	其䷍大有曰:"飞龙在天。"
21	昭公二十九年	史墨	晋	其䷪夬曰:"亢龙有悔。"
22	昭公二十九年	史墨	晋	其䷁坤曰:"见群龙无首,吉。"
23	昭公二十九年	史墨	晋	䷁坤之䷖剥曰:"龙战于野。"

续表

编号	出处	引者	国名	引文
24	昭公三十二年	史墨	晋	在《易》卦，雷乘乾曰大壮，天之道也。
25	哀公九年	阳虎	鲁	以《周易》筮之，遇泰之需，曰："宋方吉，不可与也。微子启，帝乙之元子也。宋、郑，甥舅也。祉，禄也。若帝乙之元子归妹，而有吉禄，我安得吉焉？"乃止。
26	《周语下》	单襄公	周	吾闻晋之筮之也，遇乾之否，曰："配而不终，君三出焉。"其卦曰："必三取君于周。"其德又可以君国，三袭焉。
27	《晋语四》	重耳	晋	公子亲筮之，曰："尚有晋国。"得贞屯、悔豫，皆八也。筮史占之，皆曰："不吉。闭而不通，爻无为也。"司空季子曰："吉。是在《周易》，皆利建侯。不有晋国，以辅王室，安能建侯？我命筮曰'尚有晋国'，筮告我曰'利建侯'，得国之务也，吉孰大焉！震，车也。坎，水也。坤，土也。屯，厚也。豫，乐也。车班外内，顺以训之，泉源以资之，土厚而乐其实。不有晋国，何以当之？震，雷也，车也。坎，劳也，水也，众也。主雷与车，而尚水与众。车有震，武也。众而顺，文也。文其，厚之至也。故曰屯。其《繇》曰：'元亨利贞，勿用有攸往，利建侯。'主震雷，长也，故曰元。众而顺，嘉也，故曰亨。内有震雷，故曰利贞。车上水下，必伯。小事不济，壅也。故曰勿用有攸往，一夫之行也。众顺而有武威，故曰'利建侯'。坤，母也。震，长男也。母老子强，故曰豫。其繇曰：'利建侯行师。'居乐、出威之谓也。是二者，得国之卦也。"
28	《晋语四》	董因	晋	臣筮之，得泰之八。曰：是谓天地配亨，小往大来。

这 28 条材料，主要涉及周王朝、鲁国、晋国、卫国、郑国、秦国，齐国仅有一次引用，而楚国、吴国、越国则无一引用的记载，这表明春秋时期《周易》主要是在中原与周王室、秦地流行，而在所谓蛮夷之地还不盛行。引用的《周易》涉及 64 卦中的 33 个，超过其总数的一半。分别为：观、否、坤、巽、乾、屯、比、震、大有、蛊、归妹、睽、离、丰、师、临、复、艮、随、困、大过、颐、明夷、谦、姤、同人、夬、剥、需、豫、坎、泰。这些被引用的卦都见于今本《周易》，而且在引用时，有 11 处明确提到《周易》的书名，一处直接称大壮为《易》卦。这说明《周易》的书名，以及 64 卦及其卦名在春秋时期已经确立。

在春秋时期引用《易》卦进行卜筮时，有两种情况：一是只涉及本卦，有 5

条材料,分别是僖公十五年卜徒父筮得䷑蛊;成公十六年晋侯筮得䷗复;昭公元年医和讲的女惑男,风落山谓之䷑蛊;昭公七年孔成子筮得䷂屯,昭公三十二年史墨讲的雷乘乾曰䷡大壮。

二是以变卦的形式为说,有 23 条。所谓变卦,又称为之卦,春秋时期常常用某卦之某卦的形式来表述,如䷜困之䷛大过、䷀乾之䷋否之类,是指通过本卦的爻变而形成另一卦。这 23 条筮例可以分为两类。一类是多爻变的情况,有 5 条,其中的第 28 条的"得䷊泰之八"不知是几爻变,但从春秋时期言易数八可知爻变皆为多爻变推论,䷊泰之八也应该为多爻变。其余 4 条多爻变又可分为三组,第一组为三爻变,有 2 例,一例是即第 26 条的"筮遇䷀乾之䷋否",是由䷀乾卦的初九、九二、九三变为初六、六二、六三,而成为䷋否卦;另一例是第 27 条的,"贞䷂屯、悔䷏豫",是由䷂屯卦的初九、六四、九五三爻,变为初六、九四、六五而来。第二组是五爻变,仅 1 例,即第 10 条穆姜遇䷳艮之八,史称䷳艮之䷐随,由䷳艮变为䷐随,除六二爻不变外,其余五爻都有六、九的阴阳互变。第三组是六爻变,也只有 1 例,为第 22 例中史墨讲的䷀乾"其䷁坤",这是由䷀乾的六阳爻变为六阴爻而成为䷁坤。在多爻变的筮例中,没有见到二爻变、三爻变的明确筮例。

另一类变卦是一爻变的筮例,在明确为变例的 23 例材料中有 18 例之多,达到约 80%的比例。这是春秋时期运用最流行的筮例。这 18 例分别是:庄公二十二年的䷓观之䷋否,由䷓观的六四变为九四而成䷋否;闵公元年的䷂屯之䷇比,由䷂屯的初九变为初六而成䷇比;闵公二年的䷍大有之䷀乾,由䷍大有的六五变为九五而为䷀乾;僖公十五年的䷵归妹之䷥睽,由䷵归妹的上六变为上九而成䷥睽;僖公二十五年的䷍大有之䷥睽,由䷍大有的九三变为六三而成䷥睽;宣公六年的䷶丰之䷝离,由䷶丰的上六变为上九而成䷝离;宣公十二年的䷆师之䷒临,由䷆师的初六变为初九而成䷒临;襄公二十五年的䷜困之䷛大过,由䷜困的六三变为九三而成䷛大过;襄公二十八年的䷗复之䷚颐,由䷗复的上六变为上九而成䷚颐;昭公五年的䷣明夷之䷎谦,由䷣明夷的初九变为初六而成䷎谦;昭公七年的䷂屯之䷇比,由䷂屯的初九变为初六而成䷇比;昭公十二年的䷁坤之䷇比,由䷁坤的六五变为九五而成遇䷇比;昭公二十九年的由䷀乾的初九、九二、九五、上九变为初六、六二、六五、上六而成䷫姤、䷌同人、䷍大有、䷪夬;䷁坤之䷖剥,由䷁坤的上六变为上九而成䷖剥;哀公九年的䷊泰之䷄需,由䷊泰的六五变为九五而成䷄需。

一爻变与多爻变的表述不同。一爻变都是直接以本卦、变卦之间加一"之"字来表示,如䷍大有之䷀乾,䷶丰之䷝离等,这是言一爻变的经典语式。也可有变通的语式,如第 18 至第 21 条,都是讲乾的一爻变,在第 18 条的"䷀乾之䷫姤"之后,分别用"其䷌同人"、"其䷍大有"、"其䷪夬"来表示。这三处"其"的含义指代"䷀乾之","其䷌同人"即"䷀乾之䷌同人",这不过是特定语境下的一种简称,只是经典语式的变通。所以,言一爻变的 18 例表述语式可以说基本上都是相同的,无一例外。而多爻变的表述有两种,一是套用一爻变的经典语式,如䷀乾之䷋否、䷳艮之䷐随;但最能够表明多爻变性质的是以数字"八"来表示,被称为"易数八",如䷊泰之八、䷳艮之八、贞䷂屯悔䷏豫皆八。春秋时期人们用某卦之某卦来表示一爻变,为了与一爻变的语式相区别,多爻变的筮例又较少,所以,就用易数八来说明多爻变。关于易数八自古以来聚讼不决,其实是将简单问题复杂化了。

但《左传》、《国语》言爻变,无论是一爻变还是多爻变,除了某卦之某卦、易数八之外,并无所谓初六、九三之类的术语。这说明春秋时期虽然已经有阴阳的观念,但很可能还没有各卦六爻爻位的观念,今存《周易》各卦六爻皆一一标明初六、九三之类,显然是春秋以后才有的。这从一个侧面说明,春秋时期《周易》即使是经部也没有完全写定。

2. 以卦辞为说

在运用《易》卦断占时,常常以卦辞、爻辞为说。如僖公二十五年,陈文子就引䷜困的六三爻的爻辞为说,并直接以"其《繇》曰"来表示,可见"繇"是春秋时期人们对卦、爻辞的通称。比较今本《周易》，除第 6 条只言及"遇公用享于天子之卦"，而无繇辞的引用，其余引用繇辞 22 条材料存在三种情况。一是其繇辞与今本《周易》完全相同，或仅有文字通假之异，包括上表的第 1、5、8、10、11、12、14、15、16、17、18、25、27、28 条，共计 14 条，在上表 23 条有关《周易》的材料除第 6 条无繇辞外，其余 22 条都有繇辞，14 条为 29 条的约 50%。如庄公二十二年的"观国之光，利用宾于王"，与今本《易经》观䷓六四爻爻辞全同；宣公十二年的"师出以律，否臧凶"，与今本《周易》师䷆的初六爻的爻辞完全相同；襄公二十五年的"困于石，据于蒺藜；入于宫，不见其妻，凶。"与今本《周易》䷮困卦六三爻的爻辞相同，仅有藜作蔾之异，系通假之故。二是引用的繇辞，与今本《周易》的卦辞、爻辞尽管不同，但却能从其卦、爻找到依据。包括第 2、3、7、13、19、26 条，总计 6 条，为 27 条的 20% 多。如闵公二年的"同复于父，敬如君所"，在今本《周易》的䷀乾、䷍大有的繇辞中都无此语，但杜预注说："䷀乾为君，又离变为乾，故曰同复于父，见敬与君同。"①因此，此条当是综合䷍大有、䷀乾之卦象、卦义而来。宣公六年条的伯廖以"无德而贪"解说䷶丰之䷝离。据杜预注说："䷶丰上六变而为纯䷝离也，《周易》论变，故虽不筮，必以变言其义。䷶丰上六曰：'丰其屋，蔀其家，窥其户，阒其无人，三岁不觌，凶。'义取无德而大其屋，不过三岁，必灭亡。"②此条是据爻辞推衍其义而来。三是引用的繇辞，不能从今本《周易》中找到相同或近似语句，如第 4、9 两条，仅占 29 条的约 7%。这表明绝大部分的繇辞，在春秋时期已经与今本完全相同，或可以由其卦、爻推出。只要百分之十左右在今本《周易》找不到根据。

对这两条材料涉及的繇辞，杜预、孔颖达等都认为应是其他类似占卜书的

---

① 阮元刻：《春秋左传正义》闵公二年，《十三经注疏》（下），中华书局 1982 年版，第 1787 页。

② 阮元刻：《春秋左传正义》宣公六年，《十三经注疏》（下），中华书局 1982 年版，第 1872 页。

繇辞。如第 4 条记载：

> 卜徒父筮之，吉。涉河，侯车败。诘之，对曰："乃大吉也，三败
> 必获晋君。其卦遇䷑蛊，曰：'千乘三去，三去之余，获其雄狐。'夫狐
> 蛊，必其君也。䷑蛊之贞，风也；其悔，山也。岁云秋矣，我落其实而
> 取其材，所以克也。实落材亡，不败何待？"①

针对此次占卜，杜预断言卜徒父的繇辞："盖卜筮书杂辞，以狐蛊为君。其义
欲以喻晋惠公。其象未闻。"孔颖达疏："今此所言，不出于《易》，盖卜筮之书，
别有杂辞。此杂辞不出《周易》，无可据而推求，故云其象未闻。"②对第 9 条的
"南国戚，射其元王，中厥目"的繇辞，孔颖达也以出于其他占卜之书来解释：
"此既不用《周易》，而别为之辞，盖卜筮之书，更有此类，筮者据而言耳。"③今
人也都沿袭其说，认为这两条繇辞当出于《连山》、《归藏》之类的他占卜之书。
但是，这两条材料涉及的蛊䷑与䷗复都是《周易》之卦，卦用《周易》，繇辞却采
用其他占卜之书，不符合已知其他引用《周易》之卦的普遍情况。如果没有其
他证据证明用《周易》之卦而繇辞用其他卜筮之书的旁证，就很难肯定这两条
材料中的繇辞一定不是《周易》的卦辞。

以这两条繇辞出于其他占卜之书的这些说法，都是以其不见于今本《周
易》，而直接推论出来的，一般都没有说出依据的理由。只有杜预断定卜徒父
的繇辞取材于杂占，讲出了一个理由，就是徒父是卜人，卜人掌龟卜，不懂《周
易》："徒父，秦之掌龟卜者。卜人而用筮，不能通三《易》之占，故据其所见杂
占而言之。"④但这完全是无根据的臆说。在 28 条《易》筮的材料中，第 3 条还

---

① 阮元刻：《春秋左传正义》僖公十五年，《十三经注疏》（下），中华书局 1982 年版，第
1805—1806 页。

② 阮元刻：《春秋左传正义》僖公十五年，《十三经注疏》（下），中华书局 1982 年版，第
1805—1806 页。

③ 阮元刻：《春秋左传正义》成公十六年，《十三经注疏》（下），中华书局 1982 年版，第
1918 页。

④ 阮元刻：《春秋左传正义》僖公十五年，《十三经注疏》（下），中华书局 1982 年版，第
1805—1806 页。

提到卜楚丘之父,第6条提到卜偃,他们的筮占也都以《周易》为说,怎么能说卜人不通《易》占呢?

《周易》本是一部占卜之书,其书非一时之作,也不是出于一人之手,而是经过许多人与很长时间才完成的。关于六十四卦,就有出于伏羲、神农、大禹、文王等说,至于卦辞、爻辞更应该是历经多时、出于多人之手。占卜的目的是要回答预占的问题,占卜者总是要将占卜神秘化,将其说成是百分百的灵验。但繇辞总是有局限的,但为了满足占卜的准确性,在繇辞成为定本之前,占卜者必定会根据需要来修改已有的繇辞,或者创造新的繇辞。只有在《周易》成为定本后,其繇辞才会固定下来。春秋时期所引用的繇辞只有60%的繇辞与今本《周易》相同,而有超过20%与今本繇辞文字不同的现象,这只能说明春秋时期繇辞还没有完全最后写定。第4、9条的繇辞甚至从卦象、爻象也找不到根据,也正是《周易》繇辞还没有最后完成的表现。所以,不能以繇辞见于今本《周易》,就断定为其他卜筮之书。

3. 依卦象为说

据《易传·系辞传下》说,八卦是伏羲氏取象天地万物:"古者包犠氏之王天下也,仰则观象于天,俯则观法于地,观鸟兽之文,与地之宜,近取诸身,远取诸物,于是始作八卦。"[①]有了八卦后,才有六十四卦,六十四卦是由八卦相重而成,故八卦被称之为八经卦。八经卦是《乾》、《坤》、《震》、《巽》、《坎》、《离》、《艮》、《兑》,代表天地万物八种最常见的基本物象,即天、地、雷、风、水、火、山、泽,并引申出各方面相关的物象及其德性。以卦象为说,是春秋时期的《易》占的重要内容。

春秋时期以卦象为说,主要围绕八经卦的卦象为说。《乾》卦有天、君、父之象:以乾为天,三处言及,分别见于第1条的"乾,天也";第6条的"是卦也,

---

① 阮元刻:《周易正义》卷八,《十三经注疏》(上),中华书局1982年版,第86页。

天为泽以当日,天子降心以逆公",杜预注:"乾为天,兑为泽,乾变为兑,而上当离,离为日。日之在天,垂曜在泽,天子在上,说心在下,是降心逆公之象。"①第28条"得▤泰之八。曰:是谓天地配亨,小往大来";以乾为君、为父,见于第3条遇▤大有之▤乾,曰:"同复于父,敬如君所。"杜预注:"乾为君父,离变为乾,故曰:同复于父,见敬与君同。"②《坤》卦有土、地、马、母、众之象,以坤为土,第1、27条皆有"坤,土也"之说;坤为地,见于第28条,以天地配亨说▤泰;坤为马、母、众,见第2条,"震为土,车从马","母覆之,众归之",《坤·象》云:"利牝马之贞。"③是坤为马也;《说卦》有"坤为母"、"坤为众"④之文;第27条也直言"▤坤,母也"。《震》卦有为雷、车、土、足、兄长、长男之象。为雷、车之象,见于第5条震"为雷、为车",第27条"震,雷也,车也";为车、足、兄长,第2条"震为土",为"震变为坤",即"车从马",是以震为车之象;"足居之,兄长之",《说卦》有"震为足"、"震为长男"⑤之文;为长男,第27条,"震,长男也"。《巽》卦为风之象,见第1条"巽,风也",第4条"蛊之贞,风也"。《坎》卦有劳、水、众、中男之象。劳、水、众之象,见于第27条的"坎,劳也,水也,众也";中男之象,见于第11条,陈文子释遇▤困之▤大过:"夫从风,风陨,妻不可娶也。"杜预:"坎为中男,故曰夫,变而为巽,故曰从风。"⑥《离》卦有火之象,见于第5条"离,火也",第14条"离为火"。《艮》卦有山之象,见于第14条的"艮,山也",第4条的"蛊之贞,风也;其悔,山也"。《兑》卦有泽之象,见于第6条,遇▤大有之▤睽,"天为泽以当日,天子降心以逆公,

---

① 阮元刻:《春秋左传正义》僖公二十五年,《十三经注疏》(下),中华书局1982年版,第1820页。

② 阮元刻:《春秋左传正义》闵公二年,《十三经注疏》(下),中华书局1982年版,第1787页。

③ 阮元刻:《周易正义》,《十三经注疏》(上),中华书局1982年版,第27页。

④ 阮元刻:《周易正义》,《十三经注疏》(上),中华书局1982年版,第94页。

⑤ 阮元刻:《周易正义》,《十三经注疏》(上),中华书局1982年版,第94—95页。

⑥ 阮元刻:《春秋左传正义》襄公二十五年,《十三经注疏》(下),中华书局1982年版,第1983页。

不亦可乎?"杜预"乾为天,兑为泽,乾变为兑,而上当离,离为日。日之在天,垂曜在泽,天子在上,说心在下,是降心逆公之象。"①

这些关于八经卦的卦象之说,特别是八经卦所代表的天、地、雷、风、水、火、山、泽八种卦象,在春秋时期都已经见到。可以说,春秋时期关于卦象的论说,是今本《周易·说卦》的重要来源。但个别卦象说,在今本《周易》找不到痕迹,如第5、第27条的以车为《震》卦的卦象,无论是在《震》卦,还是在《说卦》中都没有类似说法。尚秉和在《焦氏易诂》卷五《大壮九四壮于大舆之輹说》中,提出一种解说,认为这是"周时之旧家"说。

综合春秋时期引用《易》卦、繇辞、卦象的情况,可以对春秋时期的《周易》做出如下认识:第一,春秋时期流传的只是经的部分,即六十四卦及其繇辞部分,还没有后来传的部分。从春秋时期言卦尚无初六、九三之类的说法,繇辞也不完全同于今本,可以推知即使经的部分,在春秋还没有最后写定。第二,春秋时期《易传》还没有出现,但已经有诸多后来《易传》的内容,特别是关于八经卦的卦象之说,可以说是《说卦》的直接来源。但《说卦》并没有完全采纳春秋时期的卦象说,如以车为《震》卦之象的说法,就没有被采用。对六十四卦的卦象,春秋时期虽然不如八经卦的论说多,但亦有数条,如䷐随有出之象;䷂屯有厚、固之象;䷣明夷有日之象;䷇比有入之象;䷏豫卦有乐之象;等等。其中不少也为《易传》所汲取,如《易传·序卦》说:"䷏豫必有䷐随,故受之以䷐随,以喜随之者必有争。"②即以䷏豫有喜乐之象,而这正是春秋时期的说法。

二、由卜筮向经典的转变

春秋时期流行的《周易》,还没有摆脱卜筮的性质,28 条关于《周易》的材

---

①　阮元刻:《春秋左传正义》僖公二十五年,《十三经注疏》(下),中华书局 1982 年版,第1820 页。

②　阮元刻:《周易正义》卷九,《十三经注疏》(上),中华书局 1982 年版,第 95 页。

料都与占卜有关。但是,春秋时期对《易》卜的解释,虽然也引用繇辞与卦象来判定吉凶,但并不是以繇辞、卦象来作为决断吉凶的根据,而是将人的行为特别是道德政治的原因视为决定吉凶祸福最根本的因素。这就将只是迷信预占的卜筮,变为充满理性精神的人文学说,正是这种诠释,为《易传》的形成提供了直接的理论来源,也使《周易》完成了由卜筮之书向人文经典的变化。

以道德政治因素为人事吉凶的决定因素,在春秋时期的《易》占有三个著名的事例。第一是韩简对史苏《易》占的评说。春秋时期秦晋两国互通婚姻,而有"秦晋之好"的成语。王室成员的婚姻,常常带有浓厚的政治意味,所以,往往要事先进行占卜以预占吉凶。晋献公时晋伯姬嫁秦,史苏就用《周易》预占,得到☳归妹之☲睽,他认为这是不吉利的卦,但晋伯姬还是嫁到秦国。其后,晋国内乱,公子夷吾出逃于秦。晋惠公很气愤地论及这件事,埋怨这是晋献公没有听从史苏的话,而他的侍从韩简却不以为然:

> 初,晋献公筮嫁伯姬于秦,遇☳归妹之☲睽。史苏占之曰:"不吉。其繇曰:'士刲羊,亦无亡也。女承筐,亦无贶也。西邻责言,不可偿也。'☳归妹之☲睽,犹无相也。☳震之☲离,亦☲离之☳震,为雷为火。为嬴败姬,车说问其輹,火焚其旗,不利行师,败于宗丘。"归妹睽孤,寇张之弧,侄其从姑,六年其逋,逃归其国,而弃其家,明年其死于高梁之虚。及惠公在秦,曰:"先君若从史苏之占,吾不及此夫。"韩简侍,曰:"龟,像也;筮,数也。物生而后有象,像而后有滋,滋而后有数。先君之败德,乃可数乎?史苏是占,勿从何益?《诗》曰:'下民之孽,匪降自天,僔沓背憎,职竞由人。'"①

"士刲羊,亦无亡也。女承筐,亦无贶也"的繇辞,与今本《周易》中《归妹》卦上六爻的爻辞"女承筐,无实,士刲羊,无血,无攸利"意思相近,只是语句顺序不同。"侄其从姑"是指晋伯姬先嫁于秦,晋惠公后逃难到秦。晋惠公与晋伯

---

① 阮元刻:《春秋左传正义》僖公十五年,《十三经注疏》(下),中华书局 1982 年版,第1807 页。

姬是姑侄关系,故说"侄其从姑"。晋惠公遭遇,正应了史苏之占,所以,晋惠公归咎于晋献公没有听从史苏之言,但韩简却说并不是史苏预占灵验,而是晋献公的无德所致。晋献公宠爱戎女骊姬,骊姬使用阴谋诡计,离间晋献公与太子申生及公子重耳、夷吾,逼迫申生自杀,重耳、夷吾逃亡国外,使自己的儿子奚齐成为太子,造成晋国历史上二十多年的骊姬之乱。晋献公也因昏庸无道,暴戾成癖,成为有名的昏君。韩简以晋献公的败德来说明晋惠公逃难秦国的原因,这是将晋国的政治混乱归咎于政治道德的人为因素。韩简最后还引用周幽王时的《十月之交》的诗句,来说明老百姓的灾难并不是来自上天,而是由人造成的,进一步说明人民的灾难来自统治者的胡作非为。

第二个事例是穆姜的筮占。襄公九年,穆姜去世于东宫,《左传》追记其事:

> 穆姜薨于东宫。始往而筮之,遇☲☶艮之八。史曰:"是谓☲☶艮之☷☳随。☷☳随其出也。君必速也。"姜曰:"亡。是于《周易》曰:'☷☳随,元亨利贞,无咎。'元,体之长也;享,嘉之会也;利,义之和也;贞,事之干也。体仁足以长人,嘉德足以合礼,利物足以和义,贞固足以干事,然,故不可诬也,是以虽随无咎。今我妇人而与于乱。固在下位而有不仁,不可谓元。不靖国家,不可谓亨。作而害身,不可谓利。弃位而姣,不可谓贞。有四德者,随而无咎。我皆无之,岂随也哉? 我则取恶,能无咎乎? 必死于此,弗得出矣。"[1]

穆姜是鲁宣公的夫人,鲁成公的母亲,因与宣伯淫乱,还相互勾结干预国政,被成公与季孙氏、孟孙氏联合软禁于东宫。在去东宫时,穆姜进行筮占,遇☲☶艮之八,也就是☲☶艮之☷☳随,史官根据☷☳随的卦名与出相通,预占穆姜软闭东宫会很快结束。但穆姜却对其作出不同解释,认为卦辞的"元亨利贞"[2]是讲

---

① 阮元刻:《春秋左传正义》襄公九年,《十三经注疏》(下),中华书局 1982 年版,第1942 页。

② "元亨利贞"的卦辞,非《随》独有,《乾》、《屯》、《临》、《无妄》、《革》五卦皆有。

"体仁"、"嘉德"、"和义"、"贞固"的四德，只有有此四德，筮遇䷐随，才会获得吉利。而她自己道德污秽，其行为有害国家自身，无仁无义，无德无正，怎么会没有灾祸？果然，如穆姜所说，她死于东宫。史苏的筮占是无德者遇凶卦一定灵验的例子，穆姜薨于东宫是无德者遇吉卦不一定灵验的例子，事例相反，却相反相成，都是肯定的道德政治因素的决定作用。

第三个事例是鲁国的子服惠伯对南蒯筮占的解释：

> 南蒯之将叛也，其乡人或知之，过之而叹，且言曰："恤恤乎，湫乎，攸乎！深思而浅谋，迩身而远志，家臣而君图，有人矣哉！"南蒯枚筮之，遇䷁坤之䷇比。曰："黄裳元吉。"以为大吉也，示子服惠伯，曰："即欲有事，何如？"惠伯曰："吾尝学此矣。忠信之事则可，必然必败。外强内温，忠也；和以率贞，信也；故曰黄裳元吉。黄，中之色也；裳，下之饰也；元，善之长也。中不忠，不得其色；下不共，不得其饰；事不善，不得其极。外内倡和为忠，率事以信为共，供养三德为善，非此三者弗当。且夫《易》，不可以占险。将何事也？且可饰乎？中美能黄，上美为元，参成可筮。犹有阙也，筮虽吉，未也。"①

南蒯本是季孙氏的家臣，但据有费邑，因与季平子发生矛盾，而准备叛乱。"黄裳元吉"是《坤》卦六五爻的爻辞，《坤·文言》释此爻说："君子黄中通理，正位居体，美在其中而畅于四支，发于事业，美之至也。"②六五又为君位，从卦位与爻辞看，这都是大吉之兆。而子服惠伯却认为，这是失败的预兆。从"吾尝学此"一语，可知子服惠伯对《周易》是有过认真研究的，可谓春秋时期的一位《易》学家。他认为《易》占得吉必须用于忠信之事，才可以实现。否则，虽遇吉卦，也不可能有吉的结局。他提出《易》不可以占险的原则，所谓险是指违反忠、信、恭、善的道德要求，这一说法实是将人文的道德伦理精神，作为决

---

① 阮元刻：《春秋左传正义》昭公十二年，《十三经注疏》（下），中华书局1982年版，第2063页。

② 阮元刻：《周易正义》卷一，《十三经注疏》（上），中华书局1982年版，第19页。

断《易》占吉凶的根据。

在其他相关的筮例中,也多有重视人文道德政治的观念。如郑公子曼满向王子伯廖表示,希望担任卿的职务,伯廖却说:"无德而贪,其在《周易》☲☳丰之☲☲离。"①而一年之后,曼满就因贪而无德被国人杀害。郑国子大叔出使楚国归来,断言楚子将死,理由是"不修其政德",并以《周易》证之:"在☷☳复之☶☳颐,曰:'迷复,凶。'"②单襄公论晋周将成为晋国国君时,不仅引晋筮遇☰☰乾之☰☷否为说,还以晋周有"令德孝恭"③来肯定这一筮占。秦国医和以晋君疾病不可医治,原因在"不节不时","淫溺惑乱",并以《周易》☶☴蛊的"女惑男,风落山"④来印证。这些筮例都说明,春秋时期人们在解释《易》筮时,繇辞、卦象、卦义都不是决定性的,决定性的是道德政治的因素。一个无道德的人,一个将国家搞得怨声载道的人,一个使人民生活在水深火热中的人,即使筮遇所谓吉卦,也绝不会有好下场;相反,一个道德高尚、能够让人民安居乐业的"民主",即使筮遇凶卦也会获得吉利的福报。

春秋时期的这种注重人文道德伦理的精神,为后来战国治《易》的学者所继承发挥,作为他们著作《易传》的重要理念,而使《易传》中有充满重视人文道德理念的内容。有的甚至连语言也同春秋时期的人们的说法存在惊人的一致。如《易传·乾文言》说:

> 元者,善之长也;亨者,嘉之会也;利者,义之和也;贞者,事之干也;君子体仁足以长人,嘉会足以合礼,利物足以合义,贞固足以干事,君子行此四德者,故曰:元、亨、利、贞。⑤

---

① 阮元刻:《春秋左传正义》宣公六年,《十三经注疏》(下),中华书局 1982 年版,第1872 页。
② 阮元刻:《春秋左传正义》襄公二十八年,《十三经注疏》(下),中华书局 1982 年版,第1999 页。
③ 佚名:《国语·周语下》(上),上海古籍出版社 1978 年版,第 99—100 页。
④ 阮元刻:《春秋左传正义》昭公元年,《十三经注疏》(下),中华书局 1982 年版,第 2024—2025 页。
⑤ 阮元刻:《周易正义》卷一,《十三经注疏》(上),中华书局 1982 年版,第 15 页。

这段解释"元亨利贞"的文字，与穆姜之言几乎完全一致。唯有"元者，善之长也"，与穆姜的"元，体之长也"说法不同，但与子服惠伯的说法相同的。可见，《乾文言》全部来自穆姜与子服惠伯已有之说，他们都是鲁人，因此，我怀疑《乾文言》的这段文字是后来的鲁国儒生，综合穆姜与子服惠伯之说而成。不仅在《文言》中，在《系辞》、《象传》等传中，亦多有这种重视人文道德伦理精神的反映。而重视道德伦理正是孔子之道的根本所在。而这些重视道德伦理的观念，无疑直接源于孔子，但同时也受到春秋时期释《易》的重视道德伦理风气的影响。

春秋时期对《周易》的诠释，能够使《周易》由卜筮之书变为人文经典，还与其解释带有哲学的理论高度有关。这表现在两个方面：其一，将八卦视为包含天人的体系。春秋时期在解释八卦卦象时有两个方向：一是从天道的方向，以八卦为天、地、雷、风、水、火、山、泽八种基本物象；二是从人事的方向，以八卦为父、母、长男、长女、中男、中女、少男、少女，这样八卦就是包含天人的体系。而在这个体系中，《乾》、《坤》两卦显然居于其他六卦之上，带有本原的哲学意义，如长男、长女、中男、中女、少男、少女皆出于父母，雷、风、水、火、山、泽皆为天地所有之象，这一解释带有万物统一与世界演化的哲学意义。

其二，是春秋时期人们释《易》的辩证精神。这突出地表现在两个方面，一是以不同的事物或事物的两个方面的相互对立的观念来论说世界万物的关系。譬如以八卦为八种基本物象，而这八种基本物象存在天地、雷风、水火、山泽的两两对立联系。二是重视变易的观念。春秋时期的筮占，除开 5 条筮占外，其余 23 条都是通过之卦的形式，所谓之卦就是借助一爻变或多爻变，从这一卦变为另一卦，是以卦爻的变化为特点，这是一种重视变易的精神。这种变易精神，还被用在对《易》卦的解释上，如史墨释《周易》䷡大壮时说："社稷无常奉，君臣无常位，自古以然。故《诗》曰：'高岸为谷，深谷为陵。'三姓之后，于今为庶。"[1]

---

① 阮元刻：《春秋左传正义》昭公三十二年，《十三经注疏》（下），中华书局 1982 年版，第 2128 页。

不仅引用自然界的地理高低变化,还引用春秋时期的社会阶层变动来说明
《周易》变易精神。这一变易精神后来在《易传》中得到充分发挥,《系辞传》
说:"爻者,言乎变也"①;"《易》之为书也不可远,为道也屡迁,变动不居,周流
六虚,上下无常,刚柔相易,不可为典要,唯变所适"②,"道有变爻,故曰爻"③
等等,简直就是春秋时期人们运用《周易》重视变易精神的写照,尤其体现了
易占重视变爻的特点。汉代的郑玄以变易为《易》的三种含义之一:"易一名
而含三义,易简一也,变易二也,不易三也。"④唐代的孔颖达更以变化、改换说
《易》:"夫易者,变化之总名,改换之殊称。"⑤这些说法溯其源,只能在春秋时
期找到最早的根据。

第四节　春秋时期的《诗》学

《诗》是春秋时期最为流行的文献,人们对《诗》运用已经带有经典化的
意义。

一、春秋时期引《诗》的统计

在《左传》、《国语》中,《诗经》的引用达 312 次,详见下表。

编号	出处	引者	国	诗文、诗篇
1	隐公元年	君子		《诗》曰:"孝子不匮,永锡尔类。"
2	隐公三年	君子		《风》有《采繁》。
3	隐公三年	君子		《采苹》。

---

① 阮元刻:《周易正义》卷八,《十三经注疏》(上),中华书局 1982 年版,第 77 页。
② 阮元刻:《周易正义》卷九,《十三经注疏》(上),中华书局 1982 年版,第 90 页。
③ 阮元刻:《周易正义》卷九,《十三经注疏》(上),中华书局 1982 年版,第 85 页。
④ 阮元刻:《周易正义》卷首,《十三经注疏》(上),中华书局 1982 年版,第 7 页。
⑤ 阮元刻:《周易正义》卷首,《十三经注疏》(上),中华书局 1982 年版,第 7 页。

续表

编号	出处	引者	国	诗文、诗篇
4	隐公三年	君子		《雅》有《行苇》。
5	隐公三年	君子		《泂酌》。
6	隐公三年	君子		《商颂》曰："殷受命咸宜，百禄是荷。"其是之谓乎！
7	隐公三年	卫人	卫	卫庄公娶于齐东宫得臣之妹，曰庄姜，美而无子，卫人所为赋《硕人》也。
8	隐公六年	太子忽	郑	《诗》云："自求多福。"
9	隐公十二年	君子		《诗》云："君子屡盟，乱是用长。"
10	庄公六年	君子		《诗》云："本枝百世。"
11	闵公元年	管仲	齐	《诗》云："岂不怀归，畏此简书。"
12	闵公二年	许穆夫人	许	许穆夫人赋《载驰》。
13	闵公二年	郑人	郑	郑人恶高克，使帅师次于河上，久而弗召。师溃而归，高克奔陈。郑人为之赋《清人》。
14	僖公五年	士蒍	晋	《诗》云："怀德惟宁，宗子惟城。"
15	僖公五年	士蒍	晋	退而赋曰："狐裘尨茸，一国三公，吾谁适从？"
16	僖公九年	君子		《诗》所谓"白圭之玷，尚可磨也；斯言之玷，不可为也。"
17	僖公九年	公孙枝	秦	《诗》曰："不识不知，顺帝之则。"文王之谓也。
18	僖公九年	公孙枝	秦	又曰："不僭不贼，鲜不为则。"
19	僖公十二年	君子		《诗》曰："恺悌君子，神所劳矣。"
20	僖公十五年	韩简	晋	《诗》曰："下民之孽，匪降自天，僔沓背憎，职竞由人。"
21	僖公十九年	子鱼	宋	《诗》曰："刑于寡妻，至于兄弟，以御于家邦。"
22	僖公二十年	君子		《诗》曰："岂不夙夜，谓行多露。"
23	僖公二十二年	富辰	周	《诗》曰："协比其邻，昏姻孔云。"
24	僖公二十二年	臧文仲	鲁	《诗》曰："战战兢兢，如临深渊，如履薄冰。"
25	僖公二十二年	臧文仲	鲁	又曰："敬之敬之！天惟显思，命不易哉！"
26	僖公二十三年	重耳	晋	公子赋《河水》。
27	僖公二十三年	秦伯	秦	公赋《六月》。
28	僖公二十四年	召穆公	周	《诗》曰："常棣之华，鄂不韡韡，凡今之人，莫如兄弟。"
29	僖公二十四年	召穆公	周	其四章曰："兄弟阋于墙，外御其侮。"
30	僖公二十四年	君子		《诗》曰："彼己之子，不称其服。"
31	僖公二十四年	君子		《诗》曰："自诒伊戚"，其子臧之谓矣。
32	僖公二十八年	君子		《诗》云："惠此中国，以绥四方。"

编号	出处	引者	国	诗文、诗篇
33	僖公三十三年	臼季	晋	《诗》曰:"采葑采菲,无以下体。"
34	文公二年	君子		《诗》曰:"君子如怒,乱庶遄沮。"
35	文公二年	君子		又曰:"王赫斯怒,爰整其旅。"
36	文公二年	赵衰	晋	《诗》曰:"毋念尔祖,聿修厥德。"
37	文公二年	君子		《鲁颂》曰:"春秋匪解,享祀不忒,皇皇后帝,皇祖后稷。"
38	文公二年	君子		《诗》曰:"问我诸姑,遂及伯姊。"
39	文公三年	君子		《诗》曰:"于以采蘩,于沼于沚。"
40	文公三年	君子		"夙夜匪解,以事一人",孟明有焉。
41	文公三年	君子		"诒厥孙谋,以燕翼子",子桑有焉。
42	文公三年	晋侯	晋	晋侯飨公,赋《菁菁者莪》。
43	文公三年	鲁文公	鲁	公赋《嘉乐》。
44	文公四年	君子		《诗》曰:"畏天之威,于时保之。"敬主之谓也。
45	文公四年	君子		《诗》云:"惟彼二国,其政不获,惟此四国,爰究爰度。"其秦穆之谓矣。
46	文公四年	鲁文公	鲁	赋《湛露》及《彤弓》。
47	文公四年	宁武子	卫	卫宁武子对曰:"臣以为肄业及之也。昔诸侯朝正于王,王宴乐之,于是乎赋《湛露》,则天子当阳,诸侯用命也。"
48	文公六年	秦人	秦	秦伯任好卒。以子车氏之三子奄息、仲行、金咸虎为殉。皆秦之良也。国人哀之,为之赋《黄鸟》。
49	文公六年	君子		《诗》曰:"人之云亡,邦国殄瘁。"
50	文公七年	荀林父	晋	赋《板》之三章。
51	文公十年	文无畏	楚	《诗》曰:"刚亦不吐,柔亦不茹。"
52	文公十年	文无畏	楚	"毋从诡随,以谨罔极"。
53	文公十三年	子家	郑	赋《鸿雁》。
54	文公十三年	季文子	鲁	赋《四月》。
55	文公十三年	子家	郑	赋《载驰》之四章。
56	文公十三年	季文子	鲁	赋《采薇》之四章。
57	文公十五年	季文子	鲁	《诗》曰:"胡不相畏,不畏于天?"
58	文公十五年	季文子	鲁	《周颂》曰:"畏天之威,于时保之。"
59	文公十八年	君子		《诗》所谓"人之无良"者,其羊斟之谓乎。
60	文公十八年	赵盾	晋	《诗》曰:"靡不有初,鲜克有终。"

续表

编号	出处	引者	国	诗文、诗篇
61	文公十八年	赵盾	晋	又曰："衮职有阙,惟仲山甫补之。"
62	宣公二年	君子		《诗》所谓"人之无良"者,其羊斟之谓乎,残民以逞。
63	宣公二年	隋会	晋	《诗》曰："靡不有初,鲜克有终。"
64	宣公二年	隋会	晋	又曰："衮职有阙,惟仲山甫补之。"
65	宣公二年	赵盾	晋	"我之怀矣,自诒伊戚。"
66	宣公九年	孔子	鲁	《诗》云："民之多辟,无自立辟。"
67	宣公十一年	郤成子	晋	《诗》曰："文王既勤止。"
68	宣公十二年	隋武子	晋	《汋》曰："于铄王师,遵养时晦。"
69	宣公十二年	隋武子	晋	《武》曰："无竞惟烈。"
70	宣公十二年	孙叔	楚	《诗》云："元戎十乘,以先启行。"先人也。
71	宣公十二年	楚子	楚	夫文,止戈为武。武王克商,作《颂》曰："载戢干戈,载櫜弓矢。我求懿德,肆于时夏,允王保之。"
72	宣公十二年	楚子	楚	又作《武》,其卒章曰"耆定尔功"。
73	宣公十二年	楚子	楚	其三曰："铺时绎思,我徂求定。"
74	宣公十二年	楚子	楚	其六曰："绥万邦,屡丰年。"
75	宣公十二年	君子		《诗》曰："乱离瘼矣,爰其适归?"归于怙乱者也夫。
76	宣公十五年	羊舌职	晋	《诗》曰："陈锡哉周。"
77	宣公十六年	羊舌职	晋	《诗》曰："战战兢兢,如临深渊,如履薄冰。"
78	宣公十七年	范武子	晋	《诗》曰："君子如怒,乱庶遄沮;君子如祉,乱庶遄已。"
79	成公二年	宾媚人	齐	《诗》曰："孝子不匮,永锡尔类。"
80	成公二年	宾媚人	齐	《诗》曰："我疆我理,南东其亩。"
81	成公二年	宾媚人	齐	《诗》曰"布政优优,百禄是道。"
82	成公二年	子重	楚	《诗》曰："济济多士,文王以宁。"
83	成公二年	君子		《诗》曰："不解于位,民之攸墍。"
84	成公四年	季文子	鲁	《诗》曰："敬之敬之! 天惟显思,命不易哉!"
85	成公七年	季文子	鲁	《诗》曰："不吊昊天,乱靡有定。"
86	成公八年	季文子	鲁	《诗》曰："女也不爽,士贰其行。士也罔极,二三其德。"
87	成公八年	季文子	鲁	《诗》曰："犹之未远,是用大简。"
88	成公八年	君子		《诗》曰："恺悌君子,遐不作人。"
89	成公九年	季文子	鲁	赋《韩奕》之五章。
90	成公九年	穆姜	鲁	赋《绿衣》之卒章。

编号	出处	引者	国	诗文、诗篇
91	成公九年	君子		《诗》曰："虽有丝麻,无弃菅蒯;虽有姬、姜,无弃蕉萃。凡百君子,莫不代匮。"
92	成公十二年	郤至	晋	《诗》曰："赳赳武夫,公侯干城。"
93	成公十二年	郤至	晋	《诗》曰："赳赳武夫,公侯腹心。"
94	成公十四年	宁惠子	卫	《诗》曰："兕觥其觩,旨酒思柔,彼交匪傲,万福来求。"
95	成公十六年	子反	楚	《诗》曰："立我烝民,莫匪尔极。"
96	襄公二年	君子		《诗》曰："其惟哲人,告之话言,顺德之行。"
97	襄公二年	君子		《诗》曰："为酒为醴,烝畀祖妣,以洽百礼,降福孔偕。"
98	襄公三年	君子		《诗》云："惟其有之,是以似之。"祁奚有焉。
99	襄公四年	乐工	晋	金奏《肆夏》之三。
100	襄公四年	乐工	晋	工歌《文王》之三。
101	襄公四年	乐工	晋	歌《鹿鸣》之三。
102	襄公四年	穆叔	鲁	三《夏》,天子所以享元侯也,使臣弗敢与闻。
103	襄公四年	穆叔	鲁	《文王》,两君相见之乐也,使臣不敢及。
104	襄公四年	穆叔	鲁	《鹿鸣》,君所以嘉寡君也,敢不拜嘉。
105	襄公四年	穆叔	鲁	《四牡》,君所以劳使臣也,敢不重拜?
106	襄公四年	穆叔	鲁	《皇皇者华》。
107	襄公五年	君子		《诗》曰："周道挺挺,我心扃扃,讲事不令,集人来定。"
108	襄公七年	韩无忌	晋	《诗》曰："岂不夙夜,谓行多露。"
109	襄公七年	韩无忌	晋	又曰："弗躬弗亲,庶民弗信。"
110	襄公七年	韩无忌	晋	《诗》曰："靖共尔位,好是正直。神之听之,介尔景福。"
111	襄公七年	叔孙穆子	鲁	《诗》曰："退食自公,委蛇委蛇。"
112	襄公八年	子駟	郑	《周诗》有之曰："俟河之清,人寿几何?兆云询多,职竞作罗。"
113	襄公八年	子駟	郑	《诗》云："谋夫孔多,是用不集。发言盈庭,谁敢执其咎?如匪行迈谋,是用不得于道。"
114	襄公八年	范宣子	晋	子赋《摽有梅》。
115	襄公八年	季武子	鲁	武子赋《角弓》。
116	襄公八年	季武子	鲁	武子赋《彤弓》。
117	襄公十年	孟献子	鲁	《诗》所谓"有力如虎"者也。
118	襄公十一年	魏绛	晋	《诗》曰："乐只君子,殿天子之邦。乐只君子,福禄攸同。便番左右,亦是帅从。"

续表

编号	出处	引者	国	诗文、诗篇
119	襄公十三年	君子		《诗》曰："仪刑文王,万邦作孚。"
120	襄公十三年	君子		《诗》曰："大夫不均,我从事独贤。"
121	襄公十三年	君子		《诗》曰："不吊昊天,乱靡有定。"
122	襄公十四年	驹支	戎	赋《青蝇》。
123	襄公十四年	叔孙穆子	晋	赋《匏有苦叶》。
124	襄公十四年	师曹	卫	诵《巧言》之卒章。
125	襄公十五年	君子		《诗》云："嗟我怀人,置彼周行。"
126	襄公十六年	穆叔	鲁	见中行献子,赋《圻父》。
127	襄公十六年	穆叔	鲁	见范宣子,赋《鸿雁》之卒章。
128	襄公十九年	范宣子	晋	赋《黍苗》。
129	襄公十九年	季武子	鲁	赋《六月》。
130	襄公十九年	穆叔	鲁	赋《载驰》之四章。
131	襄公二十年	季武子	鲁	赋《常棣》之七章。
132	襄公二十年	季武子	鲁	赋《鱼丽》之卒章。
133	襄公二十年	鲁襄公	鲁	公赋《南山有台》。
134	襄公二十一年	叔向	晋	《诗》曰："优哉游哉,聊以卒岁。"
135	襄公二十一年	叔向	晋	《诗》曰："有觉德行,四国顺之。"
136	襄公二十一年	祁奚	晋	《诗》曰："惠我无疆,子孙保之。"
137	襄公二十二年	君子		《诗》曰："慎尔侯度,用戒不虞。"
138	襄公二十四年	子产	郑	《诗》云："乐只君子,邦家之基。"
139	襄公二十四年	子产	郑	"上帝临女,无贰尔心。"
140	襄公二十五年	大叔文子	卫	《诗》所谓"我躬不说,皇恤我后"。
141	襄公二十五年	大叔文子	卫	《诗》曰："夙夜匪解,以事一人。"
142	襄公二十六年	晋侯	晋	赋《嘉乐》。
143	襄公二十六年	国景子	齐	相齐侯,赋《蓼萧》。
144	襄公二十六年	子展	郑	相郑伯,赋《缁衣》。
145	襄公二十六年	国子	齐	赋《辔之柔矣》。
146	襄公二十六年	子展	郑	赋《将仲子兮》。
147	襄公二十六年	声子	楚	《诗》曰："人之云亡,邦国殄瘁。"无善人之谓也。
148	襄公二十六年	声子	楚	《商颂》有之曰："不僭不滥,不敢怠皇,命于下国,封建厥福。"

编号	出处	引者	国	诗文、诗篇
149	襄公二十七年	叔孙	鲁	赋《相鼠》。
150	襄公二十七年	子展	郑	赋《草虫》。
151	襄公二十七年	伯有	郑	赋《鹑之贲贲》。
152	襄公二十七年	子西	郑	赋《黍苗》之四章。
153	襄公二十七年	子产	郑	赋《隰桑》。
154	襄公二十七年	子大叔	郑	赋《野有蔓草》。
155	襄公二十七年	印段	郑	赋《蟋蟀》。
156	襄公二十七年	公孙段	郑	赋《桑扈》。
157	襄公二十七年	赵孟	晋	曰："匪交匪敖，福将焉往？"若保是言也，欲辞福禄，得乎？
158	襄公二十七年	君子		君子曰："彼己之子，邦之司直。"乐喜之谓乎？
159	襄公二十七年	君子		"何以恤我，我其收之。"向戌之谓乎？
160	襄公二十七年	蓬罢	楚	赋《既醉》。
161	襄公二十八年	叔孙穆子	鲁	叔孙穆子食庆封，庆封汜祭。穆子不说，使工为之诵《茅鸱》。
162	襄公二十九年	荣成伯	鲁	赋《式微》。
163	襄公二十九年	子展	郑	《诗》云："王事靡盬，不遑启处，东西南北，谁敢宁处？"
164	襄公二十九年	子大叔	郑	《诗》曰："协比其邻，昏姻孔云。"
165	襄公二十九年	乐工	鲁	歌《周南》。
166	襄公二十九年	乐工	鲁	《召南》。
167	襄公二十九年	乐工	鲁	歌《邶》。
168	襄公二十九年	乐工	鲁	《鄘》。
169	襄公二十九年	乐工	鲁	《卫》。
170	襄公二十九年	乐工	鲁	为之歌《王》。
171	襄公二十九年	乐工	鲁	为之歌《郑》。
172	襄公二十九年	乐工	鲁	为之歌《齐》。
173	襄公二十九年	乐工	鲁	为之歌《豳》。
174	襄公二十九年	乐工	鲁	为之歌《秦》。
175	襄公二十九年	乐工	鲁	为之歌《魏》。
176	襄公二十九年	乐工	鲁	为之歌《唐》。
177	襄公二十九年	乐工	鲁	为之歌《陈》。
178	襄公二十九年	乐工	鲁	《郐》以下无讥。

续表

编号	出处	引者	国	诗文、诗篇
179	襄公二十九年	乐工	鲁	歌《小雅》。
180	襄公二十九年	乐工	鲁	歌《大雅》。
181	襄公二十九年	乐工	鲁	歌《颂》。
182	襄公二十九年	裨谌	郑	《诗》曰："君子屡盟,乱是用长。"
183	襄公三十年	君子		《诗》曰："文王陟降,在帝左右。"
184	襄公三十年	君子		又曰："淑慎尔止,无载尔伪。"不信之谓也。
185	襄公三十一年	叔向	晋	《诗》曰："辞之辑矣,民之协矣。辞之绎矣,民之莫矣。"
186	襄公三十一年	北宫文子	卫	《诗》曰："谁能执热,逝不以濯。"
187	襄公三十一年	北宫文子	卫	《诗》云："靡不有初,鲜克有终。"
188	襄公三十一年	北宫文子	卫	《诗》云："敬慎威仪,惟民之则。"
189	襄公三十一年	北宫文子	卫	《卫诗》曰："威仪棣棣,不可选也。"
190	襄公三十一年	北宫文子	卫	《周诗》曰："朋友攸摄,摄以威仪。"
191	襄公三十一年	北宫文子	卫	《诗》云："不识不知,顺帝之则。"
192	昭公元年	赵文子	晋	《诗》曰："不僭不贼,鲜不为则。"信也。
193	昭公元年	乐王鲋	晋	《小旻》之卒章善矣。
194	昭公元年	令尹	楚	赋《大明》之首章。
195	昭公元年	赵孟	晋	赋《小宛》之二章。
196	昭公元年	叔向	晋	《诗》曰："赫赫宗周,褒姒灭之。"
197	昭公元年	赵孟	晋	赵孟赋《瓠叶》。
198	昭公元年	赵孟	晋	又赋《采蘩》。
199	昭公元年	赵孟	晋	赵孟赋《常棣》。
200	昭公元年	叔孙豹	鲁	赋《鹊巢》。
201	昭公元年	子皮	郑	赋《野有死麕》之卒章。
202	昭公元年	君子		《诗》曰："无竞维人。"
203	昭公元年	叔向	晋	《诗》曰："不侮鳏寡,不畏强御。"
204	昭公二年	季武子	鲁	季武子赋《绵》之卒章。
205	昭公二年	季武子	鲁	赋《节》之卒章。宴于季氏,有嘉树焉,宣子誉之。
206	昭公二年	季武子	鲁	武子曰："宿敢不封殖此树,以无忘《角弓》。"
207	昭公二年	季武子	鲁	遂赋《甘棠》。
208	昭公二年	韩宣子	晋	韩子赋《角弓》。

续表

编号	出处	引者	国	诗文、诗篇
209	昭公二年	韩宣子	晋	宣子赋《木瓜》。
210	昭公二年	北宫文子	卫	北宫文子赋《淇澳》。
211	昭公二年	叔向	晋	《诗》曰："敬慎威仪,以近有德。"
212	昭公三年	君子		《诗》曰："君子如祉,乱庶遄已。"
213	昭公三年	君子		《诗》曰："人而无礼,胡不遄死?"
214	昭公三年	楚子		赋《吉日》。
215	昭公四年	申丰	鲁	《七月》之卒章,藏冰之道也。
216	昭公四年	子产	郑	《诗》曰："礼义不愆,何恤于人言。"
217	昭公五年	孔子	鲁	《诗》云："有觉德行,四国顺之。"
218	昭公六年	叔向	晋	《诗》曰："仪式刑文王之德,日靖四方。"
219	昭公六年	叔向	晋	曰："仪刑文王,万邦作孚。"
220	昭公六年	向戌	宋	《诗》曰："宗子维城,毋俾城坏,毋独斯畏。"
221	昭公六年	叔向	晋	《诗》曰："尔之教矣,民胥效矣。"
222	昭公七年	无宇	楚	《诗》曰："普天之下,莫非王土。率土之滨,莫非王臣。"
223	昭公七年	晋侯	晋	公曰："《诗》所谓'彼日而食,于何不臧'者,何也?"
224	昭公七年	晋大夫	晋	《诗》曰："鹡鸰在原,兄弟急难。"
225	昭公七年	晋大夫	晋	曰："死丧之威,兄弟孔怀。"
226	昭公七年	孔子	鲁	《诗》曰："君子是则是效。"
227	昭公七年	伯瑕	晋	《诗》曰："或燕燕居息,或憔悴事国。"
228	昭公八年	叔向	晋	《诗》曰："哀哉不能言,匪舌是出,唯躬是瘁。哿矣能言,巧言如流,俾躬处休。"
229	昭公九年	昭子	鲁	《诗》曰："经始勿亟,庶民子来。"
230	昭公十年	陈桓子	晋	《诗》云："陈锡载周。"
231	昭公十年	臧武仲	鲁	《诗》曰："德音孔昭,视民不佻。"
232	昭公十年	昭子	鲁	《诗》曰："不自我先,不自我后。"
233	昭公十二年	不详	鲁	赋《蓼萧》。
234	昭公十二年	子革	楚	祭公谋父作《祈招》之诗,其《诗》曰："祈招之愔愔,式昭德音。思我王度,式如玉,式如金。形民之力,而无醉饱之心。"
235	昭公十三年	孔子	鲁	《诗》曰："乐只君子,邦家之基。"
236	昭公十六年	叔孙昭子	鲁	《诗》曰："宗周既灭,靡所止戾。正大夫离居,莫知我肄。"
237	昭公十六年	子䲡	郑	赋《野有蔓草》。

编号	出处	引者	国	诗文、诗篇
238	昭公十六年	子产	郑	赋《郑之羔裘》。
239	昭公十六年	子大叔	郑	赋《褰裳》。
240	昭公十六年	子游	郑	赋《风雨》。
241	昭公十六年	子旗	郑	赋《有女同车》。
242	昭公十六年	子柳	郑	赋《蘀兮》。
243	昭公十六年	宣子	晋	赋《我将》。
244	昭公十六年	晏子	齐	《诗》曰："亦有和羹，既戒既平。鬷嘏无言，时靡有争。"
245	昭公十六年	晏子	齐	《诗》曰："德音不瑕。"
246	昭公二十年	孔子	鲁	《诗》曰："民亦劳止，汔可小康。惠此中国，以绥四方。"
247	昭公二十年	孔子	鲁	"毋从诡随，以谨无良。式遏寇虐，惨不畏明。"
248	昭公二十年	孔子	鲁	"柔远能迩，以定我王。"
249	昭公二十年	孔子	鲁	"不竞不絿，不刚不柔。布政优优，百禄是遒。"
250	昭公二十一年	昭子	鲁	《诗》曰："不解于位，民之攸塈。"
251	昭公二十三年	沈尹戌	楚	《诗》曰："无念尔祖，聿修厥德。"
252	昭公二十四年	子大叔	郑	《诗》曰："瓶之罄矣，惟罍之耻。"
253	昭公二十四年	沈尹戌	楚	《诗》曰："谁生厉阶，至今为梗？"
254	昭公二十五年	宋公	宋	赋《新宫》。
255	昭公二十五年	昭子	鲁	赋《车辖》。
256	昭公二十五年	乐祁	宋	《诗》曰："人之云亡，心之忧矣。"
257	昭公二十六年	晏子	晋	《诗》曰："惟此文王，小心翼翼，昭事上帝，聿怀多福。厥德不回，以受方国。"
258	昭公二十六年	晏子	晋	《诗》曰："我无所监，夏后及商。用乱之故，民卒流亡。"
259	昭公二十六年	晏子	晋	《诗》曰："虽无德与女，式歌且舞。"
260	昭公二十八年	叔游	晋	《诗》曰："民之多辟，无自立辟。"
261	昭公二十八年	魏献子	晋	《诗》曰："唯此文王，帝度其心。莫其德音，其德克明。克明克类，克长克君。王此大国，克顺克比。比于文王，其德靡悔。既受帝祉，施于孙子。"
262	昭公二十八年	孔子	鲁	《诗》曰："永言配命，自求多福。"
263	昭公三十二年	彪傒	卫	《诗》曰："敬天之怒，不敢戏豫。敬天之渝，不敢驰驱。"
264	昭公三十二年	史墨	晋	《诗》曰："高岸为谷，深谷为陵。"
265	定公四年	郧怀	郧	《诗》曰："柔亦不茹，刚亦不吐，不侮矜寡，不畏强御。"

续表

编号	出处	引者	国	诗文、诗篇
266	定公四年	秦哀公	秦	赋《无衣》。
267	定公九年	君子		《静女》之三章,取彤管焉。
268	定公九年	君子		《竿旄》"何以告之",取其忠也。
269	定公九年	君子		《诗》云:"蔽芾甘棠,勿翦勿伐、召伯所茇。"
270	定公十年	君子		《诗》曰:"人而无礼,胡不遄死?"
271	定公十年	驷赤	鲁	《扬水》卒章之四。
272	哀公二年	乐丁	晋	《诗》曰:"爰始爰谋,爰契我龟。"
273	哀公五年	子思①	郑	子思曰:"《诗》曰:'不解于位,民之攸塈。'不守其位,而能久者鲜矣。"
274	哀公五年	子思	郑	《商颂》曰:"不僭不滥,不敢怠皇,命以多福。"
275	哀公二十六年	子赣	鲁	《诗》曰:"无竞惟人,四方其顺之。"
276	《周语上》	祭公谋父	周	是故周文公之颂曰:"载戢干戈,载櫜弓矢。我求懿德,肆于时夏,允王保之。"
277	《周语上》	芮良夫	周	故《颂》曰:"思文后稷,克配彼天。立我蒸民,莫匪尔极。"
278	《周语上》	芮良夫	周	《大雅》曰:"陈锡载周。"
279	《周语中》	富辰	周	周文公之《诗》曰:"兄弟阋于墙,外御其侮。"
280	《周语中》	单襄公	周	《诗》曰:"恺悌君子,求福不回。"
281	《周语下》	太子晋	周	《诗》曰:"四牡骙骙,旟旐有翩,乱生不夷,靡国不泯。"
282	《周语下》	太子晋	周	又曰:"民之贪乱,宁为荼毒。"
283	《周语下》	太子晋	周	《诗》云:"殷鉴不远,在夏后之世。"
284	《周语下》	单靖公	周	语说《昊天有成命》。
285	《周语下》	叔向	晋	其《诗》曰:"昊天有成命,二后受之,成王不敢康。夙夜基命宥密,于缉熙! 亶厥心,肆其靖之。"
286	《周语下》	叔向	晋	《诗》曰:"其类维何? 室家之壶。君子万年,永锡祚胤。"
287	《周语下》	单穆公	周	《诗》亦有之曰:"瞻彼旱麓,榛楛济济。恺悌君子,干禄恺悌。"
288	《周语下》	彪傒	卫	《周诗》有之曰:"天之所支,不可坏也。其所坏,亦不可支也。"
289	《鲁语下》	乐工	晋	《肆夏》。
290	《鲁语下》	乐工	晋	《樊》。

---

① 子产儿子,名国参。

编号	出处	引者	国	诗文、诗篇
291	《鲁语下》	乐工	晋	《遏》。
292	《鲁语下》	乐工	晋	《渠》。
293	《鲁语下》	乐工	晋	《文王》。
294	《鲁语下》	乐工	晋	《大明》。
295	《鲁语下》	乐工	晋	《绵》。
296	《鲁语下》	乐工	晋	《鹿鸣》之三。
297	《鲁语下》	乐工	晋	《鹿鸣》。
298	《鲁语下》	乐工	晋	《四牡》。
299	《鲁语下》	乐工	晋	《皇皇者华》。
300	《鲁语下》	叔孙穆子	鲁	赋《匏有苦叶》。
301	《鲁语下》	公父文伯之母	鲁	赋《绿衣》之三章。
302	《鲁语下》	闵马父	鲁	昔正考父校商之名颂十二篇于周太师,以《那》为首,其辑之乱曰:"自古在昔,先民有作。温恭朝夕,执事有恪。"
303	《晋语四》	齐姜	晋	《诗》云:"上帝临女,无贰尔心。"
304	《晋语四》	齐姜	晋	《周诗》曰:"莘莘征夫,每怀靡及。"
305	《晋语四》	齐姜	晋	《郑诗》云:"仲可怀也,人之多言。亦可畏也。"
306	《晋语四》	公孙固	宋	《商颂》曰:"汤降不迟,圣敬日跻。"
307	《晋语四》	叔詹	郑	在《周颂》曰:"天作高山,大王荒之。"
308	《晋语四》	楚成王	楚	《曹诗》曰:"彼己之子,不遂其媾。"
309	《晋语四》	秦伯	秦	赋《采菽》。
310	《晋语四》	重耳	晋	赋《黍苗》。
311	《晋语四》	秦伯	晋	赋《鸠飞》。
312	《晋语四》	重耳	晋	赋《河水》。
313	《晋语四》	秦伯	秦	赋《六月》。
314	《晋语四》	胥臣	晋	《诗》云:"刑于寡妻,至于兄弟,以御于家邦。"
315	《晋语四》	胥臣	晋	《诗》云:"惠于宗公,神罔时恫。"
316	《楚语上》	白公子张	楚	《周诗》有之曰:"弗躬弗亲,庶民弗信。"
317	《楚语上》	伍举	楚	《周诗》曰:"经始灵台,经之营之。庶民攻之,不日成之。经始勿亟,庶民子来。王在灵囿,麀鹿攸伏。"

在总计 317 次的引《诗》中,《左传》引用《诗经》有 275 次,《国语》引《诗》

41 次。重复的引用达 38 次之多，具体如后：1.《诗》曰："孝子不匮，永锡尔类。"见隐公元年，又见成公二年。2.《诗》云："自求多福。"见隐公六年，又见昭公二十八年。3.《诗》云："君子屡盟，乱是用长。"见隐公十二年，又见襄公二十九年。4.《诗》曰："不识不知，顺帝之则。"见僖公九年，又见襄公三十一年。5.《诗》曰："不僭不贼，鲜不为则。"见僖公九年，又见昭公元年。6.《诗》曰："刑于寡妻，至于兄弟，以御于家邦。"见僖公十九年，又见《晋语四》。7.《诗》曰："岂不夙夜，谓行多露。"见僖公二十年，又见襄公七年。8.《诗》曰："协比其邻，昏姻孔云。"见僖公二十二年，又见襄公二十九年。9.《诗》曰："战战兢兢，如临深渊，如履薄冰。"见僖公二十二年，又见宣公十六年。10.《诗》曰："敬之敬之！天惟显思，命不易哉！"见僖公二十二年，又见成公四年。11.《诗》曰："兄弟阋于墙，外御其侮。"见僖公二十四年，又见《周语中》。12.《诗》曰："自诒伊戚。"见僖公二十四年，又见宣公二年。13.《诗》云："惠此中国，以绥四方。"见僖公二十八年，又见昭公二十年。14.《诗》曰："君子如怒，乱庶遄沮。"见文公二年，又见宣公十七年。15.《诗》曰："夙夜匪懈，以事一人。"见文公三年，又见襄公二十五年。16.赋《嘉乐》。见文公三年，又见襄公二十六年。17.《诗》曰："畏天之威，于时保之。"见文公四年，又见文公十五年。18.《诗》曰："人之云亡，邦国殄瘁。"见文公六年，又见襄公二十六年。19.《诗》曰："刚亦不吐，柔亦不茹。"见文公十年，又见定公四年。20.《诗》曰："毋从诡随，以谨罔极。"见文公十年。21.赋《载驰》之四章。见文公十三年，又见襄公十九年。22.《诗》曰："靡不有初，鲜克有终。"见文公十八年，又见宣公二年、襄公三十一年。23.《诗》曰："民之多辟，无自立辟。"见宣公九年，又见昭公二十八年。24.颂曰："载戢干戈，载櫜弓矢。我求懿德，肆于时夏，允王保之。"见宣公十二年，又见《周语上》。25.《诗》曰："陈锡哉周。"见宣公十五年，又见昭公十年。26.《诗》曰："君子如祉，乱庶遄已。"见宣公十七年，又见昭公三年。27.《诗》曰："布政优优，百禄是遒。"见成公二年，又见昭公二十年。28.《诗》曰："不解于位，民之修墍。"见成公二年，又见昭公二十一年,以及哀公五年。29.《诗》曰:"不吊昊天,乱靡有定。"见成公七年,又见襄公十三年。30.《诗》曰:"弗躬弗亲,庶民弗信。"见襄公七年,又见《楚语上》。31.《诗》曰:"仪刑文王,万邦作孚。"见襄公十三年,又见昭公六年。32.《诗》曰:"有觉德行,四国顺之。"见襄公二十一年,又见昭公五年。33.《诗》云:"乐只君子,邦家之基。"见襄公二十四年,又见昭公十三年。34.《诗》曰:"上帝临女,无贰尔心。"见襄公二十四年,又见《晋语四》。35.赋《蓼萧》。见襄公二十六年,又见昭公十二年。36.《商颂》曰:"不僭不滥,不敢怠皇,命于下国,封建厥福。"见襄公二十六年,又见哀公五年。37.《诗》云:"敬慎威仪,惟民之则。"见襄公三十一年。38.《诗》曰:"人而无礼,胡不遄死?"见昭公三年,又见定公十年。39.《诗》曰:"经始勿亟,庶民子来。"见昭公九年,又见《楚语上》。其中第 22、28 条重复两次,重复引用为 41 次。除去这重复的 41 次,为275 次。

二、春秋时期的《诗经》

从春秋时期的引《诗》、赋《诗》中,可以对《诗》及其在春秋时期的运用得出如下大略认识。

第一,《诗》的形成出于天子为政的需要。统治者要进行有效的管理,必须了解社会各阶层的状况。诗歌是古人表达感情最通俗的形式,通过诗歌来考察政治、民风、民俗,自古以来就是统治者为政的重要内容。所以,在古代就形成了朝廷收集诗歌的制度,王通在《中说·问易》称之为采风:"诸侯不贡诗,天子不采风,乐官不达雅,国史不明变,呜呼,斯则久矣,《诗》可以不续乎!"①采风就是由各级官员对各地诗歌的收集,并送报天子的制度。关于这一制度,春秋时期很多人都有论说,最有代表性的说法是邵公与范文子之说。

邵公曰:"故天子听政,使公卿至于列士献《诗》,瞽献曲,史献

---

① 王通:《中说》,《百子全书》(上),浙江古籍出版社 1998 年版,第 292 页。

书,师箴,瞍赋,百工谏,庶人传语,近臣尽规,亲戚补察,瞽史教诲,耆
艾修之,而后王斟酌焉,是以事行不悖。"①

（赵文子冠,）见范文子。文子曰:"吾闻古之王者,政德既成,又
听于民,于是乎使工诵谏于朝,在列者献《诗》使勿兜（惑也）,风听胪
言于市,辨妖祥于谣,考百事于朝,问谤誉于路,有邪而正之,尽戒之
术也。"②

诗歌送到朝廷有瞽史等专门的文化官来整理,并由太师负责。《国语·鲁语
下》载:"昔正考父校商之名颂十二于周太师"③;《荀子·王制》说:"修宪命,
审诗商,禁淫声,以时顺修,使夷俗邪音不敢乱雅,大师之事也。"皆可为证。
这说明《诗》同古代的社会生活、政治生活息息相关,诗本身是人在社会生活
中某种情感的表现,故有诗言志之说;而其集结成书则是为满足天子行政参考
的政治需要,三百篇的《诗》皆源于此。

第二,《诗》在春秋时期已经有《风》、《颂》、《雅》之分。季札聘鲁,请观周
乐,乐工先后为季札歌《周南》、《召南》、《邶》、《鄘》、《卫》、《王》、《郑》、《齐》、
《豳》、《秦》、《魏》、《唐》、《陈》、《郐》、《小雅》、《大雅》、《颂》,仅此记载就涵
盖了今本《诗经》的风、颂、雅。其风的部分只缺《曹风》,《国语·晋语四》
载楚成王有引《曹诗》的记载,即为《曹风·候人》的文句。这里虽然没有三
颂之名,但三颂之名见于别处:文公二年君子引有《鲁颂》的诗句,为今本
《鲁颂·閟宫》篇文句;《晋语四》宋国的公孙固引有《商颂》的诗文,见今本
《商颂·长发》篇;郑国的叔詹引有《周颂》的文句,见今本《周颂·天作》
篇。可见,十五国风、大雅、小雅、三颂的名称,在春秋时期已经全部出现。
《诗经》风、颂、雅的分类在春秋时期已经被确定。各诸侯国地方的诗歌被
归为风,王畿地区内公卿大夫的诗歌被归于雅,在宗庙祭祀祖先的诗歌则归

---

① 佚名:《国语·周语上》(上),上海古籍出版社 1978 年版,第 9 页。
② 佚名:《国语·晋语六》(下),上海古籍出版社 1978 年版,第 410 页。
③ 佚名:《国语·鲁语下》(上),上海古籍出版社 1978 年版,第 216 页。

为颂,风、雅、颂的分类,应该是经由专职文化官的整理,这一分类在春秋时期已经流行。

第三,今本《诗经》收录有四篇春秋时期的诗篇。这四篇诗篇分别是:《硕人》,今存《诗经·卫风》,为卫国人所作,时间是公元前 720 年,《左传》载:"卫庄公娶于东宫得臣之妹,曰庄姜。美而无子,卫人所为赋《硕人》也。"①《载驰》,今存《诗经·鄘风》,为许穆夫人作,时间是公元前 660 年,《左传》载:"许穆夫人赋《载驰》。"②许穆夫人为卫国人,她痛卫之亡,思归吊丧却不得,而故作此诗以言志。《清人》,今存《诗经·郑风》,为郑国人所作,时间是公元前 660 年,《左传》载:"郑人恶高克,使帅师次于河上,久而不召,师溃而归,郑人为之赋《清人》。"③《黄鸟》,今存今本《诗经·秦风》,为秦人作,时间是公元前 621 年。《左传》:"秦伯任好卒,以子车氏之三子奄息、仲行、鍼虎,皆秦之良也,国人哀之,为之赋《黄鸟》。"④这四首诗见于今本《诗经》,可以肯定今本《诗经》最后确定其下限在文公六年即公元前 621 年之后。⑤

第四,除了春秋时期四首诗篇有明确作者外,还有五首诗篇对作者有明确说明。1. 周武王是《支》的作者。卫彪傒说:"裘、刘其不殁乎?《周诗》有之曰:'天之所支,不可坏也。其所坏,亦不可支也。'昔武王克殷,而作此诗也,以为饫歌,名之曰'支',以遗后之人,使永监焉。"⑥2.《时迈》为周公作,祭公谋父说:"不可。先王耀德不观兵。夫兵戢而时动,动则威,观则玩,玩则无

---

① 阮元刻:《春秋左传正义》隐公三年,《十三经注疏》(下),中华书局 1982 年版,第1724 页。

② 阮元刻:《春秋左传正义》闵公二年,《十三经注疏》(下),中华书局 1982 年版,第1788 页。

③ 阮元刻:《春秋左传正义》闵公二年,《十三经注疏》(下),中华书局 1982 年版,第1788 页。

④ 阮元刻:《春秋左传正义》文公六年,《十三经注疏》(下),中华书局 1982 年版,第1844 页。

⑤ 《左传》记载春秋时期所著的《诗》还有襄公四年(前 569 年),鲁人悲鲁国败于小邾,而作的《朱儒诗》,但此诗未收录今本《诗经》。

⑥ 佚名:《国语·周语下》(上),上海古籍出版社 1978 年版,第 145 页。

震。"是故周文公之《颂》曰:"载戢干戈,载櫜弓矢。我求懿德,肆于时夏,允王保之。"①此文句出自《周颂·时迈》。3.《常棣》为周公作,富辰说:"周文公之《诗》曰:'兄弟阋于墙,外御其侮。'"②其文句出《小雅·鹿鸣之什·常棣》。但富辰富辰又说:"召穆公思周德之不类,故纠合宗族于成周而作诗,曰:'常棣之华,鄂不韡韡,凡今之人,莫如兄弟。'其四章曰:'兄弟阋于墙,外御其侮。'"③召穆公为周厉王时人。4.周穆王时的祭公谋父著《祈招》,子革说:"昔穆王欲肆其心,周行天下,将皆必有车辙马迹焉。祭公谋父作《祈招》之诗,以止王心,王是以获没于祇宫。……其诗曰:'祈招之愔愔,式昭德音。思我王度,式如玉,式如金。形民之力,而无醉饱之心。'"④这四首诗中都出于西周,其中两首是周公所著,时间从周武王到周穆王。

此外,还提到孔子祖先正考父校商之名颂,闵马父说:"昔正考父校商之名《颂》十二篇于周太师,以《那》为首,其辑之乱曰:'自古在昔,先民有作。温恭朝夕,执事有恪。'先圣王之传恭,犹不敢专,称曰'自古',古曰'在昔',昔曰'先民'。"⑤现存《诗经·商颂》有诗5首,第一篇即为《那》,且所引四句诗文见于今存《那》中,可见这一记载是可信的。但惜其已遗失7首。

第五,春秋时期有今本未见逸诗的文句与诗篇,共计15条。其中仅见所逸文句的有9条,分别是:1.庄公二十二年,齐国公子陈完所引《诗》:"翘翘车乘,招我以弓,岂不欲往,畏我友朋。"⑥2.成公九年,君子引《诗》:"虽有丝麻,

---

① 佚名:《国语·周语上》(上),上海古籍出版社1978年版,第1页。
② 佚名:《国语·周语中》(上),上海古籍出版社1978年版,第45页。
③ 阮元刻:《春秋左传正义》僖公二十四年,《十三经注疏》(下),中华书局1982年版,第1817—1818页。
④ 阮元刻:《春秋左传正义》昭公十二年,《十三经注疏》(下),中华书局1982年版,第2064页。
⑤ 佚名:《国语·鲁语下》(上),上海古籍出版社1978年版,第216页。
⑥ 阮元刻:《春秋左传正义》庄公二十二年,《十三经注疏》(下),中华书局1982年版,第1775页。

无弃管蒯;虽有姬姜,无弃蕉萃;凡百君子,莫不代匮。"①3. 襄公四年,鲁国人悲鲁国败于小邾,而作《诗》:"臧之狐裘,败我于狐骀,我君小子,朱儒是使,朱儒朱儒,使我败于邾。"②4. 襄公五年,君子引《诗》:"周道挺挺,我心扃扃,讲事不令,集人来定。"③5. 襄公八年,郑国的子驷引《周诗》曰:"俟河之清,人寿几何? 兆云询多,职竞作罗"④。6. 襄公二十七年,君子引《诗》云:"何以恤我,我其收之。"⑤7. 昭公四年,郑子产所引《诗》曰:"礼义不愆,何恤于人言。"⑥8. 昭公二十六年,齐国晏子所引《诗》:"我无所监,夏后及商,用乱之故,民卒流亡。"⑦9.《国语·周语上》单穆公引《周诗》:"天之所支,不可坏也。其所坏,亦不可支也。"⑧所见逸诗篇名的有 4 条,分别见于僖公二十三年,晋国公子重耳赋《河水》。⑨ 襄公二十七年,齐国景子赋《辔之柔矣》;襄公二十八年,鲁乐师为庆封所颂《茅鸱》;昭公二十五年,宋元公赋《新宫》;《国语·鲁语下》,金奏《肆夏》、《樊》、《遏》、《渠》。⑩ 既有逸诗文句又有篇名的有 1 条,

---

① 阮元刻:《春秋左传正义》成公九年,《十三经注疏》(下),中华书局 1982 年版,第 1906 页。

② 阮元刻:《春秋左传正义》襄公四年,《十三经注疏》(下),中华书局 1982 年版,第 1933 页。

③ 阮元刻:《春秋左传正义》襄公五年,《十三经注疏》(下),中华书局 1982 年版,第 1936 页。

④ 阮元刻:《春秋左传正义》襄公八年,《十三经注疏》(下),中华书局 1982 年版,第 1939 页。

⑤ 阮元刻:《春秋左传正义》襄公二十七年,《十三经注疏》(下),中华书局 1982 年版,第 1997 页。

⑥ 阮元刻:《春秋左传正义》昭公四年,《十三经注疏》(下),中华书局 1982 年版,第 2035—2036 页。

⑦ 阮元刻:《春秋左传正义》昭公二十六年,《十三经注疏》(下),中华书局 1982 年版,第 2115 页。

⑧ 佚名:《国语·周语下》(上),上海古籍出版社 1978 年版,第 145 页。

⑨ 此条材料,杜预注以为是佚诗篇名。又见《国语·晋语四》,韦昭注则以为:"河,当作沔,字相似误也。"《沔水》为今本《诗经》中《小雅·南有嘉鱼之什》的一篇。依韦昭说不是佚诗。但是,河字与沔字差别较大,二字相误可能性不大。故不从韦昭之说。

⑩ 《春秋左传正义》指出还有两条佚诗诗文。一条见于宣公二年,为晋国赵盾所引之《诗》:"我之怀矣,自诒伊慼。"另一条见于襄公三十年,为君子所引《诗》:"淑慎尔止,无载尔伪。"今考《诗经》,赵盾所引诗文出自《邶风·雄雉》第一章,唯"慼"作"阻",而二字于古代可以通假。君子所引诗文,见于《大雅·荡之什·抑》第八章,后一句作"不愆于仪",文字说异但含义相同。因此,这两条不能算作佚诗。

见于昭公十二年,楚令尹子革引祭公谋父所作《祈招》之《诗》:"祈招之愔愔,式昭德音,思我王度,式如金,式如玉,形民之力,而无醉饱之心。"①从这些逸诗文句、篇名可知,春秋时期流传的《诗经》有的篇目数量应该超过三百篇。

第六,春秋所见逸诗仅 15 条,其余近 300 次引、赋《诗》皆见于今本《诗经》,而这些所引、赋《诗》的文句绝大多数与今本《诗经》完全相同,一些相异也基本是文字通假之异,这说明今本《诗经》的许多诗篇在春秋时期已经确定。司马迁在《史记·孔子世家》说,古诗有三千多篇,孔子"去其重,取可施于礼义,上采契后稷,中述殷周之盛,至幽厉之缺"②,才定为三百篇,这个说法不可信。三千篇与三百篇的比例是十分之一,若此说可信,春秋时期引《诗》见于今本有近 300 条之多,则引用逸诗的数量应该为三千来条,不应只有 15 条之少。从春秋时期引《诗》见于今本的数量是逸诗的 20 倍来看,今本《诗经》已经包含春秋时期存《诗》的绝大部分,只要很少部分没有被纳入,春秋时期《诗》的数量绝没有三千篇之多。

从春秋时期的引《诗》与今存《诗经》的篇目数量说,司马迁的孔子删诗说是很难成立的。为了证明孔子删诗说,经学界有一个最重要的理由,这就是孔子删诗只是删除不合道德仁义的篇目,如《诗补传》说:"圣人于删诗之际,第存其可以为后世法戒者。"③《诗本义》说,对"不可垂训"的诗篇,"圣人删诗必弃而不录也"④;《吕氏家塾读诗记》说,孔子"于郑声亟欲放之,岂有删诗示万世,反收郑声以备六艺乎?"⑤其实,这一说法难以成立,逸诗中有周武王所著

---

① 阮元刻:《春秋左传正义》昭公十二年,《十三经注疏》(下),中华书局 1982 年版,第2064 页。

② 司马迁:《史记·孔子世家》,中华书局 1985 年版,第 1936 页。

③ 范处义:《诗补传》卷二,文渊阁《四库全书》电子本,上海人民出版社、迪志文化出版有限公司 1999 年版。

④ 欧阳修:《诗本义》卷八,文渊阁《四库全书》电子本,上海人民出版社、迪志文化出版有限公司 1999 年版。

⑤ 吕祖谦:《吕氏家塾读诗记》卷五,文渊阁《四库全书》电子本,上海人民出版社、迪志文化出版有限公司 1999 年版。

《支》的周诗,孔子删诗绝不可能不保留周武王之诗;此外,逸诗的"礼义不愆,何恤于人言";"祈招之愔愔,式昭德音,思我王度,式如金,式如玉,形民之力,而无醉饱之心"等诗句,其内容都合乎道德仁义。因此,也有人认为孔子删诗并没有删除淫乱之诗,为的是以此劝诫世人:"淫乱之风,非美事也,而孔子删诗不去而存之者。盖所以示监戒于天下也。"①"盖以为万世之劝戒也。"②

第七,春秋时期人们在引用《诗经》的形式上,主要有两种形式。一是以"《诗》曰"、"《诗》云"的形式来直接引用诗句,这种引用常常只有一二句诗文,大约占四分之三;二是以赋、歌某篇的形式出现,约80次,超过四分之一。诗、歌原本可以通称、互称,《诗》是带韵的文字作品,配上音乐就是歌,故卫人彪傒以周武王所作之《诗》,又称之为饫歌③,用音乐来唱出诗篇就是歌,这就是师亥说的,"歌所以咏《诗》也"④。而赋不带音乐,又称之为颂,所谓"不歌而颂谓之赋"⑤。可见,颂《诗》或赋《诗》都是指不配音乐的诗朗诵。

第八,春秋时期人们引用《诗经》的手法,主要有两种:一是采用断章取义的手法,直接引用某一诗句,来说明或表达某一观念。断章取义是根据引诗者的需要,来引用某一《诗》文,同一句《诗》文,你可以引,我也可以用;可用于此,也可以用于彼;在这里,完全是依引诗人的需要为转移,具有较多的灵活性。断章取义都是采用"《诗》曰"、"《诗》云"的形式来引《诗》,有的是以君子的身份引《诗经》来说明或评价人物、事件及其是非得失,有50次;最常见的是春秋时期人们的引《诗》,借《诗》文以表达当事人的观念,其中引《诗》的人物以鲁国最多,其次是晋国、郑国、齐国,这与《周易》主要流传于中原的现象

---

① 李樗、黄櫄:《毛诗李黄集解》卷五,文渊阁《四库全书》电子本,上海人民出版社、迪志文化出版有限公司1999年版。

② 李樗、黄櫄:《毛诗李黄集解》卷十,文渊阁《四库全书》电子本,上海人民出版社、迪志文化出版有限公司1999年版。

③ 参见佚名:《国语·周语下》(上),上海古籍出版社1978年版,第145页。

④ 佚名:《国语·鲁语下》(上),上海古籍出版社1978年版,第210页。

⑤ 班固:《汉书·艺文志》,中华书局1983年版,第1775页。

是一致的。

另一种手法是歌、赋《诗》篇，这常常用在国与国之间的盟会礼聘，以及君臣之间、卿大夫之间聚会的隆重场合，多是引用《诗》的一篇，至少是其中的某一章。歌、赋《诗》不能随己意的需要来断章取义，而一定要合于礼的规范，既有合乎《诗》义的要求，也有与赋《诗》者的名分相合的规定。这在春秋时期称之为合法。合法是春秋赋《诗》是否合宜的判断标准：

> 公父文伯之母欲室文伯。饗其宗老，而为赋《绿衣》之三章，老请守龟卜室之族。师亥闻之，曰："善哉！男女之饗，不及宗臣，宗室之谋，不过宗人。谋而不犯，微而昭矣。《诗》所以合意，歌所以咏诗也。今《诗》以合室，歌以咏之，度于法也。"①

《绿衣》之三章所言为男女合室之义，公父文伯之母是为儿子婚姻而赋此《诗》的，所以受到师亥"度于法"的称赞。度于法即合于法，合于法有两个方面的含义：一是合于《诗》的本意；二是对本意的正确运用。合法又被称之为合类。若赋诗不合法，往往就会引发严重的政治后果或外交冲突。如晋侯与诸侯在温宴会，要求各国大夫"歌《诗》必类"。而"齐高厚之《诗》不类"，高厚吓得逃归，以至于各国联盟"同讨不庭"②。可见，春秋时期的赋诗不仅是统治阶层文化修养的表现，还是外交是否成功的重要保障。

第九，与《周易》在春秋时期的流行不同，《诗经》的运用在春秋时期更为广泛，特别是在统治阶层，无论是周王朝与诸侯国的交往，诸侯国之间的会盟礼聘，国君与卿大夫及其卿大夫之间的会面，引《诗》或赋《诗》是必不可少的礼节。《诗》不仅是"民主"们社交必不可少的语言工具，孔子教育伯鱼说："不学《诗》，无以言。"③正是其生动写照。更为重要的是《诗经》的流传带有经典

---

① 佚名：《国语·鲁语下》（上），上海古籍出版社 1978 年版，第 210 页。

② 阮元刻：《春秋左传正义》襄公十六年，《十三经注疏》（下），中华书局 1982 年版，第 1963 页。

③ 阮元刻：《论语·季氏篇》，《十三经注疏》（下），中华书局 1982 年版，第 2522 页。

化的权威意义。人们的引《诗》常常带有政治道德的含义,《诗》已经具有决断是非得失的标准,决定人生吉凶祸福的价值意义,开始成为带有教戒性质、价值意义的人生典籍,在社会政治生活中发生着指引人生的重大作用。尽管《周易》也含有这样的意义,但是通过筮占来表示,还带有占卜的形式,《诗》的引用则直接起着政治伦理的教戒作用,具有经典的价值意义。如果要说经学《五经》元典的经典化有先后顺序,《诗经》无疑是最先成为具有元典意义的经典。

三、《诗》的运用与经典化

魏源在《诗古微》中,对《诗经》提出一个很有见地的观念,这就是《诗》有作者之意,有采编者之意,有说《诗》者之意。作者之意无疑是《诗》作者的本意,而说《诗》者之意则是对文本的诠释之意。经学经典的形成,固然与作者本意有关,在一定程度上还与人们对其诠释有着密不可分的关系。譬如《周易》,没有春秋时期对其筮占的人文理性诠释,灌注伦理政治的价值理想人生关怀理念,并形成以人文精神解《易》的十翼,《周易》是绝不可能成为经学元典,更不会有《五经》之首的崇高地位。也正是通过春秋时期对礼的诠释,形成重视礼义,关注礼节、礼仪背后的人文精神,才会有战国时期三礼的成书,礼学经典才得以形成。《诗经》的经典化,也正是通过春秋时期人们对《诗》从人生意义、人生价值、人生追求等方面的引用解说,才使《诗》成为带有政治、伦理、人生一般意义,具有指引人生、完善人格、培养成人的价值。

1. 以诗谏政

西汉今文经学讲经世致用,于《诗经》有"以诗谏政"一说。所谓以诗谏政,是通过《诗经》来讽谏、引导君主或权势者,使其为政能够合于礼义。这是《诗经》作为经学经典的重要职能,也是《诗经》成为经典的标识。在西汉的经学时代,没有经典地位的著作绝不可以具有教戒意义的社会作用。而以诗谏

政的情况,至少在春秋初年就已经出现:

> 昔卫武公年九十有五矣,犹箴儆于国,曰:"自卿以下至于师长
> 士,苟在朝者,无谓我老耄而舍我,必恭恪于朝,朝夕以交戒我;闻一
> 二之言,必诵志而纳之,以训导我。"在舆犹旅贲之规,位宁有官师之
> 典,倚几有诵训之谏,居寝有亵御之箴,临事有瞽史之导,宴居有师工
> 之诵。史不失书,瞍不失诵,以训御之。①

根据诗言志,诵与颂通,颂是赋诗的形式来看,这段话中的诵志纳之、诵训之
谏、师工之诵、瞍不失诵,应该都与《诗》有关,都是以诗谏政的说明。尽管当
时还没有周天子将《诗经》规定为全天下的法典,如汉武帝的设立五经博士,
但卫武公作为诸侯国的国君,他这一政令至少在卫国是具有法定意义的。所
以,在春秋初期的卫国,《诗经》实际上已经取得了法定的经典意义,并开始了
以诗谏政的运用。

在整个春秋时期,以诗谏政并非个别现象,而是普遍的社会风气。不仅在
中原各国盛行,甚至在楚国也很流行:

> 析父谓子革:"吾子,楚国之望也。今与王言如响,国其若之
> 何?"子革曰:"摩厉以须,王出,吾刃将斩矣。"王出,复语。左史倚相
> 趋过。王曰:"是良史也,子善视之。是能读《三坟》、《五典》、《八
> 索》、《九丘》。"对曰:"臣尝问焉。昔穆王欲肆其心,周行天下,将皆
> 必有车辙马迹焉。祭公谋父作《祈招》之诗,以止王心,王是以获没
> 于祗宫。臣问其诗而不知也。若问远焉,其焉能知之?"王曰:"子能
> 乎?"对曰:"能。其诗曰:'祈招之愔愔,式昭德音。思我王度,式如
> 玉,式如金。形民之力,而无醉饱之心。'"王揖而入,馈不食,寝不
> 寐,数日,不能自克,以及于难。②

---

① 佚名:《国语·楚语上》(下),上海古籍出版社 1978 年版,第 551 页。
② 阮元刻:《春秋左传正义》昭公十二年,《十三经注疏》(下),中华书局 1982 年版,第
2064 页。

楚灵王以为能读所谓《三坟》、《五典》、《八索》、《九丘》就是良史，而子革却以为良史不仅应该熟知历史典籍，而且应该熟悉周代的文献，尤其要懂得这些典籍的政治社会意义，予以正确的应与。这里已经有了后来今文经学强调经世致用的观念。子革利用其《诗》讽谏楚灵王，希望他要爱惜民力，可以说是历史上最先善于利用《诗经》讽谏人君的代表人物。经世致用与以诗谏政的传统由此可见。

以诗谏政有两种表现：一是通过《诗》中歌颂文王等圣贤的诗句，来正面引导君王、执政者的为政。如狄人伐邢，管仲引"岂不怀归，畏此简书"①，以文王劳来诸侯，亲昵诸夏，引导齐侯救邢讨狄，维护华夏的统一。郤成子引"文王既勤止"②，说明德行高尚的文王，尚且勤勤恳恳，德行寡少的为政者，就更应该勤奋努力，来劝谏晋国大夫勤勉为政。士蒍引"怀德惟宁，宗子惟城"③，说明人君应该"修德而固宗子"，而不应该修只关心修城筑墙。宋人围曹，子鱼引"刑于寡妻，至于兄弟，以御于家邦"④，规劝宋公应该首先修德，而不是无德伐人。子产反对范宣子重币，引"乐只君子，邦家之基"、"上帝临女，无贰尔心"⑤，说明为政应该重德，而不在重币。羊舌职引"战战兢兢，如临深渊，如履薄冰"⑥，说明只有善人在上，才能国无幸民，称赞并引导晋侯任用贤人。

① 阮元刻：《春秋左传正义》闵公元年，《十三经注疏》（下），中华书局1982年版，第1786页。

② 阮元刻：《春秋左传正义》宣公十一年，《十三经注疏》（下），中华书局1982年版，第1876页。

③ 阮元刻：《春秋左传正义》僖公五年，《十三经注疏》（下），中华书局1982年版，第1795页。

④ 阮元刻：《春秋左传正义》僖公十九年，《十三经注疏》（下），中华书局1982年版，第1810页。

⑤ 阮元刻：《春秋左传正义》襄公二十四年，《十三经注疏》（下），中华书局1982年版，第1979页。

⑥ 阮元刻：《春秋左传正义》宣公十六年，《十三经注疏》（下），中华书局1982年版，第1888页。

二是借《诗》来批判君王、执政者的失误。如穆叔引"退食自公,委蛇委蛇"①,批评卫国孙文子与鲁侯步调平行,不懂君臣尊卑之礼。裨谌引《诗》"君子屡盟,乱是用长"②,批评郑国大夫相互间的不守盟约。蔡国的声子引《商颂》"不僭不滥,不敢怠皇,命于下国,封建厥福"③,以汤所以获天之福,在能够劝赏而畏刑恤民不倦,来此批判楚国的滥刑。晋侯修筑虒祁之宫,魏榆发生石头说话的怪事,师旷引"哀哉不能言,匪舌是出,唯躬是瘁。哿矣能言,巧言如流,俾躬处休"④,来批判晋侯不爱惜民力,不珍视民生的劳民伤财。鲁国筑郎囿,季平子在亳社祭祀用人,臧武仲引"德音孔昭,视民不佻"⑤,批评季平子是无义的"佻之甚",并说周公不会在接受鲁国无义的祭祀。郑人铸刑书,叔向致子产书,引"仪式刑文王之德,日靖四方"、"仪刑文王,万邦作孚"⑥,以文王以德治民,来批评郑国铸刑书,是抛弃礼义,有害无益。

面对臣下的劝诫或批评,君王与执政者常常是两种截然不同的态度,或乐于接受,或坚持不改。不同的态度常常导致两种相反的结果。凡是接受批评都会给家国带来吉利,如管仲的引诗劝诫齐桓公,被齐桓公接受,齐桓公也因信任管仲,而成为春秋时期最著名的霸主;臼季引"采葑采菲,无以下体"⑦,以冀缺夫妻相敬如宾,劝晋文公任用冀缺,被晋文公采纳,冀缺后来不仅成为晋

---

① 阮元刻:《春秋左传正义》襄公七年,《十三经注疏》(下),中华书局1982年版,第1938页。
② 阮元刻:《春秋左传正义》襄公二十九年,《十三经注疏》(下),中华书局1982年版,第2008页。
③ 阮元刻:《春秋左传正义》襄公二十六年,《十三经注疏》(下),中华书局1982年版,第1991页。
④ 阮元刻:《春秋左传正义》昭公八年,《十三经注疏》(下),中华书局1982年版,第2052页。
⑤ 阮元刻:《春秋左传正义》昭公十年,《十三经注疏》(下),中华书局1982年版,第2059页。
⑥ 阮元刻:《春秋左传正义》昭公六年,《十三经注疏》(下),中华书局1982年版,第2043页。
⑦ 阮元刻:《春秋左传正义》僖公三十三年,《十三经注疏》(下),中华书局1982年版,第1833页。

国上卿,还是春秋时期著名政治家。相反,若听不见劝诚,拒绝批评,常常会落得个身败名裂、国破家亡的悲惨结局,如臧文仲引"战战兢兢,如临深渊,如履薄冰"、"敬之敬之! 天惟显思,命不易哉"①,说明有明德的先王还不忘恭敬兢惧,规劝鲁僖公不能掉以轻心,鲁僖公不听,结果被弱小的邾国大败;赵盾引"靡不有初,鲜克有终"②,劝谏晋灵公,改恶从善。晋灵公不听劝诫,结果被赵穿杀害;季文子"畏天之威,于时保之"③,批评齐侯不畏于天的无礼,齐侯不以为然,结果被齐人弑杀;季文子引"敬之敬之! 天惟显思,命不易哉"④,来批评晋侯不敬,十年后陷厕而死;宁惠子引"兕觥其觩,旨酒思柔,彼交匪傲,万福来求"⑤,批评苦成叔傲态度傲慢,后来果然发生晋杀其大夫郤锜、郤犫、郤至的事件;叔游引《诗》"民之多辟,无自立辟"⑥劝诚祁盈,祁盈不听劝阻,结果导致祁氏、羊舌氏两个家族被灭。

这一引诗用作规劝或批评,往往是采用断章取义的手法,引《诗》者常常可以根据自己论说的需要,灵活地引用某一诗句,其运用可用《诗》的本义,又可以用其引申义。例如:襄公八年,郑子驷引《诗》"谋夫孔多,是用不集;发言盈庭,谁敢执其咎"⑦,来说明谋议多歧,就会令人不知何从;郑大子忽辞齐侯

---

① 阮元刻:《春秋左传正义》僖公二十二年,《十三经注疏》(下),中华书局1982年版,第1813页。

② 阮元刻:《春秋左传正义》文公十八年,《十三经注疏》(下),中华书局1982年版,第1867页。

③ 阮元刻:《春秋左传正义》文公十五年,《十三经注疏》(下),中华书局1982年版,第1856页。

④ 阮元刻:《春秋左传正义》成公四年,《十三经注疏》(下),中华书局1982年版,第1901页。

⑤ 阮元刻:《春秋左传正义》成公十四年,《十三经注疏》(下),中华书局1982年版,第1911页。

⑥ 阮元刻:《春秋左传正义》昭公二十八年,《十三经注疏》(下),中华书局1982年版,第2118页。

⑦ 阮元刻:《春秋左传正义》襄公八年,《十三经注疏》(下),中华书局1982年版,第1939页。

欲以文姜为妻,并引"自求多福"①,说明齐大郑小,不相匹配,郑国之福"在我而已";韩简引"下民之孽,匪降自天,僔沓背憎,职竞由人"②,说明造成人民灾难在人不在天的根源是人君的失德,更不是没有遵循卜筮的预告;等等。这些都是据诗的本义为说。而北宫文子的引"谁能执热,逝不以濯"③,以喻礼对政治的作用如濯以救热,则是引申为说了。晋侯引"彼日而食,于何不臧"④,士文伯以政治有不用善人的缺失来解释,子大叔引"瓶之罄矣,惟罍之耻"⑤,以王室不宁为晋国之耻,等等,也都是引申为说。相对而言,在断章取义用法中引申为说具有较大灵活性,同一的《诗》句,不同的人皆可引用,在引用时又可以作出不同的理解,如同是"战战兢兢,如临深渊,如履薄冰",羊舌职引以为说明善人在上,臧文仲却引来论说国无论大小,都应该对外有所防备,才可以常备无患。

春秋时期以诗谏政的引诗,常常起到说明某一事理的理论依据的作用。如晋侯赐魏绛金乐,魏绛引"乐旨君子,殿天子之邦。乐旨君子,福禄攸同。便蕃左右,亦是帅从"⑥,说明君子之乐,必以德、义、礼、信、仁诸德。北宫文子引《卫诗》"威仪棣棣,不可选也"⑦,说明君臣、上下、父子、兄弟、内外、大小皆

---

① 阮元刻:《春秋左传正义》桓公六年,《十三经注疏》(下),中华书局 1982 年版,第 1750 页。

② 阮元刻:《春秋左传正义》僖公十五年,《十三经注疏》(下),中华书局 1982 年版,第 1807 页。

③ 阮元刻:《春秋左传正义》襄公三十一年,《十三经注疏》(下),中华书局 1982 年版,第 2015 页。

④ 阮元刻:《春秋左传正义》昭公七年,《十三经注疏》(下),中华书局 1982 年版,第 2048—2049 页。

⑤ 阮元刻:《春秋左传正义》昭公二十四年,《十三经注疏》(下),中华书局 1982 年版,第 2106 页。

⑥ 阮元刻:《春秋左传正义》襄公十一年,《十三经注疏》(下),中华书局 1982 年版,第 1951 页。

⑦ 阮元刻:《春秋左传正义》襄公三十一年,《十三经注疏》(下),中华书局 1982 年版,第 2016 页。

有威仪;引《周诗》"朋友攸摄,摄以威仪"①,言朋友之道,必以威仪相教训。祭公谋父引"载戢干戈,载櫜弓矢。我求懿德,肆于时夏,允王保之",说明先王为政耀德不观兵,"先王之于民也,懋正其德而厚其性,阜其财求而利其器用,明利害之乡,以文修之,使务利而避害,怀德而畏威,故能保世以滋大"②。芮良夫引《颂》"思文后稷,克配彼天。立我蒸民,莫匪尔极",《大雅》"陈锡载周"③,说明只有布利于民,才能够国泰民安。卫彪傒引《周诗》"天之所支,不可坏也。其所坏,亦不可支也"④,以饫为礼之立成者,强调礼对教戒民的重要性。可以说,所有以诗谏政的背后都包含有以礼、德为依据的教戒意义,这实际上已经将《诗经》作为评价人事价值的根据,而这正是经典的意义所在。

2. 赋诗与礼

《诗》的经典化,不仅表现在以诗谏政,还体现在赋诗一定要合礼的社会共识上。礼是春秋时期最重要的社会规范,同时也是具有最高价值意义的范畴。赋诗合礼是礼的价值意义的重要体现。春秋时期赋诗不同于引诗,赋诗用于国与国之间或卿大夫之间的礼聘会盟的正式场合,相互之间的赋《诗》应对都有严格的礼的规范要求。因此,赋《诗》多由专职的文化官来施行,如季札聘鲁观礼,所奏诗乐就是由专职乐官来施行。而出使的官员也必须具备相应的诗乐知识,才能正确做出应对。如:

> 穆叔如晋,报知武子之聘也。晋侯享之。金奏《肆夏》之三,不拜;工歌《文王》之三,又不拜;歌《鹿鸣》之三,三拜。韩宣子使行人子员问之,曰:"子以君命辱于敝邑,先君之礼,藉之以乐,以辱君子,

---

①　阮元刻:《春秋左传正义》襄公三十一年,《十三经注疏》(下),中华书局1982年版,第2016页。

②　佚名:《国语·周语上》(上),上海古籍出版社1978年版,第1页。

③　佚名:《国语·周语上》(上),上海古籍出版社1978年版,第13页。

④　佚名:《国语·周语下》(上),上海古籍出版社1978年版,第145页。

吾子舍其大而拜其细,敢问何礼也?"对曰:"《三夏》,天子所以享元
侯也,使臣弗敢以闻;《文王》,两君相见之乐也,臣不敢及;《鹿鸣》,
君所以嘉寡君也,敢不拜嘉;《四牡》,君所以劳使臣也,敢不重拜;
《皇皇者华》,君教使臣曰:'必谘于周。'臣闻之,访问于善为咨,咨亲
为询,咨礼为度,咨事为诹,咨难为谋。臣获五善,敢不重拜。"①

叔孙穆子对乐官所奏之《诗》乐的应答,有的拜,有的不拜,拜的次数也有多少
的不同,这背后都有一定的礼数规定。稍有差错,就会有违礼之失。从这一记
载中也可以看出来,无论是赋诗者,还是应对者在礼聘会盟时的赋诗应答,都
必须合于礼的规定。合于礼,就会受到知礼的肯定,取得礼聘会盟的成功:

晋范宣子来聘,且拜公之辱,告将用师于郑。公享之,宣子赋
《摽有梅》。季武子曰:"谁敢哉!今譬于草木,寡君在君,君之臭味
也。欢以承命,何时之有?"武子赋《角弓》。宾将出,武子赋《彤弓》。
宣子曰:"城濮之役,我先君文公献功于衡雍,受彤弓于襄王,以为子
孙藏。匄也,先君守官之嗣也,敢不承命?"君子以为知礼。②

而礼聘会盟的是否成功,往往关系到一个国家的政治外交,乃至生死存亡。相
反,若是赋《诗》不合于礼的要求,礼聘会盟就不会成功,不仅赋诗者会受到不
知礼的批评,还会给国家带来灾祸,如齐高厚的赋《诗》不类。

在各国的礼聘会盟的赋《诗》与应对中,可以看到有两类不同的人。一类
是不学无术的卿大夫,他们对别人的赋《诗》,往往不知所云,丢人现眼,而受
到人们的轻蔑。其中最为典型的人物莫过于齐国的大夫庆封,《左传》载:"齐
庆封来聘……叔孙与庆封食,不敬,为赋《相鼠》,亦不知"③;齐国发生内乱,

---

① 阮元刻:《春秋左传正义》襄公四年,《十三经注疏》(下),中华书局1982年版,第1931—
1932页。

② 阮元刻:《春秋左传正义》襄公八年,《十三经注疏》(下),中华书局1982年版,第
1940页。

③ 阮元刻:《春秋左传正义》襄公二十七年,《十三经注疏》(下),中华书局1982年版,第
1994页。

庆氏被诛多人,庆封逃到鲁国,"叔孙穆子食庆封,庆封汜祭,穆子不说,使工为之诵《茅鸱》,亦不知"①。《相鼠》是讥刺没有礼仪的人,《茅鸱》是讥刺客人不敬之《诗》,庆封听了都浑然不知,不学无术,无以复加。

　　另一类是有深厚文化修养的卿大夫,他们对他人的赋《诗》总是能够作出正确的回应。前面提到的叔孙穆子是一个典型,另外,还有卫宁子诸人。《左传》载:

　　　　卫宁子来聘,公与之宴,为赋《湛露》及《彤弓》。不辞,又不答。使行人私焉。对曰:"臣以为肆业及之也。昔诸侯朝正于王,王宴乐之,于是乎赋《湛露》,则天子当阳,诸侯用命也。诸侯敌王所忾,而献其功,王于是赐之彤弓一,彤矢百……以觉报宴。今陪臣来继旧好,君辱贶之,其敢干大礼以自取戾?"②

卫宁子是卫国一位有名的贤大夫,鲁文公故意让乐工赋《彤弓》于《湛露》。这就使卫宁子处于两难的境地,如果明言乐工所赋之《诗》不当,则有伤鲁国的体面;如果作答,又有僭越非礼之嫌。所以,他只好佯装不知,既不回答,也不辞谢。故《论语·弓冶长》有:"其知可及也,其愚不可及也。"不愧为一位大智若愚的贤大夫。此外,《左传》襄公二十年载,季武子入宋会盟;昭公元年,赵孟入郑礼聘;昭公二年,韩宣子来鲁礼聘,都受到主人赋《诗》的过分礼遇,由于他们都是知礼明《诗》的贤大夫,所以都以"某不堪也",予以谦让,表示不敢当。难怪孔子说:"颂《诗》三百,授之以政,不达;使于四方,不能专对,虽多,亦奚以为?"③

　　赋《诗》及其应对是否合礼,不仅反映出赋《诗》者、应对者的文化修养,而且成为预言其吉凶祸福的根据。春秋时期人们往往根据赋《诗》及其应对,来

①　阮元刻:《春秋左传正义》襄公二十八年,《十三经注疏》(下),中华书局1982年版,第2001页。
②　阮元刻:《春秋左传正义》文公四年,《十三经注疏》(下),中华书局1982年版,第1840—1841页。
③　《论语·子路篇》。

预占一个人的吉凶祸福,构成春秋时期的预占的一大内容。如:

> 令尹享赵孟,赋《大明》之首章。赵孟赋《小宛》之二章。事毕,赵孟谓叔向曰:"令尹自以为王矣,何如?"对曰:"王弱,令尹强,其可哉!虽可,不终。"赵孟曰:"何故?"对曰:"强以克弱而安之,强不义也。不义而强,其毙必速。《诗》曰:'赫赫宗周,褒姒灭之。'强不义也。令尹为王,必求诸侯。晋少懦矣,诸侯将往。若获诸侯,其虐滋甚。民弗堪也,将何以终?夫以强取,不义而克,必以为道。道以淫虐,弗可久已矣!"①

令尹虽为执政,但也是人臣,而赋《诗》却以君王自居,这是赋《诗》言志不合于礼的表现,所以,被预言有不可能长久之灾。又如,"公如晋,晋侯见公不敬,季文子曰:'晋侯必不免'。《诗》曰:敬之敬之!天惟显思,命不易哉。夫晋侯之命,在诸侯矣,可不敬乎?"②相反,单靖公享叔向,赋《昊天有成命》,体现了单子"俭敬让咨"的品德,合于礼的要求,因而,被叔向预言"单若不兴,子孙必蕃,后世不忘"③。楚国的薳罢出使晋国,"晋侯享之,将出,赋《既醉》",因其赋诗合礼,而被叔向预言:"薳氏之有后于楚国也,宜哉!承君命,不忘敏,子荡将知政矣。敏以事君,必能养民,政其焉往。"④郑国的六位卿大夫为晋国的韩宣子饯行时,韩宣子请六位卿大夫各自赋《诗》,"以知郑志",并根据各自所赋之《诗》评论说:"郑其庶乎?二三君子,以君命贶起,赋不出郑志,皆昵燕好也。二三君子,数世之主也,可以无懼矣。"⑤这类记载在《左传》、《国语》中还

---

① 阮元刻:《春秋左传正义》昭公元年,《十三经注疏》(下),中华书局 1982 年版,第2021 页。

② 阮元刻:《春秋左传正义》成公四年,《十三经注疏》(下),中华书局 1982 年版,第1901 页。

③ 佚名:《国语·周语下》(上),上海古籍出版社 1978 年版,第116 页。

④ 阮元刻:《春秋左传正义》襄公二十七年,《十三经注疏》(下),中华书局 1982 年版,第1998 页。

⑤ 阮元刻:《春秋左传正义》昭公十六年,《十三经注疏》(下),中华书局 1982 年版,第2080 页。

有不少,但都是以赋《诗》合礼为吉,反之为凶。这种以赋《诗》合不合礼来判定吉凶的预占,是将礼作为人生祸福存亡的根据,是对礼的价值意义的肯定。《诗》与礼这种关系表明,《诗》与礼具有同一的价值意义。而礼在春秋时期已经被认为具有天经地义的地位,《诗》、礼的联用,可以说是《诗》的经典化的重要体现。

3. 君子引《诗》

此外,《诗》的经典化还在于"君子曰"的引《诗》方式。君子是谁,历史与现代,各有异说,但可以肯定的,君子非指一人,而是一个通称概念,是对一类人的通称。从春秋时期的文献看,君子常常是用来指称统治阶层中有道德的人,这在关于君子与小人的对立之说中体现最为明白,如曹刿说:"君子务治,小人务力。"①公父文伯之母曰:"君子劳心,小人劳力,先王之制也。"②君子是统治阶层,不用参加农业生产体力劳动,故春秋时期人们总是从劳心、劳力来区分君子与小人。但引用《诗》文句来评价人事的君子,其外延更小,只是指统治阶层中部分有文化修养的人,这是一个以传承发扬周公重德的文化精神的为己任的社会团体,也是春秋时期最有社会影响的政治文化团体。春秋时期许多著名的政治家、思想家如单襄公、富辰、史伯、太史过、祭公谋父、芮良夫、叔孙穆子、管仲、子产、叔向、晏子、子大叔、北宫文子、沈尹戌、卫彪傒等人,都是春秋时期的君子代表。除了这些被历史记载的名人,还有一些未被记录姓名的君子,就只能以君子来称呼;此外,还有对同一人事许多君子共同的认识,在记载他们引《诗》评价是非得失时,一一书其名,显得繁琐,用君子一言蔽之,是最好的表述方式。所以,《左传》、《国语》出现有以"君子"名义引《诗》来评价是非得失的记载达 60 余条之多。

这 60 余条君子引《诗》以评价人事是非得失,与有名有姓的君子同样,

---

① 佚名:《国语·鲁语上》(上),上海古籍出版社 1978 年版,第 151 页。
② 佚名:《国语·鲁语下》(上),上海古籍出版社 1978 年版,第 208 页。

都是以阐发周公的文化精神为根本,带有肯定道德教戒、政治法则的意义。如:

> 君子曰:"晋国以平,数世赖之,刑善也夫。一人刑善,百姓休和。……其诗曰:'仪刑文王,万邦作孚。'言刑善也。"①

> 夏,齐姜薨。初,穆姜使择美檟,以自为榇,与颂琴。季文子取以葬。君子曰:"非礼也。礼无所逆。妇,养姑者也。亏姑以成妇,逆莫大焉。《诗》曰:'其惟哲人,告之话言,顺德之行。'季孙于是为不哲也。"②

这是君子引《诗》来赞扬晋国的刑善、批评季孙氏的聪明。君子引《诗》评价是非,最典型的语式是在引《诗》,断以"其是之谓乎(或"矣")":

> 君子曰:"颖考叔纯孝也,爱其母,施及庄公。《诗》曰:'孝子不匮,永锡尔类。'其是之谓乎!"③

> 君子曰:"宋宣公可谓知人矣。立穆公,其子飨之,命以义夫。《商颂》曰:'殷受命咸宜,百禄是荷。'其是之谓乎!"④

> 君子曰:"位其不可不慎也乎! 蔡、许之君,一失其位,不得列于诸侯,况其下乎?《诗》曰:'不解于位,民之攸塈。'其是之谓矣。"⑤

> 君子曰:"《志》所谓'多行无礼,必自及也',其是之谓乎!"⑥

> 君子曰:"礼,其人之急也乎! 伯石之汰也汰骄也,一为礼于晋,

---

① 阮元刻:《春秋左传正义》襄公十三年,《十三经注疏》(下),中华书局 1982 年版,第1954 页。

② 《左传》襄公二年。

③ 阮元刻:《春秋左传正义》隐公元年,《十三经注疏》(下),中华书局 1982 年版,第1717 页。

④ 阮元刻:《春秋左传正义》隐公三年,《十三经注疏》(下),中华书局 1982 年版,第1723 页。

⑤ 阮元刻:《春秋左传正义》成公二年,《十三经注疏》(下),中华书局 1982 年版,第1897 页。

⑥ 阮元刻:《春秋左传正义》襄公四年,《十三经注疏》(下),中华书局 1982 年版,第1932 页。

犹荷其禄,况以礼终始乎?《诗》曰:'人而无礼,胡不遄死?'其是之谓乎!"①

君子曰:"仁人之言,其利博哉。晏子一言而齐侯省刑。《诗》曰:'君子如祉,乱庶遄已。'其是之谓乎!"②

君子曰:"礼,其人之急也乎! 伯石之汰也,一为礼于晋,犹荷其禄,况以礼终始乎?《诗》曰:'人而无礼,胡不遄死?'其是之谓乎!"③

这一语式,包含三个部分:一是人事;二是关乎政治道德伦常的价值法则;三是联系所引《诗》文而下的断语。认定其所言人事合于或违反了这一法则。如第六条,借晏子以"踊贵屦贱"答齐侯之问,齐侯实行轻刑,说明仁人之言对止乱的作用,而以"君子如祉,乱庶遄已"的诗文来肯定晏子之言对止乱的重大意义;第三条,以蔡国、许国君主失位,而不得列于诸侯的事例,说明君主在位一定要勤政爱民的法则,而以"不解于位,民之攸墍"的诗文来批评蔡国、许国君主违背了这一法则。这样就将《诗》一方面与一定的道德政治法则相联系;另一方面又与某一人事相联系,使《诗》具有评价人事得失是非、指导人的践行的法宪意义。这是春秋时期《诗》被经典化的另一重要体现。

第五节　春秋时期的《尚书》学

春秋时期在《诗经》之外,作为一部著作被引用最多的无疑是《尚书》。对《尚书》的引用常常也是与《诗经》联系在一起,《左传》与《国语》记载《诗经》

---

① 阮元刻:《春秋左传正义》昭公三年,《十三经注疏》(下),中华书局 1982 年版,第2032 页。

② 阮元刻:《春秋左传正义》昭公三年,《十三经注疏》(下),中华书局 1982 年版,第2031 页。

③ 阮元刻:《春秋左传正义》昭公三年,《十三经注疏》(下),中华书局 1982 年版,第2032 页。

与《尚书》的一起被引用达 13 次之多。所以,在《诗经》之后在讨论春秋时期的《尚书》学,顺理成章。

一、《尚书》在春秋时期被引用的概略

对于春秋时期人们引用《尚书》的情况,要较为准确地统计出可靠的结果,应该有一个合理的判断标准。研究《尚书》的著名学者刘起釪先生在《尚书学史》中作出的统计,《左传》与《国语》引用今文尚书 28 篇有 30 次,引用有其他逸《书》71 次。① 但是,所谓伯禽、史佚、周任之语,以及《志》、《前志》、《周志》、《军志》、《懿戒》、《训语》等是否都是春秋时期《尚书》的内容,是一个值得讨论的问题。譬如文公二年,狼谭引《周志》,郑玄注《周志》说是“《周书》也”,孔颖达疏说是“周世之书”。② 故所谓《周志》之周,只是表明其书属于周代之书,并不一定说是《尚书》中的《周书》,因为,周代之书不仅仅是只有《尚书》一部书。这样就有一般意义的书与特定意义上的《尚书》的区分。《周志》之类的书籍,可以称之为书,但却难以断定为一定是《尚书》的内容,史佚之言之类就更不能肯定为《尚书》的文句了。所以,刘先生将这些材料都作为春秋时期引用《尚书》的记载,不一定可靠。从《左传》、《国语》来看,当时人们所引《周易》、《诗经》都有明确的言及,引用《尚书》的文句也应当有明确的说明。故比较谨慎的做法,应当是将明确讲到《书》或是《夏书》等的记载,才可以作为可信的引用《尚书》的史料来看待。本书就是根据这一原则,来统计春秋时期人们引用《尚书》的材料。《尚书》被引用的详情可以参看下表。

---

① 参见刘起釪:《尚书学史》第二章,中华书局 1996 年版。
② 参见阮元刻:《春秋左传正义》文公二年,《十三经注疏》(下),中华书局 1982 年版,第1838 页。

编号	出处	引用者	国	文句或篇目
1	隐公六年	君子		《商书》曰："恶之易也,如火之燎于原,不可乡迩,其犹可扑灭。"
2	庄公八年	鲁庄公	鲁	《夏书》曰："皋陶迈种德,德乃降。"
3	庄公十四年	君子		《商书》所谓"恶之易也,如火之燎于原,不可乡迩,其犹可扑灭。"
4	僖公五年	宫之奇	虞	《周书》曰："皇天无亲,惟德是辅。"
5	僖公五年	宫之奇	虞	又曰："黍稷非馨,明德惟馨。"
6	僖公五年	宫之奇	虞	又曰："民不易物,惟德繄物。"
7	僖公二十三年	卜偃	晋	《周书》有之:"乃大明服。"
8	僖公二十四年	君子		《夏书》曰："地平天成。"
9	僖公二十七年	赵衰	晋	《夏书》曰："赋纳以言,明试以功,车服以庸。"
10	僖公三十三年	臼季	晋	《康诰》曰："父不慈,子不祗,兄不友,弟不共,不相及也。"
11	文公五年	宁嬴	晋	《商书》曰："沈渐刚克,高明柔克。"
12	文公七年	郤缺	晋	《夏书》曰："戒之用休,董之用威,劝之以《九歌》,勿使坏。"
13	文公十八年	大史克	鲁	故《虞书》数舜之功,曰"慎徽五典,五典克从",无违教也。
14	文公十八年	大史克	鲁	曰"纳于百揆,百揆时序",无废事也。
15	文公十八年	大史克	鲁	曰"宾于四门,四门穆穆",无凶人也。
16	宣公六年	中行桓子	晋	《周书》曰："殪戎殷。"
17	宣公十五年	羊舌职	晋	《周书》所谓"庸庸祗祗"者,谓此物也夫。
18	成公二年	申公巫臣	楚	《周书》曰："明德慎罚。"
19	成公二年	君子		《大誓》所谓"商兆民离,周十人同者。"
20	成公六年	晋人	晋	《商书》曰："三人占,从二人。"
21	成公八年	韩厥	晋	《周书》曰："不敢侮鳏寡。"所以明德也。
22	成公十六年	范文子	晋	《周书》曰"惟命不于常",有德之谓。
23	成公十六年	单子	周	《夏书》曰："怨岂在明? 不见是图。"
24	襄公三年	君子		《商书》曰："无偏无党,王道荡荡。"其祁奚之谓矣!
25	襄公五年	君子		《夏书》曰："成允成功。"
26	襄公十一年	魏绛	晋	《书》曰："居安思危。"
27	襄公十三年	君子		《书》曰："一人有庆,兆民赖之,其宁惟永。"

编号	出处	引用者	国	文句或篇目
28	襄公十四年	师旷	晋	《夏书》曰:"遒人以木铎徇于路。官师相规,工执艺事以谏。"
29	襄公二十一年	臧武仲	鲁	《夏书》曰:"念兹在兹,释兹在兹,名言兹在兹,允出兹在兹,惟帝念功。"
30	襄公二十一年	祁奚	晋	《书》曰:"圣有谟勋,明征定保。"
31	襄公二十三年	君子		故《书》曰:"惟命不于常。"
32	襄公二十三年	仲尼	鲁	《夏书》曰:"念兹在兹。"
33	襄公二十五年	大叔仪	卫	《书》曰:"慎始而敬终,终以不困。"
34	襄公二十六年	声子	楚	《夏书》曰:"与其杀不辜,宁失不经。"
35	襄公三十一年	穆叔	鲁	《大誓》云:"民之所欲,天必从之。"
36	襄公三十一年	北宫文子	卫	《周书》数文王之德,曰:"大国畏其力,小国怀其德。"
37	昭公元年	子羽	郑	《大誓》曰:"民之所欲,天必从之。"
38	昭公六年	叔向	晋	《书》曰:"圣作则。"
39	昭公八年	子旗	楚	《周书》曰:"惠不惠,茂不茂。"
40	昭公十年	子皮	郑	《书》曰:"欲败度,纵败礼。"
41	昭公十四年	叔向	晋	《夏书》曰:"昏、墨、贼,杀。"
42	昭公十七年	大史	鲁	《夏书》曰:"辰不集于房,瞽奏鼓,啬夫驰,庶人走。"
43	昭公二十年	何忌	齐	在《康诰》曰:"父子兄弟,罪不相及。"
44	昭公二十四年	苌弘	周	《大誓》曰:"纣有亿兆夷人,亦有离德。余有乱臣十人,同心同德。"
45	定公四年	子鱼	宋	分之土田倍敦,祝、宗、卜、史,备物、典策,官司、彝器。因商奄之民,命以《伯禽》,而封于少皞之虚。分康叔以大路、少帛、𬘘茷、旃旌、大吕,殷民七族,陶氏、施氏、繁氏、锜氏、樊氏、饥氏、终葵氏;封畛土略,自武父以南,及圃田之北竟,取于有阎之土,以共王职。取于相土之东都,以会王之东蒐。聃季授土,陶叔授民,命以《康诰》,而封于殷虚。皆启以商政,疆以周索。分唐叔以大路,密须之鼓,阙巩,沽洗,怀姓九宗,职官五正。命以《唐诰》,而封于夏虚,启以夏政,疆以戎索。
46	哀公六年	孔子	鲁	《夏书》曰:"惟彼陶唐,帅彼天常,有此冀方。今失其行,乱其纪纲,乃灭而亡。"
47	哀公六年	孔子	鲁	又曰:"允出兹在兹。"

编号	出处	引用者	国	文句或篇目
]48	哀公十一年	伍子胥	吴	《盘庚之诰》曰："其有颠越不共,则劓殄无遗育,无俾易种于兹邑。"
49	哀公十八年	君子		《夏书》曰："官占,唯能蔽志,昆命于元龟。"
50	《周语上》	内史过	周	《盘庚》曰："国之臧,则惟女众;国之不臧,则惟余一人是有逸罚。"
51	《周语上》	内史过	周	《夏书》有之曰："众非元后,何戴?后非众,无与守邦。"
52	《周语上》	内史过	周	在《汤誓》曰："余一人有罪,无以万夫;万夫有罪,在余一人。"
53	《周语中》	富辰	周	《书》有之曰："必有忍也,若能有济也。"
54	《周语中》	单襄公	周	《书》曰："民可近也,而不可上也。"
55	《周语中》	单襄公	周	《太誓》曰："民之所欲,天必从之。"
56	《周语下》	单穆公	周	《夏书》有之曰："关石、和钧,王府则有。"
57	《周语下》	单穆公	周	吾闻之《大誓》,故曰"朕梦协朕卜,袭于休祥,戎商必克。"
58	《晋语九》	智伯国	晋	《夏书》有之曰："一人三失,怨岂在明?不见是图。"
59	《晋语九》	智伯国	晋	《周书》有之曰："怨不在大,亦不在小。"
60	《郑语》	史伯	郑	《泰誓》曰："民之所欲,天必从之。"
61	《楚语上》	左史倚相	楚	《周书》曰："文王至于日中昃,不皇暇食。惠于小民,唯政之恭。"
62	《楚语下》	楚昭王	楚	《周书》所谓重、黎实使天地不通者。

今存《尚书》是今文经学与伪古文尚书混杂在一起的文献,其中 33 篇为今文经学,其余 25 篇为伪古文尚书。今文经学原本只有 28 篇,但东晋时豫章内史梅赜献书时,为了凑足《尚书》58 篇之数,而将今文经学 28 篇的《尧典》分出《舜典》,《皋陶谟》分出《益稷》,《顾命》分出《康王之诰》,《盘庚》分为上中下 3 篇,增加 5 篇,而变为 33 篇。

上面 62 条引文中,除第 41 条、第 50 条引文无见外,第 1 条、第 3 条重复;第 29 条与第 32 条、第 47 条重复;第 35 条与第 37 条、第 55 条、第 60 条重复,引文见于今存《尚书》的共计 54 次;按照今文经学与伪古文尚书的区分,其中

24 条出于今文经学 28 篇中：出于《尚书·虞书·舜典》有 4 条，分别是第 9 条、第 13 条、第 14 条、第 15 条；见于今本《尚书·商书·汤诰》一条，为第 52 条；见于今本《尚书·商书·盘庚》有 2 条，分别是第 1 条、第 48 条，第 3 条与第 1 条重复；见于今本《尚书·周书·康诰》有 11 条，分别是第 7 条、第 10 条、第 16 条、第 17 条、第 18 条、第 21 条、第 22 条、第 31 条、第 43 条①、第 45 条、第 59 条；见于今本《尚书·周书·吕刑》有 2 条，分别是第 27 条、第 62 条；见于今本《尚书·周书·洪范》有 3 条，分别是第 11 条、第 20 条、第 24 条；见于今本《尚书·周书·无逸》一条，为第 61 条。

见于伪古文尚书的有 30 条，其中出于今本《尚书·虞书·大禹谟》有 8 条，分别是第 2 条、第 8 条、第 12 条、第 25 条、第 29 条、第 34 条、第 49 条、第 51 条，另外第 32 条、第 47 条与第 29 条重复；出于今本《尚书·夏书·五子之歌》有 5 条，分别是第 23 条、第 46 条、第 54 条、第 56 条、第 58 条；出于今本《尚书·夏书·胤征》有 3 条，分别是第 28 条、第 30 条、第 42 条；出于今本《尚书·商书·太甲》有 1 条，为第 40 条；出于今本《尚书·商书·说命上》有 1 条，为第 38 条；出于《尚书·夏书·泰誓》有 4 条，分别是第 19 条、第 35 条、第 44 条、第 57 条，另外第 37 条、第 55 条、第 60 条与第 35 条重复；出于今本《尚书·周书·武成》有 1 条，为第 36 条；出于今本《尚书·周书·旅獒》有 1 条，为第 6 条；出于今本《尚书·周书·蔡仲之命》有 2 条，分别是第 4 条、第 33 条；出于今本《尚书·周书·周官》有 2 条，分别是第 26 条、第 39 条；出于今本《尚书·周书·君陈》有 2 条，分别为第 5 条、第 53 条。

---

① 第 43 条，原文如后：在《康诰》曰："父子兄弟，罪不相及。"但查今本《康诰》无此文。孔颖达疏：此非《康诰》之全文，引其意而言之。其本文云："子弗祗服厥父事，大伤厥考心。于父不能字厥子，乃疾厥子。于弟弗念天显，乃弗克恭厥兄；兄亦不念鞠子哀，大不友于弟。惟吊兹，不于我政人得罪。"孔安国云："至此不孝不慈弗友不恭，不於我执政之人得罪乎！道教不至所致。"又曰："文王作罚，刑兹无赦。"言惟此不孝不慈之人无赦也。"刑不慈者，不可刑其父又刑其子；刑不孝者，不可刑其子又刑其父。是为父子兄弟，罪不相及。"［阮元刻：《春秋左传正义》昭公二十年，《十三经注疏》(下)，中华书局 1982 年版，第 2092 页。]此说可信，故以此引文属《康诰》。

二、春秋时期的《尚书》概略

从所引 62 条材料,可以对春秋时期所存《尚书》的大略作出如下认识:

第一,春秋时期引用《尚书》的名目有:《书》9 次,《虞书》3 次,《夏书》19 次,《商书》4 次,《周书》14 次,《康诰》3 次,《大誓》5 次,《太誓》1 次,《泰誓》1 次,《汤誓》1 次,《盘庚》2 次(一次为《盘庚之诰》)、《伯禽》1 次,《唐诰》1 次。

从这些引用可见,春秋时期还无《尚书》之名,只有《书》这一名称。《书》由四部分组成,即《虞书》、《夏书》、《商书》、《周书》,是以朝代划分为四大部分。① 而《康诰》等则为具体的篇目名称。这些具体篇目中的《伯禽》、《唐诰》不见于今本《尚书》;《康诰》、《盘庚》、《汤誓》为今存今文经学 28 篇的篇目;而《太誓》、《大誓》、《泰誓》则被利用作为伪古文尚书的篇目,伪古文尚书有《泰誓》上中下 3 篇,而大与太通,太与泰通,所以这三个篇目实际上是一篇,只不过文字通假而已。

第 45 条中,子鱼言分封涉及《唐诰》等三篇篇名:"分之土田倍敦,祝、宗、卜、史、备物、典策,官司、彝器。因商奄之民,命以《伯禽》,而封于少皞之虚。分康叔以大路、少帛、綪茷、旃旌、大吕,殷民七族,陶氏、施氏、繁氏、锜氏、樊氏、饥氏、终葵氏;封畛土略,自武父以南,及圃田之北竟,取于有阎之土,以共王职。取于相土之东都,以会王之东蒐。聃季授土,陶叔授民,命以《康诰》,而封于殷虚。皆启以商政,疆以周索。分唐叔以大路,密须之鼓,阙巩,沽洗,怀姓九宗,职官五正。命以《唐诰》,而封于夏虚,启以夏政,疆以戎索。"这三篇篇名是否是《尚书》的篇目,是有分歧的,杜预认为其中《伯禽》非篇目名。这段记载关于《康诰》的说法,与《书序》所说完全一致,"以殷余民封康叔,作《康诰》",《康诰》肯定为《尚书》篇目是没有问题的。以此类推,《伯禽》、《唐诰》也应该为《尚书》的篇目,孔颖达疏说:"传言命以伯禽,于体例命以《康

---

① 春秋时期的《书》,与《郑书》等有一个重要区别,《郑书》等为诸侯国的史记,《书》则为中央王朝的档案记载,所以是以朝代分类,而不是以国号命名。

诰》、命以《唐诰》，则伯禽亦似策命篇名。……刘炫云：'伯禽'，犹下'命以《康诰》'，是'伯禽'为命书。似《书·序》'穆王命君牙为周大司徒，作《君牙》'，即以《君牙》为篇，与此同也。"①这个说法是有道理。《唐诰》、《伯禽》与《康诰》一样都应该是春秋时期的《书》的篇名。但今存《尚书》只有《康诰》，而无《伯禽》、《唐诰》的篇目，这说明春秋时期《书》的某些篇目没有能够保留下来。

第二，春秋时期引用《尚书》，出于今文经学 28 篇的 24 条，不见于今文经学 28 篇的有 30 条，多出 6 条，6 超过 24 的四分之一，按照这一比例，引用不属于今存《尚书》今文经学篇目的数量应该超过 28 篇。虽然引用文句不是按照固定比例，每一篇一定引用几条，或几篇一定引用一条，但从引文数量的比例来判定未见于今文经学的篇目数量至少多于 28 篇，还是有一定依据，较为可信的。所以，我估计春秋时期的《书》的篇目应该在 60 篇以上。

就见于今文 28 篇的引文与今本《尚书》比较，绝大多数的引文与今本《尚书》相关篇目的文字完全一致。除开两条无引文外，22 条有引文的 17 条完全相同：引《夏书》的第 9 条、《虞书》的第 13 条、第 14 条、第 15 条，与《尚书·虞书·舜典》文字完全相同；引《书》的第 27 条，与《周书》及今本《尚书·周书·吕刑》文字完全相同。引《商书》的第 11 条、第 20 条、第 24 条，与今本《尚书·周书·洪范》文字完全相同；引用《周书》的第 7 条、第 10 条、第 16 条、第 17 条、第 18 条、第 21 条、第 22 条、第 31 条、第 59 条，只有 4 条有文字通假之异，或文句之异，但文义是相同的：这四条分别是：引《汤誓》的第 52 条"余一人有罪，无以万夫；万夫有罪，在余一人"，与今本《尚书·商书·汤诰》的"其尔万方有罪，在予一人；予一人有罪，无以尔万方"，文字有"余"与"予"的通假之异，文句前后顺序也不同；引《商书》第 1 条、第 3 条的"恶之易也，如火之燎于原，不可乡迩，其犹可扑灭？"与今本《尚书·商书·盘庚上》的"若火之燎于原,不可向迩,其犹可扑灭",文字有"如"与"若"的通假之异,并多"恶之易也"一句;引《盘庚之诰》第48条的"其有颠越不共,则劓殄无遗育,无俾易种于兹邑",与今本《尚书·商书·盘庚上》的"乃有不吉不迪,颠越不恭,暂遇奸宄,我乃劓殄灭之,无遗育,无俾易种于兹新邑",文句稍有不同,但文义相同;引《周书》的第61条"文王至于日中昃,不皇暇食。惠于小民,唯政之恭",与今本《尚书·周书·无逸》"文王卑服,即康功田功。徽柔懿恭,怀保小民,惠鲜鳏寡。自朝至于日中昃,不遑暇食,用咸和万民。文王不敢盘于游田,以庶邦惟正之供",文句有较大不同,但文义相同。这表明见于今文经学29篇的引文即使有少数文字之异、文句之异,但文义却没有不同。只有引用《康诰》的第43条"父子兄弟,罪不相及",在今本《尚书·周书·康诰》无相同文句,孔颖达疏:"此非《康诰》之全文,引其意而言之。其本文云:'子弗祗服厥父事,大伤厥考心。于父不能字厥子,乃疾厥子。于弟弗念天显,乃弗克恭厥兄;兄亦不念鞠子哀,大不友于弟。惟吊兹,不于我政人得罪。'孔安国云:'至此不孝不慈弗友不恭,不于我执政之人得罪乎!道教不至所致。'又曰:'文王作罚,刑兹无赦。'言刑此不孝不慈之人无赦也。刑不慈者,不可刑其父又刑其子;刑不孝者,不可刑其子又刑其父。是为父子兄弟,罪不相及。"[1]此说可信从。这表明,今文经学28篇,从春秋时期流传到今天,绝大多数还保留了原貌,即使有文字、文句之异,也不存在文义的不同。

见于《左传》而不见于今文28篇的这30条引文,应该确信是春秋时期《尚书》的原文,只不过应该分属某篇不能确定。东晋梅赜伪古文尚书,分别将其用于伪古文尚书的《大禹谟》、《五子之歌》、《胤征》、《太甲》、《泰誓》、《旅獒》、《蔡仲之命》、《周官》、《君陈》等。这些篇目虽然出于伪造,但并非无根据的凭空虚构,如《大禹谟》、《五子之歌》、《胤征》、《旅獒》等本为壁中古文《尚书》的篇名,而所采用《左传》、《国语》的引文更是《尚书》本有的文字。所

---

[1] 阮元刻:《春秋左传正义》昭公二十年,《十三经注疏》(下),中华书局1982年版,第2092页。

以,不能因为是伪古文尚书,就作全盘否定。由于伪古文尚书出现的时间在东晋,杜预注《左传》在西晋,时间在梅赜之前,杜预注《左传》时不可能见到伪古文尚书,他看到的只是由伏生传下的28篇本,所以,这30条引文都被视为逸文。如第2条,《夏书》曰:"皋陶迈种德,德乃降。"杜预注:"《夏书》,逸《书》也。"①孔颖达疏《五经》,《尚书》通行的已经是梅赜混合今文经学与伪古文尚书的本子,所以,孔疏则为"此《虞书·皋陶谟》之文"②。将《左传》、《国语》的引文说成是逸文,或者一定说成是出于某篇,都不符合这些引文是《书》的原文,而被伪古文尚书所采用这一事实。

三、春秋时期对《书》的运用

春秋时期引用《书》的文句时,有一个重要的特点,就是常常与《诗经》一起引用,来加强说明某一观念。

(1)赵衰曰:"郤縠可。臣亟闻其言矣,说礼乐而敦《诗》、《书》。《诗》、《书》,义之府也。礼乐,德之则也。德义,利之本也。"③

(2)(白季过冀,见冀缺夫妻,相敬如宾。劝晋文公任用冀缺,)公曰:"其父有罪,可乎?"对曰:"舜之罪也殛鲧,其举也兴禹。管敬仲,桓之贼也,实相以济。"《康诰》曰:"父不慈,子不祗,兄不友,弟不共,不相及也。"《诗》曰:"采葑采菲,无以下体。"君取节焉可也。文公以为下军大夫。④

(3)晋侯赏桓子狄臣千室,亦赏士伯以瓜衍之县。曰:"吾获狄

---

① 阮元刻:《春秋左传正义》庄公八年,《十三经注疏》(下),中华书局1982年版,第1765页。

② 阮元刻:《春秋左传正义》庄公八年,《十三经注疏》(下),中华书局1982年版,第1765页。

③ 阮元刻:《春秋左传正义》僖公二十七年,《十三经注疏》(下),中华书局1982年版,第1822页。

④ 阮元刻:《春秋左传正义》僖公三十三年,《十三经注疏》(下),中华书局1982年版,第1833页。

土,子之功也。微子,吾丧伯氏矣。"羊舌职说是赏也,曰:"《周书》所谓'庸庸祗祗'者,谓此物也夫。士伯庸中行伯,君信之,亦庸士伯,此之谓明德矣。文王所以造周,不是过也。"故《诗》曰:"陈锡哉周。能施也。率是道也,其何不济?"①

(4)君子谓:"祁奚于是能举善矣。称其仇,不为谄。立其子,不为比。举其偏,不为党。"《商书》曰:"无偏无党,王道荡荡。"其祁奚之谓矣! 解狐得举,祁午得位,伯华得官,建一官而三物成,能举善也夫! 唯善,故能举其类。《诗》云:"惟其有之,是以似之。祁奚有焉。"②

(5)(晋侯以乐之半赐魏绛,魏绛)辞曰:"夫和戎狄,国之福也;八年之中,九合诸侯,诸侯无慝,君之灵也,二三子之劳也,臣何力之有焉? 抑臣愿君安其乐而思其终也!《诗》曰:'乐旨君子,殿天子之邦。乐旨君子,福禄攸同。便蕃左右,亦是帅从。'夫乐以安德,义以处之,礼以行之,信以守之,仁以厉之,而后可以殿邦国,同福禄,来远人,所谓乐也。《书》曰:'居安思危。'思则有备,有备无患,敢以此规。"③

(6)君子曰:"让,礼之主也。范宣子让,其下皆让。栾□为汰,弗敢违也。晋国以平,数世赖之。刑善也夫! 一人刑善,百姓休和,可不务乎?《书》曰:'一人有庆,兆民赖之,其宁惟永。周书吕刑也一人天子也宁安也永长也义取上有好善之庆则下赖其福'其是之谓乎? 周之兴也,其《诗》曰:'仪刑文王,万邦作孚。'言刑善也。及其

---

①　阮元刻:《春秋左传正义》宣公十五年,《十三经注疏》(下),中华书局1982年版,第1888页。

②　阮元刻:《春秋左传正义》襄公三年,《十三经注疏》(下),中华书局1982年版,第1930页。

③　阮元刻:《春秋左传正义》襄公十一年,《十三经注疏》(下),中华书局1982年版,第1951页。

衰也,其《诗》曰:'大夫不均,我从事独贤。'言不让也。"①

(7)大叔文子闻之,曰:"乌乎!《诗》所谓'我躬不说,皇恤我后'者,宁子可谓不恤其后矣。将可乎哉?殆必不可。君子之行,思其终也,思其复也。《书》曰:'慎始而敬终,终以不困。'《诗》曰:'夙夜匪解,以事一人。'今宁子视君不如弈棋,其何以免乎?弈者举棋不定,不胜其耦。而况置君而弗定乎?必不免矣。九世之卿族,一举而灭之。可哀也哉!"②

(8)(声子)对曰:"虽有,而用楚材实多。归生闻之:'善为国者,赏不僭而刑不滥。'赏僭,则惧及淫人;刑滥,则惧及善人。若不幸而过,宁僭无滥。与其失善,宁其利淫。无善人,则国从之。《诗》曰:'人之云亡,邦国殄瘁。'无善人之谓也。故《夏书》曰:'与其杀不辜,宁失不经。'惧失善也。《商颂》有之曰:'不僭不滥,不敢怠皇,命于下国,封建厥福。'此汤所以获天福也。"③

(9)(北宫文子)对曰:"有威而可畏谓之威,有仪而可像谓之仪。君有君之威仪,其臣畏而爱之,则而象之,故能有其国家,令闻长世。臣有臣之威仪,其下畏而爱之,故能守其官职,保族宜家。顺是以下皆如是,是以上下能相固也。《卫诗》曰:'威仪棣棣,不可选也。'言君臣、上下、父子、兄弟、内外、大小皆有威仪也。《周诗》曰:'朋友攸摄,摄以威仪。'言朋友之道,必相教训以威仪也。《周书》数文王之德,曰:'大国畏其力,小国怀其德。'言畏而爱之也。《诗》云:'不识不知,顺帝之则。'言则而象之也。纣囚文王七年,诸侯皆从之囚。

① 阮元刻:《春秋左传正义》襄公十三年,《十三经注疏》(下),中华书局1982年版,第1954页。
② 阮元刻:《春秋左传正义》襄公二十五年,《十三经注疏》(下),中华书局1982年版,第1989页。
③ 阮元刻:《春秋左传正义》襄公二十六年,《十三经注疏》(下),中华书局1982年版,第1991页。

纣于是乎惧而归之,可谓爱之。文王伐崇,再驾而降为臣,蛮夷帅服,可谓畏之。文王之功,天下诵而歌舞之,可谓则之,文王之行,至今为法,可谓象之。有威仪也。故君子在位可畏,施舍可爱,进退可度,周旋可则,容止可观,作事可法,德行可像,声气可乐,动作有文,言语有章,以临其下,谓之有威仪也。"①

（10）韩宣子之适楚也,楚人弗逆。公子弃疾及晋竟,晋侯将亦弗逆。叔向曰:"楚辟我衷若何效辟?《诗》曰:'尔之教矣,民胥效矣。'从我而已,焉用效人之辟?《书》曰:'圣作则。'无宁以善人为则,而则人之辟乎? 匹夫为善,民犹则之,况国君乎?"晋侯说,乃逆之。②

（11）襄公曰:"人有言曰:'兵在其颈。'其郤至之谓乎! 君子不自称也,非以让也,恶其盖人也。夫人性,陵上者也,不可盖也。求盖人,其抑下滋甚,故圣人贵让。且谚曰:'兽恶其网,民恶其上。'《书》曰:'民可近也,而不可上也。'《诗》曰:'恺悌君子,求福不回。'在礼,敌必三让,是则圣人知民之不可加也。故王天下者必先诸民,然后庇焉,则能长利。今郤至在七人之下而欲上之,是求盖七人也,其亦有七怨。怨在小丑,犹不可堪,而况在侈卿乎? 其何以待之?"③

（12）单襄公曰:"《夏书》有之曰:'关石、和钧,王府则有。'《诗》亦有之曰:'瞻彼旱麓,榛楛济济。恺悌君子,干禄恺悌。'夫旱麓之榛楛殖,故君子得以易乐干禄焉。若夫山林匮竭,林麓散亡,薮泽肆既,民力凋尽,田畴荒芜,资用乏匮,君子将险哀之不暇,而何易乐之

①　阮元刻:《春秋左传正义》襄公三十一年,《十三经注疏》(下),中华书局1982年版,第2016页。

②　阮元刻:《春秋左传正义》昭公六年,《十三经注疏》(下),中华书局1982年版,第2045页。

③　佚名:《国语·周语中》(上),上海古籍出版社1978年版,第84页。

有焉?"①

以上材料表明,引《诗》的同时引《书》,以加强对某一人事是非得失的评价,带有普遍性。春秋时期的引《诗》,已经带有明显的经典化,《书》与《诗》的并用,使《书》也带上了经典化的意义。特别是第 1 条,赵衰以礼、乐、《诗》、《书》连说,以《诗》、《书》为义之府,礼、乐为德之则,这是肯定德义与礼、乐、《诗》、《书》为一体,德义为礼、乐、《诗》、《书》的精神所在,礼、乐、《诗》、《书》为德义的载体。而德义的价值意义构成经学价值的重要内容,虽然春秋时期还没有孔子以后的经学,但内涵德义价值的《诗》、《书》无疑已经具有经学典籍的意义。

虽然赵衰说《书》与《诗经》同为义之则,但两者对义的表现还是有所差异的。《诗》言志,是人的真实情感的流露,人的情感表现是喜怒哀乐,不一定直接与是非得失的义理联系,所以,春秋时期引《诗》阐发义理,最主要的手法是断章取义,通过对《诗》有针对性地引用来表达一定的义理观念。而《书》来源于古代的史官,史官的记载历史有一定书法,而书法的背后是一定要合于义理的准则,譬如史官记载人君被杀的历史事件,一定要用"弑"来表明对臣子犯上作乱的诛绝。而《书》还不同于其他史书,《书》主要是记录尧、舜、禹、文王、武王、周公等君臣的言论的著作,而这些人都是后来被视为圣王、圣人的偶像,他们的言论不仅具有向"民主"们提供治世方略政纲的作用,还具有给世人指引人生导论、提供人生追求的价值。所以,《书》不仅可以直接用来表达政治的教戒引导,还具有人生理想、价值追求的理论意义。因此,春秋时期引用《书》的人,常常是著名的政治活动家、思想家,而他们引用《书》的文句,都是直接以《书》作为论说人事、评价是非得失的根据,《书》在社会生活中实际上已经成为具有经典意义的文献被运用。

就春秋时期人们引《书》的内容分析,可以看出有两大主要内容:一是对

---

① 佚名:《国语·周语下》(上),上海古籍出版社 1978 年版,第 121 页。

德义的敬畏。例如:庄公八年,鲁庄公引《夏书》"皋陶迈种德,德乃降"①,称誉皋陶之德;成公八年,韩厥引《周书》以"不敢侮鳏寡",训解何谓"明德"②;成公十六年,范文子以"有德之谓"来训解引用《周书》的"惟命不于常"③之意;君子《书》"惟命不于常",说明庆虎、庆寅被杀在于"庆氏不义"④;僖公五年,宫之奇引《周书》"皇天无亲,惟德是辅","黍稷非馨,明德惟馨","民不易物,惟德繄物"⑤三文,强调德义对天命、鬼神、人民的意义;成公二年,申公巫臣引《周书》"明德慎罚"⑥;襄公三十一年北宫文子引《周书》"大国畏其力,小国怀其德",以"数文王之德"⑦;昭公二十四年苌弘引《大誓》"纣有亿兆夷人,亦有离德。余有乱臣十人,同心同德"⑧,说明武王克纣的法宝在同心同德。哀公六年,孔子《夏书》"惟彼陶唐,帅彼天常,有此冀方。今失其行,乱其纪纲,乃灭而亡"⑨,说明有德无德事关国家的存亡。昭公十年,子皮引《书》"欲败度,纵败礼"⑩,说明放纵贪欲的无德,对法度的破坏及其危害,这是从反面

---

① 阮元刻:《春秋左传正义》庄公八年,《十三经注疏》(下),中华书局1982年版,第1765页。

② 阮元刻:《春秋左传正义》成公八年,《十三经注疏》(下),中华书局1982年版,第1904页。

③ 阮元刻:《春秋左传正义》成公十六年,《十三经注疏》(下),中华书局1982年版,第1918页。

④ 阮元刻:《春秋左传正义》襄公二十二年,《十三经注疏》(下),中华书局1982年版,第1975页。

⑤ 阮元刻:《春秋左传正义》僖公五年,《十三经注疏》(下),中华书局1982年版,第1795页。

⑥ 阮元刻:《春秋左传正义》成公二年,《十三经注疏》(下),中华书局1982年版,第1896页。

⑦ 阮元刻:《春秋左传正义》襄公三十一年,《十三经注疏》(下),中华书局1982年版,第2016页。

⑧ 阮元刻:《春秋左传正义》昭公二十四年,《十三经注疏》(下),中华书局1982年版,第2105页。

⑨ 阮元刻:《春秋左传正义》哀公六年,《十三经注疏》(下),中华书局1982年版,第2161页。

⑩ 阮元刻:《春秋左传正义》昭公十年,《十三经注疏》(下),中华书局1982年版,第2059页。

对德义意义的肯定。二是对民的重视。虽然这方面的引用不如重视德义的多,但襄公三十一年、昭公元年、《国语·周语中》、《国语·郑语》分别载有穆叔、子羽、单襄公、史伯都引有《大誓》的"民之所欲,天必从之"一语,四次的引用同一文句,而这句话的要义是将民的意愿置于天命的高度,是对民的地位与作用的充分肯定。《国语·楚语上》左史倚相引《周书》"文王至于日中昃,不皇暇食。惠于小民,唯政之恭"①,这是以文王惠民废寝忘食的形象,来肯定重民是圣王的德行,将德义与重民联系为说。当然,春秋时期人们引《书》还涉及政治的诸多问题,如反对滥刑的观念,襄公二十六年,声子引《夏书》"与其杀不辜,宁失不经"②,这是为了不伤害善人,而反对滥刑;昭公二十年何忌引《康诰》"父子兄弟,罪不相及"③,这是反对一人犯罪,罪及亲属的滥刑;等等。当然,最重要的是对德义与民的重视,从前面关于德观念与重民的社会思潮的分析可以看出,重德义与重民无疑是春秋时期最有时代价值的两个观念,也是后来儒学的最重要观念。

第六节　孔子删定"五经"与中国文化定型

春秋时期文化的最重大成果是通过"五经"的确立,而实现了中国文化的定型。所以这样说,是因为其后中国文化的主流都是以"五经"为根核,围绕着诠释"五经"而发展的。"五经"的形成经历了一个长期的发展过程,是集合古代多位圣哲智慧的结晶而成。古代圣哲的智慧则是中华先民思想智慧的集中体现,是"五经"精神的根源。经过历史的选择,"五经"最终被确定为中国文化的经典,最根本的原因就在于此。

---

① 佚名:《国语·楚语上》(下),上海古籍出版社 1978 年版,第 551 页。
② 阮元刻:《春秋左传正义》襄公二十六年,《十三经注疏》(下),中华书局 1982 年版,第1991 页。
③ 阮元刻:《春秋左传正义》昭公二十年,《十三经注疏》(下),中华书局 1982 年版,第2092 页。

由传世文献与出土文献可以看出,古代中华先民的思想智慧,可以追溯到伏羲、黄帝、尧、舜等圣王。而"五经"的形成与这些古代圣王密切相关,如《易经》的起源,常常被追溯到伏羲,并有《连山》、《归藏》、《周易》的三《易》之说,《尚书》有《尧典》,《诗》多赞美文王之词,《礼》则与周公制礼作乐密不可分等。后来经学中有经为圣作一说,中国文化这一特有的观念,无疑是对"五经"形成源头的某种合理说明,是圣人—经典—常道—中华民族精神之根内在关系的历史认同,有着远古历史的背影。孔颖达说:"经字虽起于后其,称经之理则久在于前。"①就是对"五经"与古代思想文化联系的合理说明。先有古代圣王所代表的先民思想智慧的积淀,才有其后"五经"的出现,完全可以说,"五经"是古代中华民族文化精神的结晶成果。

与"五经"形成有直接关系的第一人,无疑是经学史上被古文经学家极为推崇的周公。从本书第二章部分可以看出,周公在中国文化史上是第一个与"五经"元典出现带有开端意义的人物。通过周公的制礼作乐,发展到春秋时期,不仅在天命观的基础上发展出天道观的哲学学说,而且以德、仁、义为主要观念的道德学说,以礼范畴为中心的政治学说,及其重民的社会思潮都发展到前所未有的高度,形成带有体系性的学说,由这四个方面为主构成了春秋时期文化的全面大飞跃,其后中国文化的敬天道、重道德、守礼义、关注民生等基因都已经在春秋时期的文化理念中定型。这些文化基因形成的文化土壤,不仅直接诞生了老子与孔子这两位中国文化史上最伟大的思想家,也为随之而来的诸子百家兴起做好了直接准备。所以,中国文化的定型是春秋时期。没有春秋时期的文化定型,就不可能在春秋末年孔子、老子的出现,更不会有诸子百家的兴起。

春秋时期的这些文化基因的理念,都被人们通过文字记载的形式,保留在了各种文献中,春秋时期有大量文化著述存世,绝不是偶然的,而是中国古代

---

① 孔颖达:《周易正义》卷首,《十三经注疏》(上),中华书局 1982 年版,第 11 页。

文化发展的结果。在春秋人们存世的众多古代著述中,各种《志》书、《世》、《令》等及其所谓《三坟》、《五典》、《九丘》、《八索》等都没有保留下来,更没有成经典,而只是《易》、《诗》、《书》、《礼》、《春秋》被继承下来,并成为中国文化的典籍,经过了一个漫长过程的历史选择。这一过程由周公制礼作乐、初创《易》、《书》、《诗》、《礼》开其端,经由春秋时期人们用带有教戒意义的理念诠释发展,而由孔子最后完成。在《左传》、《国语》中关于孔子记载的材料有总计44条之多,其中《左传》36条,称孔子8次,称仲尼24次,称孔丘4次;《国语》8条,皆称仲尼。春秋时期的大夫不下数千人,孔子虽然做过鲁国的司寇、司空,但只有几年的时间,在春秋时期类似的政治人物多不胜数,但其他几乎不见于历史记载,孔子却有四十多次的记载,这是孔子巨大历史影响的说明,而孔子最重大的贡献就在于删定"五经",创立儒学。

先秦思想史、哲学史的研究,尤其是出土文物的现有研究成果已经证明,在孔子之前"五经"中的《易》、《书》,《诗》、《礼》、《春秋》就已经大致形成。在春秋时期,《诗》、《书》被引用最多,人们的引用已经带有将其作为经典的理论依据的意义;《易》也是被经常引用的文献,但人们对筮占吉凶的解释,几乎都是依据道德的高低、政治的得失来作为判定的根本标准;这些都为《诗》、《书》、《易》的经典化完成创造了条件。而春秋时期关于礼的论说,不仅涉及社会各阶层不同的礼仪,还有礼仪背后礼义的阐发,这不仅是《礼仪》,也是《礼记》形成的基础;《春秋》、《郑书》各种《志》书等各国史书,则是《春秋》来源。经过春秋时期人们对文献的诠释选择,使《易》、《书》,《诗》、《礼》、《春秋》成为最具备成为经典的条件,正是在这些文化资源的基础上,孔子才能做出删定"五经"的历史贡献。

完成删定"五经"与创立儒学的历史人物由孔子完成,绝非偶然。孔子在世时,鲁国三桓之一的孟僖子就以孔子为圣人,并让他的二个儿子跟随孔子学习:

> 孟僖子病不能相礼,乃讲学之,苟能礼者从之。及其将死也,召

其大夫曰："礼，人之干也。无礼，无以立。吾闻将有达者曰孔丘，圣
人之后也，而灭于宋。其祖弗父何，以有宋而授厉公。及正考父，佐
戴、武、宣，三命兹益共。故其鼎铭云：'一命而偻，再命而伛，三命而
俯。循墙而走，亦莫余敢侮。饘是，鬻于是，以糊余口。'其共也如
是。臧孙纥有言曰：'圣人有明德者，若不当世，其后必有达人。'今
其将在孔丘乎？我若获没，必属说与何忌于夫子，使事之，而学礼焉，
以定其位。"故孟懿子与南宫敬叔师事仲尼。①

从孟僖子的话可知，孔子的祖先是宋国的贵族，他的家族具有十分重视文化的
风气，他的祖先正考父校曾商之名《颂》十二篇。古代贵族有两种类型：一是
政治型，这类贵族热衷于政治，多在政治上有较大作为；另一类是文化型，他们
虽然置身政治中，但能够时时关注文化，重视文化的发展，并有自己的思想观
念，这类贵族常常也是著名的思想家。孔子家族应该属于文化型的贵族之列，
这样的家族文化给孔子以深刻影响，使他能够熟悉春秋时期通行的各种文献。
譬如孔子引《诗》为说，《左传》、《国语》就有如后记载：引《诗》"有觉德行，四
国顺之"，评论叔孙昭子的"不劳不可能"②；引《诗》"君子是则是效"，评说孟
僖子是能补过的君子。③ 引《诗》"乐只君子，邦家之基"，表彰子产是"君子之
求乐者也"④。引《诗》"民亦劳止，汔可小康。惠此中国，以绥四方"，"毋从诡
随，以谨无良。式遏寇虐，惨不畏明"，说明为政应该宽猛相济；引"柔远能迩，
以定我王"、"不竞不絿，不刚不柔。布政优优，百禄是遒"⑤，说明为政的平

---

① 阮元刻：《春秋左传正义》昭公七年，《十三经注疏》（下），中华书局 1982 年版，第
2051 页。

② 阮元刻：《春秋左传正义》昭公五年，《十三经注疏》（下），中华书局 1982 年版，第
2040 页。

③ 参见阮元刻：《春秋左传正义》昭公七年，《十三经注疏》（下），中华书局 1982 年版，第
2051 页。

④ 阮元刻：《春秋左传正义》昭公十二年，《十三经注疏》（下），中华书局 1982 年版，第
2073 页。

⑤ 阮元刻：《春秋左传正义》昭公二十年，《十三经注疏》（下），中华书局 1982 年版，第
2094 页。

和。引《诗》"永言配命,自求多福",赞许魏子的举义命忠,并预言"其长有后于晋国乎"①。引《诗》"民之多辟,无自立辟",叹息泄冶的被害。② 此外,还有孔子对《书》与《志》及其谚语等的引用。这表明孔子对春秋时期存世历史文献的烂熟于胸。

更为重要的是孔子自觉地以继承周公为使命。孔子不仅特别熟悉周礼相关礼乐制度,而且对周公的人文精神有深刻体悟,认为以周公为代表的周文化,是损益虞夏商文化而来,是当时最先进的文化。特别是周公崇礼重德的观念,最具人文价值,正是寻着周公的人文精神方向,孔子才能够完成继承周公的文化使命,从春秋时期存世的各种文献中,最终选择"五经"删定,完成对"五经"文本的定型。

"五经"中的《易经》原本为卜筮之书,经过孔子著《易传》,以德义的解读,才真正成为经典。传世许多文献都有《易经》历四圣所成之说,即始于伏羲画八卦,中经文王演为六十四卦并著卦辞,周公作爻辞,最后由孔子著《十翼》而成。司马迁说:"孔子晚而喜《易》,序《彖》、《系》、《象》、《说卦》、《文言》。读《易》,韦编三绝。"③而简帛文献如《缪和》等文,经过学者研究也得出今本《易传》出于孔子的结论。没有孔子著作《易传》,只是六十四卦的《周易》就不可能最终成为经典,更不会被列在"五经"之首。《尚书》则有孔子删定,《尚书纬》称,相传从黄帝玄孙帝魁之书到秦穆公有《书》3240 篇,孔子"断远取近,定可以为世法者百二十篇,以百二篇为《尚书》,十八篇为《中候》"④。司马迁说:"孔子之时,周室微而礼乐废,诗书缺。追迹三代之礼,序《书传》,上纪唐虞之际,下至秦缪,编次其事。曰:'夏礼吾能言之,杞不足徵也。殷礼

---

① 阮元刻:《春秋左传正义》昭公二十八年,《十三经注疏》(下),中华书局 1982 年版,第2119 页。

② 参见阮元刻:《春秋左传正义》宣公九年,《十三经注疏》(下),中华书局 1982 年版,第1874 页。

③ 司马迁:《孔子世家第十七》,《史记》(六),中华书局 1982 年版,第 1937 页。

④ 钟肇鹏、萧文郁点校:《尚书纬·璇玑钤》,《七纬》(上),中华书局 2012 年版,第 189 页。

吾能言之,宋不足徵也。足,则吾能徵之矣。'观殷夏所损益,曰:'后虽百世可
知也,以一文一质。周监二代,郁郁乎文哉。吾从周。'故《书传》、《礼记》自孔
氏。"①此处《礼记》有误。先秦所称《礼》,皆为《仪礼》,《礼记》出于西汉二戴
编纂先秦论礼的文献而成,司马迁时尚无闻其书,故此《礼记》非司马迁原文,
系后人不明三礼先后之别的误改或增补,原文疑当为《礼》或《仪礼》。这是说
《尚书》、《仪礼》皆出于孔子。《诗经》也经过孔子的整理,司马迁说:"古者诗
三千余篇,及至孔子,去其重,取可施于礼义,上采契后稷,中述殷周之盛,至幽
厉之缺,始于衽席。……三百五篇孔子皆弦歌之,以求合《韶》、《武》雅颂之
音。"②虽然孔子时古诗是否有三千篇,今存三百五篇的《诗经》是否一定经过
孔子删定,并不能确定。③但孔子曾经自道:"吾自卫反鲁,然后乐正,雅颂各
得其所。"④说明孔子对《诗经》一定有所整理。司马迁在论孔子与《诗经》的
关系后接着说"礼乐自此可得而述,以备王道,成六艺"⑤,明确肯定"五经"成
于孔子之手。至于《春秋》,春秋公羊学有西狩获麟为孔子受命制《春秋》之
说,孟子多次有孔子作《春秋》之说,不仅提到孔子的自道"其义丘窃取之"⑥,
而且给予前所未有的极高评价,以至将孔子著《春秋》与大禹治洪水、周公兼
夷狄相提并论:"昔者禹抑洪水而天下平,周公兼夷狄、驱猛兽而百姓宁,孔子
成《春秋》而乱臣贼子惧。"⑦甚至称为天子之事:"《春秋》,天子之事也。"⑧司
马迁也在《史记》说,孔子"乃因史记作《春秋》,上至隐公,下讫哀公十四年,十
二公。据鲁,亲周,故殷,运之三代。……后有王者举而开之,《春秋》之义行,

①　司马迁:《孔子世家第十七》,《史记》(六),中华书局 1982 年版,第 1935—1936 页。
②　司马迁:《孔子世家第十七》,《史记》(六),中华书局 1982 年版,第 1936 页。
③　参见黄开国:《左传与诗经》,《孔孟学报》(台湾)1994 年第 67 期。
④　司马迁:《孔子世家第十七》,《史记》(六),中华书局 1982 年版,第 1936 页。
⑤　司马迁:《孔子世家第十七》,《史记》(六),中华书局 1982 年版,第 1936 页。
⑥　阮元刻:《孟子注疏》卷八上,《十三经注疏》(下),中华书局 1982 年版,第 2728 页。
⑦　阮元刻:《孟子注疏》卷六下,《十三经注疏》(下),中华书局 1982 年版,第 2715 页。
⑧　阮元刻:《孟子注疏》卷六下,《十三经注疏》(下),中华书局 1982 年版,第 2714 页。

则天下乱臣贼子惧焉。"①还说:"孔子在位听讼,文辞有可与人共者,弗独有也。至于为春秋,笔则笔,削则削,子夏之徒不能赞一辞。"②杜预也在《春秋序》中说,《春秋》是"仲尼因鲁史策书成文"③。汉代以后,关于孔子删定"五经",著作《春秋》的说法,更是不绝于书。"五经"完成于孔子之手,是中国文化史公认的历史事实。而"五经"的定型,也是中国文化的定型。孔子承先启后的重大历史地位就在于此,可以说,经过孔子的删定"五经",使先前中国文化的优良基因得以保存,并通过孔子的发扬,而得以最终确定,其后中国文化的主流就重要围绕诠释"五经"的常道而展开。

而孔子所开创的儒家学派,就是以传承"五经"为根本的学术团体。《论语·雍也第六》载,孔子曾告诫子夏:"女为君子儒,毋为小人儒",说明当时不仅有儒,而且有君子小人的分野。儒在孔子之前只与礼、乐、射、御、书、数的"六艺"有联系,与"五经"并无直接关系。孔子早年教育弟子"六艺"是必修课程,孔子及其弟子的学派被人们称为儒学,很可能就是由于这个原因。但孔子更有时代意义与对中国文化最大的贡献,并不在以礼、乐、射、御、书、数的"六艺"为教,而是在审定"五经",并在晚年用以教育弟子。如司马迁说:"孔子以诗、书、礼、乐教,弟子盖三千焉,身通六艺者七十有二人。"④孔子开创的儒学对后世最重要最深远的历史影响,正在于此。一些重大历史事件的意义,往往要在许多年之后才会被认识,孔子审定"五经"、以"五经"为教方面的意义,并没有被当时的人们所充分认识,当时人们更多地注意到孔子创立的学派与礼、乐、射、御、书、数"六艺"的联系,而将"儒"的名称冠于孔子开创的学派。若从孔子的最重要文化贡献在审定"五经",以"五经"为教而论,用儒这个名称来称谓孔子开创的学派显然是名不副实,没有抓住孔子开创学派的本质所

---

① 司马迁:《孔子世家第十七》,《史记》(六),中华书局1982年版,第1943页。
② 司马迁:《孔子世家第十七》,《史记》(六),中华书局1982年版,第1944页。
③ 阮元刻:《春秋左传正义》,《十三经注疏》(下),中华书局1982年版,第1705页。
④ 司马迁:《孔子世家第十七》,《史记》(六),中华书局1982年版,第1938页。

在。尽管用儒的名称称呼孔子开创的学派是不准确的,但当时还没有发明出准确反映孔子开创其学派的名词,就只能接受这一约定俗成的称呼。但孔子本人对这一称呼是不满意的,于是才有"君子儒"与"小人儒"之辨,以标明自己所创立的学派与先前之儒的区别。孔子的小人儒是指以礼、乐、射、御、书、数"六艺"讨生活的"儒",而君子儒则是指以"五经"常道为追求的"儒",前者即孔子之前之儒,后者是以孔子为始祖、以传授"五经"常道的儒。也正因为如此,儒学才能够成为中国文化的主干。

无论是孔子删定"五经",还是创立儒学,这都与春秋时期完全的文化定型有直接关系,正是在这个意义上,我们应该将春秋时期视为文化的定型,而不是转型。转型重在一个转字,定型强调的是进一步发展的定,春秋时期的文化并不是以周公为代表的周文化的转变,而是其人文精神的进一步确定与发扬光大。

参 考 文 献

1. 文渊阁《四库全书》电子本,上海人民出版社、迪志文化出版有限公司 1999 年版。

2. 永瑢:《四库全书总目》,中华书局 1983 年版。

3. 阮元、王先谦辑:《清经解、续清经解》,凤凰出版社 2005 年版。

4. 阮元刻:《十三经注疏》,中华书局 1982 年版。

5.《百子全书》,浙江古籍出版社 1998 年版。

6. 司马迁:《史记》,中华书局 1985 年版。

7. 刘向集录:《战国策》,上海古籍出版社 1985 年版。

8. 班固:《汉书》,中华书局 1983 年版。

9. 应劭:《风俗通义》(诸子百家丛书版),上海古籍出版社 1990 年版。

10. 范晔:《后汉书》,中华书局 1982 年版。

11. 魏徵:《隋书》,中华书局 1996 年版。

12. 杜佑:《通典》,岳麓书社 1995 年版。

13. 朱熹:《四书章句集注》,中华书局 1996 年版。

14. 崔适:《史记探源》,中华书局 1986 年版。

15. 康有为:《康有为全集》,中国人民大学出版社 2007 年版。

16. 顾颉刚:《古史辨》第一册,上海古籍出版社 1982 年版。

17. 刘起釪:《古史续辨》,中国社会科学出版社 1991 年版。

18. 郭庆藩:《庄子集释》,中华书局 1981 年版。

19. 佚名:《国语》,上海古籍出版社 1978 年版。

20. 徐元诰:《国语集解》,中华书局 2002 年版。

21. 黄怀信等:《逸周书汇校集注》,中华书局 2018 年版。

22. 陈立:《白虎通疏证》,中华书局 1994 年版。

23. 汪继培:《潜夫论笺》,中华书局 1979 年版。

24. (汉)宋衷注,(清)秦嘉谟等辑:《世本八种出版说明》,商务印书馆 1957 年版。

25. 方诗铭、王修龄:《古本竹书纪年辑证》,上海人民出版社 1981 年版。

26. 朱谦之:《老子校释》,中华书局 1984 年版。

27. 刘文典:《淮南鸿烈集解》,中华书局 1989 年版。

28. 叶瑛:《文史通义校注》,中华书局 2000 年版。

29. 蒙文通:《古史甄微》,巴蜀书社 1999 年版。

30.《史记汉书诸表订补十种》,中华书局 1982 年版。

31. 王聘珍:《大戴礼记解诂》,中华书局 1983 年版。

32. 赵在翰辑,钟肇鹏点校:《七纬》,中华书局 2012 年版。

33. 段玉裁:《说文解字注》,上海古籍出版社 1981 年版。

34. 皮锡瑞:《经学历史》,中华书局 1989 年版。

35. 皮锡瑞:《经学通论》,中华书局 1982 年版。

36. 王国维:《观堂集林》,中华书局 1999 年版。

37.《郭沫若全集》第一卷,人民出版社 1982 年版。

38. 梁漱溟:《中国文化要义》,学林出版社 1996 年版。

39. 黄晖:《论衡校释》(附刘盼遂集解),中华书局 1996 年版。

40. 陈梦家:《殷墟卜辞综述》,中华书局 1988 年版。

41. 陈梦家:《尚书通论》,中华书局 1985 年版。

42. 蒋善国:《尚书综述》,上海古籍出版社 1988 年版。

43. 张光直:《考古学专题六讲》,文物出版社 1986 年版。

44. 徐中舒:《徐中舒先秦史讲义》,天津古籍出版社 2008 年版。

45. 徐中舒:《先秦史论稿》,巴蜀书社 1992 年版。

46. 刘起釪:《尚书学史》,中华书局 1996 年版。

47. 陈梦家:《尚书通论》,中华书局 2005 年版。

48. 杨柏峻:《论语译注》,中华书局 1980 年版。

49. 李学勤主编:《字源》,天津古籍出版社 2013 年版。

50. 陆费逵、欧阳溥存等编:《中华大字典》,中华书局 1978 年版。

51. 钟肇鹏、萧文郁点校:《七纬》,中华书局 2012 年版。

52. 陈来:《古代宗教与伦理》,生活·读书·新知三联书店 1996 年版。

53. 陈来:《古代思想文化的世界——春秋时代的宗教、伦理与社会思想》,生活·读书·新知三联书店 2002 年版。

54. 陈其泰等编:《二十世纪中国礼学研究论集》,学苑出版社 1998 年版。

55. 高崇文:《古礼足征》,上海古籍出版社 2017 年版。

56. 王晖:《商周文化比较研究》,人民出版社 2000 年版。

57. 孟祥才:《齐鲁思想文化史》,山东大学出版社 2002 年版。

58. 杨希枚:《杨希枚集》,中国社会科学出版社 2006 年版。

59. 刘师培著,陈居渊注:《经学教科书》,上海古籍出版社 2006 年版。

60. 吾淳:《中国哲学的起源——前诸子时期观念、概念、思想发生发展与成型的历史》,上海人民出版社 2010 年版。

61. 谢谦:《中国古代宗教与礼乐文化》,四川人民出版社 1996 年版。

62. 荆门市博物馆编:《郭店楚墓竹简》,文物出版社 1998 年版。

63. 马承源主编:《上海博物馆藏战国楚竹书》(二),上海古籍出版社 2002 年版。

64. 朱渊清、廖名春执行主编:《上博馆藏战国楚竹书研究续编》,上海书店出版社 2004 年版。

后　记

这部书是在 2004 年出版的《诸子百家兴起的前奏——春秋时期的思想文化》（以下简称《前奏》）基础上，进一步研究春秋时期思想文化的全新成果。《前奏》出版后，《新民晚报》的记者曾专门采访我，并在《新民晚报》2006 年 5 月 4 日第 14 版"深度报道"发表《谁是孔子的老师》，用近千字的篇幅介绍了该书的内容。尽管这一研究有一定学术创获，其内容在《哲学研究》、台湾的《孔孟学报》等名刊发表，有的还被人大复印资料全文转载等，获得较大的社会反响。但我发现书中有许多问题不够深入，还存在某些史实的漏误，经过十余年进一步思考，我深感有必要来作一次重新的研究，于是在 2017 年以"春秋时期的文化转型"为题申报国家课题。这次研究运用大数据的方法，对涉及的主要术语都进行全面的数字统计，在此基础上对相关问题进行更深入详细、更准确地讨论，从而在研究过程中获得了对春秋时期文化是中国传统文化定型的全新认识。这一认识将春秋时期的思想文化追溯到三皇五帝，直接继承发扬以周公为代表的礼乐文化，不是"转型"，而是一以贯之的"定型"，并在相关的研究中都提出了有充分理据互证的新见解，从历史与学理上论证了中国传统文化为什么能够延续五千年的重大问题。作为一家之言，不免还存在诸多不足与失误，希望得到学术界各位师友的批评指正。经学研究所的助理研究员黄子鉴博士参与了本书部分研究。

感谢人民出版社对本书出版的精心编审,感谢四川师范大学哲学学院领导与学科负责人杨燕教授对本书出版的支持。

黄开国

2022 年 9 月 1 日

责任编辑：方国根　戚万迁
封面设计：石笑梦
版式设计：胡欣欣

图书在版编目（CIP）数据

春秋时期的文化定型 / 黄开国著. -- 北京 ： 人民
出版社，2025.3. -- ISBN 978 - 7 - 01 - 026942 - 9

Ⅰ．K225.03

中国国家版本馆 CIP 数据核字第 2024E4G154 号

春秋时期的文化定型

CHUNQIU SHIQI DE WENHUA DINGXING

黄开国　著

人民出版社 出版发行

（100706　北京市东城区隆福寺街 99 号）

北京建宏印刷有限公司印刷　新华书店经销

2025 年 3 月第 1 版　2025 年 3 月北京第 1 次印刷
开本：710 毫米×1000 毫米 1/16　印张：32.75
字数：467 千字

ISBN 978 - 7 - 01 - 026942 - 9　定价：128.00 元

邮购地址 100706　北京市东城区隆福寺街 99 号
人民东方图书销售中心　电话 （010）65250042　65289539